中華古籍保護計劃

ZHONG HUA GU JI BAO HU JI HUA CHENG GUO

·成果·

江西省上饒地區古籍普查登記目録

全國古籍普查登記目録

國家圖書館出版社
National Library of China Publishing House

圖書在版編目(CIP)數據

江西省上饒地區古籍普查登記目録/《江西省上饒地區古籍普查登記目録》編委會編. —北京:國家圖書館出版社,2024.1
(全國古籍普查登記目録)
ISBN 978-7-5013-8078-7

Ⅰ.①江… Ⅱ.①江… Ⅲ.①古籍—圖書館目録—上饒 Ⅳ.①Z838

中國國家版本館 CIP 數據核字(2024)第 038555 號

書　　名　江西省上饒地區古籍普查登記目録
著　　者　《江西省上饒地區古籍普查登記目録》編委會　編
責任編輯　閆　悦

出版發行　國家圖書館出版社(北京市西城區文津街 7 號　100034)
(原書目文獻出版社 北京圖書館出版社)
010-66114536　63802249　nlcpress@nlc.cn(郵購)
網　　址　http://www.nlcpress.com
排　　版　京荷(北京)科技有限公司
印　　裝　河北三河弘翰印務有限公司
版次印次　2024 年 1 月第 1 版　2024 年 1 月第 1 次印刷

開　　本　787×1092　1/16
印　　張　43.5
字　　數　980 千字
書　　號　ISBN 978-7-5013-8078-7
定　　價　450.00 圓

《全國古籍普查登記目録》

工作委員會

《全國古籍普查登記目録》

序　言

全國古籍普查登記工作是“中華古籍保護計劃”的首要任務，是全面開展古籍搶救、保護和利用工作的基礎，也是有史以來第一次由政府組織、參加收藏單位最多的全國性古籍普查登記工作。

2007 年國務院辦公廳發布《關於進一步加强古籍保護工作的意見》（國辦發[2007]6 號），明確了古籍保護工作的首要任務是對全國公共圖書館、博物館和教育、宗教、民族、文物等系統的古籍收藏和保護狀况進行全面普查，建立中華古籍聯合目録和古籍數字資源庫。2011 年 12 月，文化部下發《文化部辦公廳關於加快推進全國古籍普查登記工作的通知》（文辦發[2011]518 號），進一步落實了全國古籍普查登記工作。根據文化部 2011 年 518 號文件精神，國家古籍保護中心擬訂了《全國古籍普查登記工作方案》，進一步規範了古籍普查登記工作的範圍、内容、原則、步驟、辦法、成果和經費。目前進行的全國古籍普查登記工作的中心任務是通過每部古籍的身份證——“古籍普查登記編號”和相關信息，建立古籍總臺賬，全面瞭解全國古籍存藏情况，開展全國古籍保護的基礎性工作，加强各級政府對古籍的管理、保護和利用。

《全國古籍普查登記工作方案》規定了全國古籍普查登記工作的三個主要步驟：一、開展古籍普查登記工作；二、在古籍普查登記基礎上，編纂出版館藏古籍普查登記目録，形成《全國古籍普查登記目録》；三、在古籍普查登記工作基本完成的前提下，由省級古籍保護中心負責編纂出版本省古籍分類聯合目録《中華古籍總目》分省卷，由國家古籍保護中心負責編纂出版《中華古籍總目》統編卷。

在黨和政府領導下，在各地區、各有關部門和全社會共同努力下，古籍普查登記工作得以扎實推進。古籍普查已在除臺、港、澳之外的全國各省級行政區域開展，普查内容除漢文古籍外，還包括各少數民族文字古籍，特别是於 2010 年分别啓動了新疆古籍保護和西藏古籍保護專項，因地制宜，開展古籍普查登記工作；國家古籍保護中心研製的“全國古籍普查登記平臺”已覆蓋到全國各省級古籍保護中心，并進一步研發了“中華古籍索引庫”，爲及時展現古籍普查成果提供有力支持；截至目前，已有 11375 部古籍進入《國家珍貴古籍名録》，浙江、江蘇、山東、河北等省公布了省級《珍貴古籍名録》,古籍分級保護機制初步形成。

《全國古籍普查登記目録》是古籍普查工作的階段性成果,旨在摸清家底,揭示館藏,反映古籍的基本信息。原則上每申報單位獨立成册,館藏量少不能獨立成册者,則在本省範圍内幾個館目合并成册。無論獨立成册還是合并成册,均編製獨立的書名筆畫索引附於書後。著録的必填基本項目有:古籍普查登記編號、索書號、題名卷數、著者(含著作方式)、版本、册數及存缺卷數。其他擴展項目有:分類、批校題跋、版式、裝幀形式、叢書子目、書影、破損狀况等。有條件的收藏單位多著録的一些擴展項目,也反映在《全國古籍普查登記目録》上。目録編排按古籍普查登記編號排序,内在順序給予各古籍收藏單位較大自由度,可按分類排列古籍普查登記編號,也可按排架號、按同書名等排列古籍普查登記編號,以反映各館特色。

此次全國古籍普查登記工作,克服了古籍數量多、普查人員少、普查難度大等各種困難,也得到了全國古籍保護工作者的極大支持。在古籍普查登記過程中,國家古籍保護中心、各省古籍保護中心爲此舉辦了多期古籍普查、古籍鑒定、古籍普查目録審校等培訓班,全國共 1600 餘家單位參加了培訓,爲古籍普查登記工作培養了大量人才。同時在古籍普查登記工作中,也鍛煉了普查員的實踐能力,爲將來古籍保護事業發展奠定了良好的基礎。

《全國古籍普查登記目録》的出版,將摸清我國古籍家底,爲古籍保護和利用工作提供依據,也將是古籍保護長期工作的一個里程碑。

國家古籍保護中心
2013 年 10 月

《全國古籍普查登記目録》

編纂凡例

一、收録範圍爲我國境内各收藏機構或個人所藏，産生於 1912 年以前，具有文物價值、學術價值和藝術價值的文獻典籍，包括漢文古籍和少數民族文字古籍以及甲骨、簡帛、敦煌遺書、碑帖拓本、古地圖等文獻。其中，部分文獻的收録年限適當延伸。

二、以各收藏機構爲分册依據，篇幅較小者，適當合并出版。

三、一部古籍一條款目，複本亦單獨著録。

四、著録基本要求爲客觀登記、規範描述。

五、著録款目包括古籍普查登記編號、索書號、題名卷數、著者、版本、册數、存缺卷等。古籍普查登記編號的組成方式是：省級行政區劃代碼—單位代碼—古籍普查登記順序號。

六、以古籍普查登記編號順序排序。

《江西省古籍普查登記目録》

工作委員會

主　任：涂安寧

副主任：何振作

委　員（按姓氏筆畫排序）：

王昭勇　王　晴　王曉健　文安元　文興國　孔　彬
周智勇　徐田華　高雪秀　梅小峰　符臣漢　許　婕
張愛君　彭　澍　葉　蓉　萬紅嬌　程學軍　鄒松林
漆德文　劉小靈

《江西省古籍普查登記目録》

序　言

古籍普查登記是“中華古籍保護計劃”的重要内容，是開展古籍保護與利用的基礎工作。

江西省歷史悠久，文化昌盛，保存在贛鄱大地上的豐厚古籍，是先賢留給我們的寶貴財富，是各地歷史文脉的重要見證。將這些珍貴典籍保護好，安全地傳給子孫後代，是我們這一代人義不容辭的責任。古籍保護的前提是開展普查登記，摸清古籍家底。自2007年“中華古籍保護計劃”實施以來，在江西省委、省政府的高度重視下，在國家古籍保護中心的大力支持與各古籍收藏單位的共同努力下，江西省古籍普查工作穩步推進。

古籍普查登記工作的中心任務是通過每部古籍的身份證——“古籍普查登記編號”和相關信息，建立古籍總臺賬，全面瞭解古籍存藏情况，加强政府對古籍的管理、保護和利用。面對我省古籍藏量豐富、收藏單位衆多、專業人才不足的實際情況，除了舉辦培訓班，加强基層古籍保護人才隊伍建設外，我省古籍保護中心還積極利用人才支持計劃等項目，組織古籍普查骨幹力量，對全省古籍收藏單位開展普查幫扶工作。

隨着普查登記工作的扎實推進，全省古籍分級保護機制已初步形成。目前，江西省圖書館、萍鄉市圖書館、贛州市圖書館、江西省博物館、樂平市圖書館、廬山圖書館、景德鎮市圖書館7家單位被評爲“全國古籍重點保護單位”，全省有143部古籍入選第一至六批《國家珍貴古籍名録》。2012年，江西省政府公布《江西省第一批珍貴古籍名録》340部，江西省古籍重點保護單位15家。

《江西省古籍普查登記目録》是我省古籍普查工作的階段性成果，旨在摸清家底，揭示館藏，反映古籍的基本信息。按照《全國古籍普查登記手册》要求，遵循簡明扼要、客觀著録原則，著録的必填項目有：古籍普查登記編號、索書號、題名卷數、著者（含著作方式）、版本、册數及存（缺）卷數。其他擴展項目有：分類、批校題跋、版式、裝幀形式、叢書子目、書影、破損狀况等。

古籍普查登記是一項專業性和實踐性很强的工作，普查員不僅要有對古代典籍的熱愛之心、對傳統文化的敬畏之心，更要有幾十年如一日的耐心和恒心。《江西省古籍普查登記目録》的編纂出版，不僅傾注了全省古籍普查員的大量精力和心血，也包含着國家古籍保護中心和江西省古籍保護中心諸位專家爲數據審校所付出的辛勞與汗水，在此向他們表示崇高的敬意和誠摯的感謝。

《江西省古籍普查登記目録》的陸續出版，將全面摸清江西省古籍存藏家底，爲全省古籍保護與利用奠定堅實基礎。

江西省古籍保護中心

2023 年 1 月

《江西省上饒地區古籍普查登記目録》

編委會

《江西省上饒地區古籍普查登記目録》

前　言

《江西省上饒地區古籍普查登記目録》是上饒地區現存公藏古籍的總記録,旨在全面揭示本地區現存古籍的品種、版本及存藏情况。古籍普查是摸清家底的基礎性工作,是搶救歷史文化遺産、展現歷史文化積澱的重要措施。古籍普查的完成,對於制定古籍整理長期規劃、充分發揮傳統典籍在文化建設中的作用具有重要意義。

上饒市位於江西省東北部,周時先後屬楚、吴、越,後復屬楚;秦屬九江郡,漢屬豫章郡;自唐至清,先後爲信州、信州路、廣信府,自古即有"豫章第一門户"之稱,人文薈萃,文化脉絡清晰,歷史底蘊深厚。書院文化、稻作文化、道教文化、理學文化、銅文化、茶文化、紙文化、古民居文化繪就上饒璀璨的地方特色文化。古代典籍記載了上饒的人文風土,歷經滄桑歲月,更增添了歷史的厚重,延續着傳統文脉。

2007 年,"中華古籍保護計劃"正式啓動。上饒市各古籍收藏單位積極開展古籍普查與保護工作。鉛山縣圖書館藏稿本《征回奏摺手稿》入選《江西省第一批珍貴古籍名録》;婺源縣圖書館修復古籍 20 册。歷經數年,在江西省古籍保護中心的指導和幫扶下,在全體古籍普查工作人員的共同努力下,《江西省上饒地區古籍普查登記目録》終於完成了,共收録古籍 9443 部。江西省古籍保護中心組織以下人員進行幫扶,參與完成古籍普查工作:何振作、程學軍、文興國、王昭勇、漆德文、王晴、危志强、周晨昱、劉景會、饒恩惠、王域鋮、周丹、吕丹丹、萬斌(以上江西省圖書館),謝珊(萍鄉市圖書館),梅樂興(撫州市圖書館),黎波(景德鎮市圖書館),張繼梅(江西師範大學圖書館)。參與普查工作的還有高校學生志願者:李瀟桐、練鵬程、梁曦、羅凌霞(以上南昌大學),李永麗(江西師範大學),楊九策(湖南師範大學)。本目録的審校工作由江西省圖書館(江西省古籍保護中心)王昭勇、文興國、漆德文、王晴完成,并由文興國進行統稿。

《江西省上饒地區古籍普查登記目録》的編纂出版,是所有古籍工作人員通力合作、共同努力的成果,凝聚了大家的辛勤汗水。感謝江西省古籍保護中心的專家老師們,感謝奮戰在一綫的古籍普查工作人員,感謝所有關心支持古籍普查和古籍保護工作的單位和社會各界人士。希望通過我們的共同努力,進一步推動古籍保護工作的開展，保護歷史文化遺産，傳承優秀傳統文化。我們的普查登記工作難免有疏漏之處，敬請各位專家、學者及讀者給予批評指正。

《江西省上饒地區古籍普查登記目録》編委會
2023 年 9 月

目　　録

上饒市圖書館古籍普查登記目録

全國古籍普查登記目録

國家圖書館出版社
National Library of China Publishing House

360000－4926－0000001　0003
尺牘輯要八卷　(清)虞世英輯　清乾隆四十年(1775)金閶文粹堂刻本　一册　存二卷(一至二)

360000－4926－0000002　0005
考卷約選不分卷　(清)李錫瓚編　清刻本　一册

360000－4926－0000003　0006
欽定協紀辨方書三十六卷　(清)允祿等纂　清末石印本　一册　存四卷(十三至十六)

360000－4926－0000004　0007
西法煮金祖傳水銀大鍍不分卷　(□)□□輯　清末稿本　二册

360000－4926－0000005　0010
千家詩白對類合訂一卷　(清)王方城輯　清末文奎堂刻本　一册

360000－4926－0000006　0012
直省闈墨□□卷　(清)□□輯　清末石印本　四册　存五卷(五至九)

360000－4926－0000007　0013
中國政治史事論□□卷　(清)□□輯　清末石印本　二册　存二卷(二至三)

360000－4926－0000008　0014
史論彙選乙編八卷　(清)呂景端輯　清末石印本　一册　存二卷(七至八)

360000－4926－0000009　0015
五經義採新□□卷　(清)□□輯　清末石印本　一册　存二卷(三至四)

360000－4926－0000010　0016
新增加批綱鑑補註二十四卷首一卷　(明)袁黄撰　清光緒二十年(1894)上海寶善堂石印本　三册　存七卷(一至四、七至八,首一卷)

360000－4926－0000011　0017
皇朝經世文新編二十一卷　麥仲華輯　清末石印本　二册　存四卷(十下、十六下至十八上)

360000－4926－0000012　0018
大清一統志四百二十四卷　(清)和珅等纂修　清末石印本　三册　存三十卷(三百六十至三百八十九)

360000－4926－0000013　0019
東華錄詳節二十四卷　(清)鄔樹庭輯　清光緒二十六年(1900)上海東文學堂石印本　一册　存一卷(十四)

360000－4926－0000014　0020
海南一勺合編内函十卷首一卷外函三十二卷　(清)鶴洞子輯　清道光十五年(1835)四香草堂刻本　二册　存十卷(外函一至四、二十二至二十七)

360000－4926－0000015　0021
皇朝經世文四編五十二卷　(清)何良棟輯　清光緒二十八年(1902)上海書局石印本　四册　存二十卷(一至二十)

360000－4926－0000016　0022
詩經八卷　(宋)朱熹集傳　清桂芳齋刻本　二册　存三卷(三至五)

360000－4926－0000017　0023
禮記十卷　(元)陳澔集說　清刻本　一册　存一卷(六)

360000－4926－0000018　0024
論語十卷　(宋)朱熹集注　清味經堂刻本　一册　存五卷(六至十)

360000－4926－0000019　0025
增補四書經史摘證四卷　(清)宋繼穜輯　清光緒二十八年(1902)刻本　一册　存二卷(一至二)

360000－4926－0000020　0026
注釋唐詩三百首□卷　(清)孫洙編　清刻本　一册　存四卷(三至六)

360000－4926－0000021　0027
監本四書正文不分卷　(宋)朱熹集注　清刻本　一册　存中孟

360000－4926－0000022　0028
四書味根錄三十七卷　(清)金澂撰　清末石

印本　四冊　存七卷(中庸二、孟子九至十四)

360000－4926－0000023　0029
新訂崇正闢謬通書十四卷　(清)李奉來編　清文奎堂刻本　一冊　存四卷(一至四)

360000－4926－0000024　0030
新訂崇正闢謬通書十四卷　(清)李奉來編　清刻本　三冊　存八卷(三至六、八至十一)

360000－4926－0000025　0031
鼎鍥趙田了凡袁先生編纂古本歷史大方綱鑑補三十九卷首一卷　(明)袁黄纂　清刻本　八冊　存八卷(二十一、二十六、二十九至三十、三十三至三十五、三十八)

360000－4926－0000026　0032
監本易經四卷　(宋)朱熹本義　清光緒二十二年(1896)刻本　十八冊

360000－4926－0000027　0033
行園儒林四書白文詠不分卷　(□)□□輯　清光緒十四年(1888)刻本　二冊　存大學、中庸、上論

360000－4926－0000028　0034
地球韻言四卷　(清)張士瀛撰　清刻本　一冊　存二卷(三至四)

360000－4926－0000029　0035
四書章句本義匯參四十三卷首四卷　(清)王步青輯　(清)王士鼇編　清刻本　五冊　存六卷(大學三、中庸三至五、論語十七、孟子三)

360000－4926－0000030　0036
初學行文語類四卷　(清)孫埏編　清刻本　一冊　存一卷(四)

360000－4926－0000031　0037
監本易經四卷　(宋)朱熹本義　清刻本　一冊　存一卷(一)

360000－4926－0000032　0038
醫方集解六卷　(清)汪昂撰　清刻本　一冊　存二卷(一至二)

360000－4926－0000033　0039
景岳全書六十四卷　(明)張介賓撰　清刻本　一冊　存二卷(四十七至四十八)

360000－4926－0000034　0041
臨證指南醫案十卷　(清)葉桂撰　(清)徐大椿評　清刻本　一冊　存一卷(一)

360000－4926－0000035　0042
濟陰綱目十四卷　(明)武之望撰　(清)汪淇箋釋　清刻本　一冊　存三卷(二至四)

360000－4926－0000036　0043
尚論後篇四卷　(清)喻昌撰　清刻本　一冊　存二卷(三至四)

360000－4926－0000037　0044
痘疹正宗二卷　(清)宋麟祥撰　清刻本　二冊

360000－4926－0000038　0045
詩韻題解合璧十卷　(清)甘蘭友輯　清刻本　一冊　存四卷(一至四)

360000－4926－0000039　0046
四書正文不分卷　清刻本　一冊　存下論、下孟

360000－4926－0000040　0047
幼學瓊林四卷　(明)程登吉撰　清抄本　一冊　存一卷(四)

360000－4926－0000041　0048
百家姓考略一卷　(清)王相箋注　清歙西徐士業刻本　一冊

360000－4926－0000042　0049
歷朝鑑譜二卷　(清)聶慎行撰　清俞華發堂刻本　一冊

360000－4926－0000043　0050
真實不虛一卷　(□)□□輯　清咸豐九年(1859)同善堂刻本　一冊

360000－4926－0000044　0051
四書便蒙十九卷　(宋)朱熹集注　清洪濬堂刻本　一冊　存下孟

360000－4926－0000045　0052
百家姓一卷　(□)□□輯　清文星堂刻本　一册

360000－4926－0000046　0053
新輯尺牘合璧四卷　(清)許思湄　(清)龔萼撰　(清)婁世瑞注　(清)寄虹軒主人輯　清末上海文益書局石印本　四册

360000－4926－0000047　0054
四書便蒙正文□□卷　(宋)朱熹集注　清慎言堂刻本　二册　存上論、中孟

360000－4926－0000048　0055
太上説三元三官寶經一卷　清刻本　一册

360000－4926－0000049　0056
欽定協紀辨方書三十六卷　(清)允祿等纂　清末石印本　一册　存七卷(二十至二十六)

360000－4926－0000050　0057
新訂崇正闢謬通書十四卷　(清)李奉來編　清文星堂刻本　一册　存二卷(一至二)

360000－4926－0000051　0058
新刊七真傳二卷　(□)□□輯　清末上海宏大善書局石印本　一册

360000－4926－0000052　0059
監本四書正文不分卷　(宋)朱熹集注　清刻本　一册　存上論

360000－4926－0000053　0060
鑑略四字書三卷　(□)□□輯　清抄本　一册

360000－4926－0000054　0062
御定康熙字典十二集三十六卷總目一卷檢字一卷辨似一卷等韻一卷補遺一卷備考一卷　(清)張玉書等纂修　清光緒二十年(1894)點石齋石印本　一册　存十卷(子集上中下、丑集上中下,總目一卷,檢字一卷,辨似一卷,等韻一卷)

360000－4926－0000055　0063
御定康熙字典十二集三十六卷總目一卷檢字一卷辨似一卷等韻一卷補遺一卷備考一卷　(清)張玉書等纂修　清末石印本　一册　存六卷(辰集上中下、巳集上中下)

360000－4926－0000056　0067
梳頭調一卷補缸一卷閨女吵嫁一卷孟姜女一卷　(□)□□撰　清光緒二十四年(1898)抄本　一册

360000－4926－0000057　0070
[契約]不分卷　(清)□□輯　清末抄本　一册

360000－4926－0000058　0074
觀音殿記一卷　(元)趙孟頫書　清末影印本　一册

360000－4926－0000059　0077
[廣信府上饒縣光緒廿一年分糧串]　清光緒二十一年(1895)刻本　一册

360000－4926－0000060　0080
遣送白虎玄科一卷　清嘉慶元年(1796)李氏抄本　一册

360000－4926－0000061　0081
北斗延生子香寶懺二卷　清乾隆四十年(1775)李耀彩抄本　一册

360000－4926－0000062　0085
元門五路解冤真科一卷　清光緒七年(1881)李心達抄本　一册

360000－4926－0000063　0086
太上説東斗主筭護命妙經一卷　清抄本　一册

360000－4926－0000064　0089
太上説雪罪消愆法懺一卷　清乾隆五十三年(1788)李真傳抄本　一册

360000－4926－0000065　0091
寄傲山房塾課纂輯御案易經備旨七卷易經圖案一卷　(清)鄒聖脈輯　清刻本　一册　存二卷(三至四)

360000－4926－0000066　0092
[工尺譜鈔輯]不分卷　(清)□□輯　清抄本　一册

360000－4926－0000067　0093
彙纂詩法度鍼三十三卷首一卷　(清)徐文弼輯　清聚文堂刻本　四冊　存十三卷(一至十、三十至三十一,首一卷)

360000－4926－0000068　0095
歷朝鑑譜二卷　(清)聶慎行撰　清光緒十五年(1889)刻本　一冊

360000－4926－0000069　0097
[民間日常帖式]不分卷　(清)□□輯　清道光抄本　一冊

360000－4926－0000070　0098
警世新編四卷　(清)沐目道人等編　清光緒十八年(1892)鉛山縣河口鎮刻本　一冊　存一卷(一)

360000－4926－0000071　0099
[誦習詩鈔]不分卷　(清)□□輯　清抄本　一冊

360000－4926－0000072　0100
酌雅齋四書遵註合講十九卷圖說一卷　(清)翁復編　清刻本　一冊　存三卷(大學一卷、中庸一卷,圖說一卷)

360000－4926－0000073　0101
謹抄硃墨考藝不分卷　(清)□□輯　清道光十九年(1839)抄本　一冊

360000－4926－0000074　0102
五經類編二十八卷　(清)周世樟編　清刻本　三冊　存七卷(八至十、二十至二十一、二十七至二十八)

360000－4926－0000075　0104
論語十卷　(宋)朱熹集注　清刻本　一冊　存四卷(二至五)

360000－4926－0000076　0116
佛說阿彌陀經一卷　(後秦)釋鳩摩羅什譯　清刻本　一冊

360000－4926－0000077　0117
秘錄痘疹全集十五卷　(清)馮兆張輯　清刻本　二冊　存十二卷(四至十五)

360000－4926－0000078　0118
景岳全書六十四卷　(明)張介賓撰　清刻本　二冊　存五卷(五十四至五十八)

360000－4926－0000079　0120
[居家小賬]不分卷　(清)□□輯　清咸豐抄本　一冊

360000－4926－0000080　0123
欽定協紀辨方書三十六卷　(清)允祿等纂　清刻本　一冊　存四卷(三至六)

360000－4926－0000081　0124
華陽金仙證論十八卷　(清)柳華陽撰　清道光十八年(1838)刻本　一冊　存十卷(一至十)

360000－4926－0000082　0125
欽定協紀辨方書三十六卷　(清)允祿等纂　清刻本　一冊　存四卷(四至七)

360000－4926－0000083　0127
新鐫曆法便覽象吉備要通書二十九卷　(清)魏鑑輯　清刻本　一冊　存三卷(十五至十七)

360000－4926－0000084　0128
江西選舉試卷不分卷(宣統庚戌孝廉方正)　黃文堂撰　清宣統刻本　一冊

360000－4926－0000085　0129
訓蒙增廣不分卷　(清)□□輯　清光緒十九年(1893)刻本　一冊

360000－4926－0000086　0132
太上刪正玉皇尊經善本三卷　(□)金華子注釋　清刻本　一冊

360000－4926－0000087　0136
[制藝文鈔]不分卷　(清)□□輯　清抄本　一冊　存二十七葉

360000－4926－0000088　0137
史論正鵠初集四卷　(清)王樹敏輯　清末石印本　一冊　存二卷(二、四)

360000－4926－0000089　0138
[江西上饒]古城徐氏宗譜□□卷首一卷

(清)章登瀛　(清)徐慶德等纂修　清光緒二十六年(1900)木活字印本　二冊　存二卷(一、首一卷)

360000－4926－0000090　0139
律例圖說十卷　(清)萬維翰纂　清刻本　一冊　存一卷(一)

360000－4926－0000091　0140
酌雅齋四書遵註合講十九卷圖考一卷　(清)翁復編　清乾隆五十三年(1788)酌雅齋刻本　一冊

360000－4926－0000092　0141
周易四卷　(宋)朱熹本義　清省魁堂刻本　一冊　存二卷(三至四)

360000－4926－0000093　0142
周易四卷　(宋)朱熹本義　清刻本　一冊　存一卷(一)

360000－4926－0000094　0143
堲室錄感一卷　(清)李顒撰　清刻本　一冊

360000－4926－0000095　0144
寄傲山房塾課纂輯御案易經備旨七卷易經圖案一卷　(清)鄒聖脈輯　清光緒三十年(1904)上海文盛書局石印五經備旨本　二冊

360000－4926－0000096　0145
詩經十卷　(宋)朱熹集傳　清刻本　一冊　存三卷(六至八)

360000－4926－0000097　0146
周易四卷　(宋)朱熹本義　清刻本　一冊　存一卷(一)

360000－4926－0000098　0148
六一山房重校石印攷正字彙二卷　(清)陳淏子撰　清末石印本　一冊

360000－4926－0000099　0149
資治新書十四卷首一卷　(清)李漁輯　清刻本　一冊　存二卷(一、首一卷)

360000－4926－0000100　0150
曲江書屋新訂批注左傳快讀十八卷首一卷　(清)李紹崧輯　清經元堂刻本　一冊　存二卷(一、首一卷)

360000－4926－0000101　0151
新訂四書補註備旨十卷　(明)鄧林撰　(清)杜定基增訂　清刻本　一冊　存二卷(下論三至四)

360000－4926－0000102　0152
新輯繪圖全續彭公案後部四卷八十一回　(清)貪夢道人撰　清末石印本　三冊　存三卷(一至三)六十回(一至六十)

360000－4926－0000103　0153
梅峰書院校正監字四書真本不分卷　(□)□□輯　清刻本　一冊　存大學

上饒市博物館古籍普查登記目録

全國古籍普查登記目録

國家圖書館出版社
National Library of China Publishing House

360000－1982－0000001　0001
橫峯縣上十都田賦總冊不分卷　（清）□□輯　清抄本　一冊

360000－1982－0000002　0002
增補鄧退菴先生家藏遵註四書講意備旨十卷　（明）鄧林撰　清刻本　一冊　存一卷（孟子二）

360000－1982－0000003　0003
雲程斧軔不分卷　（清）夏景清撰　稿本　一冊

360000－1982－0000004　0004
書畫鑑影二十四卷　（清）李佐賢撰　清刻本　一冊　存三卷（三至五）

360000－1982－0000005　0006
［乾隆］廣信府志二十六卷首一卷　（清）連柱等纂修　清乾隆四十八年（1783）刻本　一冊　存一卷（二十三）

360000－1982－0000006　0007
日進高明（己亥年稿）不分卷　（清）□□撰　稿本　一冊

360000－1982－0000007　0008
漢書一百卷　（漢）班固撰　（唐）顔師古注　清同治八年（1869）金陵書局刻二十四史本　八冊　存三十二卷（一至三十二）

360000－1982－0000008　0010
北里韓氏宗譜□□卷　（清）韓欽球等纂　清宣統元年（1909）木活字印本　三冊　存二卷（二、八）

360000－1982－0000009　0011
戰國策三十三卷　（漢）高誘注　**重刻剡川姚氏本戰國策札記三卷**　（清）黄丕烈撰　清光緒三年（1877）永康胡氏退補齋刻本　六冊

360000－1982－0000010　0012
新刊五百家註音辯昌黎先生文集四十卷　（唐）韓愈撰　（宋）魏仲舉輯注　清乾隆四十九年（1784）刻本　四冊　存七卷（三至四、九至十、十九至二十一）

360000－1982－0000011　0013
四海昇平一卷　（□）□□撰　清抄本　一冊

360000－1982－0000012　0014
朱子年譜四卷考異四卷附録朱子論學切要語二卷附校勘記三卷　（清）王懋竑撰並輯　清光緒九年（1883）武昌書局刻本　四冊

360000－1982－0000013　0015
山海經存九卷首一卷　（清）汪紱釋　清光緒二十一年（1895）石印汪雙池先生叢書本　四冊

360000－1982－0000014　0017
竈君靈籤不分卷　（□）□□輯　清刻本　一冊

360000－1982－0000015　0018
婺源曹氏分家鬮書不分卷　（清）曹全焯撰　清抄本　一冊

360000－1982－0000016　0019
三才甲子三卷　（清）游光鼎輯　清峻德堂刻本　一冊

360000－1982－0000017　0022
重訂朱子擘窠隸法諸式類集不分卷　（清）羅韞山輯　清抄本　一冊

360000－1982－0000018　0023
香花草堂詩鈔一卷　（清）朱鶴書撰　稿本　一冊

360000－1982－0000019　0024
靈寶大法司不分卷　（□）□□輯　清光緒二年（1876）抄本　一冊

360000－1982－0000020　0025
忠雅堂詩集二十七卷補遺二卷銅絃詞二卷　（清）蔣士銓撰　清刻本　十冊

360000－1982－0000021　0026
［江西婺源］星源嚴田李氏宗譜□□卷　（清）李□纂修　清木活字印本　一冊　存一卷（五）

360000－1982－0000022　0027
鄉黨文正編不分卷　（清）江永撰　清正德堂

刻本　一冊

360000－1982－0000023　0028
新刻法筆二卷　(清)□□撰　清嘉慶十八年(1813)刻本　一冊

360000－1982－0000024　0029
澗泉日記三卷　(宋)韓淲撰　清刻本　一冊

360000－1982－0000025　0030
大明正德三年大統曆一卷　明正德刻本　一冊

360000－1982－0000026　0031
新訂四書補註備旨十卷　(明)鄧林撰　(清)杜定基增訂　清文奎堂刻本　一冊　存二卷(大學一卷、中庸一卷)

360000－1982－0000027　0032
重訂古文釋義新編八卷　(清)余誠評注　清末鉛印本　四冊　存四卷(三至五、七)

360000－1982－0000028　0033
古文眉詮七十九卷首一卷　(清)浦起龍輯　清乾隆三吳書院刻本　一冊　存四卷(六十三至六十六)

360000－1982－0000029　0034
康熙貳拾叁年丈量魚鱗清冊　清康熙婺源芳溪潘圭文抄本　一冊

360000－1982－0000030　0035
新出藍玉蓮藍橋汲水二卷　(清)□□撰　清抄本　一冊

360000－1982－0000031　0036
會書(庚午年)　(清)李灶生執　清刻本　一冊

360000－1982－0000032　0037
坔室錄感一卷　(清)李顒撰　清刻本　一冊

360000－1982－0000033　0038
新鐫玉茗堂批評按鑑參補繡像南宋志小飛龍傳十卷　(明)研石山樵訂正　清刻本　一冊　存二卷(三至四)

360000－1982－0000034　0039
新鐫玉茗堂批點按鑑參補繡像北宋志楊家將傳六卷　(明)研石山樵訂正　清刻本　一冊　存二卷(一至二)

360000－1982－0000035　0040
書蔡氏傳輯錄纂註六卷　(元)董鼎撰　清刻通志堂經解本　四冊

360000－1982－0000036　0041
[時文選]不分卷　(清)□□輯　清抄本　一冊

360000－1982－0000037　0042
監本四書　(宋)朱熹集注　清道光十三年(1833)婺源一經堂刻本　三冊

360000－1982－0000038　0044
[傳奇選]不分卷　(清)□□輯　清嘉慶十三年(1808)胡尚傑抄本　一冊

360000－1982－0000039　0045
近思錄十四卷校勘記一卷　(宋)朱熹　(宋)呂祖謙撰　(清)江永集注　**考訂朱子世家一卷**　(清)江永撰　清同治八年(1869)江蘇書局刻本　六冊

360000－1982－0000040　0046
廣豐縣試卷　(清)夏景清撰　稿本　一冊

360000－1982－0000041　0047
廣豐縣試卷　(清)夏景清撰　稿本　一冊

360000－1982－0000042　0048
廣豐縣試卷　(清)夏景清撰　稿本　一冊

360000－1982－0000043　0049
廣豐縣試卷　(清)夏景清撰　稿本　一冊

360000－1982－0000044　0050
血盆經一卷慈悲血盆寶懺二卷　清光緒十三年(1887)刻本　一冊

360000－1982－0000045　0052
呂帝書鈔二十三卷首一卷　(清)周彙淙輯　清光緒十三年(1887)刻本　十冊

360000－1982－0000046　0053
晦庵先生朱文公文集一百卷續集五卷別集七

卷目錄二卷　(宋)朱熹撰　清康熙二十七年(1688)蔡方炳、臧眉錫刻本　四十八册

360000－1982－0000047　0055
[同治]廣信府志十二卷首一卷　(清)蔣繼洙修　(清)李樹藩纂　清同治十二年(1873)刻本　三十册

360000－1982－0000048　0056
御撰資治通鑑綱目三編二十卷　(清)張廷玉等撰　清刻本　一册　存五卷(十六至二十)

360000－1982－0000049　0057
忠雅堂集三十卷　(清)蔣士銓撰　清刻本　二册　存六卷(十至十二、二十二至二十四)

360000－1982－0000050　0060
後漢書九十卷　(南朝宋)范曄撰　(唐)李賢注　**志三十卷**　(晉)司馬彪撰　(南朝梁)劉昭注補　清同治八年(1869)金陵書局刻二十四史本　一册　存七卷(六十八至七十四)

360000－1982－0000051　0061
[吳德戶田賦徵收清册]不分卷　(清)吳清遠輯　清乾隆四十一年(1776)稿本　一册

360000－1982－0000052　0063
四書典林三十卷　(清)江永撰　清雍正十三年(1735)耕經齋刻本　十六册

360000－1982－0000053　0064
墨法集要一卷　(明)沈繼孫撰　清乾隆武英殿木活字印武英殿聚珍版書本　一册

360000－1982－0000054　0065
二如亭群芳譜三十卷首一卷　(明)王象晉撰　明末刻本　一册　存一卷(茶譜一卷)

360000－1982－0000055　0066
大清一統志四百二十四卷　(清)和珅等纂修　清光緒石印本　二册　存六卷(二百三十七至二百四十二)

360000－1982－0000056　0067
范文正公集二十卷別集四卷政府奏議二卷尺牘三卷補編五卷　(宋)范仲淹撰　**年譜一卷**　(宋)樓鑰撰　**補遺一卷**　(宋)范之柔編　**言行拾遺事錄四卷鄱陽遺事錄一卷遺跡一卷義莊規矩一卷褒賢集五卷**　清刻本　三册　存六卷(言行拾遺事錄四卷、鄱陽遺事錄一卷、遺跡一卷)

360000－1982－0000057　0069
太上說三元三官寶經一卷　清光緒元年(1875)瑪瑙經房刻本　五册

360000－1982－0000058　0071
法苑珠林一百卷　(唐)釋道世輯　宋重和元年至宣和六年(1118－1124)福州開元寺刻毗盧大藏經本　一葉　存一卷(八)

360000－1982－0000059　0072
文選六十卷　(南朝梁)蕭統輯　(唐)李善注　**考異十卷**　(清)胡克家撰　清嘉慶十四年(1809)鄱陽胡氏刻本　二十册　存六十卷(文選六十卷)

360000－1982－0000060　0073
可青山館詩存二卷　(清)雷維翰撰　清光緒十二年(1886)刻本　二册

360000－1982－0000061　0074
可青山館詩存二卷　(清)雷維翰撰　清光緒十二年(1886)刻本　二册

360000－1982－0000062　0075
可青山館詩存二卷　(清)雷維翰撰　清光緒十二年(1886)刻本　二册

360000－1982－0000063　0076
稼軒長短句十二卷　(宋)辛棄疾撰　清光緒十四年(1888)臨桂王氏家塾刻四印齋所刻詞本　二册

360000－1982－0000064　0077
漢書一百卷　(漢)班固撰　(唐)顔師古注　(明)鍾人傑輯評　明萬曆四十七年(1619)鍾人傑刻本　三十册　存九十二卷(帝紀一、七至十二,年表八卷,志十卷,列傳一至五十六、六十至七十)

360000－1982－0000065　0079
世說新語六卷　(南朝宋)劉義慶撰　(南朝

梁)劉孝標注 清光緒三年(1877)湖北崇文書局刻本 四册

360000－1982－0000066 0080
胡敬齋先生文集三卷居業錄四卷 (明)胡居仁撰 清同治八年(1869)傳經堂刻西京清麓叢書本 六册

360000－1982－0000067 0081
顏魯公文集十五卷補遺一卷 (唐)顏真卿撰 **年譜一卷** (宋)留元剛撰 **附錄四卷** 清嘉慶七年(1802)顏崇槼刻本 六册

360000－1982－0000068 0083
讀史方輿紀要一百三十卷 (清)顧祖禹撰 清抄本 九册 存二卷(二、八)

360000－1982－0000069 0084
金剛般若波羅蜜經一卷 (後秦)釋鳩摩羅什譯 清光緒二年(1876)鵝湖峰頂寺釋慈來、釋月亮刻本 一册

360000－1982－0000070 0085
松厓醫經不分卷 (明)程玠撰 清抄本 一册

360000－1982－0000071 0086
乾嘉詩壇點將錄一卷 (清)舒位撰 清光緒三十三年(1907)長沙葉氏觀古堂刻雙楳景闇叢書本 一册

360000－1982－0000072 0087
松漠紀聞一卷續一卷補遺一卷 (宋)洪皓撰 **考異一卷** (清)洪佩聲撰 清同治十二年(1873)涇縣洪氏三瑞堂刻洪氏晦木齋叢書本 一册

360000－1982－0000073 0088
冬青樹二卷 (清)蔣士銓撰 清刻本 二册

360000－1982－0000074 0089
雪中人一卷十六齣 (清)蔣士銓撰 (清)李士珠正譜 (清)錢世錫評點 清刻本 二册

360000－1982－0000075 0090
類編傷寒活人書括指掌圖論九卷提綱一卷 (宋)李知先編 (元)吳恕圖說 **續一卷** (明)熊宗立編 明正德二年(1507)刻本 三册

360000－1982－0000076 0091
鄉黨圖考十卷 (清)江永撰 清乾隆五十二年(1787)致和堂刻本 六册

360000－1982－0000077 0092
忠雅堂文集十二卷 (清)蔣士銓撰 清道光二十三年(1843)藏園蔣氏刻本 八册

360000－1982－0000078 0093
忠雅堂詩集二十七卷補遺二卷銅絃詞二卷 (清)蔣士銓撰 清道光二十三年(1843)藏園蔣氏刻本 八册

360000－1982－0000079 0094
忠雅堂評選四六法海八卷 (清)蔣士銓評選 清同治十年(1871)藏園刻朱墨套印本 十册

360000－1982－0000080 0095
隸釋二十七卷隸續二十一卷 (宋)洪适撰 清乾隆四十二年至四十三年(1777－1778)錢塘汪日秀樓松書屋刻本 十二册

360000－1982－0000081 0096
朱子語類一百四十卷 (宋)黎靖德輯 清刻本 三十六册

360000－1982－0000082 0097
尺木堂綱鑑易知錄九十二卷 (清)吳乘權等輯 清刻本 一册 存三卷(九十至九十二)

360000－1982－0000083 0099
謝疊山先生集二卷 (宋)謝枋得撰 清同治五年(1866)福州正誼書院刻本 一册

360000－1982－0000084 0100
謝疊山先生詩傳注疏三卷 (宋)謝枋得撰 清光緒八年(1882)豫章別業刻謝疊山先生評注四種合刻本 一册

360000－1982－0000085 0101
增補重訂千家詩註解二卷 (宋)謝枋得選 (清)王相注 **諸名家百壽詩一卷諸名家贈賀詩一卷** (清)王相輯 清刻本 一册

360000－1982－0000086　0102

新鐫五言千家詩箋註二卷　(宋)謝枋得選　(清)王相注　**諸名家百花詩二卷**　(清)王相輯　清光緒三十三年(1907)善成東記刻本　一冊

360000－1982－0000087　0103

胡文敬公[居仁]年譜一卷　(清)楊希閔撰　清光緒四年(1878)刻豫章先賢九家年譜本　一冊

360000－1982－0000088　0104

大學一卷中庸一卷　(宋)朱熹章句　清慎詒堂刻本　一冊

360000－1982－0000089　0105

朱元晦先生要語一卷　(明)王化振編　(明)王養性訂測　明刻本　一冊

360000－1982－0000090　0106

大明律令全集□□卷　明抄本　一冊　存一卷(六)

360000－1982－0000091　0107

論語十卷　(宋)朱熹集注　清慎詒堂刻本　二冊

360000－1982－0000092　0108

周易十二卷　(宋)朱熹本義　**易圖一卷五贊一卷筮儀一卷**　(宋)朱熹撰　清康熙內府刻本　二冊

360000－1982－0000093　0109

大學章句大全不分卷　(明)胡廣等輯　明內府刻四書集註大全本　二冊

360000－1982－0000094　0110

晦庵先生朱文公文集一百卷續集十一卷別集十卷目錄二卷　(宋)朱熹撰　明嘉靖十一年(1532)張大輪、胡岳等刻本　二冊　存二卷(晦庵先生朱文公文集一至二)

360000－1982－0000095　0111

晦庵先生朱文公文集一百卷續集十一卷別集十卷目錄二卷　(宋)朱熹撰　宋咸淳元年(1265)建安書院刻宋元明遞修本　二冊　存一卷(七十七)

360000－1982－0000096　0112

孟子十四卷　(宋)朱熹集注　清慎詒堂刻本　三冊　存七卷(一至七)

360000－1982－0000097　0113

歷代名儒傳八卷　(清)朱軾　(清)蔡世遠輯　清刻本　三冊

360000－1982－0000098　0115

東萊博議四卷　(宋)呂祖謙撰　清光緒二十五年(1899)浙江書局刻本　四冊

360000－1982－0000099　0117

楚辭集注八卷總評一卷　(宋)朱熹集注　(明)沈雲翔輯評　清乾隆五十三年(1788)聽雨齋刻朱墨套印本　六冊

360000－1982－0000100　0118

詩經八卷　(宋)朱熹集傳　清刻本　六冊

360000－1982－0000101　0119

三國志六十五卷　(晉)陳壽撰　(南朝宋)裴松之注　清光緒十三年(1887)江南書局刻本　七冊　存五十六卷(一至四十五、五十五至六十五)

360000－1982－0000102　0121

平定粵寇紀署十八卷附記四卷　(清)杜文瀾撰　清光緒元年(1875)詒穀堂刻本　十冊

360000－1982－0000103　0123

六經圖二十四卷　(清)鄭之僑輯　清乾隆九年(1744)潮陽鄭氏述堂刻本　十二冊

360000－1982－0000104　0124

朱子集一百四卷目錄二卷　(宋)朱熹撰　清咸豐至同治紫霞洲祠堂刻本　三十八冊

360000－1982－0000105　0125

晉書一百三十卷　(唐)房玄齡等撰　明崇禎元年(1628)毛氏汲古閣刻十七史本　四十四冊

360000－1982－0000106　0126

明史三百三十二卷目錄四卷　(清)張廷玉等撰　清刻本　八十三冊

360000－1982－0000107　0127
拜經日記八卷　（清）臧庸撰　清道光九年(1829)廣東學海堂刻咸豐十一年(1861)補刻皇清經解本　一册　存四卷(四至七)

360000－1982－0000108　0128
泉志十五卷　（宋）洪遵撰　清光緒元年(1875)隸釋齋刻本　一册

360000－1982－0000109　0130
唐人萬首絶句選七卷　（清）王士禛輯　清康熙洪氏松花屋刻雍正十年(1732)洪正治家塾補修同治九年(1870)金陵書局遞修王漁陽遺書本　二册

360000－1982－0000110　0131
澄園醫類十五卷首一卷　（清）關燿南輯　清光緒十二年(1886)信江書院刻本　四册　存八卷(一至三、八至十一,首一卷)

360000－1982－0000111　0132
[道光]上饒縣志三十二卷首一卷　（清）陶堯臣修　（清）周毓麟纂　清道光六年(1826)刻本　十二册

360000－1982－0000112　0133
東山書院公輸錄二卷　（清）張甫　（清）方朝佐等編　**續錄二卷**　（清）□□編　清同治六年(1867)刻本　十二册

360000－1982－0000113　0134
容齋隨筆十六卷續筆十六卷三筆十六卷四筆十六卷五筆十卷　（宋）洪邁撰　清乾隆五十九年(1794)掃葉山房刻本　十六册

360000－1982－0000114　0135
[同治]上饒縣志二十六卷首一卷　（清）王恩溥　（清）邢德裕修　（清）李樹藩等纂　清同治十一年(1872)刻本　二十册

360000－1982－0000115　0136
[同治]廣信府志十二卷首一卷　（清）蔣繼洙修　（清）李樹藩纂　清同治十二年(1873)刻本　三十一册

360000－1982－0000116　0137
四書經註集證十九卷　（清）吴昌宗撰　清嘉慶三年(1798)江都汪氏刻本　十四册

360000－1982－0000117　0138
易經十二卷首一卷末一卷　（宋）朱熹本義　清同治四年(1865)金陵書局刻十三經讀本本　二册

360000－1982－0000118　0139
松厓醫經不分卷　（明）程玠撰　清抄本　一册

360000－1982－0000119　0141
朱子世家一卷　（清）江永撰　清宣統元年(1909)木活字印本　一册

360000－1982－0000120　0142
孟子十四卷　（宋）朱熹集注　明内府刻四書集註本　一册

360000－1982－0000121　0143
資治通鑑綱目五十九卷　（宋）朱熹撰　明刻本　一册　存一卷(八)

360000－1982－0000122　0145
謝疊山先生文章軌範七卷　（宋）謝枋得撰　清咸豐二年(1852)潯陽萬青銓刻三色套印本　二册

360000－1982－0000123　0146
禪月集十二卷　（唐）釋貫休撰　清同治八年(1869)永康胡氏退補齋刻金華叢書本　二册

360000－1982－0000124　0147
類編傷寒活人書括指掌圖論九卷提綱一卷　（宋）李知先編　（元）吴恕圖說　**續一卷**　（明）熊宗立編　明正德二年(1507)刻本　三册

360000－1982－0000125　0148
河洛精蘊九卷　（清）江永撰　清乾隆刻本　四册

360000－1982－0000126　0149
近思錄十四卷　（宋）朱熹　（宋）呂祖謙編　（清）江永集注　**考訂朱子世家一卷**　（清）江永撰　**校勘記一卷**　（清）王炳撰　清同治八

年(1869)江蘇書局刻本　四冊

360000－1982－0000127　0150
晦庵先生朱文公文集一百卷續集五卷別集七卷目錄二卷　(宋)朱熹撰　清刻本　三十六冊　存九十二卷(晦庵先生朱文公文集十至十九、二十九至四十九、五十二至一百,續集五卷,別集七卷)

360000－1982－0000128　0151
[婺源縣學汪德修試卷]一卷　(清)汪德修撰　清刻本　一冊

360000－1982－0000129　0152
[萬年縣聶濟時鄉試硃卷]一卷　(清)聶濟時撰　清刻本　一冊

360000－1982－0000130　0153
論語集註本義匯參二十卷論語序說一卷　(清)王步青輯　(清)王士鼇編　清乾隆十年(1745)敦復堂刻本　四冊　存八卷(一至四、七至八)

360000－1982－0000131　0154
廿二史紀事提要八卷　(清)吳綏撰　清嘉慶元年(1796)吳培源刻本　六冊

360000－1982－0000132　0155
晦庵先生朱文公文集一百卷　(宋)朱熹撰　清刻本　三冊　存八卷(二十三至二十八、五十至五十一)

360000－1982－0000133　0156
王右丞集二十八卷首一卷末一卷　(唐)王維撰　(清)趙殿成箋注　清乾隆刻本　五冊

360000－1982－0000134　0157
古文雅正十四卷　(清)蔡世遠輯　清光緒二十二年(1896)上海圖書集成印書局鉛印本　四冊

360000－1982－0000135　0158
五經類編二十八卷　(清)周世樟編　清刻本　十冊

360000－1982－0000136　0160
歷代史事論斷三卷　(清)仲弘道撰　清刻本　二冊　存二卷(二至三)

360000－1982－0000137　0161
前漢書一百二十卷　(漢)班固撰　(唐)顏師古注　清光緒二十六年(1900)煥文書局石印本　十二冊

360000－1982－0000138　0162
佩文韻府一百六卷　(清)張玉書　(清)蔡升元等輯　**韻府拾遺一百六卷**　(清)汪灝　(清)何焯等輯　清光緒八年(1882)上海點石齋石印本　十七冊

360000－1982－0000139　0163
子史精華一百六十卷　(清)吳士玉　(清)吳襄等輯　清光緒十年(1884)上海同文書局刻本　八冊

360000－1982－0000140　0164
音註小倉山房尺牘八卷　(清)袁枚撰　(清)胡光斗箋釋　清木掃葉山房石印本　一冊　存四卷(三至六)

360000－1982－0000141　0166
說文解字十五卷　(漢)許慎撰　(宋)徐鉉等校定　清刻本　一冊　存四卷(九至十二)

360000－1982－0000142　0167
漁洋山人古詩選三十二卷　(清)王士禛輯　**惜抱軒今體詩選十八卷**　(清)姚鼐輯　清同治五年(1866)金陵書局刻本　十冊

360000－1982－0000143　0168
張子全書十五卷　(宋)張載撰　(宋)朱熹注　清刻本　六冊

360000－1982－0000144　0169
歷代循吏傳八卷　(清)朱軾　(清)蔡世遠輯　清刻本　三冊

360000－1982－0000145　0170
讀孟十五卷　(清)王又樸撰　清乾隆十二年(1747)刻本　六冊

360000－1982－0000146　0171
白香山詩長慶集二十卷後集十七卷別集一卷補遺二卷　(唐)白居易撰　**年譜一卷**　(清)

汪立名撰　**年譜舊本一卷**　（宋）陳振孫撰　清康熙四十一年至四十二年（1702－1703）汪立名一隅草堂刻本　八册

360000－1982－0000147　0172
白香山詩長慶集二十卷後集十七卷別集一卷補遺二卷　（唐）白居易撰　清刻本　六册　存二十三卷（白香山詩長慶集一至四、十一至二十，後集一至四、九至十三）

360000－1982－0000148　0173
國朝先正事略六十卷　（清）李元度撰　清光緒二十二年（1896）文盛書局石印本　四册　存二十二卷（一至十四、二十六至三十三）

上饒市信州區圖書館古籍普查登記目録

全國古籍普查登記目録

國家圖書館出版社
National Library of China Publishing House

360000－1906－0000001　0003
周易四卷　(宋)朱熹本義　清道光九年(1829)刻本　二冊

360000－1906－0000002　0004
慎詒堂易經四卷　(宋)朱熹本義　清刻本　二冊

360000－1906－0000003　0005
周易四卷　(宋)朱熹本義　清乾隆五十七年(1792)紫巖存心齋刻本　一冊　存一卷(一)

360000－1906－0000004　0006
周易四卷　(宋)朱熹本義　清永言堂刻本　一冊　存一卷(一)

360000－1906－0000005　0007
周易四卷　(宋)朱熹本義　清文奎堂刻本　一冊　存一卷(二)

360000－1906－0000006　0008
御纂周易折中二十二卷首一卷　(清)李光地等撰　清刻本　五冊　存九卷(一至三、八至十、十六至十八)

360000－1906－0000007　0009
周易兼義九卷　(三國魏)王弼　(晉)韓康伯注　(唐)孔穎達正義　**音義一卷**　(唐)陸德明撰　**注疏校勘記九卷釋文校勘記一卷**　(清)阮元撰　(清)盧宣旬摘錄　清嘉慶二十年(1815)江西南昌府學刻重刊宋本十三經注疏本　一冊　存二卷(三、校勘記三)

360000－1906－0000008　0010
周易經義審七卷首一卷　(清)盧浙撰　清刻本　二冊　存四卷(二至五)

360000－1906－0000009　0011
伊川易傳四卷　(宋)程頤撰　清刻本　四冊

360000－1906－0000010　0012
梁山來知德先生易經來註十五卷末一卷　(明)來知德撰　(清)崔華重訂　清刻本　二冊　存二卷(九至十)

360000－1906－0000011　0013
寄傲山房塾課纂輯御案易經備旨七卷易經圖案一卷　(清)鄒聖脈輯　清同治三年(1864)英德堂刻五經備旨本　三冊

360000－1906－0000012　0014
寄傲山房塾課纂輯御案易經備旨七卷易經圖案一卷　(清)鄒聖脈輯　清刻本　三冊　存五卷(三至七)

360000－1906－0000013　0015
書經備解不分卷　(清)周封魯輯　清道光三年(1823)刻本　一冊

360000－1906－0000014　0016
書經備解不分卷　(清)周封魯輯　清道光三年(1823)刻本　一冊

360000－1906－0000015　0017
書經備解不分卷　(清)周封魯輯　清道光三年(1823)刻本　一冊

360000－1906－0000016　0018
易經增訂旁訓三卷　(清)徐立綱撰　清刻本　一冊　存二卷(二至三)

360000－1906－0000017　0019
易經體注大全合參四卷　(清)李兆賢注　**周易四卷**　(宋)朱熹本義　清敬書堂刻本　一冊　存二卷(易經體注大全合參一、周易一)

360000－1906－0000018　0020
新刻來瞿唐先生易註十五卷首一卷末一卷圖像一卷　(明)來知德撰　清朝爽堂刻本　二冊　存三卷(十二至十三、首一卷)

360000－1906－0000019　0022
尚書古文疏證八卷附二卷　(清)閻若璩撰　清乾隆十年(1745)眷西堂刻同治六年(1867)錢塘汪氏振綺堂補刻本　三冊　存三卷(一至二、五)

360000－1906－0000020　0023
尚書注疏二十卷　(漢)孔安國傳　(唐)陸德明音義　(唐)孔穎達疏　明崇禎五年(1632)毛氏汲古閣刻十三經注疏本　八冊　存十六卷(一至四、七至十四、十七至二十)

360000－1906－0000021　0024

尚書離句六卷 (清)錢在培輯解 清光緒二十年(1894)刻本 二冊

360000－1906－0000022 0025
尚書離句六卷 (清)錢在培輯解 清刻本 二冊 存二卷(五至六)

360000－1906－0000023 0026
禹貢集註一卷圖考詩歌一卷 (明)劉崇慶撰 **附禹貢山水清音一卷** (明)劉椿撰 清咸豐十年(1860)霞里文閣刻本 一冊

360000－1906－0000024 0027
書經旁訓合璧六卷首一卷末一卷 (清)李繩撰 清光緒六年(1880)刻本 三冊

360000－1906－0000025 0028
書經旁訓合璧六卷首一卷末一卷 (清)李繩撰 清刻本 二冊 存五卷(三至六、末一卷)

360000－1906－0000026 0029
寄傲山房塾課纂輯書經備旨蔡註捷錄七卷 (清)鄒聖脈輯 清雍正八年(1730)刻本 二冊 存五卷(一至五)

360000－1906－0000027 0030
慎詒堂書經六卷 (宋)蔡沈集傳 清松盛堂刻本 六冊

360000－1906－0000028 0031
書經六卷 (宋)蔡沈集傳 清刻本 四冊

360000－1906－0000029 0032
書經六卷 (宋)蔡沈集傳 清刻本 三冊 存四卷(一至四)

360000－1906－0000030 0033
慎詒堂書經六卷 (宋)蔡沈集傳 清三餘堂刻本 三冊 存四卷(一、四至六)

360000－1906－0000031 0034
禹貢節要便蒙總歌附錄□□卷 (清)□□撰 清刻本 一冊 存二卷(二至三)

360000－1906－0000032 0035
書經六卷 (宋)蔡沈集傳 清文奎堂刻本 三冊 存五卷(二至六)

360000－1906－0000033 0036
書經六卷 (宋)蔡沈集傳 清文奎堂刻本(卷三配清刻本) 二冊 存二卷(三至四)

360000－1906－0000034 0037
書經六卷 (宋)蔡沈集傳 清刻本 一冊 存二卷(三至四)

360000－1906－0000035 0038
書經六卷 (宋)蔡沈集傳 清刻本 一冊 存一卷(四)

360000－1906－0000036 0039
書經精華六卷 (清)薛嘉穎撰 清道光七年(1827)刻本 一冊 存一卷(一)

360000－1906－0000037 0040
尚書大全纂序說約合參秘解六卷 (清)朱雲龍撰 **書經集註六卷** (宋)蔡沈撰 清敦化堂刻本 三冊 存八卷(尚書大全纂序說約合參秘解一至四、書經集註一至四)

360000－1906－0000038 0041
書經體註大全合參六卷 (清)錢希祥輯 **書經六卷** (宋)蔡沈集傳 清刻本 三冊 存十卷(書經體註大全合參二至六、書經二至六)

360000－1906－0000039 0042
書經體註大全合參六卷 (清)錢希祥輯 **書經六卷** (宋)蔡沈集傳 清刻本 二冊 存六卷(書經體註大全合參四至六、書經四至六)

360000－1906－0000040 0043
書經體註約解合參六卷 (清)洪佐聖等撰 **書經六卷** (宋)蔡沈集傳 清刻本 一冊 存二卷(書經體註約解合參四、書經四)

360000－1906－0000041 0044
欽定書經傳說彙纂二十一卷首二卷書序一卷 (清)王頊齡等撰 清刻本 四冊 存六卷(四至七、十六至十七)

360000－1906－0000042 0045
欽定書經傳說彙纂二十一卷首二卷書序一卷

（清）王頊齡等撰　清刻本　一冊　存三卷（一、首二卷）

360000－1906－0000043　0046
欽定書經傳説彙纂二十一卷首二卷書序一卷　（清）王頊齡等撰　清刻本　一冊　存二卷（五至六）

360000－1906－0000044　0047
融堂書解二十卷　（宋）錢時撰　清刻本　一冊　存六卷（四至九）

360000－1906－0000045　0049
詩毛氏傳疏三十卷釋毛詩音四卷毛詩説一卷毛詩傳義類十九篇一卷鄭氏箋攷徵一卷　（清）陳奐撰　清光緒石印本　四冊

360000－1906－0000046　0050
附釋音毛詩注疏七十卷　（漢）毛亨傳　（漢）鄭玄箋　（唐）陸德明音義　（唐）孔穎達疏　**校勘記七十卷**　（清）阮元撰　（清）盧宣旬摘錄　清嘉慶二十年（1815）江西南昌府學刻重刊宋本十三經注疏本　八冊　存四十四卷（十六至二十一、三十九至四十、四十九至五十七、六十一至六十三、六十六至六十七，校勘記十六至二十一、三十九至四十、四十九至五十七、六十一至六十三、六十六至六十七）

360000－1906－0000047　0051
附釋音毛詩注疏七十卷　（漢）毛亨傳　（漢）鄭玄箋　（唐）陸德明音義　（唐）孔穎達疏　**校勘記七十卷**　（清）阮元撰　（清）盧宣旬摘錄　清嘉慶二十年（1815）江西南昌府學刻重刊宋本十三經注疏本　八冊　存四十四卷（四十九至七十、校勘記四十九至七十）

360000－1906－0000048　0052
採輯名家批評詩經删補四卷　（明）徐奮鵬撰　（明）楊居廣編　清刻本　三冊　存三卷（一、三至四）

360000－1906－0000049　0053
御案詩經備旨八卷　（清）鄒聖脈輯　清刻本　四冊

360000－1906－0000050　0054
御案詩經備旨八卷　（清）鄒聖脈輯　清刻本　三冊　存四卷（一、三、五至六）

360000－1906－0000051　0055
詩經八卷　（宋）朱熹集傳　清光緒二十六年（1900）立言堂刻本　四冊

360000－1906－0000052　0056
詩八卷　（宋）朱熹集傳　清慎詒堂刻本　四冊

360000－1906－0000053　0057
詩八卷　（宋）朱熹集傳　清文星堂刻本　四冊　存四卷（三、五至六、八）

360000－1906－0000054　0058
詩經八卷　（宋）朱熹集傳　清文星堂刻本　三冊　存七卷（一至二、四至八）

360000－1906－0000055　0059
詩經八卷　（宋）朱熹集傳　清立言堂刻本　三冊　存六卷（三至八）

360000－1906－0000056　0060
欽定詩經傳説彙纂二十一卷首二卷詩序二卷　（清）王鴻緒等撰　清刻本　七冊　存八卷（九至十、十七至十八、二十至二十一，詩序二卷）

360000－1906－0000057　0061
詩經增訂旁訓四卷　（清）徐立綱輯　（清）□□增訂　清乾隆四十七年（1782）吳郡張氏匠門書屋刻五經旁訓本　一冊　存二卷（三至四）

360000－1906－0000058　0062
詩經增訂旁訓四卷　（清）徐立綱輯　（清）□□增訂　清刻本　一冊　存二卷（三至四）

360000－1906－0000059　0063
詩經精華十卷　（清）薛嘉穎輯　清道光七年（1827）姑蘇步月樓刻本　三冊　存六卷（一至二、四至五、九至十）

360000－1906－0000060　0064
詩經體注大全合參八卷　（清）高朝瓔定　（清）沈世楷輯　清玉軸樓刻本　三冊

360000－1906－0000061　0065
詩八卷圖一卷叶韻詳音一卷　（宋）朱熹集傳　清筆花樓刻本　一冊　存二卷（一至二）

360000－1906－0000062　0066
考工記圖二卷　（清）戴震撰　清乾隆四十四年（1779）孔氏刻微波榭叢書本　一冊

360000－1906－0000063　0067
周官塾訓六卷　（清）魯鴻輯　清刻本　一冊　存二卷（四至五）

360000－1906－0000064　0068
周官精義十二卷　（清）連斗山輯　清刻本　一冊　存三卷（四至六）

360000－1906－0000065　0069
周官精義十二卷　（清）連斗山輯　清刻本　一冊　存一卷（十二）

360000－1906－0000066　0071
周禮折衷六卷　（漢）鄭玄注　（唐）賈公彥疏　（清）胡興秤編　清刻本　二冊　存四卷（一至四）

360000－1906－0000067　0072
周禮政要四卷　（清）孫詒讓撰　清光緒三十年（1904）上海書局石印本　二冊

360000－1906－0000068　0073
周禮政要二卷　（清）孫詒讓撰　清光緒二十八年（1902）瑞安普通學堂刻本　二冊

360000－1906－0000069　0074
周禮政要二卷　（清）孫詒讓撰　清光緒二十八年（1902）瑞安普通學堂刻本　二冊

360000－1906－0000070　0075
周禮約編六卷　（清）汪基撰　清嘉慶汪氏敬堂家塾刻本　一冊　存三卷（四至六）

360000－1906－0000071　0076
周禮六卷　（漢）鄭玄注　（唐）陸德明音義　清刻本　二冊　存二卷（四至五）

360000－1906－0000072　0077
周禮折衷六卷　（漢）鄭玄注　（唐）賈公彥疏　（清）胡興秤重訂　清晚翠堂刻本　一冊　存二卷（一至二）

360000－1906－0000073　0078
周禮註疏刪翼三十卷　（明）王志長撰　清刻本　三冊

360000－1906－0000074　0079
周禮節釋十二卷　（清）鮑梁撰　清刻本　二冊　存六卷（四至六、十至十二）

360000－1906－0000075　0080
周禮節釋十二卷　（清）鮑梁撰　清刻本　一冊　存三卷（六至八）

360000－1906－0000076　0081
周禮精華六卷　（清）陳龍標輯　清道光十二年（1832）姑蘇步月樓刻本　四冊　存四卷（一至二、四至五）

360000－1906－0000077　0082
附釋音周禮注疏四十二卷　（漢）鄭玄注　（唐）陸德明音義　（唐）賈公彥疏　**校勘記四十二卷**　（清）阮元撰　（清）盧宣旬摘錄　清嘉慶二十年（1815）江西南昌府學刻重刊宋本十三經注疏本　二冊　存八卷（十一至十二、四十一至四十二，校勘記十一至十二、四十一至四十二）

360000－1906－0000078　0083
重校古周禮六卷　（明）陳仁錫注釋　（明）艾南英校閱　清刻本　一冊　存二卷（五至六）

360000－1906－0000079　0084
欽定周官義疏四十八卷首一卷　（清）鄂爾泰等撰　清刻本　一冊　存一卷（四十八）

360000－1906－0000080　0085
欽定周官義疏四十八卷首一卷　（清）鄂爾泰等撰　清刻本　十六冊　存二十九卷（三至四、七、十四至二十一、二十三至三十、三十三至三十四、三十七至三十八、四十一至四十四、四十六、四十八）

360000－1906－0000081　0086
增註周禮蒙求二卷　（□）陳益撰　（清）朱錦注　清嘉慶十三年（1808）桂林三新堂刻本

一冊　存一卷(上)

360000－1906－0000082　0088
儀禮約編三卷　(清)汪基撰　清嘉慶汪氏敬堂家塾刻本　一冊　存一卷(上)

360000－1906－0000083　0089
欽定儀禮義疏四十八卷首二卷　(清)朱軾等撰　清刻本　一冊　存二卷(二十一至二十二)

360000－1906－0000084　0090
欽定儀禮義疏四十八卷首二卷　(清)朱軾等撰　清刻本　一冊　存一卷(四十五)

360000－1906－0000085　0091
欽定儀禮義疏四十八卷首二卷　(清)朱軾等撰　清刻本　二十三冊　存三十八卷(一至六、九至二十六、二十九至三十、三十五至四十、四十三至四十五、四十八,首二卷)

360000－1906－0000086　0092
全本禮記體註大全合參十卷　(清)范翔輯　(清)徐瑄補輯　清敬書堂刻本　四冊　存四卷(一、三至四、九)

360000－1906－0000087　0093
全本禮記體註大全合參十卷　(清)范翔輯　(清)徐瑄補輯　清學源堂刻本　六冊　存六卷(一、三、六至八、十)

360000－1906－0000088　0094
附釋音禮記注疏六十三卷　(漢)鄭玄注　(唐)陸德明音義　(唐)孔穎達疏　**附校勘記六十三卷**　(清)阮元撰　(清)盧宣旬摘錄　清嘉慶二十年(1815)江西南昌府學刻重刊宋本十三經注疏本　二冊　存三十卷(二十二至三十三、五十六至五十八,校勘記二十二至三十三、五十六至五十八)

360000－1906－0000089　0095
禮記省度四卷　(清)彭頤撰　清刻朱墨套印本　四冊

360000－1906－0000090　0097
禮記十卷　(元)陳澔集說　清嘉慶十六年(1811)揚州十笏堂刻本　一冊　存一卷(三)

360000－1906－0000091　0098
寄傲山房塾課纂輯禮記全文備旨十一卷　(清)鄒聖脈輯　清刻本　三冊　存七卷(三至六、九至十一)

360000－1906－0000092　0099
禮記省度四卷　(清)彭頤撰　清刻朱墨套印本　一冊　存一卷(一)

360000－1906－0000093　0100
禮記省度四卷　(清)彭頤撰　清刻朱墨套印本　二冊　存二卷(一至二)

360000－1906－0000094　0101
寄傲山房塾課纂輯禮記全文備旨十一卷　(清)鄒聖脈輯　清刻本　六冊

360000－1906－0000095　0102
禮記備解不分卷　(清)周封魯輯　清道光三年(1823)刻本　一冊

360000－1906－0000096　0103
禮記集說三十卷　(元)陳澔撰　清二酉堂刻本　六冊

360000－1906－0000097　0104
慎詒堂禮記十卷　(元)陳澔集說　清慎詒堂刻本　十冊

360000－1906－0000098　0105
禮記十卷　(元)陳澔集說　清存心齋刻本　十冊

360000－1906－0000099　0106
禮記十卷　(元)陳澔集說　清刻本　三冊　存三卷(四至六)

360000－1906－0000100　0107
禮記十卷　(元)陳澔集說　清存心齋刻本　三冊　存三卷(三、七、九)

360000－1906－0000101　0108
禮記十卷　(元)陳澔集說　清乾隆六十年(1795)刻本　十冊

360000－1906－0000102　0109

禮記十卷　(元)陳澔集說　清刻本　十册

360000－1906－0000103　0110
禮記十卷　(元)陳澔集說　清刻本　九册　存九卷(一至二、四至十)

360000－1906－0000104　0111
禮記十卷　(元)陳澔集說　清刻本　二册　存二卷(一至二)

360000－1906－0000105　0112
禮記十卷　(元)陳澔集說　清刻本　五册　存五卷(三至四、六至八)

360000－1906－0000106　0113
禮記十卷　(元)陳澔集說　清刻本　五册　存五卷(二、四、六至七、九)

360000－1906－0000107　0114
禮記十卷　(元)陳澔集說　清刻本　三册　存三卷(一至二、八)

360000－1906－0000108　0115
禮記十卷　(元)陳澔集說　清刻本　二册　存二卷(七至八)

360000－1906－0000109　0116
禮記集說十卷　(元)陳澔撰　明刻本　一册　存一卷(四)

360000－1906－0000110　0117
禮記十卷　(元)陳澔集說　清刻本　一册　存一卷(三)

360000－1906－0000111　0118
禮記增訂旁訓六卷　(清)徐立綱撰　清匠門書屋刻本　四册　存四卷(一、四至六)

360000－1906－0000112　0119
禮記增訂旁訓六卷　(清)徐立綱撰　清關西堂刻本　一册　存一卷(二)

360000－1906－0000113　0120
禮記增訂旁訓六卷　(清)徐立綱撰　清匠門書屋刻本　一册　存一卷(四)

360000－1906－0000114　0121
漱芳軒合纂禮記體註四卷　(清)范翔輯　清嘉慶五年(1800)刻本　四册

360000－1906－0000115　0122
漱芳軒合纂禮記體註四卷　(清)范翔輯　清兩儀堂刻本　一册　存一卷(一)

360000－1906－0000116　0123
漱芳軒合纂禮記體註四卷　(清)范翔輯　清刻本　三册　存三卷(二至四)

360000－1906－0000117　0124
漱芳軒合纂禮記體註四卷　(清)范翔輯　清刻本　四册

360000－1906－0000118　0125
漱芳軒合纂禮記體註四卷　(清)范翔輯　清刻本　三册　存三卷(一至二、四)

360000－1906－0000119　0126
漱芳軒合纂禮記體註四卷　(清)范翔輯　清康熙五十二年(1713)刻本　四册

360000－1906－0000120　0127
漱芳軒合纂禮記體註四卷　(清)范翔輯　清文星堂刻本　二册　存二卷(一、四)

360000－1906－0000121　0128
漱芳軒合纂禮記體註四卷　(清)范翔輯　清文奎堂刻本　一册　存一卷(三)

360000－1906－0000122　0129
漱芳軒合纂禮記體註四卷　(清)范翔輯　清刻本　一册　存二卷(三至四)

360000－1906－0000123　0130
禮記體註大全合參四卷　(清)周熾輯　清刻本　二册　存二卷(一、四)

360000－1906－0000124　0131
漱芳軒合纂禮記體註四卷　(清)范翔輯　清刻本　三册　存三卷(一至二、四)

360000－1906－0000125　0133
讀禮通考一百二十卷　(清)徐乾學撰　清康熙刻本　二册　存八卷(十七至二十四)

360000－1906－0000126　0134
欽定禮記義疏八十二卷首一卷　(清)允祿等

撰　清刻御纂七經本　十八冊　存三十一卷(三十五至四十六、四十九至五十二、五十五至六十二、六十五至六十七、七十八、八十至八十二)

360000－1906－0000127　0135
欽定禮記義疏八十二卷首一卷　(清)允祿等撰　清刻御纂七經本　四冊　存八卷(三十二至三十三、五十九至六十、七十六至七十七、七十九至八十)

360000－1906－0000128　0136
欽定禮記義疏八十二卷首一卷　(清)允祿等撰　清刻御纂七經本　十七冊　存二十二卷(一、十六、十九、二十一至二十二、二十七、三十一至三十二、四十二至四十四、四十六、五十一、五十八至六十二、七十三、八十一至八十二,首一卷)

360000－1906－0000129　0137
三禮陳數求義三十卷　(清)林喬蔭撰　清刻本　二冊　存五卷(八至九、二十三至二十五)

360000－1906－0000130　0138
吳文正公三禮攷註六十四卷首一卷　(元)吳澄撰　清乾隆二年(1737)刻本　十五冊　存六十二卷(一至二十四、二十八至六十四,首一卷)

360000－1906－0000131　0139
新定三禮圖二十卷　(宋)聶崇義集注　清刻本　一冊　存十一卷(十至二十)

360000－1906－0000132　0140
五禮通考二百六十二卷首四卷目錄二卷　(清)秦蕙田撰　清乾隆十八年(1753)秦氏味經窩刻本　七冊　存十八卷(八至十、五十二至五十四、六十三至六十四、一百五十一至一百五十三、一百七十二至一百七十四、一百九十七至一百九十八、二百三十三至二百三十四)

360000－1906－0000133　0141
附釋音春秋左傳注疏六十卷　(晉)杜預注　(唐)陸德明音義　(唐)孔穎達疏　**校勘記六十卷**　(清)阮元撰　(清)盧宣旬摘錄　清刻重刊宋本十三經注疏本　九冊　存三十二卷(六至七、十四至十五、二十三至二十四、三十五至三十六、四十一至四十四、四十七至四十八、五十五至五十六,校勘記六至七、十四至十五、二十三至二十四、三十五至三十六、四十一至四十四、四十七至四十八、五十五至五十六)

360000－1906－0000134　0142
春秋左氏古經十二卷春秋左氏傳五十凡一卷　(清)段玉裁撰　清道光元年(1821)金壇段氏經韻樓刻經韻樓叢書本　二冊

360000－1906－0000135　0143
春秋左氏傳旁訓三十卷　(清)席世安撰　清掃葉山房刻本　三冊　存十卷(十八至二十四、二十八至三十)

360000－1906－0000136　0144
春秋經傳集解三十卷　(晉)杜預撰　(唐)陸德明音義　(宋)林堯叟附注　(清)馮李驊增訂　**左繡三十卷**　(清)馮李驊　(清)陸浩評輯　清乾隆五十八年(1793)學源堂刻本　十四冊

360000－1906－0000137　0145
春秋經傳集解三十卷　(晉)杜預撰　(唐)陸德明音義　(宋)林堯叟附注　(清)馮李驊增訂　**左繡三十卷**　(清)馮李驊　(清)陸浩評輯　清文淵堂刻本　十四冊

360000－1906－0000138　0146
春秋經傳集解三十卷　(晉)杜預撰　(唐)陸德明音義　(宋)林堯叟附注　(清)馮李驊增訂　**左繡三十卷**　(清)馮李驊　(清)陸浩評輯　清華川書屋刻本　十四冊

360000－1906－0000139　0147
春秋經傳集解三十卷　(晉)杜預撰　(唐)陸德明音義　(宋)林堯叟附注　(清)馮李驊增訂　**左繡三十卷**　(清)馮李驊　(清)陸浩評輯　清華川書屋刻本　七冊

360000－1906－0000140　0148
春秋經傳集解三十卷　(晉)杜預撰　(唐)陸德明音義　(宋)林堯叟附注　(清)馮李驊增訂　**左繡三十卷**　(清)馮李驊　(清)陸浩評輯　清同人堂刻本　七册

360000－1906－0000141　0149
春秋經傳集解三十卷　(晉)杜預撰　(唐)陸德明音義　(宋)林堯叟附注　(清)馮李驊增訂　**左繡三十卷**　(清)馮李驊　(清)陸浩評輯　清刻本　六册

360000－1906－0000142　0150
春秋左傳五十卷　(晉)杜預注　(唐)陸德明音義　(宋)林堯叟注釋　(明)孫鑛等評點　清刻本　十一册　存四十八卷(三至五十)

360000－1906－0000143　0151
春秋左傳五十卷　(晉)杜預注　(唐)陸德明音義　(宋)林堯叟注釋　(明)孫鑛等評點　清刻本　五册　存三十二卷(八至二十八、四十至五十)

360000－1906－0000144　0152
春秋左傳五十卷　(晉)杜預注　(唐)陸德明音義　(宋)林堯叟注釋　(明)孫鑛等評點　清李光明家刻本　三册　存十二卷(十至十三、二十二至二十九)

360000－1906－0000145　0153
如西所刻諸名家評點春秋綱目左傳句解彙雋六卷　(清)韓菼重訂　清刻本　一册　存一卷(一)

360000－1906－0000146　0154
太史張天如詳節春秋綱目句解左傳彙雋六卷　(清)韓菼重訂　清刻本　三册　存三卷(四至六)

360000－1906－0000147　0155
重訂批點春秋左傳詳節句解六卷首一卷　(宋)朱申撰　(明)孫鑛批點　清刻本　二册　存二卷(二至三)

360000－1906－0000148　0156
如西所刻諸名家評點春秋綱目左傳句解彙雋六卷　(清)韓菼重訂　清刻本　一册　存一卷(一)

360000－1906－0000149　0157
批點春秋左傳綱目句解彙雋六卷　(清)韓菼重訂　清刻本　五册　存五卷(二至六)

360000－1906－0000150　0158
批點春秋左傳綱目句解彙雋六卷　(清)韓菼重訂　清刻本　六册

360000－1906－0000151　0159
批點春秋左傳綱目句解彙雋六卷　(清)韓菼重訂　清刻本　二册　存二卷(五至六)

360000－1906－0000152　0160
説左約箋二卷　(清)馮李驊撰　(清)夏大觀箋注　清經元堂刻本　一册

360000－1906－0000153　0161
春秋公羊傳十一卷　(漢)何休注　(唐)陸德明音義　清刻本　一册　存三卷(六至八)

360000－1906－0000154　0163
春秋董氏學八卷　康有爲撰　清光緒上海大同譯書局刻本　六册

360000－1906－0000155　0165
春秋穀梁傳十二卷　(晉)范甯集解　(唐)陸德明音義　清光緒三年(1877)永康胡氏退補齋刻本　一册　存三卷(一至三)

360000－1906－0000156　0166
監本附音春秋穀梁注疏二十卷　(晉)范甯集解　(唐)陸德明音義　(唐)楊士勛疏　**校勘記二十卷**　(清)阮元撰　(清)盧宣旬摘錄　清嘉慶二十年(1815)江西南昌府學刻重刊宋本十三經注疏本　一册　存六卷(十八至二十、校勘記十八至二十)

360000－1906－0000157　0167
左氏春秋紀事本末十四卷　(清)熊爲霖撰　清乾隆心松書屋刻本　四册　存七卷(四至六、八至十一)

360000－1906－0000158　0168
公羊穀梁春秋合編附註疏纂十二卷　(漢)何

休注　(晉)范甯集解　(唐)楊士勛疏　(明)朱泰禎纂述　清刻本　一冊　存三卷(七至九)

360000－1906－0000159　0170
春秋三十卷　(宋)胡安國傳　(宋)林堯叟音注　清五車樓刻本　二冊　存八卷(一至三、十至十四)

360000－1906－0000160　0171
十三經集字音釋四卷　(清)黃蕙田撰　清同治九年(1870)蔣存誠刻本　一冊　存二卷(三至四)

360000－1906－0000161　0172
春秋四傳管窺三十二卷　(清)張星徽撰　清乾隆四年(1739)藏書堂刻本　一冊　存一卷(十一)

360000－1906－0000162　0173
春秋四傳管窺二丨二卷　(清)張星徽撰　清乾隆四年(1739)藏書堂刻本　一冊　存一卷(一)

360000－1906－0000163　0174
春秋旁訓四卷　(清)徐立綱撰　清匠門書屋刻五經旁訓本　一冊　存二卷(三至四)

360000－1906－0000164　0175
春秋鈔十卷首一卷　(清)朱軾輯　清刻本　一冊　存三卷(八至十)

360000－1906－0000165　0176
寄傲山房塾課纂輯春秋備旨十二卷　(清)鄒聖脈輯　清刻本　一冊　存三卷(十至十二)

360000－1906－0000166　0177
寄傲山房塾課纂輯春秋備旨十二卷　(清)鄒聖脈輯　清刻本　二冊　存七卷(四至七、十至十二)

360000－1906－0000167　0178
寄傲山房塾課纂輯春秋備旨十二卷　(清)鄒聖脈輯　清刻本　三冊　存九卷(一至六、十至十二)

360000－1906－0000168　0179
寄傲山房塾課纂輯春秋備旨十二卷　(清)鄒聖脈輯　清刻本　四冊

360000－1906－0000169　0180
春秋備解二卷　(清)周封魯輯　清道光三年(1823)刻本　一冊

360000－1906－0000170　0181
春秋四傳三十八卷綱領一卷提要一卷列國東坡圖說一卷春秋二十國年表一卷諸國興廢說一卷　(宋)胡安國撰　明嘉靖吉澄刻樊獻科重修本　一冊　存三卷(提要一卷、春秋二十國年表一卷、諸國興廢說一卷)

360000－1906－0000171　0183
欽定春秋傳說彙纂三十八卷首二卷　(清)王掞等撰　清刻本　三冊　存九卷(一至三、十至十二、十五至十七)

360000－1906－0000172　0184
欽定春秋傳說彙纂三十八卷首二卷　(清)王掞等撰　清刻本　十冊　存二十一卷(一至十七、三十六至三十八,首下)

360000－1906－0000173　0185
文昌孝經詩箋一卷　(清)徐謙撰　清光緒八年(1882)刻本　一冊

360000－1906－0000174　0186
文昌孝經詩箋一卷　(清)徐謙撰　清光緒八年(1882)刻本　一冊

360000－1906－0000175　0187
文昌孝經詩箋一卷　(清)徐謙撰　清光緒八年(1882)刻本　一冊

360000－1906－0000176　0189
孝經注疏九卷　(唐)玄宗李隆基注　(宋)邢昺疏　**校勘記九卷**　(清)阮元撰　(清)盧宣旬摘錄　清嘉慶二十年(1815)江西南昌府學刻道光六年(1826)盱江朱華臨重校印重刊宋本十三經注疏本　一冊　存六卷(一至三、校勘記一至三)

360000－1906－0000177　0190
孝經疏義不分卷　(□)□□撰　清同治十年

(1871)刻本　一册

360000－1906－0000178　0191
孝經釋要不分卷　(清)耿逸庵輯注　(清)張杜節要　清刻本　一册

360000－1906－0000179　0192
純陽祖師勸孝經不分卷　(□)□□撰　清末石印本　一册

360000－1906－0000180　0194
論語或問二十卷　(宋)朱熹撰　清尊樂堂刻本　二册　存九卷(一至四、十一至十五)

360000－1906－0000181　0195
論語注疏解經二十卷　(三國魏)何晏集解　(宋)邢昺疏　**校勘記二十卷**　(清)阮元撰　(清)盧宣旬摘録　清嘉慶二十年(1815)江西南昌府學刻重刊宋本十三經注疏本　二册　存十四卷(四至七、十一至十三,校勘記四至七、十一至十三)

360000－1906－0000182　0196
論語十卷　(宋)朱熹集注　清慎詒堂刻本　一册　存五卷(六至十)

360000－1906－0000183　0197
論語十卷　(宋)朱熹集注　清慎詒堂刻本　一册　存五卷(六至十)

360000－1906－0000184　0198
論語十卷　(宋)朱熹集注　清刻本　一册　存二卷(四至五)

360000－1906－0000185　0199
論語十卷　(宋)朱熹集注　清立言堂刻本　一册　存五卷(六至十)

360000－1906－0000186　0200
論語十卷　(宋)朱熹集注　清刻本　一册　存五卷(六至十)

360000－1906－0000187　0201
論語十卷　(宋)朱熹集注　清刻本　一册　存五卷(六至十)

360000－1906－0000188　0202
論語十卷　(宋)朱熹集注　清刻本　一册　存五卷(六至十)

360000－1906－0000189　0203
二論引端四卷　(清)劉忠輯　清文富堂刻本　四册

360000－1906－0000190　0204
論語集註本義匯參二十卷首一卷　(清)王步青輯　(清)王士奮編　清敦復堂刻本　六册　存十三卷(三至五、九至十二、十五至二十)

360000－1906－0000191　0206
孟子七卷　(宋)朱熹集注　清立言堂刻本　二册　存五卷(一至五)

360000－1906－0000192　0207
孟子七卷　(宋)朱熹集注　清刻本　一册　存二卷(六至七)

360000－1906－0000193　0208
孟子集註本義匯參十四卷首一卷　(清)王步青輯　清敦復堂刻本　三册　存四卷(十一至十四)

360000－1906－0000194　0209
孟子集註本義匯參十四卷首一卷　(清)王步青輯　清敦復堂刻本　二册　存三卷(七至八、十四)

360000－1906－0000195　0210
孟子事實録二卷　(清)崔述撰　清光緒五年(1879)定州王氏謙德堂刻畿輔叢書本　一册

360000－1906－0000196　0211
孟子注疏解經十四卷　(漢)趙岐注　(宋)孫奭疏　**校勘記十四卷**　(清)阮元撰　(清)盧宣旬摘録　清同治十二年(1873)江西書局刻重刊宋本十三經注疏本　一册　存二卷(一、校勘記一)

360000－1906－0000197　0212
孟子講義困勉録十四卷　(清)陸隴其撰　(清)陸公鏐編　清康熙三十八年(1699)刻四書講義困勉録本　一册　存三卷(一至三)

360000－1906－0000198　0213
大學衍義補一百六十卷首一卷　(明)丘濬撰

（明）陳仁錫評　清刻本　一册　存五卷（一百十二至一百十六）

360000－1906－0000199　0214
大學章句本義匯參三卷首一卷　（清）王步青輯　清敦復堂刻本　一册　存二卷（二至三）

360000－1906－0000200　0215
大學章句本義匯參三卷首一卷　（清）王步青輯　清敦復堂刻本　一册　存一卷（二）

360000－1906－0000201　0216
中庸一卷　（宋）朱熹章句　清桂芳齋刻本　一册

360000－1906－0000202　0217
中庸章句本義匯參六卷首一卷　（清）王步青輯　清敦復堂刻本　一册　存二卷（三至四）

360000－1906－0000203　0218
中庸章句本義匯參六卷首一卷　（清）王步青輯　清敦復堂刻本　一册　存三卷（四至六）

360000－1906－0000204　0219
公羊穀梁春秋合編附註疏纂十二卷　（漢）何休注　（晉）范甯集解　（唐）楊士勛疏　（明）朱泰禎纂述　清刻本　一册　存三卷（十至十二）

360000－1906－0000205　0220
論語集註本義匯參二十卷首一卷　（清）王步青輯　（清）王士鼇編　清敦復堂刻本　四册　存十二卷（三至十、十七至二十）

360000－1906－0000206　0221
日講四書解義二十六卷　（清）喇沙里等撰　清刻本　三册　存七卷（一至七）

360000－1906－0000207　0222
四書人物類典串珠四十卷　（清）臧志仁輯　清嘉慶六年（1801）刻本　四册

360000－1906－0000208　0223
四書心印不分卷　（清）黄元俊撰　清乾隆三十八年（1773）刻本　一册　存大學、中庸

360000－1906－0000209　0224
四書反身録八卷　（清）李顒撰　（清）王心敬輯　清道光十一年（1831）刻浚治堂藏書五種本　三册　存六卷（一至四、七至八）

360000－1906－0000210　0225
四書引解二十六卷　（清）鄧柱瀾輯　清翠竹齋刻本　五册　存十卷（八至九、十三至十四、十六至十七、二十一至二十四）

360000－1906－0000211　0226
四書會解二十七卷　（清）綦澧撰　清道光九年（1829）還醇堂刻本　十八册　存二十四卷（大學會解一卷，中庸會解二卷，論語會解一至五、七至十，孟子會解一至八、十一至十四）

360000－1906－0000212　0227
四書朱子本義匯參四十三卷首四卷　（清）王步青輯　清乾隆十年（1745）敦復堂刻本　十册　存二十三卷（大學三卷，首一卷；中庸一至四，首一卷；論語一至二、十一至十二、十五至十七，首一卷；孟子一、三至八，首一卷）

360000－1906－0000213　0228
四書典制類聯音註三十三卷　（清）閻其淵輯　清刻本　八册

360000－1906－0000214　0229
四書典制類聯音註三十三卷　（清）閻其淵輯　清嘉慶四年（1799）刻本　十册

360000－1906－0000215　0230
四書味根録三十七卷　（清）金澂撰　清刻本　八册　存二十五卷（中庸二，論語一至五、十一至二十，孟子四至十、十三至十四）

360000－1906－0000216　0231
四書味根録三十七卷　（清）金澂撰　清刻本　七册　存二十六卷（論語一至十、十五至二十，孟子一至六、十一至十四）

360000－1906－0000217　0232
四書讀本十九卷　（宋）朱熹集注　清光緒二十一年（1895）立言堂刻本　一册　存二卷（大學一卷、中庸一卷）

360000－1906－0000218　0233
居敬齋四書備要十九卷　（清）陳抒孝輯　清

康熙六十年(1721)刻本　四冊　存九卷(大學一卷、中庸一卷、孟子七卷)

360000－1906－0000219　0234
四書貫珠講義十九卷　(清)林文竹輯　清光緒三年(1877)腴仙館鉛印本　十冊　存十六卷(大學一卷,中庸一卷,論語一至三、六至十,孟子一至二、四至七)

360000－1906－0000220　0235
新訂四書補註備旨十卷　(明)鄧林撰　(清)杜定基增訂　清道光二十六年(1846)崇文堂刻本　六冊

360000－1906－0000221　0236
新訂四書補註備旨十卷　(明)鄧林撰　(清)杜定基增訂　清光緒二十三年(1897)刻本　六冊

360000－1906－0000222　0237
新訂四書補註備旨十卷　(明)鄧林撰　(清)杜定基增訂　清光緒三十年(1904)刻本　六冊

360000－1906－0000223　0238
新訂四書補註備旨十卷　(明)鄧林撰　(清)杜定基增訂　清刻本　三冊　存五卷(大學一卷、中庸一卷、孟子一至三)

360000－1906－0000224　0239
新訂四書補註備旨十卷　(明)鄧林撰　(清)杜定基增訂　清文奎堂刻本　四冊　存七卷(論語四卷、孟子一至三)

360000－1906－0000225　0240
四書經註集證十九卷　(清)吳昌宗撰　清刻本　一冊　存二卷(論語一至二)

360000－1906－0000226　0241
四書摭餘說七卷　(清)曹之升撰　清刻本　二冊　存二卷(論語三、孟子一)

360000－1906－0000227　0242
四書摭餘說七卷　(清)曹之升撰　清文華樓刻本　四冊　存七卷(大學一卷、中庸一卷、論語三卷、孟子一至二)

360000－1906－0000228　0243
四書疏註撮言大全三十七卷　(清)胡斐才撰　清刻本　三冊　存三卷(中庸一、孟子九至十)

360000－1906－0000229　0244
四書講義困勉録三十七卷續困勉録六卷　(清)陸隴其撰　(清)陸公鏐編　清刻本　四冊　存十卷(中庸講義困勉録二、論語講義困勉録五至八、孟子講義困勉録四至六,續困勉録三至四)

360000－1906－0000230　0245
四書題鏡不分卷　(清)汪鯉翔撰　清刻本　二冊　存下論、下孟

360000－1906－0000231　0246
漱芳軒合纂四書體註十九卷　(清)范翔參訂　清刻本　五冊　存十六卷(大學一卷、中庸一卷、論語十卷、孟子四至七)

360000－1906－0000232　0247
松陽講義十二卷　(清)陸隴其撰　清刻本　二冊　存四卷(一、五至七)

360000－1906－0000233　0248
校正四書古註羣義十種　(□)□□輯　清末上海簡青書局石印本　十六冊

360000－1906－0000234　0249
欽定本朝四書文不分卷　(清)方苞輯　清刻本　一冊　存上論

360000－1906－0000235　0250
重刊宋本十三經注疏　附校勘記　(清)阮元撰　(清)盧宣旬摘録　清光緒十三年(1887)上海脈望仙館石印本　三十二冊

360000－1906－0000236　0251
重刊宋本十三經注疏　附校勘記　(清)阮元撰　(清)盧宣旬摘録　清光緒十三年(1887)上海脈望仙館石印本　九冊　存三種

360000－1906－0000237　0252
重刊宋本十三經注疏　附校勘記　(清)阮元撰　(清)盧宣旬摘録　清光緒三十年(1904)

上海點石齋印書局石印本　十四册　存八種

360000－1906－0000238　0253
十三經集字音釋四卷照畫檢字一卷　（清）黄蕙田撰　清同治九年（1870）西山真夫子祠之衍義所刻本　一册　存二卷（一、照畫檢字一卷）

360000－1906－0000239　0254
十三經集字音釋四卷照畫檢字一卷　（清）黄蕙田撰　清同治九年（1870）西山真夫子祠之衍義所刻本　二册　存二卷（三、照畫檢字一卷）

360000－1906－0000240　0255
十三經策案二十二卷　（清）王謨輯　清光緒十三年（1887）上海積山書局石印本　二册

360000－1906－0000241　0256
十三經策案二十二卷　（清）王謨輯　清光緒十三年（1887）上海大同書局石印本　四册

360000－1906－0000242　0257
丁儉卿先生讀經説一卷　（清）丁晏撰　**陳蘭甫先生引書説一卷**　（清）陳澧撰　清光緒二十七年（1901）廣信刻本　一册

360000－1906－0000243　0258
相臺書塾刊正九經三傳沿革例一卷　（宋）廖瑩中撰　（元）岳浚增補　清光緒三年（1877）湖北崇文書局刻本　一册

360000－1906－0000244　0259
五經合纂大成　（清）同文書局輯　清光緒十一年（1885）上海同文書局石印本　十九册　存五種

360000－1906－0000245　0260
五經合纂大成　（清）同文書局輯　清光緒十一年（1885）上海同文書局石印本　二十册

360000－1906－0000246　0261
五經集腋二十八卷　（清）周世樟輯　清刻本　一册　存四卷（三至六）

360000－1906－0000247　0262
五經類編二十八卷　（清）周世樟編　清刻本　一册　存三卷（二十四至二十六）

360000－1906－0000248　0264
六經圖十二卷　（清）鄭之僑輯　清乾隆八年（1743）鵝湖述堂刻本　四册　存七卷（五至六、八至十二）

360000－1906－0000249　0265
伊川經説八卷　（宋）程頤撰　清刻本　二册　存五卷（四至八）

360000－1906－0000250　0266
皇清經解　（清）阮元輯　清道光九年（1829）廣東學海堂刻本　四十四册　存二十四種

360000－1906－0000251　0267
皇清經解　（清）阮元輯　清光緒十三年（1887）上海書局石印本　六十四册

360000－1906－0000252　0268
皇清經解分經合纂十六卷　（清）□□輯　清光緒二十一年（1895）上洋鴻寶齋石印本　五册　存五卷（二之十三至十八、三之一至三、四、十一、十二之一至二）

360000－1906－0000253　0269
皇清經解横直縮編目十六卷　（清）淩忠照輯　（清）張紹銘分輯　清光緒二十二年（1896）上海鴻文書局石印本　四册

360000－1906－0000254　0270
皇朝五經彙解二百七十卷　（清）抉經心室主人輯　清光緒十九年（1893）上海積山局石印本　三十二册

360000－1906－0000255　0271
雪樵經解三十三卷　（清）馮世瀛輯　清光緒十二年（1886）上海點石齋石印本　八册

360000－1906－0000256　0272
經詞衍釋十卷補遺一卷　（清）吳昌瑩撰　清光緒三年（1877）刻本　二册

360000－1906－0000257　0273
經傳釋義五十卷　（清）陳煒撰　清嘉慶九年（1804）校字齋刻本　二十四册

360000－1906－0000258　0275

經學提要十五卷　(清)蔡孔炘撰　清道光五年(1825)刻本　六册

360000－1906－0000259　0277
增補五經備旨萃精　(清)鄒聖脈輯　(清)鄒廷猷編　清光緒十年(1884)湓灣兩儀書坊刻本　十一册　存四種

360000－1906－0000260　0278
增廣策學總義大全五十卷　(清)蔡壽祺撰　清光緒十五年(1889)上海珍藝書局鉛印本　七册　存四十八卷(一至三、六至五十)

360000－1906－0000261　0279
小學鉤沈十九卷　(清)任大椿撰　清光緒湖北崇文書局刻本　四册

360000－1906－0000262　0280
虛字說一卷　(清)袁仁林撰　清宣統豐城熊羅宿刻本　一册

360000－1906－0000263　0281
說文管見三卷　(清)胡秉虔撰　清光緒七年(1881)申江望益山房書局刻本　一册

360000－1906－0000264　0282
百柱堂叢藏　(清)周繪藻撰　清光緒三十一年(1905)百柱堂石印本　二册　存二種

360000－1906－0000265　0285
爾雅三卷　(晉)郭璞注　(唐)陸德明音義　清同治七年(1868)湖北崇文書局刻本　三册

360000－1906－0000266　0286
爾雅三卷　(晉)郭璞注　(唐)陸德明音義　清同治七年(1868)湖北崇文書局刻本　三册

360000－1906－0000267　0287
爾雅註疏十一卷　(晉)郭璞注　(宋)邢昺疏　清刻本　一册　存三卷(九至十一)

360000－1906－0000268　0288
爾雅註疏十一卷　(晉)郭璞注　(宋)邢昺疏　清刻本　一册　存三卷(三至五)

360000－1906－0000269　0289
爾雅注疏十卷　(晉)郭璞注　(宋)邢昺疏　**校勘記十卷**　(清)阮元撰　(清)盧宣旬摘錄　清刻重刊宋本十三經注疏本　四册　存十三卷(三至六、九至十,校勘記三至六、八至十)

360000－1906－0000270　0290
經籍籑詁一百六卷首一卷　(清)阮元撰　清光緒二十年(1894)上海鴻寶齋石印本　十二册

360000－1906－0000271　0291
釋名四卷　(漢)劉熙撰　清刻增訂漢魏叢書本　一册

360000－1906－0000272　0292
釋名疏證八卷補遺一卷續釋名一卷　(清)畢沅撰　清光緒九年(1883)撫松館刻本　二册

360000－1906－0000273　0293
文字發凡四卷　(清)龍志澤編　清光緒三十三年(1907)上海廣智書局鉛印本　二册

360000－1906－0000274　0294
文字蒙求四卷　(清)王筠撰　清刻本　一册

360000－1906－0000275　0298
六書通十卷　(明)閔齊伋撰　(清)畢弘述篆訂　清刻本　五册

360000－1906－0000276　0299
六書通十卷　(明)閔齊伋撰　(清)畢弘述篆訂　清刻本　十册

360000－1906－0000277　0300
六書舊義一卷　廖平撰　清光緒十三年(1887)刻本　一册

360000－1906－0000278　0302
正字通十二集三十六卷首一卷　(清)張自烈撰　(清)廖文英輯　清康熙三畏堂刻本　三十六册

360000－1906－0000279　0304
字學舉隅不分卷　(清)黃本驥　(清)龍啓瑞撰　清道光二十二年(1842)刻本　一册

360000－1906－0000280　0305
字學舉隅不分卷　(清)黃本驥　(清)龍啓瑞撰　清光緒十五年(1889)刻本　一册

360000－1906－0000281　0307
段氏説文注訂八卷　(清)鈕樹玉撰　清同治十三年(1874)湖北崇文書局刻本　二冊

360000－1906－0000282　0308
御定康熙字典十二集三十六卷總目一卷檢字一卷辨似一卷等韻一卷補遺一卷備考一卷　(清)張玉書等纂修　清刻本　四十冊

360000－1906－0000283　0309
御定康熙字典十二集三十六卷總目一卷檢字一卷辨似一卷等韻一卷補遺一卷備考一卷　(清)張玉書等纂修　清刻本　二十一冊　存二十一卷(子集下、丑集中下、寅集上下、卯集下、辰集上下、巳集下、午集中下、未集上、申集上、酉集上中下、戌集上下、亥集中,等韻一卷,備考一卷)

360000－1906－0000284　0310
御定康熙字典十二集三十六卷總目一卷檢字一卷辨似一卷等韻一卷補遺一卷備考一卷　(清)張玉書等纂修　清道光七年(1827)刻本　十八冊　存二十卷(丑集上中、寅集上中、卯集上中下、辰集中、巳集上中下、午集中、申集上下、戌集上、亥集下,總目一卷,檢字一卷,辨似一卷,備考一卷)

360000－1906－0000285　0311
御定康熙字典十二集三十六卷總目一卷檢字一卷辨似一卷等韻一卷補遺一卷備考一卷　(清)張玉書等纂修　清道光七年(1827)刻本　十二冊　存十四卷(丑集下、卯集中、巳集上中、未集中、申集上下、酉集上下、亥集中下,總目一卷,檢字一卷,辨似一卷)

360000－1906－0000286　0312
御定康熙字典十二集三十六卷總目一卷檢字一卷辨似一卷等韻一卷補遺一卷備考一卷　(清)張玉書等纂修　清刻本　五冊　存五卷(寅集中下、午集下、酉集上中)

360000－1906－0000287　0313
御定康熙字典十二集三十六卷總目一卷檢字一卷辨似一卷等韻一卷補遺一卷備考一卷　(清)張玉書等纂修　清刻本　十三冊　存十三卷(卯集中、辰集上中、未集上中、申集上中下、酉集上中下、戌集上中)

360000－1906－0000288　0314
御定康熙字典十二集三十六卷總目一卷檢字一卷辨似一卷等韻一卷補遺一卷備考一卷　(清)張玉書等纂修　清刻本　四冊　存四卷(寅集中、巳集中、午集中,備考一卷)

360000－1906－0000289　0315
偏旁舉略一卷　(清)姚文田輯　清末杭州朱氏抱經堂刻本　一冊

360000－1906－0000290　0316
傳音快字簡易編二卷續集一卷　(清)郭師古撰　清光緒三十二年(1906)清芬堂刻玉屏山房存稿本　一冊

360000－1906－0000291　0317
字彙十二集首一卷末一卷　(明)梅膺祚撰　清立達堂刻本　六冊　存五集一卷(子集、丑集、寅集、卯集、酉集,首一卷)

360000－1906－0000292　0318
説文引經攷證七卷説文引經互異説一卷　(清)陳瑑撰　清同治十三年(1874)湖北崇文書局刻本　二冊

360000－1906－0000293　0319
説文引經例辨三卷　(清)雷浚撰　清光緒十年(1884)刻雷刻四種本　一冊

360000－1906－0000294　0320
説文外編十六卷　(清)雷浚撰　清光緒十年(1884)刻雷刻四種本　四冊

360000－1906－0000295　0321
説文外編十六卷　(清)雷浚撰　**劉氏碎金一卷**　(清)劉禧延撰　清光緒十四年(1888)同文書局石印本　二冊

360000－1906－0000296　0323
説文解字句讀三十卷　(清)王筠撰　清光緒八年(1882)四川尊經書局刻本　十四冊

360000－1906－0000297　0324
説文佚字攷四卷　(清)張鳴珂撰　清光緒十

三年(1887)豫章刻本　一册

360000－1906－0000298　0325
說文拈字七卷補遺一卷　(清)王玉樹撰　清光緒十九年(1893)石印本　四册

360000－1906－0000299　0326
說文段注訂補十四卷　(清)王紹蘭撰　清光緒十四年(1888)胡熽棻刻本　八册

360000－1906－0000300　0327
說文段注撰要九卷　(清)馬壽齡撰　清光緒十六年(1890)石印本　二册

360000－1906－0000301　0328
說文徐氏新補新附考證一卷　(清)錢大昭撰　清光緒十七年(1891)南陵徐乃昌刻積學齋叢書本　一册

360000－1906－0000302　0329
說文通訓定聲十八卷分部柬韻一卷古今韻準一卷說雅一卷　(清)朱駿聲撰　**行狀一卷**　朱孔彰撰　清同治九年(1870)刻本　三十册

360000－1906－0000303　0330
說文通訓定聲十八卷分部柬韻一卷古今韻準一卷說雅一卷　(清)朱駿聲撰　**行狀一卷**　朱孔彰撰　清光緒十二年(1886)上海積山書局石印本　五册　缺九卷(八至十二、十五至十八)

360000－1906－0000304　0331
說文通檢十四卷首一卷末一卷　(清)黎永椿編　清光緒二年(1876)崇文書局刻本　二册

360000－1906－0000305　0332
說文校議十五卷　(清)姚文田　(清)嚴可均撰　清同治十三年(1874)歸安姚氏刻本　四册

360000－1906－0000306　0333
說文逸字二卷　(清)鄭珍輯　**附錄一卷**　(清)鄭知同撰　清同治、光緒福山王氏刻天壤閣叢書本　二册

360000－1906－0000307　0334
說文答問疏證六卷　(清)薛傳均撰　清光緒九年(1883)歸安姚氏刻咫進齋叢書本　二册

360000－1906－0000308　0335
說文解字十五卷　(漢)許慎撰　(宋)徐鉉等校　清末商務印書館影印本　四册

360000－1906－0000309　0336
說文解字注十五卷六書音均表五卷　(清)段玉裁撰　**說文部目分韻一卷**　(清)陳煥編　清光緒三年(1877)成都尊經書院刻本　二十四册

360000－1906－0000310　0337
說文解字注十五卷六書音均表五卷　(清)段玉裁撰　**說文部目分韻一卷**　(清)陳煥編　清同治十一年(1872)湖北崇文書局刻本　十七册

360000－1906－0000311　0338
說文解字注十五卷六書音均表五卷　(清)段玉裁撰　**說文通檢十四卷首一卷末一卷**　(清)黎永椿編　**說文解字注匡謬八卷**　(清)徐承慶撰　清光緒十五年(1889)上海點石齋石印本　四册

360000－1906－0000312　0339
說文解字通釋三十卷部敘二卷通論三卷袪妄一卷類聚一卷錯綜一卷疑義一卷系述一卷　(五代)徐鍇撰　(五代)朱翺反切　清光緒九年(1883)江蘇書局刻本　八册

360000－1906－0000313　0341
說文解字義證五十卷　(清)桂馥撰　清同治九年(1870)湖北崇文書局刻本　三十二册

360000－1906－0000314　0342
說文解字義證五十卷　(清)桂馥撰　清同治九年(1870)湖北崇文書局刻本　一册　存一卷(八)

360000－1906－0000315　0343
說文解字斠詮十四卷　(清)錢坫撰　清光緒九年(1883)淮南書局刻本　六册

360000－1906－0000316　0344
說文解字韻譜十卷　(五代)徐鍇撰　清同治

三年(1864)吳縣馮桂芬刻本　二册

360000－1906－0000317　0345
說文解字韻譜十卷　(五代)徐鍇撰　清同治三年(1864)吳縣馮桂芬刻本　二册

360000－1906－0000318　0346
說文新附攷六卷續攷一卷　(清)鈕樹玉撰　清同治十三年(1874)湖北崇文書局刻本　二册

360000－1906－0000319　0347
說文發疑六卷　(清)張行孚撰　清光緒九年(1883)刻本　三册

360000－1906－0000320　0348
說文楬原二卷　(清)張行孚撰　清光緒十年(1884)長塘鮑氏刻後知不足齋叢書本　二册

360000－1906－0000321　0349
說文審音十六卷　(清)張行孚撰　清光緒二十四年(1898)桐廬袁昶刻漸西村舍彙刊本　四册

360000－1906－0000322　0350
說文辨字正俗八卷　(清)李富孫撰　清嘉慶刻本　二册

360000－1906－0000323　0351
說文辨字正俗八卷　(清)李富孫撰　清刻本　一册　存二卷(三至四)

360000－1906－0000324　0352
說文辨疑一卷　(清)顧廣圻撰　清刻本　一册

360000－1906－0000325　0353
說文辨疑一卷　(清)顧廣圻撰　清光緒三年(1877)湖北崇文書局刻本　一册

360000－1906－0000326　0354
說文辨疑一卷　(清)顧廣圻撰　清光緒三年(1877)湖北崇文書局刻本　一册

360000－1906－0000327　0355
說文聲讀表七卷　(清)苗夔撰　清同治、光緒福山王氏刻天壤閣叢書本　二册

360000－1906－0000328　0356
說文繫傳校錄三十卷　(清)王筠撰　清咸豐七年(1857)刻本　四册

360000－1906－0000329　0357
說文解字通釋四十卷附校勘記三卷　(五代)徐鍇撰　(五代)朱翺反切　清道光十九年(1839)刻本　八册

360000－1906－0000330　0358
說文韻譜校五卷　(清)王筠撰　清光緒十六年(1890)濰縣素心琴室劉嘉禾刻本　二册

360000－1906－0000331　0359
說文釋例二十卷　(清)王筠撰　清光緒十二年(1886)上海積山書局石印本　六册

360000－1906－0000332　0360
鄦書微五卷　張𢿃撰　清末鉛印暨石印本　一册

360000－1906－0000333　0361
辨字摘要四卷　(清)饒應召撰　清刻本　一册　存一卷(一)

360000－1906－0000334　0362
辨字摘要不分卷　(清)饒應召撰　清刻本　一册

360000－1906－0000335　0364
隸辨八卷　(清)顧藹吉撰　清乾隆八年(1743)天都黃晟刻本　八册

360000－1906－0000336　0365
鐘鼎字源五卷附錄一卷　(清)汪立名撰　清康熙五十五年(1716)刻本　二册

360000－1906－0000337　0366
十三經集字摹本不分卷　(清)彭玉雯撰　清道光二十九年(1849)江右彭氏刻本　五册　存大學、中庸、孟子、易經、書經、左傳、公羊傳、穀梁傳、孝經、爾雅

360000－1906－0000338　0367
十三經集字摹本不分卷　(清)彭玉雯撰　清道光二十九年(1849)江右彭氏刻本　八册　存大學、中庸、論語、孟子、易經、書經、詩經、

周禮、儀禮、禮記、左傳、公羊傳、穀梁傳、孝經、爾雅

360000－1906－0000339　0368
六書音均表五卷　(清)段玉裁撰　清同治十一年(1872)湖北崇文書局刻本　二册

360000－1906－0000340　0369
大廣益會玉篇三十卷　(南朝梁)顧野王撰　(唐)孫强增字　(宋)陳彭年等重修　清道光三十年(1850)新化鄧氏東山精舍刻本　三册

360000－1906－0000341　0370
切音捷訣一卷幼學切音便讀一卷　(清)鄺珩輯　清光緒六年(1880)諸暨摭古堂刻本　一册

360000－1906－0000342　0371
切韻指掌圖一卷　(宋)司馬光撰　清宣統二年(1910)豐城熊氏舊補史堂刻本　一册

360000－1906－0000343　0372
切韻指掌圖一卷　(宋)司馬光撰　清宣統二年(1910)豐城熊氏舊補史堂刻本　一册

360000－1906－0000344　0373
李氏音鑑六卷　(清)李汝珍撰　清同治七年(1868)木樨山房刻本　四册

360000－1906－0000345　0374
音學辨微一卷　(清)江永撰　清同治二年(1863)成都敦睦堂刻本　一册

360000－1906－0000346　0375
等韻一得内篇一卷外篇一卷　勞乃宣撰　清光緒二十四年(1898)吳橋官廨刻本　二册

360000－1906－0000347　0377
詩本音十卷　(清)顧炎武撰　清光緒十六年(1890)思賢講舍刻音學五書本　一册　存四卷(一至四)

360000－1906－0000348　0378
説文字原韻表二卷　(清)胡重撰　清嘉慶十六年(1811)刻本　一册

360000－1906－0000349　0379
許氏説文解字雙聲疊韻譜一卷　(清)鄧廷楨撰　清光緒九年(1883)同文書局影印本　一册

360000－1906－0000350　0380
大宋重修廣韻五卷　(宋)陳彭年等撰　清刻本　二册

360000－1906－0000351　0381
廣韻校刊札記一卷　(清)鄧顯鶴撰　清道光三十年(1850)新化鄧氏邵州東山精舍刻本　一册

360000－1906－0000352　0382
諧聲述略四卷　(清)關燿南撰　清光緒二十一年(1895)信州學舍静妙軒刻本　一册

360000－1906－0000353　0383
諧聲述略後編四卷　(清)關燿南撰　清光緒二十一年(1895)信州學舍静妙軒刻本　一册　存二卷(一至二)

360000－1906－0000354　0384
諧聲述略四卷　(清)關燿南撰　清光緒二十一年(1895)信州學舍静妙軒刻本　一册

360000－1906－0000355　0387
韻補五卷　(宋)吳棫撰　清光緒九年(1883)邵武徐榦刻邵武徐氏叢書本　四册

360000－1906－0000356　0388
五代史記七十四卷　(宋)歐陽修撰　(宋)徐無黨注　(清)彭元瑞增注　(清)劉鳳誥編　清嘉慶二十年(1815)萍鄉劉氏雲甡書屋刻本　三十册　存六十二卷(一至六十二)

360000－1906－0000357　0389
史記一百三十卷　(漢)司馬遷撰　(南朝宋)裴駰集解　(唐)司馬貞索隱　(唐)張守節正義　(明)徐孚遠　(明)陳子龍測議　明崇禎刻本　三十二册

360000－1906－0000358　0390
史記一百三十卷　(漢)司馬遷撰　(南朝宋)裴駰集解　(唐)司馬貞索隱　(唐)張守節正義　清光緒四年(1878)金陵書局刻二十四史本　二十册

360000－1906－0000359　0391
史記一百三十卷　(漢)司馬遷撰　(南朝宋)裴駰集解　(唐)司馬貞索隱　(唐)張守節正義　(明)徐孚遠　(明)陳子龍測議　清刻本　十五冊　存八十一卷(二十六至三十三、四十四至四十七、五十六至六十九、七十六至一百三十)

360000－1906－0000360　0392
史記一百三十卷　(漢)司馬遷撰　(南朝宋)裴駰集解　(唐)司馬貞索隱　(唐)張守節正義　(明)徐孚遠　(明)陳子龍測議　清刻本　十一冊　存五十二卷(一至四、十五至十八、二十二至二十六、四十二至四十四、五十二至八十七)

360000－1906－0000361　0393
史記一百三十卷　(漢)司馬遷撰　(南朝宋)裴駰集解　(唐)司馬貞索隱　(唐)張守節正義　(明)徐孚遠　(明)陳子龍測議　清刻本　七冊　存二十六卷(四至五、十三至十四、十九至二十一、三十五至三十八、八十七至九十一、九十三至一百、一百二十九至一百三十)

360000－1906－0000362　0395
史記一百三十卷　(漢)司馬遷撰　(南朝宋)裴駰集解　(唐)司馬貞索隱　(唐)張守節正義　清末石印本　七冊　存一百八卷(一至十八、三十一至一百二十)

360000－1906－0000363　0396
史記菁華錄六卷　(清)姚祖恩輯　清末石印本　四冊　存四卷(二至四、六)

360000－1906－0000364　0398
通志二百卷　(宋)鄭樵撰　清咸豐九年(1859)崇仁謝氏刻三通本　二十一冊　存四十二卷(一至六、十二至十三、十五下至三十九、四十四至四十七、九十七至九十八、一百十九至一百二十一)

360000－1906－0000365　0399
通志二百卷　(宋)鄭樵撰　清光緒二十七年(1901)上海圖書集成局鉛印九通本　六十冊

360000－1906－0000366　0400
五代史七十四卷　(宋)歐陽修撰　(宋)徐無黨注　清同治十一年(1872)湖北崇文書局刻二十四史本　八冊

360000－1906－0000367　0401
舊五代史一百五十卷附考證　(宋)薛居正等撰　清同治十一年(1872)湖北崇文書局刻本　十六冊

360000－1906－0000368　0402
三國志六十五卷　(晉)陳壽撰　(南朝宋)裴松之注　清光緒十三年(1887)江南書局刻本　十六冊

360000－1906－0000369　0403
元史二百十卷　(明)宋濂　(明)王褘等撰　清同治十三年(1874)江蘇書局刻二十四史本　五十二冊

360000－1906－0000370　0404
元史譯文證補三十卷　(清)洪鈞撰　清光緒二十三年(1897)刻本　四冊　存二十卷(一至六、九至十二、十四至十五、十八、二十二至二十四、二十六至二十七、二十九至三十)

360000－1906－0000371　0405
元朝秘史十五卷　(清)李文田注　清光緒二十九年(1903)石印本　四冊

360000－1906－0000372　0406
宋史四百九十六卷目錄三卷　(元)脱脱等撰　明成化七年至十六年(1471－1480)朱英刻嘉靖萬曆崇禎南京國子監清順治康熙遞修本　四冊　存十六卷(二十九至三十三、三百三十二至三百三十六、三百四十二至三百四十四,目錄三卷)

360000－1906－0000373　0407
宋史四百九十六卷目錄三卷　(元)脱脱等撰　清刻本　八冊　存五十七卷(二十四至三十九、四十八至五十三、九十三至一百十一、二百三十五至二百四十一、三百三十至三百三十八)

360000－1906－0000374　0408

宋史四百九十六卷目錄三卷　(元)脱脱等撰　清刻本　三册　存七卷(四十八至五十一、三百三十七至三百三十九)

360000－1906－0000375　0409
宋書一百卷　(南朝梁)沈約撰　清同治十一年(1872)金陵書局刻二十四史本　二十六册

360000－1906－0000376　0410
宋書一百卷　(南朝梁)沈約撰　明崇禎七年(1634)毛氏汲古閣刻十七史本　一册　存五卷(六十一至六十五)

360000－1906－0000377　0411
北史一百卷　(唐)李延壽撰　清同治十一年(1872)金陵書局刻二十四史本　三十一册　存九十九卷(二至一百)

360000－1906－0000378　0412
北齊書五十卷　(唐)李百藥撰　清同治十三年(1874)金陵書局刻二十四史本　八册

360000－1906－0000379　0413
北齊書五十卷　(唐)李百藥撰　清古吴趙氏刻本　一册　存八卷(九至十六)

360000－1906－0000380　0414
金史一百三十五卷　(元)脱脱等撰　清同治十三年(1874)江蘇書局刻二十四史本　十五册　存一百二十四卷(一至一百二十四)

360000－1906－0000381　0415
金史一百三十五卷　(元)脱脱等撰　清刻本　二十八册　存一百三十卷(六至一百三十五)

360000－1906－0000382　0416
金史一百三十五卷　(元)脱脱等撰　清刻本　三册　存十二卷(一百二十四至一百三十五)

360000－1906－0000383　0417
明史三百三十二卷目錄四卷　(清)張廷玉等撰　清光緒三年(1877)湖北崇文書局刻本　八十册

360000－1906－0000384　0418
明史三百三十二卷目錄四卷　(清)張廷玉等撰　清刻本　二册　存七卷(二百五十六至二百五十八、二百六十一至二百六十四)

360000－1906－0000385　0419
明史藁三百十卷目錄三卷　(清)王鴻緒撰　清雍正敬慎堂刻本　十七册　存六十卷(本紀一至五、十八至十九,志一至三、十二至二十、六十三至六十七,列傳二十二至三十、六十三至六十五、一百四十二至一百四十九、一百六十五至一百六十九、一百七十九至一百八十、一百八十四至一百八十九、一百九十三至一百九十五)

360000－1906－0000386　0420
周書五十卷　(唐)令狐德棻等撰　清同治十三年(1874)金陵書局刻二十四史本　八册

360000－1906－0000387　0421
前漢書一百卷　(漢)班固撰　(唐)顏師古注　清光緒十三年(1887)金陵書局刻本　六册　存四十卷(一至七、二十六至二十七、四十五至六十三、八十三至九十一、九十八至一百)

360000－1906－0000388　0422
漢書一百卷　(漢)班固撰　(唐)顏師古注　明崇禎十五年(1642)毛氏汲古閣刻十七史本　九册　存三十八卷(三十一至三十五、四十八至六十二、七十五至八十三、八十七至九十一、九十六至九十七、九十九至一百)

360000－1906－0000389　0424
漢書一百卷　(漢)班固撰　(唐)顏師古注　清光緒二十四年(1898)上海點石齋石印本　五册　存五十二卷(一至五十二)

360000－1906－0000390　0425
南史八十卷　(唐)李延壽撰　清同治十一年(1872)金陵書局刻二十四史本　二十册

360000－1906－0000391　0426
南史八十卷　(唐)李延壽撰　明崇禎十三年(1640)毛氏汲古閣刻十七史本　一册　存四卷(三十二至三十五)

360000－1906－0000392　0428
南齊書五十九卷　（南朝梁）蕭子顯撰　清同治十三年（1874）金陵書局刻二十四史本　十冊

360000－1906－0000393　0429
皇朝通志一百二十六卷　（清）嵇璜　（清）曹仁虎等纂修　清刻本　一冊　存五卷（十至十四）

360000－1906－0000394　0430
晉書一百三十卷　（唐）房玄齡等撰　**音義三卷**　（唐）何超撰　清同治十年（1871）金陵書局刻二十四史本　三十六冊

360000－1906－0000395　0431
晉書一百三十卷　（唐）房玄齡等撰　明崇禎元年（1628）毛氏汲古閣刻十七史本　一冊　存五卷（七十八至八十二）

360000－1906－0000396　0432
陳書三十六卷　（唐）姚思廉撰　清同治十一年（1872）金陵書局刻二十四史本　六冊

360000－1906－0000397　0433
梁書五十六卷　（唐）姚思廉撰　清同治十三年（1874）金陵書局刻二十四史本　十冊

360000－1906－0000398　0434
梁書五十六卷　（唐）姚思廉撰　清古吳書業趙氏刻本　一冊　存九卷（二十四至三十二）

360000－1906－0000399　0435
隋書八十五卷　（唐）魏徵　（唐）長孫無忌等撰　清同治十年（1871）淮南書局刻二十四史本　二十冊

360000－1906－0000400　0436
隋書八十五卷　（唐）魏徵　（唐）長孫無忌等撰　清刻本　一冊　存六卷（六十九至七十四）

360000－1906－0000401　0437
欽定續通志六百四十卷　（清）嵇璜等纂修　清刻本　三冊　存三卷（八十九至九十一）

360000－1906－0000402　0438
後漢書九十卷　（南朝宋）范曄撰　（唐）李賢注　**志三十卷**　（晉）司馬彪撰　（南朝梁）劉昭注補　清同治八年（1869）金陵書局刻二十四史本　一冊　存十二卷（志一至十二）

360000－1906－0000403　0439
後漢書九十卷　（南朝宋）范曄撰　（唐）李賢注　**志三十卷**　（晉）司馬彪撰　（南朝梁）劉昭注補　清同治八年（1869）金陵書局刻二十四史本　一冊　存十九卷（志十二至三十）

360000－1906－0000404　0440
後漢書九十卷　（南朝宋）范曄撰　（唐）李賢注　**志三十卷**　（晉）司馬彪撰　（南朝梁）劉昭注補　清光緒刻本　四冊　存三十卷（十八至二十五、三十二至三十九、六十一至七十四）

360000－1906－0000405　0441
後漢書九十卷　（南朝宋）范曄撰　（唐）李賢注　**志三十卷**　（晉）司馬彪撰　（南朝梁）劉昭注補　清刻本　八冊　存四十二卷（十三至二十八、四十五至四十九、六十至六十三、八十二至八十九，志十四至二十二）

360000－1906－0000406　0442
後漢書九十卷　（南朝宋）范曄撰　（唐）李賢注　**志三十卷**　（晉）司馬彪撰　（南朝梁）劉昭注補　清刻本　一冊　存六卷（六十五至七十）

360000－1906－0000407　0444
唐書二百二十五卷　（宋）歐陽修　（宋）宋祁等撰　清同治十二年（1873）浙江書局刻二十四史本　四十四冊

360000－1906－0000408　0445
唐書二百二十五卷　（宋）歐陽修　（宋）宋祁等撰　清古吳書業趙氏刻本　十六冊　存六十六卷（一至三十三、四十至七十二）

360000－1906－0000409　0446
唐書二百二十五卷　（宋）歐陽修　（宋）宋祁等撰　明崇禎二年（1629）毛氏汲古閣刻十七史本　一冊　存五卷（二百五至二百九）

360000－1906－0000410　0447
遼史一百十五卷　(元)脱脱等撰　清道光四年(1824)刻本　十六册

360000－1906－0000411　0448
遼史一百十五卷　(元)脱脱等撰　清刻本　十八册　存一百八卷(八至一百十五)

360000－1906－0000412　0449
魏書一百十四卷　(北齊)魏收撰　清同治十一年(1872)金陵書局刻二十四史本　三十二册

360000－1906－0000413　0450
魏書一百十四卷　(北齊)魏收撰　清刻本　三册　存十三卷(七至十二、一百八至一百十四)

360000－1906－0000414　0451
舊唐書二百卷　(五代)劉昫等撰　清同治十一年(1872)浙江書局刻二十四史本　三十五册　存一百七十七卷(一至四十二、六十六至二百)

360000－1906－0000415　0452
舊唐書二百卷　(五代)劉昫等撰　清同治十一年(1872)浙江書局刻二十四史本　四十四册

360000－1906－0000416　0453
舊唐書二百卷　(五代)劉昫等撰　清刻本　一册　存六卷(一百三十一至一百三十六)

360000－1906－0000417　0454
東華錄詳節二十四卷　(清)鄔樹庭輯　清光緒二十六年(1900)上海東文學堂石印本　十册　存十七卷(一至四、七、十至十一、十五至二十四)

360000－1906－0000418　0455
半窗史畧四十二卷　(清)龍體剛輯　清雍正四年(1726)刻本　十册　存三十六卷(一至三十二、三十九至四十二)

360000－1906－0000419　0456
竹書紀年統箋十二卷前編一卷雜述一卷　(清)徐文靖撰　清光緒三年(1877)浙江書局刻二十二子本　二册　存七卷(竹書紀年統箋一、六至九,前編一卷,雜述一卷)

360000－1906－0000420　0457
後藥堂纂集歷朝綱鑑五十四卷　(清)裘陳珮撰　清刻本　三册　存五卷(十七至十八、二十四、二十九至三十)

360000－1906－0000421　0458
通鑑類纂二十卷　(清)松椿輯　清光緒二十三年(1897)上海天章書局石印本　十一册　存十九卷(一至十、十二至二十)

360000－1906－0000422　0459
御批歷代通鑒輯覽一百二十卷　(清)傅恒等撰　清光緒三十一年(1905)上海商務印書館鉛印本　四十册

360000－1906－0000423　0460
御批歷代通鑒輯覽一百二十卷　(清)傅恒等撰　清光緒三十一年(1905)上海商務印書館鉛印本　二十四册

360000－1906－0000424　0461
御批歷代通鑒輯覽一百二十卷　(清)傅恒等撰　清光緒二十七年(1901)上海經香閣石印本　十二册　存八十六卷(一至十一、二十一至三十一、四十三至五十六、六十四至七十、七十八至一百二十)

360000－1906－0000425　0462
御批歷代通鑒輯覽一百二十卷　(清)傅恒等撰　清末石印本　十八册　存一百六卷(十五至一百二十)

360000－1906－0000426　0463
御批歷代通鑒輯覽一百二十卷　(清)傅恒等撰　清光緒二十七年(1901)慎記書莊石印本　十六册　存一百卷(一至五十二、五十八至六十二、七十四至一百十六)

360000－1906－0000427　0466
御批歷代通鑒輯覽一百二十卷　(清)傅恒等撰　清光緒三十一年(1905)上海商務印書館鉛印本　三册　存九卷(四十五至四十七、五

十一至五十三、五十四至五十六）

360000－1906－0000428　0467
御批歷代通鑒輯覽一百二十卷　（清）傅恒等撰　清末石印本　六册　存三十卷（六十三至六十六、八十至八十五、九十一至九十八、一百九至一百二十）

360000－1906－0000429　0468
御批歷代通鑒輯覽一百二十卷　（清）傅恒等撰　清光緒二十八年（1902）萃文齋石印本　八册　存四十七卷（二十八至四十六、六十八至七十二、八十四至一百六）

360000－1906－0000430　0469
綱鑑會纂三十九卷首一卷　（明）王世貞編　清末石印本　一册　存四卷（二十四至二十七）

360000－1906－0000431　0470
御批歷代通鑒輯覽一百二十卷　（清）傅恒等撰　清末石印本　一册　存八卷（十八至二十五）

360000－1906－0000432　0471
資治通鑑綱目五十九卷　（宋）朱熹撰　（明）陳仁錫評　清康熙九年（1670）張朝珍刻二十八年（1689）朱廷梅補刻本　一百八册

360000－1906－0000433　0472
資治通鑑綱目五十九卷　（宋）朱熹撰　（明）陳仁錫評　清刻本　八十册　存五十八卷（一至二上、三至十五、十七至五十九）

360000－1906－0000434　0473
資治通鑑綱目五十九卷　（宋）朱熹撰　（明）陳仁錫評　清嘉慶八年（1803）敬書堂刻本（卷五十四至五十五配清刻本）　八十册

360000－1906－0000435　0474
資治通鑑綱目五十九卷　（宋）朱熹撰　（明）陳仁錫評　清刻本　十一册　存十一卷（二至三、五、八至十、十二至十三、三十、三十四、五十八）

360000－1906－0000436　0475
御撰資治通鑑綱目三編二十卷　（清）張廷玉等撰　清兩儀堂刻本　四册

360000－1906－0000437　0476
御撰資治通鑑綱目三編二十卷　（清）張廷玉等撰　清大文堂刻本　三册　存十五卷（一至四、十至二十）

360000－1906－0000438　0477
御撰資治通鑑綱目三編二十卷　（清）張廷玉等撰　清刻本　二册　存八卷（一至八）

360000－1906－0000439　0478
御撰資治通鑑綱目三編二十卷　（清）張廷玉等撰　清刻本　一册　存四卷（一至四）

360000－1906－0000440　0479
資治通鑑綱目前編二十五卷　（明）南軒撰　（明）陳仁錫評　清刻本　十册

360000－1906－0000441　0480
資治通鑑綱目前編二十五卷　（明）南軒撰　（明）陳仁錫評　清嘉慶八年（1803）敬書堂刻本　九册

360000－1906－0000442　0481
歷代統紀表十三卷　（清）段長基編　清味古山房刻本　一册　存二卷（四至五）

360000－1906－0000443　0482
尺木堂綱鑑易知錄九十二卷　（清）吳乘權等輯　清刻本　五册　存十二卷（十二至十三、十六至二十、四十九至五十一、六十至六十一）

360000－1906－0000444　0483
大文堂綱鑑易知錄九十二卷　（清）吳乘權等輯　清刻本　十八册　存五十四卷（四至七、十一至二十、二十五至二十七、三十四至三十六、四十至四十五、五十三至七十七、八十五至八十七）

360000－1906－0000445　0484
尺木堂綱鑑易知錄九十二卷　（清）吳乘權等輯　清刻本　四册　存十卷（十二至十三、三十六至三十八、五十二至五十六）

360000－1906－0000446　0485
尺木堂綱鑑易知錄九十二卷明鑑易知錄十五卷　(清)吳乘權等輯　清末鉛印本　十一冊　存七十四卷(十二至五十九、六十七至八十、八十七至九十二,明鑑易知錄一至六)

360000－1906－0000447　0486
尺木堂綱鑑易知錄九十二卷明鑑易知錄十五卷　(清)吳乘權等輯　清光緒十五年(1889)廣百宋齋鉛印本　十六冊

360000－1906－0000448　0487
尺木堂綱鑑易知錄九十二卷明鑑易知錄十五卷　(清)吳乘權等輯　清末鉛印本　八冊　存五十五卷(五至十八、二十六至三十九、六十至八十,明鑑易知錄一至六)

360000－1906－0000449　0488
尺木堂綱鑑易知錄九十二卷明鑑易知錄十五卷　(清)吳乘權等輯　清光緒上海商務印書館鉛印本　六冊　存四十卷(五至十、二十三至三十五、五十至六十三,明鑑易知錄一至七)

360000－1906－0000450　0489
尺木堂綱鑑易知錄九十二卷　(清)吳乘權等輯　清末鉛印本　三冊　存二十一卷(十三至十九、四十八至五十四、七十五至八十一)

360000－1906－0000451　0490
尺木堂綱鑑易知錄九十二卷　(清)吳乘權等輯　清光緒二十七年(1901)上海文瑞樓鉛印本　七冊　存四十五卷(一至四、十二至十八、三十三至五十三、六十至六十六、八十七至九十二)

360000－1906－0000452　0491
重訂王鳳洲先生綱鑑會纂四十六卷　(明)王世貞撰　(明)陳仁錫訂　清光緒二十五年(1899)上海富文書局石印本　一冊　存十一卷(一至十一)

360000－1906－0000453　0492
綱鑑擇語十卷　(清)司徒修輯　清同治六年(1867)品蓮書屋刻本　二冊　存二卷(一、六)

360000－1906－0000454　0493
綱鑑擇語十卷　(清)司徒修輯　清同治六年(1867)品蓮書屋刻本　一冊　存二卷(一至二)

360000－1906－0000455　0494
增補綱鑑輯要四十卷首一卷　(明)袁黃纂　清兩儀堂刻本　三十四冊　存三十八卷(一、四至三十三、三十五至四十,首一卷)

360000－1906－0000456　0495
鼎鍥趙田了凡袁先生編纂古本歷史大方綱鑑補四十卷　(明)袁黃纂　**御撰資治通鑑綱目三編二十卷**　(清)張廷玉等撰　清刻本　十八冊　存三十二卷(五至七、十一、十三至二十一、二十三至二十六、二十九至三十、三十二至三十三、三十五至三十六、三十八至四十,御撰資治通鑑綱目三編一至二、十七至二十)

360000－1906－0000457　0496
鼎鍥趙田了凡袁先生編纂古本歷史大方綱鑑補三十九卷首一卷　(明)袁黃纂　清刻本　一冊　存二卷(十七至十八)

360000－1906－0000458　0497
鼎鍥趙田了凡袁先生編纂古本歷史大方綱鑑補三十九卷首一卷　(明)袁黃纂　清刻本　四冊　存五卷(二十二至二十三、二十八至三十)

360000－1906－0000459　0498
御批增補了凡綱鑑四十卷首一卷　(明)袁黃編　清光緒二十五年(1899)萃齋石印本　十冊

360000－1906－0000460　0499
御批增補了凡綱鑑四十卷首一卷　(明)袁黃編　清光緒二十五年(1899)著易堂石印本　九冊　存三十七卷(一至四、九至四十,首一卷)

360000－1906－0000461　0500
續資治通鑑綱目二十七卷末一卷　(明)商輅

等撰　(明)陳仁錫評閱　清敬書堂刻本　二十六册　存二十六卷(一至二十五、末一卷)

360000－1906－0000462　0501
續資治通鑑綱目二十七卷末一卷　(明)商輅等撰　(明)陳仁錫評閱　清刻本　三册　存三卷(二十六至二十七、末一卷)

360000－1906－0000463　0502
續資治通鑑綱目二十七卷末一卷　(明)商輅等撰　(明)陳仁錫評閱　清刻本　二十九册

360000－1906－0000464　0503
續資治通鑑綱目二十七卷末一卷　(明)商輅等撰　(明)陳仁錫評閱　清刻本　二册　存二卷(八、十一)

360000－1906－0000465　0504
續資治通鑑綱目二十七卷末一卷　(明)商輅等撰　(明)陳仁錫評閱　清刻本　二册　存二卷(十六、二十一)

360000－1906－0000466　0505
皇朝紀略一卷　(清)何琪輯　清光緒二十七年(1901)越郡北鄉學堂刻本　一册

360000－1906－0000467　0506
中西紀事二十四卷　(清)夏燮撰　清光緒二十三年(1897)慎記書莊石印本　五册　存十六卷(一至二、六至十九)

360000－1906－0000468　0507
戊戌政變記九卷　梁啓超撰　清末鉛印本　一册　存四卷(二至五)

360000－1906－0000469　0508
平定粵匪紀略十八卷附記四卷　(清)杜文瀾撰　清末鉛印本　一册　存二卷(七至八)

360000－1906－0000470　0509
東華録三十二卷　(清)蔣良騏撰　清刻本　五册　存六卷(三至八)

360000－1906－0000471　0510
繹史一百六十卷世系圖一卷年表一卷　(清)馬驌撰　清光緒二十三年(1897)武林尚友齋石印本　二十四册

360000－1906－0000472　0511
聖武記十四卷　(清)魏源撰　清末和記書莊鉛印本　六册

360000－1906－0000473　0512
增定課兒鑑略妥註善本五卷　(明)李廷機撰　(清)鄒聖脈訂　清凌雲書屋刻本　二册

360000－1906－0000474　0513
增定課兒鑑略妥註善本五卷　(明)李廷機撰　(清)鄒聖脈訂　清刻本　一册　存三卷(三至五)

360000－1906－0000475　0515
歷朝紀事本末　(清)陳如升　(清)朱記榮輯　清光緒二十五年(1899)上海慎記書莊石印本　五十六册

360000－1906－0000476　0516
十九世紀外交史十七章　(日本)平田久撰　張相譯　清光緒二十八年(1902)史學齋刻本　四册

360000－1906－0000477　0517
十九世紀外交史十七章　(日本)平田久撰　張相譯　清光緒二十八年(1902)史學齋刻本　四册

360000－1906－0000478　0518
日本變法次第類考三集　(清)程恩培輯　(清)程堯章譯　清光緒二十八年(1902)政學譯社鉛印本　十二册

360000－1906－0000479　0519
日本新史攬要七卷　(日本)石村貞一撰　(清)游瀛主人譯　清末石印本　四册　存四卷(三至四、六至七)

360000－1906－0000480　0520
史鑑節要便讀六卷　(清)鮑東里撰　清光緒二十五年(1899)石印本　一册　存三卷(一至三)

360000－1906－0000481　0521
西洋通史前編十一卷　(法國)駝懊屢撰　(日本)村上義茂譯　清光緒二十八年(1902)

上洋會文譯書社石印本　八册

360000－1906－0000482　0522
商務報　(清)□□編　清末上海商務印書館石印本　一册　存光緒通商綜覈表續、理財節略、商務列說、日本茶葉公會規則、太平洋商戰說、中國各地銀兩表、中國各地銀兩表附說、化學原質大同表、中國度量衡表、各國商埠考中外交涉類要

360000－1906－0000483　0524
宋瑣語不分卷　(清)郝懿行撰　清嘉慶二十一年(1816)曬書堂刻本　一册　存德音、藻鑑、兵略

360000－1906－0000484　0525
明季南略十八卷　(清)計六奇撰　清末都城琉璃廠半松居士木活字印本　八册

360000－1906－0000485　0526
教務紀略四卷首一卷末一卷　(清)李剛己輯　清光緒三十一年(1905)兩江學務處刻本　四册

360000－1906－0000486　0527
原富五部　(英國)斯密亞丹撰　嚴復譯　清光緒二十七年(1901)清芬書屋刻本　十二册

360000－1906－0000487　0528
逸周書集訓校釋十卷逸文一卷　(清)朱右曾撰　清光緒三年(1877)湖北崇文書局刻崇文書局彙刻書本　二册

360000－1906－0000488　0529
萬國史記二十卷　(日本)岡本監輔撰　清光緒二十三年(1897)石印本　四册

360000－1906－0000489　0530
萬國史記二十卷　(日本)岡本監輔撰　清末石印本　一册　存五卷(十一至十五)

360000－1906－0000490　0531
國朝通商始末記二十卷　(清)王之春編　清光緒二十一年(1895)寶善書局石印本　六册

360000－1906－0000491　0532
國語二十一卷　(三國吴)韋昭注　**戰國策三十三卷**　(漢)高誘注　清光緒二十二年(1896)上海鴻寶齋石印本　八册

360000－1906－0000492　0534
國語選不分卷　(清)儲欣評　清乾隆三十一年(1766)受祉堂刻本　一册

360000－1906－0000493　0535
史外八卷　(清)汪有典撰　清同治三年(1864)廬陵尋樂山房刻本　八册

360000－1906－0000494　0536
國語二十一卷　(三國吴)韋昭注　(宋)宋庠補音　清影宋刻本　一册　存五卷(六至十)

360000－1906－0000495　0537
戰國策選不分卷　(清)儲欣評　清雍正元年(1723)受祉堂刻本　一册　存東周、西周、秦

360000－1906－0000496　0538
韻史二卷　(清)許遯翁撰　**韻史補一卷**　(清)朱玉岑撰　清光緒十年(1884)上海同文書局石印本　一册

360000－1906－0000497　0539
宋名臣言行錄别集十三卷　(宋)李幼武輯　(明)張采評　清刻本　一册　存四卷(五至八)

360000－1906－0000498　0540
宋名臣言行錄前集十卷後集十四卷續集八卷别集二十六卷外集十七卷　(宋)朱熹輯　(宋)李幼武續輯　清影宋刻本　十二册

360000－1906－0000499　0541
吴越春秋六卷　(漢)趙曄撰　(宋)徐天祜音注　清王謨刻增訂漢魏叢書本　一册　存三卷(一至三)

360000－1906－0000500　0542
泰西各國名人言行錄十六卷首一卷　(清)張兆蓉輯　清光緒石印本　六册

360000－1906－0000501　0543
歷代名臣言行錄二十四卷　(清)朱桓輯　清光緒二十八年(1902)鴻寶書局鉛印本　十二册

360000－1906－0000502　0544
明儒學案六十二卷師說一卷　(清)黄宗羲撰　清末上海文瑞書樓石印本　十六册

360000－1906－0000503　0545
皇清誥授奉直大夫信陽州知州查公崇祀名宦祠錄一卷　(清)鄂順安輯　清光緒二十五年(1899)廣信府刻本　一册

360000－1906－0000504　0546
華陽國志十四卷　(晉)常璩撰　清刻增訂漢魏叢書本　一册　存六卷(七至十二)

360000－1906－0000505　0547
華陽國志十四卷　(晉)常璩撰　清刻增訂漢魏叢書本　一册　存四卷(九至十二)

360000－1906－0000506　0548
貳臣傳十二卷　(清)國史館撰　清京都琉璃廠半松居刻本　六册

360000－1906－0000507　0549
循良前傳約編四卷　(清)張先嶽撰　清雍正湖山草堂刻本　一册　存一卷(二)

360000－1906－0000508　0550
歷代名臣言行錄二十四卷　(清)朱桓輯　清末鉛印本　三册　存十卷(八至十一、十七至十九、二十二至二十四)

360000－1906－0000509　0551
歷代名臣言行錄二十四卷　(清)朱桓輯　清末石印本　三册　存八卷(十五至十九、二十二至二十四)

360000－1906－0000510　0552
歷代名臣傳三十五卷續編五卷　(清)朱軾　(清)蔡世遠輯　清雍正刻朱文端公藏書本　一册　存二卷(十八至十九)

360000－1906－0000511　0553
歷代名儒傳八卷　(清)朱軾　(清)蔡世遠輯　清雍正刻朱文端公藏書本　一册　存二卷(七至八)

360000－1906－0000512　0555
陳士杰行述一卷　(清)陳兆葵撰　清光緒十九年(1893)刻本　一册

360000－1906－0000513　0556
陳士杰行述一卷　(清)陳兆葵撰　清光緒十九年(1893)刻本　一册

360000－1906－0000514　0557
查氏一門烈女編一卷　(清)查禮編　清光緒二十五年(1899)木活字印本　一册

360000－1906－0000515　0558
先榮禄公翼伯張府君自訂年譜不分卷　(清)張景渠撰　清末石印本　一册

360000－1906－0000516　0559
聽蕉雨樓外集不分卷　(清)黄勤業撰　清咸豐元年(1851)刻本　二册　存題詞、蜀遊日記、跋

360000－1906－0000517　0560
[江西永新]環滸尹氏洞麓堂家譜義例三卷　(清)尹繼隆撰　清同治七年(1868)刻本　一册

360000－1906－0000518　0563
[江西上饒]鄭氏宗譜不分卷　(清)□□纂修　清同治十年(1871)抄本　一册

360000－1906－0000519　0564
[江西上饒]鄭氏宗譜不分卷　(清)□□纂修　清光緒六年(1880)抄本　一册

360000－1906－0000520　0565
[江西撫州]癸羊劉氏宗譜□□卷首一卷　(清)□□纂修　清嘉慶十年(1805)木活字印本　一册　存一卷(首一卷)

360000－1906－0000521　0567
國朝先正事略六十卷　(清)李元度撰　清光緒二十五年(1899)上海圖書集成印書局鉛印本　八册

360000－1906－0000522　0568
國朝先正事略六十卷　(清)李元度撰　清同治五年(1866)刻本　二册　存二卷(二十二至二十三)

360000－1906－0000523　0569

中興名臣事略八卷　朱孔彰撰　清光緒二十五年(1899)上海圖書集成印書局鉛印本　二册

360000－1906－0000524　0570
文史通義八卷　(清)章學誠撰　清光緒三年(1877)貴陽刻本　二册　存五卷(一至五)

360000－1906－0000525　0571
文史通義八卷校讎通義三卷　(清)章學誠撰　清光緒二十五年(1899)新化陳氏三味堂刻本　八册

360000－1906－0000526　0572
史通通釋二十卷　(清)浦起龍撰　清末上海文瑞樓石印本　三册　存八卷(一至三、八至十二)

360000－1906－0000527　0574
史通削繁四卷　(唐)劉知幾撰　(清)紀昀削繁　(清)浦起龍注　清道光十三年(1833)兩廣節署刻朱墨套印本　一册　存一卷(一)

360000－1906－0000528　0576
東萊博議四卷　(宋)吕祖謙撰　清末文瀾書局石印本　四册

360000－1906－0000529　0577
東萊博議四卷　(宋)吕祖謙撰　清末開智書局鉛印本　二册　存二卷(二至三)

360000－1906－0000530　0578
東萊博議四卷　(宋)吕祖謙撰　清尚友堂刻本　一册　存一卷(二)

360000－1906－0000531　0579
增批輯註東萊博議四卷　(宋)吕祖謙撰　(清)劉鍾英輯注　清宣統二年(1910)鉛印本　一册　存一卷(一)

360000－1906－0000532　0580
增批輯註東萊博議四卷　(宋)吕祖謙撰　(清)劉鍾英輯注　清末上海錦章圖書局石印本　一册　存一卷(四)

360000－1906－0000533　0581
批評註釋東萊博議四卷　(宋)吕祖謙撰　(清)劉鍾英輯注　清末上海廣益書局石印本　二册　存二卷(一至二)

360000－1906－0000534　0582
盛世危言五卷　鄭觀應撰　清光緒上海古香閣鉛印本　一册　存一卷(五)

360000－1906－0000535　0584
讀史大略六十卷首一卷　(清)沙張白撰　**小沙子史略一卷**　(清)沙晉撰　清光緒二十六年(1900)石印本　六册

360000－1906－0000536　0585
讀史大略六十卷首一卷　(清)沙張白撰　**小沙子史略一卷**　(清)沙晉撰　清光緒二十九年(1903)石印本　五册　存五十卷(一至二十七、三十八至六十)

360000－1906－0000537　0586
讀史論略一卷　(清)杜詔撰　清刻本　一册

360000－1906－0000538　0587
讀通鑑論十六卷附宋論十五卷　(清)王夫之撰　清光緒三十一年(1905)上海商務印書館鉛印船山遺書本　十册

360000－1906－0000539　0588
讀通鑑綱目劄記二十卷　(清)章邦元撰　清光緒二十八年(1902)鑄記書局石印本　四册

360000－1906－0000540　0589
讀通鑑論十六卷附宋論十五卷　(清)王夫之撰　清光緒三十一年(1905)上海商務印書館鉛印船山遺書本　五册　存十五卷(一至二、五至六、十一至十四,宋論一至七)

360000－1906－0000541　0590
讀通鑑論十六卷附宋論十五卷　(清)王夫之撰　清光緒三十一年(1905)上海商務印書館鉛印船山遺書本　一册　存二卷(讀通鑑論一至二)

360000－1906－0000542　0591
廿一史約編八卷首一卷　(清)鄭元慶撰　清魚計亭刻本　四册　存四卷(金、石、竹、土)

360000－1906－0000543　0592

史論正鵠初集四卷二集四卷三集八卷　(清)王樹敏輯　清末石印本　三册　存三卷(初集二至三、二集三)

360000－1906－0000544　0593
求己錄三卷　(清)蘆涇遁士(陶葆廉)編　清光緒二十二年(1896)鉛印本　三册

360000－1906－0000545　0594
求己錄三卷　(清)蘆涇遁士(陶葆廉)編　清光緒二十二年(1896)鉛印本　三册

360000－1906－0000546　0595
求己錄三卷　(清)蘆涇遁士(陶葆廉)編　清光緒二十二年(1896)鉛印本　三册

360000－1906－0000547　0596
求己錄三卷　(清)蘆涇遁士(陶葆廉)編　清刻知聖教齋叢書本　一册　存一卷(中)

360000－1906－0000548　0597
補尚史論贊二卷　(清)李祖陶撰　清末刻本　二册

360000－1906－0000549　0598
九通序錄四卷　(清)□□輯　清光緒二十八年(1902)石印本　四册

360000－1906－0000550　0599
新政六編不分卷　(清)何啓輯　清光緒二十七年(1901)浙省書局石印本　八册

360000－1906－0000551　0600
瀓景堂史測十四卷　(清)施鴻撰　清光緒二十八年(1902)杜璘光刻知聖教齋叢書本　一册　存六卷(一至六)

360000－1906－0000552　0601
文獻通考三百四十八卷　(元)馬端臨撰　清刻本　十九册　存五十四卷(一百二十九至一百三十一、一百三十五至一百三十七、一百六十七至一百六十九、一百七十九至一百八十一、二百十六至二百二十五、二百四十二至二百四十五、二百五十七至二百六十一、二百六十六至二百六十八、二百七十七至二百七十九、二百九十三至二百九十五、二百九十九至三百二、三百七至三百十、三百三十七至三百四十二)

360000－1906－0000553　0602
文獻通考三百四十八卷首一卷　(元)馬端臨撰　清浙江書局刻本　一百四十四册　存三百四十四卷(一至一百二十二、一百二十八至三百四十八,首一卷)

360000－1906－0000554　0603
文獻通考三百四十八卷　(元)馬端臨撰　清咸豐九年(1859)崇仁謝氏刻三通本　四十九册　存一百六十六卷(三十至六十三、七十五至九十七、一百十一至一百二十六、一百三十一至一百四十一、一百七十七至一百九十三、二百至二百三、二百十至二百十三、二百三十一至二百三十九、二百八十二至二百九十三、二百九十八至三百五、三百十七至三百二十五、三百三十至三百四十八)

360000－1906－0000555　0604
佐治藥言一卷續一卷　(清)汪輝祖撰　清刻本　一册

360000－1906－0000556　0605
通典二百卷附考證一卷　(唐)杜佑撰　清光緒二十七年(1901)上海圖書集成局鉛印本　十六册

360000－1906－0000557　0606
文獻通考正續合編三十二卷首一卷　(清)盧宣旬編　清嘉慶略識字齋刻本　十三册　存十四卷(十四至十七、二十一至二十六、二十八、三十至三十二)

360000－1906－0000558　0607
時務通考三十一卷首一卷　(清)杞廬主人輯　清光緒二十三年(1897)點石齋石印本　二十册

360000－1906－0000559　0608
通典二百卷　(唐)杜佑撰　清咸豐九年(1859)崇仁謝氏刻三通本　十六册　存八十五卷(四十八至一百三、一百六十一至一百八十五、一百九十七至二百)

360000－1906－0000560　0609
文獻通考詳節二十四卷　(元)馬端臨撰　(清)嚴虞惇輯　清刻本　六冊　存十三卷(一至十三)

360000－1906－0000561　0610
文獻通考三百四十八卷首一卷　(元)馬端臨撰　清光緒二十七年(1901)上海圖書集成局鉛印本　四十四冊

360000－1906－0000562　0611
欽定大清會典□□卷　(清)□□纂修　清刻本　二冊　存八卷(三十四至三十七、七十四至七十七)

360000－1906－0000563　0612
欽定大清會典□□卷　(清)□□纂修　清刻本　一冊　存九卷(六十八至七十六)

360000－1906－0000564　0613
欽定大清會典一百卷　(清)崑岡等撰　清光緒二十七年(1901)上海文林石印本　六冊

360000－1906－0000565　0614
欽定大清會典一百卷　(清)崑岡等撰　清刻本　二十四冊

360000－1906－0000566　0615
塾言一卷　陳澹然撰　清光緒二十八年(1902)金陵宜春閣木活字印本　一冊

360000－1906－0000567　0616
資治新書十四卷首一卷二集二十卷　(清)李漁輯　清末鉛印本　三冊　存六卷(資治新書五至六、九至十,二集七至八)

360000－1906－0000568　0617
大清新法令十三類附錄三種　商務印書館編譯所編　清宣統元年(1909)上海商務印書館鉛印本　九冊　存七類三種(六至七、九至十三,附錄三種)

360000－1906－0000569　0618
福惠全書三十二卷　(清)黃六鴻撰　清刻本　十二冊

360000－1906－0000570　0619
廣治平畧三十六卷補編八卷　(清)蔡方炳撰　清漁古山房刻本　八冊

360000－1906－0000571　0620
廣治平畧四十四卷　(清)蔡方炳撰　清刻本　五冊　存十五卷(二至四、八至十、二十七至二十九、三十六至四十一)

360000－1906－0000572　0621
廣治平畧四十四卷　(清)蔡方炳撰　清刻本　一冊　存四卷(三十四至三十七)

360000－1906－0000573　0622
廣治平畧四十四卷　(清)蔡方炳撰　清刻本　七冊　存十九卷(三至六、十至十二、十五至十六、二十五至二十九、三十六至四十)

360000－1906－0000574　0623
熙朝紀政八卷　(清)王慶雲撰　清光緒二十八年(1902)上海書局鉛印本　四冊

360000－1906－0000575　0624
學治臆說二卷續說一卷說贅一卷　(清)汪輝祖撰　清乾隆五十八年(1793)刻本　一冊

360000－1906－0000576　0625
幸魯盛典四十卷　(清)孔毓圻等纂修　清刻本　一冊　存四卷(三十五至三十八)

360000－1906－0000577　0626
皇朝政典挈要八卷　(日本)增田貢撰　(清)毛淦補編　清光緒二十八年(1902)鉛印本　一冊　存三卷(四至六)

360000－1906－0000578　0627
皇朝政典挈要八卷　(日本)增田貢撰　(清)毛淦補編　清光緒二十八年(1902)鉛印本　五冊

360000－1906－0000579　0628
欽定學政全書□□卷　(清)□□撰　清刻本　一冊　存四卷(十七至二十)

360000－1906－0000580　0629
職官全書不分卷　(清)□□編　清刻本　一冊

360000－1906－0000581　0630

恩綸必誦一卷　(清)向葵輯　清光緒十三年(1887)長沙陳聚德堂刻寶善堂印本　一冊

360000－1906－0000582　0631
聖諭廣訓一卷　(清)聖祖玄燁撰　(清)世宗胤禛廣訓　清刻本　二冊

360000－1906－0000583　0632
左恪靖伯奏稿三十八卷　(清)左宗棠撰　清同治七年(1868)刻本　十九冊　存十八卷(十二至二十九)

360000－1906－0000584　0633
南海先生五上書記一卷　康有爲撰　清光緒二十三年(1897)上海大同譯書局石印本　一冊

360000－1906－0000585　0634
南海先生七上書記一卷附俄彼得堡政變記一卷　康有爲撰　清光緒二十四年(1898)上海大同譯書局石印本　一冊

360000－1906－0000586　0635
曾文正公奏議十卷首一卷末一卷補編四卷　(清)曾國藩撰　清同治十三年(1874)上海醉六堂刻本　四冊　存五卷(三至四、首一卷,補編一至二)

360000－1906－0000587　0636
罪言存略一卷　(清)郭嵩燾撰　清光緒十四年(1888)時報館鉛印本　一冊

360000－1906－0000588　0637
大清律例四十七卷　(清)徐本等修　(清)唐紹祖等纂　清刻本　二冊　存四卷(二十四至二十五、三十三至三十四)

360000－1906－0000589　0638
大清律例四十七卷　(清)徐本等修　(清)唐紹祖等纂　清刻本　四冊　存九卷(二十至二十一、二十六、二十九至三十四)

360000－1906－0000590　0639
大清律例四十七卷　(清)徐本等修　(清)唐紹祖等纂　清刻本　三冊　存六卷(二十七至三十一、四十一)

360000－1906－0000591　0640
大清律例通纂四十卷　(清)胡肇楷　(清)周孟隣輯　清刻本　十七冊　存二十九卷(六至七、九至十六、十九至三十七)

360000－1906－0000592　0641
大清律例統纂集成四十卷　(清)姚潤輯　清光緒刻本　二冊　存二卷(二至三)

360000－1906－0000593　0642
大清律纂修條例五十卷　(清)□□纂修　清刻本　二冊　存二卷(四至五)

360000－1906－0000594　0643
庸吏庸言二卷　(清)劉衡撰　清同治三年(1864)刻本　一冊　存一卷(上)

360000－1906－0000595　0645
欽定吏部則例六十八卷　(清)傅恆等修　(清)肅普洞阿等纂　清乾隆三十七年(1772)武英殿刻本　七冊　存二十卷(滿官品級考一至三,銓選滿官三至五,蒙古品級考四,漢官品級考一至二,吏部處分則例五至十、十三至十五、四十六至四十七)

360000－1906－0000596　0646
撫豫宣化錄四卷　(清)田文鏡撰　清雍正田文鏡刻本　一冊　存一卷(三)

360000－1906－0000597　0647
月令粹編二十四卷圖説一卷　(清)秦嘉謨撰　清光緒十四年(1888)石印本　二冊

360000－1906－0000598　0648
大明一統志九十卷　(明)李賢　(明)萬安等纂修　明萬壽堂刻清印本　三冊　存六卷(七至八、二十二至二十三、七十三至七十四)

360000－1906－0000599　0649
十六國疆域志十六卷　(清)洪亮吉撰　清刻本　一冊　存二卷(四至五)

360000－1906－0000600　0650
天下郡國利病書一百二十卷　(清)顧炎武撰　清道光龍萬育敷文閣刻本　一冊　存二卷(十六至十七)

360000－1906－0000601　0651
皇朝一統輿地全圖一卷　（清）欸乃軒主人編繪　清光緒二十年（1894）江左書林石印本　二册

360000－1906－0000602　0652
［道光］上饒縣志三十二卷首一卷　（清）陶堯臣修　（清）周毓麟纂　清道光六年（1826）刻本　二册　存九卷（十一至十八、二十）

360000－1906－0000603　0653
［道光］上饒縣志三十二卷首一卷　（清）陶堯臣修　（清）周毓麟纂　清道光六年（1826）刻本　一册　存三卷（十六至十八）

360000－1906－0000604　0654
［乾隆］上饒縣志十三卷　（清）程肇豐纂修　清乾隆四十九年（1784）刻本　一册　存三卷（一至二、首一卷）

360000－1906－0000605　0655
［同治］上饒縣志二十六卷首一卷　（清）王恩溥　（清）邢德裕修　（清）李樹藩等纂　清同治十一年（1872）刻本　十八册　存二十五卷（二至二十六）

360000－1906－0000606　0656
［同治］上饒縣志二十六卷首一卷　（清）王恩溥　（清）邢德裕修　（清）李樹藩等纂　清同治十一年（1872）刻本　十四册　存二十一卷（五至二十一、二十三至二十六）

360000－1906－0000607　0657
［同治］上饒縣志二十六卷首一卷　（清）王恩溥　（清）邢德裕修　（清）李樹藩等纂　清同治十一年（1872）刻本　五册　存十二卷（六至十六、二十三）

360000－1906－0000608　0658
廣輿記二十四卷　（明）陸應陽輯　（清）蔡方炳增輯　清刻本　四册　存七卷（二、四至五、八至九、十四至十五）

360000－1906－0000609　0659
［道光］耒陽縣志二十二卷首一卷　（清）常慶　（清）陳翰修　（清）鄭優　（清）伍聲偁纂　清道光六年（1826）刻本　二册　存四卷（十二至十四、十九）

360000－1906－0000610　0660
［光緒］黃州府志四十卷首一卷　（清）英啓修　（清）鄧琛纂　清光緒十年（1884）刻本　一册　存一卷（三十九）

360000－1906－0000611　0661
［同治］貴溪縣志十卷首一卷　（清）楊長杰修　（清）黃聯珏等纂　清同治十年（1871）刻本　十一册

360000－1906－0000612　0662
［同治］鉛山縣志三十卷首一卷　（清）張廷珩修　（清）華祝三纂　清同治十二年（1873）刻本　二册　存四卷（一至四）

360000－1906－0000613　0663
［同治］貴溪縣志十卷首一卷　（清）楊長杰修　（清）黃聯珏等纂　清同治十年（1871）刻本　二册　存二卷（七、十）

360000－1906－0000614　0664
［同治］廣信府志十二卷首一卷　（清）蔣繼洙修　（清）李樹藩纂　清同治十二年（1873）刻本　三十册

360000－1906－0000615　0665
［同治］廣信府志十二卷首一卷　（清）蔣繼洙修　（清）李樹藩纂　清同治十二年（1873）刻本　四册　存四卷（二、七、九、十二）

360000－1906－0000616　0666
［同治］廣豐縣志十卷首一卷　（清）雙全　（清）王麟書修　（清）顧蘭生等纂　清同治十一年（1872）刻本　十册

360000－1906－0000617　0667
［同治］上饒縣志二十六卷首一卷　（清）王恩溥　（清）邢德裕修　（清）李樹藩等纂　清同治十一年（1872）刻本　二十册

360000－1906－0000618　0668
［同治］弋陽縣志十四卷首一卷　（清）俞致中修　（清）汪炳熊等纂　清同治十年（1871）刻

本　十册

360000－1906－0000619　0669

［同治］廣豐縣志十卷首一卷　（清）雙全　（清）王麟書修　（清）顧蘭生等纂　清同治十一年（1872）刻本　二册　存三卷（一、九，首一卷）

360000－1906－0000620　0670

［道光］廣豐縣志三十二卷首一卷　（清）文炳修　（清）徐奕溥纂　清道光三年（1823）刻本　一册　存一卷（二十四）

360000－1906－0000621　0671

廬山志十五卷　（清）毛德琦撰　清康熙五十九年（1720）順德堂刻同治十年（1871）補刻本　十六册

360000－1906－0000622　0672

廬山志十五卷　（清）毛德琦撰　清康熙五十九年（1720）順德堂刻本　一册　存一卷（五）

360000－1906－0000623　0673

［同治］藍山縣志十六卷末一卷　（清）胡鶚薦　（清）洪錫綬修　（清）鍾範纂　清同治六年（1867）刻本　二册　存四卷（十四至十六、末一卷）

360000－1906－0000624　0674

［光緒］江西通志一百八十卷首五卷　（清）劉坤一等修　（清）劉繹等纂　清光緒六年至七年（1880－1881）刻本　十六册　存二十九卷（四十三至四十五、四十八至四十九、五十二至六十六、九十三至九十八，首一至三）

360000－1906－0000625　0675

［光緒］江西通志一百八十卷首五卷　（清）劉坤一等修　（清）劉繹等纂　清光緒六年至七年（1880－1881）刻本　一百六册　存一百六十卷（一至四十三、四十六至四十八、六十六至九十三、九十八至一百八十，首三至五）

360000－1906－0000626　0676

［光緒］順天府志一百三十卷附録一卷　（清）萬青黎　（清）周家楣修　（清）張之洞　繆荃孫纂　清光緒十年至十二年（1884－1886）刻本　二十二册　存四十六卷（一至十八、四十至五十一、一百十六至一百三十，附録一卷）

360000－1906－0000627　0677

［道光］永州府志十八卷首一卷　（清）吕恩湛修　（清）宗績辰纂　清同治六年（1867）刻本　二册　存二卷（八、十五）

360000－1906－0000628　0678

［道光］泰和縣志四十八卷首一卷　（清）楊訒纂修　清道光四年（1824）刻六年（1826）徐迪惠訂正補修本　六册　存十三卷（十九至二十、二十六至二十九、三十三至三十四、三十七至四十一）

360000－1906－0000629　0679

［道光］欽定新疆識略十二卷首一卷　（清）松筠纂修　清道光元年（1821）武英殿修書處刻本　二册　存二卷（六、十二）

360000－1906－0000630　0681

防海備覽十卷　（清）薛傳源撰　清嘉慶十六年（1811）刻本　一册　存二卷（二至三）

360000－1906－0000631　0682

地球韻言四卷　（清）張士瀛撰　清光緒二十七年（1901）善成堂刻本　四册

360000－1906－0000632　0683

地球韻言四卷　（清）張士瀛撰　清光緒刻本　二册　存二卷（二至三）

360000－1906－0000633　0684

朔方備乘六十八卷首十二卷　（清）何秋濤撰　清石印本　八册

360000－1906－0000634　0685

朔方備乘六十八卷首十二卷　（清）何秋濤撰　清石印本　四册　存五十三卷（一至二十五、四十四至五十九，首十二卷）

360000－1906－0000635　0686

今水經一卷表一卷　（清）黄宗羲撰　清光緒三年（1877）湖北崇文書局刻本　一册

360000－1906－0000636　0687

今水經一卷表一卷　（清）黄宗羲撰　清光緒

三年(1877)湖北崇文書局刻本　一冊

360000－1906－0000637　0688
水經注四十卷首一卷　(北魏)酈道元撰　(清)戴震校　清光緒三年(1877)崇文書局刻本　七冊　存二十四卷(一至六、十至十三、二十一至二十三、二十七至三十五、三十九至四十)

360000－1906－0000638　0689
水經注不分卷　(北魏)酈道元撰　(清)戴震校　清乾隆曲阜孔氏刻微波榭叢書本　二冊　存河水三、濟水、汶水

360000－1906－0000639　0690
水經注釋地補遺二卷　(清)張匡學撰　清嘉慶二年(1797)刻本　一冊　存一卷(下)

360000－1906－0000640　0691
世界各國險要維新輿圖不分卷　(清)蔡麟繪　清光緒二十八年(1902)影印本　一冊

360000－1906－0000641　0693
初使泰西紀要四卷　(清)志剛撰　清光緒十四年(1888)刻本　一冊　存二卷(一至二)

360000－1906－0000642　0694
西洋史要四卷　(日本)小川銀次郎撰　(清)薩端等譯　清光緒二十九年(1903)金粟齋鉛印本　二冊

360000－1906－0000643　0695
海國圖志一百卷　(清)魏源撰　清光緒石印本　十三冊　存九十三卷(一至三十五、四十三至一百)

360000－1906－0000644　0696
海國圖志一百卷　(清)魏源撰　清末石印本　一冊　存八卷(二十九至三十六)

360000－1906－0000645　0697
海國圖志續集二十五卷首一卷　(英國)麥高爾撰　(美國)林樂知　(清)瞿昂來譯　清光緒二十一年(1895)上海書局石印本　二冊

360000－1906－0000646　0698
歐洲新志一卷　(英國)計羅撰　(清)李家駒譯　**墨西哥述畧一卷**　(清)謝希傅撰　清末通學齋鉛印本　一冊

360000－1906－0000647　0699
金石萃編一百六十卷　(清)王昶撰　清嘉慶十年(1805)刻本　二冊　存四卷(十五至十六、一百五十七至一百五十八)

360000－1906－0000648　0700
廣輿記二十四卷　(明)陸應陽輯　(清)蔡方炳增輯　清刻本　五冊　存八卷(三至六、十一至十二、十五至十六)

360000－1906－0000649　0701
廣輿記二十四卷　(明)陸應陽輯　(清)蔡方炳增輯　清刻本　一冊　存二卷(五至六)

360000－1906－0000650　0702
弇州史料前集三十卷後集七十卷　(明)王世貞撰　明刻本　一冊　存三卷(二十八至三十)

360000－1906－0000651　0703
荀子二十卷　明嘉靖刻本　一冊　存十卷(十一至二十)

360000－1906－0000652　0704
[康熙]廣信府志四十卷末一卷　(清)周錞元修　(清)馬道畊纂　清康熙五十二年(1713)刻本　十三冊　存二十一卷(八至九、十一至十三、十六至十七、二十一至二十四、二十七至三十一、三十五至三十八、四十)

360000－1906－0000653　0705
明文奇賞四十卷　(明)陳仁錫輯　明刻本　八冊　存十六卷(七至八、十一至十六、二十三至二十八、三十九至四十)

360000－1906－0000654　0706
綱鑑正史約三十六卷　(明)顧錫疇撰　(清)陳弘謀增訂　清乾隆二年(1737)刻本　四冊　存七卷(十三至十六、二十一至二十二、二十七)

360000－1906－0000655　0707
論衡三十卷　(漢)王充撰　明萬曆二十年

(1592)程榮刻漢魏叢書本　二冊　存六卷(一至三、二十二至二十四)

360000－1906－0000656　0708
韓詩外傳十卷　(漢)韓嬰撰　明萬曆二十年(1592)程榮刻漢魏叢書本　一冊　存三卷(八至十)

360000－1906－0000657　0709
孔叢子三卷　題(漢)孔鮒撰　明萬曆二十年(1592)程榮刻漢魏叢書本　一冊　存二卷(中、下)

360000－1906－0000658　0710
新書十卷附錄一卷　(漢)賈誼撰　明萬曆二十年(1592)程榮刻漢魏叢書本　一冊　存五卷(四至八)

360000－1906－0000659　0711
春秋繁露十七卷　(漢)董仲舒撰　明萬曆程榮刻漢魏叢書本　一冊　存五卷(十三至十七)

360000－1906－0000660　0712
說苑二十卷　(漢)劉向撰　明萬曆二十年(1592)程榮刻漢魏叢書本　一冊　存四卷(一至四)

360000－1906－0000661　0713
顔氏家訓二卷　(北齊)顔之推撰　明萬曆二十年(1592)程榮刻漢魏叢書本　一冊　存一卷(上)

360000－1906－0000662　0714
廣寒香傳奇二卷　(清)蒼山子撰　(清)寒水生評　清刻本　二冊

360000－1906－0000663　0715
婦人良方二十四卷　(宋)陳自明撰　(明)薛己注　明崇禎元年(1628)朱明刻薛氏醫按本　五冊　存十五卷(三至十三、十七至二十)

360000－1906－0000664　0716
女科證治準繩五卷　(明)王肯堂輯　明萬曆刻六科證治準繩本　一冊　存一卷(四)

360000－1906－0000665　0717
幼科證治準繩九卷　(明)王肯堂撰　明萬曆刻六科證治準繩本　四冊　存三卷(三至四、六)

360000－1906－0000666　0718
雜病證治類方八卷　(明)王肯堂輯　明萬曆刻六科證治準繩本　二冊　存二卷(七至八)

360000－1906－0000667　0719
新刻爾雅翼三十二卷　(宋)羅願撰　明新安畢效欽刻本　二冊　存八卷(一至三、九至十三)

360000－1906－0000668　0720
漢書一百卷　(漢)班固撰　(唐)顔師古注　明崇禎十五年(1642)毛氏汲古閣刻十七史本　三十冊

360000－1906－0000669　0721
後漢書九十卷　(南朝宋)范曄撰　(唐)李賢注　**志三十卷**　(晉)司馬彪撰　(南朝梁)劉昭注補　明崇禎十六年(1643)毛氏汲古閣刻十七史本　二十冊

360000－1906－0000670　0722
念一史彈詞註二卷　(明)楊慎撰　(清)吳如珩注　清乾隆三年(1738)刻本　二冊

360000－1906－0000671　0725
重修留侯天師世家張氏宗譜九卷首一卷　(清)張仁晸纂修　清光緒十六年(1890)木活字印本　八冊

360000－1906－0000672　0726
子史切要表不分卷　(清)沈兆禕撰　清光緒二十七年(1901)金陵狀元境宜春閣刻二十八年(1902)印本　一冊

360000－1906－0000673　0727
士禮居藏書題跋記六卷　(清)黃丕烈撰　清末刻本　一冊　存一卷(四)

360000－1906－0000674　0732
知愧軒尺牘十六卷　(清)管士駿撰　清刻本　四冊

360000－1906－0000675　0733

持靜齋藏書紀要二卷　(清)莫友芝撰　清蘇州文學山房木活字印本　一冊　存一卷(上)

360000－1906－0000676　0738
欽定四庫全書簡明目錄二十卷　(清)紀昀等撰　清刻本　八冊

360000－1906－0000677　0739
欽定四庫全書簡明目錄二十卷　(清)紀昀等撰　清刻本　八冊

360000－1906－0000678　0740
欽定四庫全書總目二百卷首四卷　(清)紀昀等撰　清刻本　二十八冊　存四十九卷(五十九至七十四、一百七至一百十五、一百十七至一百三十四、一百九十二至一百九十七)

360000－1906－0000679　0743
彙刻書目初編十卷　(清)顧修輯　**續編二卷**　(清)陳光照輯　清刻本　十二冊

360000－1906－0000680　0744
經訓堂藏書總目不分卷附管書閱書章程　(清)查恩綬編　清光緒刻本　一冊

360000－1906－0000681　0745
經義考三百卷目錄二卷　(清)朱彝尊撰　清乾隆刻本　三冊　存十卷(四十一至四十三、一百十八至一百二十、一百八十至一百八十三)

360000－1906－0000682　0746
經義考三百卷目錄二卷　(清)朱彝尊撰　清嘉慶二十二年(1817)秀水朱氏修本　四十八冊　存三百卷(一至二百九十八、目錄二卷)

360000－1906－0000683　0749
國朝二十四家文鈔二十四卷　(清)徐斐然輯評　清刻本　三冊　存七卷(一至七)

360000－1906－0000684　0750
唐詩三百首注疏六卷　(清)孫洙編　(清)章燮注　清刻本　一冊　存二卷(一至二)

360000－1906－0000685　0752
唐詩三百首續選一卷　(清)于慶元編　清刻本　一冊

360000－1906－0000686　0753
唐詩三百首六卷　(清)孫洙編　清光緒五年(1879)刻本　一冊

360000－1906－0000687　0754
唐詩別裁集十卷　(清)沈德潛　(清)陳培脈輯　清刻本　四冊　存六卷(一至六)

360000－1906－0000688　0755
山滿樓箋註唐詩七言律六卷　(清)趙臣瑗輯　清刻本　二冊　存二卷(五至六)

360000－1906－0000689　0756
唐賢三昧集三卷　(清)王士禛輯　(清)吳煊　(清)胡棠輯注　清乾隆五十二年(1787)聽雨齋刻本　三冊

360000－1906－0000690　0757
清朝駢體正宗評本十二卷　(清)曾燠輯　(清)姚燮評　清末上海文瑞樓石印本　四冊

360000－1906－0000691　0758
國朝詩別裁集三十六卷　(清)沈德潛輯　清刻本　十冊

360000－1906－0000692　0759
國朝詩別裁集三十六卷　(清)沈德潛輯　清乾隆二十四年(1759)蔣重光刻本　一冊　存二卷(二十六至二十七)

360000－1906－0000693　0760
註釋唐詩三百首不分卷　(清)孫洙編　(清)李盤根輯注　清刻本　一冊　存五言古詩、七言古詩

360000－1906－0000694　0761
欽定全唐文一千卷　(清)董誥等編　清刻本　一百四十九冊　存四百五十三卷(一至五十九、八十一至九十五、一百一至一百十九、一百二十七至一百二十九、一百三十八至一百六十七、一百七十九至二百五十一、三百十五至三百十八、三百五十六至三百六十七、三百七十二至三百八十、三百八十八至四百、四百四十一至四百六十、四百六十四至四百八十五、六百一至六百十三、六百十七至六百二十四、六百三十至六百四十一、六百四十五至

六百四十七、六百五十二至六百五十四、六百六十四至七百七、七百三十至七百四十七、七百六十二至八百二十四、八百三十七至八百三十九、八百四十七至八百四十九、九百十一至九百十四）

360000－1906－0000695　0762
兩儀堂重訂古文釋義新編八卷　（清）余誠評注　清兩儀堂刻本　四冊

360000－1906－0000696　0763
尺木堂古文觀止六卷　（清）吳乘權　（清）吳大職輯　清乾隆五十一年（1786）中和堂刻本　五冊　存五卷（一、三至六）

360000－1906－0000697　0764
古文觀止十二卷　（清）吳乘權　（清）吳大職輯　清刻本　五冊　存十卷（一至六、九至十二）

360000－1906－0000698　0765
尺木堂古文觀止六卷　（清）吳乘權　（清）吳大職輯　清刻本　一冊　存一卷（五）

360000－1906－0000699　0767
江右古文選四十卷　（清）應麟輯　清乾隆三十一年（1766）屏山堂刻本　一冊　存四卷（十九至二十二）

360000－1906－0000700　0769
南屏心版不分卷　（清）鄭維駒等撰　**和筆存真不分卷**　（清）沈鎔經撰　清光緒三年（1877）刻本　一冊

360000－1906－0000701　0770
春柳唱和詩不分卷　（清）張鳴珂等撰　清末刻本　一冊

360000－1906－0000702　0771
退菴隨筆二十二卷附退菴自訂年譜一卷　（清）梁章鉅撰　清末上海文瑞樓石印本　八冊

360000－1906－0000703　0772
時務分類文編初集三十二卷　（清）求是齋輯　清光緒二十三年（1897）香港宜今室石印本　十六冊

360000－1906－0000704　0773
麥浪園樂志山房倡和詩□□卷　（清）胡履春編　清刻本　一冊　存二卷（十至十一）

360000－1906－0000705　0774
紫雲僊琯三集八卷　（清）高敏輯　清刻本　一冊　存四卷（一至四）

360000－1906－0000706　0775
試律青雲集四卷　（清）楊逢春輯　清道光十七年（1837）年文富堂刻本　一冊

360000－1906－0000707　0776
聞式堂古文選釋八卷　（清）臧岳編　清三樂齋刻本　一冊　存一卷（五）

360000－1906－0000708　0779
增補重訂千家詩註解二卷　（宋）謝枋得輯　（清）王相注　清同治二年（1863）刻本　一冊

360000－1906－0000709　0780
古文析義十六卷　（清）林雲銘評注　清刻本　十五冊　存十五卷（一至二、四至十六）

360000－1906－0000710　0782
歷朝賦楷八卷首一卷　（清）王修玉輯　清刻本　三冊　存六卷（三至八）

360000－1906－0000711　0783
駢體文鈔三十一卷　（清）李兆洛輯　清同治六年（1867）婁江徐氏刻本　十冊

360000－1906－0000712　0784
駢體文鈔三十一卷　（清）李兆洛輯　清光緒八年（1882）上海刻本　五冊　存十五卷（一至三、二十至三十一）

360000－1906－0000713　0785
廬山古蹟詩選十卷　（清）彭渚　（清）吳泰來輯　清拜易堂刻本　一冊　存三卷（八至十）

360000－1906－0000714　0786
元明八大家古文選十三卷　（清）劉肇虞選評　清乾隆二十九年（1764）步月樓刻本　六冊　存六卷（一至五、十一）

360000－1906－0000715　0787
唐宋八家文約不分卷　(清)程巖評點　清乾隆十三年(1748)存真堂刻本　二冊　缺歐陽修、曾鞏、王安石文

360000－1906－0000716　0788
宋大家歐陽文忠公文鈔三十二卷　(宋)歐陽修撰　(明)茅坤評　明刻唐宋八大家文鈔本　一冊　存六卷(十至十五)

360000－1906－0000717　0789
唐宋八家文讀本三十卷　(清)沈德潛評點　清刻本　十冊

360000－1906－0000718　0790
唐宋八家文讀本三十卷　(清)沈德潛評點　清刻本　四冊　存十卷(三至四、七至九、十二至十四、十九至二十)

360000－1906－0000719　0791
唐宋八家文讀本三十卷　(清)沈德潛評點　清刻本　一冊　存二卷(七至八)

360000－1906－0000720　0792
古唐詩合解十二卷　(清)王堯衢注　清怡蓮堂刻本　二冊　存四卷(一至二、八至九)

360000－1906－0000721　0793
古唐詩合解十二卷　(清)王堯衢注　清刻本　一冊　存一卷(八)

360000－1906－0000722　0794
西漢文選四卷　(清)儲欣評選　清乾隆三十一年(1766)刻本　一冊　存二卷(一至二)

360000－1906－0000723　0795
明詩別裁集十二卷　(清)沈德潛　(清)周準輯　清乾隆四年(1739)刻本　四冊

360000－1906－0000724　0796
皇朝經世文編一百二十卷　(清)賀長齡輯　清道光刻本　二十一冊　存三十三卷(十七至十九、二十一、二十三至二十五、三十七至三十八、四十四至四十五、四十八至四十九、五十九至六十三、七十八、八十一至八十二、九十二至九十五、九十八至一百一、一百八、一百十二、一百十四至一百十五)

360000－1906－0000725　0797
皇朝經世文編一百二十卷　(清)賀長齡輯　清末鉛印本　二十二冊　存一百三卷(一至二、十五至七十三、七十九至一百二十)

360000－1906－0000726　0798
皇朝經世文編一百二十卷姓名總目二卷　(清)賀長齡輯　清光緒十三年(1887)上海廣百宋齋鉛印本　十五冊　存六十八卷(一至五、二十至三十九、五十四至六十四、七十八至八十四、九十六至一百二十)

360000－1906－0000727　0799
皇朝經世文三編八十卷　(清)陳忠倚輯　清光緒二十八年(1902)上海書局石印本　十六冊

360000－1906－0000728　0800
皇朝經世文三編八十卷　(清)陳忠倚輯　清光緒二十七年(1901)上海書局石印本　十五冊　存七十五卷(一至十、十六至八十)

360000－1906－0000729　0801
皇朝經世文三編八十卷　(清)陳忠倚輯　清光緒二十四年(1898)石印本　八冊　存四十卷(一至四十)

360000－1906－0000730　0802
皇朝經世文新編二十二卷　麥仲華輯　清光緒二十七年(1901)上海寶善書局石印本　十四冊

360000－1906－0000731　0803
皇朝經世文續編一百二十卷　(清)葛士濬輯　清末鉛印本　十三冊　存六十二卷(二十四至三十九、四十五至四十八、六十一至七十五、八十一至八十六、九十二至九十七、一百一至一百十五)

360000－1906－0000732　0804
重訂唐詩別裁集二十卷　(清)沈德潛輯　清乾隆二十八年(1763)教忠堂刻本　一冊　存三卷(十六至十八)

360000－1906－0000733　0805
唐大家韓文公文鈔十六卷　(唐)韓愈撰　(明)茅坤批評　清雲林三怡堂、畏怡堂刻本　一册　存一卷(一)

360000－1906－0000734　0806
唐詩三百首註疏六卷　(清)孫洙編　(清)章燮注　**續選一卷**　(清)于慶元編　清松盛堂刻本　四册

360000－1906－0000735　0807
唐詩三百首注疏六卷　(清)孫洙編　(清)章燮注　清刻本　一册　存一卷(一)

360000－1906－0000736　0808
唐詩三百首注疏六卷　(清)孫洙編　(清)章燮注　清立言堂刻本　一册　存二卷(一至二)

360000－1906－0000737　0809
唐詩三百首注疏六卷　(清)孫洙編　(清)章燮注　清聚秀堂刻本　一册　存一卷(一)

360000－1906－0000738　0810
憑山閣增定留青全集二十四卷　(清)陳枚輯　清刻本　八册　存八卷(四、九、十一至十三、十五至十六、十九)

360000－1906－0000739　0811
憑山閣增輯留青新集三十卷　(清)陳枚輯　(清)陳德裕增輯　清刻本　十三册　存十八卷(一至三、十五至二十五、二十七至三十)

360000－1906－0000740　0812
憑山閣增輯留青新集三十卷　(清)陳枚輯　(清)陳德裕增輯　清刻本　一册　存二卷(十七至十八)

360000－1906－0000741　0813
青浦續詩傳八卷附一卷　(清)何其超輯　清光緒三十一年(1905)青浦熊祖詒木活字印本　一册　存一卷(五)

360000－1906－0000742　0814
信江留别七律一卷　(清)張柱撰　清光緒三十三年(1907)刻本　一册

360000－1906－0000743　0819
豫章十代文獻略五十卷補遺二卷首一卷　(清)王謨撰　清乾隆刻本　一册　存三卷(二十九至三十一)

360000－1906－0000744　0820
楚辭十七卷　(漢)王逸章句　清光緒九年(1883)長沙書堂山館刻本　六册

360000－1906－0000745　0823
楚辭釋十一卷　王闓運注　清光緒二十一年(1895)儀徵李氏刻朱印本　一册

360000－1906－0000746　0824
楚辭集註八卷　(宋)朱熹撰　清光緒三年(1877)湖北崇文書局刻本　二册

360000－1906－0000747　0825
楚辭燈四卷　(清)林雲銘撰　清刻本　二册

360000－1906－0000748　0826
楚辭集註八卷辨證二卷　(宋)朱熹撰　清光緒三年(1877)湖北崇文書局刻本　一册　存二卷(辨證二卷)

360000－1906－0000749　0827
離騷箋二卷　(清)龔景瀚撰　清光緒三年(1877)湖北崇文書局刻本　一册

360000－1906－0000750　0828
離騷經一卷九歌一卷參同契一卷　(清)李光地注　清刻榕村全書本　一册

360000－1906－0000751　0829
白香山詩長慶集二十卷後集十七卷别集一卷補遺二卷　(唐)白居易撰　**年譜一卷**　(清)汪立名撰　**年譜舊本一卷**　(宋)陳振孫撰　清康熙四十一年至四十二年(1702－1703)汪立名一隅草堂刻本　十二册

360000－1906－0000752　0831
李太白文集三十六卷　(唐)李白撰　(清)王琦輯注　清乾隆二十五年(1760)寶笏樓刻本　十二册

360000－1906－0000753　0832
李太白文集三十六卷　(唐)李白撰　(清)王

琦輯注　清刻本　十四冊

360000－1906－0000754　0834
李太白文集三十六卷　（唐）李白撰　（清）王琦輯注　清刻本　二冊　存五卷（二十二至二十四、二十九至三十）

360000－1906－0000755　0835
柳文四十三卷別集二卷外集二卷附錄一卷　（唐）柳宗元撰　（唐）劉禹錫編　清刻本　一冊　存五卷（別集二卷、外集二卷、附錄一卷）

360000－1906－0000756　0837
昌黎先生集四十卷　（唐）韓愈撰　清宣統上海掃葉山房石印本　四冊　存十八卷（二至四、十一至十四、三十至四十）

360000－1906－0000757　0838
七家詩選七卷　（清）張熙宇輯評　清咸豐十年（1860）刻朱墨套印本　四冊

360000－1906－0000758　0839
七家詩選七卷　（清）張熙宇輯評　清大鋆堂刻朱墨套印本（卷四至五配清刻朱墨套印本）　二冊　存四卷（四至七）

360000－1906－0000759　0840
七家詩選七卷　（清）張熙宇輯評　清刻朱墨套印本　一冊　存二卷（六至七）

360000－1906－0000760　0841
八家四六文註八卷首一卷　（清）吳鼒輯　（清）許貞幹注　**補註一卷**　陳衍撰　清末影印本　八冊

360000－1906－0000761　0842
疊山謝先生文章軌範七卷　（宋）謝枋得輯　清乾隆三十二年（1767）刻本　四冊

360000－1906－0000762　0843
昭明文選集成六十卷首二卷　（南朝梁）蕭統輯　（清）方廷珪評點　清倣范軒刻本　十一冊　存三十二卷（一、八至二十、三十一至三十三、四十六至六十）

360000－1906－0000763　0844
文選六十卷　（南朝梁）蕭統輯　（唐）李善注　清江右文彬堂刻朱墨套印本　十六冊

360000－1906－0000764　0845
文選六十卷　（南朝梁）蕭統輯　（唐）李善注　（清）葉樹藩訂　清乾隆三十七年（1772）羊城翰墨園刻朱墨套印本　十六冊

360000－1906－0000765　0847
文選六十卷　（南朝梁）蕭統輯　（唐）李善注　清刻朱墨套印本　一冊　存四卷（五十七至六十）

360000－1906－0000766　0848
文選六十卷　（南朝梁）蕭統輯　（唐）李善注　清光緒十八年（1892）上海古香閣石印本　五冊

360000－1906－0000767　0849
文選六十卷　（南朝梁）蕭統輯　（唐）李善注　**考異十卷**　（清）胡克家撰　清末石印本　一冊　存十卷（考異十卷）

360000－1906－0000768　0850
文選六十卷　（南朝梁）蕭統輯　（唐）李善注　**考異十卷**　（清）胡克家撰　清末影印本　一冊　存四卷（考異一至四）

360000－1906－0000769　0852
文選五卷首一卷　（南朝梁）蕭統輯　（唐）李善注　**考異十卷**　（清）胡克家撰　清光緒十四年（1888）同文書局石印本　五冊

360000－1906－0000770　0853
古文分編集評四集四卷　（清）于光華輯　清刻本　二冊　存二卷（一、四）

360000－1906－0000771　0854
古文析義十六卷二編十六卷　（清）林雲銘評注　清刻本　六冊　存七卷（古文析義三、六至七、十一至十二，二編六、九）

360000－1906－0000772　0855
古文淵鑒六十四卷　（清）徐乾學等輯並注　清同治十二年（1873）浙江書局刻本　三十二冊

360000－1906－0000773　0856

古文淵鑒六十四卷　（清）徐乾學等輯並注　清刻本　一册　存一卷（五十）

360000－1906－0000774　0857
古文雅正十四卷　（清）蔡世遠輯　清光緒二十二年（1896）上海圖書集成印書局鉛印本　三册　存十一卷（一至十一）

360000－1906－0000775　0858
古文釋義新編八卷　（清）余誠評注　清乾隆六年（1741）古吳三槐堂刻本　一册　存三卷（一至三）

360000－1906－0000776　0859
古文釋義新編八卷　（清）余誠評注　清經元堂刻本　六册

360000－1906－0000777　0860
大文堂重訂古文釋義新編八卷　（清）余誠評注　清刻本　四册

360000－1906－0000778　0861
古文釋義新編八卷　（清）余誠評注　清乾隆五十八年（1793）一經堂刻本　二册　存二卷（一、四）

360000－1906－0000779　0862
朱子文集大全類編一百十卷首一卷　（宋）朱熹撰　（清）朱玉訂補　清雍正八年（1730）紫陽書堂刻乾隆十五年（1750）采芝山房印本　四十册

360000－1906－0000780　0864
宋王忠文公集五十卷目録四卷　（宋）王十朋撰　（清）唐傳鉎編　清光緒二年（1876）刻本　十一册　存三十八卷（一至十一、十七至三十九、四十四至四十七）

360000－1906－0000781　0865
宋王忠文公集五十卷目録四卷　（宋）王十朋撰　（清）唐傳鉎編　清光緒二年（1876）刻本　一册　存三卷（六至八）

360000－1906－0000782　0869
茶山集八卷　（宋）曾幾撰　清乾隆刻本　一册　存三卷（六至八）

360000－1906－0000783　0871
陳克齋先生集十七卷　（宋）陳文蔚撰　明崇禎十六年（1643）張時雨刻清康熙四十四年（1705）陳銓重修本　三册　存十三卷（一至十三）

360000－1906－0000784　0872
陳克齋先生集十七卷　（宋）陳文蔚撰　清刻本　三册　存十二卷（一至二、八至十七）

360000－1906－0000785　0873
游廌山先生集八卷　（宋）游酢撰　清同治九年（1870）刻本　四册

360000－1906－0000786　0874
宋黃文節公文集三十二卷首四卷外集二十四卷别集十九卷　（宋）黃庭堅撰　**附黃青社先生伐檀集二卷**　（宋）黃庶撰　清乾隆三十年（1765）江右寧州緝香堂刻本　三十二册

360000－1906－0000787　0875
羅鄂州小集六卷　（宋）羅願撰　**羅郢州遺文一卷**　（宋）羅頌撰　清咸豐三年（1853）南海伍氏刻粵雅堂叢書本　二册

360000－1906－0000788　0876
晦庵先生朱文公文集一百卷續集十一卷别集十卷目録二卷　（宋）朱熹撰　清刻本　七册　存十五卷（三十二至三十八、四十一至四十二、四十五至四十六、六十一至六十四）

360000－1906－0000789　0878
陸象山先生文集三十六卷　（宋）陸九淵撰　**少湖徐先生學則辨一卷**　（明）徐階撰　清道光三年（1823）金谿陸氏槐堂書屋刻本　十二册

360000－1906－0000790　0879
象山先生全集三十六卷　（宋）陸九淵撰　清道光三年（1823）金谿陸氏槐堂書屋刻光緒七年（1881）陸慕祖補刻本　八册　存三十四卷（三至三十六）

360000－1906－0000791　0880
象山先生全集三十六卷　（宋）陸九淵撰　清刻本　一册　存五卷（二十五至二十九）

360000－1906－0000792　0881
蒙齋集二十卷　(宋)袁甫撰　清刻本　一册　存三卷(四至六)

360000－1906－0000793　0883
飲冰室壬寅文集十八卷　梁啓超撰　清光緒三十一年(1905)維新學社石印本　十六册

360000－1906－0000794　0884
西山先生真文忠公文集五十五卷目錄二卷　(宋)真德秀撰　明萬曆二十五年(1597)金學曾景賢堂刻清康熙重修本　二册　存四卷(十一至十二、二十九至三十)

360000－1906－0000795　0885
宋大家王文公文抄十六卷　(宋)王安石撰　(明)茅坤批評　明崇禎刻本　一册　存四卷(五至八)

360000－1906－0000796　0886
宋大家蘇文忠公文抄二十八卷　(宋)蘇軾撰　(明)茅坤批評　明崇禎刻本　一册　存五卷(二十至二十四)

360000－1906－0000797　0887
欒城先生全集錄六卷　(宋)蘇轍撰　(清)儲欣輯　清遺清堂刻本　一册　存二卷(一至二)

360000－1906－0000798　0888
文章正宗復刻三十卷　(宋)真德秀輯　清刻本　六册　存八卷(八至九、十五至十六、二十三至二十六)

360000－1906－0000799　0889
玉尺樓賦選五卷　(清)趙古農輯　清刻本　二册　存四卷(二至五)

360000－1906－0000800　0890
古文眉詮七十九卷首一卷　(清)浦起龍輯　清乾隆三吳書院刻本　三册　存九卷(三至四、十一至十四、七十二至七十四)

360000－1906－0000801　0891
憑山閣增輯留青新集三十卷　(清)陳枚輯　(清)陳德裕增輯　清刻本　六册　存十卷(五至十四)

360000－1906－0000802　0892
憑山閣增輯留青新集三十卷　(清)陳枚輯　(清)陳德裕增輯　清刻本　一册　存二卷(十至十一)

360000－1906－0000803　0893
草廬吴文正公集四十九卷首一卷　(元)吴澄撰　清刻本　二册　存六卷(六至八、三十六至三十八)

360000－1906－0000804　0894
虞道園先生文選八卷　(元)虞集撰　清道光二十五年(1845)刻金元明八大家文選本　一册　存二卷(七至八)

360000－1906－0000805　0895
王陽明先生全集二十卷首一卷　(明)王守仁撰　(清)俞嶙輯　清康熙十二年(1673)餘姚俞嶙刻本　一册　存一卷(七)

360000－1906－0000806　0896
王陽明先生文選七卷　(明)王守仁撰　(清)李祖陶評點　清道光二十五年(1845)刻金元明八大家文選本　一册　存三卷(一至三)

360000－1906－0000807　0897
采真游四卷　(清)鄭邦福撰　清道光二十九年(1849)刻本　二册

360000－1906－0000808　0898
修齋遺言一卷　(明)楊繼盛撰　清光緒十六年(1890)周邦翰刻本　一册

360000－1906－0000809　0899
陽溪遺稿六卷附錄一卷　(清)徐燦撰　清道光十六年(1836)刻本　四册

360000－1906－0000810　0900
鈐山堂集四十卷　(明)嚴嵩撰　清嘉慶十一年(1806)刻本　十册

360000－1906－0000811　0901
鄭文恪公賸稿一卷　(明)鄭以偉撰　清同治十二年(1873)信江書院刻本　一册

360000－1906－0000812　0902

鄭文恪公賸稿一卷　(明)鄭以偉撰　清同治十二年(1873)信江書院刻本　一册

360000－1906－0000813　0903
震川先生集三十卷别集十卷附録一卷補編一卷　(明)歸有光撰　(清)歸莊校勘　(清)錢謙益選定　(清)歸玠編　清刻本　三册　存十四卷(三至八、二十一至二十四,别集八至十,附録一卷)

360000－1906－0000814　0904
謝疊山先生文集九卷詩傳註疏三卷　(宋)謝枋得撰　(清)陳喬樅編　清道光二十九年(1849)刻咸豐元年(1851)補刻光緒十八年(1892)謝志高重修本　四册

360000－1906－0000815　0905
羅豫章先生文集十卷　(宋)羅從彦撰　(清)張伯行訂　清同治五年(1866)福州正誼書院刻同治八年至光緒十三年(1869－1887)續刻本　二册

360000－1906－0000816　0906
蘇文忠公詩集五十卷目録二卷　(宋)蘇軾撰　(清)紀昀評點　清同治八年(1869)韞玉山房刻朱墨套印本　八册　存五十一卷(蘇文忠公詩集五十卷、目録下)

360000－1906－0000817　0909
少嵒賦草四卷續集一卷　(清)夏思沺撰　清光緒元年(1875)松盛堂刻本　二册

360000－1906－0000818　0910
枕善堂尺牘一隅二十卷　(清)陳大溶撰　清道光二十二年(1842)大文堂刻本　十册

360000－1906－0000819　0911
止所齋古文偶鈔二卷　(清)辜滢撰　清同治十年(1871)木活字印本　二册

360000－1906－0000820　0912
止所齋古文偶鈔二卷　(清)辜滢撰　清同治十年(1871)木活字印本　二册

360000－1906－0000821　0913
止所齋古文偶鈔八卷　(清)辜滢撰　清光緒二十四年(1898)刻本　四册

360000－1906－0000822　0914
止所齋古文偶鈔八卷　(清)辜滢撰　清光緒二十四年(1898)刻本　四册

360000－1906－0000823　0915
存吾春齋文鈔十卷文續鈔二卷詩鈔十二卷詩續鈔一卷　(清)劉繹撰　清同治八年(1869)刻本　十二册

360000－1906－0000824　0916
石峯詩鈔一卷　(清)聶應衡撰　清乾隆二十二年(1757)刻本　一册

360000－1906－0000825　0917
印雪軒詩稿一卷　(清)胡鴻澤撰　清光緒刻本　一册

360000－1906－0000826　0918
白鶴山房詩鈔二十六卷　(清)葉紹本撰　清刻本　二册　存九卷(十至十四、二十至二十三)

360000－1906－0000827　0919
壯悔堂文集十卷　(清)侯方域撰　清刻本　一册　存三卷(八至十)

360000－1906－0000828　0920
初桄齋詩集一卷　(清)程梯功撰　清刻本　一册

360000－1906－0000829　0921
初桄齋詩集一卷　(清)程梯功撰　清刻本　一册

360000－1906－0000830　0923
六一居士外集録二卷　(宋)歐陽修撰　(清)儲欣編　清刻本　一册　存一卷(一)

360000－1906－0000831　0924
子良詩存四卷　(清)馮詢撰　清道光二十一年(1841)覺園刻本　二册

360000－1906－0000832　0925
子良詩存十二卷試帖一卷　(清)馮詢撰　清咸豐三年(1853)刻本　六册

360000－1906－0000833　0926
三魚堂集文集十二卷附錄一卷外集六卷附錄一卷　(清)陸隴其撰　清刻本　一册　存三卷(外集一至三)

360000－1906－0000834　0927
小初詩藁九卷　(清)王之藩撰　清同治五年(1866)刻本　二册

360000－1906－0000835　0928
小倉山房外集一卷　(清)袁枚撰　清會文堂刻八家四六本　一册

360000－1906－0000836　0929
六一山房詩集十卷　(清)董沛撰　清同治十三年(1874)刻本　二册　存二卷

360000－1906－0000837　0930
六一山房詩集十卷　(清)董沛撰　清同治十三年(1874)刻本　一册　存五卷(一至五)

360000－1906－0000838　0931
六一山房續集十卷　(清)董沛撰　清光緒五年(1879)、十年(1884)刻本　二册

360000－1906－0000839　0932
六一山房續集十卷　(清)董沛撰　清光緒五年(1879)、十年(1884)刻本　二册

360000－1906－0000840　0933
六百句詩鈔一卷　(清)安樹森撰　清嘉慶二十五年(1820)刻本　一册

360000－1906－0000841　0935
毛虛水先生古文稿不分卷　(清)毛福臣撰　清同治十二年(1873)信江書院刻本　一册

360000－1906－0000842　0936
毛虛水先生古文稿不分卷　(清)毛福臣撰　清同治十二年(1873)信江書院刻本　一册

360000－1906－0000843　0937
毛虛水先生古文稿不分卷　(清)毛福臣撰　清同治十二年(1873)信江書院刻本　一册

360000－1906－0000844　0938
水田居文集五卷　(清)賀貽孫撰　清敕書樓刻本　六册

360000－1906－0000845　0939
尺蠖齋吟草一卷　(清)胡楙撰　清同治四年(1865)刻本　一册

360000－1906－0000846　0940
天岳山館文鈔四十卷　(清)李元度撰　清光緒六年(1880)爽谿精舍刻本　二十册

360000－1906－0000847　0941
太師誠意伯劉文成公集二十卷　(明)劉基撰　清康熙四十六年(1707)劉孤嶼刻雍正八年(1730)補刻乾隆十一年(1746)印本　二册　存二卷(一至二)

360000－1906－0000848　0942
水田居存詩三卷　(清)賀貽孫撰　清同治九年(1870)敕書樓刻本　三册

360000－1906－0000849　0943
龔定盦集　(清)龔自珍撰　清光緒二十三年(1897)豐城余氏寶墨齋刻本　五册

360000－1906－0000850　0944
昌霅文集二卷　(元)袁君賢撰　清光緒二年(1876)木活字印本　二册

360000－1906－0000851　0945
怡芬書屋詩草十卷　(清)易棠撰　清咸豐十一年(1861)刻本　二册

360000－1906－0000852　0946
怡堂詩鈔一卷　(清)楊世謙撰　清光緒二十一年(1895)涇陽鉛印本　一册

360000－1906－0000853　0947
杜詩鏡銓二十卷　(清)楊倫撰　清乾隆刻本　三册　存六卷(十一至十二、十五至十八)

360000－1906－0000854　0948
杜詩鏡銓二十卷　(清)楊倫撰　清刻本　一册　存四卷(十二至十五)

360000－1906－0000855　0949
忠雅堂文集十二卷　(清)蔣士銓撰　清嘉慶刻本　六册

360000－1906－0000856　0950
忠雅堂文集十二卷　(清)蔣士銓撰　清嘉慶

刻本　三冊　存七卷(一至五、七至八)

360000－1906－0000857　0951
含暉堂遺稿二卷　(清)陳觀酉撰　清同治七年(1868)翥山官廨刻本　一冊

360000－1906－0000858　0952
忠雅堂詩集二十七卷補遺二卷詞集二卷　(清)蔣士銓撰　清刻本　八冊

360000－1906－0000859　0953
忠雅堂詩集二十七卷補遺二卷詞集二卷　(清)蔣士銓撰　清嘉慶三年(1798)揚州刻本　八冊　缺二卷(補遺二卷)

360000－1906－0000860　0954
蔣氏四種　(清)蔣士銓撰　清咸豐刻本　五冊　存三種

360000－1906－0000861　0955
忠雅堂文集十二卷　(清)蔣士銓撰　清嘉慶刻本　一冊　存五卷(八至十二)

360000－1906－0000862　0956
忠雅堂集三十卷　(清)蔣士銓撰　清刻本　七冊　存二十五卷(一至八、十四至三十)

360000－1906－0000863　0957
忠雅堂集三十卷　(清)蔣士銓撰　清刻本　一冊　存三卷(八至十)

360000－1906－0000864　0958
小倉山房文集三十五卷　(清)袁枚撰　清刻本　一冊　存三卷(八至十)

360000－1906－0000865　0959
小倉山房詩集三十七卷　(清)袁枚撰　清刻本　一冊　存十卷(十三至二十二)

360000－1906－0000866　0960
小倉山房文集三十五卷詩集三十七卷續補詩集二卷　(清)袁枚撰　清刻本　六冊　存十七卷(小倉山房文集三十四至三十五,詩集一、六至八、十六至二十二、二十六至二十七,續補詩集二卷)

360000－1906－0000867　0961
完璞齋唫草四卷　(清)章綬撰　清同治四年(1865)刻本　二冊

360000－1906－0000868　0962
志隱齋詩鈔八卷　(清)王文瑋撰　清咸豐六年(1856)刻本　四冊

360000－1906－0000869　0963
杜詩明鏡十四卷　(清)吳瞻泰評選　清刻本　一冊　存四卷(十一至十四)

360000－1906－0000870　0964
杜詩詳註二十五卷首一卷附編二卷　(唐)杜甫撰　(清)仇兆鰲輯注　清刻本　二冊　存二卷(六至七)

360000－1906－0000871　0965
西林詩萃八卷後萃二卷　(清)戴玉華撰　清道光四年(1824)刻本　四冊

360000－1906－0000872　0966
赤霞吟草二卷　(清)王鉅撰　清同治九年(1870)刻本　二冊

360000－1906－0000873　0967
卷石山房詩鈔一卷　(清)董思盤撰　清同治九年(1870)刻本　一冊

360000－1906－0000874　0968
宜窗詩草不分卷　(清)賴錦撰　**硯農詩草不分卷**　(清)賴靄撰　清同治六年(1867)木活字印本　二冊

360000－1906－0000875　0969
宜秋館詩鈔二卷詞鈔一卷　李之鼎撰　清光緒三十一年(1905)盱江宜秋館鉛印本　一冊

360000－1906－0000876　0970
有正味齋詩集十六卷續集八卷駢體文二十四卷續集八卷詞集八卷續集二卷外集五卷續二卷　(清)吳錫麒撰　清嘉慶刻本　十四冊　存四十九卷(駢體文二十四卷、續集八卷,詞集八卷、續集二卷,外集五卷、續二卷)

360000－1906－0000877　0971
求自得之室文鈔十二卷　(清)吳嘉賓撰　清同治五年(1866)廣州刻本　五冊

360000－1906－0000878　0972

紅豆村人詩稿十四卷 （清）袁樹撰 **盈書閣遺稾一卷繡餘吟稿一卷** （清）袁棠撰 **樓居小草一卷** （清）袁杼撰 清隨園刻本 一册 存五卷（十三至十四、盈書閣遺稾一卷、繡餘吟稿一卷、樓居小草一卷）

360000－1906－0000879 0973
紀曉嵐詩註釋四卷 （清）紀昀撰 （清）郭斌注 清刻本 二册 存二卷（二至三）

360000－1906－0000880 0974
重訂少嵒賦草四卷 （清）夏思沺撰 （清）姜兆蘭釋 清道光十五年（1835）文奎堂刻本 二册

360000－1906－0000881 0975
海上鴻泥偶存八卷 （清）羅鳳藻輯 清道光二十八年（1848）文光堂刻本 八册

360000－1906－0000882 0976
袁文箋正十六卷補注一卷 （清）袁枚撰 （清）石韞玉箋 清光緒二十九年（1903）松壽山房刻本 一册 存一卷（一）

360000－1906－0000883 0977
袁文箋正十六卷補注一卷 （清）袁枚撰 （清）石韞玉箋 清同治八年（1869）松壽山房刻本 六册

360000－1906－0000884 0978
袁太史稿不分卷 （清）袁枚撰 （清）秦大士編 清隨園刻本 二册

360000－1906－0000885 0979
袁文箋正十六卷補注一卷 （清）袁枚撰 （清）石韞玉箋 清光緒二十九年（1903）松壽山房刻本 四册

360000－1906－0000886 0981
袁文補注二卷續刻二卷三刻二卷 （清）袁枚撰 （清）石韞玉原注 （清）余崗補注 清道光二十一年（1841）刻本 一册

360000－1906－0000887 0982
袁文補注二卷續刻二卷三刻二卷 （清）袁枚撰 （清）石韞玉原注 （清）余崗補注 清道光二十一年（1841）刻本 一册

360000－1906－0000888 0983
袁文補注二卷續刻二卷三刻二卷 （清）袁枚撰 （清）石韞玉原注 （清）余崗補注 清道光二十一年（1841）刻本 一册

360000－1906－0000889 0984
袁文補注二卷續刻二卷三刻二卷 （清）袁枚撰 （清）石韞玉原注 （清）余崗補注 清道光二十一年（1841）刻本 一册

360000－1906－0000890 0985
陳檢討四六二十卷 （清）陳維崧撰 （清）程師恭注 清乾隆三十五年（1770）陳明善刻本 七册

360000－1906－0000891 0986
葦梢吟六卷 （清）陳樹翰撰 清乾隆刻本 一册

360000－1906－0000892 0987
正誼堂文集十二卷 （清）張伯行撰 （清）李汝霖輯 清乾隆三年（1738）刻本 六册

360000－1906－0000893 0988
家珍集文鈔不分卷 （清）董思盤撰 清同治九年（1870）刻本 一册

360000－1906－0000894 0989
研六室文鈔十卷 （清）胡培翬撰 清道光十七年（1837）涇川書院刻本 四册

360000－1906－0000895 0990
陳檢討四六二十卷 （清）陳維崧撰 （清）程師恭注 清乾隆三十五年（1770）漁古山房刻本 五册 存十六卷（一至五、十至二十）

360000－1906－0000896 0991
春暉堂初稿八卷首一卷 （清）鄭維駒撰 清光緒十九年（1893）豐北湖園三起書屋刻本 二册

360000－1906－0000897 0992
春暉堂初稿八卷首一卷 （清）鄭維駒撰 清光緒十九年（1893）豐北湖園三起書屋刻本 一册 存四卷（五至八）

360000－1906－0000898　0993
後山集鈔三卷　(宋)陳師道撰　(清)紀昀輯　清鏡烟堂刻本　一册

360000－1906－0000899　0994
洪北江文集四卷　(清)洪亮吉撰　清宣統二年(1910)上海國學扶輪社鉛印本　二册

360000－1906－0000900　0995
孫思奮遺詩一卷　(清)孫思奮撰　清光緒二十六年(1900)章門刻本　一册

360000－1906－0000901　0996
尚絅廬詩存二卷　(清)吴嘉賓撰　清同治五年(1866)廣州刻本　一册

360000－1906－0000902　0997
看雲草堂集八卷　(清)尤侗撰　清刻本　一册　存四卷(一至四)

360000－1906－0000903　0998
留有餘齋詩鈔初集四卷二集四卷　(清)郭光啓撰　清道光二十八年(1848)上饒郭氏家塾刻民國二十四年(1935)郭耀朝印本　二册

360000－1906－0000904　0999
留有餘齋詩鈔初集四卷二集四卷　(清)郭光啓撰　清道光二十八年(1848)上饒郭氏家塾刻本　四册

360000－1906－0000905　1000
拜梅圖詩册一卷　(清)甘實求輯　清道光刻本　一册

360000－1906－0000906　1001
紉芳齋文集一卷　(清)譚尚忠撰　(清)王子音編　清刻三餘書屋叢書本　一册

360000－1906－0000907　1002
思綺堂文集十卷　(清)章藻功撰　清康熙六十一年(1722)聚錦堂刻本　十册

360000－1906－0000908　1003
陳檢討四六二十卷　(清)陳維崧撰　(清)程師恭注　清光緒漁古山房刻本　六册

360000－1906－0000909　1004
望溪文集十八卷集外文十卷補遺二卷　(清)方苞撰　(清)戴鈞衡編　**方望溪先生年譜二卷**　(清)蘇惇元輯　清咸豐元年(1851)刻本　二十册

360000－1906－0000910　1005
悟雪樓詩集初集六卷二集六卷　(清)徐謙撰　清嘉慶十六年(1811)刻本　四册

360000－1906－0000911　1006
悟雪樓詩存三十四卷　(清)徐謙撰　(清)汪廷珍等批點　清道光二十九年(1849)四香草堂刻本　三册

360000－1906－0000912　1007
悟雪樓詩存三十四卷　(清)徐謙撰　(清)汪廷珍等批點　清道光二十九年(1849)四香草堂刻本　五册

360000－1906－0000913　1008
悟雪樓詩存三十四卷　(清)徐謙撰　(清)汪廷珍等批點　清道光二十九年(1849)四香草堂刻本　八册

360000－1906－0000914　1010
邃懷堂文集箋注十六卷　(清)袁翼撰　(清)朱舲箋注　清咸豐八年(1858)古唐朱氏古懽齋刻本　六册　存十五卷(一至十五)

360000－1906－0000915　1011
集虚齋學古文十二卷附離騷經解畧一卷　(清)方楘如撰　清乾隆十九年(1754)方氏佩古堂刻本　四册

360000－1906－0000916　1012
曾文正公家書十卷家訓二卷　(清)曾國藩撰　清光緒五年(1879)傳忠書局刻本　十一册　缺一卷(家書二)

360000－1906－0000917　1014
煙霞萬古樓文集不分卷　(清)王曇撰　清抄本　一册

360000－1906－0000918　1015
漁洋山人精華錄箋注十二卷補一卷附年譜一卷　(清)王士禛撰　(清)金榮箋注　(清)徐淮輯　清康熙五十一年(1712)鳳翽堂刻乾

隆二年(1737)印本　四冊　存四卷(三至五、七)

360000－1906－0000919　1016
榕村全集四十卷別集五卷　(清)李光地撰　清乾隆元年(1736)李清植刻本　二冊　存五卷(一至二、八至十)

360000－1906－0000920　1017
瑞芝山房詩鈔一卷　(清)錢令芬撰　清光緒六年(1880)京江戴燮元刻本　一冊

360000－1906－0000921　1019
閨秀吴筠仙詩集續編□□卷　(清)吴嶰竹撰　清同治五年(1866)刻本　二冊　存四卷(一至四)

360000－1906－0000922　1020
隨園三十種　(清)袁枚撰　清刻本　一冊

360000－1906－0000923　1022
聞妙香室詩十二卷文十九卷　(清)李宗昉撰　清道光十五年(1835)山陽李氏刻本　八冊

360000－1906－0000924　1023
新刻無題詩一卷　(清)檥雲居士撰　清光緒八年(1882)左綿孫氏刻本　一冊

360000－1906－0000925　1024
閏榻先生集三十卷外集八卷觀花岡集八卷　(清)張望撰　清同治三年(1864)義寧鴻文齋刻本　二冊　存五卷(三至五、十六至十七)

360000－1906－0000926　1025
萃錦唫十一卷　(清)奕訢撰　清光緒十六年(1890)刻本　五冊

360000－1906－0000927　1026
李笠翁一家言全集十六卷　(清)李漁撰　清刻本　二冊　存二卷(别集九至十)

360000－1906－0000928　1027
李笠翁一家言全集十六卷　(清)李漁撰　清末上海會文堂書局石印本　一冊　存一卷(詩集七)

360000－1906－0000929　1028
野學堂聯存八卷藝存三卷　(清)江式撰　清光緒十年(1884)刻本　一冊　存六卷(一至六)

360000－1906－0000930　1029
曾文正公家書十卷家訓二卷　(清)曾國藩撰　清光緒申報館鉛印申報館叢書本　十二冊

360000－1906－0000931　1030
曾惠敏公全集　(清)曾紀澤撰　清光緒二十年(1894)上海鉛印本　三冊　存三種

360000－1906－0000932　1031
善卷堂四六十卷　(清)陸繁弨撰　(清)吴自高注　清光緒元年(1875)漁古山房刻本　六冊

360000－1906－0000933　1032
琴硯草堂文集二卷詩集十卷　(清)沈毓蓀撰　清咸豐六年(1856)張景渠刻本　四冊

360000－1906－0000934　1033
聊齋文集二卷　(清)蒲松齡撰　清宣統元年(1909)國學扶輪社鉛印本　二冊

360000－1906－0000935　1034
曾文正公詩稿四卷楹聯一卷輓聯一卷雜著一卷　(清)曾國藩撰　清光緒二年(1876)上海醉六堂刻本　二冊

360000－1906－0000936　1035
曾文正公文鈔四卷　(清)曾國藩撰　(清)張瑛編　清同治十一年(1872)蘇郡刻本　四冊

360000－1906－0000937　1036
詩筏一卷騷筏一卷　(清)賀貽孫撰　清道光二十六年(1846)敕書樓刻本　三冊

360000－1906－0000938　1037
煙霞萬古樓文一卷　(清)王曇撰　清光緒二十五年(1899)寒松閣刻本　一冊

360000－1906－0000939　1038
甌北詩鈔不分卷　(清)趙翼撰　清乾隆五十六年(1791)湛貽堂刻本　八冊

360000－1906－0000940　1039
梅崖居士文集三十卷首一卷外集八卷　(清)朱仕琇撰　清乾隆四十七年(1782)松谷刻本

三冊　存十三卷(十四至十七、二十三至二十七,外集五至八)

360000－1906－0000941　1040
寄嶽雲齋試體詩選四卷　(清)聶銑敏撰　(清)張學蘇箋　清嘉慶十年(1805)益秀堂刻本　一冊

360000－1906－0000942　1041
寄嶽雲齋試體詩選四卷　(清)聶銑敏撰　(清)張學蘇箋　清刻本　一冊

360000－1906－0000943　1042
寄嶽雲齋試體詩選詳註四卷　(清)聶銑敏撰　(清)張學蘇箋　清道光十九年(1839)英德堂刻本　一冊　存二卷(上卷一至二)

360000－1906－0000944　1046
樸學廬文初鈔五卷詩初鈔五卷外集鈔一卷　(清)宋祖駿撰　清刻本　四冊

360000－1906－0000945　1047
樹廬文鈔十卷　(清)彭士望撰　清道光四年(1824)刻本　二冊　存四卷(二至三、九至十)

360000－1906－0000946　1048
篤素堂集鈔三卷　(清)張英撰　清光緒十七年(1891)江蘇書局刻本　一冊

360000－1906－0000947　1049
謹墨齋詩鈔六卷詞鈔二卷　(清)葉紹棆撰　清道光三十年(1850)河東官舍刻本　二冊

360000－1906－0000948　1050
戴氏遺書　(清)戴震撰　清乾隆曲阜孔氏微波榭刻本　一冊　存二種

360000－1906－0000949　1051
藝香山館藏稿四卷首一卷　(清)劉吉祥輯　清木活字本　二冊

360000－1906－0000950　1052
嶺南詩集八卷　(清)李文藻撰　清刻本　一冊　存四卷(一至四)

360000－1906－0000951　1053
燼餘詩草四卷　(清)張景渠撰　清光緒十七年(1891)金陵刻本　二冊

360000－1906－0000952　1054
歸樸齋詩鈔戊集二卷己集二卷　(清)曾紀澤撰　清末鉛印本　一冊

360000－1906－0000953　1055
春坡夢傳奇二十齣　(清)支恩撰　清光緒三十二年(1906)木活字印本　二冊

360000－1906－0000954　1057
義貞記二卷三十二齣　(清)吳恒宣撰　清光緒五年(1879)文奎堂刻本　二冊

360000－1906－0000955　1058
空谷香傳奇二卷三十齣　(清)蔣士銓撰　清刻本　一冊

360000－1906－0000956　1059
曲譜十二卷首一卷末一卷　(清)王奕清等撰　清抄本　一冊　存一卷(首一卷)

360000－1906－0000957　1060
藏暉樓律賦不分卷　(清)張杜撰　清光緒十一年(1885)刻本　一冊

360000－1906－0000958　1061
藏暉樓試帖不分卷　(清)張杜撰　清光緒十一年(1885)刻本　二冊

360000－1906－0000959　1062
鏡海詩稿不分卷　(清)何應祺撰　清刻本　一冊

360000－1906－0000960　1063
續同人集四卷　(清)袁枚編　清刻本　一冊　存三卷(二至四)

360000－1906－0000961　1064
續新齊諧十卷　(清)袁枚撰　清刻本　一冊　存四卷(七至十)

360000－1906－0000962　1065
釀春閣詩草八卷　(清)張杜撰　清刻本　一冊　存二卷(七至八)

360000－1906－0000963　1066
釀春閣詩草八卷　(清)張杜撰　清刻本　二

冊　存四卷(五至八)

360000－1906－0000964　1067
釀春閣詩草續編六卷　(清)張杜撰　清末鉛印本　一冊　存一卷(二)

360000－1906－0000965　1070
釀蜜集四卷　(清)浦起龍撰　清光緒二十七年(1901)刻本　四冊

360000－1906－0000966　1071
鷗跡集二十一卷　(清)蔡受撰　清光緒三年(1877)刻本　四冊

360000－1906－0000967　1072
釀春閣詩餘三卷　(清)張杜撰　清光緒十一年(1885)刻本　一冊

360000－1906－0000968　1074
釀春閣詩草八卷　(清)張杜撰　清宣統二年(1910)鉛印本　一冊　存二卷(一至二)

360000－1906－0000969　1075
釀春閣詩草八卷　(清)張杜撰　清刻本　三冊　存六卷(三至八)

360000－1906－0000970　1076
窺一軒儗蘇和陶詩存不分卷　(清)湯譽光撰　清咸豐三年(1853)刻本　一冊

360000－1906－0000971　1078
澹香軒試帖不分卷　(清)董似穀輯　清同治六年(1867)刻本　一冊

360000－1906－0000972　1080
詩觸五卷　(清)朱琰輯　清刻本　一冊　存三卷(三至五)

360000－1906－0000973　1081
廿一史彈詞注十一卷　(明)楊慎撰　(清)張三異增定　(清)張仲璜注　清乾隆五十一年(1786)視履堂刻本　八冊

360000－1906－0000974　1082
定盦別集二卷附孝珙手抄詞一卷　(清)龔自珍撰　清宣統元年(1909)上海國學扶輪社鉛印定盦全集本　一冊

360000－1906－0000975　1083
雪香盦詞草一卷　(清)汪世梅撰　清咸豐刻本　一冊

360000－1906－0000976　1084
黃樓集三卷　(清)蔡偁撰　清刻本　一冊

360000－1906－0000977　1088
小梅花館詞集三卷　(清)吳廷燮撰　清抄本　一冊

360000－1906－0000978　1089
一粟盦詞集二卷　(清)蔡寶善撰　清宣統元年(1909)西安圖書館鉛印本　一冊

360000－1906－0000979　1090
三家竹枝詞　(清)信芳齋主人編　清道光二十一年(1841)刻本　一冊

360000－1906－0000980　1091
小梅花館詞集三卷　(清)吳廷燮撰　清光緒四年(1878)刻本　一冊

360000－1906－0000981　1092
白香詞譜箋四卷　(清)舒夢蘭輯　(清)謝朝徵箋　清光緒十一年(1885)刻半厂叢書初編本　二冊

360000－1906－0000982　1094
全史宮詞二十卷　(清)舒夢蘭撰　清光緒十九年(1893)刻本　八冊

360000－1906－0000983　1096
定香亭筆談四卷　(清)阮元撰　清光緒二十五年(1899)浙江書局刻本　四冊

360000－1906－0000984　1097
讀杜心解六卷首二卷　(清)浦起龍撰　清雍正二年至三年(1724－1725)浦氏寧我齋刻本　七冊

360000－1906－0000985　1099
西江詩話十二卷　(清)裘君弘撰　清康熙四十二年(1703)裘氏妙貫堂刻本　一冊　存二卷(八至九)

360000－1906－0000986　1100
文章緣起一卷　(南朝梁)任昉撰　(明)陳懋

仁注　(清)方熊補注　清光緒邵武徐氏刻邵武徐氏叢書本　一冊

360000－1906－0000987　1101
類纂古文雲蒸六卷　(清)燕毅輯　清光緒三年(1877)南州亦政書齋刻本　三冊　存三卷(四至六)

360000－1906－0000988　1102
賦學仙丹一卷　(清)徐斗光編　清道光四年(1824)刻本　一冊

360000－1906－0000989　1103
賦學指南十六卷　(清)余丙照輯　清大經堂刻本　四冊

360000－1906－0000990　1104
隨園詩話補遺十卷　(清)袁枚撰　清刻本　一冊　存四卷(一至四)

360000－1906－0000991　1105
隨園詩話十六卷補遺十卷　(清)袁枚撰　清刻本　四冊　存十卷(詩話三至四、七至八、十一至十三,補遺八至十)

360000－1906－0000992　1106
雲林別墅繪像妥注第六才子書六卷首一卷　(清)金人瑞評　(清)鄒聖脈注　清刻本　三冊　存三卷(一、三至四)

360000－1906－0000993　1107
重訂文選集評十五卷首一卷末一卷　(南朝梁)蕭統輯　(清)于光華編　清刻本　七冊　存十五卷(一、四至十五,首一卷,末一卷)

360000－1906－0000994　1108
重訂文選集評十五卷首一卷末一卷　(南朝梁)蕭統輯　(清)于光華編　清刻本　十三冊　存十四卷(四至十五、首一卷、末一卷)

360000－1906－0000995　1109
重訂文選集評十五卷首一卷末一卷　(南朝梁)蕭統輯　(清)于光華編　清刻本　十五冊　存十六卷(一至三、五至十五,首一卷,末一卷)

360000－1906－0000996　1110
重訂文選集評十五卷首一卷末一卷　(南朝梁)蕭統輯　(清)于光華編　清刻本　十六冊

360000－1906－0000997　1113
台園詩話一卷　(清)劉九疇撰　清道光二十三年(1843)刻本　一冊

360000－1906－0000998　1114
文心雕龍十卷　(南朝梁)劉勰撰　(清)黄叔琳注　清光緒十八年(1892)上海書局石印本　四冊

360000－1906－0000999　1116
評注試律雲蒸□□卷　(清)燕毅輯　清南州甘棠書社刻本　三冊　存六卷(五至六、九至十、十三至十四)

360000－1906－0001000　1117
評注賦體雲蒸三卷　(清)燕毅輯　清光緒二年(1876)南州亦政書齋刻本　三冊

360000－1906－0001001　1118
司空詩品註釋一卷　(唐)司空圖撰　清同治九年(1870)寶文書局刻本　一冊

360000－1906－0001002　1119
彙纂詩法度鍼三十三卷首一卷　(清)徐文弼輯　清乾隆刻本　八冊

360000－1906－0001003　1120
彙纂詩法度鍼三十三卷首一卷　(清)徐文弼輯　清聚錦堂刻本　八冊

360000－1906－0001004　1121
彙纂詩法度鍼三十三卷首一卷　(清)徐文弼輯　清芸生堂刻本　三冊　存九卷(一至三、十九至二十一、三十一至三十三)

360000－1906－0001005　1122
彙纂詩法度鍼三十三卷首一卷　(清)徐文弼輯　清刻本　二冊　存十三卷(十至十六、十九至二十四)

360000－1906－0001006　1125
楹聯叢話十二卷　(清)梁章鉅輯　清道光二十二年(1842)吕恩湛長沙府署刻本　三冊

存九卷(一至三、七至十二)

360000－1906－0001007　1126
隨園隨筆二十八卷　(清)袁枚撰　清刻本　一册　存六卷(十九至二十四)

360000－1906－0001008　1127
餘墨偶談八卷　(清)孫檽編　清同治十年(1871)羊城刻本　四册

360000－1906－0001009　1129
隨園詩話十六卷　(清)袁枚撰　清刻本　四册

360000－1906－0001010　1130
隨園詩話十六卷　(清)袁枚撰　清末刻本　一册　存二卷(十三至十四)

360000－1906－0001011　1131
隨園詩話十六卷　(清)袁枚撰　清宣統元年(1909)上海鑄記書局石印本　一册　存五卷(一至五)

360000－1906－0001012　1135
[廣信中學堂甲班中國歷史講義]不分卷　鄭嘉會編　稿本　三册

360000－1906－0001013　1136
廣信中學堂乙班中國歷史講義不分卷　鄭嘉會編　稿本　二册

360000－1906－0001014　1143
格致講義不分卷　鄭嘉會編　稿本　一册

360000－1906－0001015　1144
講經問題不分卷　鄭嘉會編　稿本　一册

360000－1906－0001016　1147
廣信中學堂甲班外國史講義不分卷　鄭嘉會編　稿本　一册

360000－1906－0001017　1152
修身講義不分卷　鄭嘉會編　稿本　一册

360000－1906－0001018　1180
分法小題拆字不分卷　(清)張錚評　(清)陳方平增輯　清刻本　一册

360000－1906－0001019　1181
日本法規大全不分卷　劉崇傑等譯　清末上海商務印書館鉛印本　一册

360000－1906－0001020　1184
尚友山房策論二卷　(清)胡壽民撰　清刻本　一册　存一卷(下)

360000－1906－0001021　1185
春秋十七卷　(清)秦鏷訂正　清刻本　一册　存二卷(十二至十三)

360000－1906－0001022　1186
御案春秋左傳經解備旨十二卷　(清)鄒聖脈輯　清刻本　四册　存九卷(三至八、十至十二)

360000－1906－0001023　1187
石門天梯一卷　(清)四香堂輯　清光緒十八年(1892)廣邑柘陽化樂堂刻本　一册

360000－1906－0001024　1188
慈悲地藏懺法三卷　清同治七年(1868)刻本　一册

360000－1906－0001025　1189
西洋史要四卷　(日本)小川銀次郎撰　(清)薩端等譯　清光緒二十九年(1903)金粟齋鉛印本　一册　存二卷(三至四)

360000－1906－0001026　1190
原善三卷　(清)戴震撰　清乾隆曲阜孔氏刻微波榭叢書本　一册

360000－1906－0001027　1191
續古文辭類纂三十四卷　王先謙輯　清光緒三十三年(1907)上海商務印書館鉛印本　四册

360000－1906－0001028　1192
古微堂内集三卷　(清)魏源撰　清光緒二十五年(1899)通學齋鉛印通學齋叢書本　一册

360000－1906－0001029　1197
精選八銘塾鈔初集不分卷　(清)吳懋政輯　清抄本　一册

360000－1906－0001030　1198
湯頭歌括一卷　(清)廖雲溪編　清張嘯適草

堂抄本　一册

360000－1906－0001031　1199
［醫方雜鈔］不分卷　（清）□□輯　清抄本　一册

360000－1906－0001032　1200
抄錄痲書不分卷　（清）□□輯　清徐氏抄本　一册

360000－1906－0001033　1201
［幼科雜鈔］不分卷　（清）□□輯　清抄本　一册

360000－1906－0001034　1202
［本草藥性］不分卷　（清）□□輯　清抄本　一册

360000－1906－0001035　1203
［醫書彙鈔］不分卷　（清）□□輯　清抄本　一册

360000－1906－0001036　1204
［單方鈔］不分卷　（清）□□輯　清抄本　防守集成十六卷　（清）朱璐編　清咸豐四年(1854)木活字印本　一册　存二卷(單方鈔、防守集成八)

360000－1906－0001037　1205
［婦科雜鈔］不分卷　（清）□□輯　清抄本　一册

360000－1906－0001038　1206
醫傷全書一卷　（□）□□撰　清傅巖徐抄本　一册

360000－1906－0001039　1207
傷寒論不分卷　（漢）張機撰　清抄本　一册

360000－1906－0001040　1208
［小兒急救良方］不分卷　（□）□□輯　清抄本　一册

360000－1906－0001041　1210
［孔明先生算斗］不分卷［白鶴先生相手］不分卷　（清）□□輯　清抄本　一册

360000－1906－0001042　1211
楊國熙課藝不分卷　（清）楊國熙撰　稿本　三册

360000－1906－0001043　1212
東鱗西爪不分卷　（清）□□輯　清抄本　一册

360000－1906－0001044　1213
［課藝選鈔］不分卷　（清）□□輯　清佩玉氏抄本　一册

360000－1906－0001045　1214
文獻通考不分卷　（元）馬端臨撰　清抄本　一册　存土貢考、國用考、選舉考、學校考

360000－1906－0001046　1215
掌故不分卷　（清）□□輯　清抄本　三册

360000－1906－0001047　1216
史學不分卷　（清）□□輯　清抄本　四册

360000－1906－0001048　1217
［張太史文稿］不分卷　（清）張江撰　清抄本　一册

360000－1906－0001049　1218
漢書屑不分卷　（清）□□輯　清抄本　一册

360000－1906－0001050　1219
程墨惟新錄二卷　（清）□□輯　清抄本　一册　存一卷(下)

360000－1906－0001051　1222
［歷代賦選］不分卷　（清）□□輯　清抄本　一册

360000－1906－0001052　1223
［課藝選鈔］不分卷　（清）□□輯　清黄世從抄本　三册

360000－1906－0001053　1224
雲程學步不分卷　（清）□□撰　稿本　一册

360000－1906－0001054　1225
文壇射鵰不分卷　（清）□□輯　清抄本　一册

360000－1906－0001055　1226
［課藝］不分卷　（清）□□撰　稿本　三册

360000 – 1906 – 0001056　1227
[試帖]不分卷　(清)□□撰　稿本　一册

360000 – 1906 – 0001057　1228
兄詩弟對不分卷　(清)郭發崑輯　清嘉慶九年(1804)稿本　一册

360000 – 1906 – 0001058　1229
[課藝]不分卷　(清)□□撰　稿本　一册

360000 – 1906 – 0001059　1230
九巵燈科一卷　(清)□□輯　清抄本　一册

360000 – 1906 – 0001060　1231
太上感應篇一卷文昌帝君陰騭文一卷覺世真經一卷　(□)□□撰　清抄本　一册

360000 – 1906 – 0001061　1232
重修藥師懺儀三卷　清釋傳宗抄本　三册

360000 – 1906 – 0001062　1233
[書家傳]不分卷　(清)□□撰　清抄本　一册

360000 – 1906 – 0001063　1234
詩簿不分卷　(清)□□撰　稿本　一册

360000 – 1906 – 0001064　1235
[課藝]不分卷　(清)□□撰　稿本　一册

360000 – 1906 – 0001065　1236
禹貢一卷　(清)□□注　清抄本　一册

360000 – 1906 – 0001066　1237
[課藝]不分卷　(清)□□撰　稿本　一册

360000 – 1906 – 0001067　1238
[課藝]不分卷　(清)□□撰　稿本　一册

360000 – 1906 – 0001068　1239
[課藝選鈔]不分卷　(清)□□輯　清抄本　一册

360000 – 1906 – 0001069　1240
清真雅正不分卷　(清)□□輯　清抄本　一册

360000 – 1906 – 0001070　1241
[春秋集義]一卷　(清)□□輯　清抄本　一册

360000 – 1906 – 0001071　1242
周易程傳八卷　(宋)程頤撰　清抄本　一册　存一卷(一)

360000 – 1906 – 0001072　1243
古文作本不分卷　(清)□□輯　清鄭高峯抄本　一册

360000 – 1906 – 0001073　1244
抄選讀文不分卷　(清)□□輯　清抄本　一册

360000 – 1906 – 0001074　1245
[課藝選鈔]不分卷　(清)□□輯　清抄本　一册

360000 – 1906 – 0001075　1246
[春秋列國說]不分卷　(清)□□撰　清抄本　一册

360000 – 1906 – 0001076　1247
[倉儲捐款災賑條例]不分卷　(清)□□輯　清抄本　一册

360000 – 1906 – 0001077　1248
兩都賦不分卷　(漢)班固撰　清抄本　一册

360000 – 1906 – 0001078　1249
小四書五卷　(明)朱升編　清刻本　四册

360000 – 1906 – 0001079　1250
小學集註六卷　(明)陳選撰　清刻本　一册　存二卷(五至六)

360000 – 1906 – 0001080　1251
大學衍義四十三卷　(宋)真德秀撰　明刻本　一册　存四卷(三十五至三十八)

360000 – 1906 – 0001081　1252
五子近思錄發明十四卷　(清)施璜撰　清刻本　一册　存五卷(十至十四)

360000 – 1906 – 0001082　1253
五子近思錄發明十四卷　(清)施璜撰　清刻本　一册　存二卷(十一至十二)

360000 – 1906 – 0001083　1254

中說二卷　(隋)王通撰　清刻增訂漢魏叢書本　一冊

360000－1906－0001084　1255
女學六卷　(清)藍鼎元編　清光緒二十三年(1897)京師刻本　二冊

360000－1906－0001085　1256
女學六卷　(清)藍鼎元編　清刻本　二冊

360000－1906－0001086　1257
史學提要箋釋五卷　(宋)黄繼善撰　(清)楊錫祐釋　清刻本　五冊

360000－1906－0001087　1258
朱子語類一百四十卷　(宋)黎靖德輯　清刻本　一冊　存八卷(四十三至五十)

360000－1906－0001088　1259
西山先生真文忠公讀書記四十卷　(宋)真德秀撰　清刻本　六冊　存六卷(十七至十九、二十五、三十四、三十七)

360000－1906－0001089　1260
朱子語類一百四十卷　(宋)黎靖德輯　清刻本　四十六冊　存一百三十六卷(三至六十九、七十二至一百四十)

360000－1906－0001090　1261
朱子原訂近思録十四卷　(宋)朱熹撰　(清)江永集注　**考訂朱子世家一卷**　(清)江永撰　**校勘記一卷**　(清)王炳撰　清光緒十八年(1892)江西兩儀堂刻本　四冊

360000－1906－0001091　1263
孔子家語四卷　題(三國魏)王肅注　清刻本　一冊　存二卷(一至二)

360000－1906－0001092　1264
鹽鐵論十二卷　(漢)桓寬撰　(明)鍾惺評　清刻本　一冊　存六卷(七至十二)

360000－1906－0001093　1265
朱子原訂近思録十四卷　(宋)朱熹撰　(清)江永集注　**考訂朱子世家一卷**　(清)江永撰　**校勘記一卷**　(清)王炳撰　清光緒十八年(1892)江西兩儀堂刻本　四冊

360000－1906－0001094　1266
朱子原訂近思録十四卷　(宋)朱熹撰　(清)江永集注　清刻本　一冊　存五卷(五至九)

360000－1906－0001095　1267
明夷待訪録一卷　(清)黄宗羲撰　清光緒五年(1879)餘姚黄氏五桂樓刻本　一冊

360000－1906－0001096　1268
明夷待訪録一卷　(清)黄宗羲撰　清五桂樓刻本　一冊

360000－1906－0001097　1269
性理大全會通七十卷　(明)鍾人傑輯　清刻本　一冊　存三卷(五十六至五十八)

360000－1906－0001098　1270
校邠廬抗議二卷　(清)馮桂芬撰　清光緒二十四年(1898)上海書局鉛印本　一冊

360000－1906－0001099　1271
國朝漢學師承記八卷國朝宋學淵源記二卷附國朝經師經義目録一卷　(清)江藩撰　清光緒六年(1880)成都志古堂刻本　四冊

360000－1906－0001100　1272
新序十卷　(漢)劉向撰　清刻增訂漢魏叢書本　一冊　存六卷(五至十)

360000－1906－0001101　1273
漢學商兑三卷　(清)方東樹撰　清光緒二十六年(1900)浙江書局刻本　四冊

360000－1906－0001102　1274
榕村語録三十卷　(清)李光地撰　清刻本　一冊　存三卷(一至三)

360000－1906－0001103　1275
輶軒語一卷　(清)張之洞撰　清光緒十年(1884)刻本　一冊

360000－1906－0001104　1276
輶軒語一卷　(清)張之洞撰　清光緒十年(1884)刻本　一冊

360000－1906－0001105　1277
輶軒今語不分卷　(清)徐仁鑄撰　清光緒二十四年(1898)刻本　二冊

360000－1906－0001106　1278
潛夫論十卷　(漢)王符撰　(清)汪繼培箋　清刻本　一册　存三卷(八至十)

360000－1906－0001107　1279
闡性述筆初編四卷　(清)鄧逢光撰　清刻本　三册　存三卷(二至四)

360000－1906－0001108　1280
羅忠節公遺集　(清)羅澤南撰　清咸豐至同治長沙刻本　六册

360000－1906－0001109　1282
呻吟語六卷　(明)呂坤撰　清乾隆五十九年(1794)新安呂燕昭刻本　四册

360000－1906－0001110　1283
校邠廬抗議二卷　(清)馮桂芬撰　清光緒二十三年(1897)華林書屋刻本　二册

360000－1906－0001111　1284
增訂漢魏叢書　(清)王謨輯　清刻本　一册　存二種

360000－1906－0001112　1285
刑錢必覽十卷　(清)王又槐撰　清刻本　一册　存二卷(一至二)

360000－1906－0001113　1286
洗冤錄全纂六卷　(清)李觀瀾輯　清刻本　二册

360000－1906－0001114　1288
富文書舍東游紀略一卷　(清)李鳳翎撰　清光緒十一年(1885)刻本　一册

360000－1906－0001115　1289
重刊補注洗冤錄集證五卷　(宋)宋慈撰　(清)王又槐增輯　(清)李觀瀾補輯　(清)阮其新補注　清光緒三十三年(1907)上海書局石印本　二册　存四卷(一至四)

360000－1906－0001116　1290
新鐫法家透膽寒四卷　(清)補相子撰　清刻本　一册　存二卷(一至二)

360000－1906－0001117　1293
續增洗冤錄辨正三卷　(清)瞿中溶撰　(清)阮其新補注　清光緒三十三年(1907)上海書局石印本　一册

360000－1906－0001118　1294
武備輯要續編十卷　(清)許乃釗編　清道光二十九年(1849)刻敏果齋七種本　一册　存五卷(六至十)

360000－1906－0001119　1295
前守寶錄五卷後守寶錄二十卷　(清)魁聯撰　清刻本　一册　存四卷(後守寶錄十二至十五)

360000－1906－0001120　1296
練兵實紀九卷雜集六卷　(明)戚繼光撰　清道光二十三年(1843)刻敏果齋七種本　二册　存六卷(雜集六卷)

360000－1906－0001121　1297
練兵實紀九卷雜集六卷　(明)戚繼光撰　清刻本　一册　存四卷(雜集一至四)

360000－1906－0001122　1298
農政全書六十卷　(明)徐光啓撰　清刻本　一册　存五卷(三十六至四十)

360000－1906－0001123　1299
蠶桑輯要不分卷　(清)沈秉成撰　**廣蠶桑説一卷**　(清)沈練撰　清光緒二十二年(1896)江西書局刻本　一册

360000－1906－0001124　1300
蠶桑輯要不分卷　(清)沈秉成撰　**廣蠶桑説一卷**　(清)沈練撰　清光緒二十二年(1896)江西書局刻本　一册

360000－1906－0001125　1301
敏果齋叢書　(清)許乃釗輯　清咸豐元年(1851)刻本　一册　存三種

360000－1906－0001126　1302
觀音大士訓女規條注解不分卷　(清)江廷嵩撰　清同治元年(1862)刻本　一册

360000－1906－0001127　1303
潘公免災救難寶卷三卷　清咸豐八年(1858)姑蘇得見齋刻本　一册

360000－1906－0001128　1304
暗室燈二卷　(清)深山居士輯　清光緒十三年(1887)刻本　一册　存一卷(上)

360000－1906－0001129　1305
暗室燈二卷　(清)深山居士輯　清光緒十三年(1887)刻本　二册

360000－1906－0001130　1308
增補安樂銘不分卷　(清)王正明輯　清光緒八年(1882)含義堂刻本　一册

360000－1906－0001131　1310
太上感應篇不分卷　清光緒十五年(1889)刻本　一册

360000－1906－0001132　1311
關帝寶訓四卷　清光緒二十二年(1896)周邦翰刻本　四册

360000－1906－0001133　1312
關聖寶經合璧不分卷　(清)關老人編　清咸豐九年(1859)四香草堂刻本　一册

360000－1906－0001134　1313
太上感應篇直講一卷　(□)□□撰　清光緒二十年(1894)樂善堂刻本　一册

360000－1906－0001135　1314
太上感應篇直講一卷　(□)□□撰　清同治七年(1868)文正堂刻本　一册

360000－1906－0001136　1316
藥牓捷報録四卷　(清)四香居士輯　清光緒二年(1876)刻本　一册　存二卷(一至二)

360000－1906－0001137　1317
藥牓捷報録四卷　(清)四香居士輯　清四香草堂刻本　一册　存二卷(三至四)

360000－1906－0001138　1318
覺世真經闡義三卷　(清)張守城撰　清同治二年(1863)刻本　一册

360000－1906－0001139　1320
救劫神訓聯珠不分卷　(清)□□輯　清咸豐七年(1857)四香草堂刻民國印本　一册

360000－1906－0001140　1321
悟真篇四註三卷　(宋)張伯端撰　(宋)薛道光等注　清道光五年(1825)刻本　一册　存一卷(上)

360000－1906－0001141　1322
文昌帝君陰騭文注證不分卷　(清)潘成雲輯　清同治元年(1862)刻本　一册

360000－1906－0001142　1323
陰騭文圖注二卷　(明)顔正注　(清)黄正元圖説　清刻本　一册　存一卷(下)

360000－1906－0001143　1324
陰騭文圖説不分卷　(清)黄正元輯　清乾隆四十三年(1778)刻本　一册

360000－1906－0001144　1325
文昌帝君陰騭文勸戒編四卷　(清)洪德元輯注　清寶訓堂刻本　一册　存二卷(一至二)

360000－1906－0001145　1327
御虚階功過格不分卷　(清)黄正元輯　清雍正十二年(1734)刻本　一册

360000－1906－0001146　1328
重刊敬信録不分卷　(清)周鼎臣輯　清光緒五年(1879)刻本　一册

360000－1906－0001147　1329
敬修編不分卷　(清)楊耀祖撰　清宣統三年(1911)敬修堂刻民國十三年(1924)印本　一册

360000－1906－0001148　1330
暗室燈二卷　(清)深山居士輯　清光緒十三年(1887)刻本　二册

360000－1906－0001149　1331
暗室燈二卷　(清)深山居士輯　清刻本　一册

360000－1906－0001150　1332
暗室燈二卷　(清)深山居士輯　清光緒十三年(1887)刻本　二册

360000－1906－0001151　1333
暗室燈二卷　(清)深山居士輯　清光緒十三

年(1887)刻本　二册

360000－1906－0001152　1344
莊子因六卷　(清)林雲銘撰　清光緒六年(1880)白雲經舍刻本　四册

360000－1906－0001153　1345
南華發覆八卷　(明)釋性㴆注　清文秀堂刻本　六册

360000－1906－0001154　1347
修真後辨一卷神室八法一卷黄庭經解一卷　(清)劉一明撰　清夏復恆刻道書二十三種本　一册

360000－1906－0001155　1348
夏小正攷注一卷老子道德經攷異二卷　(清)畢沅撰　清乾隆四十八年(1783)鎮洋畢氏刻經訓堂叢書本　二册

360000－1906－0001156　1349
教女遺規三卷　(清)陳弘謀輯　清刻本　一册

360000－1906－0001157　1350
救劫回生四卷　(清)□□輯　清光緒十八年(1892)刻本　三册　存三卷(一至二、四)

360000－1906－0001158　1351
玉歷鈔傳報應不分卷附紀驗良方一卷　(清)季亮輯　清刻本　一册

360000－1906－0001159　1355
佛祖傳燈□□卷　(清)釋守一輯　清刻本　一册　存一卷(十四)

360000－1906－0001160　1357
古本周易參同契二卷　(清)含晶道人注　清光緒十七年(1891)刻本　一册　存一卷(上)

360000－1906－0001161　1358
石門天梯一卷　(清)四香堂輯　清光緒十八年(1892)廣邑柘陽化樂堂刻本　一册

360000－1906－0001162　1359
玉堂校傳如崗陳先生二經精解全編九卷　(明)陳懿典撰　(明)焦竑攷定　明萬曆二十二年(1594)熊雲濱刻清康熙三十四年(1695)書林燕詒堂重修本　七册

360000－1906－0001163　1361
太上感應篇圖説八卷首一卷末一卷　(宋)李昌齡撰　(清)黄正元注　(清)毛金蘭增補　清刻本　五册　存七卷(一至二、四至七,首一卷)

360000－1906－0001164　1362
太上感應篇圖説八卷首一卷末一卷　(宋)李昌齡撰　(清)黄正元注　(清)毛金蘭增補　清刻本　三册　存三卷(二、四至五)

360000－1906－0001165　1363
太上感應篇圖説八卷首一卷末一卷　(宋)李昌齡撰　(清)黄正元注　(清)毛金蘭增補　清刻本　四册　存四卷(四至七)

360000－1906－0001166　1364
太上感應篇圖説八卷首一卷末一卷　(宋)李昌齡撰　(清)黄正元注　(清)毛金蘭增補　清刻本　一册　存一卷(四)

360000－1906－0001167　1365
太上感應篇注合鈔二卷　(清)惠棟箋　(清)姚學塽注　清咸豐五年(1855)蘄水陳氏刻本　一册　存一卷(上)

360000－1906－0001168　1366
太上感應篇圖説八卷首一卷末一卷　(宋)李昌齡撰　(清)黄正元注　(清)毛金蘭增補　清同治七年(1868)刻本　八册

360000－1906－0001169　1367
本草綱目五十二卷　(明)李時珍撰　清刻本　十九册　存三十六卷(十七至五十二)

360000－1906－0001170　1368
同仁堂藥目不分卷　(清)同仁堂編　清光緒十五年(1889)京都同仁堂刻本　一册

360000－1906－0001171　1369
萬氏婦人科三卷首一卷　(明)萬全撰　清刻本　二册

360000－1906－0001172　1370
金匱要略淺註十卷　(清)陳念祖撰　清刻本

四冊

360000－1906－0001173　1371
赤水玄珠三十卷　(明)孫一奎撰　明刻本　三冊　存三卷(七、十、十五)

360000－1906－0001174　1372
長沙方歌括六卷　(清)陳念祖撰　清刻本　二冊　存五卷(二至六)

360000－1906－0001175　1373
東垣先生此事難知集二卷　(元)王好古撰　明刻本　一冊　存一卷(二)

360000－1906－0001176　1374
折肱漫錄七卷　(明)黄承昊撰　清心導樓刻本　一冊　存五卷(三至七)

360000－1906－0001177　1375
金匱方歌括六卷　(清)陳念祖撰　清刻本　二冊　存四卷(三至六)

360000－1906－0001178　1376
金匱方歌括六卷　(清)陳念祖撰　清刻本　三冊

360000－1906－0001179　1377
金匱玉函經二註二十二卷　(元)趙良仁衍義　(清)周揚俊補注　清道光十八年(1838)元和李清俊刻本　三冊　存十一卷(一至三、十五至二十二)

360000－1906－0001180　1378
唐王燾先生外臺秘要方四十卷　(唐)王燾撰　(明)程衍道訂　明崇禎經餘居刻本　八冊　存十四卷(四至七、十三至十四、二十五至二十八、三十三至三十五、四十)

360000－1906－0001181　1379
本草綱目五十二卷　(明)李時珍撰　清刻本　八冊　存十卷(四、八、十、十六、三十五至三十六、四十一至四十二、四十九至五十)

360000－1906－0001182　1380
本草備要八卷　(清)汪昂撰　清末石印本　一冊　存一卷(一)

360000－1906－0001183　1381
引種牛痘方書不分卷　(清)邱熺輯　清光緒二十五年(1899)刻本　一冊

360000－1906－0001184　1382
四診抉微八卷　(清)林之翰撰　清末石印本　一冊　存二卷(三至四)

360000－1906－0001185　1384
奇經八脈攷一卷　(明)李時珍輯　清刻本　一冊

360000－1906－0001186　1385
尚論張仲景傷寒論重編三百九十七法二卷首一卷　(清)喻昌撰　清同文堂刻本　二冊

360000－1906－0001187　1386
尚論張仲景傷寒論重編三百九十七法二卷首一卷　(清)喻昌撰　清同文堂刻本　二冊

360000－1906－0001188　1387
尚論篇四卷首一卷　(清)喻昌撰　清宣統元年(1909)上海掃葉山房石印本　一冊

360000－1906－0001189　1388
尚論後篇四卷　(清)喻昌撰　清光緒三十三年(1907)簡青齋石印本　一冊

360000－1906－0001190　1389
尚論張仲景傷寒論重編三百九十七法後四卷　(清)喻昌撰　清刻本　二冊　存二卷(三至四)

360000－1906－0001191　1390
尚論張仲景傷寒論重編三百九十七法後四卷　(清)喻昌撰　清刻本　二冊

360000－1906－0001192　1391
保赤聯珠二卷　(清)莊一夔撰　清光緒十八年(1892)刻本　一冊

360000－1906－0001193　1392
保赤聯珠二卷　(清)莊一夔撰　清光緒十八年(1892)刻本　一冊

360000－1906－0001194　1393
保赤聯珠二卷　(清)莊一夔撰　清光緒十八年(1892)刻本　一冊

360000－1906－0001195　1394
孫真人千金方衍義三十卷　(清)張璐撰　清掃葉山房刻本　一冊　存六卷(二十五至三十)

360000－1906－0001196　1396
女科要訣□□卷　(清)舒詔撰　清刻本　一冊　存三卷(十三至十五)

360000－1906－0001197　1397
女科要旨四卷　(清)陳念祖撰　清道光二十一年(1841)南雅堂刻本　二冊

360000－1906－0001198　1398
女科要旨四卷　(清)陳念祖撰　清刻本　一冊

360000－1906－0001199　1399
古今醫徹四卷　(清)懷遠撰　清道光十年(1830)刻本　二冊　存二卷(一、四)

360000－1906－0001200　1400
鼎鍥幼幼集成六卷　(清)陳復正輯　清光緒四年(1878)刻本　六冊

360000－1906－0001201　1401
鼎鍥幼幼集成六卷　(清)陳復正輯　清光緒四年(1878)刻本　六冊

360000－1906－0001202　1402
幼科秘書推拿廣意三卷　(清)熊應雄輯　清末石印本　一冊　存二卷(二至三)

360000－1906－0001203　1404
保赤賦不分卷　(清)蔡興仁撰　清光緒三年(1877)九儒家塾刻本　一冊

360000－1906－0001204　1405
本草求真九卷　(清)黄宮繡撰　清刻本　一冊　存二卷(二至三)

360000－1906－0001205　1406
本草萬方鍼線八卷　(清)蔡烈先輯　清同人堂刻本　二冊　存四卷(五至八)

360000－1906－0001206　1407
吳氏醫學述第三種本草從新六卷　(清)吳儀洛輯　清文奎堂刻本　一冊　存二卷(三至四)

360000－1906－0001207　1408
本草從新十八卷　(清)吳儀洛輯　清末石印本　一冊　存四卷(十至十三)

360000－1906－0001208　1409
本草從新十八卷　(清)吳儀洛輯　清末石印本　二冊　存十卷(四至十三)

360000－1906－0001209　1410
增訂本草備要八卷　(清)汪昂撰　清刻本　二冊　存三卷(二至四)

360000－1906－0001210　1411
神農本草經讀四卷　(清)陳念祖撰　清刻本　二冊

360000－1906－0001211　1412
本草綱目五十二卷附圖三卷　(明)李時珍撰　清刻本　十四冊　存十九卷(一、十二至十八上、十九至二十三、三十至三十一、三十六、四十九至五十,附圖上)

360000－1906－0001212　1413
本草綱目五十二卷　(明)李時珍撰　清刻本　一冊　存三卷(三十六至三十八)

360000－1906－0001213　1414
金匱要略淺註十卷　(清)陳念祖撰　清末石印本　一冊

360000－1906－0001214　1415
金匱要略淺註十卷　(清)陳念祖撰　清末石印本　二冊

360000－1906－0001215　1416
圖注本草醫方合編　(清)汪昂輯　清嘉慶二十五年(1820)刻本(醫方集解卷五配清刻本)　五冊

360000－1906－0001216　1417
圖注本草醫方合編　(清)汪昂輯　清道光五年(1825)刻本　六冊

360000－1906－0001217　1418
本草備要四卷醫方集解三卷　(清)汪昂撰　清刻本　四冊

360000－1906－0001218　1419

本草備要五卷醫方集解五卷　(清)汪昂撰　清刻本　一冊　存二卷(本草備要五、醫方集解五)

360000－1906－0001219　1420

救偏瑣言五卷備用良方一卷　(清)費啓泰撰　清道光二十一年(1841)刻本　四冊

360000－1906－0001220　1421

陳修園醫書　(清)陳念祖撰　清光緒三十四年(1908)上海章福記石印本　八冊　存二十四種

360000－1906－0001221　1422

增補秘傳痘疹玉髓金鏡錄真本四卷首一卷　(明)翁仲仁撰　清光緒三十年(1904)上海書局石印本　一冊　存三卷(一至二、首一卷)

360000－1906－0001222　1423

新刻醫林狀元壽世保元十卷　(明)龔廷賢撰　清刻本　一冊　存一卷(一)

360000－1906－0001223　1424

增補醫方一盤珠全集十卷　(清)洪金鼎撰　清刻本　二冊　存四卷(一至二、七至八)

360000－1906－0001224　1425

瘡瘍經驗全書六卷　(宋)竇默撰　清刻本　四冊　存四卷(一至三、五)

360000－1906－0001225　1426

廣仁錄三卷　(清)□□撰　清刻本　一冊　存一卷(中卷下)

360000－1906－0001226　1427

福幼編一卷　(清)莊一夔撰　清光緒十六年(1890)刻本　一冊

360000－1906－0001227　1428

仁壽堂丸散膏丹全集不分卷　(清)仁壽堂輯　清光緒刻本　一冊

360000－1906－0001228　1429

圖註八十一難經辨真四卷　(明)張世賢注　清刻本　一冊　存二卷(三至四)

360000－1906－0001229　1430

圖註脈訣辨真四卷　(晉)王叔和撰　(明)張世賢注　清刻本　一冊　存二卷(一至二)

360000－1906－0001230　1431

圖註脈訣辨真四卷　(晉)王叔和撰　清刻本　一冊　存二卷(三至四)

360000－1906－0001231　1432

格致餘論一卷　(元)朱震亨撰　明刻本　一冊

360000－1906－0001232　1433

增補萬病回春原本八卷　(明)龔廷賢編　清刻本　一冊　存二卷(五至六)

360000－1906－0001233　1434

醫方集解本草備要合刻　(清)汪昂撰　清光緒十七年(1891)上洋珍藝書局鉛印本　二冊　存二種

360000－1906－0001234　1435

時方妙用四卷　(清)陳念祖撰　清刻本　一冊　存二卷(三至四)

360000－1906－0001235　1436

新編壽世傳真八卷　(清)徐文弼輯　清刻本　一冊　存六卷(一至六)

360000－1906－0001236　1437

傷寒類證十五卷　(清)闕燿南撰　清光緒十二年(1886)刻澄園醫類初集本　一冊　存二卷(八至九)

360000－1906－0001237　1438

增補醫方本草合編　(清)汪昂撰　清光緒三十年(1904)上海六藝書局石印本　二冊

360000－1906－0001238　1439

經驗方二卷　(清)沈善兼輯　清光緒二十二年(1896)柞谿沈氏擇古齋刻本　一冊

360000－1906－0001239　1440

馮氏錦囊秘錄雜症大小合參二十卷首二卷　(清)馮兆張撰　清刻本　四冊　存五卷(三至五、八至九)

360000－1906－0001240　1441

濟陰綱目十四卷　(明)武之望撰　(清)汪淇

箋釋　清刻本　一冊　存一卷(十一)

360000－1906－0001241　1442
橄欖治痢奇驗方一卷　(清)陳熊撰　清光緒十五年(1889)刻本　一冊

360000－1906－0001242　1443
薛氏醫按　(明)薛己撰　(明)吳琯輯　清刻本　二冊　存二種

360000－1906－0001243　1445
時方妙用四卷　(清)陳念祖撰　清刻本　三冊

360000－1906－0001244　1446
景岳全書六十四卷　(明)張介賓撰　清刻本　二十四冊

360000－1906－0001245　1447
景岳全書六十四卷　(明)張介賓撰　清刻本　一冊　存一卷(四十六)

360000－1906－0001246　1448
景岳新方砭四卷　(清)陳念祖撰　清刻本　一冊

360000－1906－0001247　1449
溫病條辨六卷　(清)吳瑭撰　清末鉛印本　一冊　存三卷(四至六)

360000－1906－0001248　1450
溫熱經緯五卷　(清)王士雄撰　清刻本　三冊　存三卷(三至五)

360000－1906－0001249　1451
明吳又可先生溫疫論醫門普度二卷　(明)吳有性撰　(清)孔毓禮　(清)龔紹林評　清刻本　二冊

360000－1906－0001250　1452
明吳又可先生溫疫論醫門普度二卷　(明)吳有性撰　(清)孔毓禮　(清)龔紹林評　清刻本　一冊　存一卷(上)

360000－1906－0001251　1453
痢疾論四卷　(清)孔毓禮輯　清刻本　二冊

360000－1906－0001252　1454
明吳又可先生溫疫論醫門普度二卷　(明)吳有性撰　(清)孔毓禮　(清)龔紹林評　**痢疾論四卷**　(清)孔毓禮撰　清刻本　一冊　存二卷(痢疾論一至二)

360000－1906－0001253　1455
痘科類編釋意三卷　(明)翟良輯　清會源堂刻本　一冊　存一卷(下)

360000－1906－0001254　1456
痘疹定論四卷　(清)朱純嘏撰　清會源堂刻本　一冊　存二卷(三至四)

360000－1906－0001255　1457
傷寒真方歌括六卷　(清)陳念祖撰　清光緒十五年(1889)刻本　一冊

360000－1906－0001256　1458
傷寒論六卷　(漢)張機撰　(清)張志聰注　清末石印本　一冊　存二卷(三至四)

360000－1906－0001257　1459
傷寒論三註十六卷　(清)周揚俊輯　清光緒十三年(1887)刻本　四冊　存六卷(一至六)

360000－1906－0001258　1460
張仲景傷寒論原文淺註六卷長沙方歌括六卷　(清)陳念祖撰　清刻本　三冊　存七卷(張仲景傷寒論原文淺註六卷、長沙方歌括一)

360000－1906－0001259　1461
傷寒醫訣串解六卷　(清)陳念祖撰　**十藥神書註解一卷**　(元)葛乾孫撰　(清)陳念祖注　(清)林壽萱韻　清刻本　一冊

360000－1906－0001260　1462
傷寒論條辨八卷本草鈔一卷或問一卷　(明)方有執撰　清康熙浩然樓刻本　一冊　存五卷(傷寒論條辨六至八、本草鈔一卷、或問一卷)

360000－1906－0001261　1463
瀕湖脈學一卷奇經八脈攷一卷脈訣攷證一卷　(明)李時珍撰　清同人堂刻本　一冊

360000－1906－0001262　1464

再重訂傷寒集註十卷附五卷　（清）舒詔撰　清刻本　三冊　存十二卷（再重訂傷寒集註十卷、附一至二）

360000－1906－0001263　1465
濟陰綱目十四卷　（明）武之望撰　（清）汪淇箋釋　清末上海錦章圖書局石印本　一冊　存四卷（一至四）

360000－1906－0001264　1466
珍珠囊指掌補遺藥性賦四卷　題（金）李杲輯　清刻本　二冊

360000－1906－0001265　1467
醫方捷徑一卷　（明）羅必煒參訂　清書林鄭喬林刻本　一冊

360000－1906－0001266　1468
醫方捷徑一卷　（明）羅必煒參訂　清書林鄭喬林刻本　一冊

360000－1906－0001267　1469
醫方捷徑一卷　（明）羅必煒參訂　清書林鄭喬林刻本　一冊

360000－1906－0001268　1470
醫方捷徑一卷　（明）羅必煒參訂　清書林鄭喬林刻本　一冊

360000－1906－0001269　1471
太醫院增補青囊藥性賦直解三卷　（明）羅必煒參訂　清閩書林楊能儒刻本　一冊

360000－1906－0001270　1472
重廣補注黃帝內經素問二十四卷　（唐）王冰注　（宋）林億等校正　（宋）孫兆改誤　明周曰校刻本　一冊　存三卷（十六至十八）

360000－1906－0001271　1473
胡慶餘堂丸散膏丹全集不分卷　（清）胡光墉輯　清光緒三年（1877）杭州胡慶餘堂刻本　一冊

360000－1906－0001272　1474
胡慶餘堂丸散膏丹全集不分卷　（清）胡光墉輯　清光緒三年（1877）杭州胡慶餘堂刻本　一冊

360000－1906－0001273　1475
素問靈樞類纂約註三卷　（清）汪昂撰　清道光三十年（1850）刻本　二冊

360000－1906－0001274　1476
時方歌括二卷　（清）陳念祖撰　清刻本　一冊

360000－1906－0001275　1477
時方歌括二卷　（清）陳念祖撰　清刻本　一冊

360000－1906－0001276　1478
種福堂續選臨證指南四卷　（清）葉桂撰　清刻本　二冊

360000－1906－0001277　1479
壽世新編三卷　（清）萬潛齋撰　清光緒十八年（1892）道合山房刻本　三冊

360000－1906－0001278　1480
醫門棒喝二集傷寒論本旨九卷　（清）章楠撰　清刻本　一冊　存一卷（六）

360000－1906－0001279　1481
雷公炮製藥性解六卷　（明）李中梓撰　清刻本　二冊

360000－1906－0001280　1482
珍珠囊指掌補遺藥性賦四卷　題（金）李杲輯　**雷公炮製藥性解六卷**　（明）李中梓撰　清末上海錦章圖書局石印本　一冊

360000－1906－0001281　1483
雷公藥性賦四卷　題（金）李杲撰　清末上海商務印書館鉛印本　一冊

360000－1906－0001282　1484
新刊醫林狀元壽世保元十卷　（明）龔廷賢撰　清刻本　九冊　存九卷（一至三、五至十）

360000－1906－0001283　1485
傳家必讀一卷　（清）王正朋輯　清刻本　一冊

360000－1906－0001284　1486
圖註八十一難經二卷　（明）張世賢注　清刻本　一冊　存一卷（下）

360000－1906－0001285　1487
雜症準繩八卷　(明)王肯堂輯　清刻本　一冊　存一卷(三)

360000－1906－0001286　1488
醫學源流論二卷　(清)徐大椿撰　清光緒三十三年(1907)上海六藝書局石印徐靈胎醫學全書本　一冊

360000－1906－0001287　1489
醫學金鍼八卷　(清)陳念祖撰　(清)潘霨增輯　清刻本　一冊　存二卷(三至四)

360000－1906－0001288　1490
醫學從衆八卷　(清)陳念祖撰　清刻本　一冊　存二卷(五至六)

360000－1906－0001289　1491
醫學從衆八卷　(清)陳念祖撰　清刻本　二冊

360000－1906－0001290　1493
醫學實在易八卷　(清)陳念祖撰　清刻本　三冊

360000－1906－0001291　1494
醫林改錯不分卷　(清)王清任撰　清光緒二十八年(1902)上海理文軒石印本　一冊

360000－1906－0001292　1495
醫書彙參輯成二十四卷　(清)蔡宗玉輯　清嘉慶十二年(1807)刻本　五冊　存十卷(一至六、十九至二十二)

360000－1906－0001293　1496
醫貫六卷　(明)趙獻可撰　清同治六年(1867)文英堂刻本　五冊　存五卷(一、三至六)

360000－1906－0001294　1497
神農本草經讀四卷附錄一卷　(清)陳念祖撰　清南雅堂刻本　二冊

360000－1906－0001295　1498
神農本草經讀四卷附錄一卷　(清)陳念祖撰　清大文堂刻本　一冊

360000－1906－0001296　1499
神農本草經讀四卷附錄一卷靈樞素問集註十二卷靈樞素問節要淺註十二卷　(清)陳念祖撰　清末石印本　一冊　缺十二卷(靈樞素問集註五至十二、靈樞素問節要淺註一至四)

360000－1906－0001297　1500
秘錄痘疹全集十五卷　(清)馮兆張輯　清刻本　一冊

360000－1906－0001298　1501
御纂醫宗金鑑九十卷首一卷　(清)吳謙等撰　清刻本　七冊　存十六卷(訂正仲景全書傷寒論注四、七至十六,訂正仲景全書金匱要略注十九至二十一,編輯痘疹心要訣五十八至五十九)

360000－1906－0001299　1502
御纂醫宗金鑑九十卷首一卷　(清)吳謙等撰　清刻本　四冊　存六卷(編輯外科心法要訣一至二、四、十至十一、十四)

360000－1906－0001300　1503
驗方新編八卷首一卷　(清)鮑相璈輯　清咸豐十年(1860)海山仙館刻本　二冊　存三卷(一、八,首一卷)

360000－1906－0001301　1504
驗方新編八卷首一卷　(清)鮑相璈輯　清刻本　一冊　存一卷(三)

360000－1906－0001302　1505
驗方新編□□卷　(清)鮑相璈輯　清刻本　一冊　存一卷(九)

360000－1906－0001303　1506
增廣驗方新編十六卷　(清)鮑相璈輯　清末刻本　八冊

360000－1906－0001304　1507
醫學三字經四卷　(清)陳念祖撰　清刻本　一冊　存二卷(三至四)

360000－1906－0001305　1508
急救應驗良方一卷附錄一卷　(清)費山壽輯　清光緒十二年(1886)鏡雪子刻本　一冊

360000－1906－0001306　1509

急救應驗良方一卷附録一卷 (清)費山壽輯 清光緒十二年(1886)鏡雪子刻本 一冊

360000－1906－0001307 1510
經驗選秘六卷 (清)胡增彬輯 清光緒十九年(1893)廣信府饒遠翔堂刻本 二冊

360000－1906－0001308 1511
御纂醫宗金鑑九十卷首一卷 (清)吳謙等撰 清道光二十五年(1845)兩儀堂刻本 八冊 存十六卷(編輯外科心法要訣一至十六)

360000－1906－0001309 1512
醫宗説約四卷 (清)蔣示吉撰 清刻本 二冊 存二卷(一至二)

360000－1906－0001310 1513
醫宗必讀十卷 (明)李中梓撰 清刻本 一冊 存一卷(二)

360000－1906－0001311 1515
醫門法律六卷 (清)喻昌撰 清末石印本 三冊

360000－1906－0001312 1516
醫門法律六卷 (清)喻昌撰 清刻本 五冊 存五卷(一至五)

360000－1906－0001313 1517
醫門法律六卷 (清)喻昌撰 清刻本 五冊 存五卷(二至六)

360000－1906－0001314 1518
醫門法律六卷 (清)喻昌撰 清刻本 二冊 存二卷(三至四)

360000－1906－0001315 1519
醫學輯要八卷首一卷 (清)謝甘澍輯 清光緒二十六年(1900)滸灣舊學山房刻本 四冊 存五卷(一、四、七至八,首一卷)

360000－1906－0001316 1520
婦嬰至寶六卷 (清)徐尚慧輯 清友善堂刻本 一冊

360000－1906－0001317 1521
婦嬰至寶八卷 (清)徐尚慧輯 清刻本 一冊

360000－1906－0001318 1522
萬氏家抄方六卷 (明)萬表編 (明)萬邦孚增輯 明萬曆刻本 一冊 存一卷(五)

360000－1906－0001319 1523
新刊萬病回春原本八卷 (明)龔廷賢編 清刻本 一冊 存一卷(二)

360000－1906－0001320 1524
痳科活人全書四卷附録一卷 (清)謝玉瓊撰 清光緒十九年(1893)刻本 二冊 存二卷(一至二)

360000－1906－0001321 1525
黄帝内經靈樞註證發微九卷 (明)馬蒔撰 清刻本 四冊 存五卷(二、四、七至九)

360000－1906－0001322 1526
黄帝内經靈樞註證發微九卷 (明)馬蒔撰 清刻本 一冊 存一卷(八)

360000－1906－0001323 1527
黄帝内經靈樞註證發微九卷 (明)馬蒔撰 清刻本 一冊 存一卷(一)

360000－1906－0001324 1528
黄帝内經靈樞註證發微九卷 (明)馬蒔撰 清刻本 四冊 存二卷(四、八)

360000－1906－0001325 1529
黄帝内經素問集注九卷 (清)張志聰撰 清末上海錦章圖書局石印本 一冊 存一卷(五)

360000－1906－0001326 1530
理瀹外治方要二卷 (清)吳尚先撰 清光緒二十一年(1895)江西書局刻本 一冊 存一卷(一)

360000－1906－0001327 1531
寓意草不分卷 (清)喻昌撰 清刻本 一冊

360000－1906－0001328 1533
遂生編一卷福幼編一卷 (清)莊一夔撰 清嘉慶刻本 一冊

360000－1906－0001329 1534
古歙槐唐程松崖眼科一卷 (清)程松崖撰

清末刻本　一册

360000－1906－0001330　1535
古歙槐唐程松崖眼科一卷　(清)程松崖撰　清末刻本　一册

360000－1906－0001331　1536
景岳全書六十四卷　(明)張介賓撰　清刻本　一册　存一卷(五十二)

360000－1906－0001332　1537
新測中星圖一卷　(清)張作楠撰　清刻本　一册

360000－1906－0001333　1538
管窺輯要八十卷　(清)黄鼎撰　清刻本　一册　存一卷(十九)

360000－1906－0001334　1539
璿璣碎錦二卷　(清)萬樹撰　(清)釋宏倫編　清刻本　二册

360000－1906－0001335　1540
璿璣碎錦二卷　(清)萬樹撰　(清)釋宏倫編　清光緒九年(1883)刻本　二册

360000－1906－0001336　1541
璿璣碎錦二卷　(清)萬樹撰　(清)釋宏倫編　清光緒九年(1883)刻本　二册

360000－1906－0001337　1542
璿璣碎錦二卷　(清)萬樹撰　(清)釋宏倫編　清刻本　一册　存一卷(下)

360000－1906－0001338　1543
璿璣碎錦二卷　(清)萬樹撰　(清)釋宏倫編　清刻本　一册　存一卷(下)

360000－1906－0001339　1544
傅氏眼科審視瑤函六卷首一卷　(明)傅仁宇撰　(清)林長生校補　清刻本　四册

360000－1906－0001340　1545
高厚蒙求　(清)徐朝俊撰　清嘉慶十四年(1809)雲間徐氏刻本　四册

360000－1906－0001341　1546
高厚蒙求　(清)徐朝俊撰　清同治五年(1866)雲間徐氏刻本　四册

360000－1906－0001342　1547
靈樞素問節要淺註十二卷　(清)陳念祖撰　清同治四年(1865)刻本　五册

360000－1906－0001343　1548
御纂醫宗金鑑九十卷首一卷　(清)吳謙等撰　清刻本　七册　存八卷(四至六、五十六、六十三至六十六)

360000－1906－0001344　1549
御纂醫宗金鑑九十卷首一卷　(清)吳謙等撰　清刻本　八册　存十七卷(二至三、七至八、二十至二十一、四十四至四十五、五十三至五十四、五十八至六十、六十九至七十、八十六至八十七)

360000－1906－0001345　1550
御纂醫宗金鑑九十卷首一卷　(清)吳謙等撰　清刻本　一册　存二卷(五十九至六十)

360000－1906－0001346　1551
御纂醫宗金鑑七十四卷外科十六卷首一卷　(清)吳謙等撰　清宣統元年(1909)簡青齋書局石印本　二册　存八卷(一至三、三十至三十四)

360000－1906－0001347　1552
御纂醫宗金鑑七十四卷外科十六卷首一卷　(清)吳謙等撰　清光緒三十一年(1905)上海錦章書局石印本　四册　存十五卷(五十一至五十四、六十四至六十八,外科一至二、七至十)

360000－1906－0001348　1553
御纂醫宗金鑑七十四卷外科十六卷首一卷　(清)吳謙等撰　清光緒二十九年(1903)有益齋石印本　八册　存五十九卷(一至四十四、五十九至六十八,外科七至十,首一卷)

360000－1906－0001349　1555
臨證指南醫案十卷　(清)葉桂撰　(清)徐大椿評　清同治四年(1865)刻本　十册

360000－1906－0001350　1556

醫門法律六卷 (清)喻昌撰 清刻本 四冊 存四卷(一至三、六)

360000－1906－0001351 1557
增廣驗方新編十六卷 (清)鮑相璈輯 清同治八年(1869)竟城書坊刻本 三冊 存四卷(一、九、十四至十五)

360000－1906－0001352 1558
驗方新編十六卷 (清)鮑相璈輯 清同治三年(1864)刻本 七冊

360000－1906－0001353 1560
御纂醫宗金鑑九十卷首一卷 (清)吴謙等撰 清刻本 二十三冊 存七十三卷(二至七十四)

360000－1906－0001354 1561
二銘草堂近科墨選不分卷 (清)張德容撰 清同治元年(1862)刻本 二冊

360000－1906－0001355 1562
入泮採芹集□□卷 (□)□□撰 清刻本 二冊 存一卷(二)

360000－1906－0001356 1563
註釋八銘塾鈔二集不分卷 (清)吴懋政輯 清芸生堂刻本 四冊

360000－1906－0001357 1564
五大家合稿精鈔不分卷 (清)王步青評選 清刻本 一冊

360000－1906－0001358 1565
十科策畧箋釋十卷 (明)劉定之撰 (清)劉作樑注釋 **呆齋公[劉定之]年譜一卷** (清)劉作樑撰 清光緒八年(1882)合德堂刻本 一冊 存四卷(一至四)

360000－1906－0001359 1566
三十科鄉會試詩墨鈔十卷 (清)馮晉昌編 清刻本 四冊

360000－1906－0001360 1567
人鑑三卷 (清)湯自銘輯 清刻本 一冊 存二卷(二至三)

360000－1906－0001361 1568
八銘堂塾鈔初集不分卷二集不分卷 (清)吴懋政輯 清七政堂刻本 六冊

360000－1906－0001362 1569
九數通考十一卷首一卷末一卷 (清)屈曾發輯 清刻本 一冊 存二卷(一至二)

360000－1906－0001363 1570
翠薇山房數學 (清)張作楠撰 清刻本 一冊 存二種

360000－1906－0001364 1571
倉田通法續編三卷 (清)張作楠撰 (清)江臨泰補圖 清刻本 一冊 存一卷(下)

360000－1906－0001365 1572
衛濟餘編□□卷 (□)□□撰 清刻本 二冊 存三卷(十二至十四)

360000－1906－0001366 1573
秘傳花鏡六卷 (清)陳淏子撰 清刻本 二冊

360000－1906－0001367 1574
篆瀳偏旁點畫辯一卷艸訣百韻歌一卷 (清)陳紀書 (清)鄭漢音釋 清刻本 一冊

360000－1906－0001368 1575
芥子園畫傳六卷 (清)王槩 (清)王蓍 (清)王臬輯 清末石印本 二冊 存四卷(一至四)

360000－1906－0001369 1576
芥子園畫傳六卷 (清)王槩 (清)王蓍 (清)王臬輯 清末石印本 一冊 存一卷(五)

360000－1906－0001370 1577
芥子園畫傳二集九卷 (清)王槩 (清)王蓍 (清)王臬輯 清末石印本 四冊

360000－1906－0001371 1578
芥子園畫譜三集六卷 (清)王槩 (清)王蓍 (清)王臬輯 清末石印本 四冊

360000－1906－0001372 1579
七科鄉會墨選不分卷 (清)□□輯 清刻本 一冊

360000－1906－0001373　1580
增訂格物入門七卷　(美國)丁韙良撰　清光緒十五年(1889)同文館鉛印本　七册

360000－1906－0001374　1582
芥子園畫傳初集六卷　(清)王槩　(清)王蓍　(清)王臬輯　清末石印本　二册　存三卷(四至六)

360000－1906－0001375　1583
筆算便覽五卷　(清)紀大奎撰　(清)紀大畢等輯　清京都文苑山房刻本　一册

360000－1906－0001376　1584
新纂簡捷易明算法四卷　(清)沈士桂撰　清刻本　一册　存二卷(一至二)

360000－1906－0001377　1585
孔子改制考二十一卷　康有爲撰　清光緒二十四年(1898)上海大同譯書局刻本　十二册

360000－1906－0001378　1586
孔子改制考二十一卷　康有爲撰　清光緒二十四年(1898)上海大同譯書局刻本　十一册　存二十卷(一至三、五至二十一)

360000－1906－0001379　1587
佩文齋廣羣芳譜一百卷目錄二卷　(清)汪灝等撰　清末鉛印本　五册　存十九卷(七至二十一、七十八至八十一)

360000－1906－0001380　1588
二如亭群芳譜三十卷首一卷　(明)王象晉撰　清刻本　六册　存十二卷(歲譜一至二、果譜三至四、藥譜二至三、木譜一至二、花譜一至四)

360000－1906－0001381　1589
鐵網珊瑚二十卷　(明)都穆撰　清乾隆二十三年(1758)刻本　一册　存五卷(十一至十五)

360000－1906－0001382　1590
五知齋琴譜八卷　(清)徐祺撰　(清)周魯封輯　清乾隆十一年(1746)姑蘇忠信堂刻本　六册

360000－1906－0001383　1591
書譜□□卷　(清)戈守智撰　(清)陸聲鐘編　清刻本　一册　存二卷(七至八)

360000－1906－0001384　1592
新增墨蘭竹譜一卷　(清)陳東橋繪　清光緒十年(1884)芸盛山房刻本　一册

360000－1906－0001385　1594
八銘堂塾鈔初集不分卷　(清)吳懋政輯　清刻本　四册

360000－1906－0001386　1595
八銘堂塾鈔初集不分卷二集不分卷　(清)吳懋政輯　清光緒十年(1884)京都刻本　九册

360000－1906－0001387　1596
己山太史存稿不分卷　(清)王步青撰　清刻本　一册

360000－1906－0001388　1597
大題十萬選不分卷　(清)積山書局編　清光緒二十三年(1897)上海積山書局石印本　九册

360000－1906－0001389　1598
大題文淵不分卷　(清)耕九堂主人輯　清末石印本　十六册

360000－1906－0001390　1599
小題正鵠初集不分卷二集不分卷三集不分卷四集不分卷附訓蒙草一卷　(清)李元度輯　清李氏家塾刻本　六册

360000－1906－0001391　1600
小題正鵠二集不分卷三集不分卷四集不分卷附訓蒙草一卷　(清)李元度輯　清道光二十七年(1847)李氏家塾刻本　五册

360000－1906－0001392　1601
小題正鵠初集不分卷二集不分卷　(清)李元度輯　清同治八年(1869)李氏家塾刻本　二册

360000－1906－0001393　1602
小題正鵠初集不分卷　(清)李元度輯　清光緒六年(1880)李氏家塾刻本　一册

360000－1906－0001394　1603
五經分類文鈔二十六卷　(清)朱鏡清輯　清光緒十四年(1888)石印本　十二冊

360000－1906－0001395　1604
分類文腋八卷　(清)李楨編　清刻本　三冊　存六卷(一至二、五至八)

360000－1906－0001396　1605
五經文準不分卷　(□)□□撰　清末石印本　十三冊　存詩四,書一、三至四,禮一至四,易二至三,春秋二、四

360000－1906－0001397　1606
仁在堂全集十四集　(清)路德評選　清同治六年(1867)刻本　十六冊　存八集

360000－1906－0001398　1607
仁在堂全集十四集　(清)路德評選　清刻本　二冊　存二集

360000－1906－0001399　1608
關中書院課士賦不分卷　(清)路德評選　清同治六年(1867)刻仁在堂全集本　一冊

360000－1906－0001400　1609
仁在堂明文明不分卷　(清)路德評選　清刻本　一冊

360000－1906－0001401　1610
仁在堂明文明不分卷　(清)路德評選　清刻本　一冊

360000－1906－0001402　1611
小題觀海不分卷　(清)□□輯　清光緒十五年(1889)上海點石齋石印本　十四冊　存大學,論語學而、爲政、子罕、鄉黨、先進、顔淵、衛靈公、季氏、陽貨、微子、子張、堯曰,孟子

360000－1906－0001403　1612
分類尺牘備覽正集八卷續集八卷　(清)柴冕英輯　清光緒三十年(1904)上海廣益石印本　八冊

360000－1906－0001404　1613
仁在堂全集十四集　(清)路德評選　清同治六年(1867)刻本　十七冊　存九集

360000－1906－0001405　1614
五種遺規　(清)陳弘謀輯　清光緒二十八年(1902)上海古香閣石印本　五冊　存三種

360000－1906－0001406　1615
今文得古集不分卷　(清)孫維祺評點　清刻本　一冊　存大學、中庸、上論、下論

360000－1906－0001407　1616
小題別體不分卷　(清)李揆一輯　清刻本　一冊

360000－1906－0001408　1617
小題拆字不分卷　(清)□□輯　清刻本　一冊　存中庸、下論、上孟、下孟

360000－1906－0001409　1618
小題文英不分卷　(清)石韞玉評選　(清)顧辰校輯　清刻本　一冊

360000－1906－0001410　1619
小題四集參變不分卷五集精詣不分卷六集大觀不分卷大觀續集不分卷七集老境不分卷八集別情不分卷別情續編不分卷　(清)王步青評　清刻本　十一冊　存四集參變、五集精詣、六集大觀上、大觀續集上、七集老境、八集別情、別情續編

360000－1906－0001411　1620
小題八集別情不分卷　(清)王步青評　清刻本　一冊

360000－1906－0001412　1621
小題八集別情不分卷　(清)王步青評　清刻本　一冊

360000－1906－0001413　1622
小題二集式法不分卷三集行機不分卷　(清)王步青評　清刻本　二冊　存二集式法上、三集行機上

360000－1906－0001414　1623
小題三集行機不分卷　(清)王步青評　清刻本　一冊　存三集行機上

360000－1906－0001415　1624
日知錄集釋三十二卷刊誤二卷續刊誤二卷

（清）顧炎武撰　（清）黄汝成集釋　**策學纂要正續編十六卷**　（清）萬年茂　（清）戴第元輯　清光緒十三年（1887）上海大同書局石印本　三册

360000－1906－0001416　1625
五種遺規　（清）陳弘謀輯　清培遠堂刻愛日堂補刻本　八册　存四種

360000－1906－0001417　1626
巧搭分品不分卷　（清）史鑑撰　**巧搭穿楊不分卷**　（清）張心蕊撰　清道光二十六年（1846）刻本　一册

360000－1906－0001418　1627
本朝三十家文不分卷　（清）蔡寅斗輯　清刻本　一册

360000－1906－0001419　1628
加注十家文鈔不分卷　（清）□□輯　清刻本　一册　存中庸、上孟

360000－1906－0001420　1629
五言排律依永集八卷　（清）張九鉞箋釋　清乾隆二十五年（1760）刻本　一册　存二卷（一至二）

360000－1906－0001421　1630
天演論二卷　（英國）赫胥黎撰　嚴復譯　清光緒二十九年（1903）西昌清芬書屋刻本　二册

360000－1906－0001422　1631
天演論二卷　（英國）赫胥黎撰　嚴復譯　清光緒刻本　二册

360000－1906－0001423　1632
天崇合鈔不分卷　（清）祝松雲輯　清光緒十八年（1892）江西兩儀堂刻本　一册　存上論

360000－1906－0001424　1634
木天清課□□卷　（清）周鎮南撰　清刻本　一册　存二卷（四至五）

360000－1906－0001425　1635
國朝分體文約不分卷　（清）□□輯　清刻本　三册

360000－1906－0001426　1636
小題鴛繡新編不分卷　（清）張金鏞輯　清道光二十八年（1848）刻本　二册

360000－1906－0001427　1637
小題拾芥編初集不分卷　（清）宋清壽　（清）吴鍾駿輯　清道光十九年（1839）刻本　二册

360000－1906－0001428　1638
小題金丹不分卷　（清）□□輯　清刻本　一册　存論語

360000－1906－0001429　1639
中西學門徑書七種　梁啓超輯　清光緒二十四年（1898）上海大同譯書局石印本　三册

360000－1906－0001430　1640
分體利試文中初集六卷　（清）郝朝昇評選　清刻本　一册　存一卷（四）

360000－1906－0001431　1641
守信錄二卷　（清）李宗言撰　清光緒二十四年（1898）滕王閣刻本　一册

360000－1906－0001432　1642
江西闈墨不分卷（光緒丙子科）　（清）劉文鑒定　清光緒二年（1876）刻本　一册

360000－1906－0001433　1643
江西歷科進呈策十卷　（清）陳雲階等輯　清光緒二年（1876）奎文堂刻本　四册

360000－1906－0001434　1644
江西試牘不分卷　（清）福申輯　清道光六年（1826）刻本　三册

360000－1906－0001435　1645
江西試牘四卷　（清）龍湛霖輯　清光緒十七年（1891）刻本　一册　存一卷（四）

360000－1906－0001436　1646
江西試牘立誠編不分卷　（清）汪廷珍輯　清刻本　一册

360000－1906－0001437　1647
目耕齋小題不分卷　（清）沈叔眉編　清刻本　一册　存論語、孟子

360000－1906－0001438　1648
古書疑義舉例七卷　(清)俞樾撰　清刻本　二册

360000－1906－0001439　1650
古學鴻裁十五卷　(清)范樫　(清)周采輯　清刻本　六册　存十一卷(二至八、十二至十五)

360000－1906－0001440　1651
試帖詩十卷類目一卷韻目五卷　(清)鄧雲航輯　清末石印本　一册　存一卷(類目一卷)

360000－1906－0001441　1653
安徽試牘立誠編不分卷　(清)汪廷珍輯　清嘉慶十年(1805)刻本　三册

360000－1906－0001442　1654
西學大成十二編　(清)王西清　(清)盧梯青輯　清光緒二十一年(1895)醉六堂書坊石印本　十二册

360000－1906－0001443　1655
西學通考三十六卷　(清)胡兆鸞輯　清光緒二十三年(1897)刻本　十五册　存三十五卷(一至三十五)

360000－1906－0001444　1656
近科制藝春霆集不分卷　(清)李鳴謙　(清)吴承緒輯　清同治十年(1871)刻本　三册

360000－1906－0001445　1657
光緒庚子辛丑恩正併科江西鄉試第十五房同門姓氏錄不分卷　清光緒刻本　一册

360000－1906－0001446　1658
光緒癸卯恩科湖北闈墨不分卷　清光緒上海文寶書局石印本　一册

360000－1906－0001447　1659
光緒壬寅補行庚子辛丑恩正併科鄉墨不分卷　清光緒二十八年(1902)華北書局鉛印本　六册

360000－1906－0001448　1660
困學紀聞二十卷　(宋)王應麟撰　清汪垕桐華書塾刻本　二册　存五卷(一至二、十二至十四)

360000－1906－0001449　1661
松雪館截搭分編一卷　(清)彭大齡撰　清咸豐元年(1851)刻本　一册

360000－1906－0001450　1662
利試小題英雅集□□卷　(清)余之俊評選　清刻本　三册　存三卷(一至二、五)

360000－1906－0001451　1663
東湖書院課選二卷　(清)漆逢源選　清光緒七年(1881)刻本　四册

360000－1906－0001452　1664
東塾讀書記十五卷　(清)陳澧撰　清末著易堂鉛印本　四册

360000－1906－0001453　1665
初學指掌四卷　(清)郝正嵩評注　清刻本　二册　存二卷(二至三)

360000－1906－0001454　1666
初學指掌四卷　(清)郝正嵩評注　清刻本　一册　存一卷(三)

360000－1906－0001455　1667
初學玉玲瓏四卷　(清)徐瑄輯　清兩儀堂刻本　二册

360000－1906－0001456　1668
初學玉玲瓏四卷　(清)徐瑄輯　清刻本　一册　存二卷(一至二)

360000－1906－0001457　1669
光緒癸卯恩科順天闈墨不分卷　清光緒上海文寶書局石印本　一册

360000－1906－0001458　1670
光緒己卯科直省鄉試墨辳不分卷　(清)傅鍾麟評選　清京都琉璃廠刻本　五册

360000－1906－0001459　1671
光緒壬寅補行庚子辛丑恩正併科江西闈墨不分卷　清光緒上海書局石印本　一册

360000－1906－0001460　1672
光緒壬寅年補行庚子辛丑恩正併科浙江闈墨

不分卷　清光緒圖書集成局鉛印本　一冊

360000－1906－0001461　1673
直省考卷清雅全集　(清)何希軾編　清道光三年(1823)務本堂刻本　六冊　存初集不分卷、三集不分卷、四集不分卷、五集不分卷

360000－1906－0001462　1674
牟子一卷　(漢)牟融撰　(清)孫星衍校　**黃帝龍首經二卷**　(清)孫星衍校　清嘉慶十二年(1807)刻平津館叢書本　一冊

360000－1906－0001463　1675
向蘭皋先生小題文不分卷　(清)向日貞撰　(清)左史　(清)魯質評　清文德堂刻本　四冊

360000－1906－0001464　1676
宋白樓小題文二卷　(清)宋棠撰　清光緒五年(1879)刻本　一冊　存一卷(上)

360000－1906－0001465　1677
求是齋墨醇不分卷　(清)杜聯選評　清刻本　四冊

360000－1906－0001466　1679
彙刻考卷雋快初編□□卷二編□□卷三編□□卷　(清)季成銑等輯　清光緒十一年(1885)刻本　二冊　存四卷(初編一至二、三編一至二)

360000－1906－0001467　1680
西學二十種精萃二十卷　(清)張之品撰　清光緒二十三年(1897)上海鴻文書局石印本　六冊　存十六卷(一至三、五至十四、十八至二十)

360000－1906－0001468　1681
分類文編不分卷　(清)汪師韓撰　清刻本　一冊

360000－1906－0001469　1682
八部能與合刪新編不分卷　(清)張崧評　清乾隆四十九年(1784)刻本　一冊

360000－1906－0001470　1683
名家制義四十八卷　(清)俞長城輯　清刻本　一冊　存二卷(十八至十九)

360000－1906－0001471　1684
名家制義不分卷　(清)俞長城輯　清刻本　四冊

360000－1906－0001472　1685
考卷約選三集不分卷　(清)李錫瓚編　清道光五年(1825)刻本　一冊

360000－1906－0001473　1686
考卷約選初集不分卷二集不分卷三集不分卷　(清)李錫瓚編　清刻本　二冊　存初集、三集

360000－1906－0001474　1687
考卷雋快二編不分卷三編不分卷　(清)徐元達等編　清道光二十六年(1846)刻本　三冊

360000－1906－0001475　1688
方百川稿一卷　(清)方舟撰　**抗希堂稿一卷**　(清)方苞撰　清刻本　一冊

360000－1906－0001476　1692
直省鄉墨不分卷　(清)□□輯　清刻本　一冊

360000－1906－0001477　1693
直省鄉墨(道光壬辰科)不分卷　(清)任泰輯　清刻本　一冊　存浙江鄉試墨選、福建鄉試墨選、湖南鄉試墨選、湖北鄉試墨選

360000－1906－0001478　1694
直省鄉墨綜經不分卷　(清)顧春年輯　清乾隆五十七年(1792)刻本　一冊　存順天鄉墨

360000－1906－0001479　1695
近科十三經解四卷　(清)陳元圻輯　清光緒八年(1882)刻十三經經解本　二冊

360000－1906－0001480　1696
近科房考採珍集不分卷　(清)□□輯　清刻本　一冊

360000－1906－0001481　1697
光緒壬寅補行庚子辛丑恩正併科直省鄉墨不分卷　清光緒鉛印本　八冊　存順天闈墨、江南闈墨、浙江闈墨、湖北闈墨、山東闈墨、福

建闈墨、河南闈墨

360000－1906－0001482　1698
袁太史稿不分卷　(清)袁枚撰　(清)秦大士編　清刻本　一冊

360000－1906－0001483　1699
居易堂學墨偶存不分卷　(清)周鳴鹿撰　清刻本　一冊

360000－1906－0001484　1700
述記　(清)任兆麟輯　清嘉慶十五年(1810)遂古堂刻本　一冊　存十六種

360000－1906－0001485　1701
金正希文鈔不分卷　(明)金聲撰　清刻本　一冊

360000－1906－0001486　1702
金華中學堂課藝一卷　(清)金華中學堂編　清光緒二十八年(1902)孝廉堂刻本　一冊

360000－1906－0001487　1703
金華中學堂課藝一卷　(清)金華中學堂編　清光緒二十八年(1902)中學堂刻本　一冊

360000－1906－0001488　1704
制科策鈔不分卷　(清)□□輯　清刻本　一冊

360000－1906－0001489　1705
制義偶鈔初編不分卷二編不分卷三編不分卷四編不分卷五編不分卷　(清)浦起龍講授　清刻本　十一冊

360000－1906－0001490　1706
制義偶鈔初編不分卷二編不分卷三編不分卷四編不分卷五編不分卷　(清)浦起龍講授　清刻本　二冊　存初編、二編

360000－1906－0001491　1707
制義偶鈔初編不分卷二編不分卷三編不分卷四編不分卷五編不分卷　(清)浦起龍講授　清刻本　二冊　存二編、五編

360000－1906－0001492　1708
明文小題貫不分卷　(清)樓澧輯　清刻本　一冊

360000－1906－0001493　1709
明文必自集讀本不分卷　(清)□□輯　清遄喜齋刻本　一冊

360000－1906－0001494　1710
憩雲書屋時文三卷　(清)周鎮南撰　清道光二十三年(1843)憩雲書屋刻本　二冊　存二卷(一、三)

360000－1906－0001495　1711
味蕉試帖不分卷　(清)蔡世鈸撰　清刻本　三冊

360000－1906－0001496　1712
味蕉試帖不分卷　(清)蔡世鈸撰　清刻本　一冊

360000－1906－0001497　1713
味蕉試小寮集　(清)蔡世鈸撰　清道光刻本　二冊

360000－1906－0001498　1714
味蕉試小寮集　(清)蔡世鈸撰　清道光刻本　二冊

360000－1906－0001499　1715
味蕉試小寮集　(清)蔡世鈸撰　清道光刻本　一冊

360000－1906－0001500　1716
詳註管稿時文初集□□卷二集□□卷三集□□卷　(清)管世銘撰　清光緒十八年(1892)兩儀堂刻本　三冊　存六卷(二集三至六、三集七至八)

360000－1906－0001501　1717
欽定正嘉四書文不分卷欽定啓禎四書文不分卷　(清)方苞輯　清刻本　二冊

360000－1906－0001502　1718
清獻堂稿一卷　(清)趙佑撰　清刻本　一冊

360000－1906－0001503　1719
淮南鴻烈解二十一卷　(漢)劉安撰　(漢)高誘注　清刻本　一冊　存五卷(十七至二十一)

360000－1906－0001504　1720

思樂書屋截搭不分卷　(清)李應詔撰　清刻本　一冊

360000－1906－0001505　1721
鄉墨折衷不分卷　(清)□□輯　清近衡堂刻本　二冊

360000－1906－0001506　1722
鄉墨精鋭不分卷　(清)□□輯　清刻本　一冊

360000－1906－0001507　1723
神技集不分卷　(清)□□輯　清刻本　一冊

360000－1906－0001508　1724
訓俗遺規四卷　(清)陳弘謀輯　清培遠堂刻本　一冊　存一卷(四)

360000－1906－0001509　1725
家人子語一卷　(清)毛先舒撰　清道光咸豐宜黄黄秩模木活字印遜敏堂叢書本　一冊

360000－1906－0001510　1726
[胡運生策問]二卷　(清)楊蔭華編　清光緒二十七年(1901)刻本　一冊　存一卷(下)

360000－1906－0001511　1727
春秋單題文英不分卷　(清)王培元　(清)王徵元評選　清乾隆四年(1739)刻本　一冊

360000－1906－0001512　1728
鄉墨鴻裁不分卷　(清)吴鳳翥編　清乾隆十九年(1754)刻本　二冊

360000－1906－0001513　1729
國朝小題文濬靈集丙編不分卷　(清)張躍鱗編　清刻本　一冊

360000－1906－0001514　1730
淮南天文訓補注二卷　(清)錢塘撰　清刻本　一冊　存一卷(下)

360000－1906－0001515　1732
婺學治事文編二卷續編二卷　湯壽潛編　清光緒二十九年(1903)刻本　五冊

360000－1906－0001516　1733
夢溪筆譚二十六卷　(宋)沈括撰　明萬曆商氏半埜堂刻清康熙振鷺堂重修稗海本　六冊

360000－1906－0001517　1734
經餘必讀八卷　(清)雷琳等輯　清嘉慶十二年(1807)刻本　一冊　存二卷(三至四)

360000－1906－0001518　1735
黄陶菴稿不分卷　(明)黄淳耀撰　清刻本　一冊

360000－1906－0001519　1736
國朝名文春霆集不分卷　(清)李鳴謙　(清)吴承緒輯　清同治八年(1869)刻本　三冊

360000－1906－0001520　1737
歷科後場文純雅不分卷　(清)□□輯　清懷德堂刻本　二冊

360000－1906－0001521　1738
勉齋制義不分卷　(清)江澍畇撰　清光緒八年(1882)刻本　一冊

360000－1906－0001522　1739
新鍥國朝試律淺説靈通解二集□□卷　(清)任福祐輯　清三樂堂刻本　一冊　存二卷(三至四)

360000－1906－0001523　1740
國朝試律淺説靈通解二集二卷　(清)任福祐輯　清刻本　一冊

360000－1906－0001524　1741
經畬堂稿不分卷　(清)儲郁文撰　清金相堂刻本　二冊

360000－1906－0001525　1742
道光己丑科會試闈墨不分卷　清刻本　一冊

360000－1906－0001526　1743
道生堂小題二集二卷　(清)鍾聲撰　清咸豐七年(1857)刻本　一冊

360000－1906－0001527　1744
道生堂小題制藝不分卷　(清)鍾聲撰　清道光三十年(1850)刻本　一冊

360000－1906－0001528　1745
國朝舉業正軌不分卷　(清)陳耀庚輯　清道

光十五年(1835)刻本　一册

360000－1906－0001529　1746

國朝試賦矩□□卷　(清)□□輯　清刻本　二册　存四卷(三至六)

360000－1906－0001530　1747

庸書内篇二卷外篇二卷　(清)陳熾撰　清光緒二十四年(1898)知吟齋石印本　四册

360000－1906－0001531　1748

國朝貢舉年表三卷　(清)陳國霖　(清)顧錫中輯　**二百十一科鄉會文統不分卷**　(□)□□輯　清光緒十九年(1893)上海書局石印本　二十三册

360000－1906－0001532　1749

蓬萊仙館尺牘六卷　(清)瞿國棟編　清光緒十二年(1886)涇川半舫草堂刻本　六册

360000－1906－0001533　1750

宦鄉要則七卷首一卷　(清)張鑒瀛輯　清光緒鉛印本　二册

360000－1906－0001534　1751

國朝律賦新機初集一卷　(清)孫理輯　清嘉慶十六年(1811)刻本　一册

360000－1906－0001535　1752

試帖紫雲仙琯八卷二集八卷三集八卷　(清)高敏輯　清道光九年(1829)刻本　四册　存十五卷(五至八,二集五至八,三集一至三、五至八)

360000－1906－0001536　1753

縮本精選經藝淵海不分卷　(清)常安室主人輯　清光緒十四年(1888)上海鴻寶齋石印本　十册

360000－1906－0001537　1754

塾課文鈔四集二卷六集二卷八集二卷　(清)王步青評　(清)于光華編　清刻本　三册　存三卷(四集上、六集上、八集上)

360000－1906－0001538　1755

新科墨選不分卷　(清)□□輯　清刻本　一册

360000－1906－0001539　1756

詳註初學所珍不分卷　(清)□□輯　清刻本　一册

360000－1906－0001540　1757

陳大士先生文鈔不分卷　(明)陳際泰撰　(清)王步青評　清刻本　二册

360000－1906－0001541　1758

陳大士稿不分卷　(明)陳際泰撰　清刻本　一册

360000－1906－0001542　1759

唐詩試帖課蒙詳解十卷首一卷　(清)王錫侯編　清刻本　二册　存四卷(一、九至十,首一卷)

360000－1906－0001543　1760

搭題彬雅不分卷　(清)王家賓輯　清刻本　二册

360000－1906－0001544　1761

陳東村晚存稿不分卷　(清)陳烺撰　清嘉慶二十二年(1817)漪園書屋刻本　一册

360000－1906－0001545　1762

陳鈞堂時文不分卷　(清)陳康祺撰　清刻本　一册

360000－1906－0001546　1763

張太史塾課八卷　(清)張江撰　清刻本　一册　存二卷(二至三)

360000－1906－0001547　1764

且怡草堂評選小題能與集合選讀本不分卷　(清)曾習孔評　(清)黎旭增評　清刻本　一册

360000－1906－0001548　1765

訓蒙草注釋不分卷　(清)路德撰　清來鹿堂刻本　一册

360000－1906－0001549　1766

國朝歷科元墨正宗不分卷　(清)胡先琅輯　清三多齋刻本　二册

360000－1906－0001550　1767

注釋明文必自集選本不分卷　(清)王惟梅輯

清刻本　一册

360000－1906－0001551　1768
發蒙小品不分卷　(清)唐惟懋編　(清)吴鳳儀注　清刻本　一册

360000－1906－0001552　1769
搭截共賞二集不分卷　(清)吕元錦輯　清道光十九年(1839)刻本　一册

360000－1906－0001553　1770
搭截新編不分卷　(清)繆文溶編　清道光七年(1827)刻本　一册

360000－1906－0001554　1771
搭截新編不分卷　(清)繆文溶編　清刻本　一册

360000－1906－0001555　1772
夷堅志十集二十卷　(宋)洪邁撰　清乾隆四十三年(1778)刻本　十册

360000－1906－0001556　1775
龍威祕書　(清)馬俊良編　清刻本　一册　存三種

360000－1906－0001557　1776
分法小題濬靈秘書不分卷　(清)樓渢輯　清乾隆三年(1738)刻本　二册

360000－1906－0001558　1777
錦峯書院課選二編不分卷　(清)尤榕輯　清道光十七年(1837)刻本　二册

360000－1906－0001559　1778
穆堂四書文不分卷　(清)李紱撰　清刻本　一册

360000－1906－0001560　1779
窺一軒試帖鈔存一卷　(清)湯譽光撰　清道光九年(1829)刻本　一册

360000－1906－0001561　1780
墨選觀止一卷舉業要言三卷　(清)梁葆慶輯　清道光十二年(1832)刻本　二册

360000－1906－0001562　1781
碧山堂稿不分卷　(清)柏謙撰　清刻本　一册

360000－1906－0001563　1782
國朝歷科元墨正宗不分卷　(清)胡先琅輯　清刻本　二册

360000－1906－0001564　1783
嘉慶戊辰恩科會試魁卷不分卷　(清)□□輯　清刻本　一册

360000－1906－0001565　1784
嘉慶己巳恩科會試魁卷不分卷　(清)□□輯　清刻本　一册

360000－1906－0001566　1786
新選論策十六種　(清)醒莊道人輯　清光緒二十七年(1901)刻本　四册

360000－1906－0001567　1787
增訂初學秘訣不分卷　(清)吴肖元選評　清乾隆三十二年(1767)經國堂刻本　一册

360000－1906－0001568　1788
增訂張太史稿不分卷　(清)張江撰　(清)王步青評選　清刻本　三册

360000－1906－0001569　1789
敷文課藝二集不分卷　(清)□□輯　清刻本　二册

360000－1906－0001570　1790
論衡三十卷　(漢)王充撰　清刻本　一册　存五卷(十五至十九)

360000－1906－0001571　1791
禮記不分卷　清抄本　一册　存樂記、雜記上下

360000－1906－0001572　1792
齊東野語二十卷　(宋)周密撰　明萬曆商氏半埜堂刻清康熙振鷺堂重修稗海本　六册

360000－1906－0001573　1793
廣廣小題文府二集不分卷　(清)□□輯　清末石印本　十三册

360000－1906－0001574　1794
增選小題真珠船初集不分卷續集不分卷

（清）□□編　清末石印本　九册

360000－1906－0001575　1795
四大奇書第一種六十卷一百二十回　（明）羅本撰　（清）毛宗崗評　清大文堂刻本　十册

360000－1906－0001576　1796
墨選十則三集□□卷　（清）陳燮輯　清刻本　三册　存八卷（三至十）

360000－1906－0001577　1797
墨選十則三集□□卷　（清）陳燮輯　清刻本　一册　存三卷（三至五）

360000－1906－0001578　1798
新選論策十六學四十種　（清）救世書室主人輯　清光緒二十八年（1902）刻本　五册　存二十三種

360000－1906－0001579　1799
東周列國全志一百八回　（清）蔡界評點　清刻本　十册　存五十六回（四至十、二十三至二十八、四十至六十七、七十四至七十八、八十九至九十三、九十九至一百三）

360000－1906－0001580　1800
東周列國全志二十三卷一百八回　（清）蔡界評點　清懷德堂刻本　二册　存二卷（七、十四）十回（三十至三十四、六十三至六十七）

360000－1906－0001581　1801
東周列國全志二十三卷一百八回　（清）蔡界評點　清刻本　一册　存二卷（一至二）十回（一至十）

360000－1906－0001582　1802
歷科小題輿巧集不分卷　（清）李沛霖輯　清刻本　一册　存一册（六）

360000－1906－0001583　1803
明文小題輿巧集不分卷　（清）李沛霖輯　清刻本　一册　存一册（十二）

360000－1906－0001584　1804
續養正草一卷　（清）李元度撰　清光緒十六年（1890）文奎堂刻本　一册

360000－1906－0001585　1806
［靈山書院課藝］不分卷　（清）蘇夢熊撰　清刻本　一册

360000－1906－0001586　1807
瀛舟筆談十二卷　（清）阮亨撰　清刻本　一册　存三卷（七至九）

360000－1906－0001587　1809
墨子閒詁十五卷附錄一卷後語二卷　（清）孫詒讓撰　清宣統二年（1910）瑞安孫氏刻本　三册　存八卷（四至九、後語二卷）

360000－1906－0001588　1810
墨子十五卷　（清）畢沅校注　**篇目考一卷**　（清）畢沅撰　清乾隆四十九年（1784）畢氏靈巖山館刻經訓堂叢書本　二册　存六卷（一至六）

360000－1906－0001589　1811
覺顛冥齋內言四卷　（清）唐才常撰　清光緒二十四年（1898）長沙刻本　四册

360000－1906－0001590　1812
世說新語補二十卷附釋名一卷　（南朝宋）劉義慶撰　（南朝梁）劉孝標注　（宋）劉應登評　（明）何良俊增補　（明）王世貞刪定　（明）王世懋批釋　（明）張文柱校注　清乾隆二十七年（1762）黃汝琳茂清書屋刻本　四册　存九卷（一至七、十九至二十）

360000－1906－0001591　1813
世說新語補四卷　（明）何良俊撰　（明）王世貞刪定　（明）張懋辰考訂　明刻本　一册　存二卷（三至四）

360000－1906－0001592　1814
如是我聞四卷　（清）紀昀撰　清刻本　二册

360000－1906－0001593　1816
歷科廷試狀元策八卷總考一卷　（明）焦竑輯　清刻本　二册　存二卷（五、八）

360000－1906－0001594　1817
歷科程墨質疑集不分卷　（清）□□輯　清刻本　二册

360000－1906－0001595　1818

新鋟應試唐詩淺説靈通解二卷　(清)任福祐輯　清刻本　一册

360000－1906－0001596　1819
皤溪制義不分卷　(清)蘇夢熊撰　(清)徐玉琳編　清光緒十四年(1888)徐夔貽堂刻本　一册

360000－1906－0001597　1820
闈墨三集選和不分卷　(清)□□輯　清墨花軒刻本　一册

360000－1906－0001598　1821
闈墨五集振采不分卷六集宗經不分卷　(清)□□輯　清墨花軒刻本　二册

360000－1906－0001599　1822
韓慕廬先生稿不分卷　(清)韓菼撰　清刻本　一册

360000－1906－0001600　1823
羅文止稿不分卷　(明)羅萬藻撰　(清)吕留良評　清康熙二十一年(1682)刻江西五家稿本　一册　存上論

360000－1906－0001601　1824
勸學篇二卷　(清)張之洞撰　清光緒二十四年(1898)江西書局刻本　二册

360000－1906－0001602　1825
勸學篇二卷　(清)張之洞撰　清光緒二十四年(1898)江西書局刻本　二册

360000－1906－0001603　1826
澄園讀易畧例三卷首一卷圖説一卷　(清)關燿南撰　清光緒十八年(1892)信州學舍静妙軒刻本　二册　存二卷(一至二)

360000－1906－0001604　1827
新刻增定邵康節先生梅花觀梅拆字數全集五卷　(宋)邵雍撰　清集錦堂刻本　二册　存三卷(一至二、四)

360000－1906－0001605　1828
新刻增定邵康節先生梅花觀梅拆字數全集五卷　(宋)邵雍撰　清集錦堂刻本　二册　存一卷(一)

360000－1906－0001606　1829
澄園讀易畧例三卷首一卷圖説一卷　(清)關燿南撰　清光緒十八年(1892)信州學舍静妙軒刻本　一册　存一卷(二)

360000－1906－0001607　1830
地理辨正補義五卷　(清)蔣平階補傳　(清)姜垚辨正　(清)尹有本補義　清刻本　一册　存二卷(一至二)

360000－1906－0001608　1831
地理辨正補義五卷　(清)蔣平階補傳　(清)姜垚辨正　(清)尹有本補義　清刻本　一册　存二卷(一至二)

360000－1906－0001609　1832
焦氏易林十六卷　(漢)焦贛撰　**易林元籥十測一卷**　(明)盛如林撰　清知白齋刻本　一册　存四卷(十四至十六、易林元籥十測一卷)

360000－1906－0001610　1833
焦氏易林十六卷　(漢)焦贛撰　**易林元籥十測一卷**　(明)盛如林撰　清知白齋刻本　一册　存八卷(十至十六、易林元籥十測一卷)

360000－1906－0001611　1834
增像全圖三國演義十六卷首一卷一百二十回　(明)羅本撰　(清)毛宗崗評　清末天寶書局石印本　七册　存十四卷(一至十二、十五至十六)一百三回(一至八十七、一百五至一百二十)

360000－1906－0001612　1835
澄園讀易畧例三卷首一卷圖説一卷　(清)關燿南撰　清光緒十八年(1892)信州學舍静妙軒刻本　四册

360000－1906－0001613　1836
六壬粹言六卷　(清)劉赤江編　清刻本　一册　存一卷(二)

360000－1906－0001614　1837
增評補像全圖金玉緣一百二十回　(清)曹霑　(清)高鶚撰　(清)王希廉　(清)張新之　(清)姚燮評　清末石印本　六册　存四十

八回（一至三十二、四十一至五十六）

360000－1906－0001615　1838
增評補像全圖金玉緣一百二十回　（清）曹霑　（清）高鶚撰　（清）王希廉　（清）張新之　（清）姚燮評　清末石印本　六册　存四十八回（三十三至四十八、八十一至八十八、九十七至一百二十）

360000－1906－0001616　1839
燕山外史註釋二卷　（清）陳球撰　（清）若騤子注　清末上海錦章圖書局石印本　一册

360000－1906－0001617　1840
輟耕錄三十卷　（明）陶宗儀撰　清刻本　一册　存六卷（十五至二十）

360000－1906－0001618　1841
澄園讀易畧例三卷首一卷圖説一卷　（清）關燿南撰　清光緒十八年（1892）信州學舍靜妙軒刻本　四册

360000－1906－0001619　1842
松筠閣鈔異十二卷　（清）高承勳輯　清道光八年（1828）渤海高氏刻本　三册　存三卷（二至三、七）

360000－1906－0001620　1843
澄園讀易畧例三卷首一卷圖説一卷　（清）關燿南撰　清光緒十八年（1892）信州學舍靜妙軒刻本　二册　存三卷（一至二、首一卷）

360000－1906－0001621　1844
澄園讀易畧例三卷首一卷圖説一卷　（清）關燿南撰　清光緒十八年（1892）信州學舍靜妙軒刻本　一册　存二卷（一、首一卷）

360000－1906－0001622　1845
埋憂集十卷續集二卷　（清）朱翊清撰　清刻本　一册　存三卷（四至六）

360000－1906－0001623　1846
少廣正負術外篇三卷　（清）孔廣森撰　清刻孔氏叢書本　一册

360000－1906－0001624　1847
簷曝雜記六卷　（清）趙翼撰　清刻本　一册

360000－1906－0001625　1848
澄園瑣錄四卷　（清）關燿南撰　清光緒二十年（1894）信州學舍靜妙軒刻本　二册

360000－1906－0001626　1849
澄園瑣錄四卷　（清）關燿南撰　清光緒二十年（1894）信州學舍靜妙軒刻本　二册

360000－1906－0001627　1850
明季稗史彙編二十七卷　（清）留雲居士輯　清光緒二十二年（1896）上海圖書集成印書局石印本　六册

360000－1906－0001628　1851
音釋坐花誌果八卷　（清）汪道鼎撰　（清）鷲峰樵者音釋　清光緒十四年（1888）廣百宋齋刻本　二册

360000－1906－0001629　1852
獨醒雜志十卷附錄一卷　（宋）曾敏行撰　清乾隆四十年（1775）刻知不足齋叢書本　一册　存六卷（六至十、附錄一卷）

360000－1906－0001630　1853
澄園瑣錄四卷　（清）關燿南撰　清刻本　一册　存二卷（三至四）

360000－1906－0001631　1855
新鐫曆法便覽象吉備要通書大全二十九卷　（清）魏鑑輯　清世德堂刻本　七册

360000－1906－0001632　1856
新鐫曆法便覽象吉備要通書二十九卷　（清）魏鑑輯　清刻本　四册　存十卷（八至十一、二十、二十五至二十九）

360000－1906－0001633　1857
新鐫曆法便覽象吉備要通書二十九卷　（清）魏鑑輯　清刻本　三册　存四卷（六至八、十一）

360000－1906－0001634　1858
新鐫曆法便覽象吉備要通書二十九卷　（清）魏鑑輯　清應世堂刻本　一册　存四卷（三至六）

360000－1906－0001635　1859

廣虞初新志四十卷　（清）黃承增輯　清嘉慶八年（1803）寄鷗閒舫刻本　十冊　存二十七卷（十一至十七、二十一至四十）

360000－1906－0001636　1861
唐人説薈　（清）陳世熙輯　清刻本　一冊　存三種

360000－1906－0001637　1862
新刻陳宏謀先生評選記史通鑑三十九卷　（清）徐衢輯　清刻本　二冊　存四卷（四至五、八至九）

360000－1906－0001638　1863
對山書屋墨餘錄十六卷　（清）毛祥麟撰　清同治九年（1870）湖州醉六堂吳氏刻本　一冊　存三卷（一至三）

360000－1906－0001639　1864
東周列國全志二十三卷一百八回　（清）蔡界評點　清三讓堂刻本　十二冊　存二十二卷（一、三至二十三）

360000－1906－0001640　1865
東周列國全志八卷一百八回　（清）蔡界評點　清光緒二十五年（1899）上海文敬齋石印本　七冊　存七卷（一至五、七至八）九十六回（一至六十四、七十七至一百八）

360000－1906－0001641　1866
東周列國全志二十三卷一百八回　（清）蔡界評點　清三讓堂刻本　十二冊

360000－1906－0001642　1867
閲微草堂筆記二十四卷　（清）紀昀撰　清刻本　十二冊

360000－1906－0001643　1870
重鐫官板地理天機會元正篇體用括要三十五卷　（唐）卜則巍撰　（明）顧乃德集注　（明）徐之鏌删補　明萬曆書林陳孫賢刻本　三冊　存四卷（一、二十、三十至三十一）

360000－1906－0001644　1871
選日要覽不分卷　（明）董濬撰　清光緒十四年（1888）守愚草堂刻本　一冊

360000－1906－0001645　1873
地理末學二卷首一卷　（清）紀大奎撰　清刻本　一冊　存一卷（上）

360000－1906－0001646　1874
地理知本金鎖秘二卷　（清）鄧恭撰　（清）鄧學晉　（清）鄧學升編　清嘉慶二十一年（1816）夢覚草堂刻本　一冊　存一卷（上）

360000－1906－0001647　1875
張宗道先生地理全書不分卷　（明）張亘撰　清刻本　一冊

360000－1906－0001648　1876
地理參贊玄機僊婆集十三卷　（明）張鳴鳳輯　（明）呂元　（明）杜詩評選　（明）張希堯參補　清杜謨刻本　一冊　存二卷（七至八）

360000－1906－0001649　1877
一卷冰雪二卷首一卷　（清）鹿傳先輯　清道光二十三年（1843）桐谿四教堂刻本　二冊

360000－1906－0001650　1878
大方廣佛華嚴經八十卷　（唐）釋實叉難陀譯　清雍正十三年（1735）刻本　十八冊　存二十卷（一至三、三十一至三十二、三十四至三十八、四十至四十九）

360000－1906－0001651　1879
新訂崇正闢謬通書十四卷　（清）李奉來編　清刻本　五冊　存十二卷（三至十四）

360000－1906－0001652　1880
新刻合併官板音義評註淵海子平五卷　（宋）徐升編　清刻本　一冊　存三卷（三至五）

360000－1906－0001653　1881
陽宅三要四卷　（清）趙廷棟撰　清刻本　一冊

360000－1906－0001654　1882
陽宅大全十卷　（明）吳勉學輯　清宣統三年（1911）上海鑄記書局石印本　四冊

360000－1906－0001655　1883
地理辨正疏五卷首一卷末一卷　（清）張心言撰　清末上海鑄記書局石印本　四冊

360000－1906－0001656　1884
增刪卜易四卷　(清)野鶴老人撰　(清)李文輝增刪　清末石印本　三冊　存三卷(二至四)

360000－1906－0001657　1885
詳解袁先生秘傳相法全編三卷　(明)袁忠徹撰　(明)雲林子重訂　清三瑞堂刻本　一冊

360000－1906－0001658　1886
入地眼全書十卷　(宋)釋靜道撰　(清)萬樹華編　清道光元年(1821)文奎堂刻本　四冊

360000－1906－0001659　1887
三元三要八宅救害明鏡二卷　(唐)楊筠松(楊益)撰　清光緒三年(1877)文奎堂刻本　一冊　存一卷(上)

360000－1906－0001660　1888
地理五訣八卷　(清)趙廷棟撰　清刻本　二冊　存四卷(三至八)

360000－1906－0001661　1889
入地眼全書十卷　(宋)釋靜道撰　(清)萬樹華編　清末上海鑄記書局石印本　四冊

360000－1906－0001662　1892
秘授命理須知滴天髓二卷　(□)京圖撰　(明)劉基注　(清)程芝雲校　清道光四年(1824)百二漢鏡齋刻本　一冊

360000－1906－0001663　1893
廖金精畫筴撥砂經心法地學四卷　(宋)廖禹撰　(宋)彭大雄集　(明)江之棟輯　(明)汪元標校　清刻本　一冊　存二卷(三至四)

360000－1906－0001664　1894
新編評註通玄先生張果星宗大全十卷　(明)陸位輯　清刻本　二冊　存二卷(五、八)

360000－1906－0001665　1895
易例大全不分卷附二十八宿星象不分卷六十甲子納音不分卷　(清)榕園書屋主人編　清咸豐十一年(1861)刻本　一冊

360000－1906－0001666　1896
靈棋經不分卷　(清)程芝雲校　清道光三年(1823)百二漢鏡齋刻本　一冊

360000－1906－0001667　1899
六祖法寶壇經二卷　(唐)釋惠能撰　(唐)釋法海輯　清光緒元年(1875)刻本　一冊

360000－1906－0001668　1900
雪心賦正解四卷　(唐)卜應天撰　(清)孟浩注　清書林張氏刻菁莘樓印本　一冊　存二卷(一至二)

360000－1906－0001669　1901
山法全書十九卷首二卷　(清)葉泰輯　清刻本　一冊　存二卷(十八至十九)

360000－1906－0001670　1902
雪心賦正解四卷　(唐)卜應天撰　(清)孟浩注　**辯論一卷**　(清)孟浩撰　清乾隆四十一年(1776)刻本　二冊

360000－1906－0001671　1903
新刊地理五經四書解義郭璞葬經□卷　(元)吳澄刪定　(明)鄭謐注釋　清刻本　一冊　存一卷(下)

360000－1906－0001672　1905
新編楊曾地理家傳心法捷訣一貫堪輿八卷　(明)唐世友編　清刻本　一冊　存一卷(七)

360000－1906－0001673　1908
新刊合併官板音義評註淵海子平五卷　(宋)徐升撰　(明)楊淙增　明末福建余氏刻清文奎堂印本　二冊

360000－1906－0001674　1909
新刊一行禪師演禽命書六卷　(明)喻冕編　明書林龍峰山人東軒熊輔刻清義經堂印本　一冊　存二卷(一至二)

360000－1906－0001675　1910
太乙數統宗大全四十卷　(清)李自明撰　清刻本　一冊　存二卷(二十二至二十三)

360000－1906－0001676　1912
金剛經集解一卷　(清)李棻撰　清錦玉軒石印本　一冊

360000－1906－0001677　1913

金剛經解義二卷心經解義一卷 （清）徐槐廷撰　清同治三年(1864)刻本　一冊

360000－1906－0001678　1914
金剛般若波羅密經一卷 （後秦）釋鳩摩羅什譯　清光緒二年(1876)刻本　一冊

360000－1906－0001679　1915
地理水法要訣五卷 （清）紀大奎撰　清末刻本　一冊　存二卷(一至二)

360000－1906－0001680　1916
平陽全書十五卷 （清）葉泰輯　清刻本　一冊　存二卷(一至二)

360000－1906－0001681　1917
大乘起信論纂註二卷 （南朝陳）釋真諦譯　（明）釋真界注　清光緒二年(1876)刻本　一冊

360000－1906－0001682　1918
三祖行脚因由寶卷三卷 （清）釋普浩輯　清光緒元年(1875)刻本　一冊

360000－1906－0001683　1919
重鐫官板地理天機會元三十五卷 （唐）卜應天撰　（明）顧乃德輯　（明）徐之鏌編　明萬曆書林陳孫賢刻本　三冊　存三卷(一、二十、三十)

360000－1906－0001684　1920
地理正義鉛彈子砂水要訣七卷 （清）張鳳藻撰　清末民初上海廣益書局石印本　八冊

360000－1906－0001685　1921
佛教初學課本一卷注一卷 （清）楊文會撰　清光緒三十二年(1906)金陵刻經處刻本　一冊

360000－1906－0001686　1922
參星秘要諏吉便覽不分卷附寶鏡圖不分卷 （清）俞榮寬輯　清光緒十一年(1885)永言堂刻朱墨套印本　三冊

360000－1906－0001687　1923
新鐫曆法便覽象吉備要通書大全二十九卷 （清）魏鑑輯　清刻本　四冊　存十卷(六至十五)

360000－1906－0001688　1924
佛爾雅八卷 （清）周春撰　清宣統二年(1910)國學扶輪社鉛印本　二冊

360000－1906－0001689　1925
太元經易補注六卷 （清）鄭維駒撰　清光緒十七年(1891)豐北三起書屋刻本　四冊

360000－1906－0001690　1926
官板地理琢玉斧□卷 （明）徐之鏌撰　清刻本　一冊　存一卷(作法下)

360000－1906－0001691　1927
新刻羅經解三卷 （明）熊汝嶽撰　（明）吳天洪批點　清刻本　一冊　存二卷(上、中)

360000－1906－0001692　1928
陳子性藏書十二卷首一卷 （清）陳應選撰　清乾隆四十七年(1782)刻本　一冊　存三卷(一至二、首一卷)

360000－1906－0001693　1929
地理傳心輯要十卷 （清）許明輯　清學愚齋刻本　一冊　存二卷(一至二)

360000－1906－0001694　1930
鼎鍥卜筮鬼谷便讀易課源流大全三卷 （□）□□撰　清刻本　二冊　存二卷(中、下)

360000－1906－0001695　1932
靈山遺愛錄四卷首一卷 （清）徐謙輯　**續錄二卷** （清）徐玉琳等輯　清光緒三十四年(1908)、宣統三年(1911)慶豐行祠刻民國十四年(1925)印本　四冊

360000－1906－0001696　1933
靈山遺愛錄四卷首一卷 （清）徐謙輯　**續錄二卷** （清）徐玉琳等輯　清光緒三十四年(1908)、宣統三年(1911)慶豐行祠刻民國十四年(1925)印本　一冊　存二卷(三至四)

360000－1906－0001697　1934
二十二子摘錦三十卷 （清）孫灝輯　清光緒二十三年(1897)上海書局石印本　六冊　存二十四卷(一至二十四)

360000－1906－0001698　1935
文林綺繡大觀　(清)鴻寶齋書局輯　**綉像三笑新編十二卷**　(清)周均批評　清光緒二十二年(1896)鴻寶齋書局石印本　十二册

360000－1906－0001699　1936
千金裘初集二十七卷　(清)蔣義彬輯　清咸豐三年(1853)天祿閣刻本　二册　存八卷(一至二、八至十三)

360000－1906－0001700　1937
千金裘二集二十六卷　(清)蔣義彬　(清)徐元麟輯　清刻本　一册　存三卷(一至三)

360000－1906－0001701　1938
千金裘二十七卷　(清)蔣義彬輯　**千金裘二集二十六卷**　(清)蔣義彬　(清)徐元麟輯　清咸豐三年(1853)天祿閣刻本　八册

360000－1906－0001702　1939
千金裘二集二十六卷　(清)蔣義彬　(清)徐元麟輯　清咸豐三年(1853)天祿閣刻本　三册　存九卷(一至二、九至十五)

360000－1906－0001703　1940
靈山遺愛録四卷首一卷　(清)徐謙輯　**續録二卷**　(清)徐玉琳等輯　清光緒三十四年(1908)、宣統三年(1911)慶豐行祠刻民國十四年(1925)印本　三册　存六卷(靈山遺愛録一、三至四,首一卷,續録二卷)

360000－1906－0001704　1941
靈山遺愛續録二卷　(清)徐玉琳等輯　清宣統三年(1911)慶豐行祠刻本　一册

360000－1906－0001705　1942
靈山遺愛録四卷首一卷　(清)徐謙輯　**續録二卷**　(清)徐玉琳等輯　清光緒三十四年(1908)、宣統三年(1911)慶豐行祠刻民國十四年(1925)印本　四册

360000－1906－0001706　1943
靈山遺愛録四卷首一卷　(清)徐謙輯　清同治元年(1862)四香草堂刻本　二册

360000－1906－0001707　1944
靈山遺愛録四卷首一卷　(清)徐謙輯　清同治元年(1862)四香草堂刻本　一册　存三卷(一至二、首一卷)

360000－1906－0001708　1945
王先生十七史蒙求十六卷　(宋)王令撰　**李氏蒙求補注六卷**　(唐)李瀚撰　(清)金三俊補注　清道光二十八年(1848)刻本　四册

360000－1906－0001709　1946
廿二史策案十二卷首一卷　(清)王鎏輯　清道光十一年(1831)刻本　三册　存十卷(一至五、八至十二)

360000－1906－0001710　1947
子史輯要詩賦題解四卷　(清)胡本淵編　清刻本　一册　存二卷(一至二)

360000－1906－0001711　1948
詞林分類次韻便讀三字錦九卷末一卷　(清)趙暄輯　清刻本　二册　存二卷(一至二)

360000－1906－0001712　1949
詞林分類次韻便讀三字錦九卷末一卷　(清)趙暄輯　清刻本　六册

360000－1906－0001713　1950
瑜伽燄口施食要集一卷首一卷　(清)釋德基删輯　清光緒三年(1877)金陵刻經處刻本　一册

360000－1906－0001714　1952
海南一勺合編内函十卷首一卷外函三十二卷　(清)鶴洞子輯　清道光十五年(1835)四香草堂刻咸豐八年(1858)補刻本　一册　存五卷(外函二十八至三十二)

360000－1906－0001715　1953
御定大雲輪請雨經一卷　(隋)釋那連提耶舍譯　清同治十年(1871)湖南通志總局刻本　一册

360000－1906－0001716　1955
太上說三官經序一卷　(□)□□撰　清傅啓來等刻本　一册

360000－1906－0001717　1956

明聖經一卷首一卷附呂祖師醒心真經一卷　(□)□□輯　清光緒十六年(1890)刻本　一冊

360000－1906－0001718　1958
五經類編二十八卷　(清)周世樟編　清光霽堂刻本　十二冊　存二十六卷(一至五、八至二十八)

360000－1906－0001719　1959
子史精華一百六十卷　(清)吳士玉　(清)吳襄等輯　清刻本　十六冊　存五十四卷(十七至三十二、三十七至四十四、六十五至六十六、七十至七十四、九十一至九十三、一百十六至一百二十二、一百三十至一百四十二)

360000－1906－0001720　1960
子史精華一百六十卷　(清)吳士玉　(清)吳襄等輯　清刻本　四十八冊

360000－1906－0001721　1963
佩文韻府一百六卷　(清)張玉書　(清)蔡升元等輯　清光緒二十一年(1895)上海鴻寶齋石印本　九冊　存三十五卷(一至十五、五十三至五十八、六十至六十六、一百至一百六)

360000－1906－0001722　1964
佩文韻府一百六卷　(清)張玉書　(清)蔡升元等輯　清刻本　七冊　存十卷(三十五至三十六、三十八至三十九、五十三至五十四、六十三、六十六下、九十七至九十八)

360000－1906－0001723　1965
佩文韻府一百六卷　(清)張玉書　(清)蔡升元等輯　清光緒十二年(1886)上海同文書局石印本　五十二冊

360000－1906－0001724　1966
重訂事類賦三十卷　(宋)吳淑撰並注　清道光二十三年(1843)刻本　四冊

360000－1906－0001725　1967
重訂廣事類賦四十卷　(清)華希閔撰　清刻本　三冊　存十四卷(五至十三、三十六至四十)

360000－1906－0001726　1968
重訂事類賦三十卷　(宋)吳淑撰並注　清刻本　五冊　存二十五卷(六至三十)

360000－1906－0001727　1969
分類韻錦十二卷　(清)郭化霖輯　清道光二十三年(1843)喜雨山房刻本　十冊

360000－1906－0001728　1970
事類賦補遺十四卷　(清)張均編　清刻本　四冊

360000－1906－0001729　1971
外國尚友錄十卷　(清)張元輯　清光緒二十八年(1902)石印本　四冊

360000－1906－0001730　1972
五經類編二十八卷　(清)周世樟編　清刻本　一冊　存四卷(十七至二十)

360000－1906－0001731　1973
四聲辨義詩韻三十六卷　(清)郭步清撰　清乾隆四十二年(1777)耕心堂刻本　八冊

360000－1906－0001732　1974
古學捷十卷　(清)陳應廖輯　(清)張熊　(清)江朝宗注釋　清雍正六年(1728)浣花軒刻本　二冊

360000－1906－0001733　1975
百家姓考畧一卷　(清)王相箋注　清王懋齋刻本　一冊

360000－1906－0001734　1976
新鐫分類評註文武合編百子金丹十卷　(明)郭偉選注　(明)郭中吉編　清素位堂刻本　六冊

360000－1906－0001735　1977
事類賦三十卷　(宋)吳淑撰並注　**廣事類賦四十卷**　(清)華希閔撰　清刻本　二冊　存十卷(事類賦一至二、十八至二十三,廣事類賦三十七至三十八)

360000－1906－0001736　1978
事類賦三十卷　(宋)吳淑撰並注　清刻本　二冊　存六卷(九至十二、二十九至三十)

360000－1906－0001737　1979
叩鉢齋纂行厨集十七卷　(清)李之澎　(清)汪建封輯　清刻本　四册　存六卷(二至三、六、十一至十三)

360000－1906－0001738　1980
新訂王氏羅經透解二卷　(清)王道亨輯　清末石印本　一册　存一卷(下)

360000－1906－0001739　1981
經義述聞三十三卷　(清)王引之撰　清光緒十三年(1887)鴻寶齋石印本　六册　存三十二卷(一至三十二)

360000－1906－0001740　1982
策學纂要正續編十六卷　(清)萬年茂　(清)戴第元輯　清光緒十三年(1887)暢懷書屋鉛印本　二册

360000－1906－0001741　1983
重訂廣事類賦四十卷　(清)華希閔撰　清嘉慶二十三年(1818)劍光閣刻本　十册

360000－1906－0001742　1984
圓機活法二十四卷　(明)王世貞校正　清嘉慶二十一年(1816)刻本　十一册　存十六卷(一至六、九至十八)

360000－1906－0001743　1986
詩韻集成十卷　(清)余照輯　清光緒十八年(1892)文奎堂刻本　四册

360000－1906－0001744　1987
詩韻集成十卷　(清)余照輯　清光緒十年(1884)刻本　三册　存七卷(一至四、八至十)

360000－1906－0001745　1988
詩韻集成十卷　(清)余照輯　清刻本　三册　存七卷(一至七)

360000－1906－0001746　1989
詩韻集成十卷　(清)余照輯　清文富堂刻本　二册

360000－1906－0001747　1990
分類韻錦十二卷　(清)郭化霖輯　清刻本　八册　存十一卷(一至十一)

360000－1906－0001748　1991
詩韻集成十卷附詞林典腋一卷　(清)余照輯　清光緒十八年(1892)文奎堂刻本　二册

360000－1906－0001749　1992
新刊校正增補圓機詩韻活法全書十四卷　(明)王世貞校正　清刻本　二册　存四卷(二至三、八至九)

360000－1906－0001750　1993
新刊校正增補圓機詩韻活法全書十四卷　(明)王世貞校正　清刻本　九册　存十七卷(二至四、七至十二、十五至十八、二十一至二十四)

360000－1906－0001751　1994
重訂博物典彙十六卷　(明)黄道周撰　(清)蔡方炳删補　清刻本　八册

360000－1906－0001752　1996
古今名人畫稿初集不分卷　(清)劉海屏等輯　清光緒三十二年(1906)上海通時書局石印本　一册

360000－1906－0001753　1997
新刊校正增補圓機詩韻活法全書十四卷　(明)王世貞校正　清經元堂刻嘉慶三年(1798)王道南補刻本　六册　存十二卷(一至四、七至十四)

360000－1906－0001754　1998
新增説文韻府羣玉二十卷　(元)陰時夫輯　(元)陰中夫注　明刻本　一册　存二卷(十四至十五)

360000－1906－0001755　1999
鄭君粹言三卷　(清)潘任輯　清光緒二十年(1894)虞山潘氏木活字印希鄭堂叢書本　一册

360000－1906－0001756　2000
映雪齋官商便覽五百種　(清)太原氏編譯　清光緒二十九年(1903)上海澄衷學堂印書處石印本　一册

360000 – 1906 – 0001757　2001
格致鏡原一百卷　(清)陳元龍輯　清雍正刻本　二十四册

360000 – 1906 – 0001758　2002
增補事類賦統編九十三卷首一卷　(清)黄葆真編　清光緒十四年(1888)上海積山書局石印本　十二册

360000 – 1906 – 0001759　2003
韻府拾遺一百六卷　(清)汪灝　(清)何焯等輯　清光緒十二年(1886)上海同文書局石印本　八册

360000 – 1906 – 0001760　2004
新增説文韻府羣玉二十卷　(元)陰時夫輯　(元)陰中夫注　清刻本　十九册　存十九卷(一至七、九至二十)

360000 – 1906 – 0001761　2005
對法蒙求六卷　(清)韓星彩編　清刻本　一册　存三卷(一至三)

360000 – 1906 – 0001762　2006
類林新咏三十六卷　(清)姚之駰撰　清刻本　二册　存六卷(八至十三)

360000 – 1906 – 0001763　2007
類聯集錦八卷　(清)張宗濤輯　清刻本　一册　存四卷(一至四)

360000 – 1906 – 0001764　2008
韻府拾遺一百六卷　(清)汪灝　(清)何焯等輯　清刻本　十三册　存六十卷(一至十一、十九至三十四、四十三至五十、七十四至八十、八十九至一百六)

360000 – 1906 – 0001765　2009
新纂氏族箋釋八卷　(清)熊峻運撰　清文秀堂刻本　四册

360000 – 1906 – 0001766　2010
新纂氏族箋釋八卷　(清)熊峻運撰　清刻本　四册

360000 – 1906 – 0001767　2011
韻府拾遺一百六卷　(清)汪灝　(清)何焯等輯　清末石印本　一册　存七十一卷(三十六至一百六)

360000 – 1906 – 0001768　2012
韻府拾遺一百六卷　(清)汪灝　(清)何焯等輯　清刻本(卷一百二至一百六配清刻本)　二册　存十卷(十五至十九、一百二至一百六)

360000 – 1906 – 0001769　2013
韻府約編二十四卷　(清)鄧愷輯　清刻本　二册　存二卷(十九、二十三)

360000 – 1906 – 0001770　2014
增補事類賦統編九十三卷首一卷　(清)黄葆真編　清光緒十四年(1888)上海積山書局石印本　六册　存四十八卷(一至十七、二十三至二十七、三十五至四十二、五十一至五十八、七十六至八十四,首一卷)

360000 – 1906 – 0001771　2015
廣廣事類賦三十二卷　(清)吴世旃撰　清刻本　二册　存十卷(一至五、二十八至三十二)

360000 – 1906 – 0001772　2016
續廣事類賦三十三卷　(清)王鳳喈撰　清刻本　九册　存三十一卷(一至二十、二十三至三十三)

360000 – 1906 – 0001773　2017
錦字箋四卷　(清)黄澐撰　清刻本　一册　存一卷(二)

360000 – 1906 – 0001774　2018
分類賦學雞蹠集三十卷附錄一卷　(清)張維城輯　清光緒六年(1880)刻本　四册

360000 – 1906 – 0001775　2019
文學典林六卷　(清)鄭文煥輯　清汀州龍文堂刻本　二册

360000 – 1906 – 0001776　2020
雞跖賦續刻二十八卷擬古二卷　(清)應泰泉等輯　清光緒二年(1876)刻本　六册　存二十四卷(一至三、十至二十八,擬古二卷)

360000－1906－0001777　2021

增廣詩韻大全五卷　（清）湯祥瑟輯　（清）華鋸編　**初學檢韻袖珍十二卷**　（清）姚文登撰　清光緒二十一年（1895）石印本　四册　缺二卷（增廣詩韻大全二至三）

360000－1906－0001778　2022

詩韻全璧五卷　（清）湯文潞輯　**虚字韻藪一卷**　（清）潘維城輯　清末石印本　一册　存二卷（詩韻全璧五、虚字韻藪一卷）

360000－1906－0001779　2023

漁古軒詩韻五卷　（清）余照撰　（清）朱德蕃增訂　清道光二十九年（1849）刻本　五册

360000－1906－0001780　2024

增廣賦海大全三十卷首一卷　（清）□□輯　清光緒十五年（1889）上海點石齋石印本　十二册

360000－1906－0001781　2025

增補詩韻合璧五卷　（清）湯文潞輯　**虚字韻藪一卷**　（清）潘維城輯　**初學檢韻袖珍十二卷**　（清）姚文登撰　清光緒十二年（1886）上海積山書局石印本　六册

360000－1906－0001782　2026

子書二十二種　（清）浙江書局輯　清光緒二十三年（1897）上海圖書集成局鉛印本　二十八册　存十八種

360000－1906－0001783　2027

子書二十五種　（清）育文書局輯　清光緒三十年（1904）上海育文書局石印本　三十二册

360000－1906－0001784　2028

論語集解義疏十卷　（三國魏）何晏集解　（南朝梁）皇侃義疏　清刻本　一册　存二卷（九至十）

360000－1906－0001785　2029

古今説部叢書　國學扶輪社輯　清宣統二年至民國二年（1910－1913）上海國學扶輪社鉛印本　五册

360000－1906－0001786　2031

西政叢書　梁啓超輯　清光緒二十三年（1897）慎記書莊石印本　十六册

360000－1906－0001787　2033

知不足齋叢書　（清）鮑廷博輯　（清）鮑志祖續輯　清乾隆至道光長塘鮑氏刻本　八十四册　存七十六種

360000－1906－0001788　2034

秘書二十一種　（清）汪士漢輯　清刻本　十册　存十七種

360000－1906－0001789　2035

香豔叢書　（清）蟲天子輯　清宣統國學扶輪社鉛印本　十二册　存五十四種

360000－1906－0001790　2036

率祖堂叢書　（元）金履祥等撰　清雍正至乾隆金華金氏刻光緒十三年（1887）鎮海謝駿德補刻本　十七册　存八種

360000－1906－0001791　2037

崔東壁遺書　（清）崔述撰　清光緒五年（1879）定州王氏謙德堂刻畿輔叢書本　五册　存四種

360000－1906－0001792　2038

諸子彙函　（明）歸有光輯　明末刻本　二册　存五種

360000－1906－0001793　2040

鹿洲全集　（清）藍鼎元撰　清刻本　十六册　存四集

360000－1906－0001794　2041

鹿洲全集　（清）藍鼎元撰　清刻本　十册　存二集

360000－1906－0001795　2042

鹿洲全集　（清）藍鼎元撰　清雍正十年（1732）刻光緒五年（1879）藍謙修補本　十六册

360000－1906－0001796　2043

知不足齋叢書　（清）鮑廷博輯　（清）鮑志祖續輯　清乾隆至道光長塘鮑氏刻本　三十七册　存三十九種

360000－1906－0001797　2055
玉定金科例誅輯要十卷首一卷末一卷　題南天都劫司　桂宮武昌侯輯　清同治進修堂刻本　一冊　存二卷(十、末一卷)

360000－1906－0001798　2056
龍文鞭影二卷　(明)蕭良有輯　(清)楊臣諍增訂　(清)來集之音注　清敦仁堂刻本　二冊

360000－1906－0001799　2057
杜詩論文五十六卷　(清)吳見思撰　(清)潘眉評　清刻本　一冊　存七卷(四十五至五十一)

360000－1906－0001800　2058
春秋中國夷狄辨三卷　(清)徐勤撰　清光緒二十三年(1897)上海大同譯書局石印本　一冊

360000－1906－0001801　2059
省軒考古類編十二卷　(清)柴紹炳撰　(清)姚廷謙評　清雍正四年(1726)刻本　二冊　存六卷(一至三、十至十二)

360000－1906－0001802　2060
淳化閣帖十卷　(宋)王著編　清拓明萬曆四十三年(1615)肅王府遵訓閣本　四冊　存四卷(一、六至七、十)

360000－1906－0001803　2063
[潘齡皐書法]不分卷　潘齡皐書　清宣統二年(1910)文成堂書莊影印本　一冊

360000－1906－0001804　2069
涵芬樓文體芻言一卷　吳曾祺輯　清宣統二年(1910)上海商務印書館鉛印本　一冊

360000－1906－0001805　2082
宋拓淳化閣帖十卷　(宋)王著編　清宣統元年(1909)影印本　一冊　存一卷(十)

360000－1906－0001806　2089
信州虛敵臺記不分卷　(清)鍾世楨撰並書　(清)鄒少笛刻石　清拓本　一冊

360000－1906－0001807　2091
南海神廣利王廟碑不分卷　(唐)韓愈撰　清拓唐刻碑本　一冊

360000－1906－0001808　2092
干祿字書不分卷　(唐)顏元孫撰　(唐)顏真卿書　清拓宋刻碑本　一冊

360000－1906－0001809　2093
顏魯公家廟碑不分卷　(唐)顏真卿撰並書　清拓唐刻碑本　二冊

360000－1906－0001810　2094
大唐聖教序不分卷　(唐)太宗李世民撰　(唐)釋懷仁集王羲之書　清拓唐刻碑本　一冊

360000－1906－0001811　2102
涵芬樓古今文鈔樣本一卷　吳曾祺輯　清宣統二年(1910)上海商務印書館鉛印本　一冊

360000－1906－0001812　2104
初等小學習字帖一卷　(清)學部編譯圖書局編　清光緒三十三年(1907)學部編譯圖書局影印本　一冊

360000－1906－0001813　2109
點石齋畫報第十五號　申報館編　清光緒十年(1884)上海申報館石印本　一冊

360000－1906－0001814　2111
北宋拓蘇書醉翁亭記一卷　(宋)蘇軾書　清末影印本　一冊

360000－1906－0001815　2115
[同治]廣信府志十二卷首一卷　(清)蔣繼洙修　(清)李樹藩纂　清同治十二年(1873)刻本　三十冊

360000－1906－0001816　2116
[同治]饒州府志三十二卷首一卷　(清)錫德修　(清)石景芬等纂　清同治十一年(1872)刻本　十六冊

360000－1906－0001817　2121
前漢書一百卷　(漢)班固撰　(唐)顏師古注　清光緒十四年(1888)上海圖書集成局鉛印二十四史本　十冊　存五十六卷(一至十四、

二十一至二十四、四十一至五十、五十七下至六十四、七十二至七十七、八十七至一百)

360000－1906－0001818　2122
後漢書一百二十卷　(南朝宋)范曄撰　(唐)李賢注　(晉)司馬彪撰志　(南朝梁)劉昭注補　清光緒十四年(1888)上海圖書集成局鉛印二十四史本　八冊　存五十一卷(四至十、五十五至六十、七十至七十六、八十五至一百十、一百十六至一百二十)

360000－1906－0001819　2123
御定康熙字典十二集三十六卷總目一卷檢字一卷辨似一卷等韻一卷補遺一卷備考一卷　(清)張玉書等纂修　清刻本　十二冊　存十三卷(丑集下、辰集中下、巳集中、午集中、酉集下、戌集上、亥集下,檢字一卷,辨似一卷,等韻一卷,補遺一卷,備考一卷)

360000－1906－0001820　2125
小倉山房詩集三十六卷補遺二卷　(清)袁枚撰　清光緒十八年(1892)上海著易堂石印本　六冊

360000－1906－0001821　2132
御定康熙字典十二集三十六卷總目一卷檢字一卷辨似一卷等韻一卷補遺一卷備考一卷　(清)張玉書等纂修　清末上海鴻寶齋書局石印本　三冊　存二十卷(子集上中下、丑集上中下、寅集上中下、卯集上中下、辰集上中下,檢字一卷,辨似一卷,等韻一卷,補遺一卷,備考一卷)

360000－1906－0001822　2133
鈔錄窗課不分卷　(清)□□輯　清抄本　四冊

360000－1906－0001823　2134
雲程學步不分卷　(清)□□撰　清抄本　一冊

360000－1906－0001824　2135
[課藝]不分卷　(□)□□輯　清抄本　五冊

360000－1906－0001825　2136
忠雅堂評選四六法海八卷　(清)蔣士銓輯　清刻民國朱墨套印本　五冊　存五卷(四至八)

360000－1906－0001826　2137
憑山閣增輯留青新集三十卷　(清)陳枚輯　(清)陳德裕增輯　清刻本　二十三冊

360000－1906－0001827　2138
經義策論初刻不分卷　(清)胡壽民撰　清光緒二十七年(1901)南屏尚友山房刻本　一冊

360000－1906－0001828　2140
信江靈山書院超等生文鈔不分卷　(清)黃明源等撰　清抄本　一冊

360000－1906－0001829　2142
摘錄歐可文鈔一卷　(清)龔鉽撰　清抄本　一冊

360000－1906－0001830　2144
[廣信吉壤錄]不分卷　(清)□□撰　清抄本　一冊

360000－1906－0001831　2145
曲譜十二卷首一卷末一卷　(清)王奕清等撰　清康熙內府刻朱墨套印本　八冊　存十二卷(一至四、六至十、十二,首一卷,末一卷)

360000－1906－0001832　2146
栢舟遺詠二卷　(明)王懋德撰　清抄本　一冊　存一卷(上)

360000－1906－0001833　2150
神課金口訣六卷別錄一卷　(清)□□輯　清金陵玉尺堂刻本　一冊　存三卷(一至三)

360000－1906－0001834　2151
大清光緒十五年歲次己丑時憲書一卷　(清)欽天監編　清光緒刻本　一冊

360000－1906－0001835　2152
御纂醫宗金鑑九十卷首一卷　(清)吳謙等撰　清刻本　一冊　存二卷(四十八至四十九)

360000－1906－0001836　2153
太陽星君聖經一卷　清咸豐十年(1860)刻本　一冊

360000－1906－0001837　2154
二論詳解四卷　(清)劉忠輯　清刻本　一册　存二卷(三至四)

360000－1906－0001838　2155
余大雅先生語録十八卷　(宋)余大雅撰　(清)余德培　(清)余步雲輯　清刻本　一册　存三卷(十六至十八)

360000－1906－0001839　2158
增補萬寶全書二十卷　(明)陳繼儒輯　清道光九年(1829)刻本　一册　存二卷(一至二)

360000－1906－0001840　2159
古今議論參五十五卷　(明)林德謀輯　明崇禎刻本　十二册　存二十七卷(一至九、十四至十六、十九至二十五、三十三至四十)

360000－1906－0001841　2160
陳克齋先生集十七卷　(宋)陳文蔚撰　明崇禎十六年(1643)張時雨刻本　一册　存四卷(十四至十七)

360000－1906－0001842　2161
楊士奇文集□□卷　(明)楊士奇撰　清刻本　一册　存一卷(三)

360000－1906－0001843　2162
止所齋古文偶鈔八卷　(清)辜滢撰　清光緒二十四年(1898)刻本　四册

360000－1906－0001844　2163
止所齋古文偶鈔八卷　(清)辜滢撰　清光緒二十四年(1898)刻本　四册

360000－1906－0001845　2164
[光緒]江西通志一百八十卷首五卷　(清)劉坤一等修　(清)劉繹等纂　清光緒六年至七年(1880－1881)刻本　六册　存十卷(四十三至四十五、五十四至五十五、六十至六十一、七十七、八十二、一百二十四)

360000－1906－0001846　2166
鄭嘉會課藝不分卷　鄭嘉會撰　稿本　十三册

360000－1906－0001847　2167
楊國熙課藝不分卷　(清)楊國熙撰　稿本　七册

360000－1906－0001848　2168
姜思夔課藝不分卷　姜思夔撰　稿本　一册

360000－1906－0001849　2169
李慶灝課藝不分卷　(清)李慶灝撰　稿本　二册

360000－1906－0001850　2170
徐鐸黎課藝不分卷　(清)徐鐸黎撰　稿本　二册

360000－1906－0001851　2171
脩鐸課藝不分卷　(清)□□撰　稿本　四册

360000－1906－0001852　2172
張學華課藝不分卷　(清)張學華撰　稿本　一册

360000－1906－0001853　2173
王筠課藝不分卷　(清)王筠撰　稿本　一册

360000－1906－0001854　2174
經訓堂課藝不分卷　(清)□□撰　稿本　一册

360000－1906－0001855　2175
[課藝]不分卷　(清)□□撰　稿本　二册

360000－1906－0001856　2176
江西鄉試硃卷一卷　(清)□□撰　稿本　一册

360000－1906－0001857　2177
光緒十二年丙戌科殿試策一卷　鄒福保撰　清光緒刻本　一册

玉山縣圖書館古籍普查登記目録

全國古籍普查登記目録

國家圖書館出版社
National Library of China Publishing House

360000－4927－0000001　001
說文解字注十五卷六書音均表五卷汲古閣說文訂一卷　(清)段玉裁撰　清同治十一年(1872)湖北崇文書局刻本　九冊　存九卷(一、三至四、六至八、十二至十三、三十)

360000－4927－0000002　002
說文解字十五卷　(漢)許慎撰　(宋)徐鉉校定　清光緒十一年(1885)蕉心室刻本　八冊

360000－4927－0000003　003
說文解字注十五卷六書音均表五卷　(清)段玉裁撰　**說文部目分韻一卷**　(清)陳煥編　**說文通檢十四卷首一卷末一卷**　(清)黎永椿編　**說文解字注匡謬八卷**　(清)徐承慶撰　清光緒十四年(1888)上海蜚英館石印本　五冊　存十四卷(說文解字注一至十四)

360000－4927－0000004　004
王洪緒先生外科證治全生不分卷　(清)王維德撰　清光緒三年(1877)刻本　二冊

360000－4927－0000005　005
醫學心悟六卷　(清)程國彭撰　清刻本　一冊　存四卷(三至六)

360000－4927－0000006　006
驗方新編十六卷　(清)鮑相璈輯　清末刻本　二冊　存六卷(一、九至十、十二至十四)

360000－4927－0000007　007
隨園三十種　(清)袁枚撰　清刻本　九十四冊　存二十九種

360000－4927－0000008　022
史姓韻編六十四卷　(清)汪輝祖撰　清末石印本　一冊　存十六卷(十五至三十)

360000－4927－0000009　024
江西考古錄十卷　(清)王謨撰　清刻本　一冊　存三卷(八至十)

360000－4927－0000010　025
急救應驗良方一卷　(清)費山壽撰　清光緒十二年(1886)刻本　一冊

360000－4927－0000011　026
浙西水利備考不分卷　(清)王鳳生撰　清光緒四年(1878)浙江書局刻朱墨套印本　九冊

360000－4927－0000012　028
澗泉日記三卷　(宋)韓淲撰　清刻本　九冊

360000－4927－0000013　029
阮尚書年譜第一敘　(清)龔自珍撰　清抄本　九冊

360000－4927－0000014　030
茹古含今一卷　(清)□□輯　清抄本　一冊

360000－4927－0000015　031
[藥學筆記]不分卷　(清)□□輯　清梁夢魁抄本　三冊

360000－4927－0000016　032
[藥學抄]一卷　(清)□□輯　清抄本　一冊

360000－4927－0000017　033
[雜記]一卷　(清)□□輯　清抄本　一冊

360000－4927－0000018　034
[醫學抄]一卷　(清)□□輯　清抄本　一冊

360000－4927－0000019　035
文選不分卷　(南朝梁)蕭統輯　(唐)李善注　清抄本　一冊

360000－4927－0000020　036
義類□□卷　(□)□□撰　清末石印本　一冊　存一卷(二)

360000－4927－0000021　038
江西考古錄十卷　(清)王謨撰　清光緒十七年(1891)刻本　一冊　存二卷(一至二)

360000－4927－0000022　039
醫方集解三卷本草備要四卷　(清)汪昂撰　清西酉堂刻本　一冊　存四卷(醫方集解上、中,本草備要二至三)

360000－4927－0000023　040
御定康熙字典十二集三十六卷總目一卷檢字一卷辨似一卷等韻一卷補遺一卷備考一卷　(清)張玉書等纂修　清刻本　九冊　存二十九卷(寅集中下、卯集上中下、辰集上中下、巳

集中下、午集上下、未集上中下、申集上下、酉集上中下、戌集上中下、亥集中下,總目一卷,檢字一卷,辨似一卷,等韻一卷)

360000－4927－0000024　041
說文解字注匡謬八卷　(清)徐承慶撰　清光緒十四年(1888)上海蜚英館影印本　九冊　存六卷(一至六)

360000－4927－0000025　042
[江西玉山]雙峯詹氏宗譜六卷　(清)詹慶雲等纂修　清光緒十五年(1889)木活字印本　九冊

360000－4927－0000026　043
[江西玉山]懷玉喻氏宗譜五卷首一卷　(清)喻作孚等纂修　清同治十一年(1872)姚慶源堂木活字印本　六冊

360000－4927－0000027　043－1
[江西玉山]懷玉喻氏宗譜五卷首一卷　(清)喻作孚等纂修　清同治十一年(1872)姚慶源堂木活字印本　二冊　存二卷(一、首一卷)

360000－4927－0000028　044
[浙江江山]須江郎峰祝氏世譜不分卷　(清)祝封三等纂修　清宣統二年(1910)木活字印本　八冊

360000－4927－0000029　045
[江西玉山]懷玉環溪王氏宗譜□□卷　(清)□□纂修　清道光二十五年(1845)木活字印本　一冊　存三卷(一至三)

360000－4927－0000030　046
[江西玉山]城西義學劉氏宗譜□□卷　(清)劉德彰等纂修　清宣統元年(1909)木活字印本　一冊　存一卷(一)

360000－4927－0000031　047
王羲之孝女曹娥碑一卷　(晉)王羲之書　拓本　一冊

360000－4927－0000032　048
佩文韻府一百六卷　(清)張玉書　(清)蔡升元等輯　**韻府拾遺一百六卷**　(清)汪灝(清)何焯等輯　清光緒十九年(1893)上海點石齋石印本　九冊

360000－4927－0000033　050
歷代名臣言行錄續集四十卷首一卷　(清)張兆蓉輯　清末石印本　九冊　存八卷(三十三至四十)

360000－4927－0000034　052
孟子集註七卷　(宋)朱熹撰　清刻本　九冊　存二卷(四至五)

360000－4927－0000035　053
養正篇一卷　(清)謝文洊撰　清刻本　九冊

360000－4927－0000036　054
幼儀直講一卷　(□)□□撰　清刻本　九冊

360000－4927－0000037　055
江西要覽二十卷　(清)陳炳星輯　清刻本　九冊　存四卷(六至九)

360000－4927－0000038　056
觀音經一卷　清咸豐九年(1859)刻本　一冊

360000－4927－0000039　057
急救奇方□□卷　(清)徐文弼輯　清刻本　二冊　存三卷(一至三)

360000－4927－0000040　058
古今良方彙編不分卷　(□)□□輯　清刻本　一冊

360000－4927－0000041　059
湖北省江西同官錄□□卷　(清)□□輯　清刻本　一冊

360000－4927－0000042　060
繪圖一萬字文一卷　(清)□□輯　清末石印本　一冊

360000－4927－0000043　061
蕭良有先生訓兒蒙養故事四字經一卷　(明)蕭良有撰　清經國堂刻本　一冊

360000－4927－0000044　062
時務報第四十八冊　(清)時務報館編　清光緒二十三年(1897)石印本　一冊

360000－4927－0000045　063
字彙十二集首一卷末一卷　(明)梅膺祚撰　**韻法橫圖一卷**　(明)李世澤撰　清刻本　一冊　存二卷(字彙末一卷、韻法橫圖一卷)

360000－4927－0000046　064
六言雜字一卷　(□)□□輯　清嘉慶元年(1796)青雲齋刻本　一冊

360000－4927－0000047　065
司空詩品註釋一卷　(唐)司空圖撰　清同治九年(1870)寶文書局刻本　九冊

360000－4927－0000048　066
兩廣紀畧一卷　(明)華復蠡撰　**東明聞見錄一卷**　(明)瞿共美撰　清刻本　九冊

360000－4927－0000049　068
六言雜字一卷　(□)□□輯　清光緒十五年(1889)官貴華刻本　九冊

360000－4927－0000050　069
百家姓考畧一卷　(清)王相撰　清徐士業刻本　一冊

360000－4927－0000051　070
百家姓讀本一卷　(清)□□輯　清刻本　一冊

360000－4927－0000052　071
三字經訓詁一卷　(清)王相撰　清道光三年(1823)刻重訂徐氏三種本　一冊

360000－4927－0000053　072
五代拓聖教序不分卷　(晉)王羲之書　(唐)釋懷仁輯　清末影印本　一冊

360000－4927－0000054　073
御風要術三卷　(英國)白爾特撰　(美國)金楷理口譯　(清)華蘅芳筆述　清刻本　一冊　存一卷(三)

360000－4927－0000055　074
增補重訂千家詩註解二卷　(宋)謝枋得選　(清)王相注　**諸名家百壽詩一卷**　(清)王相輯　清光緒十五年(1889)姜文奎堂刻本　一冊

360000－4927－0000056　075
高上玉皇本行集經三卷　清咸豐十一年(1861)四香草堂刻本　一冊　存一卷(上)

360000－4927－0000057　076
醫學心悟五卷附外科十法一卷　(清)程國彭撰　清文奎堂刻本　九冊　存二卷(一至二)

360000－4927－0000058　077
古佛真收圓結果龍華寶懺八卷　(明)釋如惺輯　清刻本　一冊　存一卷(八)

360000－4927－0000059　078
九皇延生錫福寶懺九卷　清同治三年(1864)刻本　九冊

360000－4927－0000060　079
唐詩三百首註疏六卷　(清)蘅塘退士編　(清)章燮注　清文奎堂刻本　九冊　缺一卷(三)

360000－4927－0000061　080
唐詩三百首註疏六卷　(清)蘅塘退士編　(清)章燮注　清道光二十四年(1844)培杏山房刻本　九冊　存二卷(一至二)

360000－4927－0000062　081
玉樞寶經不分卷　清光緒十四年(1888)刻本　一冊

360000－4927－0000063　082
卜筮正宗十四卷　(清)王維德注　清刻本　一冊　存八卷(七至十四)

360000－4927－0000064　083
詩經集注八卷　(宋)朱熹撰　清文奎堂刻本　一冊　存一卷(二)

360000－4927－0000065　084
書經集傳六卷　(宋)蔡沈撰　清文奎堂刻本　一冊　存二卷(二至三)

360000－4927－0000066　085
詩經刪補四卷　(明)徐奮鵬撰　清刻本　一冊　存一卷(一)

360000－4927－0000067　086
漱芳軒合纂禮記體註四卷　(清)范翔撰　清

康熙五十二年(1713)刻本　四册

360000－4927－0000068　087

黄山谷書法不分卷　(宋)黄庭堅撰並書　清末影印本　一册

360000－4927－0000069　088

[道光]玉山縣志三十二卷首一卷　(清)武次韶纂修　清道光三年(1823)尊經堂刻本　九册　存十一卷(一至十、三十一)

360000－4927－0000070　089

黄庭經不分卷蘭亭序不分卷　(晉)王羲之書　拓本　一册

360000－4927－0000071　090

誥封奉直大夫叔父睿齋先生七十壽序一卷　(清)楊懋珩書　拓本　九册

360000－4927－0000072　091

洗冤録詳義四卷首一卷　(清)許槤輯　清光緒二年(1876)潘祖蔭滂喜齋刻本　九册

360000－4927－0000073　092

星鳳樓帖　(宋)曹彦約輯　拓本　九册　存二集(辰集、未集)

360000－4927－0000074　093

明清名人尺牘墨寶三集十八卷　文明書局輯　清末影印本　十七册　缺一卷(三集五)

360000－4927－0000075　094

絳帖二十卷　(宋)潘師旦輯　拓本　一册　存一卷(十一)

360000－4927－0000076　095

随柱國左光禄大夫弘義明公皇甫府君之碑一卷　(唐)歐陽詢書　拓本　一册

360000－4927－0000077　097

奇經八脉考一卷　(明)李時珍撰　清末石印本　一册

360000－4927－0000078　098

[雍正]江西通志一百六十二卷首三卷　(清)謝旻等修　(清)陶成　(清)惲鶴生纂　清刻本　一册　存二卷(一百三十四至一百三十五)

360000－4927－0000079　099

春秋經傳集解三十卷　(晉)杜預注　(唐)陸德明音義　(宋)林堯叟補注　(清)馮李驊增訂　**左繡三十卷**　(清)馮李驊　(清)陸浩評輯　清刻本　九册　存五十六卷(春秋經傳集解三至三十、左繡三至三十)

360000－4927－0000080　100

春秋經傳集解三十卷　(晉)杜預注　(唐)陸德明音義　(宋)林堯叟補注　(清)馮李驊增訂　**左繡三十卷**　(清)馮李驊　(清)陸浩評輯　清刻本　十四册　存五十四卷(春秋經傳集解一至八、十二至三十,左繡一至八、十二至三十)

360000－4927－0000081　101

批點四書集註十九卷(大學一卷中庸一卷論語十卷孟子七卷)　(宋)朱熹撰　清至誠堂刻本　四册　存十五卷(論語十卷、孟子一至五)

360000－4927－0000082　102

外交報第十六號　(清)□□編　清光緒三十四年(1908)商務印書館鉛印本　九册

360000－4927－0000083　104

新訂四書補註備旨論語四卷　(明)鄧林撰　(清)杜定基增訂　清刻本　九册　存二卷(一至二)

360000－4927－0000084　106

新訂四書補註備旨孟子四卷　(明)鄧林撰　(清)杜定基增訂　清文奎堂刻本　九册　存一卷(三)

360000－4927－0000085　107

增訂批點四書讀本十九卷　(宋)朱熹撰　(清)裘紹箕增訂　清同治四年(1865)廣東豐北鄉至誠堂刻本　九册　存三卷(一、六至七)

360000－4927－0000086　108

[同治]廣信府志十二卷首一卷　(清)蔣繼洙修　(清)李樹藩纂　清同治十二年(1873)刻本　五册　存三卷(六至七、九)

360000－4927－0000087　109
古文觀止十二卷　(清)吳乘權　(清)吳大職輯　清光緒十八年(1892)文奎堂刻本　二册　存四卷(一至二、五至六)

360000－4927－0000088　110
春秋紀傳五十一卷　(清)李鳳雛輯　清康熙六十一年(1722)懷德堂刻本　十一册

360000－4927－0000089　111
新訂四書補註備旨中庸一卷　(明)鄧林撰　(清)杜定基增訂　清文奎堂刻本　一册

360000－4927－0000090　112
［同治］玉山縣志十卷首一卷附補遺一卷　(清)黄壽祺修　(清)吳華辰　(清)任廷槐纂　清同治十二年(1873)刻本　十册

360000－4927－0000091　112－1
［同治］玉山縣志十卷首一卷附補遺一卷　(清)黄壽祺修　(清)吳華辰　(清)任廷槐纂　清同治十二年(1873)刻本　七册　存九卷(二至四、六至十一)

360000－4927－0000092　112－2
［同治］玉山縣志十卷首一卷附補遺一卷　(清)黄壽祺修　(清)吳華辰　(清)任廷槐纂　清同治十二年(1873)刻本　九册　存四卷(六、九至十一)

360000－4927－0000093　112－3
［同治］玉山縣志十卷首一卷附補遺一卷　(清)黄壽祺修　(清)吳華辰　(清)任廷槐纂　清同治十二年(1873)刻本　九册　存三卷(九至十、補遺一卷)

360000－4927－0000094　113
［道光］玉山縣志三十二卷首一卷　(清)武次韶纂修　清道光三年(1823)尊經堂刻本　九册　存十二卷(一至十、三十一至三十二)

360000－4927－0000095　114
懷玉山志八卷首一卷末一卷　(清)朱承煦輯　清乾隆四十年(1775)懷玉書院刻本　九册

360000－4927－0000096　115
太陽星君聖經一卷　清咸豐十年(1860)廣信府刻本　九册

360000－4927－0000097　116
經驗良方一卷　(清)□□輯　清刻本　一册

360000－4927－0000098　117
藥師瑠璃光如來本願功德經一卷　清末影印本　一册

360000－4927－0000099　118
時方妙用四卷時方歌括二卷　(清)陳念祖撰　清刻本　二册　存五卷(時方妙用二至四、時方歌括二卷)

360000－4927－0000100　119
書經體註大全合參六卷　(宋)蔡沈集傳　(清)錢希祥輯注　清刻本　一册　存二卷(五至六)

360000－4927－0000101　120
重訂醫門普度二卷　(明)吳有性撰　清刻本　二册

360000－4927－0000102　121
司空詩品註釋一卷　(唐)司空圖撰　清光緒二年(1876)文星堂刻本　一册

360000－4927－0000103　122
時節氣候抄六卷首一卷　(清)喻端士撰　清道光元年(1821)刻本　二册

360000－4927－0000104　123
春秋經傳集解三十卷　(晉)杜預撰　(唐)陸德明音釋　(宋)林堯叟注　**左繡三十卷**　(清)馮李驊　(清)陸浩評輯　清芸生堂刻本　九册　存四卷(春秋經傳集解一至二、左繡一至二)

360000－4927－0000105　124
新訂四書補註備旨十卷　(明)鄧林撰　(清)杜定基增訂　清末石印本　二册　存三卷(一至三)

360000－4927－0000106　125
增補事類統編九十三卷首一卷　(清)黄葆真輯　清末石印本　九册　存四十六卷(九至

十七、二十三至四十二、五十一至五十八、八十五至九十三）

360000－4927－0000107　126
載詠樓重鐫硃批孟子二卷　（宋）蘇洵批　（清）沈李龍校閲　清刻朱墨套印本　九册　存一卷（一）

360000－4927－0000108　127
達生編一卷　（清）亟齋居士撰　清光緒十八年（1892）刻本　九册

360000－4927－0000109　128
湯頭歌訣一卷　（清）汪昂撰　清光緒二十二年（1896）圖書集成局鉛印本　一册

360000－4927－0000110　129
地球韻言四卷　（清）張士瀛撰　清文奎堂刻本　二册

360000－4927－0000111　130
新增古來雜字一卷　（清）□□撰　清文錦堂刻本　一册

360000－4927－0000112　131
醫學實在易八卷　（清）陳念祖撰　清漁古山房刻本　三册　存六卷（一至三、六至八）

360000－4927－0000113　132
急救應驗良方一卷　（清）費山壽輯　清光緒十二年（1886）鏡雪子刻本　一册

360000－4927－0000114　133
傷寒舌鑑一卷　（清）張登撰　清刻本　一册

360000－4927－0000115　134
北斗真經一卷　清光緒十二年（1886）刻本　一册

360000－4927－0000116　135
閑邪公家傳一卷　（元）周馳撰　（元）趙孟頫書　拓本　一册

360000－4927－0000117　136
滎陽鄭文公之碑一卷　（北魏）鄭道昭書　拓本　一册

360000－4927－0000118　138
道情第八首　（清）鄭燮撰並書　稿本　九册

360000－4927－0000119　139
大唐三藏聖教序一卷　（唐）太宗李世民撰　（唐）釋懷仁集王羲之書　拓本　九册

360000－4927－0000120　140
康熙字典十二集三十六卷檢字辨似一卷等韻一卷補遺一卷備考一卷　（清）張玉書等纂修　清光緒九年（1883）點石齋石印本　九册

360000－4927－0000121　141
支那通史七卷　（日本）那珂通世編　清末石印本　四册　存三卷（二至四）

360000－4927－0000122　143
太史張天如詳節春秋綱目句解左傳彙雋六卷　（明）張溥重訂　（清）韓菼重編　清刻本　三册　存三卷（二、五至六）

360000－4927－0000123　144
增定課兒鑑畧妥註善本五卷　（明）李廷機撰　（明）張瑞圖校正　（清）鄒聖脈訂　清大文堂刻本　二册

360000－4927－0000124　145
周易兼義九卷　（三國魏）王弼　（晉）韓康伯注　（唐）孔穎達正義　**音義一卷**　（唐）陸德明撰　**附注疏校勘記九卷釋文校勘記一卷**　（清）阮元撰　（清）盧宣旬摘錄　清嘉慶二十年（1815）江西南昌府學刻重刊宋本十三經注疏本　六册

360000－4927－0000125　146
羅經秘竅十卷　（明）甘霖撰　明刻本　一册　存二卷（三至四）

360000－4927－0000126　147
小學集註六卷首一卷　（宋）朱熹撰　（明）陳選集注　清姜文奎堂刻本　一册　存三卷（一至二、首一卷）

360000－4927－0000127　148
程墨所見集七不分卷　（清）王步青編　清雍正元年（1723）刻本　一册

360000－4927－0000128　149

集驗簡易良方四卷　(清)德豐輯　清刻本　九冊　存一卷(二)

360000－4927－0000129　150
詳註分類飲香尺牘四卷　(清)飲香居士編　(清)白下慵隱子箋釋　清道光二十三年(1843)兩儀堂刻本　一冊　存一卷(一)

360000－4927－0000130　151
玉山修路記事編二卷　(清)□□撰　清刻本　九冊

360000－4927－0000131　152
御批續資治通鑑綱目二十七卷　(明)商輅等撰　(清)聖祖玄燁批　清刻本　九冊　存七卷(十三至十四、十九至二十、二十三至二十五)

360000－4927－0000132　153
指明算法不分卷　(□)□□撰　清英德堂刻本　九冊

360000－4927－0000133　154
普陀寶筏不分卷　(□)□□輯　清同治八年(1869)集誠堂刻本　一冊

360000－4927－0000134　155
寄傲山房塾課新增幼學故事瓊林四卷首一卷　(明)程登吉撰　(清)鄒聖脈增補　清光緒十五年(1889)姜氏文奎堂刻本　一冊　存二卷(一、首一卷)

360000－4927－0000135　156
周易本義四卷卦歌一卷圖說一卷筮儀一卷　(宋)朱熹撰　清乾隆五十七年(1792)存心齋刻本　一冊　存四卷(周易本義一、卦歌一卷、圖說一卷、筮儀一卷)

360000－4927－0000136　157
禮記十卷　(元)陳澔集說　清芥子園刻本　一冊　存一卷(三)

360000－4927－0000137　158
新刻法筆二卷新刻法筆驚天雷六卷　(清)□□輯　清道光二十七年(1847)刻本　一冊

360000－4927－0000138　159
詩經八卷　(宋)朱熹集傳　清道光元年(1821)聚奎堂刻本　四冊

360000－4927－0000139　160
古佛天真考證龍華寶經四卷　(明)弓長祖撰　清刻本　一冊　存一卷(四)

360000－4927－0000140　161
監本四書正文不分卷　(宋)朱熹撰　清文奎堂刻本　九冊

360000－4927－0000141　162
[康熙]廣信府志四十卷末一卷　(清)周錞元修　(清)馬道畊纂　清康熙五十二年(1713)刻本　三冊　存七卷(十六至十七、十九至二十一、二十三、二十九)

360000－4927－0000142　163
[同治]廣信府志十二卷首一卷　(清)蔣繼洙修　(清)李樹藩纂　清同治十二年(1873)刻本　九冊　存一卷(九)

360000－4927－0000143　164
司空詩品註釋一卷　(唐)司空圖撰　清同治九年(1870)寶文書局刻本　九冊

360000－4927－0000144　166
曾威毅伯手札一卷　(清)曾國荃撰　**左恪靖侯手札一卷**　(清)左宗棠撰　**胡文忠公手札一卷**　(清)胡林翼撰　清末石印本　九冊

360000－4927－0000145　167
御定康熙字典十二集三十六卷總目一卷檢字一卷辨似一卷等韻一卷補遺一卷備考一卷　(清)張玉書等纂修　清末石印本　二冊　存六卷(未集上中下、申集上中下)

360000－4927－0000146　168
陳修園醫書五十種　(清)陳念祖撰　清末上海商務印書館鉛印本　一冊　存二種

360000－4927－0000147　170
珍珠囊指掌補遺藥性賦四卷　(金)李杲輯　清末石印本　一冊

360000－4927－0000148　171
啓蒙甲子一卷　(清)□□撰　清抄本　一冊

360000－4927－0000149　172
藥師瑠璃光如來本願功德經一卷　（唐）釋玄奘譯　清末影印本　一册

360000－4927－0000150　173
御定康熙字典十二集三十六卷總目一卷檢字一卷辨似一卷等韻一卷補遺一卷備考一卷　（清）張玉書等纂修　清末石印本　一册　存五卷（亥集上中下、補遺一卷、備考一卷）

360000－4927－0000151　174
御定康熙字典十二集三十六卷總目一卷檢字一卷辨似一卷等韻一卷補遺一卷備考一卷　（清）張玉書等纂修　清末石印本　二册　存十二卷（巳集上中下、午集上中下、未集上中下、申集上中下）

360000－4927－0000152　174－1
御定康熙字典十二集三十六卷總目一卷檢字一卷辨似一卷等韻一卷補遺一卷備考一卷　（清）張玉書等纂修　清末石印本　一册　存六卷（未集上中下、申集上中下）

360000－4927－0000153　175
御定康熙字典十二集三十六卷總目一卷檢字一卷辨似一卷等韻一卷補遺一卷備考一卷　（清）張玉書等纂修　清末石印本　九册　存十四卷（子集上中下、丑集上中下、酉集上中下、戌集上中下，檢字一卷，等韻一卷）

360000－4927－0000154　176
御定康熙字典十二集三十六卷總目一卷檢字一卷辨似一卷等韻一卷補遺一卷備考一卷　（清）張玉書等纂修　清末石印本　九册　存十八卷（巳集上中下、午集上中下、未集上中下、申集上中下、酉集上中下、戌集上中下）

360000－4927－0000155　177
錦章圖書局攷證字彙一卷　（清）錦章圖書局編　清末錦章圖書局石印本　九册

360000－4927－0000156　178
御定康熙字典十二集三十六卷總目一卷檢字一卷辨似一卷等韻一卷補遺一卷備考一卷　（清）張玉書等纂修　清末石印本　九册　存四卷（亥集上中下、補遺一卷）

360000－4927－0000157　179
陳修園醫書　（清）陳念祖撰　清末石印本　二册　存三種

360000－4927－0000158　180
金匱要略淺註十卷　（清）陳念祖撰　清光緒三十四年（1908）上海章福記石印陳修園醫書四十八種本　一册

360000－4927－0000159　182
新出萬事不求人一卷　（□）□□撰　清末石印本　二册

360000－4927－0000160　183
五刻瀛山書院志十卷　（清）方季和纂修　清道光十六年（1836）刻本　一册　存七卷（二至六、九至十）

360000－4927－0000161　184
御定康熙字典十二集三十六卷總目一卷檢字一卷辨似一卷等韻一卷補遺一卷備考一卷　（清）張玉書等纂修　清末石印本　一册　存九卷（午集上中下、未集上中下、申集上中下）

360000－4927－0000162　188
歷代名臣言行録續集四十卷　（清）張兆蓉輯　清末石印本　一册　存三卷（二十九至三十一）

360000－4927－0000163　194
康熙字典十二集三十六卷總目一卷檢字一卷辨似一卷等韻一卷補遺一卷備考一卷　（清）張玉書等纂修　清刻本　二十一册　存二十三卷（子集上、丑集中下、寅集下、卯集中、辰集中、巳集下、午集下、未集上中下、申集中下、酉集中下、戌集中下、亥集上中下，辨似一卷，等韻一卷，備考一卷）

鉛山縣圖書館古籍普查登記目録

全國古籍普查登記目録

國家圖書館出版社
National Library of China Publishing House

360000－7908－0000001　10001
周易兼義九卷　（三國魏）王弼　（晉）韓康伯注　（唐）孔穎達正義　明崇禎四年（1631）毛氏汲古閣刻十三經注疏本　四册　存五卷（三至四、七至九）

360000－7908－0000002　10002
尚書註疏二十卷　（漢）孔安國傳　（唐）陸德明音義　（唐）孔穎達疏　明崇禎五年（1632）毛氏汲古閣刻十三經注疏本　六册

360000－7908－0000003　10003
毛詩註疏二十卷　（漢）毛亨傳　（漢）鄭玄箋　（唐）孔穎達疏　明崇禎三年（1630）毛氏汲古閣刻十三經注疏本　二十三册　存十九卷（一至八、十至二十）

360000－7908－0000004　10004
讀風偶識四卷　（清）崔述撰　清道光四年（1824）東陽縣署刻本　二册

360000－7908－0000005　10005
周禮註疏四十二卷　（漢）鄭玄注　（唐）賈公彦疏　（唐）陸德明音義　明崇禎元年（1628）毛氏汲古閣刻十三經注疏本　十二册

360000－7908－0000006　10006
禮記註疏六十三卷　（漢）鄭玄注　（唐）孔穎達疏　（唐）陸德明音義　明崇禎十二年（1639）毛氏汲古閣刻十三經注疏本　十六册

360000－7908－0000007　10007
禮記註疏六十三卷　（漢）鄭玄注　（唐）孔穎達疏　（唐）陸德明音義　明崇禎十二年（1639）毛氏汲古閣刻十三經注疏本　十六册

360000－7908－0000008　10008
禮記十卷　（元）陳澔集說　明崇禎十四年（1641）毛氏汲古閣刻本　五册　存五卷（六至十）

360000－7908－0000009　10009
謝疊山先生批點檀弓一卷　（宋）謝枋得撰　清同治十年（1871）刻本　一册

360000－7908－0000010　10010
大戴禮記解詁十三卷　（清）王聘珍撰　清咸豐元年（1851）南城王嘉會刻本　四册

360000－7908－0000011　10011
葉太史參補古今大方詩經大全十五卷綱領一卷圖一卷　（明）葉向高編　明萬曆二十九年至三十五年（1601－1607）書林余氏閩芝城建邑刻本　三册　存五卷（四至五、十三至十五）

360000－7908－0000012　10012
春秋穀梁傳注疏二十卷　（晉）范甯集解　（唐）楊士勛疏　明毛氏汲古閣刻本　四册

360000－7908－0000013　10013
春秋胡傳三十卷　（宋）胡安國撰　（宋）林堯叟音注　明毛氏汲古閣刻本　四册　存二十三卷（四至二十、二十五至三十）

360000－7908－0000014　10014
春秋四傳三十八卷綱領一卷提要一卷列國東坡圖說一卷春秋二十國年表一卷諸國興廢說一卷　明刻本　十二册　存三十七卷（一至三十四、三十六至三十八）

360000－7908－0000015　10015
孝經注疏九卷　（唐）玄宗李隆基注　（宋）邢昺疏　明崇禎二年（1629）毛氏汲古閣刻十三經注疏本　一册

360000－7908－0000016　10016
周易略例一卷　（三國魏）王弼撰　（唐）邢璹注　**古三墳一卷**　（晉）阮咸注　**詩傳孔氏傳一卷**　（春秋）端木賜撰　**詩說一卷**　（漢）申培撰　明萬曆二十年（1592）新安程氏刻漢魏叢書本　一册

360000－7908－0000017　10017
詩本音十卷　（清）顧炎武撰　清康熙六年（1667）山陽張弨符山堂刻音學五書本　二册　存五卷（三至七）

360000－7908－0000018　10018
草字彙十二卷　（清）石梁輯　清刻本　四册　存八卷（子、丑、辰、巳、申、酉、戌、亥）

360000－7908－0000019　10019
監本詩經刪補四卷　(明)徐奮鵬撰　清刻本　三冊

360000－7908－0000020　10020
前漢書一百卷　(漢)班固撰　(唐)顔師古注　清同治八年(1869)金陵書局刻本　十六冊

360000－7908－0000021　10021
爾雅注疏十一卷　(晉)郭璞注　(宋)邢昺疏　清大文堂刻本　四冊

360000－7908－0000022　10022
謝疊山公文集八卷首一卷末一卷　(宋)謝枋得撰　清嘉慶六年(1801)弋陽謝氏藴德堂刻本　四冊

360000－7908－0000023　10023
唱經堂全集　(清)金人瑞撰　清初刻本　六冊

360000－7908－0000024　10024
夢溪筆談二十六卷　(宋)沈括撰　清刻本　二冊

360000－7908－0000025　10025
八代文鈔一百六卷　(明)李賓編　明末刻本　三十一冊

360000－7908－0000026　10026
容齋隨筆十六卷續筆十六卷三筆十六卷四筆十六卷五筆十卷　(宋)洪邁撰　明崇禎三年(1630)馬元調刻清康熙三十九年(1700)洪璟補刻本　十三冊　存六十九卷(容齋隨筆一至十一、續筆十六卷、三筆十六卷、四筆十六卷、五筆十卷)

360000－7908－0000027　10027
容齋隨筆十六卷續筆十六卷三筆十六卷四筆十六卷五筆十卷　(宋)洪邁撰　明崇禎三年(1630)馬元調刻清康熙三十九年(1700)洪璟補刻本　五冊　存二十六卷(四筆十六卷、五筆十卷)

360000－7908－0000028　10028
樂府詩集一百卷目録二卷　(宋)郭茂倩輯　明崇禎毛晉汲古閣刻清康熙毛扆重修本　十六冊

360000－7908－0000029　10029
陶淵明集八卷首一卷末一卷　(晉)陶潛撰　清木活字三色套印本　二冊

360000－7908－0000030　10030
司馬溫公文集八十二卷　(宋)司馬光撰　明崇禎元年(1628)吳時亮刻清康熙四十七年(1708)蔣起龍補修本　二十四冊

360000－7908－0000031　10031
宋大家蘇文忠公文抄二十八卷　(宋)蘇軾撰　(明)茅坤批評　**宋大家蘇文定公文抄二十卷**　(宋)蘇轍撰　(明)茅坤批評　明末刻本　二冊　存十三卷(宋大家蘇文忠公文抄二十三至二十八、宋大家蘇文定公文抄十四至二十)

360000－7908－0000032　10032
十三經注疏附考證　清同治十年(1871)廣東書局刻本　二十七冊　存七種

360000－7908－0000033　10033
重刊宋本十三經注疏　附校勘記　(清)阮元撰　(清)盧宣旬摘録　清光緒十三年(1887)上海脈望仙館石印本　三冊　存四種

360000－7908－0000034　10034
重刊宋本十三經注疏　附校勘記　(清)阮元撰　(清)盧宣旬摘録　清光緒十三年(1887)上海脈望仙館石印本　九冊　存九種

360000－7908－0000035　10035
五經合纂大成四十四卷　(清)同文書局主人編　清光緒二十年(1894)文海雨記書局石印本　二十七冊

360000－7908－0000036　10036
重校五經體注　(清)沈世楷輯　清光緒十年(1884)上海點石齋石印本　十四冊

360000－7908－0000037　10037
春秋穀梁傳十二卷　(晉)范甯集解　(明)閔齊伋裁注　明天啓元年(1621)烏程閔氏刻本

四冊

360000－7908－0000038　10038
新訂四書補註備旨十卷　（明）鄧林撰　（清）杜定基增訂　清兩宜堂刻本（孟子卷四配清刻本）　一冊　存三卷（孟子一至二、四）

360000－7908－0000039　10039
新訂四書補註備旨十卷　（明）鄧林撰　（清）杜定基增訂　清刻本　一冊　存一卷（孟子三）

360000－7908－0000040　10040
新訂四書補註備旨十卷　（明）鄧林撰　（清）杜定基增訂　清末石印本　一冊　存四卷（論語一至四）

360000－7908－0000041　10041
新訂四書補註備旨十卷　（明）鄧林撰　（清）杜定基增訂　清刻本　二冊　存三卷（孟子一至二）

360000－7908－0000042　10042
四書集註十九卷　（宋）朱熹撰　清末浙紹明達書莊鉛印本　一冊　存二卷（孟子四至五）

360000－7908－0000043　10043
四書集註十九卷　（宋）朱熹撰　清末鑄記書局石印本　一冊　存三卷（孟子一至三）

360000－7908－0000044　10044
四書讀本十九卷　（宋）朱熹集注　清宣統元年（1909）上海章福記書局鉛印本　二冊　存四卷（孟子四至七）

360000－7908－0000045　10045
增補蘇批孟子二卷　（宋）蘇洵撰　（清）趙大浣增補　清末上海錦章圖書局石印本　一冊　存一卷（下）

360000－7908－0000046　10046
四書集註十九卷　（宋）朱熹撰　清會文堂刻本　三冊　存七卷（孟子七卷）

360000－7908－0000047　10047
四書集註十九卷　（宋）朱熹撰　清會文堂刻本　三冊　存七卷（孟子七卷）

360000－7908－0000048　10048
四書讀本十九卷　（宋）朱熹集注　清光緒十三年（1887）刻本　一冊　存二卷（大學一卷、中庸一卷）

360000－7908－0000049　10049
春秋穀梁傳注疏二十卷　（晉）范甯集解　（唐）楊士勛疏　明崇禎八年（1635）毛氏汲古閣刻十三經注疏本　三冊　存九卷（十至十五、十八至二十）

360000－7908－0000050　10050
春秋公羊傳十二卷　（漢）何休注　（明）閔齊伋裁注　明天啓元年（1621）烏程閔氏刻本　四冊

360000－7908－0000051　10051
春秋公羊傳十二卷　（漢）何休注　（明）閔齊伋裁注　清尚友堂刻本　一冊　存三卷（一至二）

360000－7908－0000052　10052
春秋穀梁傳十二卷　（晉）范甯集解　（明）閔齊伋裁注　清乾隆五十九年（1794）尚友堂刻本　一冊　存六卷（一至六）

360000－7908－0000053　10053
春秋三十卷　（宋）胡安國傳　（宋）林堯叟音注　**春秋列國圖說一卷**　（宋）蘇軾撰　**綱領一卷春秋諸國興廢說一卷提要一卷**　清刻本　八冊

360000－7908－0000054　10054
春秋公羊穀梁諸傳彙義十二卷　（清）姜兆錫撰　清乾隆五年（1740）刻本　六冊

360000－7908－0000055　10055
欽定春秋傳說彙纂三十八卷首二卷　（清）王掞等撰　清刻本　十九冊　存三十二卷（七至三十八）

360000－7908－0000056　10056
春秋公羊穀梁諸傳彙義十二卷　（清）姜兆錫撰　清刻本　一冊　存三卷（四至六）

360000－7908－0000057　10057

論語十卷 (宋)朱熹集注 清鵝湖黎氏刻本 一册 存五卷(六至十)

360000－7908－0000058 10058
新訂四書補註備旨十卷 (明)鄧林撰 (清)杜定基增訂 清刻本 一册 存一卷(孟子三)

360000－7908－0000059 10059
孟子七卷 (宋)朱熹集注 清刻本 二册 存五卷(一至三、六至七)

360000－7908－0000060 10060
四書集註十九卷 (宋)朱熹撰 清光緒三年(1877)永康胡氏退補齋刻本 六册

360000－7908－0000061 10061
四書合纂大成三十七卷 (清)沈祖燕輯 清光緒二十九年(1903)上海鴻寶齋石印本 八册 存二十卷(大學一卷、中庸一卷、論語二至十三、孟子一至六)

360000－7908－0000062 10062
春秋體註十九卷 (清)好古齋輯 清刻本 十册

360000－7908－0000063 10063
新訂四書補註備旨十卷 (明)鄧林撰 (清)杜定基增訂 清刻本 二册 存四卷(論語四卷)

360000－7908－0000064 10064
新訂四書補註備旨十卷 (明)鄧林撰 (清)杜定基增訂 清刻本 一册 存一卷(孟子四)

360000－7908－0000065 10065
四書集註十九卷 (宋)朱熹撰 清刻本 五册 存十七卷(論語十卷、孟子七卷)

360000－7908－0000066 10066
四書集註十九卷 (宋)朱熹撰 清刻本 五册 存十七卷(論語十卷、孟子七卷)

360000－7908－0000067 10067
新訂四書補註備旨十卷 (明)鄧林撰 (清)杜定基增訂 清羊城古經閣刻本 一册 存二卷(論語一至二)

360000－7908－0000068 10068
新訂四書補註備旨十卷 (明)鄧林撰 (清)杜定基增訂 清文奎堂刻本 一册 存二卷(論語三至四)

360000－7908－0000069 10069
新訂四書補註備旨十卷 (明)鄧林撰 (清)杜定基增訂 清文淵堂刻本 五册 存八卷(論語四卷、孟子四卷)

360000－7908－0000070 10070
新訂四書補註備旨十卷 (明)鄧林撰 (清)杜定基增訂 清末上海廣益書局石印本 一册 存一卷(孟子一)

360000－7908－0000071 10071
新訂四書補註備旨十卷 (明)鄧林撰 (清)杜定基增訂 清刻本 一册 存二卷(論語一至二)

360000－7908－0000072 10072
新訂四書補註備旨十卷 (明)鄧林撰 (清)杜定基增訂 清刻本 一册 存一卷(孟子四)

360000－7908－0000073 10073
新訂四書補註備旨十卷 (明)鄧林撰 (清)杜定基增訂 清刻本 二册 存二卷(論語三至四)

360000－7908－0000074 10074
新訂四書補註備旨十卷 (明)鄧林撰 (清)杜定基增訂 清刻本 一册 存一卷(孟子三)

360000－7908－0000075 10075
新訂四書補註備旨十卷 (明)鄧林撰 (清)杜定基增訂 清文奎堂刻本 五册 存八卷(論語四卷、孟子四卷)

360000－7908－0000076 10076
新訂四書補註備旨十卷 (明)鄧林撰 (清)杜定基增訂 清刻本 一册 存二卷(論語一至二)

360000－7908－0000077　10077
新訂四書補註備旨十卷　（明）鄧林撰　（清）杜定基增訂　清刻本　一冊　存一卷（孟子四）

360000－7908－0000078　10078
新訂四書補註備旨十卷　（明）鄧林撰　（清）杜定基增訂　清刻本　一冊　存二卷（論語三至四）

360000－7908－0000079　10079
新訂四書補註備旨十卷　（明）鄧林撰　（清）杜定基增訂　清刻本　一冊　存二卷（論語三至四）

360000－7908－0000080　10080
四書集註十九卷　（宋）朱熹撰　清末石印本　一冊　存二卷（大學一卷、中庸一卷）

360000－7908－0000081　10081
大學衍義四十三卷　（宋）真德秀撰　清刻本　五冊　存三十六卷（八至四十三）

360000－7908－0000082　10082
四書集註十九卷　（宋）朱熹撰　清吳恆隆刻本　一冊　存二卷（大學一卷、中庸一卷）

360000－7908－0000083　10083
四書集註十九卷　（宋）朱熹撰　清會友堂晉記刻本　二冊　存七卷（大學一卷、中庸一卷、論語六至十）

360000－7908－0000084　10084
四書集註十九卷　（宋）朱熹撰　清會友堂晉記刻本　二冊　存七卷（大學一卷、中庸一卷、論語六至十）

360000－7908－0000085　10085
中庸衍義十七卷　（明）夏良勝撰　清同治十年（1871）江西刻本　十二冊

360000－7908－0000086　10086
新訂四書補註備旨十卷　（明）鄧林撰　（清）杜定基增訂　清末掃葉山房刻本　一冊　存一卷（論語三）

360000－7908－0000087　10087
四書集註十九卷　（宋）朱熹撰　清會友堂晉記刻本　一冊　存十卷（論語十卷）

360000－7908－0000088　10088
新訂四書補註備旨十卷　（明）鄧林撰　（清）杜定基增訂　清光緒三十年（1904）刻本　六冊

360000－7908－0000089　10089
增訂二論詳解四卷　（清）劉忠輯　清末育文書局石印本　一冊　存二卷（一至二）

360000－7908－0000090　10090
新訂四書補註備旨十卷　（明）鄧林撰　（清）杜定基增訂　清末上海廣益書局石印本　六冊　存七卷（論語一至三、孟子四卷）

360000－7908－0000091　10091
增訂二論詳解四卷　（清）劉忠輯　清文奎堂刻本　二冊

360000－7908－0000092　10092
二論詳解四卷　（清）劉忠輯　清刻本　一冊　存二卷（三至四）

360000－7908－0000093　10093
新訂四書補註備旨十卷　（明）鄧林撰　（清）杜定基增訂　清宣統三年（1911）掃葉山房石印本　二冊　存二卷（大學一卷、中庸一卷）

360000－7908－0000094　10094
新訂四書補註備旨十卷　（明）鄧林撰　（清）杜定基增訂　清光緒十八年（1892）文奎堂刻本　六冊

360000－7908－0000095　10095
新訂四書補註備旨十卷　（明）鄧林撰　（清）杜定基增訂　清刻本　一冊　存二卷（大學一卷、中庸一卷）

360000－7908－0000096　10096
新訂四書補註備旨十卷　（明）鄧林撰　（清）杜定基增訂　清會友堂刻本　一冊　存二卷（大學一卷、中庸一卷）

360000－7908－0000097　10097
新訂四書補註備旨十卷　（明）鄧林撰　（清）

杜定基增訂　清文奎堂刻本　五册　存九卷(大學一卷,中庸一卷,論語四卷,孟子一至二、四)

360000－7908－0000098　10098

新訂四書補註備旨十卷　(明)鄧林撰　(清)杜定基增訂　清刻本　一册　存一卷(孟子三)

360000－7908－0000099　10099

新訂四書補註備旨十卷　(明)鄧林撰　(清)杜定基增訂　清刻本　一册　存一卷(孟子三)

360000－7908－0000100　10100

新訂四書補註備旨十卷　(明)鄧林撰　(清)杜定基增訂　清刻本　一册　存一卷(孟子四)

360000－7908－0000101　10101

新訂四書補註備旨十卷　(明)鄧林撰　(清)杜定基增訂　清刻本　一册　存一卷(孟子三)

360000－7908－0000102　10102

新訂四書補註備旨十卷　(明)鄧林撰　(清)杜定基增訂　清刻本　六册

360000－7908－0000103　10103

新訂四書補註備旨十卷　(明)鄧林撰　(清)杜定基增訂　清刻本　一册　存四卷(孟子四卷)

360000－7908－0000104　10104

新訂四書補註備旨十卷　(明)鄧林撰　(清)杜定基增訂　清刻本　二册　存三卷(孟子一至二、四)

360000－7908－0000105　10105

新訂四書補註備旨十卷　(明)鄧林撰　(清)杜定基增訂　清刻本　一册　存二卷(論語三至四)

360000－7908－0000106　10106

新訂四書補註備旨十卷　(明)鄧林撰　(清)杜定基增訂　清刻本　一册　存二卷(論語三至四)

360000－7908－0000107　10107

四書大全摘要二十卷　(清)李武輯　清煥文堂刻本　五册　存五卷(論語三、五至八)

360000－7908－0000108　10108

四書大全摘要二十卷　(清)李武輯　清煥文堂刻本　一册　存一卷(論語六)

360000－7908－0000109　10109

新訂四書補註備旨十卷　(明)鄧林撰　(清)杜定基增訂　清刻本　五册　存八卷(論語四卷、孟子四卷)

360000－7908－0000110　10110

新訂四書補註備旨十卷　(明)鄧林撰　(清)杜定基增訂　清刻本　一册　存二卷(大學一卷、中庸一卷)

360000－7908－0000111　10111

春秋五傳十七卷首一卷　(明)張岐然編　(清)張璞重編　清刻本　一册　存三卷(十、十三、十五)

360000－7908－0000112　10112

春秋體註大全合叅四卷　(清)周熾撰　清文淵堂刻本　一册　存一卷(三)

360000－7908－0000113　10113

春秋體註大全合叅四卷　(清)周熾撰　清刻本　一册　存一卷(四)

360000－7908－0000114　10114

增補蘇批孟子二卷　(宋)蘇洵撰　(清)趙大浣增補　清末上海章福記書局石印本　一册　存一卷(下)

360000－7908－0000115　10115

二論詳解四卷　(清)劉忠輯　清末久敬齋石印本　一册　存三卷(二至四)

360000－7908－0000116　10116

二論詳解四卷　(清)劉忠輯　清末煉石齋石印本　一册　存一卷(二)

360000－7908－0000117　10117

二論詳解四卷　(清)劉忠輯　清宣統元年

(1909)上海廣義書局石印本　二冊　存二卷(三至四)

360000－7908－0000118　10118
二論詳解四卷　(清)劉忠輯　清宣統元年(1909)上海廣義書局石印本　二冊　存二卷(三至四)

360000－7908－0000119　10119
二論詳解四卷　(清)劉忠輯　清宣統元年(1909)上海廣義書局石印本　一冊　存一卷(四)

360000－7908－0000120　10120
二論詳解四卷　(清)劉忠輯　清末育文書局石印本　二冊　存二卷(三至四)

360000－7908－0000121　10121
二論詳解四卷　(清)劉忠輯　清末育文書局石印本　一冊

360000－7908－0000122　10122
春秋左傳注疏六十卷　(晉)杜預注　(唐)陸德明音義　(唐)孔穎達疏　明崇禎十一年(1638)毛氏汲古閣刻十三經注疏本　十八冊

360000－7908－0000123　10123
史記一百三十卷　(漢)司馬遷撰　(南朝宋)裴駰集解　(唐)司馬貞索隱　(唐)張守節正義　清同治五年至九年(1866－1870)金陵書局刻本　二十冊

360000－7908－0000124　10124
後漢書九十卷　(南朝宋)范曄撰　(唐)李賢注　**志三十卷**　(晉)司馬彪撰　(南朝梁)劉昭注補　清同治十二年(1873)嶺東使署刻本　十六冊

360000－7908－0000125　10125
南豐先生元豐類藁五十三卷　(宋)曾鞏撰　**續附行狀碑志哀挽一卷**　(清)顧崧齡輯　清康熙五十六年(1717)顧崧齡刻本　八冊

360000－7908－0000126　10126
梅溪先生廷試策一卷奏議四卷文集二十卷後集二十九卷　(宋)王十朋撰　**宋龍圖閣學士王公墓志銘一卷**　(宋)汪應辰撰　明正統五年(1440)劉謙、何瀇刻天順六年(1462)重修本　十冊　存三十六卷(梅溪先生廷試策一卷,奏議四卷,文集五至十三,後集一至十五、二十四至二十九,宋龍圖閣學士王公墓志銘一卷)

360000－7908－0000127　10127
宋儒文肅公黃勉齋先生文集四十卷　(宋)黃榦撰　清康熙四十三年(1704)沈涵刻本　十一冊　存十九卷(一至九、二十四至三十三)

360000－7908－0000128　10128
遺山先生詩集二十卷　(金)元好問撰　明崇禎十一年(1638)虞山毛氏汲古閣刻本　一冊　存三卷(二至四)

360000－7908－0000129　10129
趙文敏公松雪齋全集十卷外集一卷續集一卷　(元)趙孟頫撰　**大元故翰林學士承旨榮祿大夫知制誥兼修國史趙公行狀一卷**　(元)楊載撰　清光緒八年(1882)洞庭楊氏刻本　四冊

360000－7908－0000130　10130
潛莊文鈔六卷　(清)卜起元撰　清光緒五年(1879)甬江刻本　一冊　存三卷(一至三)

360000－7908－0000131　10131
止所齋古文偶鈔八卷　(清)辜瀅撰　清光緒二十四年(1898)刻本　二冊　存四卷(三至六)

360000－7908－0000132　10132
香祖樓二卷　(清)蔣士銓填詞　(清)羅聘評文　(清)陳守詒訂譜　清刻本　二冊

360000－7908－0000133　10133
忠雅堂詩集補遺二卷銅絃詞二卷　(清)蔣士銓撰　清刻本　一冊

360000－7908－0000134　10134
忠雅堂文集十二卷　(清)蔣士銓撰　清刻本　四冊　存八卷(一至六、九至十)

360000－7908－0000135　10135

忠雅堂文集十二卷　(清)蔣士銓撰　清刻本　四册　存二卷(一至二)

360000－7908－0000136　10136
忠雅堂詩集補遺二卷銅絃詞二卷　(清)蔣士銓撰　清刻本　一册

360000－7908－0000137　10137
空谷香二卷　(清)蔣士銓撰　清刻本　一册　存一卷(下)

360000－7908－0000138　10138
香祖樓二卷　(清)蔣士銓填詞　(清)羅聘評文　(清)陳守詒訂譜　清刻本　一册

360000－7908－0000139　10139
鑑敬書屋遺草二卷　(清)華良顯撰　清同治三年(1864)刻本　一册

360000－7908－0000140　10140
鑑敬書屋遺草二卷　(清)華良顯撰　清同治三年(1864)刻本　一册

360000－7908－0000141　10141
忠雅堂詩集二十七卷補遺二卷銅絃詞二卷　(清)蔣士銓撰　清嘉慶三年(1798)揚州刻本　六册

360000－7908－0000142　10142
忠雅堂詩集補遺二卷銅絃詞二卷　(清)蔣士銓撰　清刻本　一册

360000－7908－0000143　10143
小掌故不分卷　(□)□□撰　清末抄本　一册

360000－7908－0000144　10144
忠雅堂詩集二十七卷　(清)蔣士銓撰　清抄本　一册　存五卷(七至十一)

360000－7908－0000145　10145
忠雅堂詩集二十七卷補遺二卷銅絃詞二卷　(清)蔣士銓撰　清藻思堂刻本　六册　存二十八卷(一至三、七至二十七,補遺二卷,銅絃詞二卷)

360000－7908－0000146　10146
公羊穀梁合傳□□卷　清經綸堂刻本　一册

360000－7908－0000147　10147
石湖居士詩集三十三卷　(宋)范成大撰　清康熙二十七年(1688)吳郡顧氏依園刻本　四册　存二十一卷(一至十一、十七至二十、二十八至三十三)

360000－7908－0000148　10148
古文析義六卷二編八卷　(清)林雲銘評注　清刻本　二册　存六卷(古文析義三至六、二編二至三)

360000－7908－0000149　10149
經餘必讀八卷續編八卷　(清)雷琳等輯　清光緒二年(1876)退補齋刻本　三册

360000－7908－0000150　10150
施注蘇詩四十二卷目錄二卷　(宋)蘇軾撰　(宋)施元之　(宋)顧禧注　(清)邵長蘅　(清)顧嗣立　(清)宋至刪補　**續補遺二卷**　(宋)蘇軾撰　(清)馮景補注　**王註正譌一卷**　(清)邵長蘅撰　**東坡先生年譜一卷**　(宋)王宗稷撰　清康熙刻本　十一册　存四十卷(一至十四、十九至四十二,續補遺二卷)

360000－7908－0000151　10151
儀禮註疏十七卷　(漢)鄭玄注　(唐)賈公彥疏　明崇禎九年(1636)毛氏汲古閣刻十三經注疏本　一册　存一卷(六)

360000－7908－0000152　10152
癡山集六卷　(清)陳孝逸撰　清刻本　二册

360000－7908－0000153　10153
剡中治略三卷　(清)潘彬撰　(清)錢忠林輯　清嵊縣刻本　二册

360000－7908－0000154　10154
西堂全集　(清)尤侗撰　清刻本　二十册

360000－7908－0000155　10155
十三經注疏校勘記識語四卷　(清)汪文臺撰　清光緒三年(1877)江西書局刻本　一册　存二卷(三至四)

360000－7908－0000156　10156
附釋音禮記注疏六十三卷　(漢)鄭玄注

(唐)陸德明音義　(唐)孔穎達疏　**附校勘記六十三卷**　(清)阮元撰　(清)盧宣旬摘錄　清同治十二年(1873)江西書局刻重刊宋本十三經注疏本　二十六冊　存一百卷(一、四至十七、二十至二十七、三十二至五十五、六十一至六十三,校勘記一、四至十七、二十至二十七、三十二至五十五、六十一至六十三)

360000－7908－0000157　10157
附釋音禮記注疏六十三卷　(漢)鄭玄注　(唐)陸德明音義　(唐)孔穎達疏　**附校勘記六十三卷**　(清)阮元撰　(清)盧宣旬摘錄　清同治十二年(1873)江西書局刻重刊宋本十三經注疏本　一冊　存四卷(二十二至二十三、校勘記二十二至二十三)

360000－7908－0000158　10158
[同治]廣信府志十二卷首一卷　(清)蔣繼洙修　(清)李樹藩纂　清同治十二年(1873)刻本　二十冊

360000－7908－0000159　10159
臨川夢二卷　(清)蔣士銓撰　(清)明新正譜　(清)錢世錫評　清乾隆紅雪樓刻本　一冊

360000－7908－0000160　10160
北夢瑣言二十卷　(宋)孫光憲撰　清刻本　一冊　存十卷(十一至二十)

360000－7908－0000161　10161
說郛不分卷　(明)陶宗儀輯　清王會津紅格抄本　一冊

360000－7908－0000162　10162
四書讀本十九卷附四書字辨一卷　(宋)朱熹集注　**四書家塾讀本句讀一卷**　(清)吳英撰　清刻本　六冊

360000－7908－0000163　10163
四書讀本十九卷附四書字辨一卷　(宋)朱熹集注　**四書家塾讀本句讀一卷**　(清)吳英撰　清道光十四年(1834)刻本　六冊

360000－7908－0000164　10164
剡中治略三卷　(清)潘彬撰　(清)錢忠林輯　清嵊縣刻本　二冊

360000－7908－0000165　10165
剡中治略三卷　(清)潘彬撰　(清)錢忠林輯　清嵊縣刻本　二冊

360000－7908－0000166　10166
剡中治略三卷　(清)潘彬撰　(清)錢忠林輯　清嵊縣刻本　二冊

360000－7908－0000167　10167
剡中治略三卷　(清)潘彬撰　(清)錢忠林輯　清嵊縣刻本　二冊

360000－7908－0000168　10168
剡中治略三卷　(清)潘彬撰　(清)錢忠林輯　清嵊縣刻本　二冊　存一卷(下)

360000－7908－0000169　10169
征回奏摺手稿不分卷　(清)華祝三撰　清同治四年(1865)稿本　二冊

360000－7908－0000170　10170
十三經注疏附考證　清同治十年(1871)廣東書局刻本　三冊　存二種

360000－7908－0000171　10171
治理條例不分卷　(清)潘彬撰　清末鉛印本　一冊

360000－7908－0000172　10172
御案詩經備旨八卷　(清)鄒聖脈輯　清光緒五年(1879)海陵書屋刻本　四冊

360000－7908－0000173　10173
御案詩經備旨八卷　(清)鄒聖脈輯　清刻本　四冊

360000－7908－0000174　10174
寄傲山房塾課纂輯御案易經備旨七卷易經圖案一卷　(清)鄒聖脈輯　清光緒星沙文奎山房刻本　四冊

360000－7908－0000175　10175
寄傲山房塾課纂輯書經備旨蔡註捷錄七卷　(清)鄒聖脈輯　清光緒五年(1879)海陵書屋刻本　三冊

360000－7908－0000176　10176
寄傲山房塾課纂輯春秋備旨十二卷　(清)鄒

聖脈輯　清刻本　六冊

360000－7908－0000177　10177
禮記備旨萃精十一卷首一卷　(清)鄒聖脈輯　(清)鄒廷猷編　(清)鄒景揚訂　清刻本　六冊

360000－7908－0000178　10178
五經備旨　(清)鄒聖脈輯　清光緒十三年(1887)上海大同書局石印本　八冊

360000－7908－0000179　10179
五經備旨　(清)鄒聖脈輯　清末石印本　八冊

360000－7908－0000180　10180
五經備旨　(清)鄒聖脈輯　清末石印本　一冊

360000－7908－0000181　10181
五經備旨　(清)鄒聖脈輯　清刻本　十五冊

360000－7908－0000182　10182
論語注疏解經二十卷　(三國魏)何晏集解　(宋)邢昺疏　**校勘記二十卷**　(清)阮元撰　(清)盧宣旬摘錄　清嘉慶二十年(1815)南昌府學刻道光六年(1826)印重刊宋本十三經注疏本　一冊　存六卷(十四至十六、校勘記十四至十六)

360000－7908－0000183　10183
監本附釋音春秋公羊注疏二十八卷　(漢)何休注　(唐)徐彥疏　(唐)陸德明音義　**附校勘記二十八卷**　(清)阮元撰　(清)盧宣旬摘錄　清同治十二年(1873)江西書局刻重刊宋本十三經注疏本　八冊　存三十卷(一至四、十二至二十二,校勘記一至四、十二至二十二)

360000－7908－0000184　10184
重修名法指掌圖四卷　(清)沈辛田編　(清)徐灝重訂　清同治九年(1870)湖北崇文書局刻本　一冊

360000－7908－0000185　10185
[同治]鉛山縣志三十卷首一卷　(清)張廷珩修　(清)華祝三纂　清同治十二年(1873)刻本　十冊　存十九卷(四至五、十二至十三、十六至三十)

360000－7908－0000186　10186
增訂批點四書讀本十九卷　(宋)朱熹章句　(清)裘紹箕增訂　清同治四年(1865)至誠堂刻本　六冊

360000－7908－0000187　10187
新訂四書補註備旨十卷　(明)鄧林撰　(清)杜定基增訂　清末上海錦章圖書局石印本　八冊

360000－7908－0000188　10188
新訂四書補註備旨十卷　(明)鄧林撰　(清)杜定基增訂　清末上海錦章圖書局石印本　七冊　存八卷(論語四卷、孟子四卷)

360000－7908－0000189　10189
四書集註十九卷　(宋)朱熹撰　清末上海錦章圖書局石印本　一冊　存二卷(大學一卷、中庸一卷)

360000－7908－0000190　10190
四書味根錄三十七卷　(清)金澂撰　清刻本　四冊　存十一卷(論語味根錄四至七,孟子味根錄四至六、十一至十四)

360000－7908－0000191　10191
四書味根錄三十七卷　(清)金澂撰　清道光二十二年(1842)刻本　十四冊

360000－7908－0000192　10192
四書集註十九卷　(宋)朱熹撰　清刻本　二冊　存十卷(論語十卷)

360000－7908－0000193　10193
四書讀本十九卷附四書字辨一卷　(宋)朱熹集注　**四書家塾讀本句讀一卷**　(清)吳英撰　清道光十四年(1834)鵝湖雷氏刻本　三冊　存十四卷(大學一卷、中庸一卷、論語十卷,四書字辨一卷,四書家塾讀本句讀一卷)

360000－7908－0000194　10194
四書讀本十九卷附四書字辨一卷　(宋)朱熹

集注　**四書家塾讀本句讀一卷**　(清)吳英撰　清道光十四年(1834)鵝湖雷氏刻本　一冊　存四卷(大學一卷、中庸一卷,四書字辨一卷,四書家塾讀本句讀一卷)

360000－7908－0000195　10195
四書集註十九卷　(宋)朱熹撰　清同治五年(1866)金陵書局刻本　五冊　存十四卷(大學一卷、中庸一卷、論語六至十、孟子七卷)

360000－7908－0000196　10196
四書集註十九卷　(宋)朱熹撰　清刻本　三冊　存七卷(孟子七卷)

360000－7908－0000197　10197
四書集註十九卷　(宋)朱熹撰　清光緒三十二年(1906)上海商務印書館鉛印本　六冊

360000－7908－0000198　10198
四書集註十九卷　(宋)朱熹撰　清光緒三十二年(1906)上海商務印書館鉛印本　五冊　存十四卷(大學一卷、中庸一卷、論語一至五、孟子七卷)

360000－7908－0000199　10199
四書集註十九卷　(宋)朱熹撰　清慎詒堂刻本　一冊　存五卷(論語六至十)

360000－7908－0000200　10200
四書集註十九卷　(宋)朱熹撰　清刻本　一冊　存三卷(孟子一至三)

360000－7908－0000201　10201
四書集註十九卷　(宋)朱熹撰　清末上海久敬齋石印本　一冊　存五卷(論語一至五)

360000－7908－0000202　10202
四書襯十九卷　(清)駱培撰　清坦吉堂刻本　一冊　存二卷(孟子六至七)

360000－7908－0000203　10203
四書集註十九卷　(宋)朱熹撰　清刻本　一冊　存二卷(孟子六至七)

360000－7908－0000204　10204
四書集註十九卷　(宋)朱熹撰　清慎詒堂刻本　四冊　存十五卷(論語十卷、孟子一至五)

360000－7908－0000205　10205
論語正義二十四卷　(清)劉寶楠撰　清末石印本　一冊　存六卷(十九至二十四)

360000－7908－0000206　10206
孟子正義三十卷　(清)焦循撰　清末石印本　一冊　存十卷(一至五、二十一至二十五)

360000－7908－0000207　10207
四書味根錄三十七卷　(清)金澂撰　清光緒八年(1882)刻本　五冊　存二十七卷(大學味根錄一卷、中庸味根錄二卷、論語味根錄十一至二十、孟子味根錄十四卷)

360000－7908－0000208　10208
四書味根錄三十七卷　(清)金澂撰　清道光十七年(1837)刻本　十二冊

360000－7908－0000209　10209
四書文海□□卷　(清)□□輯　清刻本　十三冊　存二十七卷(七至三十三)

360000－7908－0000210　10210
四書文海□□卷　(清)□□輯　清刻本　二十一冊　存二十一卷(一至十四、十六至二十一、二十五)

360000－7908－0000211　10211
四書味根錄三十七卷　(清)金澂撰　清同治十三年(1874)刻本　七冊　存二十六卷(大學味根錄一卷、中庸味根錄二卷、論語味根錄二十卷、孟子味根錄一至三)

360000－7908－0000212　10212
四書味根錄三十七卷　(清)金澂撰　清刻本　四冊　存十五卷(中庸味根錄二,論語味根錄一至六、八至十、十六至二十)

360000－7908－0000213　10213
四書味根錄三十七卷　(清)金澂撰　清刻本　一冊　存二卷(孟子味根錄三至四)

360000－7908－0000214　10214
四書人物類典串珠四十卷　(清)臧志仁輯　清刻本　二冊　存十三卷(二十一至三十三)

360000 - 7908 - 0000215　10215
宋儒四書義一卷　(清)鍾山居士編　清光緒二十七年(1901)上海點石介記石印本　一册

360000 - 7908 - 0000216　10216
四書五經義二卷　(清)柏蘅氏輯　清光緒二十七年(1901)上海書局石印本　一册

360000 - 7908 - 0000217　10217
四書義二卷　(清)曠園居士輯　清光緒二十七年(1901)石印本　一册

360000 - 7908 - 0000218　10218
四書味根錄三十七卷　(清)金澂撰　清光緒十二年(1886)上海積山書局石印本　六册

360000 - 7908 - 0000219　10219
四書義史證六卷　(清)譚義輯　清末石印本　一册

360000 - 7908 - 0000220　10220
張謇批選四書義六卷　張謇輯　清末石印本　一册

360000 - 7908 - 0000221　10221
四書論義二卷　(清)深柳堂主人輯　清光緒二十八年(1902)江寧鍾山書院石印本　一册

360000 - 7908 - 0000222　10222
四書典林三十卷　(清)江永撰　清刻本　二册　存七卷(四至七、十七至十九)

360000 - 7908 - 0000223　10223
四書貫珠講義十九卷　(清)林文竹輯　清光緒三年(1877)酉腴仙館鉛印本　六册　存九卷(大學一卷,中庸一卷,論語一至二、五至六,孟子一至二、六)

360000 - 7908 - 0000224　10224
增補四書類典賦二十四卷　(清)甘紱撰　清刻本　一册　存九卷(三至八、二十二至二十四)

360000 - 7908 - 0000225　10225
四書人物類典串珠四十卷　(清)臧志仁輯　清刻本　二册　存十四卷(十九至三十二)

360000 - 7908 - 0000226　10226
四書典制類聯音註三十三卷　(清)閻其淵輯　清光緒二年(1876)梟山草堂刻本　五册　存十五卷(四至十一、十九至二十一、二十七至三十)

360000 - 7908 - 0000227　10227
四書典制類聯音註三十三卷　(清)閻其淵輯　清刻本　一册　存五卷(二十九至三十三)

360000 - 7908 - 0000228　10228
四書典制類聯音註三十三卷　(清)閻其淵輯　清光緒二年(1876)梟山草堂刻本　九册　存二十七卷(一至二十四、三十一至三十三)

360000 - 7908 - 0000229　10229
四書題鏡味根合編三十七卷　(清)金澂　(清)汪鯉翔撰　清光緒十四年(1888)鴻文書局石印本　六册　存二十四卷(大學一卷、中庸二卷、論語十四至二十、孟子十四卷)

360000 - 7908 - 0000230　10230
四書朱子本義匯參四十三卷首四卷　(清)王步青輯　清刻本　五册　存八卷(論語集注本義匯參九至十、十九至二十,孟子集注本義匯參五至七、十三)

360000 - 7908 - 0000231　10231
增補四書類典賦二十四卷　(清)甘紱撰　清刻本　七册　存十七卷(一至三、十一至二十四)

360000 - 7908 - 0000232　10232
文德堂四書遵註合講不分卷　(清)翁復編　清刻本　三册　存大學、中庸、孟子

360000 - 7908 - 0000233　10233
明紀六十卷　(清)陳鶴輯　清同治十年(1871)江蘇書局刻本　二十册

360000 - 7908 - 0000234　10234
三朝北盟會編二百五十卷首一卷　(宋)徐夢莘撰　**校勘記三卷補遺一卷**　(清)袁祖安撰　清光緒五年(1879)如皋袁祖安鉛印本　四十册

360000 - 7908 - 0000235　10235

錢塘遺事十卷　(元)劉一清撰　清雲間席氏掃葉山房刻本　二册

360000－7908－0000236　10236
防海紀略二卷　(清)王之春撰　清光緒六年(1880)上洋文藝齋刻本　二册

360000－7908－0000237　10237
歷代名賢列女氏姓譜一百五十七卷　(清)蕭智漢輯　清乾隆五十七年(1792)聽濤山房刻嘉慶二十年(1815)印本　一册　存二卷(一至二)

360000－7908－0000238　10238
光緒三十三年春季卷江西全省文武同官錄二卷　(清)江西撫憲編　清光緒三十三年(1907)江西崇善堂刻本　二册

360000－7908－0000239　10239
[乾隆]新疆撮要錄四卷　(清)七十一纂(清)周有才輯　清光緒十八年(1890)弋陽愛蓮堂木活字印本　二册

360000－7908－0000240　10240
夏桂洲先生文集十八卷首一卷　(明)夏言撰　明崇禎十一年(1638)吳一璘刻本　一册　存一卷(五)

360000－7908－0000241　10241
漁洋山人精華錄十卷　(清)王士禛撰　(清)林佶編　清康熙三十九年(1700)侯官林佶刻本　一册　存八卷(一至八)

360000－7908－0000242　10242
曝書亭詩錄十二卷　(清)朱彝尊撰　(清)江浩然注　清乾隆檇李江氏惇裕堂刻本　四册

360000－7908－0000243　10243
剡中治案記略不分卷　(清)潘彬撰　清稿本　一册

360000－7908－0000244　10244
[任竹香詩草]不分卷　(清)任浩撰　稿本　一册

360000－7908－0000245　10245
商牘往返集不分卷　(清)□□撰　稿本　一册

360000－7908－0000246　10246
彙選質亡集不分卷　(清)呂留良輯評　清查氏尋洛齋抄本　一册

360000－7908－0000247　10247
甲秀園文集二十八卷　(明)費元祿撰　清道光四年(1824)愛日樓刻本　六册

360000－7908－0000248　10248
轉情集二卷　(明)費元祿撰　清康熙九年(1670)刻本　六册

360000－7908－0000249　10249
清容外集　(清)蔣士銓撰　清乾隆蔣氏紅雪樓刻本　二册　存二種

360000－7908－0000250　10250
忠雅堂評選四六法海八卷　(清)蔣士銓評選　清咸豐元年(1851)鉛山蔣立昂刻朱墨套印本　四册　存四卷(三、六至八)

360000－7908－0000251　10251
胡節愍公集三卷　(明)胡夢泰撰　(清)周如春彙輯　(清)劉光瑜注釋　(清)繆嗣彤增注　清光緒三十年(1904)刻本　一册

360000－7908－0000252　10252
瘦松柏齋初集八卷別集二卷外集一卷試帖體詩一卷律賦一卷　(清)陳文瑞撰　清光緒二年(1876)鉛山陳學震刻本　六册

360000－7908－0000253　10253
引玉篇一卷　(清)華祝三撰　清光緒八年(1882)華祝三古虞城刻本　一册

360000－7908－0000254　10254
可青山館詩存二卷　(清)雷維翰撰　清三山吳玉田刻本　一册　存一卷(下)

360000－7908－0000255　10255
留心集二卷　(清)龔肅撰　(清)朱廷瑛評　清刻本　一册　存一卷(下)

360000－7908－0000256　10256
鑑餘□□卷　(清)□□撰　清抄本　一册　存一卷(四)

360000－7908－0000257　10257
增修鵝湖書田志四卷首一卷　(清)王賡言　(清)吳嵩梁輯　清光緒二十九年(1903)刻本　一册

360000－7908－0000258　10258
四書讀本十九卷　(宋)朱熹集注　清光緒十九年(1893)鉛山獅江竟成堂刻本　四册　存九卷(大學一卷、中庸一、孟子七卷)

360000－7908－0000259　10259
十三經集字音釋四卷照畫檢字一卷　(清)黄蕙田撰　清同治九年(1870)西山真夫子祠之衍義所刻本　六册

360000－7908－0000260　10260
余大雅先生語録十八卷　(宋)余大雅撰　(清)余德培　(清)余步雲輯　清道光二十年(1840)余氏刻本　三册　存十卷(一至七、十六至十八)

360000－7908－0000261　10261
袁文補注二卷續刻二卷三刻二卷　(清)袁枚撰　(清)石韞玉原注　(清)余崗補注　清道光二十一年(1841)刻本　一册

360000－7908－0000262　10262
天彭治略五卷　(清)潘彬撰　清光緒二十年(1894)天彭刻本　四册

360000－7908－0000263　10263
退補居書目□卷　(清)潘彬編　稿本　一册　存一卷(下)

360000－7908－0000264　10264
左傳不分卷　(清)潘彬輯　清稿本　一册　存成公、襄公、昭公

360000－7908－0000265　10265
説郛不分卷　(明)陶宗儀輯　(明)陶珽續輯　(清)潘彬摘録　**雲仙雜記十卷**　題(唐)馮贄輯　(清)潘彬摘録　清潘彬抄本　一册

360000－7908－0000266　10266
唐小説不分卷　(清)潘彬摘録　清潘彬抄本　一册

360000－7908－0000267　10267
十國春秋□卷　(清)吳任臣撰　(清)潘彬摘録　清潘彬抄本　一册　存一卷(下)

360000－7908－0000268　10268
經餘諸子不分卷　(清)潘彬輯　清潘彬抄本　一册

360000－7908－0000269　10269
稗海□卷　(明)商濬輯　清潘彬抄本　六册　存六卷(二至四、六、九至十)

360000－7908－0000270　10270
[制藝輯鈔]不分卷　(清)□□輯　清同治十三年(1874)抄本　二册

360000－7908－0000271　10271
一片石一卷　(清)蔣士銓填詞　(清)吳承緒正譜　**第二碑一卷**　(清)蔣士銓填詞　(清)見亭外史正譜　(清)蒼厓老人評　清紅雪樓刻清容外集本　一册

360000－7908－0000272　10272
[菘嵊曉諭]一卷　(清)潘彬撰　清光緒十一年(1885)鉛印本　一册

360000－7908－0000273　10273
[菘嵊曉諭]一卷　(清)潘彬撰　清光緒十一年(1885)鉛印本　一册

360000－7908－0000274　10274
[菘嵊曉諭]一卷　(清)潘彬撰　清光緒十一年(1885)鉛印本　一册

360000－7908－0000275　10275
[菘嵊曉諭]一卷　(清)潘彬撰　清光緒十一年(1885)鉛印本　一册

360000－7908－0000276　10276
[菘嵊曉諭]一卷　(清)潘彬撰　清光緒十一年(1885)鉛印本　一册

360000－7908－0000277　10277
[菘嵊曉諭]一卷　(清)潘彬撰　清光緒十一年(1885)鉛印本　一册

360000－7908－0000278　10278
[菘嵊曉諭]一卷　(清)潘彬撰　清光緒十一

年(1885)鉛印本　一冊

360000－7908－0000279　10279
[菈嵘曉諭]一卷　(清)潘彬撰　清光緒十一年(1885)鉛印本　一冊

360000－7908－0000280　10280
[菈嵘曉諭]一卷　(清)潘彬撰　清光緒十一年(1885)鉛印本　一冊

360000－7908－0000281　10281
[菈嵘曉諭]一卷　(清)潘彬撰　清光緒十一年(1885)鉛印本　一冊

360000－7908－0000282　10282
[菈嵘曉諭]一卷　(清)潘彬撰　清光緒十一年(1885)鉛印本　一冊

360000－7908－0000283　10283
[菈嵘曉諭]一卷　(清)潘彬撰　清光緒十一年(1885)鉛印本　一冊

360000－7908－0000284　10284
[菈嵘曉諭]一卷　(清)潘彬撰　清光緒十一年(1885)鉛印本　一冊

360000－7908－0000285　10285
天彭治略五卷　(清)潘彬撰　清光緒二十年(1894)天彭刻本　四冊

360000－7908－0000286　10286
天彭治略五卷　(清)潘彬撰　清光緒二十年(1894)天彭刻本　四冊

360000－7908－0000287　10287
天彭治略五卷　(清)潘彬撰　清光緒二十年(1894)天彭刻本　四冊

360000－7908－0000288　10288
天彭治略五卷　(清)潘彬撰　清光緒二十年(1894)天彭刻本　四冊

360000－7908－0000289　10289
天彭治略五卷　(清)潘彬撰　清光緒二十年(1894)天彭刻本　四冊

360000－7908－0000290　10290
天彭治略五卷　(清)潘彬撰　清光緒二十年(1894)天彭刻本　四冊

360000－7908－0000291　10291
天彭治略五卷　(清)潘彬撰　清光緒二十年(1894)天彭刻本　四冊

360000－7908－0000292　10292
天彭治略五卷　(清)潘彬撰　清光緒二十年(1894)天彭刻本　四冊

360000－7908－0000293　10293
天彭治略五卷　(清)潘彬撰　清光緒二十年(1894)天彭刻本　三冊　存三卷(一至三)

360000－7908－0000294　10294
天彭治略五卷　(清)潘彬撰　清光緒二十年(1894)天彭刻本　三冊　存一卷(二)

360000－7908－0000295　10295
天彭治略五卷　(清)潘彬撰　清光緒二十年(1894)天彭刻本　三冊　存一卷(二)

360000－7908－0000296　10296
程鴻益窗稿不分卷　(清)程鴻益撰　稿本　一冊

360000－7908－0000297　10297
戰國策三十三卷　(漢)高誘注　**重刻剡川姚氏本戰國策札記三卷**　(清)黄丕烈撰　清光緒三年(1877)永康胡氏退補齋刻本　一冊　存十三卷(一至十三)

360000－7908－0000298　10298
晴庵氏雜著手稿不分卷　張晴庵撰　稿本　一冊

360000－7908－0000299　10299
[時事雜鈔]不分卷　(清)□□輯　清末抄本　三冊

360000－7908－0000300　10300
國語二卷　(三國吳)韋昭注　(清)黄丕烈劄記　(清)汪遠孫考異　清光緒三年(1877)永康胡氏退補齋刻本　清潘彬批校　二冊

360000－7908－0000301　10301
周禮節訓六卷　(清)黄叔琳輯　(清)姚培謙重訂　清刻本　二冊

360000－7908－0000302　10302
漱琴山莊文鈔八卷　(清)李照梅撰　清咸豐二年(1852)鉛山李氏刻本　一册　存三卷(一至三)

360000－7908－0000303　10303
晚香堂詩存一卷　(清)周樹棠撰　清光緒六年(1880)木活字印本　一册

360000－7908－0000304　10304
甲戌靖局不分卷　(清)翁笠漁撰　稿本　一册

360000－7908－0000305　10305
四安堂詩鈔二卷　(清)夏照撰　清光緒八年(1882)刻本　一册

360000－7908－0000306　10306
桂宮梯十二卷首一卷末一卷　(清)徐謙輯　清咸豐三年(1853)鵝湖書院鉛山傅汝霖刻本　一册　存四卷(十至十二、末一卷)

360000－7908－0000307　10307
喫菜根齋詩集二卷　(清)張瑞槎撰　清道光十二年(1832)刻十八年(1838)印本　一册

360000－7908－0000308　10308
四安堂詩鈔二卷　(清)夏照撰　清光緒八年(1882)刻本　一册

360000－7908－0000309　10309
飲蘭露館詩鈔六卷附詞鈔一卷試帖一卷　(清)吳林光撰　清道光二十九年(1849)吳氏飲蘭露館刻本　二册

360000－7908－0000310　10310
[光緒]江西通志一百八十卷首五卷　(清)劉坤一等修　(清)劉繹等纂　清光緒六年至七年(1880－1881)刻本　一百十八册　缺三卷(七十六、七十九至八十)

360000－7908－0000311　10311
周易四卷圖說一卷新增圖說一卷卦歌一卷　(宋)朱熹本義　清刻本　二册

360000－7908－0000312　10312
儀禮精義一卷補編一卷　(清)黄淦撰　清嘉慶十二年(1807)慈谿養正堂刻本　二册

360000－7908－0000313　10313
禮記精義六卷首一卷　(清)黄淦撰　清嘉慶十二年(1807)慈谿養正堂刻本　二册

360000－7908－0000314　10314
御纂周易折中二十二卷首一卷　(清)李光地等撰　清同治十一年(1872)江西書局刻本　十二册

360000－7908－0000315　10315
詩經八卷詩序辨說一卷　(宋)朱熹集傳　清同治五年(1866)金陵書局刻本　五册

360000－7908－0000316　10316
新刻來瞿唐先生易註十五卷首一卷末一卷圖像一卷　(明)來知德撰　**新刻來瞿唐先生易經啓蒙一卷**　(清)高奣映編　清朝爽堂刻本　十二册

360000－7908－0000317　10317
寄傲山房塾課纂輯禮記全文備旨十一卷　(清)鄒聖脈輯　清刻增廣五經備旨本　一册　存四卷(四至七)

360000－7908－0000318　10318
寄傲山房塾課纂輯春秋備旨十二卷　(清)鄒聖脈輯　清刻增廣五經備旨本　一册　存四卷(五至八)

360000－7908－0000319　10319
寄傲山房塾課纂輯書經備旨蔡註捷錄七卷　(清)鄒聖脈輯　清刻本　一册　存三卷(五至七)

360000－7908－0000320　10320
詩八卷　(宋)朱熹集傳　清兩儀堂刻本　一册　存三卷(一至三)

360000－7908－0000321　10321
周易四卷　(宋)朱熹本義　清末石印本　一册　存三卷(二至四)

360000－7908－0000322　10322
寄傲山房塾課纂輯春秋備旨十二卷　(清)鄒聖脈輯　清刻五經備旨本　四册

360000 – 7908 – 0000323　10323
寄傲山房塾課纂輯禮記全文備旨十一卷
(清)鄒聖脈輯　清刻五經備旨本　一册

360000 – 7908 – 0000324　10324
御案詩經備旨八卷　(清)鄒聖脈輯　清刻本　二册　存四卷(五至八)

360000 – 7908 – 0000325　10325
周易四卷圖說一卷卦歌一卷　(宋)朱熹本義　**易經體注大全合參四卷**　(清)李兆賢撰　清刻本　二册

360000 – 7908 – 0000326　10326
觀易外編六卷易問六卷　(清)紀大奎撰　清嘉慶十三年(1808)刻本　三册　存六卷(觀易外編五至六、易問三至六)

360000 – 7908 – 0000327　10327
周易本義四卷附圖說一卷卦歌一卷筮儀一卷　(宋)朱熹撰　清魏文星堂刻本　二册

360000 – 7908 – 0000328　10328
周易四卷筮儀一卷圖說一卷　(宋)朱熹本義　清光緒三年(1877)會友堂刻本　二册

360000 – 7908 – 0000329　10329
周易四卷卦歌一卷圖說一卷筮儀一卷　(宋)朱熹本義　清姜文奎堂刻本　二册

360000 – 7908 – 0000330　10330
周易四卷卦歌一卷圖說一卷筮儀一卷　(宋)朱熹本義　清姜文奎堂刻本　一册　存四卷(周易一、卦歌一卷、圖說一卷、筮儀一卷)

360000 – 7908 – 0000331　10331
周易四卷筮儀一卷圖說一卷　(宋)朱熹本義　清光緒三年(1877)會友堂刻本　二册

360000 – 7908 – 0000332　10332
周易四卷筮儀一卷卦歌一卷圖說一卷　(宋)朱熹本義　清學源堂刻本　一册　存四卷(周易一、筮儀一卷、卦歌一卷、圖說一卷)

360000 – 7908 – 0000333　10333
周易四卷首一卷　(宋)朱熹本義　清刻本　一册　存二卷(周易一、首一卷)

360000 – 7908 – 0000334　10334
周易四卷　(宋)朱熹本義　清末李光明刻本　一册　存三卷(二至四)

360000 – 7908 – 0000335　10335
寄傲山房塾課纂輯御案易經備旨七卷易經圖案一卷　(清)鄒聖脈輯　清刻本　一册　存一卷(三)

360000 – 7908 – 0000336　10336
御案詩經備旨八卷　(清)鄒聖脈輯　清刻本　二册　存四卷(五至八)

360000 – 7908 – 0000337　10337
寄傲山房塾課纂輯書經備旨蔡註捷錄七卷
(清)鄒聖脈輯　清善成堂刻本　一册　存三卷(一至三)

360000 – 7908 – 0000338　10338
周易四卷圖說一卷卦歌一卷　(宋)朱熹本義　**易經體注大全合參四卷**　(清)李兆賢撰　清學源堂刻本　一册　存四卷(周易一、圖說一卷、卦歌一卷、易經體注大全合參一)

360000 – 7908 – 0000339　10339
周易精義四卷首一卷續編一卷　(清)黄淦撰　清嘉慶十二年(1807)慈谿養正堂刻本　二册

360000 – 7908 – 0000340　10340
書經精義四卷首一卷末一卷古尚書序一卷
(清)黄淦撰　清嘉慶九年(1804)慈谿養正堂刻本　一册

360000 – 7908 – 0000341　10341
禮記精義六卷　(清)黄淦撰　清刻本　一册　存四卷(三至六)

360000 – 7908 – 0000342　10342
春秋精義四卷首一卷　(清)黄淦撰　清刻本　一册　存二卷(三至四)

360000 – 7908 – 0000343　10343
梁山來知德先生易經集注十六卷　(明)來知德撰　(清)崔華重訂　清刻本　一册　存一卷(十四)

360000－7908－0000344　10344

易經十二卷首一卷末一卷　（宋）朱熹本義　清同治四年（1865）金陵書局刻十三經讀本本　二冊

360000－7908－0000345　10345

周易四卷　（宋）朱熹本義　清末石印本　一冊　存三卷（二至四）

360000－7908－0000346　10346

六經圖二十四卷　（清）鄭之僑輯　清乾隆九年（1744）潮陽鄭氏述堂刻本　一冊　存二卷（十一至十二）

360000－7908－0000347　10347

周易四卷筮儀一卷卦歌一卷圖說一卷　（宋）朱熹本義　**易經大全會解四卷**　（清）來爾繩輯　清上海好古齋刻五經體註本　三冊

360000－7908－0000348　10348

御案詩經備旨八卷　（清）鄒聖脈輯　清刻本　二冊

360000－7908－0000349　10349

御案春秋左傳經解備旨十二卷　（清）鄒聖脈輯　清刻本　一冊　存六卷（一至六）

360000－7908－0000350　10350

寄傲山房塾課纂輯禮記全文備旨十一卷　（清）鄒聖脈輯　清刻本　二冊　存五卷（一至三、十至十一）

360000－7908－0000351　10351

寄傲山房塾課纂輯書經備旨蔡註捷錄七卷　（清）鄒聖脈輯　清刻五經備旨本　二冊　存六卷（一至二、四至七）

360000－7908－0000352　10352

寄傲山房塾課纂輯御案易經備旨七卷易經圖案一卷　（清）鄒聖脈輯　清光緒七年（1881）胡味經堂刻增補五經備旨萃精本　三冊

360000－7908－0000353　10353

御案禮記備旨十一卷　（清）鄒聖脈輯　清末石印增補五經備旨本　二冊　存四卷（五至八）

360000－7908－0000354　10354

寄傲山房塾課纂輯春秋備旨十二卷　（清）鄒聖脈輯　清末石印五經備旨本　一冊　存四卷（九至十二）

360000－7908－0000355　10355

謝疊山先生文集九卷　（宋）謝枋得撰　清道光二十九年（1849）刻後印本　一冊　存四卷（三至六）

360000－7908－0000356　10356

四書疏註撮言大全三十七卷　（清）胡蓉芝輯　清刻本　十七冊　存三十二卷（中庸二卷，論語一至八、十三至二十，孟子十四卷）

360000－7908－0000357　10357

四書反身錄八卷　（清）李顒撰　（清）王心敬輯　清道光二十四年（1844）江西鉛山祝氏刻本　四冊

360000－7908－0000358　10358

四書反身錄八卷　（清）李顒撰　（清）王心敬輯　清道光二十四年（1844）江西鉛山祝氏刻本　二冊

360000－7908－0000359　10359

四書引解二十六卷　（清）鄧柱瀾輯　清咸豐元年（1851）大文堂刻本　二十冊

360000－7908－0000360　10360

四書題鏡十九卷　（清）汪鯉翔撰　清刻本　二冊　存八卷（上論一至五、上孟四至六）

360000－7908－0000361　10361

四書題鏡十九卷　（清）汪鯉翔撰　清刻本　一冊　存三卷（上孟四至六）

360000－7908－0000362　10362

四書題鏡十九卷　（清）汪鯉翔撰　清刻本　二冊　存二卷（下論四、下孟三）

360000－7908－0000363　10363

邱明齋先生四書論三卷　（清）邱明齋撰　（清）邱瑞丞訂　清光緒二十七年（1901）刻本　一冊　存一卷（上論）

360000－7908－0000364　10364

四書隨見錄四十一卷首二卷　(清)鄒鳳池　(清)陳作梅輯　清道光二十七年(1847)鄒氏陳氏刻本　五冊　存十二卷(論語四至七、八至九,孟子七至八、十一至十二,首二卷)

360000－7908－0000365　10365
四書襯十九卷　(清)駱培撰　清永言堂刻本　五冊　存十六卷(大學一卷、中庸一卷、論語十卷、孟子四至七)

360000－7908－0000366　10366
四書類典賦二十四卷附年譜一卷　(清)甘紱撰　清味經堂刻本　十二冊

360000－7908－0000367　10367
爾雅註疏十一卷　(晉)郭璞注　(宋)邢昺疏　清乾隆十年(1745)三樂齋刻本　四冊

360000－7908－0000368　10368
爾雅釋文三卷　(唐)陸德明撰　清刻本　一冊

360000－7908－0000369　10369
四書諸儒輯要四十卷　(清)李沛霖參訂　清乾隆五年(1740)三樂齋刻本　十九冊　存二十四卷(大學一至三,中庸二,論語六、九至十四、十八至二十,孟子一至二、四至五、七至十二)

360000－7908－0000370　10370
經言拾遺十四卷　(清)徐文靖撰　清乾隆刻本　二冊　存九卷(三至十一)

360000－7908－0000371　10371
四書隨見錄四十一卷首二卷　(清)鄒鳳池　(清)陳作梅輯　清道光二十七年(1847)鄒氏陳氏刻本　一冊　存四卷(論語四至七)

360000－7908－0000372　10372
爾雅注疏十一卷　(晉)郭璞注　(宋)邢昺疏　清嘉慶七年(1802)英德堂刻本　二冊　存五卷(一至五)

360000－7908－0000373　10373
經言拾遺十四卷　(清)徐文靖撰　清乾隆刻本　一冊　存三卷(七至九)

360000－7908－0000374　10374
字典攷證十二集三十六卷　(清)王引之撰　清光緒二年(1876)崇文書局刻本　六冊

360000－7908－0000375　10375
小學集註六卷　(明)陳選撰　清刻本　一冊　存四卷(三至六)

360000－7908－0000376　10376
小學集註六卷　(明)陳選撰　清寶文堂刻本　一冊　存三卷(四至六)

360000－7908－0000377　10377
新增繪圖幼學故事瓊林四卷首一卷　(明)程登吉撰　(清)鄒聖脈增補　清光緒二十六年(1900)上海會文堂石印本　一冊　存一卷(首一卷)

360000－7908－0000378　10378
經義程式一卷　(宋)劉安節　(宋)劉安上撰　清光緒二十四年(1898)江西學署刻本　一冊

360000－7908－0000379　10379
四書題鏡十九卷　(清)汪鯉翔撰　清三和堂刻本　四冊　存十卷(下論一至四,下孟七至八、十一至十四)

360000－7908－0000380　10380
五經類編二十八卷　(清)周世樟編　清刻本　二冊　存六卷(一至三、八至十)

360000－7908－0000381　10381
五經類編二十八卷　(清)周世樟編　清刻本　一冊　存一卷(一)

360000－7908－0000382　10382
四書朱子本義匯參四十三卷　(清)王步青輯　清敦復堂刻本　八冊　存十七卷(大學二至三,中庸四至六,論語五至八、十一至十二、十九至二十,孟子四至六、十三)

360000－7908－0000383　10383
四書題鏡十九卷　(清)汪鯉翔撰　清文秀堂刻本　二冊　存二卷(大學一卷、中庸一卷)

360000－7908－0000384　10384

御定康熙字典十二集三十六卷總目一卷檢字一卷辨似一卷等韻一卷補遺一卷備考一卷 (清)張玉書等纂修　清光緒元年(1875)湖北崇文書局刻本　三十七册　存三十九卷(子集上中下、丑集上中、寅集上中下、卯集上中下、辰集上中下、巳集上中下、午集上中下、未集上中下、申集上中下、酉集中下、戌集上中下、亥集上中,總目一卷,檢字一卷,辨似一卷,等韻一卷,補遺一卷,備考一卷)

360000－7908－0000385　10385
五經類編二十八卷 (清)周世樟編　清刻本　十二册

360000－7908－0000386　10386
四書朱子本義匯參四十三卷 (清)王步青輯　清刻本　九册　存十八卷(論語十七至二十、孟子一至十四)

360000－7908－0000387　10387
四書朱子本義匯參四十三卷 (清)王步青輯　清刻本　一册　存二卷(中庸一至二)

360000－7908－0000388　10388
四書朱子本義匯參四十三卷 (清)王步青輯　清刻本　一册　存三卷(論語十五至十七)

360000－7908－0000389　10389
四書題鏡全集不分卷 (清)汪鯉翔撰　清同治十年(1871)刻本　一册　存大學、中庸

360000－7908－0000390　10390
五經味根錄三十八卷 (清)竹林館主人輯　清光緒十四年(1888)同文書局石印本　二册　存三卷(易經一、禮記一至二)

360000－7908－0000391　10391
五經文郛十八卷 (清)夢花主人識　清道光二十三年(1843)刻本　十一册

360000－7908－0000392　10392
五經文郛十八卷 (清)夢花主人識　清道光二十三年(1843)刻本　一册　存一卷(九)

360000－7908－0000393　10393
典匯十二卷 (清)藜青閣主人輯　清末石印本　二册　存四卷(三至四、七至八)

360000－7908－0000394　10394
五經義不分卷 (□)□□輯　清光緒二十八年(1902)點石介記石印本　一册

360000－7908－0000395　10395
周書五十卷 (唐)令狐德棻等撰　明崇禎五年(1632)毛氏汲古閣刻十七史本　六册

360000－7908－0000396　10396
魏書一百十四卷 (北齊)魏收撰　明崇禎九年(1636)毛氏汲古閣刻十七史本　十六册　存六十八卷(一至六十八)

360000－7908－0000397　10397
北齊書五十卷 (唐)李百藥撰　明崇禎十一年(1638)毛氏汲古閣刻十七史本　六册

360000－7908－0000398　10398
隋書八十五卷 (唐)魏徵　(唐)長孫無忌等撰　明崇禎八年(1635)毛氏汲古閣刻十七史本　十四册　存七十四卷(一至五、十一至七十二、七十九至八十五)

360000－7908－0000399　10399
南史八十卷 (唐)李延壽撰　明崇禎十三年(1640)毛氏汲古閣刻十七史本　十六册

360000－7908－0000400　10400
北史一百卷 (唐)李延壽撰　明崇禎十二年(1639)毛氏汲古閣刻十七史本　二十六册

360000－7908－0000401　10401
唐書二百二十五卷 (宋)歐陽修　(宋)宋祁等撰　明崇禎二年(1629)毛氏汲古閣刻十七史本　五十册

360000－7908－0000402　10402
三國志六十五卷 (晉)陳壽撰　(南朝宋)裴松之注　清光緒二十九年(1903)上海點石齋石印本　四册

360000－7908－0000403　10403
晉書一百三十卷 (唐)房玄齡等撰　明崇禎元年(1628)毛氏汲古閣刻十七史本　三十二册

360000－7908－0000404　10404
宋書一百卷　(南朝梁)沈約撰　明崇禎七年(1634)毛氏汲古閣刻十七史本　十二册　存六十八卷(一至五、十二至十三、二十三至二十七、三十八至八十七、九十五至一百)

360000－7908－0000405　10405
南齊書五十九卷　(南朝梁)蕭子顯撰　清同治十三年(1874)金陵書局刻二十四史本　四册　存三十七卷(一至十四、三十七至五十九)

360000－7908－0000406　10406
梁書五十六卷　(唐)姚思廉撰　明崇禎六年(1633)毛氏汲古閣刻十七史本　六册　存四十一卷(四至二十七、三十八至四十三、四十五至五十、五十二至五十六)

360000－7908－0000407　10407
陳書三十六卷　(唐)姚思廉撰　明崇禎四年(1631)毛氏汲古閣刻十七史本　六册

360000－7908－0000408　10408
書經六卷圖說一卷　(宋)蔡沈集傳　清宣統三年(1911)上海會文堂粹記書局石印本　一册　存五卷(一至四、圖說一卷)

360000－7908－0000409　10409
書經六卷　(宋)蔡沈集傳　清末石印本　二册　存三卷(二至四)

360000－7908－0000410　10410
書經六卷　(宋)蔡沈集傳　清會友堂刻本　二册

360000－7908－0000411　10411
書經體註大全合參六卷　(宋)蔡沈集傳　(清)錢希祥輯注　清愛日堂刻本　二册　存三卷(一至三)

360000－7908－0000412　10412
書經六卷　(宋)蔡沈集傳　清永言堂刻本　一册　存三卷(一至三)

360000－7908－0000413　10413
書經六卷　(宋)蔡沈集傳　清永言堂刻本　二册　存二卷(一至二)

360000－7908－0000414　10414
書經六卷　(宋)蔡沈集傳　清文星堂刻本　二册　存三卷(一至三)

360000－7908－0000415　10415
書經六卷　(宋)蔡沈集傳　清光緒十七年(1891)文奎堂刻本　三册　存四卷(一至四)

360000－7908－0000416　10416
書經增訂旁訓四卷　(清)徐立綱撰　清刻本　一册

360000－7908－0000417　10417
易經增訂旁訓三卷　(清)徐立綱撰　清大文堂刻本　一册

360000－7908－0000418　10418
易經增訂旁訓三卷　(清)徐立綱撰　清刻本　一册

360000－7908－0000419　10419
書經旁訓辨體合訂四卷　(清)徐立綱撰　清循陔堂刻本　一册

360000－7908－0000420　10420
寄傲山房塾課纂輯書經備旨蔡註捷錄七卷　(清)鄒聖脈輯　清刻本　一册　存四卷(四至七)

360000－7908－0000421　10421
書經六卷　(宋)蔡沈集傳　清會友堂刻本　二册

360000－7908－0000422　10422
書經六卷　(宋)蔡沈集傳　清刻本　二册

360000－7908－0000423　10423
書經六卷　(宋)蔡沈集傳　清有德堂刻本　二册

360000－7908－0000424　10424
書經六卷　(宋)蔡沈集傳　清立德堂刻本　二册

360000－7908－0000425　10425
書經六卷　(宋)蔡沈集傳　清刻本　二册

360000－7908－0000426　10426
書六卷　(宋)蔡沈集傳　清刻本　一册　存二卷(三至四)

360000－7908－0000427　10427
書經體註大全合參六卷　(宋)蔡沈集傳　(清)錢希祥輯注　清刻本　四册

360000－7908－0000428　10428
書經體註大全合參六卷　(宋)蔡沈集傳　(清)錢希祥輯注　清刻本　二册

360000－7908－0000429　10429
尚書精義五十卷　(宋)黄倫撰　清刻本　五册　存二十四卷(二十七至五十)

360000－7908－0000430　10430
尚書離句六卷　(清)錢在培輯解　清光緒二十年(1894)刻本　二册

360000－7908－0000431　10431
尚書離句六卷　(清)錢在培輯解　清光緒二十年(1894)刻本　二册

360000－7908－0000432　10432
尚書離句六卷　(清)錢在培輯解　清刻本　一册　存三卷(四至六)

360000－7908－0000433　10433
書經六卷　(宋)蔡沈集傳　清文奎堂刻本　二册

360000－7908－0000434　10434
書經六卷　(宋)蔡沈集傳　清光緒十七年(1891)文奎堂刻本　二册

360000－7908－0000435　10435
書經六卷首一卷末一卷　(宋)蔡沈集傳　清同治五年(1866)金陵書局刻十三經讀本本　三册　存六卷(一、四至六,首一卷,末一卷)

360000－7908－0000436　10436
尚書體註約解合參四卷　(宋)蔡沈集傳　(清)洪輔聖等輯注　清乾隆三十七年(1772)武林三餘堂刻本　四册

360000－7908－0000437　10437
書經六卷　(宋)蔡沈集傳　清英德堂刻本　二册

360000－7908－0000438　10438
尚書註疏二十卷　(漢)孔安國傳　(唐)孔穎達疏　(唐)陸德明音義　明崇禎五年(1632)毛氏汲古閣刻十三經注疏本　八册　存十五卷(一至二、五至六、十至二十)

360000－7908－0000439　10439
欽定書經傳説彙纂二十一卷首二卷書序一卷　(清)王頊齡等纂　清同治十一年(1872)江西書局刻御纂七經本　十六册

360000－7908－0000440　10440
欽定書經傳説彙纂二十一卷首二卷書序一卷　(清)王頊齡等纂　清刻本　八册　存十卷(一至四、七至十,首二卷)

360000－7908－0000441　10441
欽定書經傳説彙纂二十一卷首二卷書序一卷　(清)王頊齡等纂　清刻本　二十册

360000－7908－0000442　10442
欽定詩經傳説彙纂二十一卷首二卷詩序二卷　(清)王鴻緒等纂　清同治十一年(1872)江西書局刻御纂七經本　十四册

360000－7908－0000443　10443
欽定詩經傳説彙纂二十一卷首二卷詩序二卷　(清)王鴻緒等纂　清刻本　八册　存二十三卷(欽定詩經傳説彙纂二十一卷、首二卷)

360000－7908－0000444　10444
詩八卷　(宋)朱熹集傳　清會友堂刻本　三册　存五卷(一至五)

360000－7908－0000445　10445
御案詩經備旨八卷　(清)鄒聖脈輯　清光緒三十年(1904)上海文盛書局石印本　二册

360000－7908－0000446　10446
詩經八卷　(宋)朱熹集傳　清刻本　四册

360000－7908－0000447　10447
詩八卷　(宋)朱熹集傳　清會友堂刻本　四册

360000－7908－0000448　10448

詩八卷　（宋）朱熹集傳　清永言堂刻本　一冊　存三卷（六至八）

360000－7908－0000449　10449
詩經八卷　（宋）朱熹集傳　清立言堂刻本　四冊　存七卷（一至三、五至八）

360000－7908－0000450　10450
詩經八卷　（宋）朱熹集傳　清光緒二十六年（1900）立言堂刻本　四冊

360000－7908－0000451　10451
詩經八卷　（宋）朱熹集傳　清光緒二十六年（1900）立言堂刻本　四冊

360000－7908－0000452　10452
詩經八卷　（宋）朱熹集傳　清積慶堂刻本　四冊

360000－7908－0000453　10453
史記一百三十卷附考證　（漢）司馬遷撰　（南朝宋）裴駰集解　（唐）司馬貞索隱　（唐）張守節正義　清光緒十年（1884）上海同文書局影印本　二十六冊

360000－7908－0000454　10454
後漢書一百二十卷　（南朝宋）范曄撰　（唐）李賢注　（晉）司馬彪撰志　（南朝梁）劉昭注補　清同治八年（1869）嶺南葄古堂刻二十四史本　二十七冊

360000－7908－0000455　10455
漢書一百卷　（漢）班固撰　（唐）顔師古注　清同治十二年（1873）嶺南使署刻本　十三冊　存七十一卷（一至四十四、五十五至六十三、八十三至一百）

360000－7908－0000456　10456
三國志六十五卷附考證　（晉）陳壽撰　（南朝宋）裴松之注　清同治八年（1869）嶺南葄古堂刻二十四史本　十一冊　存三十六卷（魏志二十四至三十、蜀志七至十五、吳志二十卷）

360000－7908－0000457　10457
御定康熙字典十二集三十六卷總目一卷檢字一卷辨似一卷等韻一卷補遺一卷備考一卷　（清）張玉書等纂修　清刻本　十六冊　存十六卷（子集上、卯集中下、辰集上中下、巳集上、午集下、未集上中下、申集上中下、酉集中下）

360000－7908－0000458　10458
後漢書九十卷　（南朝宋）范曄撰　（唐）李賢注　**志三十卷**　（晉）司馬彪撰　（南朝梁）劉昭注補　明崇禎十六年（1643）毛氏汲古閣刻十七史本　二冊　存十卷（一至三、七十一至七十七）

360000－7908－0000459　10459
御定康熙字典十二集三十六卷總目一卷檢字一卷辨似一卷等韻一卷補遺一卷備考一卷　（清）張玉書等纂修　清刻本　十六冊　存一卷（辰集上）

360000－7908－0000460　10460
御定康熙字典十二集三十六卷總目一卷檢字一卷辨似一卷等韻一卷補遺一卷備考一卷　（清）張玉書等纂修　清刻本　十六冊　存一卷（巳集上）

360000－7908－0000461　10461
文字蒙求四卷　（清）王筠撰　清光緒十三年（1887）信述堂刻本　一冊

360000－7908－0000462　10462
字彙十二卷首一卷　（明）梅膺祚撰　清康熙十八年（1679）刻本　一冊　存一卷（首一卷）

360000－7908－0000463　10463
篆字彙十二卷　（清）佟世男編　清康熙三十年（1691）多山堂刻本　五冊　存五卷（丑、寅、未、酉、戌）

360000－7908－0000464　10464
十三經集字音釋四卷　（清）黃蕙田撰　清同治九年（1870）蔣存誠刻本　一冊　存一卷（二）

360000－7908－0000465　10465
類字蒙求不分卷　（清）燕毅編　（清）師竹齋主人重訂　清光緒十九年（1893）江右書局刻

本　二册

360000－7908－0000466　10466
五經文字不分卷　(唐)張參輯　**新加九經字樣一卷**　(唐)唐玄度撰　清刻本　三册　存周禮、儀禮、禮記、春秋、大學、中庸、孟子

360000－7908－0000467　10467
五經文字不分卷　(唐)張參輯　**新加九經字樣一卷**　(唐)唐玄度撰　清刻本　三册　存周禮、儀禮、左傳、公羊、穀梁、孝經、爾雅

360000－7908－0000468　10468
御定康熙字典十二集三十六卷總目一卷檢字一卷辨似一卷等韻一卷補遺一卷備考一卷　(清)張玉書等纂修　清末石印本　二册　存十二卷(巳集上中下、午集上中下、未集上中下、申集上中下)

360000－7908－0000469　10469
御定康熙字典十二集三十六卷總目一卷檢字一卷辨似一卷等韻一卷補遺一卷備考一卷　(清)張玉書等纂修　清光緒上海鴻寶書局石印本　一册　存六卷(寅集上中下、卯集上中下)

360000－7908－0000470　10470
御定康熙字典十二集三十六卷總目一卷檢字一卷辨似一卷等韻一卷補遺一卷備考一卷　(清)張玉書等纂修　清光緒二十九年(1903)上海文瀾書局石印本　一册　存六卷(巳集上中下、午集上中下)

360000－7908－0000471　10471
御定康熙字典十二集三十六卷總目一卷檢字一卷辨似一卷等韻一卷補遺一卷備考一卷　(清)張玉書等纂修　清光緒十六年(1890)上海鴻寶齋石印本　一册　存九卷(子集上中下、丑集上中下,檢字一卷,辨似一卷,等韻一卷)

360000－7908－0000472　10472
御定康熙字典十二集三十六卷總目一卷檢字一卷辨似一卷等韻一卷補遺一卷備考一卷　(清)張玉書等纂修　清末石印本　四册　存三卷(子集上、午集中、未集下)

360000－7908－0000473　10473
説文解字注十五卷　(清)段玉裁撰　**説文通檢十四卷首一卷末一卷**　(清)黎永椿編　清光緒十六年(1890)石印本　三册　缺十卷(説文解字注六至十五)

360000－7908－0000474　10474
説文釋例二十卷　(清)王筠撰　清光緒十三年(1887)上海積山書局石印本　六册

360000－7908－0000475　10475
説文解字注十五卷六書音均表五卷　(清)段玉裁撰　清光緒七年(1881)查氏漸齋刻本　二十一册　缺二卷(六書音均表四至五)

360000－7908－0000476　10476
新編詩韻全璧五卷　(清)湯祥瑟輯　(清)華錕重編　**虚字韻藪一卷**　(清)潘維城輯　**初學檢韻袖珍一卷**　(清)姚文登輯　清光緒二十二年(1896)上海書局石印本　五册　缺一卷(三)

360000－7908－0000477　10477
新編詩韻全璧五卷　(清)湯祥瑟輯　(清)華錕重編　清光緒十四年(1888)同文書局石印本　五册

360000－7908－0000478　10478
御定康熙字典十二集三十六卷總目一卷檢字一卷辨似一卷等韻一卷補遺一卷備考一卷　(清)張玉書等纂修　清道光十七年(1837)刻本　十册　存十一卷(子集上中、丑集上中下、寅集中下、卯集上,檢字一卷,辨似一卷,等韻一卷)

360000－7908－0000479　10479
御定康熙字典十二集三十六卷總目一卷檢字一卷辨似一卷等韻一卷補遺一卷備考一卷　(清)張玉書等纂修　清刻本　三册　存三卷(辰集上、未集上,等韻一卷)

360000－7908－0000480　10480
御定康熙字典十二集三十六卷總目一卷檢字一卷辨似一卷等韻一卷補遺一卷備考一卷

(清)張玉書等纂修　清刻本　四册　存四卷(卯集上下、未集上中)

360000－7908－0000481　10481
新鐫對語集腋四種　(清)章慶輯　清同治九年(1870)耕紅主人刻本　二册　存二種

360000－7908－0000482　10482
詩韻全璧五卷　(清)湯祥瑟輯　(清)華錕重編　**初學檢韻一卷**　(清)姚文登輯　**虚字韻藪一卷**　(清)潘維城輯　清光緒十七年(1891)錦章圖書局石印本　五册　存六卷(詩韻全璧二至五、初學檢韻一卷、虚字韻藪一卷)

360000－7908－0000483　10483
詩韻集成十卷附詞林典腋一卷　(清)余照輯　清光緒二十九年(1903)石印本　二册　存二卷(上平聲、下平聲)

360000－7908－0000484　10484
詩韻□□卷　(□)□□輯　清末民初石印本　二册　存二卷(四至五)

360000－7908－0000485　10485
千金裘二十七卷　(清)蔣義彬輯　清刻本　一册　存八卷(三至十)

360000－7908－0000486　10486
弘簡録二百五十四卷　(明)邵經邦撰　清康熙刻本　七十册

360000－7908－0000487　10487
續弘簡録元史類編四十二卷　(清)邵遠平撰　清康熙刻本　十九册　存四十卷(三至四十二)

360000－7908－0000488　10488
五代史七十四卷　(宋)歐陽修撰　(宋)徐無黨注　明崇禎三年(1630)毛氏汲古閣刻十七史本　八册

360000－7908－0000489　10489
皇明通紀集要六十卷　(明)陳建撰　(明)江旭奇補訂　明崇禎刻本　二册　存十四卷(九至十三、二十六、二十八至三十五)

360000－7908－0000490　10490
兩漢紀六十卷　(宋)王銍輯　**兩漢紀字句異同考一卷**　(清)蔣國祚撰　清康熙三十五年(1696)襄平蔣氏刻五十年(1711)廣寧郎廷極印本　十四册　存五十六卷(前漢紀一至二、八至三十,後漢紀三十卷,兩漢紀字句異同考一卷)

360000－7908－0000491　10491
稗海　(明)商濬輯　明萬曆商氏半埜堂刻清康熙振鷺堂重編補刻本　八十五册

360000－7908－0000492　10492
詩八卷　(宋)朱熹集傳　清聚文堂刻本　一册　存二卷(一至二)

360000－7908－0000493　10493
詩八卷　(宋)朱熹集傳　清刻本　二册　存四卷(一至二、四至五)

360000－7908－0000494　10494
詩經八卷　(宋)朱熹集傳　清刻本　一册　存二卷(四至五)

360000－7908－0000495　10495
詩經八卷　(宋)朱熹集傳　清刻本　一册　存二卷(四至五)

360000－7908－0000496　10496
周禮節訓六卷　(清)黄叔琳輯　(清)姚培謙重訂　清刻本　一册

360000－7908－0000497　10497
周禮約編六卷　(清)汪基撰　清嘉慶汪氏莘田家塾刻三禮約編嗜鳳本　二册

360000－7908－0000498　10498
周禮註疏删翼三十卷　(明)王志長撰　明崇禎十二年(1639)葉培恕刻本　十六册

360000－7908－0000499　10499
欽定周官義疏四十八卷首一卷　(清)鄂爾泰等撰　清紫陽書院刻本　三十册

360000－7908－0000500　10500
欽定周官義疏四十八卷首一卷　(清)鄂爾泰等撰　清同治十一年(1872)江西書局刻御纂

七經本　三十二册

360000－7908－0000501　10501
欽定儀禮義疏四十八卷首二卷　（清）朱軾等撰　清同治十一年（1872）江西書局刻御纂七經本　三十二册

360000－7908－0000502　10502
周禮精華六卷　（清）陳龍標輯　清嘉慶二十三年（1818）刻本　六册

360000－7908－0000503　10503
周禮註疏四十二卷　（漢）鄭玄注　（唐）賈公彦疏　（唐）陸德明音義　明崇禎元年（1628）毛氏汲古閣刻十三經注疏本　十七册　存三十七卷（三至二十、二十四至四十二）

360000－7908－0000504　10504
周禮十二卷　（漢）鄭玄注　（唐）陸德明音義　清光緒三年（1877）永康退補齋胡氏刻本　六册

360000－7908－0000505　10505
儀禮十七卷　（漢）鄭玄注　（唐）陸德明音義　清光緒三年（1877）永康退補齋胡氏刻本　四册

360000－7908－0000506　10506
儀禮易讀十七卷　（清）馬駉撰　清乾隆二十年（1755）悦六齋刻本　二册　存十六卷（一至八、十至十七）

360000－7908－0000507　10507
儀禮鄭註句讀十七卷監本正誤一卷石本誤字一卷　（清）張爾岐撰　清刻本　二册　存六卷（七至十二）

360000－7908－0000508　10508
詩經八卷　（宋）朱熹集傳　清道光十五年（1835）刻本　三册

360000－7908－0000509　10509
毛詩故訓傳三十卷　（漢）毛亨傳　（漢）鄭玄箋　清刻本　五册　存十二卷（三至四、八至十、十四至二十）

360000－7908－0000510　10510
詩經體注大全合參八卷　（清）高朝瓔定　（清）沈世楷輯　清文富堂刻本　二册

360000－7908－0000511　10511
詩經體注大全合參八卷　（清）高朝瓔定　（清）沈世楷輯　清愛日堂刻本　四册

360000－7908－0000512　10512
詩經體注大全合參八卷　（清）高朝瓔定　（清）沈世楷輯　清刻本　一册　存三卷（六至八）

360000－7908－0000513　10513
詩經闡註八卷　（清）浦泰輯　清刻本　一册　存一卷（三）

360000－7908－0000514　10514
詩經精華十卷　（清）薛嘉穎輯　清刻本　二册　存三卷（三至五）

360000－7908－0000515　10515
詩經旁訓辨體合訂四卷　（清）徐立綱輯　清刻本　一册

360000－7908－0000516　10516
詩八卷　（宋）朱熹集傳　清筆花樓刻本　一册　存三卷（六至八）

360000－7908－0000517　10517
詩經八卷　（宋）朱熹集傳　清刻本　二册　存四卷（三、六至八）

360000－7908－0000518　10518
詩八卷　（宋）朱熹集傳　清刻本　二册　存五卷（四至八）

360000－7908－0000519　10519
詩八卷　（宋）朱熹集傳　清文星堂刻本　二册　存四卷（一至二、四至五）

360000－7908－0000520　10520
詩經八卷　（宋）朱熹集傳　清刻本　一册　存二卷（一至二）

360000－7908－0000521　10521
詩經八卷　（宋）朱熹集傳　清立言堂刻本　一册　存三卷（六至八）

360000－7908－0000522　10522
詩經八卷　(宋)朱熹集傳　清立言堂刻本　一册　存三卷(六至八)

360000－7908－0000523　10523
詩經八卷　(宋)朱熹集傳　清刻本　一册　存二卷(四至五)

360000－7908－0000524　10524
詩八卷　(宋)朱熹集傳　清刻本　二册　存四卷(三、六至八)

360000－7908－0000525　10525
御案詩經備旨八卷　(清)鄒聖脈輯　清刻本　一册　存四卷(五至八)

360000－7908－0000526　10526
寄傲山房塾課纂輯御案易經備旨七卷易經圖案一卷　(清)鄒聖脈輯　清刻本　二册　存三卷(一、四,易經圖案一卷)

360000－7908－0000527　10527
晉書一百三十卷附考證　(唐)房玄齡等撰　**音義三卷**　(唐)何超撰　清同治八年(1869)嶺南葄古堂刻二十四史本　二十七册　存九十九卷(一至二十二、五十七至一百三十,音義三卷)

360000－7908－0000528　10528
晉書一百三十卷　(唐)房玄齡等撰　清同治十年(1871)金陵書局刻本　六册　存三十四卷(二十三至五十六)

360000－7908－0000529　10529
北史一百卷附考證　(唐)李延壽撰　清光緒十八年(1892)武林竹簡齋石印二十四史本　八册

360000－7908－0000530　10530
北齊書五十卷　(唐)李百藥撰　清同治八年(1869)嶺南葄古堂刻二十四史本　八册

360000－7908－0000531　10531
南齊書五十九卷　(南朝梁)蕭子顯撰　清同治八年(1869)嶺南葄古堂刻二十四史本　四册　存十九卷(一至十九)

360000－7908－0000532　10532
南齊書五十九卷附考證　(南朝梁)蕭子顯撰　清光緒十八年(1892)武林竹簡齋石印二十四史本　一册　存三十二卷(二十八至五十九)

360000－7908－0000533　10533
舊唐書二百卷　(五代)劉昫等撰　清同治八年(1869)嶺南葄古堂刻二十四史本　二十册　存六十七卷(二十至四十一、七十六至一百二十)

360000－7908－0000534　10534
宋書一百卷附考證　(南朝梁)沈約撰　清同治八年(1869)嶺南葄古堂刻二十四史本　十七册　存五十七卷(一至三十三、七十七至一百)

360000－7908－0000535　10535
宋書一百卷附考證　(南朝梁)沈約撰　清光緒十八年(1892)武林竹簡齋石印二十四史本　四册　存二十九卷(一至十五、二十七至四十)

360000－7908－0000536　10536
舊唐書二百卷附考證　(五代)劉昫等撰　清光緒十八年(1892)武林竹簡齋石印二十四史本　十二册　存一百五十二卷(一至五十、七十九至一百七十、一百九十一至二百)

360000－7908－0000537　10537
南史八十卷附考證　(唐)李延壽撰　清光緒十八年(1892)武林竹簡齋石印二十四史本　六册

360000－7908－0000538　10538
周書五十卷　(唐)令狐德棻等撰　清光緒十八年(1892)武林竹簡齋石印二十四史本　二册

360000－7908－0000539　10539
宋書一百卷附考證　(南朝梁)沈約撰　清光緒十年(1884)上海同文書局石印本　五册　存十七卷(一至四、十六至二十二、五十六至六十一)

360000－7908－0000540　10540
隋書八十五卷附考證　（唐）魏徵　（唐）長孫無忌等撰　清光緒十四年（1888）圖書集成印書局鉛印本　十二册

360000－7908－0000541　10541
魏書一百十四卷附考證　（北齊）魏收撰　清光緒十年（1884）上海同文書局石印二十四史本　二十四册

360000－7908－0000542　10542
梁書五十六卷附考證　（唐）姚思廉撰　清光緒十四年（1888）圖書集成印書局鉛印二十四史本　六册

360000－7908－0000543　10543
資治通鑑綱目五十九卷　（宋）朱熹撰　（明）陳仁錫評　清刻本　三十九册　存三十四卷（一至四、六至九、十三至十四、十七、二十、二十六、三十至三十四、三十六至三十七、三十九至四十一、四十三至四十四、四十六、四十八至五十一、五十三至五十四、五十七至五十八）

360000－7908－0000544　10544
續資治通鑑綱目二十七卷末一卷　（明）商輅等撰　（明）陳仁錫評閲　清刻本　十九册　存十八卷（一、三至七、十、十三至十五、十八、二十二至二十七，末一卷）

360000－7908－0000545　10545
野獲編三十卷首一卷補遺四卷　（明）沈德符撰　（清）錢枋輯　清道光七年（1827）錢塘姚祖恩扶荔山房刻本　十四册

360000－7908－0000546　10546
綏寇紀略十二卷補遺三卷　（清）吴偉業撰　清嘉慶九年（1804）張海鵬照曠閣刻本　八册

360000－7908－0000547　10547
資治通鑑綱目五十九卷　（宋）朱熹撰　（明）陳仁錫評　清刻本　三十六册　存三十三卷（四至五、七、九至十二、十五至十六、十八至二十五、二十七至二十九、三十五、三十八、四十一至四十二、四十四至四十五、四十七至五十、五十二、五十七、五十九）

360000－7908－0000548　10548
欽定禮記義疏八十二卷首一卷　（清）允祿等撰　清同治十一年（1872）江西書局刻御纂七經本　四十五册

360000－7908－0000549　10549
資治通鑑綱目五十九卷　（宋）朱熹撰　（明）陳仁錫評　清刻本　四册　存四卷（三十六至三十七、五十五至五十六）

360000－7908－0000550　10550
續資治通鑑綱目二十七卷末一卷　（明）商輅等撰　（明）陳仁錫評閲　清刻本　十册　存十卷（二、八至九、十一至十二、十六至十七、十九至二十一）

360000－7908－0000551　10551
歷代名賢列女氏姓譜一百五十七卷　（清）蕭智漢輯　清刻本　五十五册　存八十卷（三至八十二）

360000－7908－0000552　10552
禮記十卷　（元）陳澔集説　清同治五年（1866）金陵書局刻十三經讀本本　十册

360000－7908－0000553　10553
禮記省度四卷　（清）彭頤撰　清刻朱墨套印本　二册　存二卷（一、三）

360000－7908－0000554　10554
禮記十卷　（元）陳澔集説　清同治七年（1868）楚北崇文書局刻本　一册　存一卷（一）

360000－7908－0000555　10555
欽定禮記義疏八十二卷首一卷　（清）允祿等撰　清同治十一年（1872）江西書局刻御纂七經本　十八册　存二十九卷（一至十八、二十五至三十三、三十六，首一卷）

360000－7908－0000556　10556
禮記十卷　（元）陳澔集説　清刻本　十册

360000－7908－0000557　10557
禮記增訂旁訓六卷　（清）徐立綱輯　清咸豐

八年(1858)寧郡汲綆齋刻本　六冊

360000－7908－0000558　10558
漱芳軒合纂禮記體註四卷　(清)范翔輯　清文星堂刻本　四冊

360000－7908－0000559　10559
禮記十卷　(元)陳澔集說　清存心齋刻本　七冊　存七卷(四至十)

360000－7908－0000560　10560
禮記十卷　(元)陳澔集說　清光緒三年(1877)永康退補齋胡氏刻本　十冊

360000－7908－0000561　10561
全本禮記體註大全合參十卷　(清)范翔輯　(清)徐瑄補輯　清學源堂刻本　九冊　存九卷(一至四、六至十)

360000－7908－0000562　10562
全本禮記體註大全合參十卷　(清)范翔輯　(清)徐瑄補輯　清學源堂刻本　六冊　存六卷(一至二、四至六、八)

360000－7908－0000563　10563
禮記註疏六十三卷　(漢)鄭玄注　(唐)孔穎達疏　(唐)陸德明音義　明崇禎十二年(1639)毛氏汲古閣刻十三經注疏本　十七冊　存四十五卷(五至六、九至十、十二至十七、二十二至二十四、二十七至二十九、三十二至三十四、三十八至六十三)

360000－7908－0000564　10564
五禮通考二百六十二卷首四卷目錄二卷　(清)秦蕙田撰　清刻本　九十二冊　存二百四十一卷(二十二至二百六十二)

360000－7908－0000565　10565
舊五代史一百五十卷目錄二卷附考證　(宋)薛居正等撰　清同治八年(1869)嶺南葄古堂刻二十四史本　二十五冊

360000－7908－0000566　10566
唐書二百二十五卷附考證　(宋)歐陽修　(宋)宋祁等撰　**釋音二十五卷**　(宋)董衝撰　清同治八年(1869)嶺南葄古堂刻二十四史本　四十七冊　存一百八十三卷(二十二至一百六十九、二百十六至二百二十五,釋音二十五卷)

360000－7908－0000567　10567
宋史四百九十六卷目錄三卷　(元)脫脫等撰　清同治八年(1869)嶺南葄古堂刻二十四史本　一百十冊　存三百九十六卷(三十二至二百六十五、三百五至四百六十六)

360000－7908－0000568　10568
五代史七十四卷附考證　(宋)歐陽修撰　(宋)徐無黨注　清光緒二十年(1894)上海同文書局影印二十四史本　九冊

360000－7908－0000569　10569
唐書二百二十五卷附考證　(宋)歐陽修　(宋)宋祁等撰　清光緒十八年(1892)武林竹簡齋石印二十四史本　一冊　存十卷(一至十)

360000－7908－0000570　10570
宋史四百九十六卷目錄三卷附考證　(元)脫脫等撰　清光緒十八年(1892)武林竹簡齋石印二十四史本　一冊　存六十五卷(一至二十三、二百六十六至三百四,目錄三卷)

360000－7908－0000571　10571
五雜組十六卷　(明)謝肇淛撰　明萬曆四十四年(1616)潘膺祉如韋館刻本　八冊

360000－7908－0000572　10572
道言內外祕訣全書　(明)彭好古輯　明崇禎新安黃之寀刻本　三冊　存九種

360000－7908－0000573　10573
鹽鐵論十二卷　(漢)桓寬撰　明末刻本　一冊　存四卷(一至四)

360000－7908－0000574　10574
天祿閣外史八卷　(漢)黃憲撰　明末刻本　一冊　存三卷(六至八)

360000－7908－0000575　10575
考辨隨筆二卷　(清)黃定宜撰　清道光二十七年(1847)萍鄉文晟刻本　二冊

360000－7908－0000576　10576

古律經傳附考五卷　(清)紀大奎撰　清嘉慶十三年(1808)紀氏什邡刻二十年(1815)印本　二冊

360000－7908－0000577　10577

廿一史約編八卷首一卷　(清)鄭元慶撰　清康熙三十五年至三十六年(1696－1697)刻本　八冊

360000－7908－0000578　10578

縉紳全書不分卷(乾隆二十三年夏季)　(清)□□輯　清乾隆二十三年(1758)刻本　一冊

360000－7908－0000579　10579

江西省咨議局會議錄不分卷　(清)江西省咨議局編　清宣統元年(1909)江西省咨議局油印本　一冊

360000－7908－0000580　10580

大明一統志九十卷　(明)李賢　(明)萬安等纂修　明萬壽堂刻清修補印本　三冊　存七卷(三至四、七至十一)

360000－7908－0000581　10581

大清中外一統輿圖三十一卷首一卷　(清)鄒世詒　(清)晏啓鎮繪　(清)李廷簫　(清)汪士鐸增訂　清同治二年(1863)湖北撫署刻本　十二冊

360000－7908－0000582　10582

天下郡國利病書一百二十卷　(清)顧炎武撰　清道光成都敷文閣木活字印本　五十四冊

360000－7908－0000583　10583

瀛壖雜志六卷　(清)王韜撰　清光緒元年(1875)刻本　二冊

360000－7908－0000584　10584

隸釋二十七卷　(宋)洪适撰　清乾隆四十二年至四十三年(1777－1778)汪日秀樓松書屋刻本　一冊　存六卷(二十二至二十七)

360000－7908－0000585　10585

[乾隆]鉛山縣志十五卷　(清)鄭之僑修　(清)蔣垣等纂　清乾隆八年(1743)刻本　二冊　存三卷(四、十至十一)

360000－7908－0000586　10586

[康熙]廣信府志四十卷輿圖一卷拾遺一卷　(清)周鐞元修　(清)馬道畊纂　(清)蘇祉續修　(清)羅克昌續纂　清康熙刻雍正八年(1730)續修本　二冊　存二卷(一、三十六)

360000－7908－0000587　10587

中州集十卷首一卷中州樂府一卷　(金)元好問輯　明末毛氏汲古閣刻本　三冊　存三卷(二至三、中州樂府一卷)

360000－7908－0000588　10588

憑山閣增輯留青新集三十卷　(清)陳枚輯　(清)陳德裕增輯　清刻本　十二冊　存二十一卷(四、七至十一、十三至二十、二十二至二十四、二十七至三十)

360000－7908－0000589　10589

歷代名賢列女氏姓譜一百五十七卷　(清)蕭智漢輯　清刻本　六十四冊　存七十五卷(八十三至一百五十七)

360000－7908－0000590　10590

菰中隨筆一卷　(清)顧炎武撰　清道光十二年(1832)長白鄂山刻本　一冊

360000－7908－0000591　10591

春秋集註四十卷　(宋)高閌撰　清刻武英殿聚珍版書本　七冊　存二十九卷(一至十七、二十二至二十六、三十四至四十)

360000－7908－0000592　10592

春秋經傳集解三十卷　(晉)杜預撰　(唐)陸德明音義　(宋)林堯叟附注　(清)馮李驊增訂　**左繡三十卷**　(清)馮李驊　(清)陸浩評輯　清乾隆三十六年(1771)華川書屋刻本　十二冊

360000－7908－0000593　10593

全本禮記體註十卷　(清)范翔訂　(清)徐瑄補輯　清刻本　十冊

360000－7908－0000594　10594

春秋左傳五十卷　(晉)杜預　(宋)林堯叟注

釋　(唐)陸德明音義　(明)孫鑛　(明)鍾惺　(明)韓范評點　**春秋左傳綱目一卷**　(宋)林堯叟撰　**春秋列國圖說一卷**　(宋)蘇軾撰　**春秋提要一卷**　清光緒三十四年(1908)上海商務印書館石印本　三冊　存十三卷(一至二、十四至十八、四十至四十二,春秋左傳綱目一卷,春秋列國圖說一卷,春秋提要一卷)

360000－7908－0000595　10595
春秋左傳五十卷　(晉)杜預　(宋)林堯叟注釋　(唐)陸德明音義　(明)孫鑛　(明)鍾惺　(明)韓范評點　**春秋左傳綱目一卷**　(宋)林堯叟撰　**春秋列國圖說一卷**　(宋)蘇軾撰　**春秋提要一卷**　清宣統二年(1910)上海鴻寶齋石印本　一冊　存六卷(一至三、春秋左傳綱目一卷、春秋列國圖說一卷、春秋提要一卷)

360000－7908－0000596　10596
春秋左傳杜注三十卷首一卷　(清)姚培謙撰　清同治五年(1866)金陵書局刻本　十冊

360000－7908－0000597　10597
春秋左傳五十卷　(晉)杜預　(宋)林堯叟注釋　(唐)陸德明音義　(明)鍾惺　(明)韓范評閱　清刻本　十四冊　存四十四卷(三至十、十五至五十)

360000－7908－0000598　10598
如西所刻諸名家評點春秋綱目左傳句解彙雋六卷　(清)韓菼重訂　清刻本　六冊

360000－7908－0000599　10599
春秋攷十六卷　(宋)葉夢得撰　清刻武英殿聚珍版書本　四冊　存十卷(五至六、九至十六)

360000－7908－0000600　10600
評點春秋綱目左傳句解彙雋六卷　(清)韓菼重訂　清刻本　四冊　存四卷(二至三、五至六)

360000－7908－0000601　10601
評點春秋綱目左傳句解彙雋六卷　(清)韓菼重訂　清刻本　六冊

360000－7908－0000602　10602
太史張天如詳節春秋綱目句解左傳彙雋六卷　(清)韓菼重訂　清刻本　五冊　存五卷(二至六)

360000－7908－0000603　10603
評點春秋綱目左傳句解彙雋六卷　(清)韓菼重訂　清刻本　六冊

360000－7908－0000604　10604
如西所刻諸名家評點春秋綱目左傳句解彙雋六卷　(清)韓菼重訂　清刻本　一冊　存一卷(一)

360000－7908－0000605　10605
評點春秋綱目左傳句解彙雋六卷　(清)韓菼重訂　清刻本　二冊　存二卷(二至三)

360000－7908－0000606　10606
太史張天如詳節春秋綱目句解左傳彙雋六卷　(清)韓菼重訂　清刻本　三冊　存三卷(三至五)

360000－7908－0000607　10607
太史張天如詳節春秋綱目句解左傳彙雋六卷　(清)韓菼重訂　清刻本　四冊　存四卷(三至六)

360000－7908－0000608　10608
評點春秋綱目左傳句解彙雋六卷　(清)韓菼重訂　清刻本　三冊　存三卷(二、五至六)

360000－7908－0000609　10609
春秋經傳集解三十卷　(晉)杜預撰　(唐)陸德明音義　(宋)林堯叟附注　(清)馮李驊增訂　**左繡三十卷**　(清)馮李驊　(清)陸浩評輯　清刻本　十二冊　存五十八卷(春秋經傳集解一至七、九至三十,左繡一至七、九至三十)

360000－7908－0000610　10610
春秋體註大全合衆四卷　(清)周熾撰　清文淵堂刻本　四冊

360000－7908－0000611　10611

春秋五傳十七卷首一卷　(明)張岐然編　(清)張璞重編　清會文堂刻本　一册

360000－7908－0000612　10612

曲江書屋新訂批注左傳快讀十八卷首一卷　(清)李紹崧輯　清刻本　六册　存十五卷(一至八、十三至十八,首一卷)

360000－7908－0000613　10613

春秋辨疑四卷　(宋)蕭楚撰　清刻武英殿聚珍版書本　二册

360000－7908－0000614　10614

大戴禮記十三卷　(漢)戴德撰　(北周)盧辯注　清刻武英殿聚珍版書本　三册　存十卷(一至三、七至十三)

360000－7908－0000615　10615

綏寇紀略十二卷補遺三卷　(清)吳偉業撰　清嘉慶九年(1804)張海鵬照曠閣刻本　八册

360000－7908－0000616　10616

遼史一百十五卷附考證　(元)脱脱等撰　清同治十二年(1873)江蘇書局刻本　十二册

360000－7908－0000617　10617

金史一百三十五卷附考證　(元)脱脱等撰　清同治十三年(1874)江蘇書局刻本　十一册　存七十一卷(一至九、十七至四十八、六十一至八十二、一百十至一百十七)

360000－7908－0000618　10618

金史一百三十五卷　(元)脱脱等撰　**欽定金國語解一卷**　清光緒十八年(1892)武林竹簡齋石印二十四史本　三册　存五十八卷(二十三至三十四、八十三至一百九、一百十七至一百三十五)

360000－7908－0000619　10619

元史二百十卷目錄二卷　(明)宋濂　(明)王禕等撰　清光緒十八年(1892)武林竹簡齋石印二十四史本　四册　存四十五卷(四十八至九十二)

360000－7908－0000620　10620

元史二百十卷　(明)宋濂　(明)王禕等撰　清同治十三年(1874)江蘇書局刻二十四史本　三十册　存一百六十八卷(一至四十八、九十一至二百十)

360000－7908－0000621　10621

武英殿聚珍版叢書　(清)紀昀等編　清同治十三年(1874)江西書局刻本　一百二十八册

360000－7908－0000622　10622

金華叢書　(清)胡鳳丹輯　清同治七年至光緒八年(1868－1882)永康胡氏退補齋刻本　一百十四册　存十五種

360000－7908－0000623　10624

歷代輿地沿革險要圖一卷　楊守敬　饒敦秩撰　清光緒五年(1879)東湖饒氏刻本　一册

360000－7908－0000624　10625

讀史方輿紀要一百三十卷輿圖要覽四卷　(清)顧祖禹撰　清嘉慶錦里龍萬育敷文閣刻本　一册　存二卷(二十二至二十三)

360000－7908－0000625　10626

五洲圖考不分卷　(清)龔柴　(清)徐邁　(清)許彬撰　清光緒二十八年(1902)上海徐家匯印書館鉛印本　四册

360000－7908－0000626　10627

[同治]鉛山縣志三十卷首一卷　(清)張廷珩修　(清)華祝三纂　清同治十二年(1873)刻本　十六册

360000－7908－0000627　10628

太平寰宇記二百卷目錄二卷　(宋)樂史撰　清光緒八年(1882)金陵書局刻本　三十六册

360000－7908－0000628　10629

太平寰宇記二百卷目錄二卷　(宋)樂史撰　**大清一統志表不分卷**　(清)徐午輯校　**朝代紀元表一卷**　(清)萬廷蘭撰　清同治、光緒金谿趙氏紅杏山房刻趙氏藏書本(卷一百十三至一百十九原缺)　四十三册　存一百八十八卷(一至五十七、六十至九十九、一百八至一百三十七、一百四十二至二百,大清一統志表不分卷,朝代紀元表一卷)

360000－7908－0000629　10630

天下郡國利病書一百二十卷　(清)顧炎武撰　清道光龍萬育敷文閣刻光緒五年(1879)蜀南桐華書屋薛氏家塾重修本　四十九冊　存一百十六卷(一至七十八、八十三至一百二十)

360000－7908－0000630　10631

廣陵通典三十卷　(清)汪中撰　清同治八年(1869)揚州書局刻本　一冊　存十卷(一至十)

360000－7908－0000631　10632

[光緒]江西通志一百八十卷首五卷　(清)劉坤一等修　(清)劉繹等纂　清光緒六年至七年(1880－1881)刻本　八十二冊　存一百二十五卷(六至四十二、六十五至六十八、七十至七十六、八十一至八十二、八十四至九十四、九十九至一百十二、一百三十四至一百五十六、一百五十九至一百八十,首五卷)

360000－7908－0000632　10633

[乾隆]廣信府志二十六卷首一卷　(清)連柱等纂修　清乾隆四十八年(1783)刻本　十冊　存十卷(二至四、六、十、十二、十六、二十一、二十三、二十五)

360000－7908－0000633　10634

[同治]廣信府志十二卷首一卷　(清)蔣繼洙修　(清)李樹藩纂　清同治十二年(1873)刻本　八冊　存七卷(一、三至四、七、九至十,首一卷)

360000－7908－0000634　10635

[同治]鉛山縣志三十卷首一卷　(清)張廷珩修　(清)華祝三纂　清同治十二年(1873)刻本　八冊　存十四卷(五至八、十三、十八至二十、二十三至二十六、二十九至三十)

360000－7908－0000635　10636

[同治]鉛山縣志三十卷首一卷　(清)張廷珩修　(清)華祝三纂　清同治十二年(1873)刻本　三冊　存三卷(五、二十五至二十六)

360000－7908－0000636　10637

[同治]鉛山縣志三十卷首一卷　(清)張廷珩修　(清)華祝三纂　清同治十二年(1873)刻本　三冊　存六卷(二十一至二十六)

360000－7908－0000637　10638

[乾隆]延平府志四十六卷　(清)傅爾泰修　(清)陶元藻纂　清乾隆三十年(1765)刻本　一冊　存二卷(二十至二十一)

360000－7908－0000638　10639

[光緒]高州府志五十四卷首一卷末一卷　(清)楊霽修　(清)陳蘭彬等纂　清光緒十六年(1890)刻本　二十冊　存四十八卷(三至三十四、四十至五十四,末一卷)

360000－7908－0000639　10640

[乾隆]福寧府志四十四卷首一卷　(清)李拔纂修　清光緒六年(1880)會稽張其曜刻本　一冊　存三卷(一至二、首一卷)

360000－7908－0000640　10641

[嘉定]剡錄十卷　(宋)史安之修　(宋)高似孫纂　清同治九年(1870)丹徒嚴思忠刻本　一冊

360000－7908－0000641　10642

[淳熙]新安志十卷附錄一卷　(宋)羅願纂　清光緒十四年(1888)黟縣李宗煝刻本　四冊

360000－7908－0000642　10643

[同治]嵊縣志二十六卷首一卷末一卷　(清)嚴思忠　(清)陳仲麟修　(清)蔡以瑺纂　清同治九年(1870)刻本　十二冊

360000－7908－0000643　10644

大清一統志四百二十四卷　(清)和珅等纂修　清末石印本　一冊　存七卷(八十二至八十八)

360000－7908－0000644　10645

江西考古錄十卷　(清)王謨撰　清光緒十七年(1891)奉新宋延春刻本　三冊　存七卷(一至七)

360000－7908－0000645　10646

重鐫鵝湖峰頂志五卷首一卷　(明)王祚昌撰

(清)張時泰輯　清康熙刻本　一册　存四卷(一至三、首一卷)

360000－7908－0000646　10647
讀史方輿紀要一百三十卷　(清)顧祖禹撰　清嘉慶十七年(1812)敷文閣刻本　一册　存三卷(三十四至三十六)

360000－7908－0000647　10648
漢書地理志校本二卷　(清)汪遠孫撰　清同治十年(1871)永康胡鳳丹退補齋刻本　一册

360000－7908－0000648　10649
江西考古錄十卷　(清)王謨撰　清光緒二十年(1894)上海文盛堂石印本　一册　存二卷(一至二)

360000－7908－0000649　10650
讀史兵略四十六卷　(清)胡林翼撰　清咸豐十一年(1861)武昌節署刻本　十四册　存四十卷(一至八、十二至十七、二十一至四十六)

360000－7908－0000650　10651
讀史方輿紀要一百三十卷　(清)顧祖禹撰　清光緒五年(1879)蜀南桐華書屋刻本　三十六册　存九十七卷(一至九十七)

360000－7908－0000651　10652
駁案新編三十二卷續編七卷　(清)全士潮等輯　清刻本　二十四册

360000－7908－0000652　10653
五種遺規　(清)陳弘謀撰　清同治七年(1868)金陵書局刻本　十册

360000－7908－0000653　10654
五種遺規　(清)陳弘謀撰　清光緒二十一年(1895)浙江書局刻本　三册　存二種

360000－7908－0000654　10655
五種遺規　(清)陳弘謀撰　清宣統三年(1911)上海商務印書館鉛印本　三册　存三種

360000－7908－0000655　10656
胡敬齋先生居業錄八卷　(明)胡居仁撰　清同治五年(1866)福州正誼書局刻正誼堂全書本　二册　存七卷(一至七)

360000－7908－0000656　10657
薛文清公讀書錄八卷　(明)薛瑄撰　清同治五年(1866)福州正誼書局刻正誼堂全書本　三册

360000－7908－0000657　10658
海防要覽二卷　(清)丁日昌　(清)李鴻章撰　清光緒十年(1884)長沙左錫九敦懷書屋刻本　二册

360000－7908－0000658　10659
火龍經三卷　題(三國蜀)諸葛亮撰　清抄本　一册　存一卷(上)

360000－7908－0000659　10660
營壘圖說一卷　(比利時)伯里牙芒撰　(美國)金楷理口譯　(清)李鳳苞筆述　清末刻本　一册

360000－7908－0000660　10661
聽黃鸝館外篇不分卷　(清)魏邦翰撰　清光緒十年(1884)湘潭黎景嵩署刻本　一册

360000－7908－0000661　10662
曾文正公水陸行軍練兵志四卷　(清)王定安撰　清光緒十年(1884)上洋文海書局刻本　四册

360000－7908－0000662　10663
佐治藥言一卷續一卷　(清)汪輝祖撰　清末刻本　一册

360000－7908－0000663　10664
佐治藥言一卷續一卷　(清)汪輝祖撰　清咸豐元年(1851)刻本　一册

360000－7908－0000664　10665
鑄史駢言十二卷　(清)孫玉田撰　清光緒二年(1876)四明陳氏銀藤花館刻本　一册　存二卷(一至二)

360000－7908－0000665　10666
日省錄三卷補遺一卷　(清)梁文科輯　清光緒九年(1883)運道堂刻本　一册

360000－7908－0000666　10667

周易參同契集韻六卷末一卷俞氏參同契發揮五言註摘錄一卷　(清)紀大奎輯　清咸豐二年(1852)刻本　五册

360000－7908－0000667　10668
侯鯖新錄十二卷　(清)沈定年輯　清光緒二年(1876)上海機器印書局鉛印本　一册

360000－7908－0000668　10669
四溟瑣紀十二卷　申報館編　清光緒元年(1875)上海申報館鉛印本　四册

360000－7908－0000669　10670
蜀碧四卷　(清)彭遵泗撰　清末上海申報館鉛印本　一册

360000－7908－0000670　10671
庸閒齋筆記十二卷　(清)陳其元撰　清末上海申報館鉛印本　一册　存六卷(一至二、五至八)

360000－7908－0000671　10672
薑露庵雜記六卷　(清)施山撰　清末上海申報館鉛印本　一册

360000－7908－0000672　10673
對山書屋墨餘錄十六卷　(清)毛祥麟撰　清同治九年(1870)湖州醉六堂吳氏刻本　一册

360000－7908－0000673　10674
柳南隨筆六卷續筆四卷　(清)王應奎撰　清末鉛印本　一册　存四卷(三至六)

360000－7908－0000674　10675
雪心賦正解四卷　(唐)卜應天撰　(清)孟浩注　**辯論一卷**　(清)孟浩撰　清刻本　一册　存一卷(雪心賦正解二)

360000－7908－0000675　10676
玉芝堂談薈三十六卷　(明)徐應秋輯　明崇禎刻清康熙四十二年(1703)乾隆三十八年(1773)道光二十九年(1849)光緒元年(1875)蒨園遞修本　三十六册

360000－7908－0000676　10677
讀史方輿紀要一百三十卷輿圖要覽四卷　(清)顧祖禹撰　清敷文閣刻本　十三册　存三十六卷(九十八至一百三十,輿圖要覽一至二、四)

360000－7908－0000677　10678
欽定授時通考七十八卷　(清)鄂爾泰等撰　清乾隆江西巡撫刻光緒江西書局重修本　十八册　存六十三卷(一至五十、五十九至六十四、六十八至七十、七十五至七十八)

360000－7908－0000678　10679
歸田瑣記八卷浪跡叢談十一卷續談八卷　(清)梁章鉅撰　清道光二十五年(1845)刻本　十一册　存二十五卷(歸田瑣記一至二、五至八,浪跡叢談十一卷,續談八卷)

360000－7908－0000679　10680
客座贅語十卷　(明)顧起元輯　清光緒三十年(1904)江寧傅春官刻朱印本　四册　存八卷(一至四、七至十)

360000－7908－0000680　10681
山海經十八卷圖一卷　(晉)郭璞注　(清)畢沅校　清光緒三年(1877)浙江書局刻本　三册

360000－7908－0000681　10682
輟耕錄三十卷　(明)陶宗儀撰　清初廣文堂刻本　十二册

360000－7908－0000682　10683
新義錄一百卷　(清)孫璧文撰　清刻本　九册　存十七卷(四十五至四十六、七十九至八十一、八十四至八十五、八十九至九十二、九十五至一百)

360000－7908－0000683　10684
古香齋鑒賞袖珍春明夢餘錄七十卷　(清)孫承澤撰　清光緒九年(1883)廣州惜分陰館刻本　十八册　存四十七卷(一至十四、二十四至三十八、四十三至四十五、四十八至四十九、五十八至七十)

360000－7908－0000684　10685
庸庵筆記六卷　(清)薛福成撰　清光緒二十四年(1898)蕭山陳光淞石印本　一册　存三卷(四至六)

360000－7908－0000685　10686
常談叢錄九卷　(清)李元復撰　清道光二十八年(1848)敦仁堂刻本　四冊　存五卷(一至四、六)

360000－7908－0000686　10687
雨窗消意錄甲部四卷　(清)牛應之編　清刻本　一冊　存二卷(一至二)

360000－7908－0000687　10688
桐陰清話八卷　(清)倪鴻撰　清咸豐刻本　一冊

360000－7908－0000688　10689
印雪軒隨筆四卷　(清)俞鴻漸撰　清光緒二年(1876)上海申報館鉛印本　一冊　存一卷(三)

360000－7908－0000689　10690
景船齋雜記二卷　(清)章有謨撰　清光緒申報館鉛印本　一冊

360000－7908－0000690　10691
桯史十五卷附錄一卷　(宋)岳珂撰　清光緒申報館鉛印本　一冊　存四卷(十三至十五、附錄一卷)

360000－7908－0000691　10692
妙香室叢話十四卷　(清)張培仁輯　清光緒十年(1884)申報館鉛印本　一冊　存五卷(四至八)

360000－7908－0000692　10693
粵屑四卷　(清)劉世馨輯　清光緒三年(1877)上海申報館鉛印申報館叢書本　一冊　存二卷(三至四)

360000－7908－0000693　10694
池上草堂筆記續錄六卷　(清)梁恭辰撰　清刻本　一冊　存二卷(三至四)

360000－7908－0000694　10695
鸝砭軒質言四卷　(清)戴蓮芬撰　清光緒五年(1879)申報館鉛印本　一冊

360000－7908－0000695　10696
熙朝新語十六卷　(清)余金輯　清道光六年(1826)經國堂刻本　一冊　存十一卷(一至十一)

360000－7908－0000696　10697
山中一夕話十二卷　(明)李贄編　(清)笑笑先生增訂　清光緒四年(1878)上海申報館鉛印本　一冊　存三卷(七至九)

360000－7908－0000697　10698
[大成堂干支道言]不分卷　(清)□□輯　清刻本　一冊

360000－7908－0000698　10699
[大成堂太和堂三一堂規程]不分卷　(清)□□輯　清刻本　一冊

360000－7908－0000699　10700
古佛勸世文不分卷　(清)□□輯　清光緒七年(1881)鉛山縣紫溪李文甫抄本　一冊

360000－7908－0000700　10701
玉歷鈔傳警世不分卷　(清)□□輯　清光緒九年(1883)刻本　一冊

360000－7908－0000701　10702
五祖黃梅寶卷二卷　(清)□□撰　清末抄本　一冊

360000－7908－0000702　10703
看破世界不分卷　(清)周祖道輯　清末上海宏大善書局石印本　一冊

360000－7908－0000703　10704
[賀佛道聖誕表]不分卷　(清)□□輯　清刻本　一冊

360000－7908－0000704　10705
果報備規□□卷　(清)□□編　清光緒二十年(1894)南城縣萬宅刻二十二年(1896)印本　一冊　存一卷(一)

360000－7908－0000705　10706
山海經十八卷　(晉)郭璞注　清光緒二十三年(1897)文瑞樓鉛印本　一冊　存三卷(一至三)

360000－7908－0000706　10707
粟香隨筆八卷　金武祥撰　清光緒七年

(1881)刻粟香室叢書本　四冊

360000－7908－0000707　10708
大方廣佛華嚴經八十卷　(唐)釋實叉難陀譯　清普陀佛頂山釋信真刻本　五冊　存五卷(二十六至三十)

360000－7908－0000708　10709
新增說文韻府羣玉二十卷　(元)陰時夫輯　(元)陰中夫注　清聚錦堂刻本　七冊　存十八卷(一至三、六至二十)

360000－7908－0000709　10710
人鏡類纂四十六卷　(清)程之楨輯　清同治十二年(1873)江夏程氏刻本　十四冊　存三十九卷(四至九、十二至四十四)

360000－7908－0000710　10711
竈君經懺靈籤不分卷　(清)□□輯　清光緒十一年(1885)鵝南雙桂軒刻本　一冊

360000－7908－0000711　10712
增補註疏便讀故事大全真本六卷首一卷　(清)雷錫五輯　清刻本　一冊　存一卷(首一卷)

360000－7908－0000712　10713
歷代同姓名錄二十三卷首一卷　(清)劉長華輯　清光緒五年(1879)刻本　六冊

360000－7908－0000713　10714
增補翰苑英華事類捷錄十五卷　(明)鄧志謨撰　清刻本　一冊　存四卷(八至十一)

360000－7908－0000714　10715
增補事類賦統編九十三卷首一卷　(清)黃葆真編　清敦好堂刻本　二十六冊　存六十卷(八至三十九、四十二至四十五、四十九至五十一、五十七至六十四、六十九至七十、七十六至七十七、八十一至八十九)

360000－7908－0000715　10716
增補事類賦統編九十三卷首一卷　(清)黃葆真編　清道光二十九年(1849)丹陽黃氏敦好堂刻本　四十冊

360000－7908－0000716　10717
增補事類賦統編九十三卷首一卷　(清)黃葆真編　清光緒十四年(1888)上海積山書局石印本　十二冊

360000－7908－0000717　10718
竈君靈籤不分卷　(清)葉貞一　(清)楊蓮塘輯　清光緒十七年(1891)李益鎔、邵寶聚刻本　一冊

360000－7908－0000718　10719
玉液還丹秘訣一卷　(明)俞俞子撰　清光緒三十一年(1905)刻本　一冊

360000－7908－0000719　10720
蓮花觀音經一卷　清光緒八年(1882)弋陽長湖奚家刻本　一冊

360000－7908－0000720　10721
高王觀音妙經一卷　清咸豐四年(1854)鵝東弟子刻本　一冊

360000－7908－0000721　10722
金剛般若波羅密經一卷　(後秦)釋鳩摩羅什譯　清光緒二年(1876)比丘慈來、月亮刻本　一冊

360000－7908－0000722　10723
心經口氣增註一卷　(清)徐慎撰　清同治二年(1863)上海宏大善書局刻本　一冊

360000－7908－0000723　10724
典林博覽十二卷　(清)鍾運堯輯　清光緒八年(1882)刻本　十冊

360000－7908－0000724　10725
螢窗異草三編四卷　(清)浩歌子撰　(清)隨園老人評　清末石印本　一冊　存二卷(三至四)

360000－7908－0000725　10726
山海經箋疏十八卷圖讚一卷敘錄一卷　(晉)郭璞傳　(清)郝懿行箋疏　**山海經訂譌一卷**　(清)郝懿行撰　清光緒二十二年(1896)梧岡精舍影印本　一冊

360000－7908－0000726　10727
楹聯集錦八卷　(清)胡鳳丹輯　清同治六年

(1867)退補齋刻本　二冊

360000－7908－0000727　10728
對類便讀六卷首一卷　(清)程錫類編　(清)葉良儀刪訂　清康熙四十六年(1707)蘇州綠慎堂刻本　二冊　存四卷(一至二、五至六)

360000－7908－0000728　10729
對聯匯海十四卷　(清)邱日訌輯　清末刻本　三冊　存九卷(四至十二)

360000－7908－0000729　10730
明善最樂一卷　(□)□□輯　清末盱江福慶堂刻本　一冊

360000－7908－0000730　10731
明善最樂一卷　(□)□□輯　清末盱江福慶堂刻本　一冊

360000－7908－0000731　10732
明善最樂一卷　(□)□□輯　清末盱江福慶堂刻本　一冊

360000－7908－0000732　10733
明善最樂一卷　(□)□□輯　清末盱江福慶堂刻本　一冊

360000－7908－0000733　10734
呂祖因果說一卷　(□)□□輯　清光緒十七年(1891)河鎮竟成堂刻本　一冊

360000－7908－0000734　10735
雲林別墅新輯酬世錦囊姓氏集成二集□□卷　(清)鄒景揚編　清刻本　一冊

360000－7908－0000735　10736
典制類林四卷　(清)唐式南輯　清江寧張玉林刻本　一冊　存二卷(一至二)

360000－7908－0000736　10737
類林新咏三十六卷　(清)姚之駰撰　清康熙四十七年(1708)刻本　一冊　存三卷(二十五至二十七)

360000－7908－0000737　10738
類林新咏三十六卷　(清)姚之駰撰　清康熙四十七年(1708)刻本　四冊　存十二卷(一至三、十六至十八、二十五至二十七、三十四至三十六)

360000－7908－0000738　10739
敬竈全書七種　(□)□□輯　清光緒十四年(1888)刻本　一冊

360000－7908－0000739　10740
敬竈全書七種　(□)□□輯　清光緒十四年(1888)刻本　一冊

360000－7908－0000740　10741
三官妙經一卷　(□)□□撰　清光緒三十四年(1908)刻本　一冊

360000－7908－0000741　10742
玉樞寶經一卷　(□)□□撰　清光緒二十六年(1900)刻本　一冊

360000－7908－0000742　10743
玉皇洪慈寶懺一卷觀世音菩薩蓮花經一卷普菴祖師釋談章神咒一卷　(□)□□輯　清末楊堅意抄本　一冊

360000－7908－0000743　10744
回郎寶卷全帙一卷七七寶卷一卷喫齋經一卷花名寶卷一卷　(□)□□輯　清光緒三年(1877)刻本　一冊

360000－7908－0000744　10745
摩訶般若波羅密多心經一卷　(明)何道全注　清同治十三年(1874)禾郡吳文錦齋刻本　一冊

360000－7908－0000745　10746
佛說阿彌陀經一卷禮佛懺悔文一卷　(□)□□輯　清末鉛山河口毛海澄抄本　一冊

360000－7908－0000746　10747
金剛經註解四卷　(□)□□撰　**般若波羅密多心經一卷**　(唐)釋玄奘譯　(明)釋宗泐注　清同治三年(1864)釋妙華刻本　一冊　存二卷(金剛經註解四、般若波羅密多心經一卷)

360000－7908－0000747　10748
金剛經便讀不分卷　(清)平旦子校　清咸豐十年(1860)瓢泉精一軒刻本　一冊

360000－7908－0000748　10749
古佛天真收圓結果龍華寶懺□□卷　□□輯　清末鍾克念抄本　一册　存四卷(三至六)

360000－7908－0000749　10750
中外政治藝學策論六卷　(清)瑤林館主輯　清末石印本　五册　存五卷(二至六)

360000－7908－0000750　10751
時務通考三十一卷續編三十一卷　(清)杞廬主人輯　清末石印本　二十二册　存三十八卷(時務通考二、九至十二、十七至二十四、二十六至二十八,續編一至二十、三十至三十一)

360000－7908－0000751　10752
記聞類編十四卷　蔡爾康輯　清光緒三年(1877)鉛印本　二册　存四卷(三至四、七至八)

360000－7908－0000752　10753
事類賦三十卷　(宋)吳淑撰並注　明無錫華麟祥刻本　七册　存六卷(八至十三)

360000－7908－0000753　10754
品源堂快活神仙不分卷　醒迷山人識　清光緒三十一年(1905)慧普山人、志德山人刻本　一册

360000－7908－0000754　10755
子史精華一百六十卷　(清)吳士玉　(清)吳襄等輯　清光緒十年(1884)同文書局石印本　八册

360000－7908－0000755　10756
子史精華一百六十卷　(清)吳士玉　(清)吳襄等輯　清末石印本　一册　存二十卷(二十一至四十)

360000－7908－0000756　10757
淵鑑類函四百五十卷目錄四卷　(清)張英　(清)王士禛等輯　清光緒十三年(1887)同文書局石印本　四十八册

360000－7908－0000757　10758
淵鑑類函四百五十卷目錄四卷　(清)張英　(清)王士禛等輯　清光緒十三年(1887)同文書局石印本　四十八册

360000－7908－0000758　10759
淵鑑類函四百五十卷目錄四卷　(清)張英　(清)王士禛等輯　清光緒九年(1883)上海點石齋石印本　十二册　存二百三十卷(一至一百五十三、二百八十四至三百六十)

360000－7908－0000759　10760
説文解字注十五卷　(清)段玉裁撰　清末石印本　二册　存五卷(六至七、十三至十五)

360000－7908－0000760　10761
對聯匯海十四卷　(清)邱日訌輯　清光緒十八年(1892)文奎堂刻本　一册　存三卷(一至三)

360000－7908－0000761　10762
子史精華三十卷　(清)吳士玉　(清)吳襄等輯　清光緒九年(1883)上海點石齋石印本　二册

360000－7908－0000762　10763
佩文韻府一百六卷　(清)張玉書　(清)蔡升元等輯　**韻府拾遺一百六卷**　(清)汪灝　(清)何焯等輯　清廣東嶺南潘氏海山僊館刻本　一百五十九册　存二百十一卷(佩文韻府二至一百六、韻府拾遺一百六卷)

360000－7908－0000763　10764
佩文韻府一百六卷　(清)張玉書　(清)蔡升元等輯　**韻府拾遺一百六卷**　(清)汪灝　(清)何焯等輯　清廣東嶺南潘氏海山僊館刻本　四十九册　存七十五卷(二至三、八、十一下、十六上、二十二至二十三上、二十四下至三十三、三十四下至三十七上、四十九至五十三、六十三、六十六下、九十六至九十七、一百二,韻府拾遺三至七、十二至五十)

360000－7908－0000764　10765
佩文韻府一百六卷　(清)張玉書　(清)蔡升元等輯　**韻府拾遺一百六卷**　(清)汪灝　(清)何焯等輯　清刻本　一百十二册　存八十四卷(佩文韻府七上、十七至十九、二十二

至八十九、九十一至九十九上、一百一至一百三）

360000－7908－0000765　10766

佩文韻府一百六卷　（清）張玉書　（清）蔡升元等輯　**韻府拾遺一百六卷**　（清）汪灝（清）何焯等輯　清末石印本　一百四十五册　存一百五十六卷（佩文韻府一、三至五、七至八、十、十一下、十三至十四、十六至十七、二十上、二十一至三十四、三十六下至三十七、三十九至四十三、四十五至六十七、六十九至七十九、八十三至九十三、九十九至一百上、一百一至一百二、一百五至一百六，韻府拾遺一至七、二十二至二十三、二十九至三十四、四十二至九十七）

360000－7908－0000766　10767

佩文韻府一百六卷　（清）張玉書　（清）蔡升元等輯　**韻府拾遺一百六卷**　（清）汪灝（清）何焯等輯　清末石印本　四十八册　存一百二卷（佩文韻府一至十、十三至九十四、九十七至一百六）

360000－7908－0000767　10768

佩文韻府一百六卷　（清）張玉書　（清）蔡升元等輯　**韻府拾遺一百六卷**　（清）汪灝（清）何焯等輯　清光緒二十四年（1898）上海點石齋石印本　二十四册　存二百十卷（佩文韻府一百六卷、韻府拾遺一至一百四）

360000－7908－0000768　10769

佩文韻府一百六卷　（清）張玉書　（清）蔡升元等輯　**韻府拾遺一百六卷**　（清）汪灝（清）何焯等輯　清末石印本　一册　存一卷（佩文韻府九十）

360000－7908－0000769　10770

古今圖書集成一萬卷目錄四十卷　（清）蔣廷錫　（清）陳夢雷等輯　清光緒三十年（1904）上海圖書集成鉛版印書局鉛印本　一千四百五十六册　存九千四百八十四卷（曆象彙編乾象典一至三十三、三十九至一百，歲功典一百十六卷，曆法典一百四十卷，庶徵典一百八十八卷；方輿彙編坤輿典一百四十卷，職方典一至八百六十七、八百七十四至一千五百四十四，山川典三百二十卷，邊裔典一百四十卷；明倫彙編皇極典三百卷，宮闈典一百四十卷，官常典八百卷，家範典一百十六卷，交誼典一百二十卷，氏族典六百四十卷，人事典一百十二卷，閨媛典三百七十六卷；博物彙編藝術典一至一百六十四、五百二十三至八百二十四，神異典一至八十六、九十二至一百五十三、一百六十至二百三十二，禽蟲典一至一百九、一百二十三至一百九十二，草木典一至十二、二十四至三十八、四十四至一百三十一、一百三十九至三百二十；理學彙編經籍典五百卷，學行典三百卷，文學典一至二百三十九、二百四十七至二百六十，字學典一百六十卷；經濟彙編選舉典一至十五、十九至一百二十、一百二十八至一百三十六，銓衡典一至四十五、五十二至一百一、一百十五至一百二十，食貨典三百六十卷，禮儀典三百四十八卷，樂律典一百三十六卷，戎政典三百卷，祥刑典一至九十六、一百二至一百八十，考工典二百五十二卷；目錄一至十五、十九至三十二）

360000－7908－0000770　10771

古今圖書集成一萬卷目錄四十卷　（清）蔣廷錫　（清）陳夢雷等輯　清光緒三十年（1904）上海圖書集成鉛版印書局鉛印本　一千八十五册　存六千六百二十二卷（曆象彙編乾象典五十一至五十六、六十五至七十一，歲功典七至二十一、二十八至一百十六，曆法典一至八十九、九十八至一百四十，庶徵典一至六、十二至三十二、六十一至七十九、八十六至一百五十五、一百六十一至一百八十八；方輿彙編坤輿典一至十六、二十二至九十八、一百四至一百八、一百二十至一百四十，職方典一至十五、五十九至一百十七、九百二十二至九百二十九、九百三十七至一千三、一千十二至一千二百一、一千二百六至一千二百十五、一千二百二十二至一千三百、一千三百八至一千三百七十六、一千四百一至一千四百七十一、一千四百七十九至一千五百四十四，山川典一至二十七、三十四至一百七十六、一百八十三至二百十六、二百四十四至三百二十，邊裔典一至七十、七十七至一百四十；明倫彙編皇極典一至一百六十五、一百七十三至二百九十四，宮闈典一至一百三十三，官常典一至七百十七、七百二十四至八百，家範典一百十六卷，交誼典一至七十二、七十七至一百二十，氏族典六百四十卷，人事典七至一百十二，閨媛典一至二十九、四十至三百七十六；博物彙編禽蟲典一至三十四、四十一至五十三、八十五至九十七、一百四十至一百四十五、一百六十六至一百七十六、一百八十七至一百九十二，草木典八十三至八十九、一百至一百十二、一百三十九至一百四十五、一百六十至一百六十七、一百八十二至二百、二百七至二百十九、二百二十六至二百七十一、二百七十九至二百八十五、二百九十一至三百二、三百九至三百二十；理學彙編經籍典六至三百三十三、三百三十九至三百五十、三百五十六至三百六十一、四百五十五至四百六十一，學行典一至一百二十八、一百三十六至一百四十八、一百五十六至一百六十八、一百七十六至三百，文學典一至二百三十九、二百五十四至二百六十；經濟彙編選舉典三十一至四十七、五十至六十、八十四至一百，銓衡典五十七至七十五，食貨典一至二十二、二十九至二百五十五、三百至三百四十三、三百五十至三百六十，禮儀典三百四十八卷，樂律典一至九十二、一百至一百三十六，戎政典三百卷，考工典一至三十九、四十五至二百四十五；目錄一至五、十四至十五、二十二至二十七）

360000 – 7908 – 0000771　10772

古今圖書集成一萬卷目錄四十卷　(清)蔣廷錫　(清)陳夢雷等輯　清光緒三十年(1904)上海圖書集成鉛版印書局鉛印本　一百二十五冊　存七百三十六卷（方輿彙編坤輿典一百三十六至一百四十，職方典二至四、一千三百二十一至一千三百三十四；明倫彙編宮闈典一至十六、二十九至四十二、五十六至六十一、一百三至一百三十三，官常典三百十七至三百二十三、三百八十一至三百九十四，交誼典一至二十五、三十八至四十二、四十九至五十四、六十一至七十二、九十一至一百十五，氏族典二十八至四十九、八十三至八十八、九十五至一百一、一百三十二至一百三十七、二百六十六至二百七十三、四百十九至四百二十七、四百七十四至四百九十二、五百八至五百二十四、五百三十三至五百四十九，人事典七至四十四、五十八至一百十二，閨媛典十二至二十二、五十九至七十、七十六至八十、一百十四至一百二十、一百二十七至一百三十二；博物彙編禽蟲典一至五；理學彙編經籍典一至五、二百八十五至二百九十、三百三十四至三百三十八、三百四十五至三百六十一、三百六十八至三百八十、三百八十四至四百六、四百八至四百十二、四百十八至四百二十二、四百二十九至四百三十三、四百四十四至四百四十六，學行典一百十六至一百二十一，文學典十七至二十一、五十一至五十四、六十至六十九、八十二至九十、九十六至一百二十三、二百十八至二百二十五；經濟彙編食貨典二十九至三十三、四十至五十七、八十三至一百二十八，一百四十五至一百五十四、二百三十四至二百五十五、二百六十七至二百七十二、三百七至三百十四，禮儀典二十九至三十四，樂律典三十六至四十二、四十九至五十九，考工典一百七十至一百七十四；目錄十四至十五）

360000 – 7908 – 0000772　10773

玉海二百四卷附刻十三種　(宋)王應麟撰　**校補玉海瑣記二卷王深甯先生年譜一卷**　(清)張大昌撰　清光緒九年至十六年(1883 – 1890)浙江書局刻本　一百十九冊　存二百六十五卷（玉海一至一百六十七、一百七十至二百四，詩攷一卷、詩地理攷六卷、漢藝文志攷證十卷、通鑑地理通釋十四卷、踐阼篇集解一卷、急就篇補注四卷、周書王會補注一卷、漢制攷四卷、小學紺珠十卷、姓氏急就篇二卷、六經天文篇二卷、周易鄭康成注一卷、通鑑答問五卷，校補玉海瑣記二卷）

360000 – 7908 – 0000773　10774

陔餘叢考四十三卷簷曝雜記六卷附錄一卷　(清)趙翼撰　清刻本　七冊　存四十八卷

（陔餘叢考三至四十三，簷曝雜記六卷、附錄一卷）

360000－7908－0000774　10775
簷曝雜記六卷　（清）趙翼撰　清刻本　一冊

360000－7908－0000775　10776
酉陽雜俎二十卷續集十卷　（唐）段成式撰　清光緒三年（1877）湖北崇文書局刻本　六冊

360000－7908－0000776　10777
涑水記聞十六卷補遺一卷　（宋）司馬光撰　清光緒三年（1877）湖北崇文書局刻本　四冊

360000－7908－0000777　10778
葬經内篇一卷　題（晉）郭璞撰　**黄帝宅經二卷**　清光緒三年（1877）湖北崇文書局刻本　一冊

360000－7908－0000778　10779
意林五卷　（唐）馬總輯　**補遺一卷**　（清）張海鵬輯　清光緒三年（1877）湖北崇文書局刻崇文書局彙刻書本　二冊

360000－7908－0000779　10780
新政考試時宜□□卷　（清）陳忠倚輯　清末石印本　四冊　存五卷（二至六）

360000－7908－0000780　10781
珊瑚舌雕談初筆八卷　（清）許起撰　清光緒十一年（1885）弢園王氏木活字印本　三冊　存六卷（一至四、七至八）

360000－7908－0000781　10782
新政真詮六編　（清）何啓　（清）胡禮垣編　清光緒二十七年（1901）上海格致新報館鉛印本　六冊　存五編（二至六）

360000－7908－0000782　10783
甕牖餘談八卷　（清）王韜撰　清光緒元年（1875）上海申報館鉛印本　一冊　存二卷（三至四）

360000－7908－0000783　10784
隨園隨筆二十八卷　（清）袁枚撰　清刻本　二冊　存八卷（一至四、二十五至二十八）

360000－7908－0000784　10785
此木軒雜著八卷　（清）焦袁熹撰　清光緒八年（1882）席氏掃葉山房刻本　四冊

360000－7908－0000785　10786
湖船錄一卷　（清）厲鶚撰　清同治九年（1870）退補齋刻本　一冊

360000－7908－0000786　10787
事物原會四十卷　（清）汪汲撰　清刻本　一冊　存四卷（二十九至三十二）

360000－7908－0000787　10788
稽古日鈔八卷　（清）張方湛　（清）王逸虯等輯　清乾隆二十九年（1764）秋曉山房刻本　二冊　存四卷（五至八）

360000－7908－0000788　10789
隨園詩話十六卷補遺十卷　（清）袁枚撰　清刻本　三冊　存六卷（三至六、補遺一至二）

360000－7908－0000789　10790
隨園詩話十六卷補遺十卷　（清）袁枚撰　清同治四年（1865）刻本　七冊　存十五卷（一至十五）

360000－7908－0000790　10791
隨園詩話十六卷補遺十卷　（清）袁枚撰　清乾隆六十年（1795）刻本　一冊　存四卷（補遺一至四）

360000－7908－0000791　10792
唐人説薈二十卷　（清）陳世熙輯　清同治三年（1864）緯文堂刻本　十四冊　存十九卷（一至十、十二至二十）

360000－7908－0000792　10793
滿洲名臣傳四十八卷漢名臣傳三十二卷貳臣傳十二卷逆臣傳四卷　（清）國史館編　清刻本　三十六冊　存三十六卷（滿洲名臣傳三、八至十、十二至十三、十九、二十五至二十六、三十、三十二至三十三、三十七、四十、四十二、四十六至四十七，漢名臣傳一、三、五至九、十三、十六、十九至二十、二十二至二十三、二十六、二十八至三十，貳臣傳四至五）

360000－7908－0000793　10794

本朝試賦麗則四卷　（清）李光理等輯評　清慎詒堂刻本　一冊　存一卷（三）

360000－7908－0000794　10795
文選六十卷　（南朝梁）蕭統輯　（唐）李善注　清光緒十六年（1890）上海鴻文書局石印本　五冊

360000－7908－0000795　10796
重訂文選集評十五卷首一卷末一卷　（南朝梁）蕭統輯　（清）于光華編　清刻本　十六冊

360000－7908－0000796　10797
兩浙輶軒續錄五十四卷補遺六卷　（清）潘衍桐訂　清光緒十七年（1891）浙江書局刻本　四十冊

360000－7908－0000797　10798
婺學治事文編二卷婺學治事續編一卷　（清）繼良輯　清光緒二十九年（1903）刻本　四冊

360000－7908－0000798　10799
婺學治事文編二卷婺學治事續編一卷　（清）繼良輯　清刻本　二冊　存二卷（婺學治事文編二、婺學治事續編一卷）

360000－7908－0000799　10800
婺學治事文編二卷婺學治事續編一卷　（清）繼良輯　清刻本　一冊　存一卷（婺學治事續編一卷）

360000－7908－0000800　10801
古唐詩合解十二卷古詩四卷　（清）王堯衢注　清刻本　一冊　存四卷（古詩四卷）

360000－7908－0000801　10802
古唐詩合解十二卷　（清）王堯衢注　清刻本　一冊　存三卷（五至七）

360000－7908－0000802　10803
古唐詩合解十二卷　（清）王堯衢注　清愛日堂刻本　五冊

360000－7908－0000803　10804
古唐詩合解十二卷　（清）王堯衢注　清愛日堂刻本　三冊　存八卷（三至七、十至十二）

360000－7908－0000804　10805
古唐詩合解十二卷古詩四卷　（清）王堯衢注　清愛日堂刻本　一冊　存四卷（古詩四卷）

360000－7908－0000805　10806
古唐詩合解十二卷　（清）王堯衢注　清文德堂刻本　二冊　存六卷（三至五、八至十）

360000－7908－0000806　10807
古唐詩合解十二卷　（清）王堯衢注　清刻本　二冊　存四卷（一至二、十一至十二）

360000－7908－0000807　10808
古唐詩合解十二卷　（清）王堯衢注　清文奎堂刻本　三冊　存七卷（一至五、十一至十二）

360000－7908－0000808　10809
古唐詩合解十二卷古詩四卷　（清）王堯衢注　清文奎堂刻本　一冊　存三卷（古詩二至四）

360000－7908－0000809　10810
古唐詩合解十二卷　（清）王堯衢注　清愛日堂刻本　三冊　存三卷（二至四）

360000－7908－0000810　10811
古唐詩合解十二卷　（清）王堯衢注　清愛日堂刻本　三冊　存三卷（二至四）

360000－7908－0000811　10812
古唐詩合解十二卷　（清）王堯衢注　清刻本　一冊　存三卷（六至八）

360000－7908－0000812　10813
古唐詩合解十二卷　（清）王堯衢注　清刻本　一冊　存三卷（七至九）

360000－7908－0000813　10814
古唐詩合解十二卷　（清）王堯衢注　清刻本　一冊　存三卷（八至十）

360000－7908－0000814　10815
尚友山房策論二卷　（清）胡壽民撰　清光緒二十七年（1901）刻本　一冊　存一卷（下）

360000－7908－0000815　10816
尚友山房續刻論說二卷　（清）胡壽民撰　清

光緒二十七年(1901)刻本　二册

360000－7908－0000816　10817
尚友山房三刻二卷　(清)胡壽民撰　清光緒二十八年(1902)刻本　二册

360000－7908－0000817　10818
曾文正公家書十卷家訓二卷　(清)曾國藩撰　清光緒十三年(1887)鴻文書局鉛印本　五册　缺二卷(家書五至六)

360000－7908－0000818　10819
嘯劍山房詩鈔八卷　(清)文星瑞撰　清同治九年(1870)刻本　一册　存四卷(一至四)

360000－7908－0000819　10820
嘐嘐言六卷　(清)郭柏蔭撰　清道光三十年(1850)刻本　一册

360000－7908－0000820　10821
韞山堂時文二集二卷　(清)管世銘撰　清刻本　一册　存一卷(一)

360000－7908－0000821　10822
韞山堂時文二集二卷　(清)管世銘撰　清刻本　一册　存一卷(一)

360000－7908－0000822　10823
有正味齋駢文十六卷　(清)吴錫麒撰　(清)葉聯芬箋注　清道光二十年(1840)慈北葉氏刻本　六册

360000－7908－0000823　10824
紫石泉山房文集十二卷詩鈔三卷　(清)吴定撰　清光緒十三年(1887)黟縣李氏刻本　三册　存十卷(紫石泉山房文集二至三、八至十二,詩鈔三卷)

360000－7908－0000824　10825
彭躬菴文鈔六卷　(清)彭士望撰　清道光十七年(1837)彭以增等刻易堂九子文鈔本　三册　存四卷(三至六)

360000－7908－0000825　10826
音註隨園尺牘八卷補遺一卷　(清)袁枚撰　(清)胡光斗箋釋　清末上海廣益書局石印本　一册

360000－7908－0000826　10827
少嵒賦草四卷　(清)夏思沺撰　清咸豐九年(1859)大文堂刻本　二册

360000－7908－0000827　10828
少嵒賦草四卷　(清)夏思沺撰　清同治元年(1862)刻本　一册

360000－7908－0000828　10829
有正味齋駢體文二十四卷首一卷　(清)吴錫麒撰　(清)王廣業箋　(清)葉聯芬注　清光緒十五年(1889)上海蜚英館石印本　一册　存四卷(一至四)

360000－7908－0000829　10830
椒生隨筆八卷　(清)王之春撰　清光緒七年(1881)上洋文藝齋刻本　一册

360000－7908－0000830　10831
音註小倉山房尺牘八卷補遺一卷　(清)袁枚撰　(清)胡光斗箋　清末石印本　一册

360000－7908－0000831　10832
小倉山房往還書札全集十八卷　(清)袁枚撰　(清)朱士俊　(清)沈錦垣編　清末鉛印本　二册

360000－7908－0000832　10833
分類文腋八卷　(清)李楨編　清刻本　二册　存二卷(六至七)

360000－7908－0000833　10834
望溪先生文集十八卷集外文十卷補遺二卷年譜二卷　(清)方苞撰　清末鉛印本　四册　存十二卷(望溪先生文集七至十四、集外文四至五、補遺二卷)

360000－7908－0000834　10835
望溪先生集外文十卷　(清)方苞撰　清末石印本　二册　存七卷(四至十)

360000－7908－0000835　10836
天岳山館文鈔四十卷　(清)李元度撰　清光緒六年(1880)爽谿精舍刻本　十六册

360000－7908－0000836　10837
瑞芝山房文鈔八卷　(清)戴燮光輯　清光緒

三年(1877)廣陵刻本　五冊　存六卷(一至六)

360000－7908－0000837　10838
瑞芝山房詩鈔八卷　(清)戴燮光輯　清光緒元年(1875)廣陵刻本　四冊

360000－7908－0000838　10839
楹聯叢話十二卷　(清)梁章鉅輯　清道光二十二年(1842)呂恩湛長沙府署刻本　四冊

360000－7908－0000839　10840
楹聯叢話十二卷　(清)梁章鉅輯　清刻本　二冊　存六卷(四至九)

360000－7908－0000840　10841
楹聯叢話十二卷　(清)梁章鉅輯　清道光二十二年(1842)呂恩湛長沙府署刻本　四冊

360000－7908－0000841　10842
吴草廬先生文選六卷　(元)吴澄撰　清道光二十五年(1845)刻金元明八大家文選本　一冊　存二卷(三至四)

360000－7908－0000842　10843
弢園文録外編十二卷　(清)王韜撰　清光緒九年(1883)長洲王氏香海鉛印本　四冊　存八卷(一至八)

360000－7908－0000843　10844
箋註少嵒賦草四卷　(清)夏思沺撰　(清)李之賡箋　清刻本　三冊　存三卷(二至四)

360000－7908－0000844　10845
詳註嚶求集二卷　(清)繆艮撰　(清)倪照注　清末石印本　一冊　存一卷(上)

360000－7908－0000845　10846
壯悔堂文集十卷遺稿一卷四憶堂詩集六卷遺稿一卷　(清)侯方域撰　清宣統元年(1909)中國圖書公司鉛印本　一冊　存三卷(壯悔堂文集一至三)

360000－7908－0000846　10847
壯悔堂文集十卷遺稿一卷　(清)侯方域撰　清同治十一年(1872)刻本　六冊

360000－7908－0000847　10848
泊鷗山房集三十八卷　(清)陶元藻撰　清刻本　一冊　存五卷(二十五至二十九)

360000－7908－0000848　10849
楊忠烈公文集十卷首一卷末一卷表忠錄二卷續集三卷　(明)楊漣撰　清光緒三年(1877)永康胡氏退補齋刻本　八冊

360000－7908－0000849　10850
楊忠愍公集五卷首一卷末一卷表忠記二卷　(明)楊繼盛撰　清同治十一年(1872)永康胡氏退補齋刻本　五冊

360000－7908－0000850　10851
菉竹書屋詩草一卷　(清)王雲驤撰　清同治十三年(1874)刻本　**安愚詩草一卷**　(清)王雲鳳撰　清光緒二年(1876)刻本　一冊

360000－7908－0000851　10852
集虛齋自訂全稿不分卷　(清)方桑如撰　清刻本　四冊

360000－7908－0000852　10853
聲調三譜　(清)王祖源輯　清光緒八年(1882)福山王氏天壤閣刻天壤閣叢書本　一冊

360000－7908－0000853　10854
匡山叢話五卷　(清)王曉堂編　清道光十一年(1831)敦邱王氏鵠華館刻鵠華館三種本　一冊　存二卷(一至二)

360000－7908－0000854　10855
漁洋山人精華錄箋注十二卷補一卷附年譜一卷　(清)王士禛撰　(清)金榮箋注　(清)徐淮輯　清康熙五十一年(1712)鳳翽堂刻乾隆二年(1737)印本　十二冊

360000－7908－0000855　10856
文昌帝君　(清)□□輯　清刻本　一冊　存二十一種

360000－7908－0000856　10857
魏叔子文鈔三卷　(清)魏禧撰　清末上海廣益書局石印本　一冊

360000－7908－0000857　10858

補造化軒試帖十八卷　(清)蔡壽祺撰　清光緒八年(1882)蔡氏京師刻本　六册

360000 - 7908 - 0000858　10859
桐雲閣試帖輯註二卷　(清)楊庚撰　(清)張熙宇輯評　(清)王植桂輯注　清刻本　二册

360000 - 7908 - 0000859　10860
武夷山志二十四卷首一卷　(清)董天工編　清道光二十七年(1847)籍溪羅良嵩五夫尺木軒刻同治十一年(1872)無錫丁承禧重修本　八册

360000 - 7908 - 0000860　10861
庚辰集五卷　(清)紀昀編　清聚錦堂刻館閣詩本　二册　存二卷(一至二)

360000 - 7908 - 0000861　10862
有正味齋試帖詩注八卷　(清)吳錫麒撰　(清)吳清學等注　清道光二十九年(1849)婺源孫氏刻本　三册　存四卷(一至四)

360000 - 7908 - 0000862　10863
安徽試牘立誠編四編不分卷　(清)汪廷珍輯　清嘉慶九年(1804)刻本　六册

360000 - 7908 - 0000863　10864
檉花館試帖輯註一卷　(清)路德撰　(清)張熙宇輯注　清刻本　一册

360000 - 7908 - 0000864　10865
小萬卷齋詩藁三十二卷續十二卷遺藁一卷　(清)朱琦撰　清光緒十一年(1885)嘉樹山房刻本　十一册

360000 - 7908 - 0000865　10866
曾文正公全集　(清)曾國藩撰　清同治、光緒傳忠書局刻本　四十七册　存三種

360000 - 7908 - 0000866　10867
曾文正公奏議十卷首一卷末一卷補編四卷　(清)曾國藩撰　清同治十三年(1874)上海醉六堂刻本　五册　存九卷(二至三、九至十,末一卷,補編四卷)

360000 - 7908 - 0000867　10868
曾文正公大事記四卷　(清)王定安撰　清刻本　一册　存二卷(一至二)

360000 - 7908 - 0000868　10869
曾文正公家書十卷家訓二卷　(清)曾國藩撰　**曾文正公大事記四卷**　(清)王定安撰　**曾文正公榮哀錄一卷**　(清)□□輯　清光緒二十九年(1903)上海錦章書局石印本　一册

360000 - 7908 - 0000869　10870
曾文正公家書十卷家訓二卷　(清)曾國藩撰　**曾文正公大事記四卷**　(清)王定安撰　**曾文正公榮哀錄一卷**　(清)□□輯　清末上海廣益書局石印本　一册

360000 - 7908 - 0000870　10871
袁文箋正十六卷補注一卷　(清)袁枚撰　(清)石韞玉箋　清同治八年(1869)松壽山房刻本　四册　存十卷(一至十)

360000 - 7908 - 0000871　10872
春酒堂文集一卷　(清)周容撰　清宣統二年(1910)國學扶輪社鉛印本　一册

360000 - 7908 - 0000872　10873
讀杜心解六卷首二卷　(清)浦起龍撰　清雍正二年至三年(1724 - 1725)浦氏寧我齋刻本　六册　存六卷(一之一至二、五至六,三之六,四之一至二,五之一至三;首二卷)

360000 - 7908 - 0000873　10874
易堂九子文鈔　(清)彭玉雯輯　清道光十七年(1837)彭以增刻本　二册　存三種

360000 - 7908 - 0000874　10875
寄傲山房塾課纂輯禮記全文備旨十一卷　(清)鄒聖脈輯　清兩儀堂刻本　一册　存一卷(一)

360000 - 7908 - 0000875　10876
寄嶽雲齋試體詩選二卷　(清)聶銑敏撰　(清)張學蘇箋　清刻本　一册

360000 - 7908 - 0000876　10877
笠翁文集四卷詩集三卷餘集一卷別集二卷偶集六卷　(清)李漁撰　清芥子園刻本　十一册　存十一卷(笠翁文集一至二、四,詩集三

卷,餘集一卷,别集二,偶集一、三至四)

360000－7908－0000877　10879
文心雕龍十卷　(南朝梁)劉勰撰　(清)黄叔琳注　(清)紀昀評　清光緒元年(1875)湖南書局刻本　二冊　存二卷(一至二)

360000－7908－0000878　10880
老桂重香詩鈔六卷　(清)徐斯舉撰　清光緒二十三年至二十四年(1897－1898)徐氏刻本　四冊

360000－7908－0000879　10881
老桂重香詩鈔六卷　(清)徐斯舉撰　清光緒二十三年至二十四年(1897－1898)徐氏刻本　一冊　存二卷(三至四)

360000－7908－0000880　10882
庚辰集五卷唐人試律説一卷　(清)紀昀編　清刻本　三冊

360000－7908－0000881　10883
紀文達公遺集三十二卷　(清)紀昀撰　(清)紀樹馨編　清嘉慶十七年(1812)紀樹馥刻本　十二冊

360000－7908－0000882　10884
隨園詩話十六卷補遺十卷　(清)袁枚撰　清同治十年(1871)刻本　八冊　存二十卷(隨園詩話十六卷、補遺一至四)

360000－7908－0000883　10885
歷代詩話　(清)何文焕輯　清末石印本　三冊　存十一種

360000－7908－0000884　10886
註釋文法狐白前集六卷後集四卷　(清)王賓評選　清經元堂刻本　四冊

360000－7908－0000885　10887
寧都三魏全集　(清)林時益輯　清道光二十五年(1845)寧都謝庭綬紱園書塾刻本　五十冊

360000－7908－0000886　10888
寄傲山房塾課纂輯御案易經備旨七卷易經圖案一卷　(清)鄒聖脈輯　清光緒十七年(1891)刻本　一冊

360000－7908－0000887　10889
唐人説薈二十卷　(清)陳世熙輯　清同治三年(1864)刻本　一冊　存二卷(十八至十九)

360000－7908－0000888　10890
分類文腋八卷　(清)李楨編　(清)李煒批注　清刻本　一冊　存一卷(五)

360000－7908－0000889　10891
寄嶽雲齋試體詩選詳註四卷　(清)聶銑敏撰　(清)張學蘇箋　清務本堂刻本　一冊　存二卷(一至二)

360000－7908－0000890　10892
章太炎文鈔不分卷　章炳麟撰　清末上海進步書局鉛印本　一冊

360000－7908－0000891　10893
增訂小題拆字豐韻二卷　(清)漆燾訂　清刻本　一冊　存一卷(上)

360000－7908－0000892　10894
浙江試牘立誠編不分卷　(清)汪廷珍訂　清刻本　三冊

360000－7908－0000893　10895
寄傲山房塾課纂輯禮記全文備旨十一卷　(清)鄒聖脈輯　清刻本　一冊　存六卷(一至六)

360000－7908－0000894　10896
新訂四書補註備旨十卷　(明)鄧林撰　(清)杜定基增訂　清刻本　一冊　存二卷(三至四)

360000－7908－0000895　10897
御案詩經備旨八卷　(清)鄒聖脈輯　清刻本　一冊　存二卷(七至八)

360000－7908－0000896　10898
增訂二論詳解四卷　(清)劉忠輯　清文奎堂刻本　一冊　存二卷(一至二)

360000－7908－0000897　10899
御案詩經備旨八卷　(清)鄒聖脈輯　清兩儀堂刻本　二冊　存七卷(一至四、六至八)

360000－7908－0000898　10900
安徽試牘立誠編不分卷　(清)汪廷珍輯　清刻本　二册

360000－7908－0000899　10901
本朝試賦新硎五卷補編一卷首一卷　(清)李光瓊　(清)陸貽穀　(清)李光玖輯評　清刻本　三册　存三卷(二至四)

360000－7908－0000900　10902
律賦鳳樓集四卷　(清)吳純輯　**春林賦稿一卷**　(清)吳純撰　清刻本　一册　存二卷(律賦鳳樓集四、春林賦稿一卷)

360000－7908－0000901　10903
古史參箴四卷　(清)沈則寬撰　清末鉛印本　一册　存一卷(四)

360000－7908－0000902　10904
新齊諧二十四卷續十卷　(清)袁枚編　清刻本　一册　存二卷(二十三至二十四)

360000－7908－0000903　10905
七十家賦鈔六卷　(清)張惠言輯　清刻本　一册　存一卷(一)

360000－7908－0000904　10906
用六集十二卷　(清)刁包撰　清康熙三年(1664)熊仲龍刻道光五年(1825)補刻本　四册　存八卷(三至八、十一至十二)

360000－7908－0000905　10907
鄉會墨大觀不分卷　(清)許球評選　清道光十八年(1838)刻本　一册

360000－7908－0000906　10908
江西五家文約選□□卷　(□)□□輯　清刻本　一册

360000－7908－0000907　10909
江西五家文約選□□卷　(□)□□輯　清刻本　一册

360000－7908－0000908　10910
兩儀堂重訂古文釋義新編八卷　(清)余誠評注　清兩儀堂刻本　一册　存二卷(三至四)

360000－7908－0000909　10911
古文釋義新編八卷　(清)余誠評注　清文奎堂刻本　一册　存一卷(八)

360000－7908－0000910　10912
古文觀止十二卷　(清)吳乘權　(清)吳大職輯　清文奎堂刻本　一册　存二卷(一至二)

360000－7908－0000911　10913
繪圖增批古文觀止十二卷　(清)吳乘權　(清)吳大職輯　清宣統元年(1909)浙紹明達書莊鉛印本　一册　存二卷(一至二)

360000－7908－0000912　10914
詩韻□□卷詩賦類聯采新十二卷月令粹編二十四卷賦彙錄要一卷　(清)汪慕杜等輯　清末石印本　一册　存一卷(詩韻四)

360000－7908－0000913　10915
品源堂快活神仙不分卷　醒迷山人識　清光緒三十一年(1905)慧普山人、志德山人刻本　一册

360000－7908－0000914　10916
重訂文選集評十五卷首一卷末一卷　(南朝梁)蕭統輯　(清)于光華編　清刻本　一册　存一卷(十二)

360000－7908－0000915　10917
花樣集錦四卷　(清)張鵬翂輯　清刻本　二册　存二卷(二至三)

360000－7908－0000916　10918
存悔齋集二十八卷外集四卷　(清)劉鳳誥撰　清道光十年(1830)刻本　十册

360000－7908－0000917　10919
櫝山類藁　(清)周鎬撰　清光緒十年(1884)榮汝楫木活字印本　八册

360000－7908－0000918　10920
白華入蜀文鈔五卷　(清)吳省欽撰　清刻本　一册

360000－7908－0000919　10921
寧都三魏全集　(清)林時益輯　清道光二十五年(1845)寧都謝庭綬紱園書塾刻本　二十八册　存五種

360000－7908－0000920　10922
寧都三魏全集　(清)林時益輯　清道光二十五年(1845)寧都謝庭綬紱園書塾刻本　三十九册　存三種

360000－7908－0000921　10923
皇朝經世文編一百二十卷姓名總目二卷　(清)賀長齡輯　清道光七年(1827)善化賀氏刻本　七十八册　存一百十八卷(一至一百十六、姓名總目二卷)

360000－7908－0000922　10924
皇朝經世文編一百二十卷姓名總目二卷　(清)賀長齡輯　清道光刻本　八十四册　存一百一卷(二至二十一、四十至一百二十)

360000－7908－0000923　10925
皇朝經世文編一百二十卷姓名總目二卷　(清)賀長齡輯　清道光刻本　九册　存十三卷(四十九至五十五、一百八至一百九、一百十七至一百二十)

360000－7908－0000924　10926
漢魏六朝百三家集　(明)張溥輯　清刻本　一百六册　存八十九種

360000－7908－0000925　10927
餘甘軒詩鈔十三卷首一卷　(清)何曰愈撰　清光緒七年(1881)閩南節署刻本　二册

360000－7908－0000926　10928
繪圖天雨花二十卷六十回　(清)陶貞懷撰　清末石印本　二册　存二卷(六、十一)六回(十六至十八、三十一至三十三)

360000－7908－0000927　10929
尺牘初桄二卷　(清)南窗侍者輯　清光緒二十六年(1900)上海慈母堂印書局鉛印本　四册

360000－7908－0000928　10930
寫信必讀十卷　(清)唐芸洲編　清光緒二十二年(1896)上海書局石印本　二册　存九卷(一至九)

360000－7908－0000929　10931
欣賞齋尺牘六卷　(清)曹仁鏡輯　清末石印本　一册　缺一卷(二)

360000－7908－0000930　10932
歡喜冤家六卷二十四回　(明)西湖漁隱主人編　清刻本　一册　存三卷(四至六)十二回(十三至二十四)

360000－7908－0000931　10933
十國宮詞一百首一卷　(清)吳省蘭撰　清同治十二年(1873)淮南書局刻本　一册

360000－7908－0000932　10934
東萊博議四卷　(宋)呂祖謙撰　(清)張文炳點定　**增補虛字註釋一卷**　(清)張文炳點定　清光緒二十七年(1901)文奎堂刻本　四册

360000－7908－0000933　10935
東萊博議四卷　(宋)呂祖謙撰　(清)張文炳點定　**增補虛字註釋一卷**　(清)張文炳點定　清光緒二十七年(1901)文奎堂刻本　四册

360000－7908－0000934　10936
好雲樓初集二十八卷首一卷　(清)李聯琇撰　清咸豐十一年(1861)刻本　三册　存十一卷(一至十、首一卷)

360000－7908－0000935　10937
潄芳軒合纂禮記體註四卷　(清)范翔輯　清嘉慶二十二年(1817)文奎堂刻本　二册　存三卷(一至三)

360000－7908－0000936　10938
寄傲山房塾課纂輯春秋備旨十二卷　(清)鄒聖脈輯　清刻本　一册　存二卷(一至二)

360000－7908－0000937　10939
本朝應制琳琅集十卷　(清)鄒一桂輯　清刻本　一册　存五卷(一至五)

360000－7908－0000938　10940
應試詩賦題箋畧□□卷　(清)吳甡輯　清刻本　一册　存四卷(八至十一)

360000－7908－0000939　10941
目連救母大孝記十二卷　(□)□□撰　清刻本　十册　存十卷(二至九、十一至十二)

360000－7908－0000940　10942
文學典林六卷　(清)鄭文煥輯　清汀州龍文堂刻本　二冊

360000－7908－0000941　10943
書啓合璧十三卷　(清)汪孝鍾　(清)張宗熹輯　清刻本　一冊　存二卷(十二至十三)

360000－7908－0000942　10944
蕊榜捷報錄四卷　(清)四香居士編　清光緒二年(1876)刻本　一冊　存二卷(一至二)

360000－7908－0000943　10945
試律青雲集四卷　(清)楊逢春輯　(清)沈品華等注　清刻本　一冊

360000－7908－0000944　10946
試律青雲集四卷　(清)楊逢春輯　(清)沈品華等注　清刻本　一冊　存二卷(三至四)

360000－7908－0000945　10947
寄傲山房塾課纂輯禮記全文備旨十一卷　(清)鄒聖脈輯　清刻本　一冊　存二卷(六至七)

360000－7908－0000946　10948
東萊博議四卷　(宋)呂祖謙撰　(清)張文炳點定　**增補虛字註釋一卷**　(清)張文炳點定　清光緒十八年(1892)江西愛日堂刻本　一冊

360000－7908－0000947　10949
增定課兒鑑略妥註善本五卷　(明)李廷機撰　(清)鄒聖脈訂　清刻本　一冊

360000－7908－0000948　10950
武夷山志二十四卷首一卷　(清)董天工編　清刻本　一冊　存三卷(十至十二)

360000－7908－0000949　10951
寄傲山房塾課纂輯書經備旨蔡註捷錄七卷　(清)鄒聖脈輯　清刻本　一冊　存二卷(二至三)

360000－7908－0000950　10952
寄傲山房塾課纂輯書經備旨蔡註捷錄七卷　(清)鄒聖脈輯　清刻本　一冊　存二卷(六至七)

360000－7908－0000951　10953
書經六卷　(宋)蔡沈集傳　清刻本　一冊　存一卷(四)

360000－7908－0000952　10954
寄傲山房塾課纂輯御案易經備旨七卷易經圖案一卷　(清)鄒聖脈輯　清光緒十七年(1891)刻本　一冊　存四卷(一至四)

360000－7908－0000953　10955
新訂四書補註備旨十卷　(明)鄧林撰　(清)杜定基增訂　清刻本　二冊

360000－7908－0000954　10956
寄傲山房塾課纂輯禮記全文備旨十一卷　(清)鄒聖脈輯　清刻本　一冊　存五卷(七至十一)

360000－7908－0000955　10957
寄傲山房塾課纂輯書經備旨蔡註捷錄七卷　(清)鄒聖脈輯　清刻本　二冊　存四卷(一至二、六至七)

360000－7908－0000956　10958
四書味根錄三十七卷　(清)金澂撰　清刻本　三冊　存二十六卷(中庸二卷、論語二十卷、孟子九至十二)

360000－7908－0000957　10959
傳家寶三集八卷　(清)石成金撰　清刻本　一冊　存一卷(七)

360000－7908－0000958　10960
五經典要註釋五卷　(清)袁壯行纂注　清刻本　一冊　存三卷(易經、禮記、春秋)

360000－7908－0000959　10961
歷代陵寢備考五十卷歷代宗廟附考八卷　(清)朱孔陽輯　清光緒三年(1877)上海申報館鉛印申報館叢書本　十三冊　缺四卷(歷代宗廟附考一至四)

360000－7908－0000960　10962
林下清風集四種附一種　(清)蔡紫瓊等撰　清同治十三年(1874)瑯嬛別館刻本　一冊

360000－7908－0000961　10963
夢緣草堂詩鈔十二卷首一卷末一卷附錄二卷　（清）蔡壽祺撰　清咸豐七年至八年（1857－1858）瑯嬛別館刻本　六册

360000－7908－0000962　10964
荻芬書屋文稿一卷　（清）董恂撰　清末董蓮刻本　二册

360000－7908－0000963　10965
野學堂詩存六卷　（清）江式撰　清刻本　二册　存二卷（四、六）

360000－7908－0000964　10966
野學堂詩存六卷　（清）江式撰　清刻本　一册　存一卷（六）

360000－7908－0000965　10967
西漚試帖輯註二卷　（清）李惺撰　（清）張熙宇輯評　（清）王植桂輯注　清刻本　一册

360000－7908－0000966　10968
恪靖侯盾鼻餘瀋一卷　（清）左宗棠撰　清光緒七年（1881）刻本　一册

360000－7908－0000967　10969
篤素堂文集四卷　（清）張英撰　清光緒十一年（1885）刻本　一册

360000－7908－0000968　10970
錢牧齋文鈔一卷　（清）錢謙益撰　清宣統元年（1909）上海國學扶輪社鉛印本　一册

360000－7908－0000969　10971
三百詞譜六卷　（清）鄭元慶輯　清石經樓刻本　一册　存三卷（一至三）

360000－7908－0000970　10972
梅村詩集箋注十八卷　（清）吳偉業撰　（清）吳翌鳳箋注　清刻本　一册　存二卷（八至九）

360000－7908－0000971　10973
氈底零箋一卷　（清）董恂撰　清光緒十二年（1886）董蓮刻本　一册

360000－7908－0000972　10974
靜園八景圖題詠集不分卷　（清）龔鎮湘輯　清宣統元年（1909）武昌鉛印本　一册

360000－7908－0000973　10975
靜園詩分類續鈔九卷　（清）龔鎮湘撰　清宣統三年（1911）鉛印本　一册

360000－7908－0000974　10976
靜園詩鈔後集不分卷　（清）龔鎮湘撰　清宣統二年（1910）鉛印本　一册

360000－7908－0000975　10977
靜園詩餘前集一卷靜園詞鈔後集一卷　（清）龔鎮湘撰　清宣統二年（1910）鉛印本　一册

360000－7908－0000976　10978
紅藥樓集十三卷　（清）范卜年撰　清刻本　一册

360000－7908－0000977　10979
黃陵詩鈔一卷　杜俞撰　清光緒十七年（1891）刻本　一册

360000－7908－0000978　10980
鹿洲初集二十卷　（清）藍鼎元撰　（清）曠敏本評　清刻本　一册　存二卷（六至七）

360000－7908－0000979　10981
登高介雅集一卷　（清）龔鎮湘輯　清宣統三年（1911）武昌鉛印本　一册

360000－7908－0000980　10982
元穆日記三卷　杜俞撰　清光緒十二年（1886）成都刻本　一册

360000－7908－0000981　10983
元穆日記三卷　杜俞撰　清光緒十二年（1886）成都刻本　一册

360000－7908－0000982　10984
元穆文鈔一卷　杜俞撰　清光緒十四年（1888）刻本　一册

360000－7908－0000983　10985
元穆文鈔一卷　杜俞撰　清光緒十四年（1888）刻本　一册

360000－7908－0000984　10986
賓萌外集四卷　（清）俞樾撰　清同治五年

(1866)刻本　一册　存一卷(一)

360000－7908－0000985　10987

癸巳存稿十五卷　(清)俞正燮撰　清光緒十年(1884)刻本　六册

360000－7908－0000986　10988

分類尺牘備覽三十卷　(清)王虎榜輯　清光緒十四年(1888)上海鴻寶齋石印本　八册

360000－7908－0000987　10989

未毁草不分卷　(清)丁亨撰　清刻本　二册

360000－7908－0000988　10990

紀曉嵐詩註釋四卷　(清)紀昀撰　(清)郭斌注　清刻朱墨套印本　四册

360000－7908－0000989　10991

曾文正公書劄三十三卷　(清)曾國藩撰　清末鉛印本　七册　存十二卷(三至四、七至八、十三、十七至十八、二十一至二十二、二十七至二十八、三十三)

360000－7908－0000990　10992

寄嶽雲齋試體詩選詳註四卷　(清)聶銑敏撰　(清)張學蘇箋　清致和堂刻本　一册

360000－7908－0000991　10993

仁在堂全集十四集　(清)路德輯　清末石印本　二册　存二集

360000－7908－0000992　10994

試律青雲集四卷　(清)楊逢春輯　(清)沈品華等注　清大文堂刻本　一册　存二卷(一至二)

360000－7908－0000993　10995

分類尺牘備覽正集八卷續集八卷　(清)柴冕英輯　清光緒三十年(1904)上海廣益書局石印本　十二册　缺四卷(分類尺牘備覽正集二、八,續集二、八)

360000－7908－0000994　10996

東萊博議四卷　(宋)吕祖謙撰　清光緒二十四年(1898)刻本　四册

360000－7908－0000995　10997

東萊博議四卷　(宋)吕祖謙撰　清刻本　三册　存三卷(二至四)

360000－7908－0000996　10998

東萊博議四卷　(宋)吕祖謙撰　(清)張文炳點定　**虚字註釋備考六卷**　(清)張文炳點定　清刻本　一册

360000－7908－0000997　10999

增批輯註東萊博議四卷註釋一卷　(宋)吕祖謙撰　(清)劉鍾英輯注　清宣統三年(1911)上海會文堂石印本　一册

360000－7908－0000998　11000

增批輯註東萊博議四卷註釋一卷　(宋)吕祖謙撰　(清)劉鍾英輯注　清末石印本　一册

360000－7908－0000999　11001

增批輯註東萊博議四卷註釋一卷　(宋)吕祖謙撰　(清)劉鍾英輯注　清末鉛印本　一册　存一卷(三)

360000－7908－0001000　11002

增批輯註東萊博議四卷註釋一卷　(宋)吕祖謙撰　(清)劉鍾英輯注　清末鉛印本　一册　存一卷(三)

360000－7908－0001001　11003

批評東萊博議四卷　(宋)吕祖謙撰　**增補虚字注釋一卷**　(清)馮泰松編　清刻本　一册

360000－7908－0001002　11004

東萊博議四卷　(宋)吕祖謙撰　(清)張文炳點定　**增補虚字註釋一卷**　(清)張文炳點定　清末上海錦章圖書局石印本　一册

360000－7908－0001003　11005

東萊博議四卷　(宋)吕祖謙撰　(清)張文炳點定　清末石印本　一册　存一卷(四)

360000－7908－0001004　11006

增補詳注秋水軒尺牘四卷首一卷　(清)許思湄撰　(清)婁世瑞注　(清)寄虹軒主人輯　清宣統二年(1910)石印本　一册

360000－7908－0001005　11007

新輯秋水軒三卷　(清)許思湄撰　(清)婁世瑞注　(清)寄虹軒主人輯　清宣統元年

(1909)上海詠記書莊石印本　一册　存一卷(一)

360000－7908－0001006　11008
賦學指南十六卷　(清)余丙照輯　清大經堂刻本　一册　存四卷(一至四)

360000－7908－0001007　11009
頂批金丹真傳不分卷　(明)孫汝忠撰　(明)張崇烈注　清刻本　一册

360000－7908－0001008　11010
新化鄒氏學藝齋遺書　(清)鄒漢勛撰　清光緒四年(1878)攸縣龍汝霖南昌刻本　十二册

360000－7908－0001009　11011
管注合刻雪鴻軒尺牘四卷　(清)龔萼撰　(清)管斯駿重訂　清末上海錦章圖書局石印本　一册

360000－7908－0001010　11012
樫花館試帖輯註一卷　(清)路德撰　(清)張熙宇輯注　清刻本　一册

360000－7908－0001011　11013
本朝律賦集腋八集　(清)馬俊良輯　清刻本　一册　存一集(秋)

360000－7908－0001012　11014
試賦瀏亮註釋五卷　(清)柳貴宇等輯　清道光四年(1824)三友山房刻本　二册

360000－7908－0001013　11015
歷科小題與巧集不分卷　(清)李沛霖等輯　清文秀堂刻本　一册　存論語、大學

360000－7908－0001014　11016
有正味齋賦二卷　(清)吳錫麒撰　(清)胡玉樹編注　清刻本　一册

360000－7908－0001015　11017
重訂文選集評十五卷首一卷末一卷　(南朝梁)蕭統輯　(清)于光華編　清刻本　二册　存三卷(一、首一卷、末一卷)

360000－7908－0001016　11018
青雲集分韻試帖詳注四卷　(清)楊逢春輯　(清)沈品華等注　清刻本　二册　存二卷(一至二)

360000－7908－0001017　11019
辯論三十篇一卷　(清)孟浩撰　清刻本　一册

360000－7908－0001018　11020
青雲集分韻試帖詳注四卷　(清)楊逢春輯　(清)沈品華等注　清道光十六年(1836)刻本　四册

360000－7908－0001019　11021
分韻青雲詩集四卷　(清)楊逢春　(清)蕭應櫆輯　清刻朱墨套印本　一册　存一卷(四)

360000－7908－0001020　11022
有懷堂文稿不分卷　(清)韓菼撰　清康熙五十五年(1716)刻本　六册

360000－7908－0001021　11023
春秋左傳分類賦四卷　(清)夏大觀撰　(清)夏大鼎箋注　清嘉慶二十一年(1816)刻本　一册

360000－7908－0001022　11024
有正味齋試帖詩注八卷　(清)吳錫麒撰　(清)吳清學等注　清刻本　一册　存一卷(五)

360000－7908－0001023　11025
增註秋水軒尺牘四卷　(清)許思湄撰　(清)婁世瑞注　(清)寄虹軒主人輯　清末上海錦章圖書局石印本　一册

360000－7908－0001024　11026
新輯秋水軒尺牘二卷　(清)許思湄撰　清末石印本　一册　存一卷(下)

360000－7908－0001025　11027
增補詳註分類飲香尺牘四卷首一卷　(清)飲香居士編　(清)白下慵隱子箋釋　清末鉛印本　三册　存三卷(二至四)

360000－7908－0001026　11028
大題三萬選不分卷　(清)同文書局編　清末同文書局石印本　一册　存上孟

360000－7908－0001027　11029

小題文府不分卷　(清)同文書局編　清末同文書局石印本　一冊　存下孟

360000－7908－0001028　11030
新花樣生意尺牘六卷　(清)仲奇民撰　清末石印本　三冊　存四卷(二至三、五至六)

360000－7908－0001029　11031
詳註尺牘不求人□□卷　(清)李光祚輯　清末鉛印本　二冊　存七卷(四至十)

360000－7908－0001030　11032
改良增廣寫信必讀二卷　(清)□□編　**分韻撮要字彙一卷**　(清)溫儀鳳輯　清末石印本　一冊　存二卷(改良增廣寫信必讀下、分韻撮要字彙一卷)

360000－7908－0001031　11033
寫信必讀十卷　(清)唐芸洲編　清末石印本　一冊　存二卷(九至十)

360000－7908－0001032　11034
紀曉嵐詩註釋四卷　(清)紀昀撰　(清)郭斌注　清刻本　三冊　存三卷(一至三)

360000－7908－0001033　11035
竟山樂錄四卷　(清)毛奇齡撰　清刻西河合集本　一冊

360000－7908－0001034　11036
觀海集□□卷　(清)□□輯　清末石印本　一冊　存一卷(六)

360000－7908－0001035　11037
光緒元年乙亥恩科江西闈墨不分卷　(清)涂官俊等撰　清光緒奎宿堂刻本　一冊

360000－7908－0001036　11038
江西闈墨一卷(光緒八年壬午科)　(清)黃英鎮等撰　清光緒奎宿堂刻本　一冊

360000－7908－0001037　11039
光緒十七年辛卯科江西闈墨一卷　(清)李結等撰　清光緒奎宿堂刻本　一冊

360000－7908－0001038　11040
江西闈墨一卷　(清)李竟華等撰　清光緒刻本　一冊

360000－7908－0001039　11041
分類文編不分卷　(□)□□輯　清刻本　一冊　存十一葉(二百十四至二百二十四)

360000－7908－0001040　11042
詩韻集成不分卷　(清)余照輯　清末鉛印本　一冊　存入聲

360000－7908－0001041　11043
詩韻集成十卷附詞林典腋一卷　(清)余照輯　清鉛印本　一冊　存三卷(三至五)

360000－7908－0001042　11044
詩韻合璧五卷　(清)湯文潞編　清刻本　一冊　存一卷(五)

360000－7908－0001043　11045
分類賦鵠十二卷首一卷　(清)廣百宋齋主人編　清末石印本　一冊　存一卷(十)

360000－7908－0001044　11046
試律大觀三十二卷　(清)竹屏居士輯　清刻本　一冊　存四卷(二十九至三十二)

360000－7908－0001045　11047
考卷最快初編不分卷　(清)鄭守廉等撰　清刻本　一冊

360000－7908－0001046　11048
古文淵鑒六十四卷　(清)徐乾學等輯並注　清刻本　一冊　存二卷(五十四至五十五)

360000－7908－0001047　11049
小題正鵠二集一卷　(清)李元度輯　清刻本　一冊

360000－7908－0001048　11050
試律大觀三十二卷　(清)竹屏居士輯　清刻本　一冊　存二卷(二十七至二十八)

360000－7908－0001049　11051
館賦精選四卷　(清)綺葱樓主人評注　清同治十年(1871)刻本　一冊

360000－7908－0001050　11052
桐雲閣試帖輯註二卷　(清)楊庚撰　(清)張熙宇輯評　(清)王植桂輯注　清刻本　一冊　存一卷(下)

360000－7908－0001051　11053
古文析義二編八卷　(清)林雲銘評注　清刻本　四冊

360000－7908－0001052　11054
袁文箋正十六卷補注一卷　(清)袁枚撰　(清)石韞玉箋　清刻本　一冊　存四卷(十四至十六、補注一卷)

360000－7908－0001053　11055
目耕小題偶編不分卷　(清)沈叔眉編　清刻本　一冊　存下論、上孟

360000－7908－0001054　11056
曾文正公文鈔四卷雜著一卷　(清)曾國藩撰　清同治十二年(1873)上海醉六堂刻本　一冊　存二卷(四、雜著一卷)

360000－7908－0001055　11057
古文析義二編八卷　(清)林雲銘評注　清刻本　十六冊

360000－7908－0001056　11058
文選六十卷　(南朝梁)蕭統輯　(唐)李善注　(清)何焯評　清乾隆三十七年(1772)長洲葉氏海錄軒刻朱墨套印本　一冊　存三卷(一至三)

360000－7908－0001057　11059
竹笑軒賦鈔初集一卷二集一卷　(清)孫清達輯　清咸豐三年(1853)文德堂刻本　四冊

360000－7908－0001058　11060
時文備法六卷　(清)史夢琦評選　清刻本　三冊　存三卷(一、三至四)

360000－7908－0001059　11061
同治癸亥恩科會試闈墨不分卷　(清)□□輯　清刻本　一冊

360000－7908－0001060　11062
江蘇試牘不分卷　(清)張芾輯　清光緒二十年(1894)江陰使署刻本　一冊

360000－7908－0001061　11063
情史類略二十四卷　(明)詹詹外史(馮夢龍)評輯　清嘉慶十四年(1809)刻本　十一冊　存二十二卷(一至九、十二至二十四)

360000－7908－0001062　11064
古桐書屋六種十一卷　(清)劉熙載撰　清刻本　十冊　存三種

360000－7908－0001063　11065
悔餘菴文稿九卷樂府四卷詩稿十三卷餘辛集三卷衲蘇集二卷　(清)何栻撰　清同治四年(1865)鳩江戎幄刻本　十二冊

360000－7908－0001064　11066
文選六十卷　(南朝梁)蕭統輯　(唐)李善注　清乾隆二十四年(1759)刻本　六冊　存四十四卷(一至三、二十至六十)

360000－7908－0001065　11067
重訂古文釋義新編八卷　(清)余誠評注　清光緒二十四年(1898)古吳掃葉山房刻本　二冊

360000－7908－0001066　11068
文選六十卷　(南朝梁)蕭統輯　(唐)李善注　清刻本　一冊　存五卷(五十六至六十)

360000－7908－0001067　11069
分類賦鵠十二卷首一卷　(清)廣百宋齋主人編　清光緒十二年(1886)同文書局石印本　十二冊

360000－7908－0001068　11070
古文辭類纂七十四卷　(清)姚鼐輯　清光緒三十三年(1907)上海商務印書館鉛印本　三冊

360000－7908－0001069　11071
曾文正公榮哀錄四卷　(清)□□輯　清末鉛印本　一冊

360000－7908－0001070　11072
曾文正公家書十卷　(清)曾國藩撰　清光緒三十年(1904)同文社鉛印本　一冊　存二卷(一至二)

360000－7908－0001071　11073
繪圖天雨花二十卷六十回　(清)陶貞懷撰　清末石印本　一冊　存一卷(十)

360000－7908－0001072　11074
重刻賴古堂尺牘新鈔三選結隣集十五卷　(清)周在浚　(清)周在梁　(清)周在延輯　清宣統三年(1911)上海國學扶輪社石印本　二册

360000－7908－0001073　11075
賴古堂尺牘新鈔二選藏弆集十六卷　(清)周在浚　(清)周在梁　(清)周在延輯　清宣統三年(1911)上海國學扶輪社石印本　二册

360000－7908－0001074　11076
古文析義六卷　(清)林雲銘評注　清經元堂刻本　二册　存二卷(三至四)

360000－7908－0001075　11077
古文析義六卷　(清)林雲銘評注　清兩宜堂刻本　二册　存二卷(二、五)

360000－7908－0001076　11078
古文析義六卷　(清)林雲銘評注　清刻本　二册　存四卷(三至六)

360000－7908－0001077　11079
古文析義二編八卷　(清)林雲銘評注　清刻本　一册　存一卷(七)

360000－7908－0001078　11080
古文快筆貫通解四卷　(清)杭永年評解　清中和堂刻本　一册　存一卷(二)

360000－7908－0001079　11081
古文快筆貫通解四卷　(清)杭永年評解　清刻本　一册　存二卷(三至四)

360000－7908－0001080　11082
古文析義六卷　(清)林雲銘評注　清末石印本　一册　存三卷(四至六)

360000－7908－0001081　11083
雞跖賦續刻二十八卷擬古二卷　(清)應泰泉等輯　清末影印本　二册　存七卷(三至九)

360000－7908－0001082　11084
大題三萬選不分卷　(清)□□輯　清光緒十七年(1891)上海書局石印本　二册　存下孟

360000－7908－0001083　11085
八家四六文註八卷首一卷　(清)吳鼒輯　(清)許貞幹注　**補註一卷**　陳衍撰　清光緒十八年(1892)上海圖書集成印書局鉛印本　八册

360000－7908－0001084　11086
古文筆法百篇二十卷首一卷　(清)李扶九輯　(清)黃仁黼注　清光緒二十四年(1898)益元書局刻本　六册

360000－7908－0001085　11087
考卷清雅□□集　(清)□□輯　清刻本　二册

360000－7908－0001086　11088
明文小題貫不分卷　(清)樓渢輯　清刻本　二册

360000－7908－0001087　11089
經畬堂稿不分卷　(清)儲郁文撰　清刻本　一册

360000－7908－0001088　11090
隨園詩話補遺十卷　(清)袁枚撰　清末上海掃葉山房石印本　一册　存五卷(一至五)

360000－7908－0001089　11091
隨園詩話十六卷　(清)袁枚撰　清刻本　一册　存二卷(五至六)

360000－7908－0001090　11092
二十家文稿不分卷　(清)朱爲弼　(清)李涵輯　清嘉慶二十四年(1819)刻本　三册

360000－7908－0001091　11093
分法小題拆字不分卷　(清)□□輯　清刻本　一册

360000－7908－0001092　11094
各省課藝匯海□□卷目錄□□卷　(□)□□輯　清末石印本　三十册　存二十二卷(大學一,中庸一至二、四,下論一至十,上孟三,中孟一,下孟一,目錄三至七)

360000－7908－0001093　11095
歷代宮閨文選二十六卷歷代宮閨姓氏小錄一卷　(清)周壽昌輯　清宣統三年(1911)上海

群學社鉛印本　三册　存十一卷(一至十、歷代宫闈姓氏小録一卷)

360000－7908－0001094　11096
漢魏六朝百三家集　(明)張溥輯　清光緒五年(1879)彭懋謙信述堂刻本　一百二十二册　存一百二種

360000－7908－0001095　11097
制藝觀海集四十二卷　(清)倚雲書屋輯　清光緒五年(1879)鉛印本　六册　存八卷(大學一至二,論語六至七,孟子二、四、七至八)

360000－7908－0001096　11098
羅忠節公遺集　(清)羅澤南撰　清咸豐至同治長沙刻本　十册

360000－7908－0001097　11099
甌北全集　(清)趙翼撰　清乾隆至嘉慶湛貽堂刻本　十一册　存三種

360000－7908－0001098　11100
文選六十卷　(南朝梁)蕭統輯　(唐)李善注　**考異十卷**　(清)胡克家撰　清同治八年(1869)湖北崇文書局刻本　十四册　存五十七卷(文選九至十一、十四至三十一、三十五至六十,考異十卷)

360000－7908－0001099　11101
御定歷代賦彙一百四十卷外集二十卷逸句二卷補遺二十二卷目録三卷　(清)陳元龍輯　清光緒二十年(1894)上海點石齋石印本　六册　存四十卷(御定歷代賦彙一至六、三十至四十,外集二十卷,目録三卷)

360000－7908－0001100　11102
分類賦學雞跖集三十卷附録一卷　(清)張維城輯　清道光十二年(1832)粲花吟館刻本　八册

360000－7908－0001101　11103
律賦鳳樓集四卷　(清)吴純輯　清乾隆二十九年(1764)貯月山窗刻本　三册

360000－7908－0001102　11104
雞跖賦續刻二十八卷擬古二卷　(清)應泰泉等輯　清光緒十年(1884)漱芳小築銅版印本　六册

360000－7908－0001103　11105
雞跖賦續刻二十八卷擬古二卷　(清)應泰泉等輯　清光緒十年(1884)漱芳小築銅版印本　三册　存十一卷(一至二、七至九、十五至二十)

360000－7908－0001104　11106
重訂文選集評十五卷首一卷末一卷　(南朝梁)蕭統輯　(清)于光華編　清漁古山房刻本　十三册　存十三卷(一至五、七至十二,首一卷,末一卷)

360000－7908－0001105　11107
海秋制藝前集不分卷後集不分卷　(清)湯鵬撰　清道光十七年(1837)刻本　三册

360000－7908－0001106　11108
陳大士先生文鈔不分卷　(明)陳際泰撰　(清)王步青評　清映旭齋刻本　五册

360000－7908－0001107　11109
陳大士先生文鈔不分卷　(明)陳際泰撰　(清)王步青評　清映旭齋刻本　一册

360000－7908－0001108　11110
曲園課孫草一卷　(清)俞樾撰　清光緒八年(1882)金陵刻本　一册

360000－7908－0001109　11111
張太史稿不分卷　(清)張江撰　(清)王步青評　清刻本　三册

360000－7908－0001110　11112
張太史塾課八卷　(清)張江撰　清刻本　一册　存四卷(五至八)

360000－7908－0001111　11113
張太史塾課八卷　(清)張江撰　清刻本　一册　存二卷(下孟、中庸)

360000－7908－0001112　11114
向蘭皐先生小題文不分卷　(清)向日貞撰　(清)左史　(清)魯質評　清嘉慶二十二年(1817)英德堂刻本　四册

360000－7908－0001113　11115
憩雲書屋時文三卷　(清)周鎮南撰　清道光二十三年(1843)憩雲書屋刻本　二册

360000－7908－0001114　11116
憩雲書屋制藝二集二卷　(清)周鎮南撰　清道光二十六年(1846)憩雲書屋刻本　四册

360000－7908－0001115　11117
新輯尺牘合璧四卷　(清)許思湄　(清)龔萼撰　(清)婁世瑞注　(清)寄虹軒主人輯　清光緒二十六年(1900)上海文宜書局石印本　四册

360000－7908－0001116　11118
新輯尺牘合璧四卷　(清)許思湄　(清)龔萼撰　(清)婁世瑞注　(清)寄虹軒主人輯　清光緒三十年(1904)上海千頃堂石印本　三册　存三卷(一至三)

360000－7908－0001117　11119
活套稱呼尺牘彙解四卷　(清)江耀亭編　清光緒二十年(1894)築野主人鉛印本　四册

360000－7908－0001118　11120
皇朝經世文新編三十二卷　麥仲華輯　清光緒二十七年(1901)上海書局石印本　十六册

360000－7908－0001119　11121
彙纂詩法度鍼三十三卷首一卷　(清)徐文弼輯　清刻本　七册　存二十一卷(一至三、十一至二十三、三十至三十三,首一卷)

360000－7908－0001120　11122
彙纂詩法度鍼三十三卷首一卷　(清)徐文弼輯　清刻本　四册　存十五卷(十九至三十三)

360000－7908－0001121　11123
彙纂詩法度鍼三十三卷首一卷　(清)徐文弼輯　清乾隆二十四年(1759)刻本　七册　存二十七卷(一至三、十一至三十三,首一卷)

360000－7908－0001122　11124
皇朝經世文編一百二十卷姓名總目二卷　(清)賀長齡輯　清光緒二十一年(1895)蜚英書局石印本　十册　存一百九卷(一至九、二十至五十五、五十九至一百二十,姓名總目二卷)

360000－7908－0001123　11125
鄉會試闈墨不分卷　(清)□□輯　清刻本　二册

360000－7908－0001124　11126
初唐四傑文集二十一卷　(清)□□輯　清光緒五年(1879)淮南書局刻本　三册　存二十卷(一至七、九至二十一)

360000－7908－0001125　11127
光緒乙亥恩科鄉墨文萃不分卷　(清)夏獻馨評選　清刻本　七册

360000－7908－0001126　11128
唐詩三百首註疏六卷　(清)孫洙編　(清)章燮注　**續選一卷**　(清)于慶元編　清刻本　一册　存二卷(五至六)

360000－7908－0001127　11129
唐詩三百首註疏六卷　(清)孫洙編　(清)章燮注　**續選一卷**　(清)于慶元編　清刻本　一册　存二卷(五至六)

360000－7908－0001128　11130
唐詩三百首註疏六卷　(清)孫洙編　(清)章燮注　**續選一卷**　(清)于慶元編　清立言堂刻本　五册

360000－7908－0001129　11131
唐詩三百首續選一卷　(清)于慶元編　清刻本　一册　存五言古詩

360000－7908－0001130　11132
唐詩三百首六卷　(清)孫洙編　清英秀堂刻本　一册

360000－7908－0001131　11133
唐詩三百首六卷　(清)孫洙編　清刻本　一册

360000－7908－0001132　11134
註釋唐詩三百首不分卷　(清)孫洙編　清李光明刻本　二册　存五古、七古、五律、七律、

五絶、七絶

360000－7908－0001133　11135
唐詩三百首註疏六卷　(清)孫洙編　(清)章燮注　**續選一卷**　(清)于慶元編　清文奎堂刻本　四冊

360000－7908－0001134　11136
宋元明詩三百首不分卷　(清)朱梓　(清)冷昌言編　清小石山房刻本　一冊

360000－7908－0001135　11137
唐詩三百首六卷　(清)孫洙編　清光緒七年(1881)敦厚堂刻本　一冊　存二卷(一至二)

360000－7908－0001136　11138
唐詩貫珠六十卷　(清)胡以梅箋釋　清素心堂刻本　二冊　存五卷(一至五)

360000－7908－0001137　11139
重訂唐詩別裁集二十卷　(清)沈德潛輯　清乾隆二十八年(1763)教忠堂刻本　二冊　存七卷(七至十三)

360000－7908－0001138　11140
千家詩詳註二卷　(明)湯顯祖輯　清文奎堂刻本　一冊

360000－7908－0001139　11141
唐詩三百首註疏六卷　(清)孫洙編　(清)章燮注　**續選一卷**　(清)于慶元編　清松盛堂刻本　四冊

360000－7908－0001140　11142
唐詩三百首續選一卷　(清)于慶元編　清刻本　一冊　存五言古詩

360000－7908－0001141　11143
近九科同館賦鈔四卷　(清)孫欽昂輯　清光緒二年(1876)寶玠刻本　六冊

360000－7908－0001142　11144
閩海網珊集二集不分卷　(清)孫詒經輯　清福建督學史署刻本　一冊

360000－7908－0001143　11145
詳訂古文評註十卷　(清)過珙　(清)黃越輯　清末石印本　一冊　存五卷(一、三至四、七、十)

360000－7908－0001144　11146
註釋唐詩三百首六卷　(清)孫洙編　清刻本　一冊　存四卷(三至六)

360000－7908－0001145　11147
言文對照古文評註讀本十二卷　(清)過珙輯　清末石印本　一冊　存一卷(三)

360000－7908－0001146　11148
考古必要賦四卷試賦分論一卷擬題分類備覽一卷　(清)江家春　(清)邱景岳選注　清道光二十五年(1845)刻本　四冊

360000－7908－0001147　11149
皇朝經世文續編一百二十卷　(清)葛士濬輯　清末石印本　七冊　存三十四卷(六至七、十八至二十四、六十三至六十八、七十三至八十二、一百七至一百十五)

360000－7908－0001148　11150
皇朝經世文新編二十一卷　麥仲華輯　清末石印本　一冊　存二卷(五至六)

360000－7908－0001149　11151
皇朝經世文統編一百二十卷　(清)邵之棠輯　清末石印本　二冊　存七卷(九十二至九十五、一百十六至一百十八)

360000－7908－0001150　11152
有正味齋駢體文二十四卷　(清)吳錫麒撰　清刻本　二冊　存五卷(一至三、八至九)

360000－7908－0001151　11153
近科館閣詩鈔□□卷　(清)蔣立鏞等撰　清道光六年(1826)西泠紫荷花榭刻本　五冊　存十九卷(一至十九)

360000－7908－0001152　11154
律賦聚星集二卷　(清)馬沅箋注　清刻本　一冊

360000－7908－0001153　11155
國朝律賦新機初集一卷二集一卷續集一卷　(清)孫理輯　清刻本　三冊

360000－7908－0001154　11156

館賦宛虹集箋注四卷 (清)陳士楨等輯 清道光二年(1822)崇文堂刻本 一册

360000－7908－0001155 11157
韻蘭賦鈔二卷 (清)王家相輯 清刻本 四册

360000－7908－0001156 11158
唐人賦鈔六卷 (清)邱先德輯 (清)邱士超箋 清同治十三年(1874)木樨香山館刻本 五册 存五卷(一、三至六)

360000－7908－0001157 11159
岳忠武王文集八卷首一卷末一卷 (宋)岳飛撰 (清)王邦寧輯 清同治十二年(1873)三原劉質慧述荆堂刻本 四册

360000－7908－0001158 11160
白華前稿六十卷 (清)吳省欽撰 清刻本 一册 存三卷(三十一至三十三)

360000－7908－0001159 11161
靖康傳信録三卷建炎進退志四卷建炎時政記三卷 (宋)李綱撰 清光緒十年(1884)邵武徐氏刻本 三册

360000－7908－0001160 11162
岳忠武王文集八卷首一卷末一卷 (宋)岳飛撰 (清)王邦寧輯 清刻本 一册

360000－7908－0001161 11163
國朝六家詩鈔八卷 (清)劉執玉輯 清乾隆三十二年(1767)刻本 四册 存四卷(一至二、四至五)

360000－7908－0001162 11164
仁在堂時藝開十二卷 (清)路德編 清末董蓮還讀我書室刻本 五册 存十一卷(一至六、八至十二)

360000－7908－0001163 11165
仁在堂時藝竅十七卷 (清)路德編 清末董蓮還讀我書室刻本 六册 存七卷(十一至十七)

360000－7908－0001164 11166
古唐詩合解十二卷 (清)王堯衢注 清末石印本 一册 存二卷(三至四)

360000－7908－0001165 11167
古唐詩合解十二卷 (清)王堯衢注 清末上海廣益書局石印本 二册 存四卷(三至六)

360000－7908－0001166 11168
古唐詩合解十二卷 (清)王堯衢注 清末上海廣益書局石印本 一册 存四卷(一至四)

360000－7908－0001167 11169
古詩合解四卷 (清)王堯衢注 清末上海廣益書局石印本 一册

360000－7908－0001168 11170
古唐詩合解十二卷 (清)王堯衢注 清末上海錦章圖書局石印本 二册 存四卷(九至十二)

360000－7908－0001169 11171
古唐詩合解十二卷 (清)王堯衢注 清刻本 一册 存三卷(一至三)

360000－7908－0001170 11172
增補重訂千家詩註解二卷 (宋)謝枋得選 (清)王相注 清末石印本 一册

360000－7908－0001171 11173
八家四六文註八卷首一卷 (清)吳鼒輯 (清)許貞幹注 **補註一卷** 陳衍撰 清光緒十七年(1891)刻本 一册 存二卷(一、首一卷)

360000－7908－0001172 11174
國朝詩鐸二十六卷首一卷 (清)張應昌輯 清刻本 十五册 存二十六卷(一至二十二、二十四至二十六,首一卷)

360000－7908－0001173 11175
古文淵鑒六十四卷 (清)徐乾學等輯並注 清同治十二年(1873)浙江書局刻本 二十七册 存五十三卷(一至二、五至十一、二十一至六十四)

360000－7908－0001174 11176
古文淵鑒六十四卷 (清)徐乾學等輯並注 清刻本 二十七册 存四卷(十一至十二、十

五至十六）

360000－7908－0001175　11177
簪花集賦鈔不分卷　（清）趙榮春輯　清道光二十八年（1848）豹隱書屋刻本　二册

360000－7908－0001176　11178
仁在堂全集十四集　（清）路德輯　清道光二十九年（1849）刻本　十五册　存十集

360000－7908－0001177　11179
廣東試牘八卷　（清）何廷謙輯　清同治十二年（1873）刻本　八册

360000－7908－0001178　11180
昌黎先生集四十卷　（唐）韓愈撰　清宣統三年（1911）石印本　一册　存一卷（一）

360000－7908－0001179　11181
杜詩詳註二十五卷首一卷附編二卷　（唐）杜甫撰　（清）仇兆鰲輯注　清刻本　十五册　存十六卷（一至二、四、十一至十七、十九至二十、二十四至二十五，首一卷，附編下）

360000－7908－0001180　11182
唐陸宣公集二十二卷　（唐）陸贄撰　清刻本　五册　存十八卷（一至十三、十八至二十二）

360000－7908－0001181　11183
經訓書院文集六卷　（清）王棻輯　清光緒九年（1883）江西書局刻本　三册

360000－7908－0001182　11184
豫章書院課藝八卷　（清）胡壽椿輯　清同治十二年（1873）江西書局刻本　四册

360000－7908－0001183　11185
西江文萃不分卷　（清）李文敏輯　清光緒二年（1876）刻本　二册

360000－7908－0001184　11186
慕萊堂題詠二卷　（清）李維翰輯　清光緒十七年（1891）李維翰刻本　一册

360000－7908－0001185　11187
白水紀勝二卷首一卷　（清）李厚培輯　清光緒十七年（1891）李維翰刻本　一册

360000－7908－0001186　11188
擊鉢吟偶存二卷二集二卷三集二卷四集二卷五集二卷六集二卷七集二卷　（清）曾元海等輯　清道光二十五年至同治九年（1845－1870）刻本　十二册

360000－7908－0001187　11189
西泠酬倡集五卷二集五卷　（清）秦緗業等撰　清光緒四年（1878）刻本　三册　存八卷（西泠酬倡集五卷、二集三至五）

360000－7908－0001188　11190
古文分編集評初集五卷二集五卷三集八卷四集四卷　（清）于光華輯　清刻本　十七册　存十八卷（初集五卷、二集五卷、三集二至六、四集二至四）

360000－7908－0001189　11191
小題十萬選初集不分卷　（清）從吾好齋主人輯　清光緒二十年（1894）上海鴻寶齋石印本　三十一册

360000－7908－0001190　11192
館律萃珍三十二卷　（清）謝祖源編　清光緒二年（1876）刻本　十一册　存十八卷（一至三、五至七、十二至十七、二十七至三十二）

360000－7908－0001191　11193
續試律大觀三十二卷　（清）周夢熊輯　清咸豐元年（1851）刻本　八册

360000－7908－0001192　11194
試律大觀三十二卷　（清）竹屏居士輯　清同治十年（1871）刻本　十册　存二十六卷（一至二十六）

360000－7908－0001193　11195
小題文府不分卷　（清）□□輯　清末石印本　二册　存下論、下孟

360000－7908－0001194　11196
續古文辭類纂三十四卷　王先謙輯　清光緒八年（1882）長沙王氏刻本　四册　存十七卷（一至三、七至九、十四至十七、二十八至三十四）

360000－7908－0001195　11197
第五才子書十二卷一百二十四回　(元)施耐庵撰　(清)金人瑞評　清刻本　一册　存二卷(三至四)二十回(二十二至四十一)

360000－7908－0001196　11198
考卷最快初編不分卷　(清)王士穀編　清道光二十八年(1848)刻本　一册

360000－7908－0001197　11199
新墨拔萃不分卷新策拔萃不分卷新律拔萃不分卷　(清)陸麟書輯　清道光二十二年(1842)刻本　三册

360000－7908－0001198　11200
古文拾級八卷　(清)李杕輯　清宣統元年(1909)上海土山灣印書館鉛印本　二册

360000－7908－0001199　11201
初級古文選本初編二卷二編二卷三編二卷四編二卷　陸基編　清宣統元年至民國二年(1909－1913)上海中國圖書公司鉛印本　四册

360000－7908－0001200　11202
第八才子書白圭志四卷十六回　(清)崔象川撰　(清)何晴川評　清刻本　一册　存一卷(四)四回(十三至十六)

360000－7908－0001201　11203
快心編初集五卷十回二集五卷十回三集六卷十二回　(清)天花才子編　(清)四橋居士評　清光緒元年(1875)申報館鉛印申報館叢書本　一册　存二卷(初集二至三)三回(初集四至六)

360000－7908－0001202　11204
有正味齋詞集八卷外集五卷續集二卷又外集二卷　(清)吳錫麒撰　清刻本　二册　存六卷(一至六)

360000－7908－0001203　11205
鄉黨文正編不分卷　(清)江永撰　**鄉黨文補編不分卷**　(清)江永輯　清山帶樓刻本　九册

360000－7908－0001204　11206
吳摯甫尺牘五卷補遺一卷諭兒書一卷　(清)吳汝綸撰　清宣統二年(1910)上海國學扶輪社石印本　四册　存三卷(一上、三上、四)

360000－7908－0001205　11207
精訂綱鑑廿四史通俗衍義六卷四十四回　(清)呂撫撰　清末石印本　四册　存四卷(一、三、五至六)三十一回(一至十、二十至二十七、三十二至四十四)

360000－7908－0001206　11208
臺灣外記三十卷　(清)江日昇撰　清光緒四年(1878)申報館鉛印申報館叢書本　一册　存十卷(一至五、二十一至二十五)

360000－7908－0001207　11209
韓湘寶卷二卷十八回　(清)煙波釣徒風月主人撰　清光緒十九年(1893)刻本　二册

360000－7908－0001208　11210
宣講集要十五卷首一卷　(清)吳莘民校點　清同治五年(1866)三一堂刻本　三册　存四卷(一、四、六,首一卷)

360000－7908－0001209　11211
吳摯甫文集四卷附鈔深州風土記四篇一卷　(清)吳汝綸撰　清宣統二年(1910)上海國學扶輪社石印本　一册　存三卷(三至四、附鈔深州風土記四篇一卷)

360000－7908－0001210　11212
習之先生全集錄二卷　(唐)李翱撰　(清)儲欣輯　清刻本　一册

360000－7908－0001211　11213
象山先生全集三十六卷　(宋)陸九淵撰　清刻本　一册　存三卷(二十二至二十四)

360000－7908－0001212　11214
項太史全稿不分卷　(明)項煜撰　清刻本　五册

360000－7908－0001213　11215
羅文止先生文鈔不分卷　(明)羅萬藻撰　(清)王步青編　清映旭齋刻本　二册

360000－7908－0001214　11216
宋丞相文山先生全集二十卷　(宋)文天祥撰　清康熙十二年(1673)吉水曾弘刻本　十二冊

360000－7908－0001215　11217
鄉會墨大觀不分卷　(清)許球輯　清刻本　六冊

360000－7908－0001216　11218
目耕齋讀本不分卷目耕齋二刻不分卷目耕齋小題不分卷　(清)徐楷評注　(清)沈叔眉選　清末李光明莊刻本　三冊　存目耕齋讀本、目耕齋二刻

360000－7908－0001217　11219
鐵網珊瑚初集不分卷二集不分卷　(清)沈鏡堂輯　清光緒十五年(1889)刻本　三冊

360000－7908－0001218　11220
國朝文棟八卷　(清)胡嘉銓輯　清光緒十二年(1886)刻本　二冊

360000－7908－0001219　11221
諸葛丞相集四卷　(三國蜀)諸葛亮撰　(清)朱璘輯　清康熙萬卷堂刻本　四冊

360000－7908－0001220　11222
王臨川文集四卷　(宋)王安石撰　清宣統二年(1910)上海會文堂書局石印本　三冊　存三卷(一、三至四)

360000－7908－0001221　11223
韻語陽秋二十卷　(宋)葛立方撰　清末石印本　四冊

360000－7908－0001222　11224
袁太史稿不分卷　(清)袁枚撰　(清)秦大士編　清刻本　一冊

360000－7908－0001223　11225
賀文忠公遺集四卷末一卷　(明)賀逢聖撰　清同治八年(1869)錦樹山房刻本　二冊

360000－7908－0001224　11226
張忠敏公遺集十卷首一卷附錄六卷　(明)張國維撰　清光緒五年(1879)江蘇書局刻本　六冊

360000－7908－0001225　11227
長郡試牘不分卷　(清)王述恩輯　清刻本　二冊

360000－7908－0001226　11228
江漢炳靈集二卷　(清)張之洞輯　清刻本　四冊

360000－7908－0001227　11229
續古文辭類纂三十四卷　王先謙輯　清末上海商務印書館鉛印本　四冊

360000－7908－0001228　11230
梁谿先生文集一百八十卷附錄一卷年譜一卷　(宋)李綱撰　清刻本　三冊　存十三卷(一至二、九十三至九十八、一百二十一至一百二十四,年譜一卷)

360000－7908－0001229　11231
司馬溫公文集十四卷　(宋)司馬光撰　清同治五年(1866)福州正誼書院刻正誼堂全書本　三冊　存五卷(一至五)

360000－7908－0001230　11232
欒城集四十八卷　(宋)蘇轍撰　清刻本　三冊　存十一卷(十五至二十五)

360000－7908－0001231　11233
山谷詩内集注二十卷　(宋)黄庭堅撰　(宋)任淵注　**山谷詩外集注十七卷補四卷**　(宋)黄庭堅撰　(宋)史容注　(清)謝啓昆輯補　**山谷詩別集注二卷補一卷**　(宋)黄庭堅撰　(宋)史季溫注　(清)謝啓昆輯補　**重刻山谷先生年譜十四卷**　(宋)黄罃撰　清刻本　十冊　存二十三卷(山谷詩外集注十七卷、補四卷,山谷詩別集注二卷)

360000－7908－0001232　11234
三魚堂集文集十二卷附錄一卷外集六卷附錄一卷　(清)陸隴其撰　清刻本　八冊

360000－7908－0001233　11235
三魚堂集文集十二卷附錄一卷外集六卷附錄一卷　(清)陸隴其撰　清刻本　八冊

360000－7908－0001234　11236

王臨川全集一百卷目録二卷　（宋）王安石撰　清光緒九年（1883）聽香館刻本　十六册

360000－7908－0001235　11237

南宋雜事詩七卷　（清）沈嘉轍等撰　清同治十一年（1872）淮南書局刻本　四册

360000－7908－0001236　11238

孫文恭公遺書二十卷　（明）孫應鰲撰　清末鉛印本　六册

360000－7908－0001237　11239

熊襄愍公集十卷首一卷末一卷　（明）熊廷弼撰　清刻本　十册

360000－7908－0001238　11240

史忠正公集四卷首一卷附録一卷　（明）史可法撰　（清）史山清輯　清咸豐六年（1856）史氏追遠堂刻本　二册

360000－7908－0001239　11241

寧都三魏全集　（清）林時益輯　清易堂刻本　二十六册　存四種

360000－7908－0001240　11242

古文析義六卷二編八卷　（清）林雲銘評注　清大文堂刻本　十四册

360000－7908－0001241　11243

賦學正鵠十卷　（清）李元度輯　清同治十年（1871）爽谿書院刻本　四册

360000－7908－0001242　11244

國朝試賦匯海續編前集六卷後集二卷補編一卷　（清）黄爵滋輯　清同治八年（1869）刻本　八册

360000－7908－0001243　11245

古文析義六卷　（清）林雲銘評注　清刻本　一册　存一卷（一）

360000－7908－0001244　11246

文富堂古文觀止十二卷　（清）吴乘權　（清）吴大職輯　清刻本　四册　存五卷（一至二、四至六）

360000－7908－0001245　11247

古文觀止十二卷　（清）吴乘權　（清）吴大職輯　清李光明家刻本　二册　存四卷（一至二、九至十）

360000－7908－0001246　11248

賦梅書屋詩初集六卷二集三卷三集二卷四集一卷五集二卷六集二卷　（清）宋廷樑撰　清光緒十七年至二十七年（1891－1901）西江刻本　二册　存八卷（初集六卷、二集一至二）

360000－7908－0001247　11249

春在堂全書　（清）俞樾撰　清同治、光緒刻本　七十九册　存十八種

360000－7908－0001248　11250

論纂四卷　（清）何剛德輯　清光緒二十四年（1898）江西建昌府署刻本　二册

360000－7908－0001249　11251

賦鈔箋畧十五卷　（清）雷琳　（清）張杏濱撰　清嘉慶二十二年（1817）刻本　八册

360000－7908－0001250　11252

古文析義六卷　（清）林雲銘評注　清刻本　二册

360000－7908－0001251　11253

古文釋義新編八卷　（清）余誠評注　清光緒二十七年（1901）刻本　四册

360000－7908－0001252　11254

鄉墨精鋭不分卷　（清）□□輯　清刻本　一册

360000－7908－0001253　11255

嫠學治事續編二卷　（清）繼良輯　清光緒二十八年（1902）孝廉堂刻本　一册　存一卷（一）

360000－7908－0001254　11256

曾文正公奏議補編四卷　（清）曾國藩撰　清刻本　二册　存二卷（二至三）

360000－7908－0001255　11257

玉海二百四卷附刻十三種　（宋）王應麟撰　**校補玉海瑣記二卷王深甯先生年譜一卷**　（清）張大昌撰　清光緒九年至十六年（1883

－1890)浙江書局刻本　一册　存二卷(玉海二十至二十一)

360000－7908－0001256　11258
魏昭士文集十卷　(清)魏世傚撰　清刻寧都三魏全集本　三册　存八卷(三至十)

360000－7908－0001257　11259
古文析義二編八卷　(清)林雲銘評注　清刻本　四册　存四卷(三至五、七)

360000－7908－0001258　11260
雲膚山房詩稿六卷　(清)黎光地撰　清同治十年(1871)念先堂刻本　二册

360000－7908－0001259　11261
白香山詩長慶集二十卷後集十七卷別集一卷補遺二卷　(唐)白居易撰　**年譜一卷**　(清)汪立名撰　**年譜舊本一卷**　(宋)陳振孫撰　清康熙四十一年至四十二年(1702－1703)汪立名一隅草堂刻本　二册　存十一卷(長慶集六至十一、後集一至五)

360000－7908－0001260　11262
古文辭類纂七十四卷　(清)姚鼐輯　清光緒上海商務印書館鉛印本　五册　存四十卷(二十一至六十)

360000－7908－0001261　11263
分體利試文中初集六卷　(清)郝朝昇評選　清同文堂刻本　三册

360000－7908－0001262　11264
李太白文集三十六卷　(唐)李白撰　(清)王琦輯注　清刻本　二册　存十一卷(九至十七、三十四至三十五)

360000－7908－0001263　11265
李太白文集三十六卷　(唐)李白撰　(清)王琦輯注　清刻本　八册　存二十七卷(二至四、十一至三十四)

360000－7908－0001264　11266
樵川二家詩六卷　(宋)嚴羽　(元)黃鎮成撰　(清)徐榦輯　清刻本　一册　存三卷(四至六)

360000－7908－0001265　11267
寄嶽雲齋初稿十卷補遺一卷回文賦一卷　(清)聶銑敏撰　清嘉慶刻本　四册

360000－7908－0001266　11268
古文辭類纂十五卷　(清)姚鼐輯　清末石印本　一册　存九卷(五至十三)

360000－7908－0001267　11269
古文辭類纂十五卷　(清)姚鼐輯　清末石印本　一册　存九卷(五至十三)

360000－7908－0001268　11270
古文辭類纂七十四卷　(清)姚鼐輯　清光緒上海商務印書館鉛印本　三册　存二十三卷(八至十、三十一至五十)

360000－7908－0001269　11271
海上鴻泥偶存八卷　(清)羅鳳藻輯　清道光二十八年(1848)文光堂刻本　八册

360000－7908－0001270　11272
稟啓零紈四卷　(清)徐紉裳輯　清光緒上海申報館鉛印申報館叢書本　一册

360000－7908－0001271　11273
杜詩鏡銓二十卷附錄一卷年譜一卷　(清)楊倫撰　**讀書堂杜工部文集註解二卷**　(清)張溍撰　清光緒十八年(1892)鉛印本　五册　存二十卷(一至十五、二十,附錄一卷,年譜一卷,讀書堂杜工部文集註解二卷)

360000－7908－0001272　11274
二思堂叢書　(清)梁章鉅撰　清光緒元年(1875)浙江書局刻本　十一册　存四種

360000－7908－0001273　11275
續古文辭類纂二十八卷　(清)黎庶昌輯　清光緒刻本　四册　存十二卷(十七至二十八)

360000－7908－0001274　11276
[同治]廣信府志十二卷首一卷　(清)蔣繼洙修　(清)李樹藩纂　清同治十二年(1873)刻本　三十册

360000－7908－0001275　11277
[同治]廣信府志十二卷首一卷　(清)蔣繼洙

修　(清)李樹藩纂　清同治十二年(1873)刻本　三十冊

360000－7908－0001276　11278
[同治]廣信府志十二卷首一卷　(清)蔣繼洙修　(清)李樹藩纂　清同治十二年(1873)刻本　三十冊

360000－7908－0001277　11279
[同治]廣信府志十二卷首一卷　(清)蔣繼洙修　(清)李樹藩纂　清同治十二年(1873)刻本　二十八冊　存十二卷(廣信府志十二卷)

360000－7908－0001278　11280
[同治]廣信府志十二卷首一卷　(清)蔣繼洙修　(清)李樹藩纂　清同治十二年(1873)刻本　二十一冊　存十卷(一至四、六至七、九至十一,首一卷)

360000－7908－0001279　11281
[同治]廣信府志十二卷首一卷　(清)蔣繼洙修　(清)李樹藩纂　清同治十二年(1873)刻本　一冊　存一卷(十一)

360000－7908－0001280　11282
揚州畫舫録十八卷　(清)李斗撰　清乾隆六十年(1795)刻同治印本　三冊　存十三卷(一至四、十至十八)

360000－7908－0001281　11283
各國政藝通考六十卷　(清)王振輯　清光緒二十九年(1903)上海文盛堂石印本　二十三冊　存五十七卷(一至十七、二十一至六十)

360000－7908－0001282　11284
萬國近政考略十六卷　(清)鄒弢編　清末鉛印本　二冊　存八卷(五至八、十三至十六)

360000－7908－0001283　11285
西湖志四十八卷　(清)李衛修　(清)傅王露等纂　清刻本　三冊　存七卷(三至九)

360000－7908－0001284　11286
[光緒]重修彭縣志十三卷首一卷末一卷　(清)張龍甲修　(清)呂調陽等纂　清光緒四年(1878)刻本　八冊　存十二卷(一、四至九、十一至十三,首一卷,末一卷)

360000－7908－0001285　11287
[嘉慶]涇縣志三十二卷首一卷　(清)李德淦　(清)周鶴立修　(清)洪亮吉纂　清嘉慶十一年(1806)刻本　一冊　存二卷(十四至十五)

360000－7908－0001286　11288
[光緒]茂名縣志八卷首一卷　(清)鄭業崇修　(清)許汝韶纂　清光緒十四年(1888)刻本　二冊　存三卷(四至六)

360000－7908－0001287　11289
滬城備考六卷　(清)褚華撰　清末上海申報館鉛印本　一冊　存三卷(一至三)

360000－7908－0001288　11290
鸚鵡洲小志四卷首一卷　(清)胡鳳丹編　清同治十三年(1874)永康胡氏退補齋刻本　二冊

360000－7908－0001289　11291
曹娥江志八卷首一卷　(清)胡鳳丹編　清光緒三年(1877)永康胡氏退補齋刻本　一冊

360000－7908－0001290　11292
馬嵬志十六卷首一卷　(清)胡鳳丹編　清光緒三年(1877)永康胡氏退補齋刻本　四冊　存十一卷(三至十三)

360000－7908－0001291　11293
桃花源志二十四卷首一卷　(清)胡鳳丹編　清光緒三年(1877)永康胡氏退補齋刻本　十冊

360000－7908－0001292　11294
閩雜記十二卷　(清)施鴻保輯　清光緒四年(1878)上海申報館鉛印本　一冊　存六卷(一至三、七至九)

360000－7908－0001293　11295
水道提綱二十八卷　(清)齊召南撰　清光緒七年(1881)上海文瑞樓鉛印本　八冊　存八卷(一至六、八至九)

360000－7908－0001294　11296

黃鵠山志十二卷首一卷　（清）胡鳳丹編　清同治十三年（1874）永康胡氏退補齋刻本　六册

360000－7908－0001295　11297
大别山志十卷首一卷　（清）胡鳳丹編　清同治十三年（1874）永康胡氏退補齋刻本　四册　存七卷（一至五、八至九）

360000－7908－0001296　11298
廬山小志二十四卷首一卷　（清）蔡瀛纂　清娜嬛别館刻本　二册　存十一卷（十四至二十四）

360000－7908－0001297　11299
西湖志四十八卷　（清）李衛修　（清）傅王露等纂　清刻本　十六册　存三十九卷（一至二、十至四十、四十三至四十八）

360000－7908－0001298　11300
［光緒］黄州府志四十卷首一卷　（清）英啓修（清）鄧琛纂　清光緒十年（1884）刻本　八册　存八卷（三、九、二十二、二十四至二十七，首一卷）

360000－7908－0001299　11301
各國時事類編十八卷　（清）沈純輯　清光緒二十一年（1895）上海書局石印本　四册

360000－7908－0001300　11302
萬國分類時務大成四十卷　（清）錢豐輯　清光緒二十三年（1897）文盛書局石印本　二十四册　存三十五卷（一至十四、十九至二十四、二十六至四十）

360000－7908－0001301　11303
增修鵝湖書田志四卷首一卷　（清）王賡言（清）吳嵩梁輯　清光緒二十九年（1903）刻本　一册

360000－7908－0001302　11304
增修鵝湖書田志四卷首一卷　（清）王賡言（清）吳嵩梁輯　清光緒二十九年（1903）刻本　一册

360000－7908－0001303　11305
歐洲東方交涉記十二卷　（英國）麥高爾撰（美國）林樂知譯　清刻本　一册　存七卷（六至十二）

360000－7908－0001304　11306
吳山伍公廟志六卷首一卷附溧陽縣志十四則　（清）金文淳纂修　（清）沈永青增輯　清光緒二年（1876）刻本　二册

360000－7908－0001305　11307
青冢志十二卷首一卷　（清）胡鳳丹編　清光緒三年（1877）永康胡氏退補齋刻本　三册

360000－7908－0001306　11308
漂母祠志七卷首一卷　（清）胡鳳丹編　清光緒三年（1877）永康胡氏退補齋刻本　一册　存四卷（一至三、首一卷）

360000－7908－0001307　11309
文廟通考六卷首一卷　（清）牛樹梅撰　清同治十一年（1872）浙江書局刻本　二册

360000－7908－0001308　11310
岳廟志略十卷首一卷　（清）馮培輯　清光緒五年（1879）浙江書局刻本　四册

360000－7908－0001309　11311
岳廟志略十卷首一卷　（清）馮培輯　清光緒五年（1879）浙江書局刻本　四册

360000－7908－0001310　11312
斐洲遊記四卷　（英國）施登萊撰　（清）匯報館譯　清光緒二十六年（1900）鉛印本　一册　存二卷（一至二）

360000－7908－0001311　11313
日本國志四十卷首一卷　（清）黄遵憲撰　清光緒二十七年（1901）上海書局石印本　一册　存六卷（二十一至二十六）

360000－7908－0001312　11314
日本維新慷慨史二卷　（日本）西村三郎輯　趙必振譯　清光緒二十八年（1902）上海廣智書局鉛印本　二册

360000－7908－0001313　11315
各國時事類編十八卷　（清）沈純輯　清末石

印本　一冊　存三卷(六至八)

360000－7908－0001314　11316
河工策要四卷　(清)□□輯　清光緒十四年(1888)上海蜚英館石印本　一冊

360000－7908－0001315　11317
海防策要四卷　(清)□□輯　清光緒十四年(1888)上海蜚英館石印本　一冊

360000－7908－0001316　11318
長江圖說十二卷首一卷　(清)馬徵麟等撰　清同治十年(1871)湖北崇文書局刻本　三冊　存三卷(九至十、首一卷)

360000－7908－0001317　11319
魏書一百十四卷附考證　(北齊)魏收撰　清同治八年(1869)嶺南葄古堂刻二十四史本　二十六冊　存八十六卷(二十九至一百十四)

360000－7908－0001318　11320
周書五十卷　(唐)令狐德棻等撰　清同治八年(1869)嶺南葄古堂刻重刊二十四史本　六冊　存四十卷(一至四十)

360000－7908－0001319　11321
隋書八十五卷　(唐)魏徵　(唐)長孫無忌等撰　清同治八年(1869)嶺南葄古堂刻二十四史本　十冊　存四十六卷(二十五至七十)

360000－7908－0001320　11322
北史一百卷　(唐)李延壽撰　清同治八年(1869)嶺南葄古堂刻二十四史本　二十冊　存五十六卷(十一至六十六)

360000－7908－0001321　11323
五代史七十四卷　(宋)歐陽修撰　(宋)徐無黨注　清同治八年(1869)嶺南葄古堂刻二十四史本　八冊　存五十七卷(一至五十七)

360000－7908－0001322　11324
遼史一百十五卷附考證　(元)脱脱等撰　**欽定遼史語解十卷**　清同治八年(1869)嶺南葄古堂刻二十四史本　十冊　存五十六卷(十五至七十)

360000－7908－0001323　11325
金史一百三十五卷　(元)脱脱等撰　清同治八年(1869)嶺南葄古堂刻二十四史本　二十冊　存八十五卷(五十一至一百三十五)

360000－7908－0001324　11326
元史二百十卷目録二卷附考證　(明)宋濂　(明)王禕等撰　**欽定元史語解二十四卷**　清同治八年(1869)嶺南葄古堂刻二十四史本　二十冊　存七十七卷(九十四至一百三十五、一百七十六至二百十)

360000－7908－0001325　11327
元史二百十卷目録二卷　(明)宋濂　(明)王禕等撰　清光緒十八年(1892)武林竹簡齋石印二十四史本　一冊　存十九卷(二十九至四十七)

360000－7908－0001326　11328
金史一百三十五卷　(元)脱脱等撰　清光緒十八年(1892)武林竹簡齋石印二十四史本　四冊　存四十二卷(二十至二十二、五十一至八十二、一百十至一百十六)

360000－7908－0001327　11329
金史一百三十五卷　(元)脱脱等撰　**欽定金國語解一卷**　清光緒二十九年(1903)上海點石齋石印二十四史本　八冊

360000－7908－0001328　11330
金史一百三十五卷　(元)脱脱等撰　**欽定金國語解一卷**　清光緒二十年(1894)上海同文書局影印二十四史本　二十一冊　存一百二十三卷(十四至一百三十五、欽定金國語解一卷)

360000－7908－0001329　11331
元史二百十卷目録二卷　(明)宋濂　(明)王禕等撰　清光緒二十年(1894)上海同文書局影印二十四史本　九冊　存二十九卷(五十二至五十三、八十二至九十二、一百五十四至一百六十一、一百六十五至一百六十七、二百二至二百六)

360000－7908－0001330　11332
宋史四百九十六卷目録三卷　(元)脱脱等撰

清末影印二十四史本　二册　存十三卷(四百二十六至四百三十八)

360000－7908－0001331　11333
舊五代史一百五十卷目錄二卷附考證　(宋)薛居正等撰　清同治十一年(1872)崇文書局刻本　十六册　存一百五十卷(舊五代史一百五十卷)

360000－7908－0001332　11334
遼史一百十六卷附考證　(元)脱脱等撰　清光緒十八年(1892)武林竹簡齋石印二十四史本　三册

360000－7908－0001333　11335
遼史一百十六卷附考證　(元)脱脱等撰　清光緒十四年(1888)上海圖書集成書局鉛印本　八册

360000－7908－0001334　11336
遼史一百十六卷附考證　(元)脱脱等撰　清光緒二十年(1894)上海同文書局影印二十四史本　四册　存六十九卷(四十八至一百十六)

360000－7908－0001335　11337
宋史四百九十六卷目錄三卷附考證　(元)脱脱等撰　清光緒十八年(1892)武林竹簡齋石印二十四史本　十八册　存二百五十五卷(一百七十三至二百六十六、三百五至四百六十五)

360000－7908－0001336　11338
北史一百卷　(唐)李延壽撰　清光緒二十年(1894)上海同文書局影印本　七册　存二十七卷(三至五、十九至二十一、五十一至五十三、七十一至七十九、九十二至一百)

360000－7908－0001337　11339
魏書一百十四卷　(北齊)魏收撰　清光緒十八年(1892)武林竹簡齋石印二十四史本　二册　存二十卷(一至十二、一百七至一百十四)

360000－7908－0001338　11340
南史八十卷　(唐)李延壽撰　明崇禎十三年(1640)毛氏汲古閣刻十七史本　八册　存三十九卷(一至三十九)

360000－7908－0001339　11341
南史八十卷　(唐)李延壽撰　清同治十一年(1872)金陵書局刻本　一册　存八卷(三十三至四十)

360000－7908－0001340　11342
北史一百卷　(唐)李延壽撰　明崇禎十二年(1639)毛氏汲古閣刻十七史本　八册　存三十卷(一至六、十一至二十一、三十五至四十七)

360000－7908－0001341　11343
宋史四百九十六卷目錄三卷附考證　(元)脱脱等撰　清光緒二十年(1894)上海同文書局石印本　七十四册　存三百六十一卷(一至二十三、三十六至三百七十,目錄三卷)

360000－7908－0001342　11344
明史三百三十二卷目錄四卷　(清)張廷玉等撰　清光緒二十年(1894)上海同文書局影印二十四史本　一百十一册　存三百三十三卷(一至一百十五、一百十九至三百三十二,目錄四卷)

360000－7908－0001343　11345
舊唐書二百卷　(五代)劉昫等撰　清同治十一年(1872)浙江書局刻本　四十册

360000－7908－0001344　11346
唐書二百二十五卷　(宋)歐陽修　(宋)宋祁等撰　明崇禎二年(1629)琴川毛氏汲古閣刻後印本　四册　存二十一卷(二十六至二十八、三十三至四十二、一百八十三至一百九十)

360000－7908－0001345　11347
後漢書九十卷　(南朝宋)范曄撰　(唐)李賢注　**志三十卷**　(晉)司馬彪撰　(南朝梁)劉昭注補　清同治八年(1869)金陵書局刻二十四史本　十一册　存六十九卷(一至五十三、七十五至九十)

360000－7908－0001346　11348

舊五代史一百五十卷附考證　(宋)薛居正等撰　清光緒十八年(1892)武林竹簡齋石印二十四史本　六冊

360000－7908－0001347　11349
後漢書一百二十卷　(南朝宋)范曄撰　(唐)李賢注　(晉)司馬彪撰志　(南朝梁)劉昭注補　明刻本　十九冊　存七十三卷(十四至二十一、二十九至三十四、四十五至六十七、七十一至七十七、八十二至九十九、一百四至一百十四)

360000－7908－0001348　11350
續後漢書四十二卷義例一卷音義四卷　(宋)蕭常撰　清同治八年(1869)刻本　三冊　存二十五卷(八至十六、二十六至三十二、三十九至四十二,義例一卷,音義四卷)

360000－7908－0001349　11351
周書五十卷　(唐)令狐德棻等撰　清光緒三十四年(1908)上海集成圖書公司鉛印二十四史本　四冊

360000－7908－0001350　11352
北齊書五十卷附考證　(唐)李百藥撰　清光緒三十四年(1908)上海集成圖書公司鉛印二十四史本　六冊

360000－7908－0001351　11353
南齊書五十九卷附考證　(南朝梁)蕭子顯撰　清光緒二十年(1894)上海同文書局影印本　三冊　存十七卷(三十五至四十四、五十三至五十九)

360000－7908－0001352　11354
晉書一百三十卷附考證　(唐)房玄齡等撰　**音義三卷**　(唐)何超撰　清光緒十八年(1892)武林竹簡齋石印二十四史本　八冊

360000－7908－0001353　11355
晉書一百三十卷　(唐)房玄齡等撰　清同治十年(1871)金陵書局刻本　九冊　存七十二卷(二至二十二、五十七至八十九、一百八至一百二十五)

360000－7908－0001354　11356
舊五代史一百五十卷目錄二卷附考證　(宋)薛居正等撰　清光緒十年(1884)上海同文書局石印本　二十四冊

360000－7908－0001355　11357
舊唐書二百卷附考證　(五代)劉昫等撰　清光緒二十年(1894)上海同文書局石印本　三十八冊　存一百六十三卷(一至十七、二十五至四十一、四十六至六十八、七十四至七十八、八十六至一百二十三、一百三十至一百三十五、一百四十一至一百九十四、一百九十八至二百)

360000－7908－0001356　11358
唐書二百二十五卷附考證　(宋)歐陽修(宋)宋祁等撰　**釋音二十五卷**　(宋)董衝撰　清光緒二十年(1894)上海同文書局石印二十四史本　四十五冊　存二百二十七卷(一至二十七、三十七至七十四、七十六至一百二十五、一百三十九至二百二十五,釋音二十五卷)

360000－7908－0001357　11359
欽定續通志六百四十卷附六通訂誤一卷　(清)嵇璜等纂修　清光緒二十七年(1901)上海圖書集成局鉛印本　二冊　存二十卷(五十七至六十三、九十七至一百九)

360000－7908－0001358　11360
十六國春秋一百卷　(北魏)崔鴻撰　清光緒十二年(1886)湖北官書處刻本　十二冊

360000－7908－0001359　11361
通志二百卷　(宋)鄭樵撰　清咸豐九年(1859)崇仁謝氏刻三通本　三冊　存四卷(七十七、八十四下、九十五至九十六)

360000－7908－0001360　11362
荊駝逸史　(清)陳湖逸士輯　清刻本　一冊　存二種

360000－7908－0001361　11363
增評歷代名臣言行錄二十二卷　(清)孫鈺編　清末博文書館石印本　四冊　存十一卷(一至三、十二至十九)

360000－7908－0001362　11364
［江西上饒］鍾氏宗譜□□卷　（清）□□纂修　清咸豐木活字印本　一冊　存一卷（六）

360000－7908－0001363　11365
歷代名臣言行錄二十四卷　（清）朱桓輯　清光緒二十六年（1900）湖南書局刻本　二十四冊

360000－7908－0001364　11366
南北史捃華八卷　（清）周嘉猷撰　清光緒二年（1876）永康胡氏退補齋刻本　三冊　存六卷（一至六）

360000－7908－0001365　11367
歷代名臣言行錄二十四卷　（清）朱桓輯　清光緒二十六年（1900）湖南書局刻本　二十五冊　存二十二卷（一、二下至四、七至十五上、十六下至二十四）

360000－7908－0001366　11368
歷代名臣言行錄二十四卷　（清）朱桓輯　清光緒二十八年（1902）自強學齋石印本　八冊

360000－7908－0001367　11369
歷代名臣言行錄二十四卷　（清）朱桓輯　清光緒三十年（1904）上海書局石印本　三冊　存九卷（一至三、十六至十八、二十二至二十四）

360000－7908－0001368　11370
國朝江西節孝錄八十七卷　（清）江西通志局輯　清光緒五年（1879）江西書局刻本　十八冊　存四十一卷（六至九、十九至二十二、三十六至三十七、四十四至五十一、五十九至七十二、七十七至八十一、八十四至八十七）

360000－7908－0001369　11371
［江西鉛山］港口韓氏宗譜不分卷　（清）□□纂修　清末木活字印本　一冊　存信房世系

360000－7908－0001370　11372
［江西鉛山］姚氏宗譜□□卷　（清）□□修　清同治木活字印本　一冊　存一卷（十八）

360000－7908－0001371　11373
［江西鉛山］唐棣葉氏宗譜□□卷　（清）葉魁秀等纂修　清光緒三十一年（1905）木活字印本　三冊　存三卷（一至二、五）

360000－7908－0001372　11374
［浙江淳安］青溪周氏宗譜二十五卷　（清）□□纂修　清光緒二十一年（1895）木活字印本　一冊　存四卷（二十二至二十五）

360000－7908－0001373　11375
建郡吳大祠會修宗譜□□卷首一卷　（清）□□纂修　清道光木活字印本　一冊　存四卷（一至三、首一卷）

360000－7908－0001374　11376
歷代名臣言行錄二十四卷　（清）朱桓輯　清末石印本　五冊　存十四卷（八至十一、十五至二十四）

360000－7908－0001375　11377
國朝先正事略六十卷　（清）李元度撰　清光緒十三年（1887）上海點石齋石印本　八冊

360000－7908－0001376　11378
明季稗史彙編二十七卷　（清）留雲居士輯　清光緒十三年（1887）上海圖書集成印書局鉛印本　三冊　存十二卷（一至八、二十四至二十七）

360000－7908－0001377　11379
明季稗史彙編二十七卷　（清）留雲居士輯　清末鉛印本　四冊　存二十一卷（七至二十七）

360000－7908－0001378　11380
中興名臣事略八卷　朱孔彰撰　清光緒二十四年（1898）上海書局石印本　一冊

360000－7908－0001379　11381
明季北略二十四卷明季南略十八卷　（清）計六奇撰　清光緒十三年（1887）上海圖書集成印書局鉛印本　十冊

360000－7908－0001380　11382
昭代名人尺牘小傳二十四卷　（清）吳修輯　清同治十年（1871）劉氏藏修書屋刻述古叢鈔

本　二册　存十一卷(五至十、二十至二十四)

360000－7908－0001381　11383
東槎紀略五卷　(清)姚瑩撰　清光緒四年(1878)上海申報館鉛印申報館叢書本　一册　存三卷(三至五)

360000－7908－0001382　11384
普天忠憤集十四卷首一卷　(清)孔廣德編　清光緒二十一年(1895)石印本　一册　存四卷(五、十、十三至十四)

360000－7908－0001383　11385
春融堂雜記　(清)王昶撰　清光緒申報館鉛印本　一册　存五種

360000－7908－0001384　11386
歷代名臣言行錄二十四卷　(清)朱桓輯　清光緒十三年(1887)上海廣百宋齋鉛印本　八册　存十六卷(一至二、七至十、十三至十六、十九至二十四)

360000－7908－0001385　11387
列女傳八卷　(漢)劉向撰　(清)梁端校注　清末上海會文堂粹記石印本　一册

360000－7908－0001386　11388
列女傳八卷　(漢)劉向撰　(清)梁端校注　清末上海會文堂粹記石印本　一册　存二卷(一至二)

360000－7908－0001387　11389
歷代畫史彙傳二十四卷附錄一卷　(清)彭蘊璨編　清末掃葉山房石印本　八册　存十六卷(三至七、十四至二十四)

360000－7908－0001388　11390
歷代名臣言行錄二十四卷　(清)朱桓輯　清刻本　一册　存一卷(七)

360000－7908－0001389　11391
政學錄初稿八卷　(清)陸言輯　清道光十三年(1833)無錫鄒鳴鶴刻本　八册

360000－7908－0001390　11392
孔子年譜輯註一卷　(清)江永編　(清)黃定宜輯注　清道光二十七年(1847)萍鄉文晟刻本　一册

360000－7908－0001391　11393
浙江試牘立誠編初刻不分卷　(清)汪廷珍輯　清刻本　二册

360000－7908－0001392　11394
江西試牘立誠編不分卷　(清)汪廷珍輯　清刻本　三册

360000－7908－0001393　11395
徐思曠文鈔不分卷　(明)徐方廣撰　清刻本　二册

360000－7908－0001394　11396
浙江試牘立誠編五刻不分卷　(清)汪廷珍輯　清刻本　一册

360000－7908－0001395　11397
柏蘊皐稿不分卷　(清)柏謙撰　清刻本　三册

360000－7908－0001396　11398
延經堂塾課不分卷　(清)朱鴻儒輯　清道光二十七年(1847)刻本　二册

360000－7908－0001397　11399
明文小題傳薪八卷　(清)臧岳評釋　清刻本　一册　存四卷(大學一卷、中庸一卷、論語二卷)

360000－7908－0001398　11400
明文小題與巧集不分卷　(清)李沛霖等評選　清刻本　一册　存一册(二)

360000－7908－0001399　11401
馮夔颺稿不分卷　(清)馮詠撰　清刻本　四册　存大學、中庸、上論、下論、上孟

360000－7908－0001400　11402
歷科小題與巧集不分卷　(清)□□編　清刻本　一册　存中庸、孟子

360000－7908－0001401　11403
咸豐己未恩科省鄉墨萃英不分卷　(清)張德容評選　清咸豐刻本　二册

360000－7908－0001402　11404
咸豐己未恩科省鄉墨萃英不分卷　（清）張德容評選　清咸豐刻本　一冊

360000－7908－0001403　11405
小題六集大觀二卷　（清）王步青評　清刻本　一冊　存一卷（下）

360000－7908－0001404　11406
重訂古文釋義新編八卷　（清）余誠評注　清末錦章圖書局石印本　二冊　存二卷（六、八）

360000－7908－0001405　11407
海山仙館叢書　（清）潘仕成輯　清道光二十五年至咸豐元年（1845－1851）番禺潘氏刻光緒十一年（1885）增刻彙印本　一百十六冊　存五十二種

360000－7908－0001406　11408
海山仙館叢書　（清）潘仕成輯　清道光二十五年至咸豐元年（1845－1851）番禺潘氏刻光緒十一年（1885）增刻彙印本　三十五冊　存十四種

360000－7908－0001407　11409
粵雅堂叢書　（清）伍崇曜輯　清道光至光緒南海伍氏刻本　二百六十九冊　存一百三十九種

360000－7908－0001408　11410
粵雅堂叢書　（清）伍崇曜輯　清道光至光緒南海伍氏刻本　一百二冊　存六十八種

360000－7908－0001409　11411
史通削繁四卷　（唐）劉知幾撰　（清）紀昀削繁　（清）浦起龍注　清道光十三年（1833）兩廣節署刻朱墨印本　四冊

360000－7908－0001410　11412
歷代史論十二卷宋史論三卷元史論一卷　（明）張溥撰　**明史論四卷**　（清）谷應泰撰　**左傳史論二卷**　（清）高士奇撰　清光緒五年（1879）西江裴氏刻本　八冊

360000－7908－0001411　11413
歷代史論十二卷宋史論三卷元史論一卷　（明）張溥撰　**明史論四卷**　（清）谷應泰撰　**左傳史論二卷**　（清）高士奇撰　清光緒五年（1879）西江裴氏刻本　八冊

360000－7908－0001412　11414
歷代史論十二卷宋史論三卷元史論一卷　（明）張溥撰　**明史論四卷**　（清）谷應泰撰　**左傳史論二卷**　（清）高士奇撰　清光緒五年（1879）西江裴氏刻本　八冊　存十八卷（歷代史論十二卷、宋史論一至二、明史論四卷）

360000－7908－0001413　11415
歷代史論十二卷宋史論三卷元史論一卷　（明）張溥撰　**明史論四卷**　（清）谷應泰撰　**左傳史論二卷**　（清）高士奇撰　清光緒五年（1879）西江裴氏刻本　三冊　存六卷（歷代史論五至八、明史論一至二）

360000－7908－0001414　11416
文獻通考二十四卷首一卷　（元）馬端臨撰　清光緒十一年（1885）上海點石齋石印本　一冊　存五卷（一至四、首一卷）

360000－7908－0001415　11417
歷代史論十二卷宋史論三卷元史論一卷　（明）張溥撰　**明史論四卷**　（清）谷應泰撰　**左傳史論二卷**　（清）高士奇撰　清光緒二十四年（1898）上海書局石印本　六冊

360000－7908－0001416　11418
讀通鑑論十卷末一卷　（清）王夫之撰　清光緒二十八年（1902）寶善筱記石印本　六冊　存八卷（一至五、八至十）

360000－7908－0001417　11419
歷朝綱鑑總論不分卷　（明）楊古度等撰　清光緒二十七年（1901）善餘堂刻本　二冊

360000－7908－0001418　11420
讀通鑑論十六卷附宋論十五卷　（清）王夫之撰　清光緒三十一年（1905）上海商務印書館鉛印本　十冊

360000－7908－0001419　11421
讀通鑑論三十卷末一卷　（清）王夫之撰　清

末石印本　三冊　存四卷(四、七至八、十四)

360000－7908－0001420　11422
新輯分類史論大成十九卷首一卷　(清)海濱行素生編　清光緒二十八年(1902)上海醉六堂石印本　十七冊　存十七卷(一至七、十、十二至十九,首一卷)

360000－7908－0001421　11423
通鑑題解十卷　(清)金之光　(清)汪桓撰　清光緒二十八年(1902)上海富強齋石印本　七冊　存八卷(一至八)

360000－7908－0001422　11424
歷代史論十二卷　(明)張溥撰　清末石印本　二冊　存八卷(五至十二)

360000－7908－0001423　11425
歷代史事政治論三百八卷　(清)金詠榴等編　清末石印本　五冊　存七十三卷(八至三十八、九十二至一百三、一百二十至一百三十五、二百九十五至三百八)

360000－7908－0001424　11426
史論彙選乙編八卷　(清)呂景端輯　清末石印本　一冊　存三卷(一至三)

360000－7908－0001425　11427
歷代史論一編十二卷　(明)張溥撰　清末石印本　一冊　存二卷(三至四)

360000－7908－0001426　11428
潚景堂史測十四卷　(清)施鴻撰　清光緒二十八年(1902)杜璘光刻知聖教齋叢書本　二冊

360000－7908－0001427　11429
欽定續文獻通考二百五十卷附考證　(清)嵇璜等纂修　清末鉛印本　二十一冊　存一百五十九卷(十二至十七、二十五至五十、五十六至六十四、七十三至七十九、八十七至一百六、一百二十一至一百二十五、一百三十至一百三十四、一百四十一至一百八十九、二百六至二百十五、二百二十九至二百五十)

360000－7908－0001428　11430
文獻通考三百四十八卷　(元)馬端臨撰　**欽定通考考證三卷**　(清)□□撰　清光緒二十七年(1901)上海圖書集成局鉛印本　三冊　存二十卷(三百三十二至三百四十八、欽定通考考證三卷)

360000－7908－0001429　11431
文獻通考三百四十八卷　(元)馬端臨撰　清咸豐九年(1859)崇仁謝氏刻三通本　四冊　存十三卷(一至六、二百五十九至二百六十五)

360000－7908－0001430　11432
兩漢博聞十二卷　(宋)楊侃撰　清光緒上海申報館鉛印申報館叢書本　二冊

360000－7908－0001431　11433
國朝狀元事考一卷採輯前代狀元姓名錄一卷國朝狀元考一卷國朝狀元策一卷國朝榜眼錄一卷　(清)饒玉成輯　**歷科典試題名鼎甲錄前明二卷國朝一卷歷科典試考官試題錄四卷**　(清)黃崇蘭輯　(清)饒玉成續增　清光緒九年(1883)撫州雙峯書屋刻本　八冊

360000－7908－0001432　11434
新纂氏族箋釋八卷　(清)熊峻運撰　清雍正二年(1724)經元堂刻本　八冊

360000－7908－0001433　11435
大清進士題名碑錄不分卷附明萬曆至崇禎進士題名碑錄不分卷　(清)李周望等輯　清康熙五十九年(1720)刻雍正至光緒遞修本　八冊

360000－7908－0001434　11436
元和姓纂十卷　(唐)林寶撰　清光緒六年(1880)金陵書局刻本　一冊　存三卷(一至三)

360000－7908－0001435　11437
廿一史約編八卷首一卷　(清)鄭元慶撰　清末石印本　二冊　存二卷(絲、革)

360000－7908－0001436　11438
鑄史駢言十二卷　(清)孫玉田撰　清光緒二年(1876)四明陳氏銀藤花館刻本　四冊

360000－7908－0001437　11439
鑄史駢言十二卷　(清)孫玉田撰　清光緒二年(1876)四明陳氏銀藤花館刻本　六册

360000－7908－0001438　11440
鑄史駢言十二卷　(清)孫玉田撰　清光緒二年(1876)四明陳氏銀藤花館刻本　四册

360000－7908－0001439　11441
兩漢雋言十六卷　(宋)林鉞輯　(明)淩迪知續輯　清光緒六年(1880)八杉齋刻融經館叢書本　六册

360000－7908－0001440　11442
綱鑑擇語十卷　(清)司徒修輯　清同治八年(1869)江右本立堂刻本　六册　存八卷(一至五、七、九至十)

360000－7908－0001441　11443
文光堂增定課兒鑑略妥注善本五卷　(明)李廷機撰　(清)鄒聖脉補　清刻本　一册　存二卷(四至五)

360000－7908－0001442　11444
史略提綱六卷白文一卷　(清)羅繡文撰　清咸豐四年(1854)刻本　四册

360000－7908－0001443　11445
史記菁華錄六卷　(清)姚祖恩輯　清光緒二十二年(1896)年上海書局石印本　一册　存一卷(一)

360000－7908－0001444　11446
大清搢紳全書四卷(宣統二年)　(清)□□編　清宣統二年(1910)榮寶堂刻本　四册

360000－7908－0001445　11447
憲政增補最新職官全錄不分卷(光緒三十三年)　(清)□□輯　清光緒三十三年(1907)京都榮寶齋刻本　一册

360000－7908－0001446　11448
大清搢紳全書四卷(光緒十七年)　(清)□□輯　清光緒十七年(1891)榮祿堂刻本　二册　存二卷(元、亨)

360000－7908－0001447　11449
大清搢紳全書四卷(光緒十三年)　(清)□□輯　清光緒榮祿堂刻本　二册　存二卷(亨、貞)

360000－7908－0001448　11450
大清搢紳全書四卷(光緒二十一年春季)　(清)□□輯　清光緒十七年(1891)松竹堂、榮寶堂刻本　三册　存三卷(元、亨、利)

360000－7908－0001449　11451
[江西宜黃]宜黃邑北東溪潘氏七修宗譜十六卷首一卷補遺一卷　(清)潘敬昌等纂修　清嘉慶二十四年(1819)木活字印本　七册　存九卷(一、四、九至十一、十五至十六,首一卷,補遺一卷)

360000－7908－0001450　11452
[江西上饒]方氏宗譜□□卷　(清)□□纂修　清道光木活字印本　二册　存二卷(全坊行房支脈、全坊文房支脈)

360000－7908－0001451　11453
尺木堂綱鑑易知錄九十二卷　(清)吳乘權等輯　清末鉛印本　一册　存七卷(四十至四十六)

360000－7908－0001452　11454
尺木堂綱鑑易知錄九十二卷明鑑易知錄十五卷　(清)吳乘權等輯　清光緒三十一年(1905)商務印書館鉛印本　十四册　存一百三卷(五至九十二、明鑑易知錄十五卷)

360000－7908－0001453　11455
尺木堂綱鑑易知錄九十二卷明鑑易知錄十五卷　(清)吳乘權等輯　清光緒三十四年(1908)上海廣益書局鉛印本　十一册　存七十三卷(一至五、十二至四十四、五十二至七十八,明鑑易知錄八至十五)

360000－7908－0001454　11456
通鑑紀事本末二百三十九卷　(宋)袁樞撰　(明)張溥論正　清同治十二年至十三年(1873－1874)江西書局刻紀事本末五種本　七十七册　存二百二十六卷(一至二十三、二十八至三十七、四十二至四十七、五十至七十

七、八十一至二百三十九)

360000－7908－0001455　11457
國語二十一卷　(三國吴)韋昭注　**校刊明道本韋氏解國語劄記一卷**　(清)黄丕烈撰　清末影印本　一册　存九卷(七至十五)

360000－7908－0001456　11458
國語二十一卷　(三國吴)韋昭注　**校刊明道本韋氏解國語劄記一卷**　(清)黄丕烈撰　清末影印本　三册

360000－7908－0001457　11459
戰國策三十三卷　(漢)高誘注　**重刻剡川姚氏本戰國策札記三卷**　(清)黄丕烈撰　清末影印士禮居黄氏叢書本　五册

360000－7908－0001458　11460
國語二十一卷　(三國吴)韋昭注　**校刊明道本韋氏解國語劄記一卷**　(清)黄丕烈撰　**明道本攷異四卷**　(清)汪遠孫撰　清同治八年(1869)湖北崇文書局刻本　四册　存十九卷(一至九、十七至二十一,校刊明道本韋氏解國語劄記一卷,明道本攷異四卷)

360000－7908－0001459　11461
戰國策三十三卷　(漢)高誘注　**重刻剡川姚氏本戰國策札記三卷**　(清)黄丕烈撰　清同治八年(1869)崇文書局刻本　四册　存二十九卷(一至九、十七至三十三,重刻剡川姚氏本戰國策札記三卷)

360000－7908－0001460　11462
清史攬要六卷　(日本)增田貢撰　清末石印本　一册　存二卷(一至二)

360000－7908－0001461　11463
尺木堂綱鑑易知錄二十卷　(清)吴乘權等輯　清末石印本　七册　存十四卷(三至八、十一至十六、十九至二十)

360000－7908－0001462　11464
皇朝開國方略三十二卷　(清)阿桂等撰　清末鉛印本　五册　存二十七卷(六至三十二)

360000－7908－0001463　11465
尺木堂綱鑑易知錄九十二卷　(清)吴乘權等輯　清光緒三十一年(1905)商務印書館鉛印本　一册　存七卷(七十一至七十七)

360000－7908－0001464　11466
尺木堂綱鑑易知錄九十二卷　(清)吴乘權等輯　清末刻本　三册　存八卷(十二至十三、十八至二十、五十一至五十三)

360000－7908－0001465　11467
宋史紀事本末一百九卷　(明)馮琦撰　(明)陳邦瞻增訂　(明)張溥論正　清同治十三年(1874)江西書局刻紀事本末五種本　八册　存四十卷(四十五至七十八、九十一至九十六)

360000－7908－0001466　11468
元史紀事本末二十七卷　(明)陳邦瞻撰　(明)張溥論正　清同治十三年(1874)江西書局刻紀事本末五種本　一册　存八卷(一至八)

360000－7908－0001467　11469
明史紀事本末八十卷　(清)谷應泰撰　清同治十三年(1874)江西書局刻紀事本末五種本　五册　存十七卷(五十五至五十九、六十九至八十)

360000－7908－0001468　11470
欽定剿平粵匪方略四百二十卷首二卷附設立長江水師章程六卷　(清)奕訢等撰　清同治十一年(1872)鉛印本　十三册　存十三卷(四十八、五十一、八十四至九十四)

360000－7908－0001469　11471
京津拳匪紀略八卷前編二卷後編二卷　(清)僑析生輯　清末石印本　五册

360000－7908－0001470　11472
綏寇紀略十二卷補遺三卷　(清)吴偉業撰　清末鉛印本　五册　存九卷(三至四、七至十二,補遺上)

360000－7908－0001471　11473
增訂教案彙編六卷　(清)程宗裕編　清光緒二十八年(1902)杭州實學書社鉛印本　一册

存一卷(六)

360000－7908－0001472　11474

增訂教案彙編六卷　(清)程宗裕編　清光緒二十八年(1902)杭州實學書社鉛印本　二冊　存三卷(一、六,首一卷)

360000－7908－0001473　11475

尺木堂綱鑑易知錄九十二卷明鑑易知錄十五卷　(清)吳乘權等輯　清末鉛印本　十二冊　存八十三卷(十九至五十三、六十至九十二,明鑑易知錄十五卷)

360000－7908－0001474　11476

東華錄天命朝四卷天聰朝十一卷崇德朝八卷順治朝三十六卷康熙朝一百十卷雍正朝二十六卷東華續錄乾隆朝一百二十卷嘉慶朝五十卷道光朝六十卷咸豐朝一百卷同治朝一百卷　王先謙編　清光緒石印本　四十冊　存八十卷(雍正一至五、八至十三,乾隆一至四十八,嘉慶五至十四,道光一至十一)

360000－7908－0001475　11477

東華錄天命朝四卷天聰朝十一卷崇德朝八卷順治朝三十六卷康熙朝一百十卷雍正朝二十六卷東華續錄乾隆朝一百二十卷嘉慶朝五十卷道光朝六十卷咸豐朝一百卷同治朝一百卷　王先謙編　清光緒十年(1884)廣百宋齋鉛印本　十四冊　存九十三卷(嘉慶一至五十、道光一至四十三)

360000－7908－0001476　11478

東華錄三十二卷　(清)蔣良騏撰　清刻本　五冊　存十七卷(一至三、七至十、十四至十六、二十六至三十二)

360000－7908－0001477　11479

東華錄三十二卷　(清)蔣良騏撰　清刻本　二冊　存七卷(二十三至二十九)

360000－7908－0001478　11480

欽定四庫全書總目二百卷首一卷　(清)紀昀等撰　清刻本　五十七冊　存一百十卷(九十一至二百)

360000－7908－0001479　11481

欽定四庫全書總目二百卷首四卷　(清)紀昀等撰　清宣統二年(1910)存古齋石印本　二十二冊　存一百三十四卷(一至八十五、一百五十二至二百)

360000－7908－0001480　11482

皇朝武功紀盛四卷　(清)趙翼撰　清刻本　一冊

360000－7908－0001481　11483

直隸津局運售各省書籍總目不分卷　(清)天津海防支應局編　清刻本　一冊

360000－7908－0001482　11484

經餘必讀八卷續編八卷三集四卷　(清)雷琳等輯　清光緒二年(1876)退補齋刻本　十冊

360000－7908－0001483　11485

刊謬正俗八卷　(唐)顏師古撰　清光緒三年(1877)湖北崇文書局刻本　一冊

360000－7908－0001484　11486

今水經一卷表一卷　(清)黃宗羲撰　清光緒三年(1877)湖北崇文書局刻本　一冊

360000－7908－0001485　11487

儀禮古今文疏義十七卷　(清)胡承珙撰　清光緒三年(1877)湖北崇文書局刻本　四冊

360000－7908－0001486　11488

春在堂全書　(清)俞樾撰　清刻本　三十四冊　存二十一種

360000－7908－0001487　11489

欽定四庫全書總目二百卷　(清)紀昀等撰　清刻本　六冊　存十二卷(六至八、十三至十四、十九至二十五)

360000－7908－0001488　11490

離騷一卷　(宋)錢杲之集傳　清光緒三年(1877)湖北崇文書局刻本　一冊

360000－7908－0001489　11491

離騷箋二卷　(清)龔景瀚撰　清光緒三年(1877)湖北崇文書局刻本　一冊

360000－7908－0001490　11492

楚辭集註八卷　(宋)朱熹撰　清光緒三年

(1877)湖北崇文書局刻本　二册

360000－7908－0001491　11493
楚辭集註八卷辨證二卷　(宋)朱熹撰　清光緒三年(1877)湖北崇文書局刻本　一册　存二卷(辨證二卷)

360000－7908－0001492　11494
古列女傳八卷　(漢)劉向撰　(明)黄魯曾贊　清光緒三年(1877)湖北崇文書局刻本　四册

360000－7908－0001493　11495
老學庵筆記十卷　(宋)陸游撰　清光緒三年(1877)湖北崇文書局刻本　二册

360000－7908－0001494　11496
鑑誡録十卷　(五代)何光遠撰　清光緒三年(1877)湖北崇文書局刻本　二册

360000－7908－0001495　11497
御覽闕史二卷　(唐)高彦休撰　清光緒三年(1877)湖北崇文書局刻本　一册

360000－7908－0001496　11498
文心雕龍十卷　(南朝梁)劉勰撰　清光緒三年(1877)湖北崇文書局刻本　二册

360000－7908－0001497　11499
韓詩外傳十卷　(漢)韓嬰撰　清光緒三年(1877)湖北崇文書局刻本　一册

360000－7908－0001498　11500
離騷草木疏四卷　(宋)吴仁傑撰　清光緒三年(1877)湖北崇文書局刻本　一册

360000－7908－0001499　11501
春秋繁露十七卷首一卷　(漢)董仲舒撰　清光緒三年(1877)湖北崇文書局刻本　二册

360000－7908－0001500　11502
逸周書集訓校釋十卷逸文一卷　(清)朱右曾撰　清光緒三年(1877)湖北崇文書局刻本　二册

360000－7908－0001501　11503
周易姚氏學十六卷首一卷　(清)姚配中撰　清光緒三年(1877)湖北崇文書局刻本　六册

360000－7908－0001502　11504
左傳舊疏考證八卷　(清)劉文淇撰　清光緒三年(1877)湖北崇文書局刻本　四册

360000－7908－0001503　11505
相臺書塾刊正九經三傳沿革例一卷　(宋)廖瑩中撰　(元)岳浚增補　清光緒三年(1877)湖北崇文書局刻本　一册

360000－7908－0001504　11506
隋經籍志考證十三卷　(清)章宗源撰　清光緒三年(1877)湖北崇文書局刻本　四册

360000－7908－0001505　11507
高士傳三卷　(晉)皇甫謐撰　清光緒三年(1877)湖北崇文書局刻本　一册

360000－7908－0001506　11508
世説新語六卷　(南朝宋)劉義慶撰　(南朝梁)劉孝標注　清光緒三年(1877)湖北崇文書局刻本　四册

360000－7908－0001507　11509
水經注四十卷首一卷　(北魏)酈道元撰　(清)戴震校　清光緒三年(1877)湖北崇文書局刻本　十二册

360000－7908－0001508　11510
尚書大傳四卷　(漢)鄭玄注　**補遺一卷續補遺一卷**　(清)盧文弨輯　**考異一卷**　(清)盧文弨撰　清光緒三年(1877)湖北崇文書局刻本　一册

360000－7908－0001509　11511
周易釋十二卷　(清)鍾晉撰　清光緒三年(1877)永康胡氏退補齋刻本　二册

360000－7908－0001510　11512
欽定四庫全書總目二百卷　(清)紀昀等撰　清刻本　二册　存史目、集目、叢目、別目、姓名

360000－7908－0001511　11513
欽定四庫全書總目二百卷　(清)紀昀等撰　清刻本　一册　存子目、集目、叢目、別目、姓名

360000－7908－0001512　11514
抱芳閣書目一卷　(清)抱芳閣主人撰　清光緒八年(1882)刻本　一册

360000－7908－0001513　11515
抱芳閣書目一卷　(清)抱芳閣主人撰　清光緒八年(1882)刻本　一册

360000－7908－0001514　11516
袁王綱鑑合編三十九卷　(明)袁黃　(明)王世貞編　**御撰明紀綱目二十卷**　(清)張廷玉等編　清光緒三十一年(1905)上海商務印書館鉛印本　十六册

360000－7908－0001515　11517
袁王綱鑑合編三十九卷　(明)袁黃　(明)王世貞編　**御撰明紀綱目二十卷**　(清)張廷玉等編　清光緒三十年(1904)上海商務印書館鉛印本　九册　存三十三卷(袁王綱鑑合編一至七、十七至二十、二十四至二十八、三十四至三十九,御撰明紀綱目十至二十)

360000－7908－0001516　11518
袁王綱鑑合編三十九卷　(明)袁黃　(明)王世貞編　清光緒三十年(1904)上海商務印書館鉛印本　二册　存六卷(二至七)

360000－7908－0001517　11519
袁王綱鑑合編三十九卷　(明)袁黃　(明)王世貞編　清光緒三十年(1904)上海商務印書館鉛印本　二册　存四卷(四至七)

360000－7908－0001518　11520
重訂王鳳洲先生綱鑑會纂二十二卷首一卷　(明)王世貞撰　清刻本　一册　存三卷(十二至十四)

360000－7908－0001519　11521
綱鑑會纂三十九卷首一卷　(明)王世貞撰　清刻本　九册　存十二卷(二至四、七、九、十六、二十三至二十四、三十五至三十六、三十八至三十九)

360000－7908－0001520　11522
資治通鑑綱目發明五十九卷　(宋)尹起莘撰　清雍正八年至十一年(1730－1733)刻嘉慶重修同治十三年(1874)補刻本　二册　存十七卷(一至七、五十至五十九)

360000－7908－0001521　11523
後樂堂纂集歷朝綱鑑五十四卷　(清)裘陳珮撰　清刻本　十册　存十五卷(十一、十七至十八、二十五至二十七、二十九至三十三、四十五、四十七、四十九、五十一)

360000－7908－0001522　11524
重訂王鳳洲先生綱鑑會纂四十六卷　(明)王世貞撰　(明)陳仁錫訂　清末石印本　三册　存十七卷(一至十七)

360000－7908－0001523　11525
重訂王鳳洲先生綱鑑會纂四十六卷　(明)王世貞撰　(明)陳仁錫訂　清末石印本　八册　存三十四卷(十三至四十六)

360000－7908－0001524　11526
尺木堂綱鑑易知錄九十二卷　(清)吳乘權等輯　**御撰資治通鑑綱目三編二十卷**　(清)張廷玉等撰　清道光二十一年(1841)聚德堂刻本　三十六册

360000－7908－0001525　11527
左傳紀事本末五十三卷　(清)高士奇撰　清末鉛印本　二册　存二十三卷(十二至二十五、四十五至五十三)

360000－7908－0001526　11528
新增加批綱鑑補註二十四卷首一卷　(明)袁黃撰　清光緒二十三年(1897)文盛書局石印本　七册　存十七卷(一至八、十五至十六、十九至二十四,首一卷)

360000－7908－0001527　11529
御撰資治通鑑綱目三編四十卷　(清)舒赫德等撰　清同治十一年(1872)江西書局刻本　十册　存三十七卷(一至六、十至四十)

360000－7908－0001528　11530
御批歷代通鑒輯覽一百二十卷　(清)傅恆等撰　清刻本　二十六册　存三十九卷(七至十、十三至二十五、二十九、三十四至三十六、四十二至四十三、四十七、五十五、六十四至

六十九、七十二、七十四至七十五、七十七、九十一至九十三、一百十二)

360000－7908－0001529　11531
御批歷代通鑒輯覽一百二十卷　(清)傅恆等撰　清末石印本　二册　存九卷(五十五至五十七、一百一至一百六)

360000－7908－0001530　11532
御批增補了凡綱鑑十卷首一卷　(明)袁黄編　清末石印本　六册　存六卷(四至六、八至十)

360000－7908－0001531　11533
鼎鍥趙田了凡袁先生編纂古本歷史大方綱鑑補三十九卷首一卷　(明)袁黄編　清乾隆二十七年(1762)立本堂刻本　十六册　存十八卷(一至十一、十三、十六、二十一至二十二、二十九至三十、三十六)

360000－7908－0001532　11534
增評加批歷史綱鑑補三十九卷首一卷　(明)王世貞　(明)袁黄編　清光緒二十八年(1902)上海富強齋石印本　一册　存五卷(二十九至三十三)

360000－7908－0001533　11535
新刊趙田了凡袁先生編纂古本歷史大方綱鑑補三十九卷首一卷　(明)袁黄編　清同治五年(1866)大文堂刻本　二十四册　存三十四卷(一至十四、二十至二十九、三十一至三十九,首一卷)

360000－7908－0001534　11536
尺木堂綱鑑易知錄九十二卷　(清)吳乘權等輯　**御撰資治通鑑綱目三編二十卷**　(清)張廷玉等撰　清尺木堂刻本　四十三册　存九十七卷(一至七十三、七十八至九十二,御撰資治通鑑綱目三編一至九)

360000－7908－0001535　11537
鼎鍥趙田了凡袁先生編纂古本歷史大方綱鑑補三十九卷首一卷　(明)袁黄編　清刻本　十六册　存十八卷(三至四、十至十一、十三、十七至十九、二十二、二十七至三十、三十二、三十四至三十六、三十九)

360000－7908－0001536　11538
大清高宗法天隆運至誠先覺體元立極敷文奮武孝慈神聖純皇帝聖訓三百卷　清末鉛印本　六册　存三十四卷(七至二十二、五十六至六十四、六十九至七十七)

360000－7908－0001537　11539
綱鑑會編九十八卷歷代統系表略三卷歷代官制考略二卷歷代郡國考略三卷　(清)葉澐輯　清刻本　八册　存十八卷(二十六至二十七、三十六至三十七、四十六至四十八、五十一至五十四、七十八至八十二、九十二至九十三)

360000－7908－0001538　11540
積古齋鐘鼎彝器款識十卷　(清)阮元　(清)朱爲弼撰　清刻本　一册　存三卷(八至十)

360000－7908－0001539　11541
憲廟硃批諭旨不分卷　(清)鄂爾泰　(清)張廷玉輯　清末鉛印朱墨套印本　一册　存一册(二)

360000－7908－0001540　11542
欽定四庫全書總目二百卷首一卷　(清)紀昀等撰　清同治七年(1868)廣東書局刻本　三十一册　存六十八卷(一至二十五、三十二至三十三、三十八至四十一、四十九至五十二、五十九至九十,首一卷)

360000－7908－0001541　11543
西清古鑒四十卷錢錄十六卷　(清)梁詩正等編　清光緒三十四年(1908)上海集成圖書公司石印本　二十四册

360000－7908－0001542　11544
左恪靖伯奏稿三十八卷　(清)左宗棠撰　清同治七年(1868)刻本　三十二册

360000－7908－0001543　11545
彭剛直公奏稿八卷詩集八卷　(清)彭玉麟撰　清光緒鉛印本　四册

360000－7908－0001544　11546

彭剛直公奏稿八卷詩集八卷　(清)彭玉麟撰　清光緒鉛印本　三冊　存六卷(彭剛直公奏稿一至六)

360000－7908－0001545　11547
唐陸宣公奏議讀本四卷首一卷　(唐)陸贄撰　(清)汪銘謙編　(清)馬傳庚評點　清同治四年(1865)雷鳴等刻本　二冊

360000－7908－0001546　11548
唐陸宣公奏議讀本四卷首一卷　(唐)陸贄撰　(清)汪銘謙編　(清)馬傳庚評點　清宣統元年(1909)石印本　一冊　存二卷(一至二)

360000－7908－0001547　11549
沈文肅公政書七卷首一卷　(清)沈葆楨撰　清光緒六年(1880)吳門節署鉛印本　八冊

360000－7908－0001548　11550
駱文忠公奏議湘中稿十六卷續刻四川奏議十一卷　(清)駱秉章撰　**附錄一卷靦言錄一卷**　(清)陳興鉞輯　清光緒四年(1878)南海駱氏刻十五年(1889)增刻本　二十八冊

360000－7908－0001549　11551
刪除律例二卷　沈家本等編　清光緒三十二年(1906)上海書局石印本　一冊

360000－7908－0001550　11552
核定現行刑律不分卷　沈家本撰　清宣統元年(1909)鉛印本　六冊

360000－7908－0001551　11553
大清律例彙纂大成四十卷督捕則例二卷五軍道里表一卷三流道里表一卷秋審實緩比較彙案一卷光緒十一年恩赦查辦斬絞人犯條款一卷　(清)刑部輯　清光緒二十四年(1898)石印本　二十四冊

360000－7908－0001552　11554
大清教育新法律十三編　商務印書館編　清宣統上海商務印書館鉛印本　八冊

360000－7908－0001553　11555
刪除律例二卷附商律　沈家本等編　清光緒三十二年(1906)上海書局石印本　一冊

360000－7908－0001554　11556
大清律例增修統纂集成四十卷督捕則例二卷　(清)姚潤輯　(清)陶駿　(清)陶念霖增輯　清光緒二十九年(1903)刻本　十八冊　存三十二卷(一至八、十三至二十四、二十六至三十、三十六至四十,督捕則例二卷)

360000－7908－0001555　11557
刑案彙覽六十卷首一卷末一卷　(清)祝慶祺輯　清光緒十五年(1889)上海鴻文書局石印本　九冊　存四十卷(一至二、十三至三十七、四十七至五十八,首一卷)

360000－7908－0001556　11558
硃批諭旨不分卷　(清)鄂爾泰等輯　清光緒十三年(1887)上海點石齋石印本　三十八冊　存三十八冊(二至七、九至十四、十七至二十、二十二至二十六、三十、三十二至三十六、三十八至三十九、四十一、四十六至四十八、五十至五十三、六十)

360000－7908－0001557　11559
經略洪承疇奏對筆記二卷　(清)洪承疇撰　清光緒十三年(1887)廣百宋齋鉛印本　一冊

360000－7908－0001558　11560
宋史四百九十六卷目錄三卷附考證　(元)脫脫等撰　清光緒十年(1884)上海同文書局影印本　八十一冊　存四百卷(六十八至三百二、三百九至三百十二、三百十八至三百九十七、四百三至四百二十五、四百三十九至四百九十六)

360000－7908－0001559　11561
遼史一百十六卷附考證　(元)脫脫等撰　清光緒十年(1884)上海同文書局影印本　八冊

360000－7908－0001560　11562
金史一百三十五卷　(元)脫脫等撰　**欽定金國語解一卷**　清光緒十四年(1888)上海圖書集成印書局鉛印二十四史本　十六冊

360000－7908－0001561　11563
元史二百十卷目錄二卷　(明)宋濂　(明)王禕等撰　清光緒十四年(1888)圖書集成印書

局鉛印二十四史本　二十四册

360000－7908－0001562　11564
明史三百三十二卷　(清)張廷玉等撰　清光緒十四年(1888)上海圖書集成印書局鉛印二十四史本　一百二册

360000－7908－0001563　11565
御撰資治通鑑綱目三編六卷　(清)張廷玉等撰　清光緒十三年(1887)點石齋石印本　二册

360000－7908－0001564　11566
御撰資治通鑑綱目三編六卷　(清)張廷玉等撰　清光緒十三年(1887)點石齋石印本　一册　存二卷(一至二)

360000－7908－0001565　11567
御批歷代通鑑輯覽一百二十卷　(清)傅恒等撰　清光緒二十八年(1902)寶善書局石印本　三册　存二十四卷(一至十、五十六至六十一、一百至一百七)

360000－7908－0001566　11568
御批歷代通鑑輯覽一百二十卷　(清)傅恒等撰　清末鉛印本　一册　存三卷(二十七至二十九)

360000－7908－0001567　11569
御批歷代通鑑輯覽一百二十卷　(清)傅恒等撰　**御撰資治通鑑綱目三編二十卷**　(清)張廷玉等撰　清末石印本　八册　存三十三卷(御批歷代通鑑輯覽三十至三十四、四十一至五十、五十五至五十八、七十二至七十五、九十五至九十八、一百十二至一百十五,御撰資治通鑑綱目三編一至二)

360000－7908－0001568　11570
御批歷代通鑑輯覽一百二十卷　(清)傅恒等撰　清末鉛印本　一册　存五卷(二十六至三十)

360000－7908－0001569　11571
御批歷代通鑑輯覽一百二十卷　(清)傅恒等撰　清末石印本　二册　存十卷(四十三至五十二)

360000－7908－0001570　11572
御批歷代通鑑輯覽一百二十卷　(清)傅恒等撰　清末石印本　一册　存三卷(九十四至九十六)

360000－7908－0001571　11573
御批歷代通鑑輯覽一百二十卷　(清)傅恒等撰　清末石印本　一册　存五卷(五十三至五十七)

360000－7908－0001572　11574
御批歷代通鑑輯覽一百二十卷　(清)傅恒等撰　清末石印本　一册　存八卷(一百十三至一百二十)

360000－7908－0001573　11575
御批歷代通鑑輯覽一百二十卷　(清)傅恒等撰　清末鉛印本　五册　存十三卷(八至十、一百至一百七、一百十至一百十一)

360000－7908－0001574　11576
御批歷代通鑑輯覽一百二十卷　(清)傅恒等撰　清末刻本　一册　存一卷(四十九)

360000－7908－0001575　11577
御批歷代通鑑輯覽一百二十卷　(清)傅恒等撰　清末鉛印本　二十册　存六十卷(六十一至一百二十)

360000－7908－0001576　11578
御撰資治通鑑綱目三編二十卷　(清)張廷玉等撰　清刻本　三册　存十六卷(一至十六)

360000－7908－0001577　11579
御撰資治通鑑綱目三編二十卷　(清)張廷玉等撰　清刻本　六册

360000－7908－0001578　11580
御批歷代通鑑輯覽一百二十卷　(清)傅恒等撰　清同治十年(1871)潯陽萬氏芋栗園刻本　一百十三册　存一百十四卷(二至八、十、十二、十四至二十、二十二至一百十七、一百十九至一百二十)

360000－7908－0001579　11581
御批歷代通鑑輯覽一百二十卷　(清)傅恒等

撰　清同治十一年(1872)湖北崇文書局刻本　一百冊

360000－7908－0001580　11582
新文牘十卷　(清)南洋官書局編　清宣統三年(1911)上海南洋官書局石印本　十五冊　存八卷(一至四、七至十)

360000－7908－0001581　11583
欽定中樞政考八旗三十二卷綠營四十卷五軍道里表十八卷　(清)明亮修　(清)納蘇泰等纂　**續纂四卷**　(清)長齡等修　(清)景善等纂　清道光刻本　九十五冊

360000－7908－0001582　11584
欽定兵部處分則例八旗三十七卷綠營三十九卷續纂四卷　(清)伯麟等修　(清)慶源等纂　清道光刻本　三十六冊

360000－7908－0001583　11585
公法便覽四卷續一卷　(美國)丁韙良譯　清光緒三年(1877)同文館鉛印本　二冊　存二卷(四、續一卷)

360000－7908－0001584　11586
使琉球記六卷　(清)李鼎元撰　清光緒上海申報館鉛印申報館叢書本　一冊　存三卷(一至三)

360000－7908－0001585　11587
宦鄉要則七卷　(清)張鑒瀛輯　清光緒十六年(1890)刻本　四冊

360000－7908－0001586　11588
欽定吏部處分則例□□卷　(清)吏部編　清刻本　三冊　存七卷(三至四、六至七、十至十二)

360000－7908－0001587　11589
鹽法議略一卷　(清)王守基撰　清末精一閣鉛印本　一冊

360000－7908－0001588　11590
重修名法指掌圖四卷　(清)沈辛田編　清同治九年(1870)崇文書局刻本　三冊　存三卷(一、三至四)

360000－7908－0001589　11591
州縣事宜一卷　(清)田文鏡等撰　清光緒十六年(1890)四川臬署刻宦海指南五種本　一冊

360000－7908－0001590　11592
南省公餘錄八卷　(清)梁章鉅撰　清刻本　一冊　存四卷(一至四)

360000－7908－0001591　11593
學治續說一卷　(清)汪輝祖撰　清刻本　一冊

360000－7908－0001592　11594
皇朝詞林典故六十四卷　(清)朱珪等撰　清刻本　一冊　存二卷(六十一至六十二)

360000－7908－0001593　11595
庸吏庸言一卷庸吏餘談一卷　(清)劉衡撰　清道光十九年(1839)刻本　一冊

360000－7908－0001594　11596
欽定戶部漕運全書九十六卷首一卷　(清)載齡等修　(清)福趾等纂　清光緒二年(1876)刻本　二十三冊　存九十二卷(一至五十八、六十三至九十六)

360000－7908－0001595　11597
清律例彙輯便覽四十卷督捕則例纂二卷五軍道表一卷三流道里表一卷　(清)刑部編　(清)湖北讞局匯輯　清同治十一年(1872)湖北讞局刻本　三十二冊

360000－7908－0001596　11598
南史八十卷附考證　(唐)李延壽撰　清光緒十四年(1888)圖書集成印書局鉛印本　十二冊

360000－7908－0001597　11599
北史一百卷　(唐)李延壽撰　清光緒十年(1884)同文書局影印本　二十四冊

360000－7908－0001598　11600
舊唐書二百卷附考證　(五代)劉昫等撰　清光緒十四年(1888)上海圖書集成局鉛印二十四史本　三十冊

360000－7908－0001599　11601
新唐書二百二十五卷附考證　(宋)歐陽修(宋)宋祁等撰　**釋音二十五卷**　(宋)董衝撰　清光緒十四年(1888)上海圖書集成局鉛印二十四史本　三十二册

360000－7908－0001600　11602
魏書一百十四卷附考證　(北齊)魏收撰　清光緒十年(1884)上海同文書局石印二十四史本　二十四册

360000－7908－0001601　11603
北齊書五十卷附考證　(唐)李百藥撰　清光緒二十年(1894)上海同文書局石印二十四史本　八册

360000－7908－0001602　11604
周書五十卷　(唐)令狐德棻等撰　清光緒二十年(1894)上海同文書局石印二十四史本　八册

360000－7908－0001603　11605
隋書八十五卷附考證　(唐)魏徵　(唐)長孫無忌等撰　清光緒二十年(1894)上海同文書局石印二十四史本　二十四册

360000－7908－0001604　11606
舊五代史一百五十卷目錄二卷附考證　(宋)薛居正等撰　清光緒二十年(1894)上海同文書局石印二十四史本　二十四册

360000－7908－0001605　11607
新五代史七十四卷　(宋)歐陽修撰　(宋)徐無黨注　清光緒十年(1884)上海同文書局石印二十四史本　十册

360000－7908－0001606　11608
宋史四百九十六卷目錄三卷附考證　(元)脫脫等撰　清光緒十年(1884)上海同文書局石印本　十三册　存六十二卷(一至十三、十九至六十七)

360000－7908－0001607　11609
資治通鑑綱目前編二十五卷　(明)南軒撰(明)陳仁錫評　清刻本　六册　存十四卷(二至四、五至十五)

360000－7908－0001608　11610
資治通鑑綱目前編二十五卷　(明)南軒撰(明)陳仁錫評　清刻本　四册　存十卷(六至八、十七至二十三)

360000－7908－0001609　11611
分類歷代通鑑輯覽六十四卷　(清)陳善撰清末石印本　一册　存四卷(十四至十七)

360000－7908－0001610　11612
御批歷代通鑑輯覽一百二十卷　(清)傅恆等撰　清光緒三十一年(1905)上海商務印書館鉛印本　二十册　存六十卷(一至六十)

360000－7908－0001611　11613
御批資治通鑑綱目五十九卷首一卷　(宋)朱熹撰　**御批資治通鑑綱目前編十八卷舉要三卷**　(元)金履祥撰　**御批續資治通鑑綱目二十七卷**　(明)商輅撰　清康熙刻本　六十四册　存九十三卷(御批資治通鑑綱目二至三、五至七、九、十一至十二、十五至三十八、四十至四十三、四十五、四十九至五十九,首一卷;御批資治通鑑綱目前編十八卷、舉要三卷;御批續資治通鑑綱目一至八、十至十三、十七至二十七)

360000－7908－0001612　11614
資治通鑑綱目五十九卷首一卷　(宋)朱熹撰(明)陳仁錫評　**前編二十五卷**　(明)南軒撰　(明)陳仁錫評　**續資治通鑑綱目二十七卷**　(明)商輅等撰　(明)陳仁錫評　清同治三年(1864)漁鼓山房刻本　六十三册　存五十四卷(資治通鑑綱目一至四、六、八、十一、十二至十四、十七、十九至二十、二十六、三十至三十四、三十六至三十七、三十九至四十一上、四十三、四十四下、四十六、四十八、四十九下至五十一、五十三至五十七上、五十八,前編十九至二十五,續資治通鑑綱目二、八至九、十一至十二、十六至二十一)

360000－7908－0001613　11615
資治通鑑綱目五十九卷首一卷　(宋)朱熹撰(明)陳仁錫評　**前編二十五卷**　(明)南軒撰　(明)陳仁錫評　**續資治通鑑綱目二十七**

卷　(明)商輅等撰　(明)陳仁錫評　清同治三年(1864)漁鼓山房刻本　一册　存一卷(資治通鑑綱目二)

360000－7908－0001614　11616

資治通鑑綱目五十九卷首一卷　(宋)朱熹撰　(明)陳仁錫評　**前編二十五卷**　(明)南軒撰　(明)陳仁錫評　**續資治通鑑綱目二十七卷**　(明)商輅等撰　(明)陳仁錫評　清刻本　五册　存五卷(資治通鑑綱目十四、三十三、三十九、五十八,續資治通鑑綱目二)

360000－7908－0001615　11617

續資治通鑑二百二十卷　(清)畢沅撰　清乾隆鎮洋畢氏刻嘉慶六年(1801)桐鄉馮氏續刻同治六年(1867)永康應氏補刻八年(1869)江蘇書局修補印本　六十册　存八十六卷(一百三十五至二百二十)

360000－7908－0001616　11618

欽定大清會典一百卷　(清)崑岡等撰　清刻本　二十二册　存四十二卷(二至六、六十四至一百)

360000－7908－0001617　11619

欽定大清會典一百卷首一卷　(清)崑岡等撰　清宣統元年(1909)上海商務印書館石印本　十册

360000－7908－0001618　11620

摘錄科場事例二卷　(清)梅啓照輯　清同治十二年(1873)刻本　二册

360000－7908－0001619　11621

監臨條約不分卷　(清)□□撰　清光緒五年(1879)刻本　一册

360000－7908－0001620　11622

皇朝謚法考五卷續編一卷補編一卷　(清)鮑康輯　**續補編一卷**　(清)徐士鑾輯　清同治三年至十一年(1864－1872)刻本　二册

360000－7908－0001621　11623

欽定學政全書八十六卷首一卷　(清)童璜等撰　清嘉慶刻本　二十四册

360000－7908－0001622　11624

欽定學政全書八十六卷首一卷　(清)童璜等撰　清嘉慶十七年(1812)刻本　二十一册　存七十七卷(一至三十三、四十四至八十六,首一卷)

360000－7908－0001623　11625

欽定吏部文選司章程三十二卷　(清)吏部編　清同治十二年(1873)刻本　十二册

360000－7908－0001624　11626

欽定大清會典事例九百二十卷目錄八卷　(清)托津等撰　清嘉慶二十三年(1818)清會典館刻本　十一册　存二十五卷(六百二十三至六百三十、六百三十六至六百五十二)

360000－7908－0001625　11627

九通輯要　(清)張羅澄輯　清光緒二十八年(1902)上海編譯局石印本　十四册　存三種

360000－7908－0001626　11628

三通考輯要七十六卷　湯壽潛輯　清光緒二十五年(1899)通雅堂鉛印本　九册　存二十三卷(文獻通考輯要十九至二十二,欽定續文獻通考輯要一至四、六至八、十六至十七,皇朝文獻通考輯要九、十二至十八、二十五至二十六)

360000－7908－0001627　11629

三通考輯要七十六卷　湯壽潛輯　清光緒二十八年(1902)新化三味書局刻本　十三册　存二十九卷(文獻通考輯要一至三、十二至十八、二十一至二十四,欽定續文獻通考輯要八至九、十六至十七,皇朝文獻通考輯要一至二、六至十二、十七至十八)

360000－7908－0001628　11630

三通考輯要七十六卷　湯壽潛輯　清光緒二十八年(1902)新化三味書局刻本　二册　存三卷(文獻通考輯要十四,皇朝文獻通考輯要十七至十八)

360000－7908－0001629　11631

皇朝通典一百卷　(清)嵇璜　(清)曹仁虎等纂修　清光緒二十七年(1901)上海圖書集成

局鉛印本　十一册　存九十一卷(十至一百)

360000－7908－0001630　11632
皇朝通志一百二十六卷　(清)嵇璜　(清)曹仁虎等纂修　清光緒二十七年(1901)上海圖書集成局鉛印本　十二册

360000－7908－0001631　11633
通典二百卷　(唐)杜佑撰　清光緒二十七年(1901)上海圖書集成局鉛印本　二册　存二十三卷(四十一至五十二、一百三十七至一百四十七)

360000－7908－0001632　11634
皇朝通典一百卷　(清)嵇璜　(清)曹仁虎等纂修　清光緒八年(1882)浙江書局刻本　三十九册

360000－7908－0001633　11635
欽定戶部則例一百卷首一卷　(清)載齡等纂　清同治十三年(1874)刻本　三十九册　存九十八卷(一至三十一、三十四至一百)

360000－7908－0001634　11636
史記一百三十卷　(漢)司馬遷撰　(南朝宋)裴駰集解　(唐)司馬貞索隱　(唐)張守節正義　清光緒十年(1884)上海同文書局石印本　二十五册　存一百二十七卷(一至一百二十七)

360000－7908－0001635　11637
後漢書一百二十卷　(南朝宋)范曄撰　(唐)李賢注　(晉)司馬彪撰志　(南朝梁)劉昭注補　清光緒十年(1884)上海同文書局石印本　十八册　存七十一卷(一至十五、四十一至九十六)

360000－7908－0001636　11638
梁書五十六卷附考證　(唐)姚思廉撰　清光緒二十年(1894)上海同文書局石印本　八册

360000－7908－0001637　11639
陳書三十六卷　(唐)姚思廉撰　清末上海同文書局石印本　一册　存六卷(五至十)

360000－7908－0001638　11640
陳書三十六卷　(唐)姚思廉撰　清末上海同文書局石印本　一册　存五卷(三十二至三十六)

360000－7908－0001639　11641
宋書一百卷附考證　(南朝梁)沈約撰　清光緒十年(1884)上海同文書局石印本　十六册　存七十四卷(二十七至一百)

360000－7908－0001640　11642
南齊書五十九卷附考證　(南朝梁)蕭子顯撰　清光緒三十三年(1907)上海華商集成圖書公司鉛印本　八册

360000－7908－0001641　11643
晉書一百三十卷附考證　(唐)房玄齡等撰　**音義三卷**　(唐)何超撰　清光緒三十四年(1908)上海集成圖書公司鉛印本　十六册

360000－7908－0001642　11644
前漢書一百卷附考證　(漢)班固撰　(唐)顏師古注　清同治八年(1869)嶺南葄古堂刻二十四史本　二十三册　存六十六卷(三十五至一百)

360000－7908－0001643　11645
明史三百三十二卷　(清)張廷玉等撰　清同治八年(1869)嶺南葄古堂刻二十四史本　七十册　存二百四十六卷(二十五至五十四、一百十七至三百三十二)

360000－7908－0001644　11646
明通鑑一百卷首一卷目錄二十卷附編六卷　(清)夏燮撰　清刻本　二十二册　存五十二卷(四至九、十九至三十一、四十一至四十三、四十七至五十一、五十四、五十九、六十四至六十六、七十二至七十四、七十八至七十九、八十五至八十六、八十九至九十,目錄一至二、九至十一,附編六卷)

360000－7908－0001645　11647
竹書紀年統箋十二卷前編一卷雜述一卷　(清)徐文靖撰　清光緒二十三年(1897)圖書集成局鉛印子書二十二種本　二册

360000－7908－0001646　11648

資治通鑑二百九十四卷目錄三十卷 (宋)司馬光撰 (元)胡三省音注 清光緒十四年(1888)蜚英館石印本 四十冊

360000－7908－0001647 11649
續資治通鑑二百二十卷 (清)畢沅撰 清光緒十四年(1888)上海蜚英館石印本 二十冊

360000－7908－0001648 11650
紀元編三卷末一卷 (清)李兆洛撰 清道光十一年(1831)武進李兆洛輩學齋刻本 三冊

360000－7908－0001649 11651
東都事略一百三十卷 (宋)王偁撰 清光緒九年(1883)淮南書局刻本 六冊 存九十三卷(一至九十三)

360000－7908－0001650 11652
明史三百三十二卷目錄四卷 (清)張廷玉等撰 清乾隆刻本 一百二十冊

360000－7908－0001651 11653
宋朝事實二十卷 (宋)李攸撰 清刻武英殿聚珍版書本 二冊 存四卷(六至七、十至十一)

360000－7908－0001652 11654
皇朝文獻通考三百卷 (清)嵇璜 (清)曹仁虎等纂修 清光緒八年(1882)浙江書局刻九通本 一百五十八冊 存二百九十六卷(一至五十五、五十八至六十五、六十八至三百)

360000－7908－0001653 11655
皇朝文獻通考三百卷 (清)嵇璜 (清)曹仁虎等纂修 清光緒二十七年(1901)上海圖書集成局鉛印本 四十冊

360000－7908－0001654 11656
金華叢書 (清)胡鳳丹輯 清同治七年至光緒八年(1868－1882)永康胡氏退補齋刻本 一百五十一冊 存四十九種

360000－7908－0001655 11657
三十六灣草廬稿十卷 (清)黃本騏撰 **茶香閣遺草一卷附錄一卷** (清)黃婉璚撰 清道光寧鄉黃本驥教澤堂刻三長物齋叢書本 三冊

360000－7908－0001656 11658
尚書表注二卷 (元)金履祥撰 清同治八年(1869)永康胡氏退補齋刻金華叢書本 一冊

360000－7908－0001657 11659
三長物齋詩略五卷夏小正試帖一卷三長物齋文略六卷附刻旌節錄一卷 (清)黃本驥撰 清道光二十七年(1847)寧鄉黃本驥教澤堂刻三長物齋叢書本 三冊

360000－7908－0001658 11660
金石錄三十卷 (宋)趙明誠撰 清道光寧鄉黃本驥教澤堂刻三長物齋叢書本 五冊

360000－7908－0001659 11661
集古錄目五卷 (宋)歐陽棐撰 (清)黃本驥輯 清道光二十四年(1844)寧鄉黃本驥教澤堂刻三長物齋叢書本 二冊

360000－7908－0001660 11662
集古錄跋尾十卷 (宋)歐陽修撰 清道光二十四年(1844)寧鄉黃本驥教澤堂刻三長物齋叢書本 二冊

360000－7908－0001661 11663
郡縣分韻考十卷 (清)黃本驥編 清道光二十七年(1847)寧鄉黃本驥教澤堂刻三長物齋叢書本 二冊

360000－7908－0001662 11664
明尺牘墨華三卷 (清)黃本驥編 清道光二十七年(1847)寧鄉黃本驥教澤堂刻三長物齋叢書本 一冊

360000－7908－0001663 11665
嵰山甜雪十二卷 (清)黃本驥撰 清道光二十七年(1847)寧鄉黃本驥教澤堂刻三長物齋叢書本 三冊

360000－7908－0001664 11666
大潙山房遺藁九卷 (清)黃湘南撰 清道光二十二年(1842)寧鄉黃本驥教澤堂刻三長物齋叢書本 二冊

360000－7908－0001665 11667

顔魯公文集三十卷補遺一卷　（唐）顔真卿撰　（清）黄本驥編　清道光二十五年（1845）寧鄉黄本驥教澤堂刻三長物齋叢書本　七册　存二十五卷（七至三十、補遺一卷）

360000－7908－0001666　11668
賢母録四卷　（清）黄本驥輯　清道光二十八年（1848）寧鄉黄本驥教澤堂刻三長物齋叢書本　二册

360000－7908－0001667　11669
湖南方物志八卷　（清）黄本驥撰　清道光二十六年（1846）寧鄉黄本驥教澤堂刻三長物齋叢書本　四册

360000－7908－0001668　11670
紅雪詞鈔四卷　（清）黄湘南撰　**附録二卷**　（清）黄本騏　（清）黄婉璚撰　清道光二十七年（1847）寧鄉黄本驥教澤堂刻三長物齋叢書本　二册

360000－7908－0001669　11671
小石山房叢書　（清）顧湘輯　清道光刻同治十三年（1874）虞山顧氏補刻本　十六册

360000－7908－0001670　11672
船山遺書　（清）王夫之撰　清同治四年（1865）湘鄉曾氏金陵刻本　六十二册　存三十九種

360000－7908－0001671　11673
王船山先生經史論八種　（清）王夫之撰　清光緒二十五年（1899）公記書莊石印本　十五册　存七種

360000－7908－0001672　11674
仰視千七百二十九鶴齋叢書　（清）趙之謙輯　清光緒會稽趙氏刻本　十八册　存二十五種

360000－7908－0001673　11675
隨園三十種　（清）袁枚撰　清刻本　三十四册　存十八種

360000－7908－0001674　11676
觀海集□□卷　（清）□□輯　清末鉛印本　六册　存六卷（下論一、四、六，孟子一、十至十一）

360000－7908－0001675　11677
管注秋水軒尺牘四卷　（清）許思湄撰　（清）婁世瑞注　（清）管斯駿補注　**續刻一卷**　（清）管士駿輯　清光緒十四年（1888）上海簡玉山房刻吴縣管可壽齋續刻朱墨套印本　三册　存三卷（二至三、續刻一卷）

360000－7908－0001676　11678
通曉便覽□□卷　（清）李華輯　清末刻本　一册　存一卷（二）

360000－7908－0001677　11679
袁文箋正十六卷補注一卷　（清）袁枚撰　（清）石韞玉箋　清末石印本　一册　存七卷（十至十六）

360000－7908－0001678　11680
詩韻集成十卷　（清）余照輯　清刻本　一册　存三卷（八至十）

360000－7908－0001679　11681
尚友山房經義策論初刻不分卷　（清）胡壽民撰　清光緒二十七年（1901）南屏尚友山房刻本　二册

360000－7908－0001680　11682
尚友山房經義策論續刻不分卷　（清）胡壽民撰　清光緒二十七年（1901）南屏尚友山房刻本　二册

360000－7908－0001681　11683
尚友山房經義策論續刻不分卷　（清）胡壽民撰　清光緒二十七年（1901）南屏尚友山房刻本　一册

360000－7908－0001682　11684
皇朝五經彙解二百七十卷　（清）抉經心室主人輯　清末石印本　一册　存九卷（一百三十六至一百四十四）

360000－7908－0001683　11685
[類韻輯詩]□□卷　（清）□□輯　清刻本　一册　存一卷（十一）

360000－7908－0001684　11686
[大干支勸善文]一卷　(清)□□輯　清刻本　一冊

360000－7908－0001685　11687
小倉山房詩集三十七卷補遺二卷　(清)袁枚撰　清刻本　一冊　存三卷(十六至十八)

360000－7908－0001686　11688
碑記十一卷　(清)毛奇齡撰　清刻西河合集本　一冊　存五卷(七至十一)

360000－7908－0001687　11689
小萬卷齋文藁二十四卷經進藁四卷　(清)朱琦撰　清光緒十一年(1885)嘉樹山房刻本　十三冊

360000－7908－0001688　11690
胡文忠公遺集八十六卷首一卷　(清)胡林翼撰　(清)鄭敦謹　(清)曾國荃輯　清同治六年(1867)黄鶴樓刻本　二十九冊　存七十八卷(一至六十一、六十四至六十六、七十至七十三、七十七至八十六)

360000－7908－0001689　11691
樫華館試帖彙鈔輯注十卷　(清)路德輯　清刻本　四冊　存四卷(五至六、九至十)

360000－7908－0001690　11692
寄嶽雲齋初稿十卷補遺一卷回文賦一卷　(清)聶銑敏撰　清嘉慶十二年(1807)刻本　一冊　存三卷(一至三)

360000－7908－0001691　11693
七言千家詩二卷五言千家詩二卷　(宋)謝枋得輯　(清)王相注　**諸名家百壽詩一卷諸名家贈賀詩一卷諸名家百花詩一卷百花詩引一卷**　(清)王相輯　清安懷堂刻本　一冊

360000－7908－0001692　11694
增補千家詩註釋一卷　(清)王相輯注　清同治二年(1863)刻本　一冊

360000－7908－0001693　11695
五言千家詩箋註二卷　(清)王相輯注　**諸名家百花詩一卷百花詩引一卷**　(清)王相輯　清刻本　一冊

360000－7908－0001694　11696
增補重訂千家詩註解二卷　(宋)謝枋得輯　(清)王相注　**諸名家百壽詩一卷諸名家贈賀詩一卷**　(清)王相輯　清刻本　一冊

360000－7908－0001695　11697
槐軒解湯海若先生纂輯名家詩二卷續解一卷　(清)夏世欽輯　清刻本　二冊

弋陽縣圖書館古籍普查登記目録

全國古籍普查登記目録

國家圖書館出版社
National Library of China Publishing House

360000－4928－0000001　01
四此堂稿十卷　(清)魏際瑞撰　清刻本　三冊　存四卷(二至四、十)

360000－4928－0000002　02
謝疊山公文集八卷首一卷末一卷　(宋)謝枋得撰　清蘊德堂刻本　一冊　存二卷(一、首一卷)

360000－4928－0000003　03
謝疊山公文集八卷首一卷末一卷　(宋)謝枋得撰　清蘊德堂刻本　三冊　存七卷(一、四至八,首一卷)

360000－4928－0000004　04
策府統宗六十五卷　(清)劉昌齡輯　清光緒十八年(1892)鴻寶齋石印本　二十冊　缺八卷(三、六、三十六至三十八、五十五至五十七)

360000－4928－0000005　05
增廣群策匯源五十卷首一卷　(清)張甦卿輯　清光緒十五年(1889)上海檢古齋石印本　四冊

360000－4928－0000006　06
光緒甲辰恩科會試闈墨不分卷　(清)□□編　清光緒三十年(1904)上海同文書社鉛印本　二冊

360000－4928－0000007　07
癸卯恩科江西闈墨一卷　(清)□□編　清末上海文寶書局石印本　一冊

360000－4928－0000008　08
光緒癸卯恩科直省闈墨六卷　(清)京都大學堂評選　清光緒三十年(1904)上海煥文書局石印本　五冊　存五卷(一至五)

360000－4928－0000009　09
寧都三魏全集　(清)林時益輯　清刻本　三十一冊

360000－4928－0000010　10
古唐詩合解十二卷　(清)王堯衢注　清道光二十五年(1845)刻本　一冊　存二卷(一至二)

360000－4928－0000011　11
新鐫王永啓先生評選古今文致十卷　(明)劉士鏻選　(明)王宇補　清刻本　一冊　存一卷(一)

360000－4928－0000012　12
新鐫曆法便覽象吉備要通書大全二十九卷　(清)魏鑑編　清刻本　三冊　存十卷(一至二、六至十三)

360000－4928－0000013　13
太上感應篇贅言一卷　(清)于覺世撰　清光緒二年(1876)傅寅燮南康刻本　一冊

360000－4928－0000014　14
朱文公校昌黎先生文集四十卷外集十卷遺文一卷傳一卷　(唐)韓愈撰　(宋)朱熹考異　(宋)王伯大音釋　(明)朱吾弼重編　明萬曆朱崇沐刻本　三冊　存九卷(一、五至八、十四至十七)

360000－4928－0000015　15
古文辭類纂七十四卷　(清)姚鼐輯　**續古文辭類纂三十四卷**　王先謙輯　清末上海商務印書館鉛印本　十冊　存九十四卷(古文辭類纂八至十五、二十三至七十四,續古文辭類纂三十四卷)

360000－4928－0000016　16
聖諭廣訓一卷　(清)聖祖玄燁撰　(清)世宗胤禛廣訓　清道光三十年(1850)刻本　一冊

360000－4928－0000017　17
華嚴金師子章一卷　(唐)釋法藏撰　清光緒二十一年(1895)金陵刻經處刻本　一冊

360000－4928－0000018　18
翻譯名義集選一卷　(宋)釋法雲編　清同治十二年(1873)江北刻經處刻本　一冊

360000－4928－0000019　19
楞嚴摸象記十卷　(明)釋袾宏撰　清光緒二十四年(1898)金陵刻經處刻雲棲法彙本　一冊　存一卷(一)

360000－4928－0000020　20
三乘皈依講解一卷　(清)得一氏撰　清光緒十八年(1892)江西饒州府刻本　一冊

360000－4928－0000021　21
事類賦三十卷　(宋)吳淑撰並注　清刻本　二冊　存二十七卷(四至三十)

360000－4928－0000022　22
張小滄先生稿八卷　(清)張虬撰　清光緒八年(1882)刻本　一冊　存一卷(一)

360000－4928－0000023　23
增訂漢魏叢書　(清)王謨輯　清乾隆五十七年(1792)刻本　四十冊

360000－4928－0000024　24
小題戛造不分卷　(清)久敬齋輯　清光緒十八年(1892)鴻寶齋石印本　八冊

360000－4928－0000025　25
十三經策案二十二卷　(清)王謨輯　清光緒十三年(1887)上海積山書局石印本　二冊

360000－4928－0000026　26
五經備旨四十五卷　(清)鄒聖脈輯　清末石印本　六冊　存二十三卷(易經四至七、春秋一至八、禮記一至十一)

360000－4928－0000027　27
五經文府不分卷　(清)同文局主人輯　清光緒十九年(1893)鴻寶齋石印本　十二冊

360000－4928－0000028　28
四書典制類聯音註三十三卷　(清)閻其淵輯　清光緒十三年(1887)梟山草堂刻本　七冊　存二十一卷(一至十四、十八至二十四)

360000－4928－0000029　29
新刊趙田了凡袁先生編纂古本歷史大方綱鑑補三十九卷首一卷　(明)袁黄編　**新刊通鑑輯要三十九卷首一卷**　(□)□□撰　清同治五年(1866)刻本　十一冊　存十二卷(一至二、九、二十九至三十一、三十四至三十六,首一卷;新刊通鑑輯要一、四)

360000－4928－0000030　30
易經體注大全合參四卷　(清)李兆賢注　清文淵堂刻本　二冊

360000－4928－0000031　31
尺木堂綱鑑易知錄九十二卷　(清)吳乘權等撰　清刻本　七冊　存十三卷(一、四十五至四十六、五十一至五十四、五十七至五十八、八十三至八十四、九十一至九十二)

360000－4928－0000032　32
詩經體註大全合參八卷　(清)沈世楷輯　清刻本　四冊

360000－4928－0000033　33
書經體註大全合參六卷　(清)錢希祥輯　清刻本　四冊

360000－4928－0000034　34
全本禮記體註大全合參十卷　(清)范翔訂　(清)徐瑄補輯　清學源堂刻本　九冊　存九卷(一至二、四至十)

360000－4928－0000035　35
百五十名家評註史記一百三十卷　(漢)司馬遷撰　清末上海鴻章書局石印本　七冊　存二十九卷(一至十七、二十八至三十二、四十至四十六)

360000－4928－0000036　36
四書題鏡三十六卷　(清)汪鯉翔撰　清刻本　十八冊　缺二卷(大學一卷、論語一)

360000－4928－0000037　37
五經類編二十八卷　(清)周世樟編　清刻本　七冊　缺四卷(十五至十八)

360000－4928－0000038　38
四書人物類典串珠四十卷　(清)臧志仁輯　清嘉慶四年(1799)刻本　十冊

360000－4928－0000039　39
大清現行刑律案語不分卷　沈家本等編　清末鉛印本　一冊　存盜賊下

360000－4928－0000040　40
尺木堂綱鑑易知錄九十二卷　(清)吳乘權等撰　清刻本　八冊　存二十二卷(二十七至

二十九、四十二至四十八、五十三至五十五、六十三至六十五、七十四至七十九）

360000－4928－0000041　41
廿一史約編八卷首一卷　（清）鄭元慶撰　清刻本　一册　存一卷（六）

360000－4928－0000042　42
歷代史論十二卷宋史論三卷元史論一卷　（明）張溥撰　**明史論四卷**　（清）谷應泰撰　**左傳史論二卷**　（清）高士奇撰　清末石印本　四册　缺三卷（宋史論三卷）

360000－4928－0000043　43
詩經八卷　（宋）朱熹集傳　清光緒八年（1882）刻本　四册

360000－4928－0000044　44
御批歷代通鑑輯覽一百二十卷　（清）傅恒等撰　清同治十三年（1874）湖南書局刻本　五十四册　缺二十四卷（二十七至二十八、四十五至四十六、五十三至五十四、八十一至九十四、一百三至一百四、一百九至一百十）

360000－4928－0000045　45
春秋傳註四卷　（清）李塨撰　清同治八年（1869）刻本　三册　缺一卷（一）

360000－4928－0000046　46
四禮翼四卷　（明）吕坤撰　清同治二年（1863）刻本　一册

360000－4928－0000047　47
孝經釋要一卷　（清）耿介輯注　張柱節要　清末刻民國十四年（1925）印本　一册

360000－4928－0000048　48
春秋經傳集解三十卷　（晉）杜預撰　（唐）陸德明音義　（宋）林堯叟附注　（清）馮李驊增訂　**左繡三十卷**　（清）馮李驊　（清）陸浩評輯　清刻本　十六册

360000－4928－0000049　49
三字經一卷　（宋）王應麟撰　清光緒二十年（1894）木活字印本　一册

360000－4928－0000050　50
三字經一卷　（宋）王應麟撰　清光緒二十年（1894）木活字印本　一册

360000－4928－0000051　51
大清光緒六年通書一卷　清光緒六年（1880）崇道堂刻本　一册

餘干縣圖書館古籍普查登記目録

全國古籍普查登記目録

國家圖書館出版社
National Library of China Publishing House

360000－4929－0000001　001
儀禮鄭注句讀十七卷監本正誤一卷石經誤字一卷　(清)張爾岐撰　清刻本　五册　存十六卷(儀禮鄭注句讀四至十七、監本正誤一卷、石經誤字一卷)

360000－4929－0000002　002
江西試牘四卷　(清)龍湛霖編　清光緒十七年(1891)刻本　七册

360000－4929－0000003　003
白香山詩長慶集二十卷後集十七卷别集一卷補遺二卷　(唐)白居易撰　**年譜一卷**　(清)汪立名撰　**年譜舊本一卷**　(宋)陳振孫撰　清康熙古歙汪立名一隅草堂刻本　十册　存三十三卷(白香山詩長慶集一至十五、後集三至十七、别集一卷、補遺二卷)

360000－4929－0000004　007
象山先生全集三十六卷　(宋)陸九淵撰　(清)李紱輯　清李邦瑞槐堂書齋刻本　一册　存四卷(九至十二)

360000－4929－0000005　008
新刊趙田了凡袁先生編纂古本歷史大方綱鑑補三十九卷首一卷　(明)袁黄纂　清刻本　二十册　存二十一卷(三至九、十一、十四至十七、二十一至二十二、二十五、二十七、二十九至三十一、三十五、三十八)

360000－4929－0000006　009
國朝文雅正所見集十六卷　(清)林有席輯　清道光九年(1829)刻本　十一册　存十五卷(一至十五)

360000－4929－0000007　010
經訓書院文集六卷　(清)王棻編　清光緒九年(1883)江西書局刻本　六册

360000－4929－0000008　011
企鶴軒詩鈔四卷　(清)洪錫光撰　清同治八年(1869)刻本　二册

360000－4929－0000009　012
丁巳爐餘二十七卷　(清)陳偉撰　清光緒十六年(1890)刻本　四册　存十四卷(四至九、十三至二十)

360000－4929－0000010　013
歷朝二十五家詩錄三十七卷首一卷　(清)鄒湘倜輯　清光緒元年(1875)新化鄒氏得頤堂刻本　五册　存七卷(一、五、十至十一、十四、二十九,首一卷)

360000－4929－0000011　014
看雲草堂集八卷　(清)尤侗撰　清康熙二十三年(1684)刻本　一册　存四卷(一至四)

360000－4929－0000012　015
庚辰集五卷　(清)紀昀編　清乾隆二十七年(1762)太和堂刻本　五册

360000－4929－0000013　016
韞山堂時文初集一卷二集二卷三集一卷　(清)管世銘撰　清道光刻本　三册　存三卷(二集二卷、三集一卷)

360000－4929－0000014　017
歷代史論十二卷　(明)張溥撰　**左傳史論二卷**　(清)高士奇撰　**明史論四卷**　(清)谷應泰撰　清光緒十二年(1886)刻本　六册　缺一卷(明史論一)

360000－4929－0000015　018
孟子集註本義匯參十四卷首一卷　(清)王步青輯　清乾隆十年(1745)常熟孫氏敦復堂刻本　十一册　存十四卷(一至五、七至十四,首一卷)

360000－4929－0000016　019
賦學正鵠集釋十一卷　(清)李元度輯　清光緒七年(1881)長沙奎光樓刻本　八册

360000－4929－0000017　020
四書朱子本義匯參四十七卷　(清)王步青輯　清乾隆十年(1745)敦復堂刻本　三十一册　存四十一卷(大學一至三,中庸一至六,論語一至八、十一至二十,孟子一至十四)

360000－4929－0000018　021
文獻通考三百四十八卷　(元)馬端臨撰　清刻本　三十九册　缺二十八卷(一至四、三百

六至三百十四、三百二十四至三百三十八）

360000－4929－0000019　022

通典二百卷附考證一卷　（唐）杜佑撰　清光緒二十七年（1901）上海圖書集成局鉛印九通本　十六册

360000－4929－0000020　022－1

皇朝通典訂誤一卷　（清）□□撰　清光緒二十七年（1901）上海圖書集成局鉛印本　一册

360000－4929－0000021　023

唐宋八大家類選十四卷　（清）儲欣輯　清乾隆四十九年（1784）刻本　四册　存六卷（一、三至五、十至十一）

360000－4929－0000022　024

格致彙編（第七年）春季一卷夏季一卷秋季一卷冬季一卷　（英國）傅蘭雅輯　清光緒十八年（1892）鉛印本　四册

360000－4929－0000023　025

儀禮節略二十卷　（清）朱軾撰　清康熙五十八年（1719）浙江撫署刻本　八册

360000－4929－0000024　026

天崇合鈔不分卷　（清）祝松雲輯　清光緒十七年（1891）湖南船山書局刻本　六册

360000－4929－0000025　027

東萊博議四卷　（宋）呂祖謙撰　清光緒十八年（1892）江西兩儀堂刻本　四册

360000－4929－0000026　028

富强齋叢書續集　（清）袁俊德輯　清光緒二十七年（1901）小倉山房石印本　四十五册

360000－4929－0000027　029

世説新語三卷　（南朝宋）劉義慶撰　（南朝梁）劉孝標注　清光緒二十二年（1896）三原李氏刻惜陰軒叢書本　二册　存二卷（上之上、下之上）

360000－4929－0000028　030

萬國史略四卷　（清）呂海環撰　清光緒二十八年（1902）上海文林書局石印本　一册　存二卷（一至二）

360000－4929－0000029　031

韻府羣玉二十卷　（元）陰時夫輯　（元）陰中夫注　清康熙五十五年（1716）刻本　十七册　存十七卷（一至十七）

360000－4929－0000030　032

淵鑑類函四百五十卷目録四卷　（清）張英等修　清康熙刻本　七十六册　存二百三十九卷（七至十、十七至三十八、四十四至四十六、五十三至七十二、七十六至八十六、八十八至一百一、一百六至一百八、一百十八至一百二十、一百五十六至一百五十八、一百七十至一百七十三、一百八十一至一百八十三、一百八十七至一百八十九、一百九十七至一百九十八、二百十三至二百十六、二百二十六至二百二十九、二百三十四至二百四十九、二百五十八至二百七十、二百七十七至三百三十八、三百四十七至三百四十九、三百五十三至三百五十五、三百六十八至三百七十六、三百八十至三百八十二、三百八十六至三百八十七、三百九十一至三百九十三、四百十七至四百二十二、四百三十五至四百五十）

360000－4929－0000031　033

御批歷代通鑑輯覽一百二十卷　（清）傅恒等撰　清同治十一年（1872）湖北崇文書局刻本　五十九册　存一百十八卷（一至五十七、六十至一百二十）

360000－4929－0000032　034

姓氏詳注四卷　（清）周魯輯　清初無錫天和堂刻本　四册

360000－4929－0000033　035

廣輿記二十四卷　（明）陸應陽輯　（清）蔡方炳增輯　清康熙二十五年（1686）刻本　七册　存十三卷（一至十一、十六至十七）

360000－4929－0000034　036

續資治通鑑綱目二十七卷　（明）商輅等撰　（明）陳仁錫評　清刻本　十八册　存十九卷（一至二、六至十六、十八至二十一、二十六至二十七）

360000－4929－0000035　037

經籍籑詁一百六卷首一卷　(清)阮元撰　清嘉慶十七年(1812)揚州阮元琅嬛仙館刻本　四冊　存三十七卷(二十三至二十七、四十六至五十九、六十七至七十五、九十至九十八)

360000－4929－0000036　038
駢體文鈔三十一卷　(清)李兆洛輯　清刻本　七冊　存十七卷(十二至二十三、二十七至三十一)

360000－4929－0000037　039
資治通鑑綱目五十九卷　(宋)朱熹撰　(明)陳仁錫評　清刻本　二冊　存二卷(六、三十)

360000－4929－0000038　040
彙纂詩法度鍼三十三卷首一卷　(清)徐文弼輯　清刻本　七冊　存三十二卷(二至三十三)

360000－4929－0000039　041
歷代名臣言行錄二十四卷　(清)朱桓輯　清刻本　二冊　存二卷(四、十六下)

360000－4929－0000040　042
皇朝文獻通考三百卷　(清)嵇璜　(清)曹仁虎等纂修　清光緒二十七年(1901)上海圖書集成局鉛印九通本　三十六冊　存二百七十四卷(一至九十、九十九至一百五十四、一百六十一至一百九十一、一百九十五至二百十、二百二十至三百)

360000－4929－0000041　043
尺木堂綱鑑易知錄九十二卷明鑑易知錄十五卷　(清)吳乘權等輯　清光緒二十七年(1901)上海文瑞樓鉛印本　十三冊　存七十三卷(一至四十八、五十六至七十四、八十一至八十六)

360000－4929－0000042　044
漢書一百卷　(漢)班固撰　(唐)顏師古注　清刻本　十三冊　存四十六卷(四至十四、十五下至十六、十九、二十三至二十五、二十八至二十九、四十四至四十八、六十五至六十八、七十三至八十七上、九十五至九十七上)

360000－4929－0000043　045
後漢書九十卷　(南朝宋)范曄撰　(唐)李賢注　**志三十卷**　(晉)司馬彪撰　(南朝梁)劉昭注補　清刻本　四冊　存十三卷(一下至四、十三至十六、五十九至六十、七十至七十二)

360000－4929－0000044　046
六經圖十二卷　(清)鄭之僑輯　清乾隆八年(1743)述堂刻本　六冊

360000－4929－0000045　047
湘英文捃四卷　(清)朱逌然輯　清光緒五年(1879)湖南學院刻本　三冊　存三卷(一至三)

360000－4929－0000046　048
墨選觀止不分卷舉業要言三卷　(清)梁葆慶輯　清道光十二年(1832)刻本　六冊

360000－4929－0000047　049
書經六卷　(宋)蔡沈集傳　清刻本　四冊

360000－4929－0000048　050
目耕齋讀本不分卷　(清)徐楷評注　(清)沈叔眉選　清刻本　一冊

360000－4929－0000049　051
授堂金石文字續跋十四卷　(清)武億撰　清刻授堂遺書本　一冊　存五卷(十至十四)

360000－4929－0000050　052
儀禮注疏十七卷　(漢)鄭玄注　(唐)賈公彥疏　(唐)陸德明音義　清刻本　一冊　存一卷(十二)

360000－4929－0000051　053
儀禮易讀十七卷　(清)馬駉撰　清刻本　一冊　存三卷(五至七)

360000－4929－0000052　054
春秋左傳五十卷　(晉)杜預注　(唐)陸德明音釋　(宋)林堯叟附注　(清)馮李驊集解　清刻本　八冊　存二十一卷(六至二十六)

360000－4929－0000053　055
六通訂誤六卷　(清)席裕福撰　清光緒圖書

集成局鉛印本　一冊　存三卷（欽定續通典訂誤一卷、欽定續通志訂誤一卷、欽定續文獻通考訂誤一卷）

360000－4929－0000054　056
子史精華一百六十卷　（清）吴士玉　（清）吴襄等輯　清末石印本　五冊　存一百卷（一至二十、四十一至六十、八十一至一百二十、一百四十一至一百六十）

360000－4929－0000055　057
翁注困學紀聞二十卷　（清）翁元圻注　清光緒十五年（1889）上海點石齋石印本　六冊

360000－4929－0000056　058
歷代名稿彙選不分卷　（清）慈水古草堂主人編　清光緒十九年（1893）積山書局石印本　九冊

360000－4929－0000057　060
歷科策選類編不分卷　（清）張鶴齡輯　清光緒刻本　三冊

360000－4929－0000058　061
續歷科策選類編不分卷　（清）劉熒輯　清光緒十四年（1888）刻本　一冊

360000－4929－0000059　062
策學總纂大成四十六卷　（清）蔡壽祺輯　清刻本　九冊　存三十九卷（一至二、五至四十一）

360000－4929－0000060　063
古事比五十二卷　（清）方中德輯　清光緒石印本　四冊　存三十七卷（七至二十六、三十六至五十二）

360000－4929－0000061　064
德史譯文彙稾七十卷　（清）賽靈修館輯　清末滬江鴻寶齋石印本　九冊　存二十六卷（四至七、十九至二十、二十四至二十九、四十一至五十一、六十二至六十四）

360000－4929－0000062　065
策學纂要十六卷　（清）戴朋　（清）黄卷輯　清乾隆刻本　三冊　存十卷（一至十）

360000－4929－0000063　066
增補策學總纂大全五十卷　（清）蔡壽祺輯　清刻本　一冊　存四卷（三十九至四十二）

360000－4929－0000064　067
吴越春秋十卷　（漢）趙曄撰　（清）汪士漢考校　清刻本　二冊　存六卷（一至六）

360000－4929－0000065　068
初白菴詩評三卷　（清）查慎行撰　（清）張載華輯　清末石印本　一冊　存一卷（上）

360000－4929－0000066　069
十朝東華錄五百二十五卷　王先謙　潘頤福撰　清光緒二十年（1894）上海積山書局石印本　十五冊　存八十五卷（咸豐朝一至六十、六十九至八十二、八十七至九十七）

360000－4929－0000067　070
左傳選十四卷　（清）儲欣評　清刻本　一冊　存二卷（九至十）

360000－4929－0000068　071
公羊傳選一卷穀梁傳選一卷　（清）儲欣評　清乾隆四十九年（1784）刻本　一冊

360000－4929－0000069　072
史記選六卷　（清）儲欣評　清刻本　二冊　存三卷（三至四、六）

360000－4929－0000070　073
國語選四卷　（清）儲欣評　清刻本　一冊　存二卷（三至四）

360000－4929－0000071　074
戰國策選四卷　（清）儲欣評　清乾隆四十九年（1784）刻本　二冊　存三卷（一至三）

360000－4929－0000072　075
白虎通二卷　（漢）班固撰　清刻本　一冊　存一卷（下）

360000－4929－0000073　076
風俗通義四卷　（漢）應劭撰　**桂海虞衡志一卷**　（宋）范成大撰　清刻本　一冊

360000－4929－0000074　078
論語十卷　（宋）朱熹集注　清刻本　一冊

存一卷(一)

360000－4929－0000075　079

日講四書解義二十六卷　(清)喇沙里　(清)陳廷敬撰　清刻本　九冊　存九卷(六至八、十四、十九、二十一至二十三、二十五)

360000－4929－0000076　080

禮記集説十卷　(元)陳澔撰　清刻本　一冊　存一卷(三)

360000－4929－0000077　081

春秋三十卷　(宋)胡安國傳　清刻本　四冊　存二十卷(十一至三十)

360000－4929－0000078　082

史記一百三十卷　(漢)司馬遷撰　(明)陳子龍　(明)徐孚遠測議　清刻本　一冊　存五卷(三十三至三十七)

360000－4929－0000079　083

讀法圖存四卷　(清)邵繩清撰　清刻本　一冊　存一卷(三)

360000－4929－0000080　084

史通削繁四卷　(清)紀昀撰　清道光十三年(1833)兩廣節署刻朱墨套印本　一冊　存一卷(三)

360000－4929－0000081　085

近科全題新策法程不分卷　(清)劉坦之評點　清乾隆二十九年(1764)刻本　一冊

360000－4929－0000082　086

新刻來瞿唐先生易注十五卷首一卷末一卷　(明)來知德撰　清朝爽堂刻本　二冊　存四卷(十三至十五、末一卷)

360000－4929－0000083　087

周禮註疏删翼三十卷　(明)王志長撰　清刻本　三冊　存五卷(三至五、十三至十四)

360000－4929－0000084　088

周易四卷　(宋)朱熹本義　清大成堂刻本　二冊

360000－4929－0000085　089

儀禮易讀十七卷　(清)馬駉撰　清乾隆二十年(1755)悦六齋刻本　三冊　存十四卷(一至四、八至十七)

360000－4929－0000086　090

新刻來瞿唐先生易註十五卷首一卷末一卷　(明)來知德撰　清朝爽堂刻本　六冊　存十三卷(一至十二、首一卷)

360000－4929－0000087　091

詩經八卷　(宋)朱熹集傳　清道生堂刻本　四冊

360000－4929－0000088　092

尺木堂綱鑑易知録九十二卷　(清)吳乘權等撰　清刻本　十八冊　存四十六卷(一至二、十一至二十二、三十三至四十七、四十九至五十一、六十八至六十九、七十三至七十八、八十四至八十九)

360000－4929－0000089　093

歷代史論十二卷宋史論三卷元史論一卷　(明)張溥撰　**左傳史論二卷**　(清)高士奇撰　**明史論四卷**　(清)谷應泰撰　清光緒二十三年(1897)慎記書莊石印本　三冊　存十三卷(歷代史論一至五、宋史論三卷、元史論一卷、明史論四卷)

360000－4929－0000090　094

國朝先正事略六十卷　(清)李元度撰　清光緒二十二年(1896)石印本　四冊　存三十七卷(一至九、三十三至六十)

360000－4929－0000091　094－1

國朝先正事略續編八卷　朱孔彰撰　清光緒二十七年(1901)文盛書局石印本　一冊　存二卷(一至二)

360000－4929－0000092　095

詩學含英十四卷　(清)劉文蔚輯　清末石印本　一冊　存一卷(三)

360000－4929－0000093　096

增評加批歷史綱鑑補三十九卷　(明)王世貞　(明)袁黄編　清末石印本　一冊　存三卷(二十二至二十四)

360000－4929－0000094　097
賦海大觀三十二卷　(清)沈祖燕輯　清光緒二十年(1894)上海鴻寶齋石印本　十四册

360000－4929－0000095　098
論語集註本義匯參二十卷　(清)王步青輯　清刻本　五册　存八卷(二至三、六、九至十二、十五)

360000－4929－0000096　099
中庸章句本義匯參六卷　(清)王步青輯　清刻本　二册　存四卷(三至六)

360000－4929－0000097　100
中庸一卷　(宋)朱熹章句　清末石印本　一册

360000－4929－0000098　101
汲冢周書十卷　(晉)孔晁注　清嘉慶十三年(1808)玉軸樓刻本　一册　存五卷(一至五)

360000－4929－0000099　102
鑄史駢言十二卷　(清)孫玉田撰　清刻本　二册　存六卷(七至十二)

360000－4929－0000100　103
續分類尺牘備覽八卷　(清)□□輯　清末石印本　三册　存三卷(二至三、七)

360000－4929－0000101　104
增補事類統編九十三卷首一卷　(清)黄葆真輯　清刻本　六册　存十三卷(二至四、四十一至四十二、四十六至四十七、五十一至五十二、五十九至六十、八十四至八十五)

360000－4929－0000102　105
泰西各國名人言行錄十六卷　(清)張兆蓉輯　清光緒二十九年(1903)明達聖教會石印本　五册　存十三卷(一至五、九至十六)

360000－4929－0000103　106
時務通考三十一卷　(清)杞廬主人編　清光緒二十三年(1897)點石齋石印本　十二册　存十七卷(二至九、十七至二十五)

360000－4929－0000104　107
瀛海探驪集八卷　(清)朱埏之輯　(清)馮泉等注　清嘉慶十九年(1814)刻本　三册　存三卷(一至三)

360000－4929－0000105　108
文公家禮儀節八卷　(明)丘濬輯　清刻本　三册　存四卷(五至八)

360000－4929－0000106　109
大戴禮記十三卷　(漢)戴德撰　(北周)盧辯注　清刻本　二册　存十卷(四至十三)

360000－4929－0000107　110
御選唐宋詩醇四十七卷目錄二卷　(清)高宗弘曆輯　清乾隆二十五年(1760)紫陽書院刻本　九册　存十八卷(四至八、十一至十三、十六至十七、十九至二十四,目錄二卷)

360000－4929－0000108　114
西漢文選四卷　(清)儲欣評選　清刻本　二册　存二卷(三至四)

360000－4929－0000109　115
七家詩選七卷　(清)張熙宇輯評　清刻朱墨套印本　三册　存三卷(三、五至六)

360000－4929－0000110　116
古今史論大觀前編十五卷　(清)雷瑨輯　清光緒二十七年(1901)硯耕山莊石印本　六册

360000－4929－0000111　117
古今史論大觀後編十七卷　(清)雷瑨輯　清光緒二十七年(1901)硯耕山莊石印本　六册

360000－4929－0000112　118
校訂困學紀聞三箋二十卷　(宋)王應麟撰　(清)閻若璩箋　(清)屠繼序校補　清嘉慶九年(1804)刻本　五册　存十八卷(三至二十)

360000－4929－0000113　119
章介菴文集十一卷　(明)章衮撰　清刻本　三册　存三卷(三至四、十)

360000－4929－0000114　120
庾子山集十六卷　(北周)庾信撰　(清)倪璠注　**庾子山年譜一卷**　(清)倪璠編　清道光十九年(1839)刻本　五册　存六卷(四、十至十四)

360000－4929－0000115　121

文苑彙雋二十四卷　（明）孫丕顯輯　明萬曆三十六年（1608）刻本　一册　存二卷（七至八）

360000－4929－0000116　122

欽定大清會典一百卷　（清）允祹等纂修　清乾隆二十九年（1764）刻本　二十二册　存九十二卷（一至二十四、三十三至一百）

360000－4929－0000117　123

格致書院課藝十三卷　（清）王韜輯　清光緒二十四年（1898）上海圖書集成印書局鉛印本　十三册

360000－4929－0000118　124

經史鈔□□卷　（清）徐與喬輯　（清）譚尚忠增輯　清刻本　二册　存二卷（十、十六）

360000－4929－0000119　125

大學章句本義匯參三卷　（清）王步青輯　清刻本　二册　存二卷（二至三）

360000－4929－0000120　126

欽定四庫全書簡明目錄二十卷　（清）紀昀等撰　清刻本　五册　存十四卷（一至二、七至十二、十五至二十）

360000－4929－0000121　127

癸卯叢報上編□□卷　（法國）□□撰　（清）□□譯　清末石印本　一册　存五卷（十九至二十三）

360000－4929－0000122　128

易例大全一卷　（清）榕園書屋主人輯　清刻本　一册

360000－4929－0000123　129

詩法入門四卷首一卷　（清）游藝輯　清刻本　一册　存二卷（三至四）

360000－4929－0000124　130

五經集解三十三卷石經考辨二卷　（清）馮世瀛輯　清同治八年（1869）刻本　八册　存十五卷（一至四、七至八、十七至二十、二十三至二十四、三十一至三十三）

360000－4929－0000125　131

晉書補傳贊一卷文選課虛四卷　（清）杭世駿撰　清刻本　一册　存四卷（晉書補傳贊一卷、文選課虛一至三）

360000－4929－0000126　132

東塾讀書記十五卷　（清）陳澧撰　清刻本　一册　存四卷（六至九）

360000－4929－0000127　133

御纂周易折中二十二卷　（清）李光地等撰　清刻本　一册　存二卷（十九至二十）

360000－4929－0000128　134

爾雅注疏十一卷　（晉）郭璞注　（宋）邢昺疏　清嘉慶二年（1797）刻本　四册

360000－4929－0000129　135

周官精義十二卷　（清）連斗山輯　清刻本　六册

360000－4929－0000130　136

御撰資治通鑑綱目三編二十卷　（清）張廷玉等撰　清大文堂刻本　四册

360000－4929－0000131　137

全本禮記體註大全合參十卷　（清）范翔訂　（清）徐瑄補輯　清英德堂刻本　五册　存五卷（一至二、五、七至八）

360000－4929－0000132　138

史鑑節要便讀六卷　（清）鮑東里撰　清刻本　一册　存三卷（四至六）

360000－4929－0000133　139

增定課兒鑑畧妥註善本五卷　（明）李廷機撰　（清）鄒聖脈訂　清刻本　一册　存三卷（三至五）

360000－4929－0000134　140

新刊通鑑輯要二十八卷　（明）諸燮輯　清刻本　一册　存一卷（十三）

360000－4929－0000135　141

白香山詩長慶集二十卷後集十七卷別集一卷補遺二卷　（唐）白居易撰　**年譜一卷**　（清）汪立名撰　**年譜舊本一卷**　（宋）陳振孫撰

清康熙四十一年至四十二年(1702－1703)汪立名一隅草堂刻本　一冊　存二卷(年譜一卷、年譜舊本一卷)

360000－4929－0000136　142
康熙字典十二集三十六卷總目一卷檢字一卷辨似一卷等韻一卷補遺一卷備考一卷　(清)張玉書等纂修　清三餘堂刻本　一冊　存一卷(寅集下)

360000－4929－0000137　143
洞霄圖志六卷　(宋)鄧牧撰　清刻本　二冊　存二卷(五至六)

360000－4929－0000138　148
王船山經史論　(清)王夫之撰　清光緒二十九年(1903)通文書局石印本　十三冊　存六種

360000－4929－0000139　148－1
讀通鑑論十卷末一卷　(清)王夫之撰　清末鉛印本　一冊　存二卷(十、末一卷)

360000－4929－0000140　149
評點春秋綱目左傳句解彙雋六卷　(清)韓菼重訂　清刻本　六冊

360000－4929－0000141　152
御批歷代通鑑輯覽一百二十卷　(清)傅恆等撰　清末石印本　十六冊　存九十七卷(七至四十、四十七至五十二、五十八至九十、九十六至一百十九)

360000－4929－0000142　153
西遊真詮□卷一百回　(清)陳士斌撰　清刻本　一冊　存一卷(三)十九回(三十至四十八)

360000－4929－0000143　158
[四書文選]不分卷　(清)□□輯　清末石印本　二冊　存下論

360000－4929－0000144　159
周禮六卷　(漢)鄭玄注　(唐)陸德明音義　清嘉慶十一年(1806)張青選清芬閣刻本　三冊

鄱陽縣圖書館古籍普查登記目録

全國古籍普查登記目録

國家圖書館出版社
National Library of China Publishing House

360000－1913－0000001　010001
皇清經解　(清)阮元輯　清道光九年(1829)廣東學海堂刻咸豐十一年(1861)補刻本　三百五十七册

360000－1913－0000002　010002
皇清經解　(清)阮元輯　清道光九年(1829)廣東學海堂刻咸豐十一年(1861)補刻本　三百五十七册

360000－1913－0000003　020001
重刊宋本十三經注疏　附校勘記　(清)阮元撰　(清)盧宣旬摘錄　清嘉慶二十年(1815)江西南昌府學刻本　一百二册

360000－1913－0000004　020002
十三經注疏附考證　清乾隆四年(1739)武英殿刻本　一百十五册

360000－1913－0000005　020003
五經集解二十卷附錄三卷石經考辨二卷增訂畊餘瑣錄十二卷　(清)馮世瀛輯　清光緒十年(1884)刻本　二十册

360000－1913－0000006　020004
四書人物類典串珠四十卷　(清)臧志仁輯　清刻本　七册

360000－1913－0000007　020005
初學玉玲瓏四卷　(清)徐瑄輯　清盛德堂刻本　二册

360000－1913－0000008　020007
韻府約編二十四卷　(清)鄧愷輯　清刻本　十七册　存十七卷(二、四、八至十一、十三至十五、十七至二十四)

360000－1913－0000009　020008
四書古人典林十二卷　(清)江永撰　清乾隆三十九年(1774)集道堂刻本　四册

360000－1913－0000010　020008－1
四書古人典林十二卷　(清)江永撰　清乾隆三十九年(1774)集道堂刻本　一册　存二卷(七至八)

360000－1913－0000011　020009
四書人物類典串珠四十卷　(清)臧志仁輯　清刻本　十册

360000－1913－0000012　020010
辨字摘要四卷　(清)饒應召撰　(清)盧紹麒　(清)楊占鰲輯　清刻本　一册

360000－1913－0000013　020011
辨字摘要一卷　(清)饒應召撰　(清)盧紹麒　(清)楊占鰲輯　清味經堂刻本　一册

360000－1913－0000014　020012
十三經集字摹本不分卷分畫便查一卷韻有經無各字摘錄一卷　(清)彭玉雯撰　清道光二十九年(1849)江右彭氏刻本　四册

360000－1913－0000015　020013
古愚老人消夏錄　(清)汪汲撰　清乾隆、嘉慶古愚山房刻本　二册　存八種

360000－1913－0000016　020014
十三經集字不分卷　(清)李鴻藻輯　清嘉慶二十三年(1818)刻本　一册

360000－1913－0000017　020015
春秋三十卷　(宋)胡安國傳　(宋)林堯叟音注　清初刻本　三册　存十五卷(六至二十)

360000－1913－0000018　020016
春秋三十卷　(宋)胡安國傳　(宋)林堯叟音注　明刻本　三册　存十七卷(十四至三十)

360000－1913－0000019　020017
春秋三十卷　(宋)胡安國傳　(宋)林堯叟音注　**春秋列國圖說一卷**　(宋)蘇軾撰　**綱領一卷春秋諸國興廢說一卷提要一卷**　清京都文錦堂刻本　一册　存七卷(一至三、春秋列國圖說一卷、綱領一卷、春秋諸國興廢說一卷、提要一卷)

360000－1913－0000020　020018
春秋三十卷　(宋)胡安國傳　(宋)林堯叟音注　清刻本　一册　存七卷(四至十)

360000－1913－0000021　020019
禮記十卷　(元)陳澔集說　清同治十三年(1874)江西書局刻本　十册

360000－1913－0000022　020020
新訂四書補註備旨十卷　(明)鄧林撰　(清)杜定基增訂　清大文堂刻本　六册

360000－1913－0000023　020021
五經旁訓十九卷　(清)徐立綱旁訓　清匠門書屋刻本　三册　存七卷(易經增訂旁訓三卷、春秋旁訓四卷)

360000－1913－0000024　020022
五經旁訓十九卷　(清)徐立綱旁訓　清匠門書屋刻本　三册　存七卷(詩經增訂旁訓二至四、春秋旁訓四卷)

360000－1913－0000025　020024
書經旁訓合璧六卷首一卷末一卷　(清)李繩撰　清光緒六年(1880)刻本　三册

360000－1913－0000026　020025
河洛精蘊九卷　(清)江永撰　清乾隆三十九年(1774)刻本　四册

360000－1913－0000027　020026
河洛精蘊九卷　(清)江永撰　清乾隆三十九年(1774)刻本　四册

360000－1913－0000028　020027
山海經十八卷　(晉)郭璞傳　清刻本　一册

360000－1913－0000029　020028
三禮約編十九卷　(清)汪基撰　清雍正十年(1732)刻本　五册　缺三卷(禮記約編八至十)

360000－1913－0000030　020030
欽定詩經傳説彙纂二十一卷首二卷詩序二卷　(清)王鴻緒等撰　清抄本　十册

360000－1913－0000031　020031
論語十卷　(宋)朱熹集注　清刻本　二册

360000－1913－0000032　020032
周禮節訓六卷　(清)黄叔琳輯　(清)姚培謙重訂　清嘉慶十八年(1813)刻本　一册

360000－1913－0000033　020033
徐氏三種　(清)徐士業編　清光緒二十一年(1895)文奎堂刻本　一册

360000－1913－0000034　020034
翰苑分書鄉會捷訣　(清)□□撰　清光緒五年(1879)刻本　一册

360000－1913－0000035　020035
新纂氏族箋釋八卷　(清)熊峻運撰　清桂華樓刻本　四册

360000－1913－0000036　020036
字體辨訛一卷補遺一卷　(清)萬青銓輯　清道光十三年(1833)芋栗園刻本　一册

360000－1913－0000037　020037
書六卷　(宋)蔡沈集傳　清刻本　四册

360000－1913－0000038　020038
周易四卷附易圖一卷卦歌一卷　(宋)朱熹本義　清同治十三年(1874)湖南書局刻本　二册

360000－1913－0000039　020039
周易十二卷音訓一卷　(宋)朱熹本義　清乾隆十五年(1750)務滋堂刻本　三册　存十一卷(二至十二)

360000－1913－0000040　020040
周易校辨三卷　(清)石賓書撰　清光緒十三年(1887)見心書屋木活字印本　二册　存二卷(二至三)

360000－1913－0000041　020041
類字蒙求不分卷　(清)燕毅編　清刻本　一册

360000－1913－0000042　020042
周官精義十二卷　(清)連斗山輯　清刻本　五册　存十一卷(一至十一)

360000－1913－0000043　020043
詩經精華十卷　(清)薛嘉穎輯　清道光五年(1825)光韙堂刻本　五册

360000－1913－0000044　020044
書經精華六卷　(清)薛嘉穎撰　清同治十年(1871)光韙堂刻本　四册

360000－1913－0000045　020045
周禮會通六卷　(清)胡翹元撰　清咸豐元年

(1851)刻本　四冊

360000－1913－0000046　020046
書經六卷　(宋)蔡沈集傳　清兩儀振記刻本　四冊

360000－1913－0000047　020047
書經六卷　(宋)蔡沈集傳　清兩儀堂刻本　四冊

360000－1913－0000048　020048
增訂金壺字考十九卷　(宋)釋適之編　(清)田朝恆增訂　清乾隆二十四年至二十七年(1759－1762)貽安堂刻本　一冊　存十卷(一至十)

360000－1913－0000049　020048－1
增訂金壺字考一卷附古體假借字一卷　(清)郝在田增訂　清光緒十二年(1886)刻本　一冊

360000－1913－0000050　020049
佩文詩韻釋要五卷　(清)周兆基撰　(清)朱蘭輯　清同治三年(1864)刻本　一冊

360000－1913－0000051　020050
大易牀頭私錄三卷　(明)董懋策撰　清光緒三十二年(1906)會稽董氏刻本　一冊

360000－1913－0000052　020051
小學韻語一卷　(清)羅澤南撰　清咸豐六年(1856)長沙刻本　一冊

360000－1913－0000053　020052
春秋審鵠四卷　(清)周夢齡撰　清刻本　一冊

360000－1913－0000054　020053
百家姓考畧一卷　(清)王相箋注　清刻徐氏三種本　一冊

360000－1913－0000055　020053－1
周易四卷附易圖一卷筮儀一卷卦歌一卷上下篇義一卷　(宋)朱熹本義　**易經大全會解不分卷**　(清)來爾繩輯　(清)朱采治　(清)朱之澄編訂　清龍南堂刻本　一冊

360000－1913－0000056　028003－1
張太史塾課八卷　(清)張江撰　清刻本　三冊　存七卷(二至八)

360000－1913－0000057　028003－2
張太史塾課八卷　(清)張江撰　清刻本　一冊　存二卷(二至三)

360000－1913－0000058　028003－3
張太史塾課八卷　(清)張江撰　清刻本　一冊　存一卷(一)

360000－1913－0000059　030001
四書題鏡三十六卷　(清)汪鯉翔撰　清乾隆六十年(1795)刻本　十冊

360000－1913－0000060　030002
春秋左傳十七卷　(晉)杜預注　清刻本　六冊　存十一卷(一至六、十、十二至十五)

360000－1913－0000061　030003
春秋三傳十六卷首一卷　(明)萬衣輯　清江右潯陽萬氏蓮峰書屋刻本　五冊　存五卷(二至五、八)

360000－1913－0000062　030004
易經如話十二卷首一卷　(清)汪紱撰　清同治曲水書局木活字印重訂汪子遺書本　六冊

360000－1913－0000063　030005
易經如話十二卷首一卷　(清)汪紱撰　清同治曲水書局木活字印重訂汪子遺書本　六冊

360000－1913－0000064　030006
欽定書經圖說五十卷　(清)李希聖等纂　清光緒三十一年(1905)石印本　二冊　存四卷(一至三、十七)

360000－1913－0000065　030007
漢隸異同十二卷　(清)甘揚聲輯　清道光十一年(1831)勤約堂刻本　三冊　存九卷(子、丑、巳、午、未、申、酉、戌、亥)

360000－1913－0000066　030008
隸辨八卷　(清)顧藹吉撰　清刻本　四冊　存四卷(二至三、五至六)

360000－1913－0000067　030009
四書集註十九卷　(宋)朱熹撰　(清)儲欣批

清謝氏毓蘭書屋刻本　六册

360000－1913－0000068　030010
四書集註正蒙釋文合刻十九卷四書集字音義辨一卷　（清）萬青銓輯　（清）王簣山訂　清道光二十八年（1848）芋栗園刻朱墨套印本　六册

360000－1913－0000069　030011
論語十卷　（三國魏）何晏集解　清刻本　一册　存五卷（一至五）

360000－1913－0000070　030012
孟子七卷　（宋）朱熹集注　清刻本　一册　存三卷（一至三）

360000－1913－0000071　030013
通志堂經解　（清）納蘭成德輯　清刻本　十三册　存五種

360000－1913－0000072　030018
十三經札記二十二卷附十六卷　（清）朱亦棟撰　清光緒四年（1878）刻本　六册　存二十二卷

360000－1913－0000073　030019
禮記十卷　（元）陳澔集說　清芥子園刻本　八册　存八卷（二至九）

360000－1913－0000074　030020
說文解字繫傳四十卷　（五代）徐鍇撰　（五代）朱翺反切　清刻本　五册　存三十二卷（九至四十）

360000－1913－0000075　030021
說文解字十五卷標目一卷　（漢）許慎撰　（宋）徐鉉等校定　清光緒二年（1876）川東官舍刻本　八册

360000－1913－0000076　030022
說文解字十五卷標目一卷　（漢）許慎撰　（宋）徐鉉等校定　清光緒二年（1876）川東官舍刻本　五册　存九卷（七至十五）

360000－1913－0000077　030023
韻府約編二十四卷　（清）鄧愷輯　清刻本　五册　存五卷（一至五）

360000－1913－0000078　030024
六經圖十二卷　（清）鄭之僑輯　清乾隆八年（1743）鵝湖述堂刻本　六册

360000－1913－0000079　030025
六經圖十二卷　（清）鄭之僑輯　清乾隆八年（1743）鵝湖述堂刻本　四册

360000－1913－0000080　030026
松陽講義十二卷　（清）陸隴其撰　清康熙二十九年（1690）刻本　四册

360000－1913－0000081　030027
四書經注集證十九卷　（清）吳昌宗撰　清嘉慶三年（1798）江都汪廷機刻本　十六册

360000－1913－0000082　030028
說文解字十五卷標目一卷　（漢）許慎撰　（宋）徐鉉等校定　清光緒十一年（1885）蕉心室刻本　五册　存十二卷（一至二、六至十二上、十四至十五，標目一卷）

360000－1913－0000083　030029
增删韻府羣玉定本二十卷　（元）陰時夫輯　（元）陰中夫注　（清）徐人鳳增删　清刻本　十二册　存十二卷（三至六、九、十二至十四、十六至十七、十九至二十）

360000－1913－0000084　030030
增删韻府羣玉定本二十卷　（元）陰時夫輯　（元）陰中夫注　（清）徐人鳳增删　清康熙二十六年（1687）豫章四友堂刻本　十九册

360000－1913－0000085　030031
八銘堂塾鈔初集不分卷二集不分卷　（清）吳懋政輯　清乾隆四十八年（1783）郁文堂刻本　八册

360000－1913－0000086　030032
左氏春秋紀事本末十四卷　（清）熊爲霖撰　清乾隆心松書屋刻本　十册　存十三卷（一至十一、十三至十四）

360000－1913－0000087　030033
春秋左傳綱目杜林詳註十四卷　（晉）杜預集解　（宋）林堯叟注釋　（明）張岐然輯　清拔

茅居刻本　二冊　存四卷(一至四)

360000－1913－0000088　030033－1
春秋左傳綱目杜林詳註十四卷　(晉)杜預集解　(宋)林堯叟注釋　(明)張岐然輯　清拔茅居刻本　十一冊　存十三卷(二至十四)

360000－1913－0000089　030034
古文翼八卷　(清)唐德宜輯　清光緒十二年(1886)刻本　十六冊

360000－1913－0000090　030035
書經纂註二卷　(明)洪輔聖等撰　(清)洪文衡增訂　清雍正五年(1727)教忠堂刻本　二冊

360000－1913－0000091　030036
春秋左傳杜林合註五十卷　(晉)杜預注　(唐)陸德明音義　(宋)林堯叟補注　清刻本　九冊　存三十九卷(三至七、十三至四十六)

360000－1913－0000092　030037
禮記十卷　(元)陳澔集說　清刻本　六冊

360000－1913－0000093　030038
欽定詩經傳說彙纂二十一卷首二卷詩序二卷　(清)王鴻緒等撰　清刻本　十一冊　存十八卷(五至二十、詩序二卷)

360000－1913－0000094　030039
春秋五傳十七卷首一卷　(明)張岐然編　(清)張瑛重編　清乾隆五十一年(1786)會文堂刻本　十二冊

360000－1913－0000095　030040
四書典林三十卷　(清)江永撰　清雍正十三年(1735)金閶函三堂刻本　十六冊

360000－1913－0000096　030041
春秋經傳集解三十卷　(晉)杜預撰　(唐)陸德明音義　(宋)林堯叟附注　(清)馮李驊增訂　**左繡三十卷**　(清)馮李驊　(清)陸浩評輯　清玉軸樓刻本　十五冊　存五十二卷(春秋經傳集解一至九、十二至二十八,左繡一至九、十二至二十八)

360000－1913－0000097　030041－1
春秋經傳集解三十卷　(晉)杜預撰　(唐)陸德明音義　(宋)林堯叟附注　(清)馮李驊增訂　**左繡三十卷**　(清)馮李驊　(清)陸浩評輯　清刻本　一冊　存八卷(春秋經傳集解八至十一、左繡八至十一)

360000－1913－0000098　030042
周禮註疏四十二卷　(漢)鄭玄注　(唐)賈公彥疏　(唐)陸德明音義　明崇禎元年(1628)毛氏汲古閣刻十三經注疏本　八冊　存二十四卷(四至十八、二十二至二十四、二十七至二十九、三十八至四十)

360000－1913－0000099　030043
易經十二卷附音訓　(宋)朱熹本義　(宋)呂祖謙音訓　清同治四年(1865)金陵書局刻本　二冊

360000－1913－0000100　030044
爾雅註疏十一卷　(晉)郭璞注　(宋)邢昺疏　清嘉慶六年(1801)三槐堂刻本　四冊

360000－1913－0000101　030045
爾雅註疏十一卷　(晉)郭璞注　(宋)邢昺疏　清刻本　一冊　存二卷(一至二)

360000－1913－0000102　030045－1
爾雅註疏十一卷　(晉)郭璞注　(宋)邢昺疏　清刻本　三冊　存八卷(一至二、六至十一)

360000－1913－0000103　030046
三禮約編十九卷　(清)汪基撰　清嘉慶汪氏敬堂家塾刻本　八冊

360000－1913－0000104　030047
爾雅三卷　(晉)郭璞注　(唐)陸德明音義　清嘉慶二十二年(1817)刻本　三冊

360000－1913－0000105　030048
家禮五卷附錄一卷　(宋)朱熹撰　清光緒六年(1880)公善堂刻本　三冊

360000－1913－0000106　030049
家禮五卷附錄一卷　(宋)朱熹撰　清光緒六

年(1880)公善堂刻本　三册

360000－1913－0000107　030050
詩韻合璧五卷　(清)湯文潞編　清同治五年(1866)刻本　五册

360000－1913－0000108　030051
仰視千七百二十九鶴齋叢書　(清)趙之謙編　清光緒會稽趙氏刻本　十八册　存二十五種

360000－1913－0000109　030053
論語十卷　(宋)朱熹集注　清末影印本　一册　存五卷(六至十)

360000－1913－0000110　030054
新訂四書補註備旨十卷　(明)鄧林撰　(清)杜定基增訂　清學源堂刻本　三册　存六卷(大學一卷、中庸一卷、論語四卷)

360000－1913－0000111　030055
寄傲山房塾課新增幼學故事瓊林四卷首一卷　(明)程登吉撰　(清)鄒聖脈增補　清光緒二十一年(1895)芸香閣刻本　二册

360000－1913－0000112　030056
御纂春秋直解十二卷　(清)傅恆等撰　清刻本　五册

360000－1913－0000113　030057
欽定儀禮義疏四十八卷首二卷　(清)朱軾等撰　清刻御纂七經本　九册　存九卷(十至十二、十四至十九)

360000－1913－0000114　030058
禮記十卷　(元)陳澔集說　清刻本　七册　存七卷(三、五至十)

360000－1913－0000115　030059
監本四書　(宋)朱熹集注　清同治十三年(1874)江西書局刻本　四册

360000－1913－0000116　030060
監本四書　(宋)朱熹集注　清同治十三年(1874)江西書局刻本　五册

360000－1913－0000117　030061
詩經八卷　(宋)朱熹集傳　清光緒十二年(1886)湖北官書處刻本　四册

360000－1913－0000118　030063
春秋公羊傳十一卷　(漢)何休注　(唐)陸德明音義　清光緒十二年(1886)星沙文昌書局刻本　四册

360000－1913－0000119　030064
書經六卷　(宋)蔡沈集傳　清同治十三年(1874)江西書局刻本　四册

360000－1913－0000120　030065
經典釋文三十卷　(唐)陸德明撰　清同治十年(1871)粤秀山文瀾閣刻本　九册　存二十二卷(一至二十、二十九至三十)

360000－1913－0000121　030066
春秋三傳十六卷首一卷　(明)萬衣輯　清江右潯陽萬氏蓮峰書屋刻本　十四册　存十四卷(一至三、六至十一、十三至十六,首一卷)

360000－1913－0000122　030067
增補蘇批孟子二卷孟子年譜一卷　(宋)蘇洵撰　(清)趙大浣增補　清同治十三年(1874)大文堂刻朱墨套印本　二册

360000－1913－0000123　030068
爾雅直音二卷　(清)孫偘撰　清光緒十三年(1887)三徑書屋刻本　二册

360000－1913－0000124　030068－1
爾雅直音二卷　(清)孫偘撰　清光緒十三年(1887)三徑書屋刻本　一册　存一卷(下)

360000－1913－0000125　030069
十三經集字摹本不分卷分畫便查一卷韻有經無各字摘錄一卷　(清)彭玉雯撰　清道光二十九年(1849)江右彭氏刻本　八册

360000－1913－0000126　030070
徐先生手訂書經狐白集六卷首一卷　(明)徐大儀撰　清同治十三年(1874)琢玉堂刻本　五册　存五卷(一、三至六)

360000－1913－0000127　030071
六書通十卷　(明)閔齊伋撰　(清)畢弘述篆訂　清光緒四年(1878)繡谷留耕堂刻本　四

冊　存八卷(二至三、五至十)

360000－1913－0000128　030072
四書體註合講十九卷　(清)翁復編　清道光七年(1827)刻本　六冊

360000－1913－0000129　030073
欽定春秋左傳讀本三十卷　(清)英和等撰　清道光二年(1822)武英殿刻本　六冊　存十二卷(五至六、十一至二十)

360000－1913－0000130　030074
詩韻含英六卷　(清)劉文蔚輯　清大文堂刻本　二冊

360000－1913－0000131　030075
四書或問語類集解釋註大全四十一卷　(清)朱良玉輯　清刻本　三冊　存二十一卷(論語六至二十、孟子一至六)

360000－1913－0000132　030076
禮記十卷　(元)陳澔集說　清刻本　十冊

360000－1913－0000133　030077
今文房四譜一卷　(清)謝崧梁撰　清光緒十六年(1890)湘鄉孳經榭謝氏刻本　一冊

360000－1913－0000134　030078
爾雅正義二十卷　(清)邵晉涵撰　清刻本　四冊　存十二卷(五至十三、十五至十七)

360000－1913－0000135　030079
周易四卷附易圖一卷筮儀一卷卦歌一卷　(宋)朱熹本義　清兩宜堂刻本　二冊

360000－1913－0000136　030080
周易四卷附易圖一卷筮儀一卷卦歌一卷　(宋)朱熹本義　清刻本　二冊

360000－1913－0000137　030081
周易四卷附易圖一卷筮儀一卷卦歌一卷　(宋)朱熹本義　清同治十三年(1874)江西書局刻本　二冊

360000－1913－0000138　030082
四書集註十九卷　(宋)朱熹章句　清刻本　六冊

360000－1913－0000139　030083
公羊穀梁春秋合編附註疏纂十二卷　(漢)何休注　(晉)范甯集解　(唐)楊士勛疏　(明)朱泰禎纂述　清刻本　二冊

360000－1913－0000140　030084
四書左國輯要四卷　(清)周龍官輯　清刻本　四冊

360000－1913－0000141　030084－1
四書左國輯要四卷　(清)周龍官輯　清刻本　一冊　存一卷(一)

360000－1913－0000142　030085
爾雅註疏十一卷　(晉)郭璞注　(宋)邢昺疏　清嘉慶七年(1802)英德堂刻本　四冊

360000－1913－0000143　030086
附釋音春秋左傳注疏六十卷　(晉)杜預注　(唐)孔穎達疏　(唐)陸德明音義　**附校勘記六十卷**　(清)阮元撰　(清)盧宣旬摘錄　清嘉慶二十年(1815)江西南昌府學刻重刊宋本十三經注疏本　十四冊　存七十二卷(一至二、五至十五、十八至二十、二十三至二十四、二十七至三十六、四十一至四十二、四十五至四十六、五十七至六十,校勘記一至二、五至十五、十八至二十、二十三至二十四、二十七至三十六、四十一至四十二、四十五至四十六、五十七至六十)

360000－1913－0000144　030087
御案詩經備旨八卷　(清)鄒聖脈輯　清刻本　四冊

360000－1913－0000145　030088
禮記纂言三十六卷　(元)吳澄撰　清刻本　五冊　存三十二卷(五至三十六)

360000－1913－0000146　030089
四書諸儒輯要四十卷　(清)李沛霖参訂　清古吳三樂齋刻本　二十一冊　存二十八卷(大學三,中庸三,論語三至五、七至八、十一至二十,孟子一、三至七、九至十三)

360000－1913－0000147　030090
春秋五傳十七卷首一卷　(明)張岐然編

（清）張璞重編　清乾隆五十九年（1794）同文堂刻本　十三冊　存十五卷（一、三至九、十一至十六，首一卷）

360000－1913－0000148　030091
春秋經傳集解三十卷　（晉）杜預撰　（唐）陸德明音義　（宋）林堯叟附注　（清）馮李驊增訂　**左繡三十卷**　（清）馮李驊　（清）陸浩評輯　清刻本　十二冊

360000－1913－0000149　030092
四書體註合講十九卷　（清）翁復編　清道光二十七年（1847）桐石山房刻本　六冊

360000－1913－0000150　030093
四書體註合講十九卷　（清）翁復編　清刻本　六冊

360000－1913－0000151　030094
增訂四書通典人物備考十二卷　（明）薛應旂撰　（明）陳仁錫增訂　清刻本　六冊

360000－1913－0000152　030096
禮記十卷　（元）陳澔集說　清咸豐元年（1851）新化鄧氏邵州濂溪講院刻本　七冊　存七卷（一至二、五至九）

360000－1913－0000153　030097
曲江書屋新訂批注左傳快讀十八卷首一卷　（清）李紹崧輯　清益元堂刻本　十二冊　存十八卷（一至十一、十三至十八，首一卷）

360000－1913－0000154　030097－1
曲江書屋新訂批注左傳快讀十八卷首一卷　（清）李紹崧輯　清刻本　一冊　存二卷（十一至十二）

360000－1913－0000155　040001
御定康熙字典十二集三十六卷總目一卷檢字一卷辨似一卷等韻一卷補遺一卷備考一卷　（清）張玉書等纂修　清康熙五十五年（1716）內府刻本　二十九冊　缺三卷（戌集上、亥集上下）

360000－1913－0000156　040001－1
御定康熙字典十二集三十六卷總目一卷檢字一卷辨似一卷等韻一卷補遺一卷備考一卷　（清）張玉書等纂修　清道光七年（1827）刻本　三十二冊　缺九卷（卯集下、巳集下、午集上、酉集上中、亥集下，總目一卷，檢字一卷，等韻一卷）

360000－1913－0000157　040001－2
御定康熙字典十二集三十六卷總目一卷檢字一卷辨似一卷等韻一卷補遺一卷備考一卷　（清）張玉書等纂修　清刻本　三冊　存三卷（巳集下、酉集上中）

360000－1913－0000158　040001－3
御定康熙字典十二集三十六卷總目一卷檢字一卷辨似一卷等韻一卷補遺一卷備考一卷　（清）張玉書等纂修　清道光七年（1827）啓元堂刻本　四十冊

360000－1913－0000159　040001－4
御定康熙字典十二集三十六卷總目一卷檢字一卷辨似一卷等韻一卷補遺一卷備考一卷　（清）張玉書等纂修　清道光七年（1827）刻本　三十八冊　缺三卷（總目一卷、檢字一卷、辨似一卷）

360000－1913－0000160　040001－5
御定康熙字典十二集三十六卷總目一卷檢字一卷辨似一卷等韻一卷補遺一卷備考一卷　（清）張玉書等纂修　清道光七年（1827）刻本　一冊　存二卷（等韻一卷、補遺一卷）

360000－1913－0000161　040001－6
御定康熙字典十二集三十六卷總目一卷檢字一卷辨似一卷等韻一卷補遺一卷備考一卷　（清）張玉書等纂修　清刻本　二冊　存二卷（午集上中）

360000－1913－0000162　040002
欽定周官義疏四十八卷首一卷　（清）鄂爾泰等撰　清刻本　二十七冊　存四十六卷（一至四十五、首一卷）

360000－1913－0000163　040003
周官析疑三十六卷考工記析疑四卷　（清）方苞撰　清刻本　六冊　存二十一卷（五至二

十五）

360000－1913－0000164　040004
字學舉隅不分卷　（清）黄本驥　（清）龍啓瑞撰　清光緒四年（1878）刻本　一册

360000－1913－0000165　040005
曲江書屋新訂批注左傳快讀十八卷首一卷（清）李紹崧輯　清刻本　九册　存八卷（七至十四）

360000－1913－0000166　040005－1
曲江書屋新訂批注左傳快讀十八卷首一卷（清）李紹崧輯　清光緒曲江書屋刻本　二册　存二卷（十七至十八）

360000－1913－0000167　040006
欽定詩經傳説彙纂二十一卷首二卷詩序二卷　（清）王鴻緒等撰　清刻本　四册　存五卷（一至四、二十一）

360000－1913－0000168　040007
御纂性理精義十二卷　（清）李光地等纂修　清刻本　一册　存一卷（一）

360000－1913－0000169　040007－1
御纂性理精義十二卷　（清）李光地等纂修　清刻本　五册　存七卷（一、六至十、十二）

360000－1913－0000170　040008
孟子註疏解經十四卷　（漢）趙岐注　（宋）孫奭疏　清四友堂刻本　三册　存八卷（三至十）

360000－1913－0000171　040009
春秋左傳杜注三十卷首一卷　（清）姚培謙撰　清光緒九年（1883）江南書局刻本　一册　存二卷（一、首一卷）

360000－1913－0000172　040010
春秋經傳集解三十卷　（晉）杜預撰　（唐）陸德明音義　（宋）林堯叟附注　（清）馮李驊增訂　**左繡三十卷**　（清）馮李驊　（清）陸浩評輯　清宣統三年（1911）上海會文堂石印本　七册　存五十二卷（春秋經傳集解一至十、十五至三十，左繡一至十、十五至三十）

360000－1913－0000173　040010－1
春秋經傳集解三十卷　（晉）杜預撰　（唐）陸德明音義　（宋）林堯叟附注　（清）馮李驊增訂　**左繡三十卷**　（清）馮李驊　（清）陸浩評輯　清華川書屋刻本　三册　存十二卷（春秋經傳集解二至五、十七至十八，左繡二至五、十七至十八）

360000－1913－0000174　040011
春秋經傳集解三十卷　（晉）杜預撰　（唐）陸德明音義　（宋）林堯叟附注　（清）馮李驊增訂　**左繡三十卷**　（清）馮李驊　（清）陸浩評輯　清刻本　十册　存三十八卷（春秋經傳集解五至八、十一至十五、十九至二十六、二十九至三十，左繡五至八、十一至十五、十九至二十六、二十九至三十）

360000－1913－0000175　040011－1
春秋經傳集解三十卷　（晉）杜預撰　（唐）陸德明音義　（宋）林堯叟附注　（清）馮李驊增訂　**左繡三十卷**　（清）馮李驊　（清）陸浩評輯　清愛日堂刻本　四册　存十六卷（春秋經傳集解九至十、十六至十七、二十五至二十八，左繡九至十、十六至十七、二十五至二十八）

360000－1913－0000176　040012
字彙十二集首一卷末一卷　（明）梅膺祚撰　清雲林益昭氏關西堂刻本　九册　存八集一卷（子、丑、辰、午、未、酉、戌、亥，首一卷）

360000－1913－0000177　040012－1
字彙十二集首一卷末一卷　（明）梅膺祚撰　清刻本　三册　存三集（子、丑、戌）

360000－1913－0000178　040012－2
字彙十二集首一卷末一卷　（明）梅膺祚撰　清刻本　二册　存二集（丑、寅）

360000－1913－0000179　040012－3
字彙十二集首一卷末一卷　（明）梅膺祚撰　清刻本　一册　存一集（亥）

360000－1913－0000180　040012－4
字彙十二集首一卷末一卷韻法直圖一卷

(明)梅膺祚撰　**韻法横圖一卷**　(明)李世澤撰　清刻本　一册　存三卷(末一卷、韻法直圖一卷、韻法横圖一卷)

360000－1913－0000181　040013
御纂周易折中二十二卷首一卷　(清)李光地等纂　清刻本　十二册　存十九卷(一、三至五、七至十一、十三至二十二)

360000－1913－0000182　040014
御纂詩義折中二十卷　(清)傅恒　(清)陳兆崙等撰　清刻本　四册　存九卷(一至五、十五至十八)

360000－1913－0000183　040015
春秋直解十二卷　(清)方苞撰　清刻本　二册　存五卷(一至三、十一至十二)

360000－1913－0000184　040016
字學舉隅不分卷　(清)黄本驥　(清)龍啓瑞撰　清光緒五年(1879)刻本　一册

360000－1913－0000185　040017
字學舉隅不分卷　(清)黄本驥　(清)龍啓瑞撰　清光緒五年(1879)刻本　一册

360000－1913－0000186　040018
爾雅註疏十一卷　(晉)郭璞注　(宋)邢昺疏　清刻本　一册　存二卷(一至二)

360000－1913－0000187　040019
春秋左傳杜注三十卷首一卷　(清)姚培謙撰　清刻本　四册　存十卷(二至三、十三至十五、二十一至二十三、二十九至三十)

360000－1913－0000188　040021
十三經讀本　(清)丁寶楨等校　清同治金陵書局刻本　二册　存二種

360000－1913－0000189　040023
孔氏家語十卷　(三國魏)王肅注　清刻本　一册　存五卷(一至五)

360000－1913－0000190　040023－1
孔氏家語十卷　(三國魏)王肅注　清汲古閣刻本　一册　存三卷(六至八)

360000－1913－0000191　040024
爾雅正義二十卷　(清)邵晉涵撰　清刻本　一册　存一卷(一)

360000－1913－0000192　040024－1
爾雅註疏十一卷　(晉)郭璞注　(宋)邢昺疏　清汲古閣刻本　一册　存三卷(六至八)

360000－1913－0000193　040025
板橋集五種　(清)鄭燮撰　清刻本　一册　存四種

360000－1913－0000194　040026
春秋五傳十七卷首一卷　(明)張岐然編　(清)張璞重編　清會文堂刻本　二册　存二卷(九、十四)

360000－1913－0000195　040026－1
春秋五傳十七卷首一卷　(明)張岐然編　(清)張璞重編　清刻本　五册　存五卷(十一至十二、十五至十七)

360000－1913－0000196　040026－2
春秋五傳十七卷首一卷　(明)張岐然編　(清)張璞重編　清刻本　一册　存一卷(一)

360000－1913－0000197　040026－3
春秋五傳十七卷首一卷　(明)張岐然編　(清)張璞重編　清令德堂、華文堂刻本　三册　存三卷(一、十五,首一卷)

360000－1913－0000198　040026－4
春秋五傳十七卷首一卷　(明)張岐然編　(清)張璞重編　清同文堂刻本　九册　存九卷(二至三、六至十、十三至十四)

360000－1913－0000199　040027
新訂四書補註備旨十卷　(明)鄧林撰　(清)杜定基增訂　清刻本　一册　存二卷(大學、中庸)

360000－1913－0000200　040027－1
新訂四書補註備旨十卷　(明)鄧林撰　(清)杜定基增訂　清刻本　二册　存二卷(孟子一、四)

360000－1913－0000201　040027－2
新訂四書補註備旨十卷　(明)鄧林撰　(清)

杜定基增訂　清刻本　一冊　存一卷(孟子三)

360000－1913－0000202　040027－3
新訂四書補註備旨十卷　(明)鄧林撰　(清)杜定基增訂　清兩宜堂刻本　二冊　存四卷(論語四卷)

360000－1913－0000203　040027－4
新訂四書補註備旨十卷　(明)鄧林撰　(清)杜定基增訂　清刻本　一冊　存一卷(孟子四)

360000－1913－0000204　040028
春秋十六卷首一卷　清刻本　一冊　存一卷(首一卷)

360000－1913－0000205　040029
禮記集說十卷　(元)陳澔撰　清青畏堂刻本　二冊　存二卷(四、六)

360000－1913－0000206　040029－1
禮記集說十卷　(元)陳澔撰　清同治三年(1864)刻本　一冊　存一卷(十)

360000－1913－0000207　040030
孝經易知一卷　(清)耿介輯注　清同治十一年(1872)邗江王氏槐陰書屋刻本　一冊

360000－1913－0000208　040031
黃翰林校正禮記大全三十卷　(明)胡廣撰　(明)張瑞圖編　清刻本　一冊　存三卷(十六至十八)

360000－1913－0000209　040032
詩經集傳八卷　(宋)朱熹撰　清刻本　一冊　存二卷(一至二)

360000－1913－0000210　040032－1
詩經集傳八卷　(宋)朱熹撰　清刻本　一冊　存一卷(三)

360000－1913－0000211　040033
御案詩經備旨八卷　(清)鄒聖脈輯　清刻本　一冊　存二卷(一至二)

360000－1913－0000212　040034
詩經喈鳳詳解八卷詩經繹傳八卷圖說一卷　(清)陳抒孝撰　(清)汪基增訂　清集益堂刻本　一冊　存四卷(詩經喈鳳詳解一至二、詩經繹傳一至二)

360000－1913－0000213　040035
御案詩經備旨八卷　(清)鄒聖脈輯　清刻本　一冊　存二卷(一至二)

360000－1913－0000214　040035－1
御案詩經備旨八卷　(清)鄒聖脈輯　清兩儀堂刻本　一冊　存一卷(三)

360000－1913－0000215　040036
詩經集傳八卷　(宋)朱熹撰　清刻本　一冊　存一卷(一)

360000－1913－0000216　040036－1
詩經集傳八卷　(宋)朱熹撰　清刻本　一冊　存二卷(一至二)

360000－1913－0000217　040037
詩經集傳八卷　(宋)朱熹撰　清松盛堂刻本　一冊　存二卷(一至二)

360000－1913－0000218　040038
監本詩經刪補四卷首一卷　(明)徐奮鵬撰　清刻本　一冊　存二卷(一、首一卷)

360000－1913－0000219　040039
詩經集傳八卷　(宋)朱熹撰　清郁文堂刻本　一冊　存二卷(一至二)

360000－1913－0000220　040040
詩經集傳八卷　(宋)朱熹撰　清刻本　一冊　存二卷(一至二)

360000－1913－0000221　040041
詩經集傳八卷　(宋)朱熹撰　清刻本　一冊　存一卷(三)

360000－1913－0000222　040042
詩經集傳八卷　(宋)朱熹撰　清刻本　一冊　存一卷(三)

360000－1913－0000223　040043
詩經集傳八卷　(宋)朱熹撰　清刻本　一冊　存二卷(四至五)

360000－1913－0000224　040044
御案詩經備旨八卷　(清)鄒聖脈輯　清刻本　一册　存二卷(一至二)

360000－1913－0000225　040045
詩經集傳八卷　(宋)朱熹撰　清兩儀堂刻本　一册　存一卷(三)

360000－1913－0000226　040045－1
詩經集傳八卷　(宋)朱熹撰　清兩儀堂刻本　二册　存一卷(三)

360000－1913－0000227　040046
詩經集傳八卷　(宋)朱熹撰　清刻本　三册　存六卷(三至八)

360000－1913－0000228　040047
監本詩經删補四卷首一卷　(明)徐奮鵬撰　清刻本　一册　存二卷(三至四)

360000－1913－0000229　040048
詩經集傳八卷　(宋)朱熹撰　清刻本　一册　存一卷(三)

360000－1913－0000230　040049
附釋音毛詩注疏七十卷　(漢)毛亨傳　(漢)鄭玄箋　(唐)陸德明音義　(唐)孔穎達疏　**附校勘記七十卷**　(清)阮元撰　(清)盧宣旬摘錄　清嘉慶二十年(1815)江西南昌府學刻重刊宋本十三經注疏本　一册　存四卷(四至五、校勘記四至五)

360000－1913－0000231　040050
詩經集傳八卷　(宋)朱熹撰　清宣統元年(1909)上海龍文書局石印本　一册　存二卷(三至四)

360000－1913－0000232　040051
詩經集傳八卷　(宋)朱熹撰　清刻本　一册　存三卷(六至八)

360000－1913－0000233　040052
欽定詩經傳説彙纂二十一卷首二卷詩序二卷　(清)王鴻緒等撰　清刻本　一册　存一卷(詩序下)

360000－1913－0000234　040053
詩經集傳八卷　(宋)朱熹撰　清桂月樓刻本　一册　存二卷(一至二)

360000－1913－0000235　040054
詩經集傳八卷　(宋)朱熹撰　**詩經體注大全八卷**　(清)范翔纂　(清)高朝瓔定　(清)沈世楷輯　清漁古堂刻本　一册　存四卷(詩經集傳一至二、詩經體注大全一至二)

360000－1913－0000236　040055
詩經集傳八卷　(宋)朱熹撰　**詩經體注大全八卷**　(清)范翔纂　(清)高朝瓔定　(清)沈世楷輯　清刻本　一册　存四卷(詩經集傳一至二、詩經體注大全一至二)

360000－1913－0000237　040056
詩經集傳八卷　(宋)朱熹撰　**詩經體注大全八卷**　(清)范翔纂　(清)高朝瓔定　(清)沈世楷輯　清漁古堂刻本　一册　存四卷(詩經集傳一至二、詩經體注大全一至二)

360000－1913－0000238　040056－1
左氏條貫十八卷　(清)曹基編　清立達堂刻本　二册　存八卷(一至二、八至十三)

360000－1913－0000239　050001
資治通鑑綱目五十九卷　(宋)朱熹撰　(明)陳仁錫評　**五代史續編一卷**　(明)陳桱撰　(明)陳仁錫評　**資治通鑑前編二十五卷**　(明)南軒撰　(明)陳仁錫評　**續資治通鑑綱目二十七卷**　(明)商輅等撰　(明)陳仁錫評　清嘉慶八年(1803)敬書堂刻本　五十一册　存四十七卷(資治通鑑綱目一至二、八至九、三十六、三十九至四十四、四十六至四十九、五十三至五十五、五十八至五十九,資治通鑑前編一至十一,續資治通鑑綱目一至四、八至九、十一至十三、十五、十八、二十、二十二、二十四、二十六至二十七)

360000－1913－0000240　050001－1
資治通鑑綱目五十九卷　(宋)朱熹撰　(明)陳仁錫評　**五代史續編一卷**　(明)陳桱撰　(明)陳仁錫評　**資治通鑑前編二十五卷**　(明)南軒撰　(明)陳仁錫評　**續資治通鑑綱目二十七卷**　(明)商輅等撰　(明)陳仁錫評

清刻本　二十三册　存三十六卷(資治通鑑綱目二、六至七、九至十、十七、十九、二十二、二十六、四十六、四十八,資治通鑑前編四至二十五,續資治通鑑綱目一、三、十五)

360000－1913－0000241　050001－2
資治通鑑綱目五十九卷　(宋)朱熹撰　(明)陳仁錫評　**五代史續編一卷**　(明)陳桱撰　(明)陳仁錫評　**資治通鑑前編二十五卷**　(明)南軒撰　(明)陳仁錫評　**續資治通鑑綱目二十七卷**　(明)商輅等撰　(明)陳仁錫評　清刻本　一册　存一卷(四十八)

360000－1913－0000242　050001－3
資治通鑑綱目五十九卷　(宋)朱熹撰　(明)陳仁錫評　**五代史續編一卷**　(明)陳桱撰　(明)陳仁錫評　**資治通鑑前編二十五卷**　(明)南軒撰　(明)陳仁錫評　**續資治通鑑綱目二十七卷**　(明)商輅等撰　(明)陳仁錫評　清刻本　一册　存目録

360000－1913－0000243　050002
御撰資治通鑑綱目三編四十卷　(清)舒赫德等撰　清同治十一年(1872)江西書局刻本　十二册

360000－1913－0000244　050003
資治通鑑綱目五十九卷　(宋)朱熹撰　(明)陳仁錫評　**五代史續編一卷**　(明)陳桱撰　(明)陳仁錫評　**資治通鑑前編二十五卷**　(明)南軒撰　(明)陳仁錫評　**續資治通鑑綱目二十七卷**　(明)商輅等撰　(明)陳仁錫評　清嘉慶八年(1803)宏道堂刻本　一百二十册　存八十五卷(資治通鑑綱目五十九卷、五代史續編一卷、資治通鑑前編二十五卷)

360000－1913－0000245　050004
校刊資治通鑑全書　(清)胡元常輯　清光緒十四年(1888)長沙楊氏刻本　一百五册　存三百八十一卷(新校資治通鑑敘録一至三,資治通鑑一至一百六十六、一百七十一至二百五十三、二百五十七至二百九十四,資治通鑑目録一至二十六,資治通鑑考異三至十、十四至十六、二十一至三十,資治通鑑釋例一卷,資治通鑑問疑一卷,資治通鑑釋文三十卷,資治通鑑釋文辨誤十二卷)

360000－1913－0000246　050005
續資治通鑑二百二十卷　(清)畢沅撰　清光緒三十一年(1905)新化三味書局刻本　五十一册　存一百三十四卷(八十一至一百三十五、一百三十九至一百四十七、一百五十一至二百二十)

360000－1913－0000247　050006
御撰資治通鑑綱目三編二十卷　(清)張廷玉等撰　清刻本　四册

360000－1913－0000248　050008
御批歷代通鑑輯覽一百二十卷　(清)傅恆等撰　清光緒五年(1879)刻朱墨套印本　五十五册　存一百十四卷(一至三十六、四十一至七十六、七十九至一百二十)

360000－1913－0000249　050009
御批歷代通鑑輯覽一百二十卷　(清)傅恆等撰　清同治十一年(1872)湖北崇文書局刻本　二十九册

360000－1913－0000250　050010
御批歷代通鑑輯覽一百二十卷　(清)傅恆等撰　清光緒二十五年(1899)新化三味堂刻本　五十七册　存一百十三卷(一至六十三、六十六至一百五、一百八至一百十五、一百十九至一百二十)

360000－1913－0000251　050011
御批歷代通鑑輯覽一百二十卷　(清)傅恆等撰　清同治十三年(1874)湖南書局刻本　五十一册　存一百六卷(一至六十二、七十七至一百二十)

360000－1913－0000252　060001
資治通鑑綱目五十九卷　(宋)朱熹撰　(明)陳仁錫評　清刻本　三十九册　存二十九卷(一至二、十四、十八、二十八至三十一、三十三至三十五、三十七、三十九至四十、四十三、四十五至五十八)

360000－1913－0000253　060002

資治通鑑綱目五十九卷 (宋)朱熹撰 (明)陳仁錫評 清刻本 一册 存一卷(五十二)

360000－1913－0000254 060002－1
資治通鑑綱目前編二十五卷 (明)南軒撰 (明)陳仁錫評 清刻本 一册 存一卷(二十)

360000－1913－0000255 060003
續資治通鑑綱目二十七卷末一卷 (明)商輅等撰 (明)陳仁錫評閲 清刻本 二十六册 存二十卷(二、五至十四、十六至二十二、二十四、二十七)

360000－1913－0000256 060004
御撰資治通鑑綱目三編四十卷 (清)舒赫德等撰 清刻本 二册 存九卷(十二至二十)

360000－1913－0000257 060005
尺木堂綱鑑易知録九十二卷 (清)吳乘權等輯 清刻本 三十六册

360000－1913－0000258 060006
尺木堂綱鑑易知録九十二卷 (清)吳乘權等輯 清兩儀堂刻本 三十六册

360000－1913－0000259 060007
尺木堂綱鑑易知録九十二卷 (清)吳乘權等輯 清刻本 八册 存二十卷(一至二十)

360000－1913－0000260 060008
尺木堂綱鑑易知録九十二卷 (清)吳乘權等輯 清松盛堂刻本 三十五册

360000－1913－0000261 060008－1
御撰資治通鑑綱目三編二十卷 (清)張廷玉等撰 清刻本 五册

360000－1913－0000262 060009
御撰資治通鑑綱目三編二十卷 (清)張廷玉等撰 清刻本 六册 存十六卷(三至十三、十六至二十)

360000－1913－0000263 060010
御撰資治通鑑綱目三編二十卷 (清)張廷玉等撰 清刻本 五册

360000－1913－0000264 060011
尺木堂綱鑑易知録九十二卷 (清)吳乘權等輯 清刻本 二十四册 存七十二卷(一至五、九至十一、十五至六十二、六十七至六十九、七十三至七十五、八十至八十三、八十七至九十二)

360000－1913－0000265 060012
尺木堂綱鑑易知録九十二卷 (清)吳乘權等輯 清刻本 二十七册 存七十二卷(二十一至九十二)

360000－1913－0000266 060013
增批增補了凡綱鑑四十卷首一卷 (明)袁黄纂 **御撰資治通鑑綱目三編二十卷** (清)張廷玉等撰 清刻本 十九册 存五十九卷(一至二十三、二十六至四十,首一卷;御撰資治通鑑綱目三編二十卷)

360000－1913－0000267 060014
明通鑑九十卷前編四卷附記六卷首一卷目録二卷 (清)夏燮撰 清同治十二年(1873)刻本 四十八册

360000－1913－0000268 060015
王鳳洲先生綱鑑正史全編二十四卷 (明)王世貞撰 (明)陳仁錫評 (明)張睿卿輯 清刻本 十五册 存二十三卷(一至二十三)

360000－1913－0000269 060016
歷朝綱鑑會纂三十九卷首一卷 (明)王世貞輯 清學源堂刻本 十六册 存十六卷(一至七、二十六、三十三至三十九,首一卷)

360000－1913－0000270 060017
國朝先正事略六十卷 (清)李元度撰 清同治五年(1866)循陔草堂刻本 二十四册

360000－1913－0000271 060018
尺木堂綱鑑易知録九十二卷明鑑易知録十五卷 (清)吳乘權等輯 清刻本 三十七册 存九十八卷(四至五十八、六十五至九十二,明鑑易知録十五卷)

360000－1913－0000272 060019
鑑綱詠略八卷讀史論略補一卷甲子考一卷 (清)張應鼎撰 (清)柯龍章輯注 清同治十

二年(1873)刻本　七冊　存九卷(一至二、四至八,讀史論略補一卷,甲子考一卷)

360000－1913－0000273　060020
天下郡國利病書一百二十卷　(清)顧炎武撰　清道光龍萬育敷文閣刻本　五十四冊　存一百十九卷(一至十六、十八至一百二十)

360000－1913－0000274　060020－1
讀史方輿紀要一百三十卷輿圖要覽四卷　(清)顧祖禹撰　清敷文閣刻本　七十二冊　存一百三十二卷(一至二十七、三十至一百三十,輿圖要覽四卷)

360000－1913－0000275　060022
江西全省輿圖十四卷首一卷　(清)劉坤一等編繪　清同治七年(1868)江西省署刻朱墨套印本　七冊

360000－1913－0000276　060023
江西全省輿圖十四卷附鄱陽湖圖説一卷　(清)朱兆麟校　清宣統元年(1909)江西官紙印刷所石印本　十四冊

360000－1913－0000277　060025
金石索十二卷首一卷　(清)馮雲鵬　(清)馮雲鵷輯　清道光元年(1821)紫琅馮氏邃古齋刻本　十二冊

360000－1913－0000278　060025－1
天下郡國利病書一百二十卷　(清)顧炎武撰　清末鉛印本　二十七冊

360000－1913－0000279　070001
大清太祖高皇帝聖訓四卷　(清)太祖努爾哈赤撰　清刻本　二冊

360000－1913－0000280　070002
大清太宗文皇帝聖訓六卷　(清)太宗皇太極撰　清刻本　三冊

360000－1913－0000281　070003
大清世祖章皇帝聖訓六卷　(清)世祖福臨撰　清刻本　三冊

360000－1913－0000282　070004
大清聖祖仁皇帝聖訓六十卷　(清)聖祖玄燁撰　清刻本　十二冊

360000－1913－0000283　070005
大清世宗憲皇帝聖訓三十六卷　(清)世宗胤禛撰　清刻本　八冊　存三十卷(一至九、十二至二十七、三十二至三十六)

360000－1913－0000284　070006
大清高宗純皇帝聖訓三百卷　(清)高宗弘曆輯　清刻本　六十八冊　存二百八十二卷(一至六十二、六十八至九十二、一百二至二百五十、二百五十五至三百)

360000－1913－0000285　070007
大清仁宗睿皇帝聖訓一百十卷　(清)仁宗顒琰撰　清刻本　三十八冊　存一百四卷(一至九十三、一百至一百十)

360000－1913－0000286　070008
大清高宗純皇帝聖訓三百卷　(清)高宗弘曆撰　清刻本　三十五冊　存一百二十七卷(一至四十、四十四至一百三十)

360000－1913－0000287　070009
大清文宗顯皇帝聖訓一百十卷　(清)文宗奕詝撰　清刻本　二十冊　存九十一卷(五至二十二、三十三至一百五)

360000－1913－0000288　070010
大清穆宗毅皇帝聖訓一百六十卷　(清)穆宗載淳撰　清刻本　四十三冊　存一百四十二卷(一至三、二十二至一百六十)

360000－1913－0000289　070011
史緯三百三十卷首一卷　(清)陳允錫輯　清刻本　一百六冊　存二百九十五卷(一至九、十三至五十二、五十七至六十七、七十至一百三十三、一百三十九至一百四十七、一百五十二至二百八十二、二百九十至二百九十五、二百九十九至三百二十二,首一卷)

360000－1913－0000290　070012
明史三百三十二卷目錄四卷　(清)張廷玉等撰　清刻本　一百一冊

360000－1913－0000291　070013

史記菁華錄六卷　(清)姚祖恩輯　清刻本　五冊　存五卷(一至五)

360000－1913－0000292　070014
明史三百三十二卷目錄四卷　(清)張廷玉等撰　清同治八年(1869)嶺南苑古堂刻本　八冊　存三十卷(一至十二、二十八至三十、三十八至三十九、一百五、一百十三至一百二十,目錄四卷)

360000－1913－0000293　070014－1
明史三百三十二卷目錄四卷　(清)張廷玉等撰　清光緒三年(1877)湖北崇文書局刻本　二十一冊　存八十二卷(四十六至五十五、六十一至六十三、九十七至一百一、一百七十一至一百七十四、一百八十至一百八十二、一百八十七至一百九十八、二百七至二百十、二百二十九至二百四十三、二百五十六至二百五十八、二百六十七至二百七十二、二百八十七至二百九十、三百十至三百十五、三百二十六至三百三十二)

360000－1913－0000294　070015
明紀六十卷　(清)陳鶴輯　清同治十年(1871)江蘇書局刻本　二十冊

360000－1913－0000295　070016
史通削繁四卷　(唐)劉知幾撰　(清)紀昀削繁　(清)浦起龍注　清光緒八年(1882)善化章氏刻本　四冊

360000－1913－0000296　070017
史通削繁四卷　(唐)劉知幾撰　(清)紀昀削繁　(清)浦起龍注　清道光十三年(1833)兩廣節署刻朱墨套印本　四冊

360000－1913－0000297　070018
欽定狀元策不分卷　(□)□□撰　清同治光緒刻本　二冊

360000－1913－0000298　070019
直齋書錄解題二十二卷　(宋)陳振孫撰　清刻武英殿聚珍版書本　八冊

360000－1913－0000299　070020
讀史任子自鏡錄二十二卷首一卷　(清)胡季堂輯　清道光元年(1821)培蔭軒刻本　十二冊

360000－1913－0000300　070021
欽定學政全書八十六卷首一卷　(清)童璜等撰　清刻本　十九冊　存七十五卷(一至四十七、六十至八十六,首一卷)

360000－1913－0000301　070022
舊五代史一百五十卷目錄二卷　(宋)薛居正等撰　清嘉慶元年(1796)掃葉山房刻本　十五冊

360000－1913－0000302　070023
史記菁華錄六卷　(清)姚祖恩輯　清光緒七年(1881)刻本　六冊

360000－1913－0000303　070024
曾文正公奏議十卷首一卷末一卷補編四卷　(清)曾國藩撰　清同治十三年(1874)上海醉六堂刻本　十冊　存十一卷(曾文正公奏議十卷、首一卷)

360000－1913－0000304　070025
曾文正公奏議補編四卷　(清)曾國藩撰　清同治十三年(1874)蘇郡刻本　二冊

360000－1913－0000305　070026
十國春秋一百十六卷　(清)吳任臣撰　清乾隆五十八年(1793)周氏刻清嘉慶四年(1799)增刻本　二十三冊　存一百十四卷(二至十三、十五至一百十六)

360000－1913－0000306　070027
史記菁華錄六卷　(清)姚祖恩輯　清道光四年(1824)吳興姚氏扶荔山房刻朱墨套印本　六冊

360000－1913－0000307　070028
史記菁華錄六卷　(清)姚祖恩輯　清同治十二年(1873)紅杏山房刻朱墨套印本　六冊

360000－1913－0000308　070029
綱鑑會纂三十九卷首一卷　(明)王世貞編　清刻本　二十二冊　存二十二卷(九至二十、二十二至二十五、二十七至三十二)

360000－1913－0000309　070030

宋朝事實二十卷　(宋)李攸撰　清刻武英殿聚珍版書本　六册

360000－1913－0000310　070031

宋朝事實二十卷　(宋)李攸撰　清刻武英殿聚珍版書本　一册　存四卷(十三至十六)

360000－1913－0000311　080001

[光緒]江西通志一百八十卷首五卷　(清)劉坤一等修　(清)劉繹等纂　清光緒六年至七年(1880－1881)刻本　一百二十册

360000－1913－0000312　080002

[光緒]江西通志一百八十卷首五卷　(清)劉坤一等修　(清)劉繹等纂　清光緒六年至七年(1880－1881)刻本　二十九册　存四十八卷(十六至二十七、三十六至三十七、四十三至五十七、一百三十三、一百三十六至一百三十九、一百四十四至一百四十七、一百六十七至一百七十、一百七十五至一百八十)

360000－1913－0000313　080003

[光緒]江西通志一百八十卷首五卷　(清)劉坤一等修　(清)劉繹等纂　清光緒六年至七年(1880－1881)刻本　七十六册　存一百二十五卷(一至十五、十八至二十五、二十八至四十二、五十至五十三、五十八至六十一、六十三至七十三、七十五、七十九至一百十六、一百二十七至一百三十一、一百三十四至一百四十一、一百五十至一百五十一、一百六十九至一百七十七,首五卷)

360000－1913－0000314　080005

[同治]饒州府志三十二卷首一卷　(清)錫德修　(清)石景芬等纂　清同治十一年(1872)刻本　十二册　存二十五卷(三至十七、十九至二十四、二十八至二十九、三十一至三十二)

360000－1913－0000315　080005－1

[同治]饒州府志三十二卷首一卷　(清)錫德修　(清)石景芬等纂　清同治十一年(1872)刻本　十册　存二十三卷(三至十二、十五至十八、二十一至二十五、二十九至三十二)

360000－1913－0000316　080005－2

[同治]饒州府志三十二卷首一卷　(清)錫德修　(清)石景芬等纂　清同治十一年(1872)刻本　四册　存九卷(五至七、十七至十八、二十三至二十四、二十九至三十)

360000－1913－0000317　080005－3

[同治]饒州府志三十二卷首一卷　(清)錫德修　(清)石景芬等纂　清同治十一年(1872)刻本　二册　存四卷(十六至十九)

360000－1913－0000318　080006

[同治]饒州府志三十二卷首一卷　(清)錫德修　(清)石景芬等纂　清同治十一年(1872)刻本　九册　存十九卷(一至四、八至十四、十六至十七、二十至二十四,首一卷)

360000－1913－0000319　080007

[同治]瑞州府志二十四卷首一卷　(清)黄廷金修　(清)蕭浚蘭等纂　清同治十二年(1873)刻本　十三册　存二十三卷(一至二十二、首一卷)

360000－1913－0000320　080008

[道光]鄱陽縣志三十二卷首一卷末一卷　(清)陳驤等修　(清)張瓊英等纂　清道光四年(1824)刻本　二册　存七卷(一至四、三十至三十一,首一卷)

360000－1913－0000321　080009

[乾隆]鄱陽縣志二十四卷首一卷末一卷　(清)黄登穀等纂修　清乾隆十四年(1749)刻本　二册　存三卷(十九至二十一)

360000－1913－0000322　080010

[同治]鄱陽縣志二十四卷首一卷末一卷附鄱陽縣忠烈錄一卷　(清)陳志培修　(清)王廷鑑等纂　清同治十年(1871)刻本　十二册

360000－1913－0000323　080010－1

[同治]鄱陽縣志二十四卷首一卷末一卷附鄱陽縣忠烈錄一卷　(清)陳志培修　(清)王廷鑑等纂　清同治十年(1871)刻本　九册　存二十卷(一至五、十一至十六、十九至二十四,首一卷,末一卷,忠烈錄一卷)

360000－1913－0000324　080010－2
[同治]鄱陽縣志二十四卷首一卷末一卷附鄱陽縣忠烈錄一卷　(清)陳志培修　(清)王廷鑑等纂　清同治十年(1871)刻本　六冊　存十四卷(十一至十六、十九至二十四,末一卷,忠列錄一卷)

360000－1913－0000325　080010－3
[同治]鄱陽縣志二十四卷首一卷末一卷附鄱陽縣忠烈錄一卷　(清)陳志培修　(清)王廷鑑等纂　清同治十年(1871)刻本　三冊　存九卷(十一至十四、二十一至二十四,末一卷)

360000－1913－0000326　080011
[同治]鄱陽縣志二十四卷首一卷末一卷附鄱陽縣忠烈錄一卷　(清)陳志培修　(清)王廷鑑等纂　清同治十年(1871)刻本　十二冊

360000－1913－0000327　080012
萬國史記二十卷　(日本)岡本監輔撰　清光緒二十八年(1902)三味書室刻本　四冊

360000－1913－0000328　080013
石鐘山志十六卷首一卷　(清)李成謀　(清)丁義方撰　清光緒九年(1883)聽濤眺雨軒刻本　七冊　存十四卷(一至九、十一至十四、十六)

360000－1913－0000329　080015
[同治]清江縣志十卷首一卷　(清)潘懿　(清)胡湛修　(清)朱孫詒等纂　清同治九年(1870)刻本　十冊

360000－1913－0000330　080015－1
[同治]清江縣志十卷首一卷　(清)潘懿　(清)胡湛修　(清)朱孫詒等纂　清同治九年(1870)刻本　一冊　存一卷(八)

360000－1913－0000331　080016
[同治]上饒縣志二十六卷首一卷　(清)王恩溥　(清)邢德裕修　(清)李樹藩等纂　清同治十一年(1872)刻本　十七冊　存二十一卷(二至十七、十九至二十三)

360000－1913－0000332　080019
[同治]樂平縣志十卷首一卷　(清)董萼榮　(清)梅毓翰修　(清)汪元祥　(清)陳謨纂　清同治九年(1870)翥山書院刻本　十二冊

360000－1913－0000333　080020
[同治]贛州府志七十八卷首一卷　(清)魏瀛修　(清)魯琪光　(清)鍾音鴻纂　清同治十二年(1873)刻本　一冊　存二卷(十七至十八)

360000－1913－0000334　080020－1
[同治]贛州府志七十八卷首一卷　(清)魏瀛修　(清)魯琪光　(清)鍾音鴻纂　清同治十二年(1873)刻本　一冊　存一卷(十八)

360000－1913－0000335　080021
[同治]都昌縣志十六卷首一卷　(清)狄學耕修　(清)劉庭煇　(清)黃昌蕃纂　清同治十一年(1872)刻本　二冊　存三卷(十、十五至十六)

360000－1913－0000336　080022
[同治]南昌縣志三十六卷首一卷末一卷　(清)陳紀麟　(清)汪世澤修　(清)劉于潯　(清)曾作舟纂　清同治九年(1870)刻本　二十冊　存二十一卷(二、五、七至十一、十三至十五、二十至二十二、二十四至二十五、二十七至二十八、三十至三十二、三十五)

360000－1913－0000337　080023
[同治]廣信府志十二卷首一卷　(清)蔣繼洙修　(清)李樹藩纂　清同治十二年(1873)刻本　三冊　存二卷(七、九)

360000－1913－0000338　080024
[同治]德化縣志五十四卷首一卷　(清)陳鼒修　(清)吳彬等纂　清同治十一年(1872)刻本　十五冊　存五十二卷(一至七、十一至五十四,首一卷)

360000－1913－0000339　080025
廬山志十五卷首一卷　(清)毛德琦撰　清順德堂刻本　三冊　存四卷(九至十、十二至十三)

360000－1913－0000340　080026
白鹿書院志十九卷　(清)周兆蘭纂修　清乾

隆六十年(1795)刻同治十年(1871)重修本　四册　存九卷(三至八、十二至十四)

360000－1913－0000341　090001
史記一百三十卷首一卷　(漢)司馬遷撰　(明)徐孚遠　(明)陳子龍測議　清嘉慶十一年(1806)同人堂刻本　三十六册

360000－1913－0000342　090002
史記一百三十卷附考證　(漢)司馬遷撰　(南朝宋)裴駰集解　(唐)司馬貞索隱　(唐)張守節正義　清光緒二十年(1894)陝甘味經書院刻本　二十六册　存一百六卷(一、七至二十四、三十七至八十六、九十四至一百三十)

360000－1913－0000343　090003
史記一百三十卷　(漢)司馬遷撰　(南朝宋)裴駰集解　(唐)司馬貞索隱　(唐)張守節正義　清同治九年(1870)金陵書局刻本　十九册　存一百二十卷(一至八十三、九十四至一百三十)

360000－1913－0000344　090004
史記一百三十卷首一卷　(漢)司馬遷撰　(明)徐孚遠　(明)陳子龍測議　清道光十四年(1834)三元堂刻本　四十册

360000－1913－0000345　090005
史記評林一百三十卷　(明)淩稚隆輯　(明)李光縉增補　明雲林本立堂刻本　三十一册　存一百二十五卷(一至一百五、一百十一至一百三十)

360000－1913－0000346　090006
史記評林一百三十卷　(明)淩稚隆輯　清光緒十年(1884)刻本　二十七册　存六十九卷(一至六十九)

360000－1913－0000347　090007
漢書一百卷　(漢)班固撰　(唐)顏師古注　明崇禎十五年(1642)毛氏汲古閣刻十七史本　二十三册　存七十六卷(一至二十、二十五至三十五、四十六至五十六、六十四至六十九、七十三至一百)

360000－1913－0000348　090008
後漢書九十卷　(南朝宋)范曄撰　(唐)李賢注　**志三十卷**　(晉)司馬彪撰　(南朝梁)劉昭注補　明崇禎十六年(1643)毛氏汲古閣刻十七史本　十六册　存八十卷(一至十四、四十下至五十二、六十至六十四、七十至七十九、八十三至九十,志三十卷)

360000－1913－0000349　090009
後漢書一百二十卷　(南朝宋)范曄撰　(唐)李賢注　(晉)司馬彪撰志　(南朝梁)劉昭注補　清光緒二十七年(1901)味經刊書處刻本　三十六册

360000－1913－0000350　090010－1
續後漢書四十二卷義例一卷音義四卷　(宋)蕭常撰　**札記一卷**　(清)郁松年撰　清道光二十一年(1841)刻宜稼堂叢書本　五册

360000－1913－0000351　090010－2
續後漢書九十卷　(元)郝經撰　(元)苟宗道注　**札記四卷**　(清)郁松年撰　清道光二十一年(1841)刻宜稼堂叢書本　十四册

360000－1913－0000352　090011
唐書二百二十五卷　(宋)歐陽修　(宋)宋祁等撰　明崇禎二年(1629)毛氏汲古閣刻十七史本　十八册　存八十一卷(一至十、十九至七十一、七十二中至八十九)

360000－1913－0000353　090012
續後漢書四十二卷義例一卷音義四卷　(宋)蕭常撰　清同治八年(1869)刻本　五册　存四十一卷(七下至四十二、義例一卷、音義四卷)

360000－1913－0000354　090013－1
前漢書一百二十卷　(漢)班固撰　(唐)顏師古注　清光緒十年(1884)上海同文書局影印本　二十册　存五十卷(一至十八、二十至二十五、二十八至三十、三十五至五十七)

360000－1913－0000355　090013－2
後漢書一百二十卷附考證　(南朝宋)范曄撰　(唐)李賢注　(晉)司馬彪撰志　(南朝

梁)劉昭注補　清刻本　五冊　存二十一卷(九十四至九十六、一百一至一百七、一百十至一百二十)

360000－1913－0000356　090014
三國志六十五卷　(晉)陳壽撰　(南朝宋)裴松之注　清同治九年(1870)金陵書局刻本　八冊

360000－1913－0000357　090015
魏書一百十四卷　(北齊)魏收撰　清同治十一年(1872)金陵書局刻本　二十冊

360000－1913－0000358　090016
晉書一百三十卷　(唐)房玄齡等撰　清同治十年(1871)金陵書局刻本　十九冊

360000－1913－0000359　090017
宋史四百九十六卷目錄三卷　(元)脱脱等撰　清刻本　二十七冊　存一百五十二卷(一百五十六至一百五十九、一百六十五至一百六十八、二百四十二至二百四十六、二百六十六至二百七十、二百七十七至二百八十一、三百八至三百三十、三百六十至三百六十五、三百七十至四百三十三、四百四十至四百五十一、四百六十四至四百八十七)

360000－1913－0000360　090018－1
北史一百卷　(唐)李延壽撰　清同治十一年(1872)金陵書局刻二十四史本　四冊　存十七卷(二十七至三十四、四十一至四十五、五十一至五十四)

360000－1913－0000361　090018－2
北齊書五十卷　(唐)李百藥撰　清同治十三年(1874)金陵書局刻二十四史本　一冊　存十二卷(九至二十)

360000－1913－0000362　090019
元史二百十卷目錄二卷　(明)宋濂　(明)王褘等撰　清同治十三年(1874)江蘇書局刻二十四史本　二十七冊　存一百三十八卷(一至四十七、五十二至五十七、六十七至八十四、八十九至九十二、九十七至一百、一百十四至一百二十、一百四十五至一百五十、一百五十七至一百九十四、二百五至二百十,目錄二卷)

360000－1913－0000363　090020
舊五代史一百五十卷附考證目錄二卷　(宋)薛居正等撰　清刻本　六冊　存五十五卷(一至七、六十二至七十三、九十三至一百、一百二十三至一百五十)

360000－1913－0000364　090021
史記一百三十卷附考證　(漢)司馬遷撰　(南朝宋)裴駰集解　(唐)司馬貞索隱　(唐)張守節正義　清光緒十年(1884)上海同文書局影印本　三十二冊

360000－1913－0000365　100001
東遊紀程四卷　(清)聶士成撰　清光緒二十一年(1895)石印本　四冊

360000－1913－0000366　100002
澄蘭室古緣萃錄十八卷　邵松年輯　清光緒三十年(1904)上海鴻文書局石印本　六冊

360000－1913－0000367　100003
教務紀略四卷首一卷末一卷　(清)李剛己輯　清光緒三十一年(1905)南洋官報局刻本　四冊

360000－1913－0000368　100004
澳門紀略二卷首一卷末一卷　(清)印光任　(清)張汝霖纂　清光緒六年(1880)刻本　二冊

360000－1913－0000369　100005
歷代鐘鼎彝器款識法帖二十卷　(宋)薛尚功撰　清嘉慶二年(1797)阮氏刻本　二冊　存十一卷(五至十、十六至二十)

360000－1913－0000370　100006
積古齋鐘鼎彝器款識十卷　(清)阮元　(清)朱爲弼撰　清嘉慶九年(1804)刻本　三冊　存八卷(一至二、五至十)

360000－1913－0000371　100007
三省邊防備覽十八卷　(清)嚴如熤輯　(清)張鵬翂續輯　清道光十年(1830)安康張鵬翂

刻本　十冊

360000－1913－0000372　100008

瀛環志略十卷　(清)徐繼畬撰　清道光三十年(1850)刻本　四冊

360000－1913－0000373　100009

風角書八卷　(清)張爾岐撰　清刻本　二冊

360000－1913－0000374　100010

國朝先正事略續編四卷　朱孔彰撰　清光緒二十六年(1900)石印本　四冊

360000－1913－0000375　100011

中興名臣事略八卷　朱孔彰撰　清光緒二十五年(1899)上海圖書集成印書局鉛印本　四冊

360000－1913－0000376　100012

金石萃編一百六十卷　(清)王昶撰　清光緒十九年(1893)上海寶善書局石印本　十八冊

360000－1913－0000377　100013

金石續編二十一卷首一卷　(清)陸耀遹撰　清光緒十九年(1893)上海寶善書局石印本　六冊

360000－1913－0000378　100014

月令粹編二十四卷圖說一卷　(清)秦嘉謨撰　清嘉慶十七年(1812)江都秦氏琳琅仙館刻本　八冊

360000－1913－0000379　100015

月令粹編二十四卷圖說一卷　(清)秦嘉謨撰　清嘉慶十七年(1812)江都秦氏琳琅仙館刻本　八冊

360000－1913－0000380　100016

時節氣候抄六卷　(清)喻端士撰　清刻本　三冊　存五卷(二至六)

360000－1913－0000381　100017

日下舊聞四十二卷　(清)朱彝尊撰　(清)朱昆田補遺　清刻本　十三冊　存二十七卷(二至七、十至十一、十六至十七、十九至二十一、二十六至三十九)

360000－1913－0000382　100018

歷代史論十二卷　(明)張溥撰　清文餘堂刻本　八冊

360000－1913－0000383　100019

歷代名臣言行錄二十四卷　(清)朱桓輯　清光緒二十七年(1901)上海文盛堂石印本　八冊

360000－1913－0000384　100020

歷代名儒傳八卷　(清)朱軾　(清)蔡世遠輯　清雍正七年(1729)刻本　四冊

360000－1913－0000385　100021－1

歷代名臣傳三十五卷續編五卷首一卷　(清)朱軾撰　清光緒二十三年(1897)刻本　三冊　存九卷(一至三、十至十二、二十四至二十五,首一卷)

360000－1913－0000386　100021－2

歷代名臣奏議□□卷　(明)張溥刪正　清刻本　一冊　存五卷(十至十四)

360000－1913－0000387　100022

歷代名臣傳三十五卷續編五卷　(清)朱軾　(清)蔡世遠輯　清雍正刻本　一冊　存三卷(歷代名臣傳六至八)

360000－1913－0000388　100023

歷代名臣傳三十五卷續編五卷　(清)朱軾　(清)蔡世遠輯　清雍正刻本　一冊　存三卷(續編一至三)

360000－1913－0000389　100024

歷代名臣言行錄二十四卷　(清)朱桓輯　清同治四年(1865)刻本　十三冊

360000－1913－0000390　100025

九通提要十二卷　(清)柴紹炳撰　清光緒二十八年(1902)上海鉛印本　四冊

360000－1913－0000391　100026

國朝先正事略六十卷　(清)李元度撰　清光緒二十五年(1899)上海圖書集成印書局鉛印本　八冊

360000－1913－0000392　100027

國語二十一卷　(三國吳)韋昭注　(宋)宋庠

補音　清聚盛堂刻本　二册　存四卷(一至四)

360000－1913－0000393　100028
雷塘庵主弟子記八卷　(清)張鑑撰　清道光二十一年(1841)甘泉羅士琳刻本　二册

360000－1913－0000394　100029
歷代名儒傳八卷　(清)朱軾　(清)蔡世遠輯　清雍正七年(1729)刻本　一册　存二卷(七至八)

360000－1913－0000395　100030
古今類傳四卷　(清)董穀士　(清)董炳文輯　清康熙三十一年(1692)未學齋刻本　四册

360000－1913－0000396　100031
月日紀古十二卷　(清)蕭智漢輯　清道光二十八年(1848)經元堂刻本　十二册

360000－1913－0000397　100032
左恪靖伯奏稿三十八卷　(清)左宗棠撰　清同治七年(1868)刻本　九册　存九卷(二十一至二十九)

360000－1913－0000398　100033
陸宣公集二十二卷　(唐)陸贄撰　清咸豐元年(1851)刻本　五册　存十七卷(一至二、八至二十二)

360000－1913－0000399　100034
陸宣公集二十二卷　(唐)陸贄撰　清同治五年(1866)楊氏問竹軒家塾刻本　八册

360000－1913－0000400　100035
戰國策十卷　(宋)鮑彪校注　明萬曆九年(1581)刻本　七册

360000－1913－0000401　100036
廿二史紀事提要八卷　(清)吴綏撰　清嘉慶元年(1796)刻本　六册

360000－1913－0000402　100037
還古書院志十八卷　(清)施璜輯　清乾隆六年(1741)刻本　四册

360000－1913－0000403　100038
硃批諭旨不分卷　(清)鄂爾泰等輯　清乾隆刻朱墨套印本　三十八册

360000－1913－0000404　100039
昭陵碑錄三卷附錄一卷　羅振玉輯　清宣統元年(1909)番禺沈氏晨風閣刻晨風閣叢書本　二册

360000－1913－0000405　100040
王先生十七史蒙求十六卷　(宋)王令撰　清道光二十八年(1848)刻本　四册

360000－1913－0000406　100041
守城錄四卷　(宋)陳規撰　清咸豐新昌莊氏刻長恩書室叢書本　一册

360000－1913－0000407　100043
國策鈔二卷　(清)高嵣集評　清乾隆五十三年(1788)刻本　二册

360000－1913－0000408　100044
國語鈔二卷　(清)高嵣集評　清乾隆五十三年(1788)刻本　二册

360000－1913－0000409　100045
兩朝剝復錄六卷首一卷校證六卷　(明)吴應箕撰　(清)夏燮校證　清同治二年(1863)皖南夏燮江西省寓刻本　六册

360000－1913－0000410　100046
王侍郎奏議十卷　(清)王茂蔭撰　清光緒刻本　四册

360000－1913－0000411　100047
說苑二十卷　(漢)劉向撰　清光緒元年(1875)湖北崇文書局刻子書百家本　四册

360000－1913－0000412　100048
弘簡錄二百五十四卷　(明)邵經邦撰　清康熙刻本　七册　存三十卷(四十六至五十、五十九至六十三、六十八至七十九、八十六至八十九、九十五至九十八)

360000－1913－0000413　100049
地球韻言四卷　(清)張士瀛撰　清光緒二十四年(1898)巴蜀善成堂刻本　一册　存二卷(一至二)

360000－1913－0000414　100050

地球韻言四卷 (清)張士瀛撰 清刻本 一册 存二卷(一至二)

360000－1913－0000415 100051
佐治藥言一卷續一卷 (清)汪輝祖撰 清同治五年(1866)刻本 一册

360000－1913－0000416 100052
科場事例二卷 (清)梅啓照輯 清同治十二年(1873)刻本 二册

360000－1913－0000417 100053
遼史紀事本末四十卷首一卷末一卷 (清)李有棠撰 清光緒二十九年(1903)李移鄂樓刻本 三册 存十七卷(七至二十三)

360000－1913－0000418 100054
皇朝掌故讀本二卷 (清)竇士鏞撰 文明書局編 清光緒二十九年(1903)上海文明書局鉛印本 二册

360000－1913－0000419 100060
夢虹奏議二卷首一卷 (明)鄧顯麒撰 清光緒二十三年(1897)新吴公廨刻本 二册

360000－1913－0000420 100062
瀛壖雜志六卷 (清)王韜撰 清光緒元年(1875)刻本 二册

360000－1913－0000421 100063
禹貢譜二卷 (清)王澍 (清)金詢考定 清刻本 一册

360000－1913－0000422 100064
史學提要七卷 (宋)黄繼善撰 清乾隆十八年(1753)刻本 一册

360000－1913－0000423 100065
史記辨證十卷 (清)尚鎔著 清光緒五年(1879)盱南三餘書屋刻本 一册

360000－1913－0000424 100066
校邠廬抗議二卷 (清)馮桂芬撰 清光緒二十四年(1898)大雅書局刻本 二册

360000－1913－0000425 100067
皇朝武功紀盛四卷 (清)趙翼撰 清壽謏草堂刻本 二册

360000－1913－0000426 100068
明州繫年錄七卷 (清)董沛撰 清光緒四年(1878)刻本 三册

360000－1913－0000427 100069
鄉黨圖考十卷 (清)江永撰 清乾隆三十八年(1773)刻本 二册 存四卷(一至四)

360000－1913－0000428 100070
直齋書錄解題二十二卷 (宋)陳振孫撰 清刻武英殿聚珍版書本 二册 存四卷(一至二、十七至十八)

360000－1913－0000429 100071
古今治統二十卷 (明)徐奮鵬撰 清道光十四年(1834)刻本 六册 存十四卷(一至二、六至十五、十八至十九)

360000－1913－0000430 100073
[江西鄱陽]永灘朱氏族譜□□卷 (清)朱□纂修 清同治六年(1867)木活字印本 三册 存三卷(一、三、五)

360000－1913－0000431 110001
朱子語類一百四十卷 (宋)黎靖德輯 清同治十一年(1872)刻本 三十九册 存一百三十七卷(四至一百四十)

360000－1913－0000432 110002
佩文韻府一百六卷 (清)張玉書 (清)蔡升元等輯 清康熙五十年(1711)刻本 九十七册 存五十五卷(一至二十八、三十至四十一、四十三至五十七)

360000－1913－0000433 110003
事類賦三十卷 (宋)吴淑撰並注 清刻本 四册

360000－1913－0000434 110004
重訂廣事類賦四十卷 (清)華希閔撰 清嘉慶二十三年(1818)刻本 十册

360000－1913－0000435 110005
重訂事類賦三十卷 (宋)吴淑撰並注 清嘉慶二十三年(1818)刻本 五册 存二十六卷(一至五、十至三十)

360000－1913－0000436　110006－1
訓俗遺規五卷　(清)陳弘謀輯　清刻本　二冊　存二卷(二、四)

360000－1913－0000437　110006－2
訓俗遺規五卷　(清)陳弘謀輯　清刻本　一冊　存一卷(四)

360000－1913－0000438　110006－3
訓俗遺規五卷　(清)陳弘謀輯　清刻本　一冊　存一卷(四)

360000－1913－0000439　110006－4
訓俗遺規五卷　(清)陳弘謀輯　清刻本　一冊　存一卷(四)

360000－1913－0000440　110006－5
訓俗遺規五卷　(清)陳弘謀輯　清刻本　一冊　存一卷(四)

360000－1913－0000441　110006－6
訓俗遺規五卷　(清)陳弘謀輯　清刻本　一冊　存一卷(四)

360000－1913－0000442　110007
廣事類賦四十卷　(清)華希閔撰　清刻本　二冊　存十五卷(一至六、三十二至四十)

360000－1913－0000443　110008
續廣事類賦三十卷　(清)王鳳喈撰　清刻本　二冊　存三卷(十五至十七)

360000－1913－0000444　110009
陳修園醫書　(清)陳念祖撰　清光緒十四年(1888)兩儀堂刻本　四十三冊

360000－1913－0000445　110010
千金裘二十七卷　(清)蔣義彬輯　**千金裘二集二十六卷**　(清)蔣義彬　(清)徐元麟輯　清咸豐三年(1853)天祿閣刻本　八冊

360000－1913－0000446　110011
制藝全模初集三卷二集二卷三集二卷四集二卷　(清)陳世章輯　清同治四年(1865)刻本　八冊　存八卷(初集三卷、二集二卷、三集二卷、四集一)

360000－1913－0000447　110012
幼學求源三十三卷　(明)程登吉撰　(清)鄒聖脈增補　(清)董成注　清道光二十二年(1842)刻本　八冊

360000－1913－0000448　110013
四書人物類典串珠四十卷　(清)臧志仁輯　清嘉慶六年(1801)刻本　四冊

360000－1913－0000449　110014
新鐫分類評註文武合編百子金丹十卷　(明)郭偉選注　(明)郭中吉編　清光緒二十一年(1895)百尺山房刻本　十冊

360000－1913－0000450　110015
事類賦三十卷　(宋)吳淑撰並注　清刻本　七冊　存二十六卷(一至二十一、二十六至三十)

360000－1913－0000451　110016
廣事類賦四十卷　(清)華希閔撰　清刻本　十冊　存三十四卷(一至六、十三至四十)

360000－1913－0000452　110020
鄉黨應酬六卷　(清)鄧炳震編　清光緒二十八年(1902)刻本　四冊

360000－1913－0000453　110021
奇門遁甲秘笈大全三十卷　(明)劉伯溫校訂　清刻本　六冊

360000－1913－0000454　110022
詞林分類次韻便讀三字錦九卷末一卷　(清)趙晅輯　清道光二十二年(1842)刻本　六冊

360000－1913－0000455　110023
子史輯要詩賦題解四卷　(清)胡本淵編　清文大堂刻本　一冊

360000－1913－0000456　110024
紅樓夢一百二十回　(清)曹霑　(清)高鶚撰　清刻本　十三冊　存七十八回(一至十一、十九至二十四、三十九至五十六、六十七至七十一、七十七至九十三、一百至一百二十)

360000－1913－0000457　110025
詩韻類錦十二卷　(清)郭化霖編　清同治十三年(1874)兩儀堂刻本　八冊

360000－1913－0000458　110026
三角數理十二卷　（英國）海麻士輯　（英國）傅蘭雅口譯　（清）華蘅芳筆述　（清）曹擷亭繪圖　清光緒三年（1877）江南機器製造總局刻本　五册　存十卷（一至八、十一至十二）

360000－1913－0000459　110027
二如亭群芳譜三十卷首一卷　（明）王象晉撰　清刻本　二十册　存二十八卷（天譜一、三，歲譜一至四，穀譜一卷，蔬譜一至二，果譜一至四，茶譜一卷，竹譜一卷，桑麻葛譜一卷，棉譜一卷，藥譜一至三，木譜一，花譜一至四，卉譜一至二，鶴魚譜一卷）

360000－1913－0000460　110028
二如亭群芳譜三十卷首一卷　（明）王象晉撰　清刻本　二十四册

360000－1913－0000461　110029
困學紀聞二十卷　（宋）王應麟撰　明萬曆二十一年（1603）吳獻台刻本　八册

360000－1913－0000462　110030
困知記二卷續二卷三續一卷四續一卷續補一卷外編一卷附錄一卷　（明）羅欽順撰　清乾隆二十一年（1756）刻嘉慶四年（1799）補刻本　四册

360000－1913－0000463　110031
壽世傳真八卷　（清）徐文弼編　清刻本　一册

360000－1913－0000464　110032
衡齋遺書　（清）汪萊撰　清光緒十八年（1892）汪廷棟聞梅舊塾刻本　一册

360000－1913－0000465　110033
達生遂生福幼合編三卷　（清）莊一夔撰　清光緒十二年（1886）刻本　一册

360000－1913－0000466　110034
學林十卷　（宋）王觀國撰　清刻本　一册　存一卷（二）

360000－1913－0000467　110035
輶軒語七卷　（清）張之洞撰　清光緒八年（1882）江西書局木活字印本　一册

360000－1913－0000468　110036
天演論二卷　（英國）赫胥黎撰　嚴復譯　清光緒二十七年（1901）富文書局石印本　一册

360000－1913－0000469　110037
經絡圖說一卷　（□）□□撰　清光緒三十一年（1905）刻本　一册

360000－1913－0000470　110038
南華真經十卷　（晉）郭象注　（唐）陸德明音義　清刻本　五册

360000－1913－0000471　110039
南華經解三十三卷　（清）宣穎撰　清大經堂刻本　三册

360000－1913－0000472　110040
荀子二十卷　（唐）楊倞注　**校勘補遺一卷**　（清）謝墉撰　清嘉慶九年（1804）刻本　六册

360000－1913－0000473　110041
洞冥記十卷三十八回　（清）呂惟一輯　清末木活字印本　四册　存八卷（一至六、九至十）三十回（一至二十二、三十一至三十八）

360000－1913－0000474　110042
地理六法大全二集六卷　（清）許明輯　清刻本　三册

360000－1913－0000475　110043
訓俗遺規摘鈔四卷　（清）陳弘謀輯　清同治七年（1868）楚北崇文書局刻五種遺規摘鈔本　二册

360000－1913－0000476　110044
從政遺規摘鈔二卷補鈔一卷　（清）陳弘謀撰　（清）劉肇紳摘抄　清同治七年（1868）楚北崇文書局刻五種遺規摘鈔本　二册

360000－1913－0000477　110045
養正遺規摘鈔一卷補鈔一卷　（清）陳弘謀輯　清同治七年（1868）楚北崇文書局刻五種遺規摘鈔本　一册

360000－1913－0000478　110046
莊子十卷　（晉）郭象注　（唐）陸德明音義

清光緒二年(1876)浙江書局刻二十二子本　六册

360000－1913－0000479　110047
鉛彈子地學正義不分卷　(清)張鳳藻撰　清刻本　一册

360000－1913－0000480　110048
金彈子三卷　(清)許果菴訂　清刻本　一册

360000－1913－0000481　110049
玉彈子一卷　(明)劉基訂　**鐵彈子二卷**　(清)許果菴訂　清刻本　一册

360000－1913－0000482　110050
陽宅大全四集四卷　(清)許明輯　(清)許榮續補　清刻本　三册

360000－1913－0000483　110051
地理大全輯要十卷　(清)許明輯　清刻本　五册

360000－1913－0000484　110052
訓俗遺規四卷　(清)陳弘謀輯　清乾隆十年(1745)刻本　二册

360000－1913－0000485　110053
從政遺規二卷　(清)陳弘謀撰　清乾隆十一年(1746)刻本　二册

360000－1913－0000486　110054
地理全書解四卷　(明)張亘撰　清乾隆五十五年(1790)刻本　二册

360000－1913－0000487　110055
鐵網珊瑚二十卷　(明)都穆撰　清乾隆二十三年(1758)刻本　六册

360000－1913－0000488　110056
針灸大成十卷　(明)楊繼洲撰　清善成堂刻本　十册

360000－1913－0000489　110057
新刻重校增補圖機活法詩學全書二十四卷新刻重校增補圖機詩韻活法全書十四卷　(明)王世貞校正　清刻本　十六册

360000－1913－0000490　110058
補註洗冤錄集證四卷檢骨圖格一卷　(清)王又槐輯　(清)李觀瀾補輯　(清)阮其新補注　(清)童濂刪　**作吏要言一卷**　(清)葉鎮撰　(清)朱椿增　清道光二十三年(1843)刻三色套印本　四册

360000－1913－0000491　110059
朱子原訂近思錄十四卷附校勘記一卷　(宋)朱熹撰　(清)江永集注　清光緒十一年(1885)江西書局刻本　三册　存十三卷(三至十四、校勘記一卷)

360000－1913－0000492　110060－1
大清律例增修統纂集成四十卷　(清)姚潤輯　(清)陶駿　(清)陶念霖增輯　清光緒二十二年(1896)刻本　十八册　存三十卷(一、四至二十六、二十九至三十四)

360000－1913－0000493　110060－2
大清律例統纂集成四十卷　(清)姚潤輯　清刻本　一册　存二卷(二十七至二十八)

360000－1913－0000494　110061
補註洗冤錄集證四卷檢骨圖格一卷　(清)王又槐輯　(清)李觀瀾補輯　(清)阮其新補注　(清)童濂刪　**作吏要言一卷**　(清)葉鎮撰　(清)朱椿增　清刻三色套印本　四册

360000－1913－0000495　110062
洗冤錄集證彙纂五卷　(宋)宋慈撰　(清)王又槐增輯　(清)李觀瀾補輯　清光緒十八年(1892)刻本　二册

360000－1913－0000496　110063
重刊補註洗冤錄集證六卷　(宋)宋慈撰　(清)王又槐增輯　(清)李觀瀾補輯　(清)阮其新補注　清道光二十四年(1844)刻四色套印本　四册　存五卷(一至五)

360000－1913－0000497　110064
重刊補註洗冤錄集證五卷附石香秘錄　(宋)宋慈撰　(清)王又槐增輯　(清)李觀瀾補輯　(清)阮其新補注　清道光二十一年(1841)刻本　四册

360000－1913－0000498　110065

大清律例增修統纂集成四十卷 (清)姚潤輯 (清)陶駿 (清)陶念霖增輯 清刻本 十六冊 存二十六卷(二至十二、二十六至四十)

360000－1913－0000499 110066－1
大清律例增修統纂集成四十卷 (清)姚潤輯 (清)陶駿 (清)陶念霖增輯 清光緒十五年(1889)刻本 三冊 存五卷(一、八、二十至二十二)

360000－1913－0000500 110066－2
大清律例統纂集成四十卷 (清)姚潤輯 清刻本 四冊 存六卷(十六至十九、二十四至二十五)

360000－1913－0000501 110068
道德經二卷附校勘記一卷 題(漢)河上公章句 清道光二十八年(1848)學庫山房元記書局刻本 二冊

360000－1913－0000502 110069
丁祭樂章不分卷 (清)□□撰 清光緒二十六年(1900)禮樂局刻本 一冊

360000－1913－0000503 110070
重刊補註洗冤錄集證六卷 (宋)宋慈撰 (清)王又槐增輯 (清)李觀瀾補輯 (清)阮其新補注 清刻五色套印本 三冊 存四卷(二至五)

360000－1913－0000504 110071
公孫龍子注一卷 (清)辛從益撰 **附辛筠谷年譜一卷吴中遺愛錄一卷** (清)辛桂雲等輯 清咸豐元年(1851)萬載辛桂雲等刻本 一冊

360000－1913－0000505 110072
敬齋古今黈八卷 (元)李治撰 清刻武英殿聚珍版書本 三冊

360000－1913－0000506 110073
新鐫分類評註文武合編百子金丹十卷 (明)郭偉選注 (明)郭中吉編 清刻本 五冊 存八卷(一至八)

360000－1913－0000507 110074
類林新咏三十六卷 (清)姚之駰撰 清刻本 五冊 存十三卷(二十四至三十六)

360000－1913－0000508 110075
新增說文韻府羣玉二十卷 (元)陰時夫輯 (元)陰中夫注 清聚錦堂刻本 十四冊 存十八卷(一、四至二十)

360000－1913－0000509 110076
篤素堂文集四卷 (清)張英撰 **澄懷園語四卷** (清)張廷玉撰 清同治七年(1868)刻本 二冊

360000－1913－0000510 110077
蔭葛軒制藝二卷 (清)錢祐昌 (清)錢祚昌撰 清道光二十九年(1849)刻本 一冊

360000－1913－0000511 110078
律音彙考八卷 (清)邱之稑撰 清道光十八年(1838)邱氏刻光緒修補本 二冊 存四卷(一至四)

360000－1913－0000512 110079
分類字錦六十四卷 (清)何焯等撰 清刻本 八冊 存八卷(九至十六)

360000－1913－0000513 110080
孔子家語十卷 (三國魏)王肅注 清光緒十九年(1893)滄雅書局刻本 四冊

360000－1913－0000514 110081
小學集註二卷首一卷 (明)陳選撰 清道光十年(1830)三讓堂刻本 二冊

360000－1913－0000515 110082
孫子十家注十三卷 (漢)曹操等撰 (宋)吉天保輯 (清)孫星衍 (清)吴人驥校 **遺說一卷** (宋)鄭友賢撰 **敘錄一卷** (清)畢以珣撰 清刻本 五冊 存九卷(一至六、九至十一)

360000－1913－0000516 110083
小學集註六卷 (明)陳選撰 清刻本 一冊

360000－1913－0000517 110084
荀子二十卷 (唐)楊倞注 清光緒二十三年

(1897)新化三味書室刻本　六册

360000－1913－0000518　110085
小學集解六卷　(清)張伯行輯注　清同治十一年(1872)江西撫署刻本　四册

360000－1913－0000519　110086
沁香書屋制藝不分卷　(清)錢祖亮撰　清道光二十九年(1849)刻本　一册

360000－1913－0000520　110087
南華真經解三卷　(清)宣穎撰　清經綸堂刻本　四册

360000－1913－0000521　110088
南華真經旁注五卷　題(晉)向秀撰　(晉)郭象評　清康熙五十五年(1716)世榮堂刻本　四册

360000－1913－0000522　110089
朱子原訂近思錄十四卷　(宋)朱熹撰　(清)江永集注　清光緒十八年(1892)江西兩儀堂刻本　五册

360000－1913－0000523　110090
小學集解六卷　(清)張伯行輯注　清同治十一年(1872)江西撫署刻本　四册

360000－1913－0000524　110091
新纂氏族箋釋八卷　(清)熊峻運撰　清刻本　一册

360000－1913－0000525　110092
傷寒論類方四卷　(清)徐大椿輯　(清)潘霨增輯　清光緒九年(1883)江西書局刻韡園醫學六種本　二册

360000－1913－0000526　110093
四書人物類典串珠四十卷　(清)臧志仁輯　清刻本　四册　存十八卷(六至十二、十六至十九、二十四至二十五、三十一至三十五)

360000－1913－0000527　110094
管子二十四卷　(唐)房玄齡注　清刻本　五册　存十三卷(十二至二十四)

360000－1913－0000528　110095
管子二十四卷　(唐)房玄齡注　清刻本　一册　存二卷(二十三至二十四)

360000－1913－0000529　120001
曾文正公全集　(清)曾國藩撰　清同治、光緒傳忠書局刻本　一百二十八册　存十三種

360000－1913－0000530　120002
曾文正公全集　(清)曾國藩撰　清同治、光緒傳忠書局刻本　一百六十一册　存十三種

360000－1913－0000531　120003
寧都三魏全集　(清)林時益輯　清道光二十五年(1845)寧都謝庭綬紱園書塾刻本　五十一册

360000－1913－0000532　120005
御訂全金詩增補中州集七十二卷首二卷　(金)元好問輯　(清)郭元釪補輯　清康熙五十年(1711)刻本　二十四册

360000－1913－0000533　120006
江漢炳靈集二卷　(清)張之洞輯　清光緒八年(1882)文昌書局刻本　四册

360000－1913－0000534　120007
江漢炳靈集二卷　(清)張之洞輯　清刻本　一册　存一卷(下)

360000－1913－0000535　120008
白香山詩長慶集二十卷後集十七卷別集一卷補遺二卷　(唐)白居易撰　**年譜一卷**　(清)汪立名撰　**年譜舊本一卷**　(宋)陳振孫撰　清康熙四十一年至四十二年(1702－1703)汪立名一隅草堂刻本　十册

360000－1913－0000536　120008－1
白香山詩長慶集二十卷後集十七卷別集一卷補遺二卷　(唐)白居易撰　**年譜一卷**　(清)汪立名撰　**年譜舊本一卷**　(宋)陳振孫撰　清康熙四十一年至四十二年(1702－1703)汪立名一隅草堂刻本　十册

360000－1913－0000537　120010
陳檢討集二十卷　(清)陳維崧撰　(清)程師恭注　清道光二年(1822)刻本　三册　存九卷(一至二、六至十二)

360000－1913－0000538　120011
陳檢討四六二十卷　(清)陳維崧撰　(清)程師恭注　清乾隆三十五年(1770)刻本　七冊　存十八卷(一至二、五至二十)

360000－1913－0000539　120012
精選古今詩餘醉十五卷　(明)潘游龍輯　**國朝詩餘卷首一卷**　(清)陳淏輯　清康熙十竹齋刻本　八冊

360000－1913－0000540　120013
胡文忠公遺集十卷首一卷　(清)胡林翼撰　(清)閻敬銘　(清)厲雲官　(清)盛康輯　清同治刻本　六冊

360000－1913－0000541　120014
記事珠十卷　(清)張以謙撰　(清)王燮校　(清)王剛重訂　清嘉慶二十一年(1816)刻本　三冊　存三卷(一至二、五)

360000－1913－0000542　120015
延綠閣集十二卷　(清)華希閔撰　清光緒二十二年(1896)吉水官廨刻本　六冊

360000－1913－0000543　120016
槐軒解湯海若先生纂輯名家詩二卷　(清)夏世欽輯　清愛日堂刻本　一冊　存一卷(下)

360000－1913－0000544　120017
唐宋八大家文鈔　(明)茅坤編　明崇禎四年(1631)茅著刻本　十冊　存二種

360000－1913－0000545　120018
治平言二卷　(明)曾大奇撰　明末刻本　二冊

360000－1913－0000546　120020
增補重訂千家詩註解二卷　(宋)謝枋得輯　(清)王相注　**新鐫五言千家詩箋註二卷**　(清)王相選注　清光緒二十六年(1900)舊學山房刻本　二冊

360000－1913－0000547　120021
槐軒解湯海若先生纂輯名家詩二卷　(清)夏世欽輯　清升記刻本　一冊

360000－1913－0000548　120022
七家詩選七卷　(清)張熙宇輯評　清刻本　四冊

360000－1913－0000549　120023
蘇文忠公詩集五十卷目錄二卷　(宋)蘇軾撰　(清)紀昀評點　清道光十四年(1834)兩廣節署刻朱墨套印本　二冊　存六卷(十六至二十、目錄上)

360000－1913－0000550　120024
七家試帖輯註彙鈔九卷　(清)張熙宇輯評　(清)王植桂輯注　清同治九年(1870)京師琉璃廠刻本　四冊

360000－1913－0000551　120026
庾子山集十六卷總釋一卷　(北周)庾信撰　(清)倪璠注　**年譜一卷**　(清)倪璠撰　清康熙刻本　十二冊

360000－1913－0000552　120027
李義山詩集三卷李義山詩譜一卷諸家詩評一卷　(唐)李商隱撰　(清)朱鶴齡箋注　(清)沈厚塽輯評　清刻三色套印本　四冊

360000－1913－0000553　120028
古文淵鑒六十四卷　(清)徐乾學等輯並注　清康熙二十四年(1685)內府刻五色套印本　三十冊　存五十五卷(一至十八、二十五至四十四、四十八至六十四)

360000－1913－0000554　120029
南豐先生元豐類藁五十三卷　(宋)曾鞏撰　清康熙五十六年(1717)長洲顧崧齡刻本　十二冊

360000－1913－0000555　120029－1
南豐先生元豐類藁五十三卷　(宋)曾鞏撰　清康熙五十六年(1717)長洲顧崧齡刻本　十二冊

360000－1913－0000556　120029－2
南豐先生元豐類藁五十三卷　(宋)曾鞏撰　清康熙五十六年(1717)長洲顧崧齡刻本　十二冊

360000－1913－0000557　120030

思綺堂文集十卷 （清）章藻功撰　清刻本　九册　存九卷（一至七、九至十）

360000－1913－0000558　120030－1
思綺堂文集十卷 （清）章藻功撰　清刻本　一册　存一卷（五）

360000－1913－0000559　120031
註解鐵鋑鉛二卷 （明）屠埙注　清刻本　一册

360000－1913－0000560　130001
建文朝野彙編二十卷 （明）屠叔方撰　明萬曆刻本　八册

360000－1913－0000561　130002
廿一史約編八卷首一卷 （清）鄭元慶撰　清刻本　八册

360000－1913－0000562　130003
莊子郭註十卷 （晉）郭象注　（唐）陸德明音義　明刻本　三册

360000－1913－0000563　130004
廿一史約編八卷首一卷 （清）鄭元慶撰　清刻本　八册

360000－1913－0000564　130005
明人詩鈔正集十四卷續集十四卷 （清）朱琰輯　清乾隆二十五年（1760）刻本　九册　存二十三卷（正集一至九、續集十四卷）

360000－1913－0000565　130007
江文通文集十卷 （南朝梁）江淹撰　明刻本　四册

360000－1913－0000566　130008
戰國策十二卷 （明）閔齊伋裁注　明萬曆四十八年（1620）閔齊伋刻本　四册

360000－1913－0000567　130009
楚辭章句十七卷疑字直音補一卷 （漢）王逸撰　明萬曆朱燮元、朱一龍刻本　四册

360000－1913－0000568　130010
十三經註疏 明崇禎元年至十二年（1628－1639）毛氏汲古閣刻本　三十九册　存六種

360000－1913－0000569　130013
楚辭十七卷 （漢）王逸章句　明正德十三年（1518）黄省曾、高第刻本　二册

360000－1913－0000570　130017
湖山類藁五卷水雲集一卷附録一卷 （宋）汪元量撰　**亡宋舊宫人詩一卷** （宋）汪元量輯　清乾隆三十年（1765）鮑廷博知不足齋刻本　一册

360000－1913－0000571　130018
于山奏牘七卷詩詞合選一卷 （清）于成龍撰　清康熙二十二年（1683）刻本　四册

360000－1913－0000572　130019
思補軒漫集□卷 （明）尹臺撰　明刻本　一册

360000－1913－0000573　130020
槐杏山房駢體類鈔二卷 （清）劉翰書輯　清光緒十四年（1888）刻本　二册

360000－1913－0000574　130021
槐杏山房駢體類鈔二卷 （清）劉翰書輯　清光緒十四年（1888）刻本　一册

360000－1913－0000575　130022
唐詩紀一百七十卷目録三十四卷 （明）方一元輯　（明）方天眷訂　明萬曆十三年（1585）刻本　一册　存五卷（初唐七至十一）

360000－1913－0000576　130023
廿一史約編八卷首一卷 （清）鄭元慶撰　清刻本　七册　存八卷（一至二、四至八，首一卷）

360000－1913－0000577　130023－1
廿一史約編八卷首一卷 （清）鄭元慶撰　清刻本　二册　存二卷（五、首一卷）

360000－1913－0000578　130024
劍南詩稾八十五卷 （宋）陸游撰　明末毛氏汲古閣刻陸放翁全集本　三册　存七卷（十至十一、十四至十五、三十至三十二）

360000－1913－0000579　130025
廿一史約編八卷首一卷 （清）鄭元慶撰　清

刻本　六册　存七卷(一、三至七,首一卷)

360000－1913－0000580　130026
西江詩話三卷　(清)曾廷枚撰　清嘉慶刻藝嶼裘書本　一册

360000－1913－0000581　130027
治易學手稿不分卷　(□)□□撰　清許瀚抄本　二册

360000－1913－0000582　130028
梅影樓傳奇二卷首一卷末一卷　(清)王廷鑑撰　清咸豐四年(1854)刻本　二册

360000－1913－0000583　130030
槐卿遺稿六卷　(清)沈衍慶撰　清抄本　一册　存二卷(四至五)

360000－1913－0000584　130030－1
槐卿政蹟六卷附錄一卷　(清)沈衍慶撰　清抄本　一册　存二卷(一至二)

360000－1913－0000585　130032
白石道人詩集二卷集外詩一卷附錄一卷詩說一卷歌曲四卷歌曲别集一卷續書譜一卷詩詞評論一卷評論補遺一卷集事補遺一卷投贈詩詞補遺一卷逸事一卷　(宋)姜夔撰　清宣統二年(1910)掃葉山房石印本　三册

360000－1913－0000586　130035
二十一史論贊輯要三十六卷　(明)彭以明輯　明刻本　一册　存二卷(十至十一)

360000－1913－0000587　130036
洪氏晦木齋叢書　(清)洪汝奎輯　清同治八年至宣統元年(1869－1909)刻本　五册　存三種

360000－1913－0000588　130037
古今詩删三十四卷目錄二卷　(明)李攀龍輯　(明)徐中行訂　明汪時元刻本　一册　存六卷(二至七)

360000－1913－0000589　130038
楊忠愍公全集四卷　(明)楊繼盛撰　**國朝應制詩粹四卷**　(清)許大綸編　清刻本　一册　存三卷(楊忠愍公全集三至四、國朝應制詩粹三)

360000－1913－0000590　130039
明楊忠愍公家訓真跡一卷　(明)楊繼盛撰　清道光二十七年(1847)刻本　一册

360000－1913－0000591　130040
夢溪筆談二十六卷　(宋)沈括撰　明刻本　一册　存八卷(十九至二十六)

360000－1913－0000592　130041
宋大家蘇文忠公文抄二十八卷　(宋)蘇軾撰　(明)茅坤批評　明萬曆七年(1579)茅一桂刻八大家文鈔本　一册　存八卷(一至八)

360000－1913－0000593　130042
東坡先生全集七十五卷　(宋)蘇軾撰　明刻本　一册　存三卷(十三至十五)

360000－1913－0000594　130043
合訂西廂記文機活趣全解八卷　(元)王德信撰　清乾隆十七年(1752)新德堂刻本　一册　存三卷(一至三)

360000－1913－0000595　130044
家語十卷　題(三國魏)王肅注　(明)何棠評　**孔子集語二卷**　(宋)薛據輯　明刻本　二册

360000－1913－0000596　130045
資治上編大政記綱目四十卷下編三十二卷　(明)姜寶撰　明刻本　一册　存二卷(二十一至二十二)

360000－1913－0000597　130046
國朝名公詩選十二卷　(明)陳繼儒輯　(明)陳元素箋注　明天啓元年(1621)刻本　一册　存三卷(一至三)

360000－1913－0000598　130047
春秋集傳大全三十七卷首一卷　(明)胡廣等輯　明刻本　八册　存二十卷(二至五、十至十五、二十至二十一、二十六至二十七、三十二至三十七)

360000－1913－0000599　130048
弇州山人四部稿一百七十四卷目錄十二卷

（明）王世貞撰　明萬曆五年（1577）王氏世經堂刻本　二冊　存十五卷（四十五至五十四、一百二十二至一百二十六）

360000－1913－0000600　130048－1
弇州山人續稿二百七卷目錄十卷　（明）王世貞撰　明刻本　一冊　存十一卷（一百二十七至一百二十九、一百四十二至一百四十四、一百四十六至一百四十八、一百五十一、一百五十八）

360000－1913－0000601　130051
淚痕說一卷　（清）□□撰　清木活字印本　一冊

360000－1913－0000602　130052
調疾飲食辯六卷末一卷　（清）章穆撰　清道光三年（1823）經國堂刻本　二冊

360000－1913－0000603　130053
槐杏山房賦鈔二卷駢體類鈔二卷　（清）劉翰書輯　清光緒十三年（1887）刻本　四冊

360000－1913－0000604　130054
文獻通考紀要二卷　（□）□□編　清刻本　一冊

360000－1913－0000605　130055
文獻通考紀要二卷　（□）□□編　清初刻本　二冊

360000－1913－0000606　130056
知新解劫鏡一卷　（清）凝陽子　（清）澹湖居士輯　清同治三年（1864）刻本　一冊

360000－1913－0000607　130057
哀忠集不分卷　（清）邃懷居士輯　清光緒十三年（1887）刻本　一冊

360000－1913－0000608　130058
海叟詩集四卷集外詩一卷附錄一卷　（明）袁凱撰　（清）曹炳曾輯　清宣統三年（1911）江西印刷局影印本　一冊

360000－1913－0000609　130059
文獻通考詳節二十四卷　（元）馬端臨撰　（清）嚴虞惇輯　清乾隆二十九年（1764）嚴有禧繩武堂刻本　四冊　存十四卷（九至十六、十九至二十四）

360000－1913－0000610　130061
燕夢堂全集十卷文集十七卷書集九卷啓集五卷附集九卷　（明）江和撰　（清）何世堂輯　清抄本　十四冊　存三十九卷（全集一至二，文集十七卷，書集九卷，啓集五卷，附集一至三、七至九）

360000－1913－0000611　130065
春秋句解六卷　（清）程篚輯訂　清臨湖別墅刻本　一冊　存一卷（二）

360000－1913－0000612　130066
匯東手談三十二卷　（清）史珥撰　清乾隆四十一年（1776）刻本　一冊　存三卷（一至三）

360000－1913－0000613　130068
盤洲文集八十卷　（宋）洪适撰　**洪文惠公年譜一卷**　（清）錢大昕編　清嘉慶十八年（1813）宜黃洪氏三瑞堂木活字印本　十二冊　存六十二卷（十至二十八、三十五至七十七）

360000－1913－0000614　130069
槐卿政蹟六卷槐卿遺稿六卷附錄一卷補刊一卷　（清）沈衍慶撰　（清）夏燮編　清同治元年（1862）刻光緒三年（1877）補刻本　四冊

360000－1913－0000615　130070
槐卿政蹟六卷槐卿遺稿六卷附錄一卷補刊一卷　（清）沈衍慶撰　（清）夏燮編　清同治元年（1862）刻光緒三年（1877）補刻本　三冊　存十一卷（槐卿政蹟六卷、槐卿遺稿一至三、附錄一卷、補刊一卷）

360000－1913－0000616　130070－1
槐卿政蹟六卷槐卿遺稿六卷附錄一卷補刊一卷　（清）沈衍慶撰　（清）夏燮編　清同治元年（1862）刻光緒三年（1877）補刻本　二冊　存六卷（槐卿政蹟一至三、槐卿遺稿一至三）

360000－1913－0000617　130070－2
槐卿政蹟六卷槐卿遺稿六卷附錄一卷補刊一卷　（清）沈衍慶撰　（清）夏燮編　清同治元

年(1862)刻光緒三年(1877)補刻本　一册　存三卷(槐卿遺稿一至三)

360000－1913－0000618　130071
文獻通考二十四卷　(元)馬端臨撰　清末石印本　二十三册　存二十卷(五至二十四)

360000－1913－0000619　130072
文獻通考詳節二十四卷　(元)馬端臨撰　(清)嚴虞惇輯　清光緒二十七年(1901)石印本　四册

360000－1913－0000620　130075
文選考異十卷　(清)胡克家撰　清末石印本　二册

360000－1913－0000621　130076
文選考異十卷　(清)胡克家撰　清末石印本　二册

360000－1913－0000622　130076－1
文選考異十卷　(清)胡克家撰　清末石印本　一册　存四卷(一至四)

360000－1913－0000623　130079
增補四書類典賦二十四卷　(清)甘紱撰　清錦盛堂刻本　四册　存八卷(七至十、十七至十八、二十一至二十二)

360000－1913－0000624　130080
增補事類賦統編九十三卷首一卷　(清)黃葆真編　清刻本　三册　存六卷(十九至二十、四十至四十一、五十九至六十)

360000－1913－0000625　130081
重訂文選集評十五卷首一卷末一卷　(南朝梁)蕭統輯　(清)于光華編　清嘉慶十六年(1811)刻本　七册　存七卷(一、三至五、七至八,首一卷)

360000－1913－0000626　130081－1
重訂文選集評十五卷首一卷末一卷　(南朝梁)蕭統輯　(清)于光華編　清刻本　三册　存三卷(五、七、十四)

360000－1913－0000627　130082
舊雨草堂時文不分卷　(清)陳康祺撰　清同治九年(1870)刻本　三册

360000－1913－0000628　130082－1
註釋八銘塾鈔初集不分卷　(清)吳懋政輯　清嘉慶十三年(1808)令德堂刻本　四册

360000－1913－0000629　130082－2
註釋八銘塾鈔初集不分卷　(清)吳懋政輯　清奎元堂刻本　四册

360000－1913－0000630　130083
書經六卷　(宋)蔡沈集傳　清刻本　一册　存二卷(一至二)

360000－1913－0000631　130083－1
書經六卷　(宋)蔡沈集傳　清刻本　二册　存四卷(二至三、五至六)

360000－1913－0000632　130083－2
書經六卷　(宋)蔡沈集傳　清刻本　二册　存三卷(二至四)

360000－1913－0000633　130083－3
書經六卷　(宋)蔡沈集傳　清英德堂刻本　三册　存三卷(一、四、六)

360000－1913－0000634　130083－4
書經六卷　(宋)蔡沈集傳　清刻本　一册　存二卷(五至六)

360000－1913－0000635　130083－5
書經六卷　(宋)蔡沈集傳　清刻本　一册　存二卷(二至三)

360000－1913－0000636　130083－6
書經六卷　(宋)蔡沈集傳　清刻本　二册　存三卷(四至六)

360000－1913－0000637　130083－7
書經揭要六卷　(清)周蕙田輯　清乾隆五十三年(1788)自怡軒刻本　一册　存三卷(一至三)

360000－1913－0000638　130084
管子二十四卷　(唐)房玄齡注　(明)劉績增注　(明)沈鼎新　(明)朱養純評　明天啓五年(1625)朱養純花齋刻本　二册　存八卷(十五至二十二)

360000－1913－0000639　130085

分類詩腋八卷　(清)李楨編　清嘉慶二十二年(1817)刻本　四冊　存七卷(一至六、八)

360000－1913－0000640　130086

周易便解六卷首一卷　(清)汪誥輯　清乾隆五十六年(1791)克復堂刻本　一冊　存三卷(一至二、首一卷)

360000－1913－0000641　130086－1

新鐫增註周易備旨一見能解六卷　(明)黄淳耀撰　(清)嚴而寬增補　清刻本　一冊　存一卷(二)

360000－1913－0000642　130086－2

周易四卷　(宋)朱熹本義　清刻本　一冊　存三卷(二至四)

360000－1913－0000643　130086－3

周易四卷易圖一卷卦歌一卷筮儀一卷　(宋)朱熹本義　清文星堂刻本　一冊　存三卷(二至四)

360000－1913－0000644　130086－4

周易參同契分章註解三卷　(元)陳致虚撰　(清)傅金銓批　清光緒二年(1876)年敦仁堂刻本　一冊　存一卷(上)

360000－1913－0000645　130086－5

周易參同契集韻後三卷　(清)紀大奎輯　清刻本　一冊

360000－1913－0000646　130086－6

周易讀本四卷　(清)井道山人集注　清刻本　二冊　存二卷(三至四)

360000－1913－0000647　130086－7

新刻來瞿唐先生易註十五卷首一卷末一卷圖像一卷　(明)來知德撰　清朝爽堂刻本　一冊　存二卷(七至八)

360000－1913－0000648　130086－8

周易四卷　(宋)朱熹本義　清刻本　一冊　存三卷(二至四)

360000－1913－0000649　130086－9

周易本義補四卷圖說一卷　(明)蘇了心撰　清刻本　一冊　存三卷(二至四)

360000－1913－0000650　130086－10

周易四卷　(宋)朱熹本義　清舊學山房刻本　一冊　存三卷(二至四)

360000－1913－0000651　130086－11

易經四卷　(宋)朱熹本義　**易經抉微四卷**　(明)李行志　(明)梁廷棟撰　清版築居刻朱墨套印本　一冊　存二卷(一至二)

360000－1913－0000652　130087

本朝館閣詩二十卷附錄一卷續附錄一卷　(清)阮學浩　(清)阮學濬輯　清乾隆刻本　四冊　存七卷(二至三、十二至十三、十八至二十)

360000－1913－0000653　130088

周易四卷　(宋)朱熹本義　**易經大全會解四卷**　(清)來爾繩輯　(清)朱采治　(清)朱之澄編　清刻本　二冊　存四卷(一至二、易經大全會解一至二)

360000－1913－0000654　130088－1

周易四卷　(宋)朱熹本義　**易經大全會解四卷**　(清)來爾繩輯　(清)朱采治　(清)朱之澄編　清刻本　一冊　存二卷(一、易經大全會解一)

360000－1913－0000655　130088－2

周易四卷　(宋)朱熹本義　**易經體註大全合參四卷**　(清)來爾繩輯　(清)朱采治　(清)朱之澄編　清刻本　一冊　存二卷(一、易經體註大全合參一)

360000－1913－0000656　130089

釋摩訶衍論十卷　(後秦)釋波羅末陀　(後秦)釋筏提摩多譯　清刻本　一冊　存三卷(五至七)

360000－1913－0000657　130090

明文必自集讀本不分卷　(清)□□輯　清刻本　三冊

360000－1913－0000658　130091

鼎鍥趙田了凡袁先生編纂古本歷史大方綱鑑

補三十九卷首一卷　（明）袁黄纂　清刻本　一册　存二卷（五至六）

360000－1913－0000659　130091－1
鼎鍥趙田了凡袁先生編纂古本歷史大方綱鑑補三十九卷首一卷　（明）袁黄纂　清刻本　一册　存二卷（八至九）

360000－1913－0000660　130091－2
鼎鍥趙田了凡袁先生編纂古本歷史大方綱鑑補三十九卷首一卷　（明）袁黄纂　清刻本　一册　存二卷（十四至十五）

360000－1913－0000661　130091－3
鼎鍥趙田了凡袁先生編纂古本歷史大方綱鑑補三十九卷首一卷　（明）袁黄纂　清刻本　三册　存三卷（二十一、二十五、二十七）

360000－1913－0000662　130092
東周列國全志二十三卷一百八回　（清）蔡昇評點　清刻本　五册　存十卷（六至九、十一至十五、十八至十九）四十六回（二十五至四十二、五十三至七十二、八十一至八十八）

360000－1913－0000663　130093
思樂書屋課存不分卷　（清）李應詔撰　清刻本　一册

360000－1913－0000664　130093－1
思樂書屋課存不分卷　（清）李應詔撰　清刻本　一册

360000－1913－0000665　130093－2
思樂書屋課存不分卷　（清）李應詔撰　清刻本　一册

360000－1913－0000666　130093－3
思樂書屋課存不分卷　（清）李應詔撰　清刻本　一册

360000－1913－0000667　130094
思樂書屋課存二卷　（清）李應詔撰　清盛德堂刻本　一册　存一卷（下）

360000－1913－0000668　130094－1
思樂書屋課存二卷　（清）李應詔撰　清刻本　一册　存一卷（下）

360000－1913－0000669　130095
爾雅註疏十一卷　（晉）郭璞注　（宋）邢昺疏　清刻本　二册　存六卷（三至八）

360000－1913－0000670　130096
四書圖史合考二十四卷　（明）蔡清輯　明刻本　二册　存四卷（十五至十六、十九至二十）

360000－1913－0000671　130097
欽定正嘉四書文不分卷　（清）方苞等選評　清刻本　二册

360000－1913－0000672　130098
注釋分法小題拆字不分卷　（清）□□輯　清刻本　二册

360000－1913－0000673　130099
鐵花仙史二十六回　（清）雲封山人撰　（清）一嘯居士批評　清刻本　三册　存十七回（一至五、十至十五、二十一至二十六）

360000－1913－0000674　130100
再造天十六回　（清）侯芝撰　清刻本　二册　存九回（四至十二）

360000－1913－0000675　130101
新科墨卷不分卷　（清）□□編　清刻本　四册

360000－1913－0000676　130102
明季南略十八卷　（清）計六奇撰　清末都城琉璃廠半松居士木活字印本　一册　存五卷（十四至十八）

360000－1913－0000677　130103
明史三百三十二卷目錄四卷　（清）張廷玉等撰　清光緒三年（1877）崇文書局刻二十四史本　五册　存三十九卷（八十二至八十四、八十九至九十二、一百三十五至一百四十七、一百七十五至一百七十九、二百十一至二百十三、二百二十至二百二十二、二百二十四至二百二十八、二百五十六至二百五十八）

360000－1913－0000678　130104
性理大全書七十卷　（明）胡廣等撰　明刻本

四冊　存十卷（五十一至五十三、五十六至五十七、六十至六十四）

360000－1913－0000679　130105

發蒙小品不分卷　（清）唐惟懋編　（清）吴鳳儀注　清刻本　二冊　存上孟、下孟

360000－1913－0000680　130105－1

發蒙小品二集不分卷　（清）唐惟懋編　（清）吴鳳儀注　清書業堂刻本　五冊　存大學、中庸、上論、上孟

360000－1913－0000681　130106

翼雲閣制藝初集不分卷　（清）湯鵬撰　清文盛堂刻本　三冊

360000－1913－0000682　130107

寄嶽雲齋試體詩選詳註四卷　（清）聶銑敏撰　（清）張學蘇箋　清刻本　一冊　存二卷（一至二）

360000－1913－0000683　130108

四書人物類典串珠四十卷　（清）臧志仁輯　清刻本　三冊　存三十卷（四至十八、二十六至四十）

360000－1913－0000684　130109

四書典制類聯音註三十三卷　（清）閻其淵輯　清刻本　二冊　存七卷（一至三、二十四至二十七）

360000－1913－0000685　130109－1

有正味齋試帖詩注八卷　（清）吴錫麒撰　（清）吴清學等注　清道光二十七年（1847）婺源孫氏刻本　二冊　存四卷（一至四）

360000－1913－0000686　130109－2

花樣集十二卷　（清）楊昌光輯　清嘉慶十八年（1813）紉香書屋刻本　二冊　存六卷（一至六）

360000－1913－0000687　130109－3

增補四書類典賦六十六卷　（清）甘紱撰　清錦盛堂刻本　五冊　存三十一卷（三至六、十一至十七、二十七至四十六）

360000－1913－0000688　130110

增註韻蘭賦鈔初集二卷　（清）王家相輯注　清道光五年（1825）英德堂刻本　一冊　存一卷（上）

360000－1913－0000689　130111

紫雲仙館二集八卷三集八卷　（清）高敏輯　清道光七年至九年（1827－1829）太乙山房刻本　八冊

360000－1913－0000690　130112

陳子性藏書十二卷首一卷　（清）陳應選撰　清刻本　四冊　存九卷（三至七、九至十二）

360000－1913－0000691　130112－1

陳子性藏書十二卷首一卷　（清）陳應選撰　清刻本　二冊　存七卷（二至六、九至十）

360000－1913－0000692　130113

新選小題鋭鋒初集不分卷　（清）張嶙編　**新選小題鋭鋒三集不分卷**　（清）汪靜瀾編　清道光二十七年（1847）純德堂刻本　二冊

360000－1913－0000693　130113－1

小題尖鋒不分卷　（清）雲溪居士編　清道光二十九年（1849）大文堂刻本　一冊

360000－1913－0000694　130113－2

小題指南不分卷　（清）次歐居士編　清崇德書院刻本　一冊

360000－1913－0000695　130113－3

小題拾芥初編不分卷二編不分卷　（清）宋清壽　（清）吴鍾駿編　清道光二十二年（1842）刻本　二冊

360000－1913－0000696　130114

寄傲山房塾課纂輯禮記全文備旨十一卷　（清）鄒聖脈輯　清刻本　四冊

360000－1913－0000697　130114－1

寄傲山房塾課纂輯禮記全文備旨十一卷　（清）鄒聖脈輯　清刻本　三冊　存八卷（一至五、九至十一）

360000－1913－0000698　130114－2

寄傲山房塾課纂輯禮記全文備旨十一卷　（清）鄒聖脈輯　清光緒五年（1879）星沙胡味

經堂刻本　二册　存四卷(一至二、四至五)

360000－1913－0000699　130114－3
御案詩經備旨八卷　(清)鄒聖脈輯　清刻本　三册　存七卷(一至三、五至八)

360000－1913－0000700　130114－4
御案詩經備旨八卷　(清)鄒聖脈輯　清刻本　二册　存六卷(一至三、六至八)

360000－1913－0000701　130114－5
詩經備旨萃精八卷　(清)鄒聖脈輯　(清)鄒廷猷編　清刻本　一册　存二卷(一至二)

360000－1913－0000702　130115
分法小題濬靈秘書不分卷　(清)樓渢輯評　清務本堂刻本　一册

360000－1913－0000703　130117
光緒辛卯科江西鄉試硃卷一卷　(清)李奎漢撰　清光緒刻本　一册

360000－1913－0000704　130117－1
光緒甲午科江西鄉試硃卷一卷　(清)胡加璧撰　清光緒刻本　一册

360000－1913－0000705　130117－2
光緒丁酉科江西拔貢卷一卷　(清)龔延渤撰　清光緒刻本　一册

360000－1913－0000706　130117－3
光緒甲午科江西鄉試硃卷一卷　(清)楊鳴珂撰　清光緒刻本　一册

360000－1913－0000707　130117－4
光緒乙酉科江西鄉試硃卷一卷　(清)羅綱乾撰　清光緒刻本　一册

360000－1913－0000708　130117－5
光緒辛卯科江西鄉試硃卷一卷　(清)余生芝撰　清光緒刻本　一册

360000－1913－0000709　130117－6
光緒甲午科江西鄉試硃卷一卷　(清)鄢啓詢撰　清光緒刻本　一册

360000－1913－0000710　130117－7
光緒甲午科江西鄉試硃卷一卷　(清)魏斯炅撰　清光緒刻本　一册

360000－1913－0000711　130117－8
光緒甲午科江西鄉試硃卷一卷　(清)胡廷楷撰　清光緒刻本　一册

360000－1913－0000712　130117－9
光緒甲午科江西鄉試硃卷一卷　(清)王懷邦撰　清光緒刻本　一册

360000－1913－0000713　130117－10
光緒甲午科江西鄉試硃卷一卷　(清)王道濟撰　清光緒刻本　一册

360000－1913－0000714　130117－11
光緒甲午科江西鄉試硃卷一卷　(清)胡其敬撰　清光緒刻本　一册

360000－1913－0000715　130117－12
光緒甲午科江西鄉試硃卷一卷　(清)修思永撰　清光緒刻本　一册

360000－1913－0000716　130117－13
光緒甲午科江西鄉試硃卷一卷　(清)許繼溥撰　清光緒刻本　一册

360000－1913－0000717　130117－14
光緒甲午科江西鄉試硃卷一卷　(清)陳鶚運撰　清光緒刻本　一册

360000－1913－0000718　130117－15
光緒甲午科江西鄉試硃卷一卷　(清)劉思濂撰　清光緒刻本　一册

360000－1913－0000719　130117－16
光緒甲午科江西鄉試硃卷一卷　(清)程汝恆撰　清光緒刻本　一册

360000－1913－0000720　130117－17
光緒甲午科江西鄉試硃卷一卷　(清)曾勳元撰　清光緒刻本　一册

360000－1913－0000721　130117－18
光緒己卯科江西鄉試硃卷一卷　(清)黄祖直撰　清光緒刻本　一册

360000－1913－0000722　130117－19
光緒丁酉科江西鄉試硃卷一卷　(清)劉秉鈞

撰　清光緒刻本　一册

360000－1913－0000723　130117－20
光緒丁酉科江西鄉試硃卷一卷　（清）蕭鼎臣撰　清光緒刻本　一册

360000－1913－0000724　130117－21
光緒乙酉科江西鄉試硃卷一卷　（清）左湘鍾撰　清光緒刻本　一册

360000－1913－0000725　130117－22
光緒己卯科江南鄉試硃卷一卷　（清）江廷夔撰　清光緒刻本　一册

360000－1913－0000726　130117－23
光緒乙巳科江西貢卷一卷　（清）胡廷樞撰　清光緒刻本　一册

360000－1913－0000727　130117－24
光緒乙巳科江西貢卷一卷　（清）余兆麟撰　清光緒刻本　一册

360000－1913－0000728　130117－25
光緒丁酉科江西選拔貢卷一卷　（清）葉其蓁撰　清光緒刻本　一册

360000－1913－0000729　130117－26
光緒丁酉科江西選拔貢卷一卷　（清）彭步蟾撰　清光緒刻本　一册

360000－1913－0000730　130117－27
光緒丁酉科江西選拔貢卷一卷　（清）葉其蓁撰　清光緒刻本　一册

360000－1913－0000731　130117－28
光緒丁未補行丙午科江西職卷一卷　（清）李希泌撰　清光緒刻本　一册

360000－1913－0000732　130117－29
光緒己卯科江西鄉試墨卷一卷　（清）張步瀛撰　清光緒刻本　一册

360000－1913－0000733　130117－30
光緒己卯科江西鄉試墨卷一卷　（清）吳雲鵬撰　清光緒刻本　一册

360000－1913－0000734　130117－31
光緒癸巳科江西鄉試墨卷一卷　（清）江鳳藻撰　清光緒刻本　一册

360000－1913－0000735　130117－32
光緒己卯科江西部卷一卷　（清）胡志銓撰　清光緒刻本　一册

360000－1913－0000736　130117－33
光緒乙未科江西部卷一卷　（清）朱榮甲撰　清光緒刻本　一册

360000－1913－0000737　130117－34
光緒甲午科江西部卷一卷　（清）傅乃訓撰　清光緒刻本　一册

360000－1913－0000738　130117－35
江西部卷一卷　（清）吳福梅撰　清光緒刻本　一册

360000－1913－0000739　130117－36
光緒丙戌年朝考卷一卷　（清）周承光撰　清光緒刻本　一册

360000－1913－0000740　130117－37
光緒癸巳科江西鄉試硃卷一卷　（清）汪龍光撰　清光緒刻本　一册

360000－1913－0000741　130117－38
光緒甲午科江西鄉試硃卷一卷　（清）楊恭宸撰　清光緒刻本　一册

360000－1913－0000742　130117－39
[江西光緒壬辰年欽命論題試卷]一卷　（清）傅鴻鈞撰　清光緒刻本　一册

360000－1913－0000743　130117－40
宣統己酉科江西恩貢卷一卷　（清）鍾靈秀撰　清宣統刻本　一册

360000－1913－0000744　130117－41
宣統己酉科江西考驗孝廉方正部卷一卷　（清）周允文撰　清宣統刻本　一册

360000－1913－0000745　130117－42
光緒甲午科會試硃卷一卷　（清）饒芝祥撰　清光緒刻本　一册

360000－1913－0000746　130117－43
光緒己亥科江西部卷一卷　（清）黃觀瀾撰

清光緒刻本　一册

360000－1913－0000747　130117－44
光緒甲午科江西鄉試墨卷一卷　(清)倪廷樞撰　清光緒刻本　一册

360000－1913－0000748　130117－45
同治癸酉科江西鄉試墨卷不分卷　(清)過定國撰　清同治刻本　一册

360000－1913－0000749　130117－46
咸豐辛酉科選拔貢卷一卷　(清)程宗熾撰　清咸豐刻本　一册

360000－1913－0000750　130117－47
光緒乙未科會試硃卷一卷　(清)何莘耕撰　清光緒刻本　一册

360000－1913－0000751　130117－48
宣統己酉科江西選職卷一卷　(清)余慶光撰　清宣統刻本　一册

360000－1913－0000752　130117－49
光緒丙午科丁未年三月補行江西選優貢卷一卷　(清)劉熙庸撰　清光緒刻本　一册

360000－1913－0000753　130117－50
金剛般若波羅蜜經一卷　(後秦)釋鳩摩羅什譯　清末影印本　一册

360000－1913－0000754　130117－51
敬避字一卷磨勘條例摘要一卷　清光緒刻本　一册

360000－1913－0000755　130118
五科鄉會墨大觀二集不分卷　(清)許球輯　清刻本　一册

360000－1913－0000756　130119
安定書院課藝不分卷　(清)焦循等撰　清刻本　二册

360000－1913－0000757　130120
光緒丁酉科鄉試硃卷一卷　(清)周久藩撰　清光緒刻本　一册

360000－1913－0000758　130120－1
光緒甲辰科江西部卷一卷　(清)胡寶清撰　清光緒刻本　一册

360000－1913－0000759　130120－2
光緒丙戌年朝考卷一卷　(清)周承光撰　清光緒刻本　一册

360000－1913－0000760　130120－3
光緒甲辰科江西部卷一卷　(清)胡寶清撰　清光緒刻本　一册

360000－1913－0000761　130120－4
光緒己亥科江西部卷一卷　(清)李汝球撰　清光緒刻本　一册

360000－1913－0000762　130120－5
光緒乙巳科江西部卷一卷　(清)李韻香撰　清光緒刻本　一册

360000－1913－0000763　130120－6
光緒乙巳科江西部卷一卷　(清)李家春撰　清光緒刻本　一册

360000－1913－0000764　130121
光緒癸卯科江西鄉試硃卷一卷　(清)張尚賢撰　清光緒刻本　一册

360000－1913－0000765　130122
分法小題拆字新本不分卷　(清)張錚評　(清)陳方平增輯　清文奎堂刻本　一册

360000－1913－0000766　130123
文選六十卷　(南朝梁)蕭統輯　(唐)李善注　清末石印本　一册　存七卷(二十四至三十)

360000－1913－0000767　130124
江西清訟八條不分卷　清光緒刻本　一册

360000－1913－0000768　130125
名法指掌新例增訂四卷　(清)沈辛田撰　(清)董南厚增訂　清刻本　一册　存二卷(二至三)

360000－1913－0000769　130126
大清律例統纂集成四十卷　(清)姚潤輯　清刻本　一册　存二卷(二至三)

360000－1913－0000770　130126－1

補註洗冤錄集證四卷檢骨圖格一卷 （清）王又槐輯 （清）李觀瀾補輯 （清）阮其新補注 （清）童濂刪 **作吏要言一卷** （清）葉鎮撰 （清）朱椿增 清道光刻三色套印本 一冊 存二卷（檢骨圖格一卷、作吏要言一卷）

360000－1913－0000771 130127
光緒壬午科浙江鄉試硃卷一卷 （清）陳祥燕撰 清光緒刻本 一冊

360000－1913－0000772 130127－1
光緒壬午科浙江鄉試硃卷一卷 （清）陳祥燕撰 清光緒刻本 一冊

360000－1913－0000773 130127－2
光緒壬午科浙江鄉試硃卷一卷 （清）陳祥燕撰 清光緒刻本 一冊

360000－1913－0000774 140001
晦庵先生朱文公文集一百卷續集五卷別集七卷目錄二卷 （宋）朱熹撰 （清）臧眉錫等訂 清康熙刻本 四十八冊

360000－1913－0000775 140002
淵鑒齋御纂朱子全書六十六卷 （宋）朱熹撰 （清）李光地等輯 清康熙五十三年（1714）武英殿刻本 四十冊

360000－1913－0000776 140002－1
朱文公雜著十五卷 （宋）朱熹撰 清刻本 一冊 存二卷（八至九）

360000－1913－0000777 140003
淵鑒齋御纂朱子全書六十六卷 （宋）朱熹撰 （清）李光地等輯 清刻本 三十三冊 存六十五卷（一至三十四、三十六至六十六）

360000－1913－0000778 140004
增訂漢魏叢書 （清）王謨輯 清乾隆五十六年（1791）金谿王氏刻本 十三冊 存十四種

360000－1913－0000779 140005
諸子彙函二十六卷 （明）歸有光輯 明天啓六年（1626）刻本 二十九冊

360000－1913－0000780 140006
稗海 （明）商濬輯 明刻清補刻本 六十一冊 存四十七種

360000－1913－0000781 140007
數書九章十八卷 （宋）秦九韶輯 清道光二十二年（1842）上海郁氏刻宜稼堂叢書本 六冊

360000－1913－0000782 140008
數書九章劄記四卷 （清）宋景昌撰 清道光二十二年（1842）上海郁氏刻宜稼堂叢書本 二冊

360000－1913－0000783 140009
詳解九章演算法一卷 （宋）楊輝撰 清道光二十二年（1842）上海郁氏刻宜稼堂叢書本 一冊

360000－1913－0000784 140010
田畝比類乘除捷法二卷 （宋）楊輝撰 清道光二十二年（1842）上海郁氏刻宜稼堂叢書本 一冊

360000－1913－0000785 140011
剡源集三十卷 （元）戴表元撰 清道光二十年（1840）上海郁氏刻宜稼堂叢書本 七冊

360000－1913－0000786 140012
清容居士集五十卷 （元）袁桷撰 清道光二十年（1840）上海郁氏刻宜稼堂叢書本 十三冊 存四十六卷（一至三十七、四十二至五十）

360000－1913－0000787 140013
儀禮析疑十七卷 （清）方苞撰 清乾隆十一年（1746）桐城方氏刻抗希堂十六種本 四冊

360000－1913－0000788 140014
考工記析疑四卷 （清）方苞撰 清康熙、嘉慶桐城方氏刻抗希堂十六種本 一冊

360000－1913－0000789 140015
喪禮或問一卷 （清）方苞撰 清雍正四年（1726）桐城方氏刻抗希堂十六種本 一冊

360000－1913－0000790 140016
史記注補正一卷 （清）方苞撰 清乾隆刻抗希堂十六種本 一冊

360000－1913－0000791　140017
顧亭林先生遺書　(清)顧炎武撰　清蓬瀛閣刻本　二十册

360000－1913－0000792　140018
去僞齋集十卷附録一卷闕疑一卷　(明)吕坤撰　清道光七年(1827)開封府署刻本　十一册

360000－1913－0000793　140019
吕書四種合刻　(明)吕坤撰　清道光七年(1827)開封府署刻本　一册

360000－1913－0000794　140020
呻吟語六卷　(明)吕坤撰　清道光七年(1827)開封府署刻本　六册

360000－1913－0000795　140021
實政録七卷　(明)吕坤撰　清道光七年(1827)開封府署刻本　六册

360000－1913－0000796　140022
羅忠節公遺集八卷首一卷　(清)羅澤南撰　清咸豐刻本　三册

360000－1913－0000797　140023
西銘講義一卷　(清)羅澤南撰　清咸豐七年(1857)長沙刻羅忠節公遺集本　一册

360000－1913－0000798　140024
讀孟子劄記一卷　(清)羅澤南撰　清咸豐九年(1859)長沙刻本　一册

360000－1913－0000799　140025
人極衍義一卷　(清)羅澤南撰　清咸豐九年(1859)長沙刻本　一册

360000－1913－0000800　140026
姚江學辨二卷　(清)羅澤南撰　清咸豐九年(1859)長沙刻本　二册

360000－1913－0000801　140027
羅忠節公[澤南]年譜二卷　(清)郭嵩燾編　清同治二年(1863)長沙刻羅忠節公遺集本　一册

360000－1913－0000802　140028－1
暗香樓樂府三種　(清)鄭由熙撰　清光緒十六年(1890)暗香閣刻本　三册

360000－1913－0000803　140028－2
蓮漪詞二卷　(清)鄭由熙撰　清光緒十六年(1890)江右書局刻本　一册

360000－1913－0000804　140029
武英殿聚珍版叢書　(清)紀昀等編　清刻本　二十七册　存十三種

360000－1913－0000805　140030
朱文端公三傳五十一卷　(清)朱軾　(清)蔡世遠輯　清雍正七年(1729)刻本　二十四册

360000－1913－0000806　140031
離騷經正義一卷　(清)方苞撰　清刻本　一册

360000－1913－0000807　140032
周官集注十二卷周官辨一卷　(清)方苞撰　清刻本　七册　存十一卷(周官集注三至十二、周官辨一卷)

360000－1913－0000808　140033
周官析疑三十六卷儀禮析疑十七卷禮記析疑四十六卷　(清)方苞撰　清刻本　十八册　存六十四卷(周官析疑八至三十六,儀禮析疑六至十七,禮記析疑六至二十、二十六至三十三)

360000－1913－0000809　140034
望溪集不分卷　(清)方苞撰　清乾隆十一年(1746)刻本　八册

360000－1913－0000810　140035
春秋比事目録四卷　(清)方苞撰　清乾隆桐城方氏刻抗希堂十六種本　二册

360000－1913－0000811　140036
春秋直解十二卷　(清)方苞撰　清刻本　七册　存十卷(三至十二)

360000－1913－0000812　140037
考工記析疑四卷　(清)方苞著　清康熙、嘉慶桐城方氏刻抗希堂十六種本　一册

360000－1913－0000813　140038
喪禮或問一卷　(清)方苞撰　清雍正四年

(1726)桐城方氏刻抗希堂十六種本　一册

360000－1913－0000814　140039
左傳義法舉要一卷　(清)方苞撰　清雍正桐城方氏刻抗希堂十六種本　一册

360000－1913－0000815　140040
史記注補正一卷　(清)方苞撰　清乾隆桐城方氏刻抗希堂十六種本　一册

360000－1913－0000816　140041
靈鶼閣叢書　(清)江標編　清光緒湖南使院刻本　三册　存四種

360000－1913－0000817　140042
子書二十二種　(清)浙江書局輯　清光緒二十三年(1897)上海圖書集成局鉛印本　四十册

360000－1913－0000818　140043
子書二十八種　(清)□□輯　清光緒三十四年至宣統三年(1908－1911)上海圖書集成局鉛印本　四十七册　存二十七種

360000－1913－0000819　140044
二十五子彙函　(清)鴻文書局輯　清光緒十九年(1893)上海鴻文書局石印本　四册　存六種

360000－1913－0000820　140045－1
莊子十卷　(晉)郭象注　(唐)陸德明音義　清光緒二十三年(1897)上海圖書集成局鉛印子書二十二種本　四册

360000－1913－0000821　140045－2
新鐫校正詳註分類百子金丹全書十卷　(明)郭偉選注　(明)郭中吉編　清末石印本　二册　存四卷(四至五、七至八)

360000－1913－0000822　140046
隨園三十種　(清)袁枚撰　清刻本　七十六册

360000－1913－0000823　140047
周官精義十二卷　(清)連斗山輯　清嘉慶二年(1797)文立堂刻本　六册

360000－1913－0000824　150002
春浮園集　(明)蕭士瑋撰　清光緒十八年(1892)泰和蕭氏間餘軒刻本　四册

360000－1913－0000825　150003
謝疊山先生評注四種合刻　(宋)謝枋得撰　清光緒八年(1882)京都豫章别業刻本　四册

360000－1913－0000826　150004
楚辭疏八卷　(清)吴世尚撰　清尚論堂刻本　二册

360000－1913－0000827　150005
楚辭十卷　(清)王萌評注　(清)王遠攷音　清乾隆四十四年(1779)三和堂刻本　四册

360000－1913－0000828　150006
納書楹曲譜全集二十二卷　(清)葉堂訂譜　清道光二十八年(1848)刻本　二册　存二卷(牡丹亭全譜上、紫釵記全譜下)

360000－1913－0000829　150007
全唐詩九百卷目錄十二卷　(清)曹寅等輯　清康熙四十四年至四十六年(1705－1707)揚州詩局刻本　一百七册

360000－1913－0000830　150019
九通分類總纂二百四十卷　(清)汪鍾霖編　清光緒二十八年(1902)上海文瀾書局石印本　五十五册　存一百六十六卷(一至二、四至五、七至九十四、一百六十七至二百四十)

360000－1913－0000831　150020
經餘必讀八卷續編八卷　(清)雷琳等輯　清嘉慶十四年(1809)大中堂刻本　四册

360000－1913－0000832　150021
李長吉歌詩四卷首一卷外集一卷　(唐)李賀撰　(清)王琦彙解　清乾隆刻本　四册

360000－1913－0000833　150022
重訂唐詩别裁集二十卷　(清)沈德潛輯　清乾隆二十八年(1763)教忠堂刻本　四册

360000－1913－0000834　150023
續古文辭類纂三十四卷　王先謙輯　清光緒十八年(1892)席氏掃葉山房刻本　一册　存六卷(一至六)

360000－1913－0000835　150024
古文辭類纂七十四卷　（清）姚鼐輯　清光緒十八年（1892）席氏掃葉山房刻本　八冊

360000－1913－0000836　150025
彙纂詩法度鍼三十三卷首一卷　（清）徐文弼輯　清乾隆二十三年（1758）刻本　四冊

360000－1913－0000837　150026
隨課題解十六卷　（清）張慶源撰　清嘉慶元年（1796）刻本　九冊　存十五卷（一至十五）

360000－1913－0000838　150027
吳詩集覽二十卷補注二十卷　（清）吳偉業撰　（清）靳榮藩輯并補注　**談藪二卷**　（清）靳榮藩輯　清乾隆三十五年（1770）靳氏凌雲亭刻本　二十冊

360000－1913－0000839　150028
詩所八卷　（清）李光地撰　清刻本　四冊

360000－1913－0000840　150029
好雲樓初集二十八卷首一卷　（清）李聯琇撰　清咸豐十一年（1861）刻本　七冊　存二十五卷（一至十、十五至二十八，首一卷）

360000－1913－0000841　150030
好雲樓二集十六卷首一卷臨川答問一卷　（清）李聯琇撰　清光緒八年（1882）刻本　三冊　存十四卷（四至十六、臨川答問一卷）

360000－1913－0000842　150031
今雨堂詩墨續編四卷　（清）金甡撰　（清）姚祖同　（清）汪賢書注　清乾隆五十年（1785）刻本　二冊

360000－1913－0000843　150032
李太白文集三十六卷　（唐）李白撰　（清）王琦輯注　清乾隆二十五年（1760）寶笏樓刻本　十七冊

360000－1913－0000844　150033－1
李太白文集三十六卷　（唐）李白撰　（清）王琦輯注　清刻本　六冊　存二十二卷（十至三十一）

360000－1913－0000845　150033－2
李太白文集三十六卷　（唐）李白撰　（清）王琦輯注　清刻本　一冊　存三卷（二十二至二十四）

360000－1913－0000846　150034
周濂溪先生全集十三卷　（宋）周敦頤撰　（清）張伯行編　清康熙四十七年（1708）正誼堂刻本　四冊

360000－1913－0000847　150035
宋孫仲益內簡尺牘十卷首一卷　（宋）孫覿撰　（宋）李祖堯編注　（清）蔡焯　（清）蔡龍孫增訂　清乾隆十二年（1747）刻本　四冊

360000－1913－0000848　150036
古文析義六卷　（清）林雲銘評注　清康熙刻本　三冊

360000－1913－0000849　150037－1
古文析義二編八卷　（清）林雲銘評注　清康熙刻本　四冊

360000－1913－0000850　150038
古文斷十六卷　（清）姚培謙輯　清乾隆三十一年（1766）刻四十一年（1776）清華齋印本　七冊　存十四卷（三至十六）

360000－1913－0000851　150039
古文斷後集十八卷　（清）姚培謙輯　清乾隆三十一年（1766）刻四十一年（1776）清華齋印本　八冊

360000－1913－0000852　150041
仁在堂全集　（清）路德輯　清同治六年（1867）刻本（時藝核續編配清道光二十九年刻本）　二十四冊　存十二集

360000－1913－0000853　150042
東湖草堂賦鈔初集二卷二集四卷三集四卷四集四卷　（清）程祥棟輯　清同治六年（1867）刻本　十二冊

360000－1913－0000854　150043
重刊五百家註音辨昌黎先生文集四十卷　（唐）韓愈撰　清刻本　十四冊　存三十六卷（二至三十七）

360000－1913－0000855　150044

明詩别裁集十二卷　(清)沈德潛　(清)周準輯　清乾隆五十九年(1794)刻本　四册

360000－1913－0000856　150045

鑑止水齋集二十卷　(清)許宗彦撰　清咸豐八年(1858)刻本　六册

360000－1913－0000857　150046

歐陽文忠公全集一百五十三卷首一卷　(宋)歐陽修撰　清嘉慶二十四年(1819)歐陽衡刻本　十一册　存六十六卷(七十一至九十三、九十八至一百四十)

360000－1913－0000858　150047

艾至堂文稿初集一卷弱冠草二集一卷負米草一卷　(清)艾暢撰　清寶善堂刻本　二册

360000－1913－0000859　150048

彙纂詩法度鍼三十三卷首一卷　(清)徐文弼輯　清乾隆刻本　八册

360000－1913－0000860　150049－1

彙纂詩法度鍼三十三卷首一卷　(清)徐文弼輯　清刻本　三册　存十五卷(四至十、二十四至三十一)

360000－1913－0000861　150049－2

彙纂詩法度鍼三十三卷首一卷　(清)徐文弼輯　清乾隆刻本　一册　存七卷(四至十)

360000－1913－0000862　150050

小題正鵠全集　(清)李元度輯　清光緒八年(1882)文昌書局刻本　六册

360000－1913－0000863　150051

清容外集九種　(清)蔣士銓撰　清乾隆蔣氏紅雪樓刻本　十二册

360000－1913－0000864　150052

閬榻先生集三十卷　(清)張望撰　清同治三年(1864)義寧陳寶箴、武寧黄鶴齡刻本　十册

360000－1913－0000865　150054

獨漉堂詩集十五卷　(清)陳恭尹撰　清刻本　一册　存三卷(九至十一)

360000－1913－0000866　150055

甬上宋元詩略十六卷　(清)董沛輯　清光緒七年(1881)刻本　四册

360000－1913－0000867　150056

白湖詩藁八卷　(清)葉燕撰　清嘉慶二十三年(1818)葉氏又次居刻本　一册　存四卷(一至四)

360000－1913－0000868　150057

鈐山堂集四十卷　(明)嚴嵩撰　清嘉慶十一年(1806)刻本　七册　存二十八卷(一至八、二十一至四十)

360000－1913－0000869　150058

文選六十卷　(南朝梁)蕭統輯　(唐)李善注　清光緒十三年(1887)湖北書局刻本　十二册

360000－1913－0000870　150059

歐陽文忠公全集一百五十三卷首一卷　(宋)歐陽修撰　清光緒刻本　三十一册

360000－1913－0000871　150060

梁簡文帝御製集二卷　(南朝梁)簡文帝蕭綱撰　清光緒十八年(1892)善化藍田章氏刻漢魏六朝百三名家集本　一册　存一卷(二)

360000－1913－0000872　150061

嵇中散集一卷　(三國魏)嵇康撰　清光緒十八年(1892)善化藍田章氏刻漢魏六朝百三名家集本　一册

360000－1913－0000873　150062

阮步兵集一卷　(三國魏)阮籍撰　清光緒十八年(1892)善化藍田章氏刻漢魏六朝百三名家集本　一册

360000－1913－0000874　150063

魏文帝集二卷　(三國魏)文帝曹丕撰　清光緒十八年(1892)善化藍田章氏刻漢魏六朝百三名家集本　一册

360000－1913－0000875　150064

江醴陵集二卷　(南朝梁)江淹撰　清光緒十八年(1892)善化藍田章氏刻漢魏六朝百三名

家集本　一册　存一卷(二)

360000－1913－0000876　150065

謝宣城集一卷　(南朝齊)謝朓撰　清光緒十八年(1892)善化藍田章氏刻漢魏六朝百三名家集本　一册

360000－1913－0000877　150066

梁元帝集一卷　(南朝梁)元帝蕭繹撰　清光緒十八年(1892)善化藍田章氏刻漢魏六朝百三名家集本　一册

360000－1913－0000878　150067

杜工部集二十卷首一卷　(唐)杜甫撰　清刻五色套印本　五册　存十二卷(一至二、六至十、十六至二十)

360000－1913－0000879　150068

包孝肅奏議十卷　(宋)包拯撰　清光緒元年(1875)合肥張樹聲毓秀堂刻廬陽三賢集本　二册

360000－1913－0000880　150071

類纂古文雲蒸六卷　(清)燕毅輯　清光緒三年(1877)南州亦政書齋刻本　六册

360000－1913－0000881　150072

江城舊事十六卷　(清)朱欒撰　清道光九年(1829)刻本　八册

360000－1913－0000882　150073－1

壯悔堂文集十卷遺稿一卷　(清)侯方域撰　清刻本　五册　存九卷(一至七、十,遺稿一卷)

360000－1913－0000883　150073－2

壯悔堂文集十卷遺稿一卷　(清)侯方域撰　清同治十一年(1872)刻本　五册　存九卷(一至三、六至十,遺稿一卷)

360000－1913－0000884　150073－3

史記菁華録六卷　(清)姚祖恩輯　清刻本　一册　存一卷(六)

360000－1913－0000885　150074

賜纈閣詠古試律二卷　(清)胡鑑撰　(清)胡欽注　清光緒二十四年(1898)賜纈閣刻本　二册

360000－1913－0000886　150075

陳文恭公手劄節要三卷　(清)陳弘謀撰　清光緒十三年(1887)東莞鄧氏江西糧署刻本　一册

360000－1913－0000887　150076－1

古文析義六卷　(清)林雲銘評注　清刻本　六册

360000－1913－0000888　150076－2

古文析義六卷　(清)林雲銘評注　清刻本　五册　存五卷(二至六)

360000－1913－0000889　150077

古文析義二編八卷　(清)林雲銘評注　清刻本　六册　存六卷(一至三、五至六、八)

360000－1913－0000890　150078

古文筆法百篇二十卷首一卷　(清)李扶九輯　(清)黄仁黼注　清光緒八年(1882)滇南書局刻本　四册

360000－1913－0000891　150079

古文筆法百篇二十卷首一卷　(清)李扶九輯　(清)黄仁黼注　清光緒二十六年(1900)新化三味書室刻本　三册　存十七卷(一至三、八至二十,首一卷)

360000－1913－0000892　150080

山谷詩内集注二十卷　(宋)黄庭堅撰　(宋)任淵注　**山谷詩外集注十七卷補四卷**　(宋)黄庭堅撰　(宋)史容注　(清)謝啓昆輯補　**山谷詩別集注二卷補一卷**　(宋)黄庭堅撰　(宋)史季溫注　(清)謝啓昆輯補　**重刻山谷先生年譜十四卷**　(宋)黄㽦撰　清刻本　四册　存十一卷(山谷詩内集注一至五,山谷詩外集注九至十、外集補四卷)

360000－1913－0000893　150081

山谷詩内集注二十卷　(宋)黄庭堅撰　(宋)任淵注　**山谷詩外集注十七卷補四卷**　(宋)黄庭堅撰　(宋)史容注　(清)謝啓昆輯補　**山谷詩別集注二卷補一卷**　(宋)黄庭堅撰　(宋)史季溫注　(清)謝啓昆輯補　**重刻山谷**

先生年譜十四卷　(宋)黄䓨撰　清光緒二十一年(1895)刻本　二十册　存三十九卷(山谷詩内集注二十卷、山谷詩外集注十七卷、山谷詩别集注二卷)

360000－1913－0000894　160001
賦海大觀三十二卷　(清)鴻寶齋主人編　清光緒二十年(1894)鴻寶齋上海石印本　二十八册

360000－1913－0000895　160002
小題三萬選不分卷　(清)沈祖燕輯　清光緒十八年(1892)上海袖海山房石印本　二十九册　缺六册(二至三、十一、二十、三十二至三十三)

360000－1913－0000896　160003
中外時務策府統宗四十四卷　(清)文盛書局編　清光緒石印本　十四册　存三十五卷(二至三十六)

360000－1913－0000897　160004
中庸文槪不分卷　(清)求古齋主人輯　清同治九年(1870)求古齋刻本　二十五册　缺七册(一、八、十五、二十一至二十三、二十八)

360000－1913－0000898　160005
中西時務格致新編二十四卷　(清)江右廬山老人編　清光緒二十四年(1898)上海書局石印本　八册

360000－1913－0000899　160006
校正遼金元明尚友録十卷　(清)張兆蓉輯　清光緒二十九年(1903)上海慎記書莊石印本　二册

360000－1913－0000900　160007
尚友録二十二卷　(明)廖用賢編　(清)張伯琮補輯　清光緒十六年(1890)掃葉山房銅活字印本　六册

360000－1913－0000901　160008
新選蘇松兩屬課藝初編不分卷　(清)□□輯　清光緒二十九年(1903)廣理書局刻本　八册

360000－1913－0000902　160009
近科鄉會墨選奪元八卷　(清)□□輯　清同治三年(1864)刻本　八册

360000－1913－0000903　160010
經藝選腴三編不分卷　(清)浣溪主人輯　清咸豐十一年(1861)浣溪草舍刻本　二十册

360000－1913－0000904　160011
仁在堂全集　(清)路德輯　清光緒十八年(1892)積山書局石印本　八册

360000－1913－0000905　160012
一百二十名家全稿不分卷　(清)俞長城輯　清光緒十九年(1893)上海鴻寶齋石印本　十二册

360000－1913－0000906　160013
精選巧搭文府不分卷　(清)□□撰　清光緒十五年(1889)上海鴻寶齋石印本　十六册

360000－1913－0000907　160014
大題觀海二集不分卷　(清)□□輯　清末石印本　十八册

360000－1913－0000908　160015
大題觀海二集不分卷　(清)□□輯　清光緒十九年(1893)上海點石齋石印本　十八册

360000－1913－0000909　160016
小題十萬選初集不分卷　(□)□□撰　清末石印本　十七册

360000－1913－0000910　160017
大題觀海初集不分卷　(清)□□輯　清光緒十九年(1893)上海點石齋石印本　二十三册

360000－1913－0000911　160018
小題十萬選初集不分卷　(□)□□撰　清末石印本　一百七册

360000－1913－0000912　160019
王陽明先生全集□□卷　(明)王守仁撰　清刻本　一册　存二卷(七至八)

360000－1913－0000913　160020
蘇文忠公詩集五十卷目録二卷　(宋)蘇軾撰　(清)紀昀評點　清刻朱墨套印本　一册

存六卷(二十五至三十)

360000－1913－0000914　160021
欽取朝考卷不分卷　(清)□□撰　清刻本　一冊

360000－1913－0000915　160022
江西試牘四卷　(清)龍湛霖輯　清光緒十七年(1891)刻本　六冊　存三卷(一至三)

360000－1913－0000916　160023
善卷堂四六十卷　(清)陸繁弨撰　(清)吴自高注　清乾隆三十五年(1770)亦園刻本　六冊

360000－1913－0000917　160024
目耕齋二集不分卷三集不分卷　(清)徐楷評注　(清)沈叔眉輯　清光緒二十年(1894)湖南書局刻本　六冊

360000－1913－0000918　160025
寄思齋藏稿十四卷　(清)辛從益撰　(清)辛桂雲　(清)辛辰雲輯　清咸豐元年(1851)萬載辛氏刻本　九冊

360000－1913－0000919　160026
賦梅書屋詩初集六卷二集三卷三集二卷四集一卷五集二卷六集二卷　(清)宋廷樑撰　清光緒十七年至二十七年(1891－1901)西江刻本　二冊　存六卷(初集六卷)

360000－1913－0000920　160027
賦梅書屋詩初集六卷二集三卷三集二卷四集一卷五集二卷六集二卷　(清)宋廷樑撰　清光緒十七年至二十七年(1891－1901)西江刻本　三冊　存六卷(二集三卷、三集二卷、四集一卷)

360000－1913－0000921　160028
李翰林姑孰遺蹟題詠類鈔六卷首二卷　(清)曹笙南輯　清光緒八年(1882)謫仙樓退藏道院木活字印本　二冊

360000－1913－0000922　160029
陳文恭公手劄節要三卷　(清)陳弘謀撰　清光緒十三年(1887)東莞鄧氏江西糧署刻本　一冊

360000－1913－0000923　160030
詞名集解六卷續編二卷　(清)汪汲撰　清刻本　三冊

360000－1913－0000924　160031
生香書屋詩集七卷文集四卷　(清)陳浩撰　清道光三多齋刻本　六冊

360000－1913－0000925　160032
水田居文集五卷　(清)賀貽孫撰　清刻本　二冊　存二卷(二、五)

360000－1913－0000926　160033
廣雅堂詩集不分卷　(清)張之洞撰　清末石印本　一冊

360000－1913－0000927　160034
惜抱軒先生文集二卷　(清)姚鼐撰　清刻本　一冊

360000－1913－0000928　160035
素心閣詩賦草四卷　(清)王元梅撰　清乾隆三十五年(1770)素心閣刻本　一冊

360000－1913－0000929　160036
包軒遺編三卷　(清)張泰來撰　清光緒十八年(1892)張恩植豫章刻本　一冊

360000－1913－0000930　160037
張文襄公詩集四卷　(清)張之洞撰　清宣統二年(1910)南昌張檢鉛印本　二冊

360000－1913－0000931　160038
地理大全入門要訣二十二卷　(清)鄒可廷輯　清刻本　二冊　存七卷(一至七)

360000－1913－0000932　160039
嶺雲詞賸稿一卷續稿一卷　(清)胡長庚撰　清道光六年(1826)刻本　一冊　存一卷(一)

360000－1913－0000933　160040
木雁齋詩四卷　(清)胡長庚撰　清道光十六年(1836)刻本　二冊

360000－1913－0000934　160041
木雁齋雜著一卷　(清)胡長庚撰　清刻本

一册

360000－1913－0000935　160042
潔華館詩集一卷　(清)程榮功撰　清光緒二十一年(1895)吴祖樾銘槐軒刻本　一册

360000－1913－0000936　160043
穆堂初稿五十卷　(清)李紱撰　清刻本　一册　存二卷(三十八至三十九)

360000－1913－0000937　160044
陶堂志微錄五卷　(清)高心夔撰　清光緒八年(1882)平湖朱氏經注經齋刻高陶堂遺集本　二册

360000－1913－0000938　160045
陶堂遺文一卷恤誦一卷碑執一卷　(清)高心夔撰　清光緒八年(1882)平湖朱氏經注經齋刻高陶堂遺集本　二册

360000－1913－0000939　160046
分類賦學雞蹠集三十卷附錄一卷　(清)張維城輯　清光緒鉛印本　五册　存三十卷(二至三十、附錄一卷)

360000－1913－0000940　160047
仁在堂全集十四集　(清)路德輯　清咸豐元年(1851)刻本　三十一册

360000－1913－0000941　160048
史腴二卷　(清)周金壇撰　清刻本　二册

360000－1913－0000942　160049－1
御選唐宋詩醇四十七卷目錄二卷　(清)高宗弘曆輯　清刻本　五册　存十二卷(一至十一、目錄二)

360000－1913－0000943　160049－2
御選唐宋詩醇四十七卷目錄二卷　(清)高宗弘曆輯　清刻本　十五册

360000－1913－0000944　160050
澹吟閣賦鈔四卷澹吟閣試貼附刻一卷　(清)熊傳策撰　清道光二十九年(1849)刻本　二册

360000－1913－0000945　160051
笠翁十種　(清)李漁撰　清道光七年(1827)聚秀堂刻本　十册

360000－1913－0000946　160052
東萊博議四卷　(宋)吕祖謙撰　清光緒二十四年(1898)馮泰松刻本　四册

360000－1913－0000947　160053
律賦衡裁六卷　(清)周嘉猷　(清)周珍輯　(清)湯騁評　清乾隆二十五年(1760)石渠閣刻本　四册

360000－1913－0000948　160054
灤京雜詠二卷　(元)楊允孚撰　**陽春集一卷**　(宋)米友仁撰　**草窗詞二卷**　(宋)周密撰　清嘉慶十年(1805)鮑廷博刻知不足齋叢書本　一册

360000－1913－0000949　160055
七家詩選注釋七卷　(清)張熙宇輯　(清)張昶注　清刻本　一册

360000－1913－0000950　160056
東萊博議四卷　(宋)吕祖謙撰　(清)張文炳點定　清刻本　二册

360000－1913－0000951　160057
空谷香傳奇二卷冬青樹一卷　(清)蔣士銓撰　清刻本　一册

360000－1913－0000952　160058
青雲集分韻試帖詳注四卷　(清)楊逢春　(清)蕭應櫆輯　(清)沈品華等注　清道光十九年(1839)務本堂刻本　四册

360000－1913－0000953　160059
青雲集分韻試帖詳注四卷　(清)楊逢春　(清)蕭應櫆輯　(清)沈品華等注　清道光五年(1825)刻本　四册

360000－1913－0000954　160061
讀墨簡練百篇不分卷　(清)馬俊良輯　清刻本　二册

360000－1913－0000955　160062
註釋八銘塾鈔初集不分卷二集不分卷　(清)吴懋政輯　清嘉慶十三年(1808)刻本　六册

360000－1913－0000956　160063

國朝駢體正宗十二卷　(清)曾燠輯　清光緒十年(1884)花雨樓刻朱墨套印本　六冊

360000－1913－0000957　160064
文選六十卷　(南朝梁)蕭統輯　(唐)李善注　清乾隆三十七年(1772)海錄軒刻朱墨套印本　十二冊

360000－1913－0000958　160065
古泉叢話三卷　(清)戴熙撰　清同治十一年(1872)吳縣潘祖蔭滂喜齋刻本　一冊

360000－1913－0000959　160066
更生齋詩八卷續集十卷　(清)洪亮吉撰　清光緒四年(1878)刻本　三冊　存六卷(五至六、續集七至十)

360000－1913－0000960　160067
持雅堂全集　(清)尚鎔撰　清道光十年至十一年(1830－1831)刻本　六冊　存十四卷(文鈔五卷、文鈔續集二卷、文鈔三集二卷、詩鈔三、詩鈔續集三卷、三家詩話一卷)

360000－1913－0000961　160068
尊經書院課藝不分卷　(清)薛時雨編　清同治九年(1870)兩江督署刻本　六冊

360000－1913－0000962　160069－1
欽定國朝詩別裁集三十二卷　(清)沈德潛輯　清乾隆二十六年(1761)刻本　五冊　存九卷(二十至二十二、二十四至二十九)

360000－1913－0000963　160069－2
欽定國朝詩別裁集三十二卷　(清)沈德潛輯　清刻本　一冊　存二卷(二十七至二十八)

360000－1913－0000964　160070
有恆心齋駢體文六卷　(清)程鴻詔撰　清同治十二年(1873)吳文楷刻本　二冊

360000－1913－0000965　160071
王右丞集二十八卷首一卷末一卷　(唐)王維撰　(清)趙殿成箋注　清刻本　十一冊　存二十八卷(二至二十八、末一卷)

360000－1913－0000966　160072－1
古文觀止十二卷　(清)吳乘權　(清)吳大職輯　清光緒刻本　五冊　存十卷(一至十)

360000－1913－0000967　160072－2
古文觀止十二卷　(清)吳乘權　(清)吳大職輯　清刻本　一冊　存二卷(九至十)

360000－1913－0000968　160073
謝宣城集五卷　(南朝齊)謝朓撰　清同治九年(1870)永康胡氏退補齋刻六朝四家全集本　一冊

360000－1913－0000969　160074
群書劄記十六卷　(清)朱亦棟撰　清光緒四年(1878)武林竹簡齋刻本　五冊　存十四卷(一至二、五至十六)

360000－1913－0000970　160075
李義山詩集十六卷　(唐)李商隱撰　(清)姚培謙箋注　清松桂讀書堂刻本　二冊　存九卷(四至八、十三至十六)

360000－1913－0000971　160076
重訂李義山詩集箋注三卷集外詩箋注一卷詩話一卷　(唐)李商隱撰　(清)朱鶴齡箋注　(清)程夢星刪補　清刻本　一冊　存二卷(下、詩話一卷)

360000－1913－0000972　160077
宋四六選二十四卷　(清)彭元瑞　(清)曹振鏞輯　清刻本　三冊　存六卷(五至六、十五至十六、十九至二十)

360000－1913－0000973　160078
駢體文鈔三十一卷　(清)李兆洛輯　清同治六年(1867)婁江徐氏刻本　十二冊

360000－1913－0000974　160079
古詩源十四卷　(清)沈德潛輯　清刻本　七冊

360000－1913－0000975　160080
陳檢討集二十卷　(清)陳維崧撰　(清)程師恭注　清刻本　六冊

360000－1913－0000976　160081
古文辭類纂七十四卷　(清)姚鼐輯　清光緒十九年(1893)思賢講舍刻本　四冊　存二十

三卷(一至十、六十二至七十四)

360000－1913－0000977　160081－1
續古文辭類纂三十四卷　王先謙輯　清光緒八年(1882)王氏虛受堂刻本　八册

360000－1913－0000978　160082
新刊校正增補圓機詩韻活法全書十四卷　(明)王世貞校正　清刻本　二册　存四卷(一至二、十一至十二)

360000－1913－0000979　160082－1
新刻重校增補圓機活法詩學全書二十四卷　(明)王世貞校正　清刻本　四册　存八卷(九至十、十二至十四、二十二至二十四)

360000－1913－0000980　160083
劉文清公遺集十七卷　(清)劉墉撰　清道光六年(1826)東武劉氏味經書屋刻本　三册

360000－1913－0000981　160084
鮑參軍集二卷　(南朝宋)鮑照撰　清刻本　一册

360000－1913－0000982　160085
國朝律賦麗則六卷　(清)鄒玉卽輯　清乾隆三十二年(1767)刻本　六册

360000－1913－0000983　160085－1
國朝律賦麗則六卷　(清)鄒玉卽輯　清乾隆三十二年(1767)刻本　二册　存二卷(二、五)

360000－1913－0000984　160086
古唐詩合解十二卷　(清)王堯衢注　清敬德堂刻本　三册

360000－1913－0000985　160086－1
古唐詩合解十二卷　(清)王堯衢注　清敬德堂刻本　二册　存七卷(一至七)

360000－1913－0000986　160086－2
古唐詩合解十二卷　(清)王堯衢注　清刻本　一册　存四卷(一至四)

360000－1913－0000987　160086－3
古唐詩合解十二卷　(清)王堯衢注　清刻本　一册　存三卷(五至七)

360000－1913－0000988　160086－4
古唐詩合解十二卷　(清)王堯衢注　清刻本　一册　存三卷(八至十)

360000－1913－0000989　160087
古唐詩合解十二卷　(清)王堯衢注　清光緒十八年(1892)江西兩儀堂刻本　三册

360000－1913－0000990　160087－1
古唐詩合解十二卷　(清)王堯衢注　清光緒十八年(1892)江西兩儀堂刻本　一册　存四卷(一至四)

360000－1913－0000991　160087－2
古唐詩合解十二卷　(清)王堯衢注　清光緒十八年(1892)江西兩儀堂刻本　一册　存三卷(一至三)

360000－1913－0000992　160087－3
古唐詩合解十二卷　(清)王堯衢注　清刻本　一册　存四卷(一至四)

360000－1913－0000993　160088
唐詩三百首注疏六卷　(清)孫洙編　(清)章燮注　清道光十五年(1835)立言堂刻本　二册　存二卷(一至二)

360000－1913－0000994　160088－1
唐詩三百首注疏六卷　(清)孫洙編　(清)章燮注　清郁文堂刻本　三册　存五卷(二至六)

360000－1913－0000995　160088－2
唐詩三百首注疏六卷　(清)孫洙編　(清)章燮注　清道光十五年(1835)立言堂刻本　一册　存四卷(一至二、五至六)

360000－1913－0000996　160089
古唐詩合解十二卷　(清)王堯衢注　清光緒七年(1881)大道堂刻本　二册　存四卷(一至四)

360000－1913－0000997　160090
兼濟堂文集二十四卷　(清)魏裔介撰　清刻本　十四册　存十四卷(一至六、十一至十二、十五至十八、二十二至二十三)

360000－1913－0000998　160095
新刻四式五音字訓便考千百法帖二卷　(□)□□編　清刻本　一册　存一卷(上)

360000－1913－0000999　160107
漢碑範八卷　張祖翼選臨　清宣統三年(1911)上海文明書局石印本　一册　存三卷(一至三)

360000－1913－0001000　160112
百家楷摺一卷　(清)□□輯　清末石印本　一册

360000－1913－0001001　160114
書畫同珍二刻一卷　(清)鄒聖脈輯　清刻本　二册

360000－1913－0001002　160115
芥子園畫傳四集四卷　(清)丁皐等輯　**芥子園圖章會纂一卷**　(清)李漁撰　清嘉慶二十三年(1818)小酉山房刻本　二册　存二卷(一至二)

360000－1913－0001003　160116
胡文忠公遺集十卷首一卷　(清)胡林翼撰　(清)閻敬銘　(清)厲雲官　(清)盛康輯　清同治三年(1864)武昌節署刻本　一册　存一卷(十)

360000－1913－0001004　160117
芥子園畫傳五卷　(清)王槩輯　清刻本　三册　存四卷(一至四)

360000－1913－0001005　160117－1
芥子園畫傳五卷　(清)王槩輯　清刻本　一册　存一卷(二)

360000－1913－0001006　160118
唐詩三百首注疏六卷　(清)孫洙編　(清)章燮注　清道光十五年(1835)郁文堂刻本　一册　存一卷(一)

360000－1913－0001007　160119
芥子園畫傳五卷　(清)王槩輯　清刻彩色套印本　一册　存一卷(五)

360000－1913－0001008　160120
芥子園畫傳初集六卷二集九卷三集六卷增廣名家畫譜一卷　(清)王槩　(清)王著　(清)王臬輯　清光緒十三年(1887)石印本　二册　存三卷(芥子園畫傳初集一至二、增廣名家畫譜一卷)

360000－1913－0001009　160121
青在堂菊譜二卷　(清)王槩等輯　清刻彩色套印本　一册

360000－1913－0001010　160122
青在堂竹譜二卷　(清)王槩等輯　清刻彩色套印本　一册

360000－1913－0001011　160123
青在堂梅譜二卷　(清)王槩等輯　清刻彩色套印本　一册

360000－1913－0001012　160124
青在堂花卉翎毛譜二卷　(清)王槩等輯　清刻彩色套印本　一册

360000－1913－0001013　170001
增廣廿四史尚友録十六卷　(明)廖用賢編　(清)張伯琮補輯　(清)思退主人續編　清光緒二十五年(1899)上海富强齋石印本　八册　存八卷(六至九、十一至十三、十六)

360000－1913－0001014　170002
海國尚友録八卷　(清)吳佐清輯　清光緒二十九年(1903)上海奎章書局石印本　四册

360000－1913－0001015　170003
校正尚友録續集二十二卷　(清)退思主人編纂　清末石印本　一册　存四卷(十三至十六)

360000－1913－0001016　170004
尚友録全集二十二卷　(明)廖用賢編　(清)張伯琮補輯　清光緒二十九年(1903)上海慎記書莊石印本　十三册　存二十卷(一至十四、十七至二十二)

360000－1913－0001017　170005
萬國時務策府四十八卷　(清)程金鑑輯　清末石印本　十八册　存四十七卷(一至四十

七）

360000－1913－0001018　170006
中外時務策府統宗四十四卷讀西學書法一卷西學書目表四卷　（清）文盛書局編　清光緒二十三年（1897）上海文盛堂石印本　十冊　存二十六卷（三至十五、三十七至四十四，讀西學書法一卷，西學書目表四卷）

360000－1913－0001019　170007
近科鄉試會墨僅見不分卷　（清）謝鞠堂輯　清同治六年（1867）刻本　四冊

360000－1913－0001020　170008
無邪堂答問五卷　（清）朱一新撰　清光緒二十二年（1896）上海鴻寶齋石印本　五冊

360000－1913－0001021　170009
夢華廬賦海三十卷　（清）夢華廬主人輯　清光緒十二年（1886）上海點石齋石印本　八冊

360000－1913－0001022　170010
增廣試律大觀彙編四卷　（清）補蠹書屋主人輯　清光緒十五年（1889）上海積山書局石印本　四冊

360000－1913－0001023　170011
增補事類賦統編九十三卷首一卷　（清）黃葆真編　清光緒十二年（1886）上海同文書局石印本　五冊　存三十九卷（一至六、二十八至三十四、五十一至五十八、六十七至七十五、八十五至九十三）

360000－1913－0001024　170012
目耕齋小題文不分卷　（清）沈叔眉輯　清光緒三年（1877）石印本　二冊

360000－1913－0001025　170014
精選中外時務文編四十四卷　（清）養晦生輯　清末石印本　一冊　存三十五卷（一至二、八至三十九、四十四）

360000－1913－0001026　170015
增補事類賦統編九十三卷首一卷　（清）黃葆真編　清光緒十四年（1888）上海積山書局石印本　十二冊

360000－1913－0001027　170016
目耕齋初集不分卷二集不分卷　（清）徐楷評注　（清）沈叔眉輯　清光緒元年（1875）京都化甲堂石印本　四冊

360000－1913－0001028　170017
增補事類賦統編九十三卷首一卷　（清）黃葆真編　清末石印本　四冊　存二十八卷（九至二十七、七十六至八十四）

360000－1913－0001029　170018
古香齋新刻袖珍淵鑑類函四百五十卷目錄四卷　（清）張英　（清）王士禛等輯　清光緒刻本　四冊　存九卷（五十二至六十）

360000－1913－0001030　170019
西學大成十二編　（清）王西清　（清）盧梯青編　清光緒十四年（1888）上海大同書局石印本　八冊　存八編（子、丑、卯、辰、巳、午、申、酉）

360000－1913－0001031　170020
增補事類賦統編九十三卷首一卷　（清）黃葆真編　清末石印本　六冊　存五十卷（九至十七、二十八至四十二、五十一至五十八、七十六至九十三）

360000－1913－0001032　170021
御製數理精蘊五十三卷　（清）允祿　（清）允祉纂修　清末石印本　六冊　存三十卷（一、六至十、十七至四十）

360000－1913－0001033　170022
縮本精選經藝淵海不分卷　（清）常安室主人輯　清光緒十一年（1885）上海點石齋石印本　九冊

360000－1913－0001034　170023
增廣賦海大全三十卷　（清）張承臚輯　清光緒十九年（1893）上海積山書局石印本　八冊　存十九卷（一、五、七至十三、十六至二十五）

360000－1913－0001035　170024
策學備纂三十二卷首一卷　（清）蔡啓盛　（清）吳潁炎輯　清光緒十三年（1887）上海點

石齋石印本　八冊　存六卷(二十七至三十二)

360000－1913－0001036　170025
小題全曰心聲集不分卷　(清)黄明府輯　清光緒二十三年(1897)翠微山房書舍刻本　四冊

360000－1913－0001037　170026
得月樓賦鈔四編　(清)張元灝選評　清刻本　九冊　存三編(乙、丙、丁)

360000－1913－0001038　170027
賦學正鵠集釋十一卷　(清)李元度輯　清光緒九年(1883)江右文義堂刻本　六冊

360000－1913－0001039　170028
賦學正鵠集釋十一卷　(清)李元度輯　清刻本　三冊　存六卷(四至八、十一)

360000－1913－0001040　170029
目耕齋初集不分卷二集不分卷　(清)徐楷評注　(清)沈叔眉輯　清光緒元年(1875)京都化甲堂石印本　四冊

360000－1913－0001041　170030
目耕齋初集不分卷二集不分卷三集不分卷　(清)徐楷評注　(清)沈叔眉輯　清九思堂刻本　三冊　存二集(二至三)

360000－1913－0001042　170031
三蘇策論十二卷　(宋)蘇洵　(宋)蘇軾　(宋)蘇轍撰　清光緒二十八年(1902)捷記書局石印本　六冊

360000－1913－0001043　170032
增廣詩句題解彙編四卷新編詩句題解續集五卷　(清)□□編　清光緒十八年(1892)上海五彩石印本　六冊

360000－1913－0001044　170033
賦學聯珠二十四卷　(清)小帆輯　清光緒七年(1881)硯耕軒刻本　四冊

360000－1913－0001045　170034
二十四史論新編二十三卷　(清)朱鈞輯　清光緒二十八年(1902)上海書局石印本　三冊　存十四卷(一至四、九至十八)

360000－1913－0001046　170035
試帖詩□□卷　(清)□□編　清末石印本　七冊　存八卷(三至十)

360000－1913－0001047　170036
精選廿四史政治新論二十四卷　(清)文盛堂編　清光緒二十八年(1902)上海該書坊石印本　十五冊　存十七卷(二至六、十至十七、十九至二十二)

360000－1913－0001048　170037
丁心齋時文一卷　(清)丁守存撰　清敦本堂刻本　一冊

360000－1913－0001049　170038
策學纂要正續編十六卷　(清)萬年茂　(清)戴第元輯　清刻本　二冊　存七卷(五至十一)

360000－1913－0001050　170039
詩經融註大全體要八卷　(清)高朝瓔定　(清)沈世楷輯　清東都樂善堂銅版印本　二冊

360000－1913－0001051　170039－1
全本禮記體註十卷　(清)徐瑄補輯　清東都樂善堂銅版印本　一冊　存三卷(一至三)

360000－1913－0001052　170039－2
春秋體註□□卷　(清)□□撰　清東都樂善堂銅版印本　二冊　存六卷(七至十二)

360000－1913－0001053　170039－3
書經體註大全合參六卷　(清)錢希祥輯　清東都樂善堂銅版印本　二冊

360000－1913－0001054　170040
二十四史論新編二十三卷　(清)朱鈞輯　清光緒二十八年(1902)自强學齋石印本　六冊　存二十卷(一至六、十至二十三)

360000－1913－0001055　170041
試帖連珠六卷　(清)楊菘圃輯　清咸豐十一年(1861)青蓮書屋刻本　二冊　存二卷(一、五)

360000－1913－0001056　170042
甲午直省鄉墨不分卷附會墨不分卷　(清)李荔邨評選　清光緒二十一年(1895)上海文盛堂石印本　二冊

360000－1913－0001057　170042－1
甲午直省鄉墨不分卷附會墨不分卷　(清)李荔邨評選　清光緒二十一年(1895)上海文盛堂石印本　二冊

360000－1913－0001058　170043
四書改錯二十二卷　(清)毛奇齡撰　清末石印西河合集本　二冊　存十五卷(八至二十二)

360000－1913－0001059　170043－1
四書味根錄三十九卷　(清)金澂撰　清末石印本　一冊　存三卷(十二至十四)

360000－1913－0001060　170043－2
四書味根錄三十九卷　(清)金澂撰　清末石印本　一冊　存六卷(孟子一至六)

360000－1913－0001061　170043－3
爾雅郭注義疏二卷　(清)郝懿行撰　清末石印本　一冊　存一卷(下)

360000－1913－0001062　170043－4
廣雅疏證十卷　(清)王念孫撰　清末石印本　三冊　存七卷(四至十)

360000－1913－0001063　170043－5
論語正義二十四卷　(清)劉寶楠撰　清末石印本　二冊　存十卷(一至五、十三至十七)

360000－1913－0001064　170043－6
論語正義二十四卷　(清)劉寶楠撰　清末石印本　二冊　存十三卷(一至六、十八至二十四)

360000－1913－0001065　170043－7
論語集解義疏十卷　(三國魏)何晏集解　(南朝梁)皇侃義疏　清光緒上洋鴻寶齋石印本　一冊

360000－1913－0001066　170043－8
孟子不分卷　清末石印本　三冊　存中孟、下孟

360000－1913－0001067　170043－9
孟子正義三十卷　(清)焦循撰　清末石印本　一冊　存五卷(一至五)

360000－1913－0001068　170043－10
孟子正義三十卷　(清)焦循撰　清末石印本　一冊　存十卷(一至十)

360000－1913－0001069　170044
歷代史論十二卷　(明)張溥撰　清光緒二十四年(1898)上海書局石印本　一冊　存三卷(一至三)

360000－1913－0001070　170045
歷代史論十二卷　(明)張溥撰　清光緒二十四年(1898)上海書局石印本　一冊　存三卷(一至三)

360000－1913－0001071　170046
歷代史論十二卷宋史論三卷元史論一卷　(明)張溥撰　**明史論四卷**　(清)谷應泰撰　清末石印本　四冊　存十五卷(歷代史論三至十二、元史論一卷、明史論四卷)

360000－1913－0001072　170047
試帖詩□□卷　(清)□□編　清末石印本　四冊　存三卷(三、五、八)

360000－1913－0001073　170048
試帖連珠六卷　(清)楊菘圃輯　清末石印本　二冊　存二卷(三至四)

360000－1913－0001074　170049
藝林輯珍大學三卷中庸六卷上論八卷下論六卷上孟六卷下孟六卷　(清)星榆書屋主人輯　清同治九年(1870)刻本　十五冊　存三十卷(大學三卷、中庸六卷、上論八卷、下論六卷、上孟六卷、下孟一)

360000－1913－0001075　170050
文料大成四卷　(清)冷香子撰　清光緒二十一年(1895)蜚英館石印本　二冊

360000－1913－0001076　170051
增補近科館閣分韻詩鈔彙編不分卷　王先謙

編　清末石印本　一冊

360000－1913－0001077　170051－1
賦海大觀三十二卷　（清）鴻寶齋主人編　清末石印本　一冊　存一卷（一）

360000－1913－0001078　170051－2
四書題鏡味根合編三十九卷　（清）金澂（清）汪鯉翔撰　清末石印本　一冊　存五卷（三至七）

360000－1913－0001079　170051－3
四書味根錄三十七卷　（清）金澂撰　清末石印本　三冊　存九卷（五至十三）

360000－1913－0001080　170051－4
時務通攷續編三十一卷　（清）杞廬主人輯　清末石印本　一冊　存五卷（二十五至二十九）

360000－1913－0001081　170052
四六新策正續合編二卷　（清）紅杏山房主人輯　清同治九年（1870）琉璃廠刻本　一冊　存一卷（上）

360000－1913－0001082　170052－1
四六新策正續合編二卷　（清）紅杏山房主人輯　清同治九年（1870）琉璃廠刻本　一冊　存一卷（上）

360000－1913－0001083　170053
芹宮新譜二卷　（清）鄭一鵬撰　清經國堂刻本　一冊　存一卷（上）

360000－1913－0001084　170055
春秋文通不分卷　（清）□□輯　清刻本　一冊

360000－1913－0001085　170056
鄭氏爻辰補六卷　（清）戴棠撰　清刻本　一冊　存一卷（二）

360000－1913－0001086　170057
試藝銜華□□集□□卷　（清）□□輯　清刻本　二冊　存二卷（下、二集一）

360000－1913－0001087　170058
寄傲山房塾課纂輯春秋備旨十二卷　（清）鄒聖脈輯　清光緒十五年（1889）上海書局石印本　一冊　存八卷（一至八）

360000－1913－0001088　170058－1
寄傲山房塾課纂輯春秋備旨十二卷　（清）鄒聖脈輯　清光緒十五年（1889）上海書局石印本　一冊　存八卷（一至八）

360000－1913－0001089　170058－2
書經備旨七卷　（清）鄒聖脈輯　清光緒十五年（1889）上海書局石印本　一冊　存四卷（一至四）

360000－1913－0001090　170058－3
易經備旨七卷　（清）鄒聖脈輯　清光緒十五年（1889）上海書局石印本　二冊

360000－1913－0001091　170058－4
禮記全文備旨七卷　（清）鄒聖脈輯　清光緒十五年（1889）上海書局石印本　一冊　存三卷（五至七）

360000－1913－0001092　170059
寄傲山房塾課纂輯御案易經備旨七卷易經圖案一卷　（清）鄒聖脈輯　清光緒十年（1884）滸灣兩儀書坊刻本　三冊

360000－1913－0001093　170059－1
易經大全會解四卷　（清）來爾繩輯　清刻本　一冊　存三卷（二至四）

360000－1913－0001094　170060
欽定禮記義疏八十二卷首一卷　（清）允祿等撰　清末石印本　三冊　存四十二卷（四十一至八十二）

360000－1913－0001095　170061
書經體註大全合參六卷附御纂經解六卷　（清）錢希祥輯　**書經六卷**　（宋）蔡沈集傳　清刻本　三冊

360000－1913－0001096　170061－1
寄傲山房塾課纂輯御案易經備旨七卷易經圖案一卷　（清）鄒聖脈輯　清刻本　一冊　存一卷（四）

360000－1913－0001097　170062

寄傲山房塾課纂輯書經備旨蔡註捷録七卷 （清）鄒聖脈輯　清刻本　二冊

360000－1913－0001098　170062－1
寄傲山房塾課纂輯書經備旨蔡註捷録七卷 （清）鄒聖脈輯　清刻本　二冊

360000－1913－0001099　170062－2
寄傲山房塾課纂輯書經備旨蔡註捷録七卷 （清）鄒聖脈輯　清刻本　二冊

360000－1913－0001100　170062－3
寄傲山房塾課纂輯書經備旨蔡註捷録七卷 （清）鄒聖脈輯　清刻本　一冊

360000－1913－0001101　170063
周禮精義六卷首一卷　（清）黄淦撰　清刻本　一冊　存三卷（一至二、首一卷）

360000－1913－0001102　170064
禮記十卷首一卷　（漢）鄭玄注　清刻本　一冊　存一卷（五）

360000－1913－0001103　170065
詩韻集成十卷　（清）余照輯　清刻本　一冊　存六卷（五至十）

360000－1913－0001104　170065－1
詩韻含英題解十卷　（清）甘蘭友輯　清刻本　一冊　存六卷（五至十）

360000－1913－0001105　170065－2
詩韻含英六卷　（清）劉文蔚輯　清兩儀堂刻本　一冊　存二卷（一至二）

360000－1913－0001106　170066
詩學含英十四卷　（清）劉文蔚輯　清刻本　二冊

360000－1913－0001107　170067
直省闈藝大全（光緒壬寅補行庚子辛丑恩正併科）八卷　（清）久敬齋主人輯　清光緒二十九年（1903）上海久敬齋石印本　八冊

360000－1913－0001108　170067－1
評選直省闈藝大全（光緒癸卯恩科）八卷 （清）□□輯　清末石印本　一冊　存一卷（七）

360000－1913－0001109　170068
古文析義十六卷　（清）林雲銘評注　清芥子園刻本　四冊　存四卷（五至八）

360000－1913－0001110　170068－1
古文析義六卷　（清）林雲銘評注　清刻本　一冊　存一卷（四）

360000－1913－0001111　170069
四書典制類聯音註三十三卷　（清）閻其淵輯　清刻本　四冊　存十七卷（八至十二、十五至十八、二十三至三十）

360000－1913－0001112　170069－1
四書典制類聯音註三十三卷　（清）閻其淵輯　清刻本　四冊　存十九卷（四至九、十五至十八、二十二至二十三、二十七至三十三）

360000－1913－0001113　170069－2
四書典制類聯音註三十三卷　（清）閻其淵輯　清刻本　三冊　存十三卷（十七至二十、二十三至二十七、三十至三十三）

360000－1913－0001114　170069－3
四書典制類聯音註三十三卷　（清）閻其淵輯　清刻本　一冊　存五卷（十三至十七）

360000－1913－0001115　170070
小題藏珍□□卷　（清）□□輯　清刻本　六冊　存六卷（四、七、十二、十四、二十、二十二）

360000－1913－0001116　170070－1
制藝萃珍十卷　（清）懷芳居士輯　清刻本　一冊　存二卷（七至八）

360000－1913－0001117　170071
詩經味根録四卷首一卷　（清）□□輯　清末同文書局石印本　二冊　存四卷（一至三、首一卷）

360000－1913－0001118　170071－1
歷科試策大成二編十卷　（清）□□輯　清末石印本　一冊　存三卷（二至四）

360000－1913－0001119　170072
試藝御華二集不分卷　（清）校古山齋輯　清

刻本　一册　存學庸、論語

360000－1913－0001120　170073
歷代名稿彙選不分卷　(清)慈水古草堂主人輯　清光緒十九年(1893)積山書局石印本　一册　存大學

360000－1913－0001121　170073－1
欽定書經傳說彙纂二十一卷首二卷書序一卷　(清)王頊齡等撰　清刻本　一册　存十二卷(十至二十一)

360000－1913－0001122　170073－2
新輯分類史論大成十九卷首一卷　(清)海濱行素生輯　清末石印本　一册　存一卷(五)

360000－1913－0001123　170074
試帖連珠六卷　(清)楊菘圃輯　清刻本　一册　存一卷(六)

360000－1913－0001124　170075
小題聯珠四卷　(清)□□輯　清刻本　二册　存二卷(一至二)

360000－1913－0001125　170075－1
小題驪珠□□卷　(清)□□輯　清刻本　一册　存一卷(二)

360000－1913－0001126　170076
策學纂要正續編十六卷　(清)萬年茂　(清)戴第元輯　清刻本　二册　存七卷(一至四、九至十一)

360000－1913－0001127　170076－1
策學纂要正續編十六卷　(清)萬年茂　(清)戴第元輯　清刻本　一册　存五卷(十二至十六)

360000－1913－0001128　170077
目耕齋讀本初集不分卷二集不分卷　(清)徐楷評注　(清)沈叔眉輯　清光緒二年(1876)三餘堂刻本　四册

360000－1913－0001129　170078
增補近科館閣分韻詩鈔彙編不分卷　王先謙編　清末石印本　四册

360000－1913－0001130　170079
詩經文鵠不分卷　(清)□□輯　清刻本　一册

360000－1913－0001131　170080
盛世危言續編三卷　鄭觀應撰　**外編三卷**　(清)馮桂芬撰　清光緒二十四年(1898)上海書局石印本　一册

360000－1913－0001132　170081
文料大成四卷　(清)□□輯　清末鉛印本　二册　存二卷(三至四)

360000－1913－0001133　170082
金鈴集十二卷　(清)張綸輯　(清)張維城箋注　清刻本　一册　存二卷(三至四)

360000－1913－0001134　170083
江浙三大書院兩章新式不分卷　(清)□□輯　清光緒八年(1882)汝東吳氏刻本　一册

360000－1913－0001135　170084
光緒甲辰江西新科試牘不分卷　(清)黃大宗師輯　清光緒刻本　一册

360000－1913－0001136　170085
書經六卷　(宋)蔡沈集傳　清刻本　一册　存二卷(二至三)

360000－1913－0001137　170086
困學紀聞注二十卷　(宋)王應麟撰　(清)翁元圻輯注　清末上海樂善堂銅版印本　三册　存十一卷(六至十六)

360000－1913－0001138　170087
策府統宗六十五卷　(清)劉昌齡輯　清末鉛印本　三册　存五卷(一至五)

360000－1913－0001139　170087－1
策府統宗六十五卷　(清)劉昌齡輯　清末同文書局石印本(卷二十八至三十一配清末石印本)　二册　存五卷(六、二十八至三十一)

360000－1913－0001140　170087－2
策府統宗六十五卷　(清)劉昌齡輯　清末石印本　五册　存十卷(七、三十至三十三、四十七至五十一)

360000－1913－0001141　170088

三百六十行必要尺牘□□卷　(清)管斯駿撰　(清)姚印詮注　清光緒二十二年(1896)上海書局石印本　一册　存六卷(一至四、十八至十九)

360000－1913－0001142　170088－1
分類尺牘備覽三十卷　(清)王虎榜輯　清光緒二十四年(1898)上海慎記書莊石印本　四册　存十三卷(一至二、八至十八)

360000－1913－0001143　170088－2
新輯尺牘合璧四卷　(清)許思湄撰　(清)婁世瑞注　(清)邱與久輯　清光緒十三年(1887)上海同文書局石印本　一册　存二卷(一至二)

360000－1913－0001144　170089
四書補註備旨十卷　(明)鄧林撰　清末影印本　二册　存二卷(三至四)

360000－1913－0001145　170090
增補事類賦統編九十三卷首一卷　(清)黄葆真編　清光緒二十年(1894)滬上文海雨記書局石印本　四册　存三十七卷(二至八、三十四至四十五、五十九至七十五,首一卷)

360000－1913－0001146　170091
新鐫校正詳註分類百子金丹全書十卷　(明)郭偉選注　(明)郭中吉編　清末石印本　五册　存八卷(一至八)

360000－1913－0001147　170092
經學輯要二十四卷　(清)吴潁炎輯　清光緒十三年(1887)點石齋石印本　三册　存五卷(十一、二十至二十二、二十四)

360000－1913－0001148　170093
經藝選腴不分卷　(清)浣溪主人輯　清道光十七年(1837)浣溪草舍刻本　一册

360000－1913－0001149　170094
分類尺牘備覽正集八卷續集八卷　(清)柴冕英輯　清末石印本　三册　存三卷(分類尺牘備覽正集二、五,續集三)

360000－1913－0001150　170095
廣治平畧三十六卷　(清)蔡方炳撰　清光緒十三年(1887)大同書局石印本　一册　存八卷(一至八)

360000－1913－0001151　170096
書經精義不分卷　(清)黄淦撰　清末石印本　一册

360000－1913－0001152　170097
禮記揭要六卷　(清)許寶善撰　清光緒上海樂善堂銅版印本　一册　存三卷(四至六)

360000－1913－0001153　170098
江浙日日新時文初集不分卷　(清)□□輯　清光緒五年(1879)刻本　二册

360000－1913－0001154　170098－1
江浙又日新時文續編不分卷　(清)□□輯　清光緒六年(1880)刻本　二册

360000－1913－0001155　170099
經藝選腴四編不分卷　(清)浣溪主人輯　清同治六年(1867)浣溪草舍刻本　八册

360000－1913－0001156　170101
[小題文萃]不分卷　(清)□□輯　清末石印本　一册

360000－1913－0001157　170102
廣雅疏證十卷　(清)王念孫撰　清光緒十九年(1893)上海鴻文書局石印本　一册　存三卷(一至三)

360000－1913－0001158　170103
小題清新集一卷　(清)顧聽泉　(清)王瘦石編　清光緒三年(1877)刻本　二册

360000－1913－0001159　170104
小題十萬選初集不分卷　(清)□□輯　清末石印本　二册　存中庸、下孟

360000－1913－0001160　170105
小題□□卷　(清)□□輯　清刻本　一册　存一卷(十七)

360000－1913－0001161　170106
四書改錯二十二卷　(清)毛奇齡撰　清末石印西河合集本　一册　存七卷(十六至二十

二)

360000－1913－0001162　170107
鑄史駢言十二卷　(清)孫玉田撰　清刻本　一冊　存三卷(三至五)

360000－1913－0001163　170108
大學文椒一卷制藝鎔裁續集一卷　(清)□□輯　清同治十二年(1873)求古齋刻本　一冊

360000－1913－0001164　170109
四書合講十九卷　(清)翁復編　清刻本　二冊　存四卷(孟子四至五、六至七)

360000－1913－0001165　170109－1
四書合講十九卷　(清)翁復編　清刻本　二冊　存三卷(孟子一、六至七)

360000－1913－0001166　170110
豫章書院大題文鈔一卷　(清)張鶴齡輯　清光緒十年(1884)張鶴齡刻本　一冊

360000－1913－0001167　170111
鄉會墨選□□卷　(清)□□輯　清刻本　一冊　存一卷(一)

360000－1913－0001168　170112
精選四書義不分卷　(清)湘南校經堂輯　清光緒二十七年(1901)石印本　一冊

360000－1913－0001169　170113
精選五經義不分卷　(清)湘南校經堂輯　清光緒二十七年(1901)石印本　一冊

360000－1913－0001170　170114
巧搭舒翹不分卷　(清)□□輯　清刻本　三冊　存上論,上孟、下孟

360000－1913－0001171　170115
典林博覽十二卷　(清)鍾運堯輯　清刻本　二冊　存二卷(十一至十二)

360000－1913－0001172　170115－1
典林博覽十二卷　(清)鍾運堯輯　清刻本　七冊　存七卷(三、五至八、十一至十二)

360000－1913－0001173　170116
增廣賦海大全三十卷　(清)□□輯　清末石印本　六冊　存十四卷(二至五、九、十四至十七、二十六至三十)

360000－1913－0001174　170116－1
增廣賦海大全三十卷　(清)□□輯　清末石印本　一冊　存二卷(二至三)

360000－1913－0001175　170116－2
賦海大觀三十二卷　(清)沈祖燕編　清末石印本　四冊　存四卷(一至三、六)

360000－1913－0001176　170117
四書典林三十卷　(清)江永撰　清刻本　二冊　存八卷(十六至十八、二十六至三十)

360000－1913－0001177　170118
策學總纂大成四十六卷　(清)蔡壽祺輯　清刻本　六冊　存二十六卷(一至二、五至六、十一至十六、三十一至四十六)

360000－1913－0001178　170118－1
四書典制匯海四十卷　(清)稡經館主人輯　清刻本　一冊　存一卷(十二)

360000－1913－0001179　170118－2
四書全文不分卷　(清)□□輯　清刻本　一冊

360000－1913－0001180　170119
四書朱子本義匯參不分卷　(清)王步青輯　清光緒三十一年(1905)上海廣益書局石印本　五冊

360000－1913－0001181　170120
制藝鎔裁不分卷　(清)□□輯　清刻本　四冊

360000－1913－0001182　170122
登瀛社稿不分卷　(清)□□輯　清光緒四年(1878)刻本　二冊

360000－1913－0001183　170122－1
登瀛社稿續刊不分卷　(清)□□輯　清同治十年(1871)京都琉璃廠刻本　一冊

360000－1913－0001184　170123
翼雲閣制藝初集不分卷　(清)湯鵬撰　清道光十五年(1835)聚錦堂刻本　二冊

360000 - 1913 - 0001185　170124
文法狐白前集六卷　(清)王賓評選　清經元堂刻本　四冊

360000 - 1913 - 0001186　170125
知困齋試帖二卷　(清)劉兆紳撰　清道光八年(1828)刻本　一冊

360000 - 1913 - 0001187　170126
增批輯註東萊博議註釋四卷　(宋)呂祖謙撰　(清)劉鍾英輯注　清宣統二年(1910)潤德堂鉛印本　四冊

360000 - 1913 - 0001188　170126 - 1
唐詩三百首註疏六卷　(清)孫洙編　(清)章燮注　**續選一卷**　(清)于慶元編　清刻本　二冊　存三卷(唐詩三百首註疏一至二、續選一卷)

360000 - 1913 - 0001189　170126 - 2
合刻註釋張子房解學士千家詩講讀二卷　(明)湯顯祖校釋　清兩儀堂刻本　一冊

360000 - 1913 - 0001190　170126 - 3
新刻註釋張子房解學士千家詩講讀二卷　題(明)湯顯祖校釋　清道光三十年(1850)兩儀堂刻本　一冊

360000 - 1913 - 0001191　170127
注釋典制文琳初集不分卷二集不分卷三集不分卷五集不分卷　(清)倪鑑編　(清)周瀛橋　(清)謝寶堂箋注　清同文堂刻本　七冊

360000 - 1913 - 0001192　170128
經畬堂自訂全稿五卷　(清)儲郁文撰　清三益堂刻本　三冊　存三卷(一至三)

360000 - 1913 - 0001193　170129
新選小題鋭鋒初集不分卷二集不分卷三集不分卷　(清)張嶙編　清刻本　四冊

360000 - 1913 - 0001194　170130
增批直省闈墨不分卷　(清)馮一梅　(清)劉鯤校訂　清光緒三十年(1904)上海書局石印本　十冊

360000 - 1913 - 0001195　170131
賦學正鵠集釋十一卷　(清)李元度輯　清光緒九年(1883)江右文義堂刻本　八冊

360000 - 1913 - 0001196　170133
評點史記一百三十卷　(漢)司馬遷撰　(明)歸有光等評點　清末石印本　五冊　存四十八卷(十八至二十三、三十四至四十一、六十七至七十六、八十八至一百十一)

360000 - 1913 - 0001197　170134
小題別體一卷　(清)李揆一輯　**巧搭分品一卷**　(清)史鑑撰　**巧搭穿楊一卷**　(清)張心蕊撰　**巧搭啓蒙一卷**　(清)史鑑輯　清道光兩儀堂刻本　二冊

360000 - 1913 - 0001198　170135
[寶懺科文合鈔]不分卷　(清)□□輯　清抄本　二十冊

360000 - 1913 - 0001199　170136
新鐫分類評註文武合編百子金丹十卷　(明)郭偉選注　(明)郭中吉編　清刻本　五冊　存六卷(一至六)

360000 - 1913 - 0001200　170137
各省課藝匯海不分卷　(清)□□輯　清末石印本　五冊

360000 - 1913 - 0001201　170138
莊子因六卷　(清)林雲銘撰　清雍正元年(1723)萃華堂刻本　三冊　存三卷(一至三)

360000 - 1913 - 0001202　170139
國朝文錄續編　(清)李祖陶輯　清刻本　四冊　存六種

360000 - 1913 - 0001203　170140
唐詩三百首註疏六卷　(清)孫洙編　(清)章燮注　**續選一卷**　(清)于慶元編　清刻本　一冊　存二卷(三至四)

360000 - 1913 - 0001204　170140 - 1
唐詩三百首續選一卷　(清)于慶元編　清刻本　一冊

360000 - 1913 - 0001205　170140 - 2
唐詩三百首續選一卷　(清)于慶元編　清刻

本　一册

360000－1913－0001206　170140－3
唐詩三百首六卷　（清）孫洙編　清刻本　一册　存三卷（一至三）

360000－1913－0001207　170141
東坡先生詩鈔七卷　（宋）蘇軾撰　（清）周之鱗　（清）柴升編　清刻宋四名家詩本　一册　存二卷（五言古、七言古）

360000－1913－0001208　170142
讀杜心解六卷首二卷　（清）浦起龍撰　清刻本　五册　存六卷（三至六、首二卷）

360000－1913－0001209　170142－1
讀杜心解六卷首二卷　（清）浦起龍撰　清刻本　二册　存三卷（一、首二卷）

360000－1913－0001210　170144
四憶堂詩集六卷遺稿一卷　（清）侯方域撰　（清）賈開宗等選注　清刻本　一册　存三卷（一至三）

360000－1913－0001211　170144－1
四憶堂詩集六卷遺稿一卷　（清）侯方域撰　（清）賈開宗等選注　清刻本　一册　存三卷（一至三）

360000－1913－0001212　170145
卷施閣文乙集八卷　（清）洪亮吉撰　清乾隆五十一年（1786）刻本　一册　存四卷（一至四）

360000－1913－0001213　170146
京師大學堂倫理學講義一卷　（清）張鶴齡撰　**京師大學堂經學科講義一卷**　王舟瑶撰　清末鉛印本　一册

360000－1913－0001214　170146－1
京師大學堂史學科講義一卷　屠寄撰　**京師大學堂萬國史講義一卷**　（日本）服部宇之吉撰　清末鉛印本　一册

360000－1913－0001215　170149
同館試律彙鈔二十四卷　（清）法式善等輯　清刻本　四册　存十卷（二至四、八至十四）

360000－1913－0001216　170150
有正味齋試帖詳註四卷　（清）吳錫麒撰　（清）吳掄　（清）吳敬恒注　清道光十二年（1832）三讓堂刻本　二册

360000－1913－0001217　170151
發蒙針度初集不分卷　（清）王惟梅編　清刻本　二册

360000－1913－0001218　170152
國朝制藝春霆集不分卷　（清）李鳴謙　（清）吳承緒輯　清刻本　四册

360000－1913－0001219　170153
童子問廣集一卷　（清）王鳴昌撰　清康熙二十九年（1690）刻本　一册

360000－1913－0001220　170154
驪珠百篇不分卷　（清）吕朝颺編　清道光十三年（1833）刻本　二册

360000－1913－0001221　170155
少嵒賦草四卷　（清）夏思沺撰　清道光七年（1827）昭德堂刻本　二册

360000－1913－0001222　170156
我法集二卷　（清）紀昀撰　清玉軸樓刻本　二册

360000－1913－0001223　170157
張太史塾課八卷　（清）張江撰　清文富堂刻本　四册

360000－1913－0001224　170158
向蘭皋先生小題文不分卷　（清）向日貞撰　（清）左史　（清）魯質評　清兩儀堂刻本　四册

360000－1913－0001225　170159
天崇讀本百篇五卷　（清）吳懋政輯　清乾隆五十一年（1786）刻本　二册

360000－1913－0001226　170160
詠物詩選註釋八卷　（清）俞琰輯　（清）易開縉　（清）孫溶鳴注　清嘉慶十五年（1810）經元堂刻本　四册

360000－1913－0001227　170161

鐵網珊瑚初集不分卷二集不分卷三集不分卷　(清)沈鏡堂輯　清光緒十六年(1890)兩儀堂刻本　六冊

360000－1913－0001228　170162
墨輮五編(光緒己丑恩科直省鄉試墨選)不分卷　(清)傅鍾麟評選　清光緒刻本　六冊

360000－1913－0001229　170163
賦學正鵠集釋十一卷　(清)李元度輯　清光緒七年(1881)刻本　六冊

360000－1913－0001230　170164
己丑年讀本不分卷　(清)□□輯　清抄本　一冊

360000－1913－0001231　170164－1
[課藝選鈔]不分卷　(清)□□輯　清抄本　一冊

360000－1913－0001232　170164－3
儀禮十七卷　清咸豐元年(1851)抄本　三冊　存八卷(七至八、十二至十七)

360000－1913－0001233　170164－4
左傳十五卷　清道光二十八年(1848)抄本　一冊　存四卷(三、六、十一至十二)

360000－1913－0001234　170164－5
爾雅二卷　(晉)郭璞注　清道光三十年(1850)抄本　一冊　存一卷(下)

360000－1913－0001235　170165
張太史稿不分卷　(清)張江撰　(清)王步青評　清刻本　四冊

360000－1913－0001236　170165－1
張太史稿不分卷　(清)張江撰　(清)王步青評　清刻本　二冊　存上論、下論，中庸，下孟

360000－1913－0001237　170166
說詩樂趣類編二十卷　(清)伍涵芬輯　清嘉慶六年(1801)刻本　六冊

360000－1913－0001238　170168
悔學堂集三卷　(清)江式撰　清嘉慶刻本　一冊

360000－1913－0001239　170169
浙游草二卷　(清)劉夢蓮撰　清嘉慶二十五年(1820)刻本　一冊　存一卷(一)

360000－1913－0001240　170170
類薈詩標二卷　(清)伍斯琳輯　清刻本　一冊　存一卷(上)

360000－1913－0001241　170171
度支摘要□□卷　(清)□□輯　清抄本　四冊　存二十三卷(五至二十七)

360000－1913－0001242　170172
通行通飭不分卷　(清)□□輯　清光緒抄本　一冊

360000－1913－0001243　170172－1
律訓鈔□□卷　(清)□□輯　清抄本　一冊　存五卷(六至十)

360000－1913－0001244　170172－2
史論不分卷　(清)□□輯　清抄本　一冊

360000－1913－0001245　170172－3
[江西辦理交涉民教事務備要]不分卷　(清)□□輯　清光緒抄本　一冊

360000－1913－0001246　170173
辦案必備不分卷　(清)□□輯　清光緒石麓山人抄本　一冊

360000－1913－0001247　170174
成案□□卷　(清)□□輯　清石麓山人抄本　一冊　存一卷(四)

360000－1913－0001248　170175
奏摺譜一卷　(清)饒旬宣撰　清抄本　一冊

360000－1913－0001249　170177
唐詩鼓吹十卷　(金)元好問輯　(元)郝天挺注　(明)廖文炳解　清三樂齋刻本　四冊

360000－1913－0001250　170178
東嵒艸堂評訂唐詩鼓吹十卷　(金)元好問輯　(元)郝天挺注　(明)廖文炳解　(清)朱三錫評　清康熙二十七年(1688)刻本　一冊　存二卷(一至二)

360000－1913－0001251　170179
庚辰集五卷　(清)紀昀編　清刻本　四冊

360000－1913－0001252　170180
庚辰集五卷　(清)紀昀編　清刻本　二冊　存三卷(一、三至四)

360000－1913－0001253　170181
字彙十二集首一卷末一卷　(明)梅膺祚撰　清刻本　四冊　存四集(未、申、戌、亥)

360000－1913－0001254　170182
字彙十二集首一卷末一卷　(明)梅膺祚撰　清刻本　二冊　存二集(申、亥)

360000－1913－0001255　170183
字彙十二集首一卷末一卷　(明)梅膺祚撰　清刻本　一冊　存一集(申)

360000－1913－0001256　170184
字彙十二集首一卷末一卷　(明)梅膺祚撰　清刻本　三冊　存三集(申、酉、戌)

360000－1913－0001257　170185
字彙十二集首一卷末一卷　(明)梅膺祚撰　清刻本　四冊　存四集(未、申、酉、戌)

360000－1913－0001258　170186
刑案成式十卷　(清)孟慶雲輯　清抄本　三冊　存二卷(一、七)

360000－1913－0001259　170187
[獎恤章程]不分卷　(清)□□輯　清抄本　一冊

360000－1913－0001260　170188
吳詩集覽二十卷　(清)吳偉業撰　(清)靳榮藩輯　清刻本　一冊　存二卷(九下、十)

360000－1913－0001261　170189
南豐先生元豐類藁五十三卷　(宋)曾鞏撰　清康熙五十六年(1717)長洲顧崧齡刻本　一冊　存總目

360000－1913－0001262　180001
仁在堂全集　(清)路德輯　清同治六年(1867)刻本　七冊

360000－1913－0001263　180002
分類文腋八卷　(清)李楨編　(清)李煒批注　清同文堂刻本　四冊

360000－1913－0001264　180003
塾課文鈔八集　(清)王步青評　(清)于光華編　清刻本　六冊　存四集(一、三、六至七)

360000－1913－0001265　180005
古文析義十六卷　(清)林雲銘評注　清刻本　十三冊　存十五卷(一至十五)

360000－1913－0001266　180005－1
古文析義十六卷　(清)林雲銘評注　清刻本　六冊　存八卷(二、四至六、八、十至十二)

360000－1913－0001267　180005－2
古文析義十六卷　(清)林雲銘評注　清刻本　五冊　存五卷(二至六)

360000－1913－0001268　180006
袁王綱鑑合編三十九卷　(明)袁黄　(明)王世貞編　清光緒三十年(1904)上海商務印書館鉛印本　十六冊

360000－1913－0001269　180006－1
袁王綱鑑合編三十九卷　(明)袁黄　(明)王世貞編　清光緒三十年(1904)上海商務印書館鉛印本　一冊　存三卷(三十四至三十六)

360000－1913－0001270　180007
經藝選腴初編不分卷續編不分卷三編不分卷　(清)浣溪主人輯　清道光二十四年至同治六年(1844－1867)浣溪草舍刻本　二十九冊

360000－1913－0001271　180008
本草萬方鍼線八卷　(清)蔡烈先輯　清光緒三十年(1904)同文書局石印本　一冊　存六卷(一至六)

360000－1913－0001272　180009
金匱方歌括六卷　(清)陳念祖撰　清末石印本　一冊

360000－1913－0001273　180010
長沙方歌括六卷　(清)陳念祖撰　清末石印本　一冊

360000－1913－0001274　180011
本草綱目五十二卷　(明)李時珍撰　**本草綱目拾遺十卷**　(清)趙學敏輯　清光緒三十年(1904)同文書局石印本　三册　存十二卷(二十八至三十二、五十一至五十二,本草綱目拾遺一至五)

360000－1913－0001275　180011－1
本草綱目五十二卷瀕湖脈學一卷奇經八脈攷一卷脈訣攷證一卷　(明)李時珍撰　清末鉛印本　一册　存四卷(一、瀕湖脈學一卷、奇經八脈攷一卷、脈訣攷證一卷)

360000－1913－0001276　180012
濟陰綱目十四卷　(明)武之望撰　(清)汪淇箋釋　清刻本　一册　存二卷(八至九)

360000－1913－0001277　180013
醫學實在易八卷　(清)陳念祖撰　清刻本　三册　存六卷(三至八)

360000－1913－0001278　180014
孫真人千金方衍義三十卷　(清)張璐撰　清掃葉山房刻本　一册　存一卷(十三)

360000－1913－0001279　180014－1
太醫院增補青囊藥性賦直解□□卷　(明)羅必煒參訂　清刻本　一册　存五卷(一至五)

360000－1913－0001280　180014－2
太醫院增補醫方捷徑九卷四言舉要一卷　(明)羅必煒參訂　清刻本　一册　存五卷(六至九、四言舉要一卷)

360000－1913－0001281　180014－3
醫宗說約六卷　(清)蔣示吉撰　清二酉堂刻本　一册　存一卷(四)

360000－1913－0001282　180014－4
本草求真九卷　(清)黄宫繡撰　清刻本　一册　存一卷(二)

360000－1913－0001283　180014－5
本草備要四卷　(清)汪昂撰　清刻本　一册　存一卷(四)

360000－1913－0001284　180015
陳修園醫書　(清)陳念祖撰　清光緒三十四年(1908)寶慶經元書局刻本　三册　存三種

360000－1913－0001285　180016
古文析義十六卷　(清)林雲銘評注　清刻本　四册　存四卷(四至五、八、十六)

360000－1913－0001286　180016－1
古文析義十六卷　(清)林雲銘評注　清刻本　二册　存二卷(二、十六)

360000－1913－0001287　180016－2
古文析義十六卷　(清)林雲銘評注　清刻本　一册　存一卷(九)

360000－1913－0001288　180016－3
古文析義十六卷　(清)林雲銘評注　清芥子園刻本　二册　存二卷(二至三)

360000－1913－0001289　180016－4
古文析義十六卷　(清)林雲銘評注　清芥子園刻本　一册　存一卷(二)

360000－1913－0001290　180016－5
四大奇書第一種六十卷一百二十回　(明)羅本撰　(清)毛宗崗評　清刻本　二册　存八卷(一至三、二十九至三十三)十六回(一至六、五十七至六十六)

360000－1913－0001291　180017
資治通鑑綱目五十九卷　(宋)朱熹撰　(明)陳仁錫評　**續資治通鑑綱目二十七卷**　(明)商輅撰　(明)陳仁錫評　清刻本　八册　存七卷(五十,續資治通鑑綱目三至四、七、十七至十八、二十七)

360000－1913－0001292　180017－1
御撰資治通鑑綱目三編二十卷　(清)張廷玉等撰　清刻本　五册　存十九卷(一至九、十一至二十)

360000－1913－0001293　180017－2
御撰資治通鑑綱目三編二十卷　(清)張廷玉等撰　清刻本　一册　存六卷(十五至二十)

360000－1913－0001294　180017－3
新刊趙田了凡袁先生編纂古本歷史大方綱鑑

補三十九卷首一卷 (明)袁黄纂 清刻本 一册 存二卷(三十六至三十七)

360000－1913－0001295 190001
皇朝經世文編一百二十卷 (清)賀長齡輯 清末鉛印本 二十册 存一百一卷(十五至九十三、九十九至一百二十)

360000－1913－0001296 190002
御批歷代通鑑輯覽一百二十卷 (清)傅恒等撰 清末石印本 十九册 存九十二卷(二十九至一百二十)

360000－1913－0001297 190004
鼎鍥趙田了凡袁先生編纂古本歷史大方綱鑑補三十九卷首一卷 (明)袁黄纂 **御撰資治通鑑綱目三編二十卷** (清)張廷玉等撰 清末文盛書局石印本 十五册 存十卷(一至九、御撰資治通鑑綱目三編一)

360000－1913－0001298 190005
重訂王鳳洲先生綱鑑會纂四十六卷續宋元紀二十三卷 (明)王世貞撰 **御撰資治通鑑綱目三編四卷** (清)張廷玉等撰 清末上海章福記書局石印本 十六册

360000－1913－0001299 190006
御批歷代通鑑輯覽一百二十卷 (清)傅恒等撰 清光緒二十九年(1903)畫錦堂石印本 十册

360000－1913－0001300 190006－1
御批歷代通鑑輯覽一百二十卷 (清)傅恒等撰 清末上海商務印書館鉛印本 一册 存三卷(六十四至六十六)

360000－1913－0001301 190007
讀通鑑論十六卷附宋論十五卷 (清)王夫之撰 清末上海商務印書館鉛印本 十册

360000－1913－0001302 190008
欽定大清會典一百卷 (清)張廷玉等纂修 清光緒十九年(1893)上海圖書集成印書局鉛印本 八册

360000－1913－0001303 190009
鼎鍥趙田了凡袁先生編纂古本歷史大方綱鑑補四十卷 (明)袁黄纂 清刻本 十册 存十一卷(二十九至三十三、三十五至四十)

360000－1913－0001304 190009－1
鼎鍥趙田了凡袁先生編纂古本歷史大方綱鑑補三十九卷首一卷 (明)袁黄纂 清刻本 三册 存五卷(二十三、二十八、三十二至三十四)

360000－1913－0001305 190010
後漢書一百二十卷 (南朝宋)范曄撰 (唐)李賢注 (晉)司馬彪撰志 (南朝梁)劉昭注補 清刻本 十九册 存七十二卷(三十四至九十三、九十七至一百、一百八至一百九、一百十二至一百十七)

360000－1913－0001306 200001
三官賜福赦罪解阨真經持經要訣一卷太上三元賜福赦罪解阨法懺一卷 清同治十年(1871)同善堂刻本 一册

360000－1913－0001307 200002
大方便佛報恩經七卷 (□)□□譯 清刻本 一册 存四卷(一至四)

360000－1913－0001308 200002－1
瑜伽師地論一百卷 (唐)釋玄奘譯 清刻本 一册 存二卷(八十七至八十八)

360000－1913－0001309 200003
成唯識論述記六十卷 (唐)釋窺基撰 清光緒二十七年(1901)金陵刻經處刻本 一册 存三卷(一至三)

360000－1913－0001310 200003－1
佛教初學課本一卷注一卷 (清)楊文會撰 清光緒三十二年(1906)金陵刻經處刻本 一册

360000－1913－0001311 200003－2
等不等觀雜錄八卷 (清)楊文會撰 清刻本 一册 存二卷(五至六)

360000－1913－0001312 200003－3
大佛頂如來密因修證了義諸菩薩萬行首楞嚴

經十卷 (唐)釋般剌密帝 (唐)釋彌伽釋迦譯 清刻本 一冊 存一卷(七)

360000－1913－0001313 200004
宗鏡錄一百卷 (宋)釋延壽輯 清刻本 二冊 存十卷(二十一至二十五、三十六至四十)

360000－1913－0001314 200004－1
御錄宗鏡大綱二十卷 (宋)釋延壽輯 (清)世宗胤禛錄 清刻本 一冊 存五卷(十一至十五)

360000－1913－0001315 200007
歷代名臣言行錄二十四卷 (清)朱桓輯 清光緒二十三年(1897)上海晏文盛堂石印本 二冊 存六卷(一至三、七至九)

360000－1913－0001316 200007－1
歷代名臣言行錄二十四卷 (清)朱桓輯 清末鉛印本 八冊 存十六卷(三至六、九至二十)

360000－1913－0001317 200008
資治新書二集二十卷 (清)李漁輯 清芥子園刻本 十冊 存十八卷(一至十二、十五至二十)

360000－1913－0001318 200009
後漢書九十卷 (南朝宋)范曄撰 (唐)李賢注 **志三十卷** (晉)司馬彪撰 (南朝梁)劉昭注補 清光緒三十一年(1905)上海久敬齋石印本 六冊 存九十四卷(一至八十三、一百十至一百二十)

360000－1913－0001319 200010
南史八十卷附考證 (唐)李延壽撰 清末鉛印本 一冊 存六卷(十七至二十二)

360000－1913－0001320 200011
精選策學四百卷 (清)□□輯 清末石印本 五冊 存四十五卷(六十一至七十九、一百四十八至一百六十五、二百一至二百八)

360000－1913－0001321 200012
普天忠憤全集十四卷 (清)孔廣德輯 清光緒二十一年(1895)石印本 十二冊

360000－1913－0001322 200013
三國志六十五卷 (晉)陳壽撰 (南朝宋)裴松之注 清刻本 十七冊 存五十五卷(魏志三至十一、十五至三十,蜀志十五卷,吳志一至十五)

360000－1913－0001323 200014
時務通攷三十一卷續編三十一卷 (清)杞廬主人輯 清光緒二十三年(1897)上海點石齋石印本 十九冊 存三十五卷(時務通攷五至八、十二、十七至二十一、二十四至二十八,續編三、六至二十四)

360000－1913－0001324 200014－1
時務通攷三十一卷續編三十一卷 (清)杞廬主人輯 清末石印本 六冊 存十卷(時務通攷十至十一、十四至十六、二十五,續編三、十三至十五)

360000－1913－0001325 210002
續廣事類賦三十卷 (清)王鳳喈撰 清刻本 八冊 存二十二卷(四至七、十至十四、十八至三十)

360000－1913－0001326 210003
萬國分類時務大成四十卷 (清)錢豐輯 清末石印本 十八冊 存二十七卷(七至十八、二十三至三十二、三十六至四十)

360000－1913－0001327 210004
三通考輯要七十六卷 湯壽潛輯 清末鉛印本 二十八冊 存七十卷(文獻通考輯要五至二十四,欽定續文獻通考輯要一至十七、二十至二十六,皇朝文獻通考輯要二十六卷)

360000－1913－0001328 210005
增補綱鑑輯要四十卷首一卷 (明)袁黃纂
御撰資治通鑑綱目三編二十卷 (清)張廷玉等撰 清兩儀堂刻本 二十六冊 存三十七卷(一至二十二、二十四至二十七,首一卷;御撰資治通鑑綱目三編六至十五)

360000－1913－0001329 210007
增補綱鑑輯要四十卷首一卷 (明)袁黃纂

清兩儀堂刻本　十八册　存二十二卷(一至二十、二十二,首一卷)

360000－1913－0001330　220001
前漢書一百二十卷　(漢)班固撰　(唐)顔師古注　清刻本　十六册　存四十三卷(五十八至一百)

360000－1913－0001331　220002
後漢書九十卷　(南朝宋)范曄撰　(唐)李賢注　**志三十卷**　(晉)司馬彪撰　(南朝梁)劉昭注補　清刻本　八册　存三十三卷(一至三十三)

360000－1913－0001332　220003
尺木堂綱鑑易知錄九十二卷　(清)吳乘權等輯　清末鉛印本　六册　存三十九卷(十三至十九、四十八至五十四、六十一至七十四、八十二至九十二)

360000－1913－0001333　220005
廬山志十五卷首一卷　(清)毛德琦撰　清康熙五十九年(1720)順德堂刻本　二册　存三卷(九至十、十三)

360000－1913－0001334　220006
經餘必讀八卷續編八卷三集四卷　(清)雷琳等輯　清光緒二年(1876)退補齋刻本　七册　存十四卷(經餘必讀一至四、續編一至六、三集四卷)

360000－1913－0001335　220007
春秋五傳十七卷首一卷　(明)張岐然編　(清)張璞重編　清會文堂刻本　一册　存一卷(十一)

360000－1913－0001336　220008
書經體註大全合參六卷　(清)錢希祥輯　**書經六卷**　(宋)蔡沈集傳　清刻本　四册

360000－1913－0001337　220008－1
書經體註大全合參六卷　(清)錢希祥輯　**書經六卷**　(宋)蔡沈集傳　清刻本　二册　存六卷(書經體註大全合參二至四、書經二至四)

360000－1913－0001338　230001
太醫院增補青囊藥性賦直解一卷醫方捷徑一卷　(明)羅必煒彖訂　清兩義堂刻本　一册

360000－1913－0001339　230001－1
太醫院增補青囊藥性賦直解一卷醫方捷徑一卷　(明)羅必煒彖訂　清刻本　一册

360000－1913－0001340　230002
藥品化義十三卷　(明)賈所學撰　(清)李延是補訂　清光緒三十年(1904)北京郁文書店鉛印本　一册

360000－1913－0001341　230003
唐詩金粉十卷　(清)沈炳震輯　清雍正二年(1724)冬讀書齋刻本　四册

360000－1913－0001342　230004
傷寒附翼二卷　(清)柯琴編　清刻本　一册　存一卷(下)

360000－1913－0001343　230005
蠶桑輯要不分卷　(清)沈秉成撰　**廣蠶桑說一卷**　(清)沈練撰　清光緒二十二年(1896)江西書局刻本　一册

360000－1913－0001344　230006
農業工學教科書不分卷　(日本)上野英三郎撰　清末石印本　一册

360000－1913－0001345　230007
鍥旁註事類捷錄十五卷　(明)鄧志謨輯　明萬曆書林余氏萃慶堂刻本　二册

360000－1913－0001346　230008
簡明中西匯參醫學圖說不分卷　(清)王有忠輯　清光緒三十二年(1906)上海廣益書局石印本　一册

360000－1913－0001347　230009
小題不分卷　(清)□□輯　清末刻本　十六册

360000－1913－0001348　230010
制藝萃珍十卷　(清)懷芳居士輯　清刻本　二册　存四卷(三至四、九至十)

360000－1913－0001349　230011

詩學含英十四卷　(清)劉文蔚輯　清文立堂刻本　一册　存四卷(一至四)

360000－1913－0001350　230011－1
詩學含英十四卷　(清)劉文蔚輯　清大道堂刻本　一册　存六卷(九至十四)

360000－1913－0001351　230012
秘傳花鏡六卷　(清)陳淏子輯　清芸生堂刻本　一册　存二卷(一至二)

360000－1913－0001352　230013
續輯明刑圖說一卷　(清)胡鴻澤輯　清光緒八年(1882)涇川胡氏刻本　一册

360000－1913－0001353　230014
佩文韻府一百六卷　(清)張玉書　(清)蔡升元等輯　清刻本　一册　存一卷(六十四)

360000－1913－0001354　230015
女科輯要二卷　(清)沈又彭撰　**陽宅都天滚盤珠要法一卷**　(清)瞿天賚撰　清刻本　一册　存二卷(女科輯要下、陽宅都天滚盤珠要法一卷)

360000－1913－0001355　230015－1
婦科指歸四卷　(清)曾鼎撰　清刻本　一册　存一卷(二)

360000－1913－0001356　230016
痳科活人全書四卷　(清)謝玉瓊撰　清刻本　一册　存一卷(三)

360000－1913－0001357　230016－1
痳科活人全書四卷　(清)謝玉瓊撰　清刻本　一册　存一卷(三)

360000－1913－0001358　230017
靈素節要淺註十二卷　(清)陳念祖撰　清刻本　一册　存三卷(六至八)

360000－1913－0001359　230017－1
傷寒真方歌括六卷　(清)陳念祖撰　清刻本　一册

360000－1913－0001360　230017－2
金匱要略淺註十卷　(清)陳念祖撰　清刻本　一册　存二卷(一至二)

360000－1913－0001361　230018
本草從新十八卷　(清)吳儀洛輯　清光緒二十二年(1896)上海圖書集成印書局鉛印本　二册　存九卷(一至九)

360000－1913－0001362　240001
御批歷代通鑑輯覽一百二十卷　(清)傅恒等撰　清刻本　十一册　存十七卷(十七至十八、二十一至二十三、二十五至二十八、四十四至四十五、五十六、七十五至七十六、九十至九十一、九十七)

360000－1913－0001363　240001－1
綱鑑會纂三十九卷首一卷　(明)王世貞編　清刻本　七册　存八卷(八、十至十一、十六、二十四、二十七、三十一至三十二)

360000－1913－0001364　240001－2
綱鑑會纂三十九卷首一卷　(明)王世貞編　清刻本　三册　存三卷(二十四至二十六)

360000－1913－0001365　240001－3
御撰資治通鑑綱目三編二十卷　(清)張廷玉等撰　清刻本　三册　存九卷(六至九、十六至二十)

360000－1913－0001366　240001－4
御撰資治通鑑綱目三編二十卷　(清)張廷玉等撰　清刻本　一册　存四卷(六至九)

360000－1913－0001367　240001－5
漢書一百卷　(漢)班固撰　(唐)顔師古注　**後漢書九十卷**　(南朝宋)范曄撰　(唐)李賢注　**志三十卷**　(晉)司馬彪撰　(南朝梁)劉昭注補　明崇禎毛氏汲古閣刻本　八册　存三十四卷(漢書二十八至三十、八十六至九十、九十九至一百,後漢書二十六至四十四、七十三至七十七)

360000－1913－0001368　240002
資治通鑑綱目五十九卷　(宋)朱熹撰　(明)陳仁錫評　**資治通鑑綱目前編二十五卷**　(明)南軒撰　(明)陳仁錫評　**續資治通鑑綱目二十七卷**　(明)商輅撰　(明)陳仁錫評　清刻本　五十五册　存五十一卷(資治通鑑

綱目一至五、七至八、十至十三、十五至十七、二十一、二十八、三十六、三十八至四十、四十四、五十一至五十二、五十四至五十五,前編十四至十九,續一至二、五至十二、十四、十六至十七、二十、二十二至二十七)

360000－1913－0001369　240002－1
資治通鑑綱目五十九卷　(宋)朱熹撰　(明)陳仁錫評　清刻本　二册　存二卷(四、十)

360000－1913－0001370　240002－2
綱鑑會纂三十九卷首一卷　(明)王世貞編　清刻本　一册　存一卷(十四)

360000－1913－0001371　240003
星平集腋統宗四卷　(清)廖瀛海輯　清光緒四年(1878)刻本　一册　存二卷(一至二)

360000－1913－0001372　240004
典制小題逢年不分卷　(清)章守待評選　清刻本　二皿

360000－1913－0001373　240005
續後漢書四十二卷義例一卷音義四卷　(宋)蕭常撰　清同治八年(1869)刻本　一册　存七卷(一至七)

360000－1913－0001374　240006
蘭雪堂古事苑定本十二卷　(明)鄧志謨輯　清蘭雪堂刻本　二册　存二卷(九、十二)

360000－1913－0001375　240007
史記評林一百三十卷　(明)凌稚隆輯　清刻本　九册　存四十二卷(七十六至九十六、一百三至一百十六、一百二十四至一百三十)

360000－1913－0001376　240008
先文恭公[陳弘謀]年譜十二卷　(清)陳鍾珂輯　清刻本　二册　存六卷(七至十二)

360000－1913－0001377　240009
名法指掌增訂二卷　(清)沈辛田撰　清道光十六年(1836)經元升刻本　三册

360000－1913－0001378　240010
藝苑菁華不分卷　(清)吟花講舍主人輯　清同治四年(1865)吟花講舍刻本　八册

360000－1913－0001379　240011
經餘必讀八卷續編八卷三集四卷　(清)雷琳等輯　清刻本　六册

360000－1913－0001380　240012
韻蘭集賦鈔六卷　(清)陸雲槎輯　清務本堂刻本　四册

360000－1913－0001381　240014
皇朝經世文編一百二十卷　(清)賀長齡輯　清光緒石印本　二十册　存一百卷(六至一百五)

360000－1913－0001382　240015
皇朝經世文續編一百二十卷　(清)葛士濬輯　清末鉛印本　十一册　存四十卷(三十二至三十五、七十九至一百六、一百十三至一百二十)

360000－1913－0001383　240016
登壇必究四十卷　(明)王鳴鶴撰　清木活字印本　三十七册　存十八卷(十六至二十八、三十三、三十七至四十)

360000－1913－0001384　250000
續資治通鑑二百二十卷　(清)畢沅撰　清乾隆鎮洋畢氏刻嘉慶六年(1801)桐鄉馮氏德裕堂續刻本　八册　存三十一卷(一至三十一)

360000－1913－0001385　250001
綱鑑易知錄九十二卷　(清)吳乘權等輯　清刻本　二十册　存四十五卷(十二至十九、五十二至六十五、六十八至八十五、八十八至九十二)

360000－1913－0001386　250001－1
尺木堂綱鑑易知錄九十二卷　(清)吳乘權等輯　清末鉛印本　二册　存十三卷(五十五至六十、七十五至八十一)

360000－1913－0001387　250001－2
尺木堂綱鑑易知錄九十二卷　(清)吳乘權等輯　清末鉛印本　二册　存十四卷(十九至二十五、四十七至五十三)

360000－1913－0001388　250001－3

尺木堂綱鑑易知錄九十二卷　（清）吳乘權等輯　清刻本　二十九冊　存七十五卷（十四至五十四、五十七至七十二、七十五至九十二）

360000－1913－0001389　250001－4
尺木堂綱鑑易知錄九十二卷　（清）吳乘權等輯　清刻本　十冊　存二十五卷（二至七、十、十二至十四、五十三至五十五、六十三至六十六、七十四至七十六、八十八至九十二）

360000－1913－0001390　250001－5
尺木堂綱鑑易知錄九十二卷　（清）吳乘權等輯　清刻本　二冊　存七卷（七十六至七十九、八十四至八十六）

360000－1913－0001391　250001－6
新刊趙田了凡袁先生編纂古本歷史大方綱鑑補三十九卷首一卷　（明）袁黄纂　清刻本　十八冊　存二十卷（九、十一至二十九）

360000－1913－0001392　250001－7
新刊趙田了凡袁先生編纂古本歷史大方綱鑑補三十九卷首一卷　（明）袁黄纂　清刻本　一冊　存一卷（十二）

360000－1913－0001393　250002
帶經堂詩話三十卷首一卷　（清）王士禛撰　（清）張宗柟輯　清末掃葉山房石印本　一冊　存六卷（十九至二十四）

360000－1913－0001394　250004
寄園寄所寄十二卷　（清）趙吉士撰　清刻本　六冊　存七卷（一、三至四、六至九）

360000－1913－0001395　250005
文選六十卷　（南朝梁）蕭統輯　（唐）李善注　**考異十卷**　（清）胡克家撰　清末石印本　五冊　存三十九卷（七至十五、三十一至六十）

360000－1913－0001396　250008
詩韻合璧五卷　（清）湯文潞編　清光緒十三年（1887）廣百宋齋鉛印本　五冊

360000－1913－0001397　250010
香祖樓二卷　（清）蔣士銓填詞　（清）羅聘評文　（清）陳守詒訂譜　清末影印本　一冊　存一卷（下）

360000－1913－0001398　260001
仁在堂時藝辨不分卷　（清）路德輯　清道光刻本　二冊

360000－1913－0001399　260002
仁在堂時藝辨不分卷　（清）路德輯　清道光刻本　二冊

360000－1913－0001400　260004
塾課小題分編八集不分卷　（清）王步青編　（清）于光華注釋　清桂華樓刻本　十冊

360000－1913－0001401　260005
續試律大觀三十二卷　（清）周夢熊輯　清同治四年（1865）八政堂刻本　六冊　存三十卷（一至三十）

360000－1913－0001402　260006
文選六十卷　（南朝梁）蕭統輯　（唐）李善注　明末海虞毛氏汲古閣刻清康熙二十五年（1686）錢士謐重修本　九冊

360000－1913－0001403　260007
文選六十卷　（南朝梁）蕭統輯　（唐）李善注　明末海虞毛氏汲古閣刻本　八冊　存三十卷（三十一至六十）

360000－1913－0001404　260008
文選六十卷　（南朝梁）蕭統輯　（唐）李善注　（清）何焯評　清乾隆三十七年（1772）長洲葉氏海錄軒刻朱墨套印本　二冊　存八卷（一至四、二十至二十三）

360000－1913－0001405　260009
文選六十卷　（南朝梁）蕭統輯　（唐）李善注　（清）何焯評　清乾隆三十七年（1772）長洲葉氏海錄軒刻朱墨套印本　七冊　存四十二卷（一至十三、二十至二十五、三十一至三十五、三十七至四十八、五十一至五十六）

360000－1913－0001406　260010
文選六十卷　（南朝梁）蕭統輯　（唐）李善注

（清）何焯評　清乾隆三十七年（1772）長洲葉氏海錄軒刻朱墨套印本　八冊　存四十卷（六至二十、二十五至三十九、四十五至五十四）

360000－1913－0001407　260011
重訂文選集評十五卷首一卷末一卷　（南朝梁）蕭統輯　（清）于光華編　清刻本　六冊　存六卷（九至十四）

360000－1913－0001408　260011－1
重訂文選集評十五卷首一卷末一卷　（南朝梁）蕭統輯　（清）于光華編　清刻本　一冊　存一卷（十三）

360000－1913－0001409　260012
重訂文選集評十五卷首一卷末一卷　（南朝梁）蕭統輯　（清）于光華編　清刻本　二冊　存三卷（十二、十五，末一卷）

360000－1913－0001410　260012－1
文選六十卷　（南朝梁）蕭統輯　（唐）李善注　清同治八年（1869）金陵書局刻本　一冊　存六卷（一至六）

360000－1913－0001411　260013
憑山閣增輯留青新集三十卷　（清）陳枚輯　（清）陳德裕增輯　清康熙刻本　一冊　存二卷（二十二至二十三）

360000－1913－0001412　260014
增訂昭明文選集成詳註六十卷首一卷　（清）方廷珪評點　（清）于光華輯注　（清）陳雲程補訂　清吳氏龍江書屋吳氏刻本　一冊　存四卷（四十九至五十二）

360000－1913－0001413　260016
憑山閣增輯留青新集三十卷　（清）陳枚輯　（清）陳德裕增輯　清康熙刻本　六冊　存五卷（七、十六、二十至二十二）

360000－1913－0001414　260017
笠翁詩集□□卷　（清）李漁撰　清芥子園刻本　一冊　存一卷（五）

360000－1913－0001415　260018
閱微草堂筆記二十四卷　（清）紀昀撰　清光緒三年（1877）刻本　五冊　存十二卷（如是我聞三至四、姑妄聽之四卷、灤陽續錄六卷）

360000－1913－0001416　260019
鼎鍥趙田了凡袁先生編纂古本歷史大方綱鑑補三十九卷首一卷　（明）袁黄纂　清刻本　五冊　存七卷（四、七、二十三至二十五、二十九、三十七）

360000－1913－0001417　260019－1
鼎鍥趙田了凡袁先生編纂古本歷史大方綱鑑補三十九卷首一卷　（明）袁黄纂　清刻本　一冊　存一卷（二十四）

360000－1913－0001418　260020
八銘塾鈔初集不分卷二集不分卷　（清）吳懋政輯　清光緒十年（1884）京都刻本　七冊

360000－1913－0001419　260021
註釋四六類腋十九卷　（清）榮祺昌撰　清光緒九年（1883）善成堂刻本　七冊　存十八卷（一至八、十至十九）

360000－1913－0001420　260022
詩句題解韻編六卷　（清）陳維屏輯　清同治三年（1864）京都琉璃廠刻本　六冊

360000－1913－0001421　260022－1
詩句題解韻編六卷　（清）陳維屏輯　清同治三年（1864）京都琉璃廠刻本　四冊　存四卷（三至六）

360000－1913－0001422　260023
少嵒賦草四卷　（清）夏思沺撰　清光緒十三年（1887）文星堂刻本　二冊

360000－1913－0001423　260023－1
少嵒賦草四卷續集一卷　（清）夏思沺撰　清光緒元年（1875）松盛堂刻本　二冊

360000－1913－0001424　260023－2
少嵒賦草四卷續一卷　（清）夏思沺撰　清道光二十五年（1845）大文堂刻本　二冊

360000－1913－0001425　260024
青雲集分韻試帖詳注四卷　（清）楊逢春

(清)蕭應櫆輯 (清)沈品華等注 清道光二十七年(1847)經綸堂刻本 一冊

360000－1913－0001426 260025
子史輯要詩賦題解四卷續編四卷 (清)胡本淵編 **夏小正四卷** (清)任兆麟注 清刻本 二冊

360000－1913－0001427 260025－1
子史輯要詩賦題解四卷 (清)胡本淵編 清芸生堂刻本 一冊

360000－1913－0001428 260026
分類賦學雞蹠集三十卷附錄一卷 (清)張維城輯 清刻本 四冊 存十八卷(二至五、十八至三十,附錄一卷)

360000－1913－0001429 260027
試律大觀三十二卷 (清)竹屏居士輯 清末石印本 三冊 存十一卷(四、十三至二十二)

360000－1913－0001430 260028
試律大觀三十二卷 (清)竹屏居士輯 清刻本 一冊 存八卷(七至十四)

360000－1913－0001431 260029
文腋類編十卷 (清)劉燕輯 清刻本 三冊 存三卷(三、六、十)

360000－1913－0001432 260030
通鑑擥要前編二卷正編十九卷續編八卷 (清)姚培謙 (清)張景星輯 清刻本 五冊 存八卷(正編四至五,續編一至三、五、七至八)

360000－1913－0001433 260031
通鑑擥要前編二卷正編十九卷續編八卷 (清)姚培謙 (清)張景星輯 清刻本 一冊 存二卷(正編八至九)

360000－1913－0001434 260032
仁在堂時藝辨不分卷 (清)路德輯 清三讓睦記刻本 一冊

360000－1913－0001435 260033
鼎鍥趙田了凡袁先生編纂古本歷史大方綱鑑補三十九卷首一卷 (明)袁黄纂 清刻本 一冊 存一卷(十七)

360000－1913－0001436 260034
鼎鍥趙田了凡袁先生編纂古本歷史大方綱鑑補三十九卷首一卷 (明)袁黄纂 清刻本 一冊 存二卷(二十三至二十四)

360000－1913－0001437 260035
十八家詩鈔二十八卷 (清)曾國藩輯 清光緒崇新書局鉛印本 二冊 存四卷(九至十、十七至十八)

360000－1913－0001438 260036
字彙十二集首一卷 (明)梅膺祚撰 清乾隆三十一年(1766)步月樓刻本 九冊 存八集一卷(子集至未集、首一卷)

360000－1913－0001439 260037
字彙十二集首一卷 (明)梅膺祚撰 清刻本 六冊 存六集一卷(丑集至巳集、未集,首一卷)

360000－1913－0001440 260038
字彙十二集首一卷 (明)梅膺祚撰 清刻本 一冊 存一集(巳)

360000－1913－0001441 260039
[**小題彙編**]□□**卷** (□)□□編 清刻本 九冊 存九卷(二十六至三十三、四十二)

360000－1913－0001442 260040
鼎鍥趙田了凡袁先生編纂古本歷史大方綱鑑補三十九卷首一卷 (明)袁黄纂 **御撰資治通鑑綱目三編二十卷末一卷** (清)張廷玉等撰 清刻本 三十四冊 存四十七卷(二至九、十一至十四、十六至十七、十九、二十一至二十二、二十四至三十九;御撰資治通鑑綱目三編一至十、十八至二十,末一卷)

360000－1913－0001443 260041
鼎鍥趙田了凡袁先生編纂古本歷史大方綱鑑補三十九卷首一卷 (明)袁黄纂 **御撰資治通鑑綱目三編二十卷末一卷** (清)張廷玉等撰 清刻本 二十冊 存二十六卷(八、十至十一、十六至二十六、二十八至三十一、三十

八至三十九，御撰資治通鑑綱目三編十六至二十、末一卷）

360000－1913－0001444　260042
鼎鍥趙田了凡袁先生編纂古本歷史大方綱鑑補三十九卷首一卷　（明）袁黄纂　**御撰資治通鑑綱目三編二十卷末一卷**　（清）張廷玉等撰　清刻本　六冊　存十一卷（十至十二、三十、三十七至三十八，御撰資治通鑑綱目三編十七至二十、末一卷）

360000－1913－0001445　260043
增補了凡綱鑑四十卷首一卷　（明）袁黄纂　**御撰資治通鑑綱目三編二十卷末一卷**　（清）張廷玉等撰　清刻本　十冊　存十七卷（一、五至七、十七至十九、二十七、三十四、四十；御撰資治通鑑綱目三編七至十、十九至二十，末一卷）

360000－1913－0001446　260044
增補歷史綱鑑四十卷首一卷　（明）袁黄纂　清刻本　三冊　存四卷（三十四、三十六至三十七、四十）

360000－1913－0001447　270001
鼎鍥趙田了凡袁先生編纂古本歷史大方綱鑑補三十九卷首一卷　（明）袁黄纂　**御撰資治通鑑綱目三編二十卷**　（清）張廷玉等撰　清刻本　二十七冊　存四十五卷（一至十四、十六至十八、二十一至三十九，首一卷；御撰資治通鑑綱目三編八至十五）

360000－1913－0001448　270002
鼎鍥趙田了凡袁先生編纂古本歷史大方綱鑑補三十九卷首一卷　（明）袁黄纂　清刻本　十一冊　存十六卷（一至二、四、七至九、十四、二十四、二十六至二十七、二十九至三十三，首一卷）

360000－1913－0001449　270002－1
鼎鍥趙田了凡袁先生編纂古本歷史大方綱鑑補三十九卷首一卷　（明）袁黄纂　清刻本　四冊　存四卷（十四、十六、二十九、三十一）

360000－1913－0001450　270002－2
鼎鍥趙田了凡袁先生編纂古本歷史大方綱鑑補三十九卷首一卷　（明）袁黄纂　清刻本　一冊　存一卷（十六）

360000－1913－0001451　270003
塾課文鈔□□集　（清）王步青評　（清）于光華編　清刻本　九冊　存七集（一集下、二集下、三集下、四集、五集下、六集、八集上）

360000－1913－0001452　270004
［同治］饒州府志三十二卷首一卷　（清）錫德修　（清）石景芬等纂　清同治十一年（1872）刻本　一冊　存二卷（二十六至二十七）

360000－1913－0001453　270005
李太白文集三十六卷　（唐）李白撰　（清）王琦輯注　清刻本　三冊　存七卷（三十至三十六）

360000－1913－0001454　270006
晨鐘錄一卷　（清）魏彭年注　清道光二十年（1840）錢塘項氏刻本　一冊

360000－1913－0001455　270007
離騷經正義一卷　（清）方苞撰　清刻本　一冊

360000－1913－0001456　270008
御製詩三集一百卷目錄十二卷　（清）高宗弘曆撰　清刻本　三冊　存十一卷（三十一至三十四、六十四至六十七、七十二至七十四）

360000－1913－0001457　270009
兩當軒詩鈔十四卷悔存詞鈔二卷　（清）黄景仁撰　清嘉慶二十二年（1817）蓏古山房刻本　四冊

360000－1913－0001458　270010
御纂周易折中二十二卷首一卷　（清）李光地等纂　清刻本　九冊　存十八卷（一至四、七至八、十一、十三至二十二，首一卷）

360000－1913－0001459　270010－1
御纂周易折中二十二卷首一卷　（清）李光地等纂　清刻本　六冊　存九卷（二、六至七、九至十二、二十至二十一）

360000－1913－0001460　270010－2
御纂周易折中二十二卷首一卷　(清)李光地等纂　清刻本　二册　存五卷(十六至二十)

360000－1913－0001461　270010－3
周易讀本四卷　(清)井道山人集注　清光緒十二年(1886)文盛堂刻本　一册　存一卷(一)

360000－1913－0001462　270010－4
周易本義四卷　(宋)朱熹撰　清兩儀堂刻本　二册

360000－1913－0001463　270010－5
周易本義四卷　(宋)朱熹撰　清刻本　二册

360000－1913－0001464　270010－6
周易本義四卷　(宋)朱熹撰　清刻本　一册　存三卷(二至四)

360000－1913－0001465　270011
欽定周官義疏四十八卷首一卷　(清)鄂爾泰等撰　清刻本　十一册　存二十卷(十四至十五、二十五至三十七、四十至四十四)

360000－1913－0001466　270012
古文析義六卷　(清)林雲銘評注　清兩儀堂刻本　一册

360000－1913－0001467　270013
琴源山房遺詩六卷　(清)言友恂撰　清同治七年(1868)刻本　一册

360000－1913－0001468　270014
初學引機不分卷　(清)曹伯棨撰　清光緒十九年(1893)植齋刻本　一册

360000－1913－0001469　270015
痘疹定論四卷　(清)朱純嘏撰　清嘉慶二十五年(1820)紫文堂刻本　二册

360000－1913－0001470　270016
詩學含英十四卷　(清)劉文蔚輯　清大道堂刻本　一册　存八卷(一至八)

360000－1913－0001471　270017
典制小品文偉不分卷　(清)朱東發等輯　清嘉慶二年(1797)青雲樓刻本　三册

360000－1913－0001472　270018
時藝咀華初集不分卷二集不分卷　(清)倪一擎輯　清有真意齋刻本　二册

360000－1913－0001473　270019
重訂古文釋義新編八卷　(清)余誠評注　清宣統三年(1911)上海書局石印本　八册

360000－1913－0001474　270020
經義程式一卷　(宋)劉安節　(宋)劉安上撰　清光緒二十四年(1898)江西學署刻本　一册

360000－1913－0001475　270021
重刊補注洗冤錄集證四卷　(宋)宋慈撰　(清)王又槐增輯　(清)李觀瀾補輯　(清)阮其新補注　清末石印本　一册　存二卷(二至三)

360000－1913－0001476　270022
碧山堂制義不分卷　(清)汪廷榜撰　清乾隆刻本　一册

360000－1913－0001477　270023
唐韻正二十卷　(清)顧炎武撰　清觀稼樓刻音學五書本　一册　存三卷(二至四)

360000－1913－0001478　270023－1
鼎鍥趙田了凡袁先生編纂古本歷史大方綱鑑補三十九卷首一卷　(明)袁黄纂　清刻本　九册　存十卷(四、九、十三至十五、三十二至三十三、三十七至三十九)

360000－1913－0001479　280001
春秋經傳集解三十卷首一卷　(晉)杜預撰　(唐)陸德明音義　(宋)林堯叟附注　(清)馮李驊增訂　**左繡三十卷首一卷**　(清)馮李驊　(清)陸浩評輯　清華川書屋刻本(卷一卷首配清刻本)　十八册　存六十卷(春秋經傳集解一至三、五至三十,首一卷;左繡一至三、五至三十,首一卷)

360000－1913－0001480　280001－1
春秋經傳集解三十卷首一卷　(晉)杜預撰　(唐)陸德明音義　(宋)林堯叟附注　(清)馮李驊增訂　**左繡三十卷首一卷**　(清)馮李

驊 （清）陸浩評輯 清刻本 十五冊 存五十六卷（春秋經傳集解一至三、五至十一、十三至十六、十八至三十，首一卷；左繡一至三、五至十一、十三至十六、十八至三十，首一卷）

360000－1913－0001481 280001－2
春秋經傳集解三十卷首一卷 （晉）杜預撰 （唐）陸德明音義 （宋）林堯叟附注 （清）馮李驊增訂 **左繡三十卷首一卷** （清）馮李驊 （清）陸浩評輯 清刻本 八冊 存三十卷（春秋經傳集解五至七、九至十五、二十三至二十四、二十八至三十，左繡五至七、九至十五、二十三至二十四、二十八至三十）

360000－1913－0001482 280001－3
春秋經傳集解三十卷首一卷 （晉）杜預撰 （唐）陸德明音義 （宋）林堯叟附注 （清）馮李驊增訂 **左繡三十卷首一卷** （清）馮李驊 （清）陸浩評輯 清刻本 九冊 存三十六卷（春秋經傳集解五至七、十二至十五、十八至二十四、二十七至三十，左繡五至七、十二至十五、十八至二十四、二十七至三十）

360000－1913－0001483 280001－4
春秋經傳集解三十卷首一卷 （晉）杜預撰 （唐）陸德明音義 （宋）林堯叟附注 （清）馮李驊增訂 **左繡三十卷首一卷** （清）馮李驊 （清）陸浩評輯 清刻本 十三冊 存四十二卷（春秋經傳集解六至十九、二十二至二十三、二十六至三十，左繡六至十九、二十二至二十三、二十六至三十）

360000－1913－0001484 280001－5
春秋經傳集解三十卷首一卷 （晉）杜預撰 （唐）陸德明音義 （宋）林堯叟附注 （清）馮李驊增訂 **左繡三十卷首一卷** （清）馮李驊 （清）陸浩評輯 清刻本 三冊 存十卷（春秋經傳集解二十二至二十三、二十六至二十八，左繡二十二至二十三、二十六至二十八）

360000－1913－0001485 280001－6
春秋經傳集解三十卷首一卷 （晉）杜預撰 （唐）陸德明音義 （宋）林堯叟附注 （清）馮李驊增訂 **左繡三十卷首一卷** （清）馮李驊 （清）陸浩評輯 清刻本 三冊 存十卷（春秋經傳集解二十一至二十三、二十七至二十八，左繡二十一至二十三、二十七至二十八）

360000－1913－0001486 280002
註釋典制文林二卷不分卷 （清）□□編 清刻本 二冊

360000－1913－0001487 280003
張太史塾課八卷 （清）張江撰 清刻本 三冊 存七卷（二至八）

360000－1913－0001488 280004
唐宋八大家古文正矩四卷 （清）王步青輯 （清）程巖評 清刻本 四冊

360000－1913－0001489 280005
塾課小題正鵠初集一卷二集一卷三集一卷 （清）李元度輯 **訓蒙草詳注一卷** （清）路德撰 （清）李元度等注 清道光二十六年（1846）刻本 六冊

360000－1913－0001490 280005－1
塾課小題正鵠初集一卷二集一卷三集一卷 （清）李元度輯 **訓蒙草詳注一卷** （清）路德撰 （清）李元度等注 清同治八年（1869）刻本 五冊

360000－1913－0001491 280005－2
塾課小題正鵠初集一卷二集一卷三集一卷 （清）李元度輯 **訓蒙草詳注一卷** （清）路德撰 （清）李元度等注 清光緒二年（1876）郁文堂刻本 六冊

360000－1913－0001492 280005－3
塾課小題正鵠初集一卷二集一卷三集一卷 （清）李元度輯 **訓蒙草詳注一卷** （清）路德撰 （清）李元度等注 清刻本 六冊

360000－1913－0001493 280005－4
塾課小題正鵠初集一卷二集一卷三集一卷 （清）李元度輯 **訓蒙草詳注一卷** （清）路德撰 （清）李元度等注 清刻本 四冊

360000－1913－0001494　280005－5
塾課小題正鵠初集一卷二集一卷三集一卷　(清)李元度輯　**訓蒙草詳注一卷**　(清)路德撰　(清)李元度等注　清刻本　四册

360000－1913－0001495　280005－6
塾課小題正鵠二集一卷　(清)李元度輯　清刻本　二册

360000－1913－0001496　280005－7
塾課小題正鵠二集一卷　(清)李元度輯　清同治十三年(1874)刻本　二册

360000－1913－0001497　280005－8
塾課小題正鵠二集一卷　(清)李元度輯　清刻本　五册

360000－1913－0001498　280005－9
塾課小題正鵠初集一卷　(清)李元度輯　清刻本　一册

360000－1913－0001499　280005－10
塾課小題正鵠不分卷　(清)李元度輯　清抄本　三册

360000－1913－0001500　280005－11
小題三集行機二卷　(清)王步青評　清刻本　一册

360000－1913－0001501　280006
綱鑑擇語十卷　(清)司徒修輯　清刻本　四册　存六卷(五至十)

360000－1913－0001502　280006－5
增評加批歷史綱鑑補三十九卷首一卷　(明)王世貞　(明)袁黄纂　清光緒二十八年(1902)上海富强齋石印本　九册　存三十五卷(一至三十四、首一卷)

360000－1913－0001503　280006－6
增評加批歷史綱鑑補三十九卷首一卷　(明)王世貞　(明)袁黄纂　清末石印本　一册　存四卷(二十九至三十二)

360000－1913－0001504　280007
詩經體注大全合參八卷　(清)高朝瓔定　(清)沈世楷輯　清刻本　三册　存七卷(一至二、四至八)

360000－1913－0001505　280007－1
詩經體注大全合參八卷　(清)高朝瓔定　(清)沈世楷輯　清刻本　二册　存五卷(四至八)

360000－1913－0001506　280007－2
詩經體注大全合參八卷　(清)高朝瓔定　(清)沈世楷輯　清刻本　一册　存二卷(四至五)

360000－1913－0001507　280007－3
詩經體注大全合參八卷　(清)高朝瓔定　(清)沈世楷輯　清刻本　一册　存二卷(四至五)

360000－1913－0001508　280007－4
詩經體注大全合參八卷　(清)高朝瓔定　(清)沈世楷輯　清刻本　一册　存一卷(五)

360000－1913－0001509　280008
太史向正存小題稿不分卷　(清)左史　(清)魯質評　清刻本　二册

360000－1913－0001510　280008－1
向蘭皐先生小題文不分卷　(清)向日貞撰　(清)左史　(清)魯質評　清聚錦堂刻本　一册

360000－1913－0001511　280008－2
向太史小題稿不分卷　(清)向日貞撰　(清)左史　(清)魯質評　清刻本　一册

360000－1913－0001512　280009
板橋集六卷　(清)鄭燮撰　清刻本　二册

360000－1913－0001513　280009－1
板橋集六卷　(清)鄭燮撰　清刻本　三册　存四卷(一、四至六)

360000－1913－0001514　280009－2
板橋集六卷　(清)鄭燮撰　清刻本　一册

360000－1913－0001515　280010
中外政治藝學策論六卷　(清)瑤林館主輯　清末石印本　五册　存五卷(二至六)

360000－1913－0001516　280011
分類詳註飲香尺牘四卷　(清)飲香居士編　(清)白下慵隱子箋釋　清刻本　三册　存三卷(二至四)

360000－1913－0001517　280011－1
續分類尺牘備覽八卷　(清)□□輯　清末石印本　二册　存二卷(五至六)

360000－1913－0001518　280012
史論正鵠三集八卷　(清)王樹敏輯　清末石印本　三册　存三卷(二、四、六)

360000－1913－0001519　280013
小嫏嬛山館彙刊類書十二種　(清)□□輯　清刻本　四册　存九種

360000－1913－0001520　280014
四大奇書第一種六十卷一百二十回　(明)羅本撰　(清)金人瑞批　(清)毛宗崗評　清刻本　二册　存十三卷(三十四至三十九、四十七至五十三)二十六回(六十七至七十八、九十三至一百六)

360000－1913－0001521　280015
分類詩腋八卷　(清)李楨編　清嘉慶二十二年(1817)刻本　一册　存二卷(一至二)

360000－1913－0001522　280015－1
分類詩腋八卷　(清)李楨編　清道光十一年(1831)刻本　一册　存四卷(一至四)

360000－1913－0001523　280015－2
分類詩腋八卷　(清)李楨編　清光緒十三年(1887)刻本　一册　存二卷(一至二)

360000－1913－0001524　280015－3
分類詩腋八卷　(清)李楨編　清刻本　一册　存四卷(一至四)

360000－1913－0001525　280015－4
分類詩選註釋八卷　(清)俞琰輯　(清)易開緇　(清)孫溶鳴注　清刻本　一册　存二卷(一至二)

360000－1913－0001526　290001
御定駢字類編二百四十卷　(清)吳士玉　(清)沈宗敬等輯　清刻本　一百九十九册　存二百十七卷(十五至二十四、二十六至四十三、四十五至一百八、一百十至一百四十三、一百四十六至二百一、二百四、二百七至二百四十)

360000－1913－0001527　300001
程書五十一卷拾遺一卷　(宋)程顥　(宋)程頤撰　清康熙二十五年(1686)程氏刻本　十册

360000－1913－0001528　300003
景岳全書六十四卷　(明)張介賓撰　清刻本　十六册　存四十二卷(十三至二十六、三十一至三十七、四十三至六十三)

360000－1913－0001529　300004
醫醫偶錄二卷　(清)陳念祖撰　清宣統元年(1909)刻本　一册　存一卷(一)

360000－1913－0001530　300005
前庭與後園二卷　(日本)片山春耕撰　陶昌善譯　清末石印本　一册

360000－1913－0001531　300006
張仲景傷寒論原文淺註六卷　(清)陳念祖撰　清光緒三十四年(1908)寶慶經元書局刻本　二册　存四卷(一至四)

360000－1913－0001532　300007
理氣圖說四卷　(清)周惇庸撰　清刻本　二册

360000－1913－0001533　300008
莊子因六卷　(清)林雲銘撰　清刻本　四册

360000－1913－0001534　300009
重刻選擇集要六卷　(明)黃一鳳編　**齊安堂附鐫辨疑一卷續補一卷**　(清)余朝相編　清文秀堂刻本　一册

360000－1913－0001535　300010
近思錄集解十四卷　(宋)葉采撰　清五雲堂刻本　二册

360000－1913－0001536　300010－1
近思錄集注十四卷考訂朱子世家一卷　(清)

江永撰　**近思錄集注校勘記一卷**　(清)王炳撰　清兩儀堂刻本　一册　存二卷(考訂朱子世家一卷、近思錄集注校勘記一卷)

360000－1913－0001537　300011
醫學實在易八卷　(清)陳念祖撰　清道光二十五年(1845)刻本　一册　存二卷(一至二)

360000－1913－0001538　300012
新刻增補王叔和脈訣圖註定本一卷　題(晉)王叔和撰　(明)童養學注　**圖註八十一難經定本一卷**　(明)童養學注　明末刻本　一册

360000－1913－0001539　300013
銀海精微四卷　題(唐)孫思邈撰　清刻本　一册

360000－1913－0001540　300014
脈理求真三卷　(清)黄宫繡撰　清乾隆三十九年(1774)刻本　一册

360000－1913－0001541　300015
石室秘籙六卷　(清)陳士鐸撰　清雍正八年(1730)宛平馬弘儒萱永堂刻本　六册

360000－1913－0001542　300016
聊齋志異新評十六卷　(清)蒲松齡撰　(清)王士禛評　(清)但明倫新評　清光緒三年(1877)廣順但氏刻朱墨套印本　九册　存九卷(一至二、四、七、九至十、十三至十五)

360000－1913－0001543　300016－1
聊齋志異新評十六卷　(清)蒲松齡撰　(清)王士禛評　(清)但明倫新評　清刻朱墨套印本　二册　存二卷(七、十三)

360000－1913－0001544　300017
聖祖仁皇帝庭訓格言一卷　(清)聖祖玄燁撰　(清)世宗胤禛編　清刻本　一册

360000－1913－0001545　300018
格致鏡原一百卷　(清)陳元龍輯　清刻本　一册　存四卷(五十九至六十二)

360000－1913－0001546　300018－1
格致鏡原一百卷　(清)陳元龍輯　清刻本　二册　存九卷(十三至十八、三十四至三十六)

360000－1913－0001547　300020
得一錄十六卷　(清)余治輯　清同治八年(1869)刻本　八册　存十五卷(一至五、七至十六)

360000－1913－0001548　300021
觀音心經真解一卷　(清)覺真子注解　清刻本　一册

360000－1913－0001549　300022
日本植物圖說一卷　(日本)牧野富太郎撰　清末石印本　一册

360000－1913－0001550　300023
農書二十二卷　(元)王禎撰　清末石印本　二册　存二十卷(一至二十)

360000－1913－0001551　300024
化學源流論四卷　(英國)方尼司輯　(清)王汝聃譯　清光緒二十九年(1903)渤海家塾刻本　二册

360000－1913－0001552　300024－1
化學源流論四卷　(英國)方尼司輯　(清)王汝聃譯　清光緒二十九年(1903)渤海家塾刻本　二册

360000－1913－0001553　300024－2
化學源流論四卷　(英國)方尼司輯　(清)王汝聃譯　清光緒二十九年(1903)渤海家塾刻本　二册

360000－1913－0001554　300024－3
化學源流論四卷　(英國)方尼司輯　(清)王汝聃譯　清光緒二十九年(1903)渤海家塾刻本　二册

360000－1913－0001555　310002
皇清經解橫直縮編目十六卷　(清)淩忠照輯　(清)張紹銘分輯　清光緒十八年(1892)上海古香閣石印本　三册

360000－1913－0001556　310002－1
皇清經解　(清)阮元輯　清光緒十三年(1887)石印本　二十册　存五十九種

360000－1913－0001557　310003
三通考輯要七十六卷　湯壽潛輯　清光緒二十五年(1899)圖書集成局鉛印本　十七册　存四十卷(文獻通考輯要一至十六、十九至二十四,欽定續文獻通考輯要一至八、十一下至十四、二十五至二十六,皇朝文獻通考輯要十至十一、十九至二十上)

360000－1913－0001558　310004
三通考輯要七十六卷　湯壽潛輯　清光緒二十五年(1899)圖書集成局鉛印本　二册　存九卷(文獻通考輯要十九至二十二、欽定續文獻通考輯要十一下至十五)

360000－1913－0001559　310005
三通考輯要七十六卷　湯壽潛輯　清光緒二十五年(1899)圖書集成局鉛印本　二十二册　存五十四卷(文獻通考輯要五至十四、十七至二十二,欽定續文獻通考輯要二十六卷,皇朝文獻通考輯要一至二、十七至二十六)

360000－1913－0001560　310006
文獻通考三百四十八卷　(元)馬端臨撰　清末鉛印本　一册　存七卷(五至十一)

360000－1913－0001561　310007
文獻通考三百四十八卷　(元)馬端臨撰　清末石印本　一册　存二十卷(一百七十一至一百九十)

360000－1913－0001562　310008
皇朝文獻通考三百卷　(清)嵇璜　(清)曹仁虎等纂修　清末鉛印本　三册　存十八卷(一百三十四至一百四十一、一百五十五至一百五十八、二百十一至二百十六)

360000－1913－0001563　320032－9
新增四書備旨靈捷解八卷　(清)張素存撰　(清)鄒蒼崖增補　清刻本　一册　存一卷(下孟七)

360000－1913－0001564　330001
宋書一百卷　(南朝梁)沈約撰　清光緒十四年(1888)上海圖書集成印書局鉛印二十四史本　十二册

360000－1913－0001565　330002
舊五代史一百五十卷　(宋)薛居正等撰　清光緒十四年(1888)上海圖書集成印書局鉛印二十四史本　十二册

360000－1913－0001566　330003
五代史七十四卷　(宋)歐陽修撰　(宋)徐無黨注　清光緒十四年(1888)上海圖書集成印書局鉛印二十四史本　六册

360000－1913－0001567　330004
宋史四百九十六卷目録三卷附考證　(元)脱脱等撰　清光緒十四年(1888)上海圖書集成印書局鉛印二十四史本　三十册　存二百七十二卷(一至一百七十、三百至三百九、三百七十八至四百十七、四百二十八至四百三十六、四百四十七至四百八十六,目録三卷)

360000－1913－0001568　330005
遼史一百十六卷附考證　(元)脱脱等撰　清光緒十四年(1888)上海圖書集成印書局鉛印二十四史本　八册

360000－1913－0001569　330006
金史一百三十五卷　(元)脱脱等撰　清光緒十四年(1888)上海圖書集成印書局鉛印二十四史本　十六册

360000－1913－0001570　330007
元史二百十卷目録二卷　(明)宋濂　(明)王禕等撰　清光緒十四年(1888)上海圖書集成印書局鉛印二十四史本　二十四册

360000－1913－0001571　330008
明史三百三十二卷目録四卷　(清)張廷玉等撰　清光緒十四年(1888)上海圖書集成印書局鉛印二十四史本　四十册

360000－1913－0001572　340001
前漢書一百二十卷附考證　(漢)班固撰　(唐)顔師古注　清光緒三十年(1904)武林竹簡齋石印本　十二册

360000－1913－0001573　340002
後漢書一百二十卷　(南朝宋)范曄撰　(唐)李賢注　(晉)司馬彪撰志　(南朝梁)劉昭注

補　清光緒三十年(1904)武林竹簡齋石印本　八册

360000－1913－0001574　340003
三國志六十五卷　(晉)陳壽撰　(南朝宋)裴松之注　清光緒十年(1884)上海同文書局石印本　十四册

360000－1913－0001575　340004
晉書一百三十卷　(唐)房玄齡等撰　清光緒十四年(1888)上海圖書集成印書局鉛印二十四史本　十六册

360000－1913－0001576　340005
魏書一百十四卷　(北齊)魏收撰　清光緒十四年(1888)上海圖書集成印書局鉛印二十四史本　十五册　存一百八卷(七下至一百十四)

360000－1913－0001577　340006
隋書八十五卷附考證　(唐)魏徵　(唐)長孫無忌等撰　清光緒十四年(1888)上海圖書集成印書局鉛印二十四史本　十二册

360000－1913－0001578　340007
南史八十卷附考證　(唐)李延壽撰　清光緒十四年(1888)上海圖書集成印書局鉛印二十四史本　十二册

360000－1913－0001579　340008
北史一百卷　(唐)李延壽撰　清光緒十四年(1888)上海圖書集成印書局鉛印二十四史本　六册　存三十四卷(一至五、十二至四十)

360000－1913－0001580　340009
舊唐書二百卷附考證　(五代)劉昫等撰　清光緒十四年(1888)上海圖書集成印書局鉛印二十四史本　三十册

360000－1913－0001581　350001
皇朝經世文編一百二十卷　(清)賀長齡輯　清刻本　五十册　存九十九卷(二十二至一百二十)

360000－1913－0001582　360001
英雅集□□卷　(清)邢日玫等撰　清刻本　二册　存三卷(二至四)

360000－1913－0001583　360002
紫陽書院課選不分卷　(清)朱琦輯　清道光二十一年(1841)紫陽書院刻本　四册

360000－1913－0001584　360003－1
寄傲山房塾課纂輯御案易經備旨七卷易經圖案一卷　(清)鄒聖脈輯　清刻本　三册　存四卷(一至四)

360000－1913－0001585　360003－2
寄傲山房塾課纂輯御案易經備旨七卷易經圖案一卷　(清)鄒聖脈輯　清刻本　三册　存四卷(一至四)

360000－1913－0001586　360004
左傳經世鈔二十三卷　(清)魏禧評點　清乾隆十三年(1748)刻本　七册　存十五卷(一至二、七至十九)

360000－1913－0001587　360005－1
寄傲山房塾課新增幼學故事瓊林四卷首一卷　(明)程登吉撰　(清)鄒聖脈增補　清刻本　二册

360000－1913－0001588　360005－2
寄傲山房塾課新增幼學故事瓊林四卷首一卷　(明)程登吉撰　(清)鄒聖脈增補　清刻本　二册

360000－1913－0001589　360005－3
寄傲山房塾課新增幼學故事瓊林四卷首一卷　(明)程登吉撰　(清)鄒聖脈增補　清刻本　二册

360000－1913－0001590　360006－1
批點春秋左傳綱目句解彙雋六卷　(清)韓菼重訂　清刻本　五册　存五卷(二至六)

360000－1913－0001591　360006－2
批點春秋左傳綱目句解彙雋六卷　(清)韓菼重訂　清刻本　五册　存五卷(一至三、五至六)

360000－1913－0001592　360006－3
批點春秋左傳綱目句解彙雋六卷　(清)韓菼

重訂　清刻本　六册

360000－1913－0001593　360006－4

批點春秋左傳綱目句解彙雋六卷　（清）韓菼重訂　清刻本　一册　存一卷（五）

360000－1913－0001594　360006－5

如西所刻諸名家評點春秋綱目左傳句解彙雋六卷　（清）韓菼重訂　清尊德堂刻本　一册　存二卷（一至二）

360000－1913－0001595　360006－6

分國左傳十八卷　（清）曹基編　清刻本　一册　存三卷（十六至十八）

360000－1913－0001596　360007

教女遺規摘鈔一卷補鈔一卷　（清）陳弘謀輯　清同治七年（1868）楚北崇文書局刻本　一册

360000－1913－0001597　360008

光緒甲辰恩科會試闈墨一卷　譚延闓等撰　清光緒三十年（1904）上海商務印書館鉛印本　二册

360000－1913－0001598　360009－1

漢事會最人物志三卷　（清）惠棟輯　清光緒二十一年（1895）刻本　一册　存二卷（一至二）

360000－1913－0001599　360009－2

黄蕘圃先生［丕烈］年譜二卷　（清）江標撰　清光緒二十三年（1897）元和江氏長沙使院刻靈鶼閣叢書本　二册

360000－1913－0001600　360010

詩經喈鳳詳解八卷詩經繹傳八卷圖說一卷　（清）陳抒孝撰　（清）汪基增訂　清刻本　一册　存四卷（詩經喈鳳詳解四至五、詩經繹傳四至五）

360000－1913－0001601　360011－1

詩八卷　（宋）朱熹集傳　清兩儀堂刻本　四册

360000－1913－0001602　360011－2

詩八卷　（宋）朱熹集傳　清兩儀堂刻本　三册　存五卷（一至五）

360000－1913－0001603　360011－3

詩經八卷　（宋）朱熹集傳　清刻本　一册　存三卷（六至八）

360000－1913－0001604　360011－4

詩經體注大全合參八卷　（清）高朝瓔定　（清）沈世楷輯　清刻本　二册　存五卷（一至五）

360000－1913－0001605　360011－5

詩經融註大全體要八卷　（清）高朝瓔定　（清）沈世楷輯　清刻本　二册　存四卷（三、六至八）

360000－1913－0001606　360011－6

御定康熙字典十二集三十六卷總目一卷檢字一卷辨似一卷等韻一卷補遺一卷備考一卷　（清）張玉書等纂修　清刻本　十册　存十卷（巳集中下、未集中下、申集上下、酉集上中下、亥集上）

360000－1913－0001607　360012－1

古文釋義新編八卷　（清）余誠評注　清兩儀堂刻本　一册　存二卷（一至二）

360000－1913－0001608　360012－2

深柳堂精選詳註古文析義□□卷　（清）林雲銘評注　清刻本　一册　存二卷（六至七）

360000－1913－0001609　360012－3

古文析義十六卷　（清）林雲銘評注　清刻本　十一册　存十二卷（二至五、七至十四）

360000－1913－0001610　360012－4

古文析義十六卷　（清）林雲銘評注　清刻本　一册　存一卷（十三）

360000－1913－0001611　360013

太平寰宇記二百卷目錄二卷　（宋）樂史撰　清刻本　三十三册　存一百三十一卷（二至八十七、九十二至一百十二、一百二十至一百四十三）

360000－1913－0001612　370001

地理參贊玄機僊婆集十三卷　（明）張鳴鳳輯

(明)吕元　(明)杜詩評選　(明)張希堯參補　清三元堂刻本　三册

360000－1913－0001613　370002－1
地理辨正疏五卷首一卷末一卷　(清)張心言撰　清光緒四年(1878)刻本　二册

360000－1913－0001614　370002－2
地理辨正疏五卷首一卷末一卷　(清)張心言撰　清光緒四年(1878)刻本　一册　存四卷(一至三、首一卷)

360000－1913－0001615　370003－1
入地眼全書十卷　(宋)釋静道撰　(清)萬樹華編　清刻本　三册　存七卷(三至六、八至十)

360000－1913－0001616　370003－2
地理末學二卷首一卷　(清)紀大奎撰　清刻本　二册

360000－1913－0001617　370003－3
重刊人子須知資孝地理心學統宗三十九卷　(明)徐善繼　(明)徐善述撰　明萬曆十一年(1583)曾璠刻本　一册　存一卷(一)

360000－1913－0001618　370003－4
秘藏千里眼二卷　(元)釋法心撰　清刻本　一册

360000－1913－0001619　370003－5
地理指掌續編四卷　(清)洪季子輯　清刻本　一册　存一卷(四)

360000－1913－0001620　370003－6
地理正宗十二卷　(清)蔣國宗輯　清刻本　一册　存一卷(五)

360000－1913－0001621　370003－7
新刻官板地理玉髓真經二十八卷　(宋)張洞玄撰　(宋)劉允中注　清刻本　二册　存四卷(六至七、九至十)

360000－1913－0001622　370003－8
地理正義鉛彈子砂水要訣七卷　(清)張鳳藻撰　清刻本　一册　存二卷(六至七)

360000－1913－0001623　370003－9
重刊人子須知資孝地理心學統宗三十九卷　(明)徐善繼　(明)徐善述撰　清刻本　一册　存三卷(六至八)

360000－1913－0001624　370003－10
地理五訣八卷　(清)趙廷棟撰　清刻本　二册　存四卷(一至二、五至六)

360000－1913－0001625　370004－1
兩儀堂重訂古文釋義新編八卷　(清)余誠評注　清兩儀堂刻本　一册　存二卷(一至二)

360000－1913－0001626　370004－2
寶華樓古文釋義新編八卷　(清)余誠評注　清刻本　四册

360000－1913－0001627　370004－3
古文釋義新編八卷　(清)余誠評注　清刻本　二册　存四卷(三至六)

360000－1913－0001628　370004－4
兩儀堂重訂古文釋義新編八卷　(清)余誠評注　清兩儀堂刻本　四册

360000－1913－0001629　370005
象山先生全集三十六卷　(宋)陸九淵撰　清李邦瑞槐堂書齋刻本　五册　存十八卷(十三至二十二、二十八至三十四、三十六)

360000－1913－0001630　370007－1
通志二百卷　(宋)鄭樵撰　**欽定續通志六百四十卷**　(清)嵇璜　(清)曹仁虎纂修　清光緒二十七年(1901)上海圖書集成局鉛印九通本　十册　存九十三卷(通志一百二十八至一百三十,欽定續通志一百四十至一百五十一、一百六十九至一百八十、二百四十一至二百五十、三百四十至三百四十八、三百六十五至三百八十、四百七至四百十六、五百六十八至五百八十八)

360000－1913－0001631　370007－2
欽定續通志六百四十卷　(清)嵇璜　(清)曹仁虎纂修　清光緒二十七年(1901)上海圖書集成局鉛印九通本　二册　存十七卷(三百四十至三百四十八、三百七十三至三百八十)

360000－1913－0001632　370008－1
詩經八卷　(宋)朱熹集傳　清刻本　二册　存五卷(四至八)

360000－1913－0001633　370008－2
詩經八卷　(宋)朱熹集傳　清刻本　二册　存五卷(四至八)

360000－1913－0001634　370008－3
詩八卷　(宋)朱熹集傳　清刻本　二册　存五卷(四至八)

360000－1913－0001635　370008－4
御案詩經備旨八卷　(清)鄒聖脈輯　清刻本　一册　存三卷(六至八)

360000－1913－0001636　370008－5
詩八卷　(宋)朱熹集傳　清刻本　二册　存五卷(四至八)

360000－1913－0001637　370008－6
詩八卷　(宋)朱熹集傳　清刻本　一册　存三卷(六至八)

360000－1913－0001638　370008－7
詩八卷　(宋)朱熹集傳　清刻本　一册　存三卷(六至八)

360000－1913－0001639　370008－8
詩經融註大全體要八卷　(清)高朝瓔定　(清)沈世楷輯　清刻本　一册　存三卷(六至八)

360000－1913－0001640　370008－9
尺木堂綱鑑易知錄九十二卷　(清)吳乘權等輯　清刻本　一册　存三卷(十八至二十)

360000－1913－0001641　370009
古文喈鳳新編八卷　(清)汪基輯　清大盛堂刻本　三册　存三卷(二、四至五)

360000－1913－0001642　370010
辨中邊論述記六卷　(唐)釋窺基撰　清刻本　一册　存二卷(三至四)

360000－1913－0001643　370012－1
重鐫神峯通考命理正宗六卷　(明)張楠撰　清刻本　五册

360000－1913－0001644　370012－2
重鐫神峯通考命理正宗六卷　(明)張楠撰　清藻文堂刻本　四册　存五卷(一至五)

360000－1913－0001645　370012－3
新訂崇正闢謬通書十四卷　(清)李奉來編　清大文堂刻本　二册　存五卷(一至四、八)

360000－1913－0001646　370012－4
重鐫神峯通考命理正宗六卷　(明)張楠撰　清刻本　一册　存一卷(三)

360000－1913－0001647　370012－5
新訂崇正闢謬通書十四卷　(清)李奉來編　清末石印本　一册　存二卷(四至五)

360000－1913－0001648　370013－1
小題神技集不分卷　(清)林志澄編　清道光二十一年(1841)刻本　二册

360000－1913－0001649　370013－2
小題神技集不分卷　(清)林志澄編　清道光二十一年(1841)刻本　一册

360000－1913－0001650　370013－3
玉函真義天元歌一卷　(清)蔣平階撰　(清)尹有本發義　清同治六年(1867)尹氏刻四秘全書本　一册

360000－1913－0001651　370013－4
羅經精一解三卷附陰符玄解一卷　(清)范宜賓撰　清刻本　一册

360000－1913－0001652　370013－5
入宅明鏡二卷　(□)□□撰　清刻本　一册

360000－1913－0001653　370014－1
華嚴感應緣起傳一卷　(清)釋弘璧輯　清光緒四年(1878)江右廬山歸宗寺刻本　一册

360000－1913－0001654　370014－2
大方廣佛華嚴經合論一百二十卷　(唐)釋實叉難陀譯　(唐)李通玄撰論　(唐)釋志寧釐經合論　清刻本　一册　存四卷(七十三至七十六)

360000－1913－0001655　370015
資治通鑑綱目五十九卷　(宋)朱熹撰　(明)

陳仁錫評閱　**續資治通鑑綱目二十七卷**　(明)商輅撰　(明)陳仁錫評閱　清刻本　十三册　存十三卷(資治通鑑綱目五至六、九、二十、二十五、三十二、三十五、三十七、三十九、四十一、四十八,續資治通鑑綱目一、二十一)

360000－1913－0001656　370016－1
御撰資治通鑑綱目三編二十卷　(清)張廷玉等撰　清刻本　四册　存十一卷(一至四、六至十、十四、十九)

360000－1913－0001657　370016－2
御撰資治通鑑綱目三編二十卷　(清)張廷玉等撰　清刻本　三册　存十四卷(一至十四)

360000－1913－0001658　370016－3
御撰資治通鑑綱目三編二十卷　(清)張廷玉等撰　清刻本　二册　存十四卷(一至十四)

360000－1913－0001659　370016－4
御撰資治通鑑綱目三編二十卷　(清)張廷玉等撰　清刻本　一册　存三卷(一至三)

360000－1913－0001660　370016－5
御批歷代通鑑輯覽一百二十卷　(清)傅恒等撰　清刻本　一册　存一卷(六十六)

360000－1913－0001661　370017－1
分類文腋八卷　(清)李楨編　清刻本　八册

360000－1913－0001662　370017－2
分類文腋八卷　(清)李楨編　清刻本　一册　存一卷(一)

360000－1913－0001663　370018－1
彙纂詩法度鍼三十三卷首一卷　(清)徐文弼輯　清刻本　三册　存十七卷(十一至十八、二十三至二十八、三十一至三十三)

360000－1913－0001664　370018－2
彙纂詩法度鍼三十三卷首一卷　(清)徐文弼輯　清刻本　二册　存三卷(三十至三十二)

360000－1913－0001665　370019
重校刊官板地理玉髓真經二十八卷　(宋)張洞玄撰　(宋)劉允中注　**後卷一卷**　(宋)房正撰　明天啓七年(1627)刻本　三册　存三卷(一至二、後卷一卷)

360000－1913－0001666　370020－1
[清醮表式]不分卷　(清)□□輯　清抄本　三册

360000－1913－0001667　370020－2
[追取回壇]不分卷　(清)□□輯　清抄本　二册

360000－1913－0001668　370020－3
[救苦寶懺]不分卷　(清)□□輯　清抄本　二册

360000－1913－0001669　370021－1
玉梅精舍雲爪錄三卷　(清)徐師撰　清末虞錫朋抄本　一册

360000－1913－0001670　370021－2
[楹聯]不分卷　(清)□□輯　清抄本　一册

360000－1913－0001671　370021－3
[柳宗元文集]不分卷　(清)□□輯　清抄本　一册

360000－1913－0001672　370023
欽定大清會典一百卷　(清)崑岡等撰　清刻本　六册　存二十四卷(三十四至三十九、五十一至六十四、八十一至八十四)

360000－1913－0001673　370024－1
增訂敬信錄不分卷　(清)□□輯　清末刻本　一册

360000－1913－0001674　370024－2
增訂敬信錄不分卷　(清)□□輯　清刻本　一册

360000－1913－0001675　370024－3
新刻增附增訂敬信錄全部不分卷　(□)□□編　清道光二十三年(1843)乙酉齋刻本　一册

360000－1913－0001676　370025
新鐫陳氏二十四山造葬吉凶起例藏書十二卷首一卷　(清)陳子性撰　清刻本　一册　存二卷(一、首一卷)

360000－1913－0001677　370026
張宗道先生地理全書不分卷　(明)張亘撰　清刻本　一冊

360000－1913－0001678　370027
經訓書院課藝第三集四卷　(清)江西經訓書院輯　清光緒二十二年(1896)江西書局刻本　一冊

360000－1913－0001679　370028
衛濟餘編十八卷　(清)王纕堂編　清刻本　二冊　存五卷(十二、十五至十八)

360000－1913－0001680　370031
明文小題傳薪八卷　(清)臧岳評釋　清刻本　一冊　存下論

360000－1913－0001681　370032－1
新訂四書補註備旨十卷　(明)鄧林撰　(清)杜定基增訂　清刻本　六冊

360000－1913－0001682　370032－2
新訂四書補註備旨十卷　(明)鄧林撰　(清)杜定基增訂　清刻本　四冊　存六卷(上論一至二,上孟一至二、下孟三至四)

360000－1913－0001683　370032－3
新訂四書補註備旨十卷　(明)鄧林撰　(清)杜定基增訂　清刻本　五冊　存八卷(上論一至二、下論三至四,上孟一至二、下孟三至四)

360000－1913－0001684　370032－4
新訂四書補註備旨十卷　(明)鄧林撰　(清)杜定基增訂　清刻本　二冊　存三卷(上孟一至二、下孟三)

360000－1913－0001685　370032－5
新訂四書補註備旨十卷　(明)鄧林撰　(清)杜定基增訂　清刻本　二冊　存三卷(上孟一至二、下孟三)

360000－1913－0001686　370033－1
小學集解六卷　(清)張伯行輯注　清光緒十三年(1887)江西奉新縣署刻本　二冊　存四卷(一至四)

360000－1913－0001687　370033－2
小學集解六卷　(清)張伯行輯注　清同治十一年(1872)江西善成堂刻本　一冊　存二卷(一至二)

360000－1913－0001688　370034
聖諭廣訓一卷　(清)聖祖玄燁撰　(清)世宗胤禛廣訓　清刻本　一冊

360000－1913－0001689　370035
太上感應篇贅言一卷　(清)于覺世撰　清刻本　一冊

360000－1913－0001690　370036－1
養生保命錄一卷　(□)□□輯　清光緒十六年(1890)刻本　一冊

360000－1913－0001691　370036－2
遠色編一卷　(□)□□輯　清道光二十四年(1844)刻本　一冊

360000－1913－0001692　370037
欽定吏部處分則例五十二卷　(清)吏部編　清刻本　二冊　存四卷(四十二至四十五)

360000－1913－0001693　370038－1
指玄篇上集律詩十六首　題(唐)呂純陽撰　(清)本誠子注　清刻本　一冊

360000－1913－0001694　370038－2
三世因果一卷　(□)□□輯　清光緒二十八年(1902)刻本　一冊

360000－1913－0001695　370038－3
大佛頂如來密因修證了義諸菩薩萬行首楞嚴經十卷　(唐)釋般剌密帝　(唐)釋彌伽釋迦譯　清同治十三年(1874)金陵刻經處刻本　二冊　存三卷(六、九至十)

360000－1913－0001696　370038－4
慈悲水懺法三卷　(唐)釋知玄撰　清同治十二年(1873)江北刻經處刻本　一冊

360000－1913－0001697　370038－5
大宗地玄文本論略注四卷首一卷　(南朝陳)釋真諦譯　(清)楊文會注　清光緒三十二年(1906)金陵刻經處刻本　一冊　存二卷(三

至四)

360000－1913－0001698　370038－6
大乘入楞伽經七卷　(唐)釋實叉難陀譯　清光緒三十四年(1908)金陵刻經處刻本　一册　存四卷(一至四)

360000－1913－0001699　370038－7
大乘中觀釋論十卷　(宋)釋惟淨等譯　清光緒三十四年(1908)金陵刻經處刻本　一册　存五卷(一至五)

360000－1913－0001700　370038－8
成唯識論述記六十卷　(唐)釋窺基撰　清光緒二十七年(1901)金陵刻經處刻本　一册　存三卷(十六至十八)

360000－1913－0001701　370038－9
金剛經直解覶一卷　(清)臧志仁撰　清光緒十二年(1886)刻本　一册

360000－1913－0001702　370038－10
瑜伽師地論一百卷　(唐)釋玄奘譯　清刻本　一册　存四卷(八十至八十三)

360000－1913－0001703　370039－1
策學纂要十六卷　(清)戴朋　(清)黄卷輯　清刻本　一册　存七卷(一至七)

360000－1913－0001704　370039－2
策學纂要十六卷　(清)戴朋　(清)黄卷輯　清同治九年(1870)六一堂刻本　三册　存十四卷(一至五、八至十六)

360000－1913－0001705　370039－3
策學纂要十六卷　(清)戴朋　(清)黄卷輯　清刻本　一册　存五卷(十二至十六)

360000－1913－0001706　370040
隨園詩話十六卷補遺十卷　(清)袁枚撰　清同治十年(1871)刻本　二册　存七卷(詩話一至三、補遺一至四)

360000－1913－0001707　370041－1
詩韻集成十卷　(清)余照輯　清刻本　二册　存八卷(三至十)

360000－1913－0001708　370041－2
詩韻集成十卷　(清)余照輯　清刻本　一册　存三卷(五至七)

360000－1913－0001709　370042
古文眉詮七十九卷首一卷　(清)浦起龍輯　清刻本　十七册　存三十八卷(五至二十、二十六至三十五、三十七至三十九、四十五至五十三)

360000－1913－0001710　370044－1
東萊博議四卷　(宋)吕祖謙撰　清刻本　一册　存二卷(一至二)

360000－1913－0001711　370044－2
東萊博議四卷　(宋)吕祖謙撰　清光緒七年(1881)鳳城官舍刻本(卷二至三配清刻本)　四册

360000－1913－0001712　370044－3
東萊博議四卷　(宋)吕祖謙撰　清光緒二十四年(1898)江西盛德堂刻本(卷二、四配清刻本)　三册　存三卷(一至二、四)

360000－1913－0001713　370044－4
東萊博議四卷　(宋)吕祖謙撰　清光緒七年(1881)鳳城官舍刻本(卷二至三配清刻本)　四册

360000－1913－0001714　370044－5
東萊博議四卷　(宋)吕祖謙撰　清光緒十八年(1892)江西兩儀堂刻本　一册　存二卷(一至二)

360000－1913－0001715　370044－6
東萊博議四卷　(宋)吕祖謙撰　清刻本　四册

360000－1913－0001716　370045－1
十一科程墨質疑集不分卷　(清)李沛霖評選　清立盛堂刻本　一册

360000－1913－0001717　370045－2
文法狐白前集不分卷後集要訣不分卷　(清)王賓評選　清謙亨堂刻本　二册

360000－1913－0001718　370046
在官法戒録摘鈔四卷　(清)陳弘謀編　清刻

本　一册　存二卷(三至四)

360000－1913－0001719　370048
禮記節本十卷　(清)汪基撰　清宣統三年(1911)上海江左書林石印本　三册

360000－1913－0001720　370049－1
禮記十卷　(元)陳澔集說　清刻本　四册　存四卷(七至十)

360000－1913－0001721　370049－2
禮記十卷　(元)陳澔集說　清刻本　三册　存三卷(七至九)

360000－1913－0001722　370049－3
禮記十卷　(元)陳澔集說　清刻本　一册　存一卷(九)

360000－1913－0001723　370049－4
禮記十卷　(元)陳澔集說　清刻本　一册　存一卷(九)

360000－1913－0001724　370049－5
欽定禮記義疏八十二卷首一卷　(清)允祿等撰　清刻本　六册　存十二卷(十三至十四、二十四至三十三)

360000－1913－0001725　370050－1
新鐫陶節庵家藏秘授傷寒六書六卷　(明)陶華撰　清刻本　一册　存二卷(四至五)

360000－1913－0001726　370050－2
傳症彙編二十卷　(清)熊立品輯　清刻本　二册　存八卷(十二至十九)

360000－1913－0001727　370050－3
祝由科太醫十三科二卷　(□)□□輯　清刻本　一册

360000－1913－0001728　370050－4
增訂本草備要四卷　(清)汪昂撰　清刻本　二册　存二卷(一至二)

360000－1913－0001729　370050－5
傷寒明理論四卷　(金)成無己撰　明刻本　一册　存三卷(二至四)

360000－1913－0001730　370050－6
麻科活人全書四卷　(清)謝玉瓊撰　清刻本　一册　存一卷(四)

360000－1913－0001731　370050－7
辨證錄十四卷　(清)陳士鐸撰　清刻本　一册　存一卷(八)

360000－1913－0001732　370050－8
醫學心悟五卷附外科十法一卷　(清)程國彭撰　清刻本　一册　存二卷(一至二)

360000－1913－0001733　370051
陰騭文制藝不分卷　(清)周憲曾　(清)周兆杰輯　清光緒十三年(1887)刻本　一册

360000－1913－0001734　370053
雷霆玉司王元帥真經不分卷　清光緒八年(1882)刻本　一册

360000－1913－0001735　370054
楊公造命衍義□□卷　(清)劉應對編　清刻本　三册　存九卷(七至十五)

360000－1913－0001736　370055－1
歷代名臣言行錄二十四卷　(清)朱桓輯　清光緒二十八年(1902)上海寶善書局石印本(卷十五至十六、二十至二十一配清光緒石印本)　四册　存十三卷(一至六、九至十一、十五至十六、二十至二十一)

360000－1913－0001737　370055－2
歷代名臣言行錄二十四卷　(清)朱桓輯　清光緒石印本　一册　存二卷(十五至十六)

360000－1913－0001738　370055－3
歷代名臣言行錄二十四卷　(清)朱桓輯　清光緒石印本　一册　存二卷(十五至十六)

360000－1913－0001739　370056
海國圖志一百卷　(清)魏源撰　**海國圖志續集二十五卷首一卷**　(英國)麥高爾撰　(美國)林樂知　(清)瞿昂來譯　清光緒二十四年(1898)文賢閣石印本　四册　存四十四卷(六十八至八十五,海國圖志續集二十五卷、首一卷)

360000－1913－0001740　370057

新鐫曆法便覽象吉備要通書二十九卷　（清）魏鑑輯　清刻本　一冊　存三卷（十一至十三）

360000－1913－0001741　370059－1
御定康熙字典十二集三十六卷總目一卷檢字一卷辨似一卷等韻一卷補遺一卷備考一卷（清）張玉書等纂修　清道光七年（1827）刻本　十七冊　存十七卷（子集上、丑集下、寅集下、辰集中、午集上中下、未集中下、申集上、酉集中下、戌集上中下、亥集中下）

360000－1913－0001742　370059－2
御定康熙字典十二集三十六卷總目一卷檢字一卷辨似一卷等韻一卷補遺一卷備考一卷（清）張玉書等纂修　清道光七年（1827）刻本　七冊　存七卷（未集上下、申集上、戌集中下、亥集中下）

360000－1913－0001743　370059－3
御定康熙字典十二集三十六卷總目一卷檢字一卷辨似一卷等韻一卷補遺一卷備考一卷（清）張玉書等纂修　清道光七年（1827）刻本　三冊　存三卷（申集上、亥集上中）

360000－1913－0001744　370059－4
御定康熙字典十二集三十六卷總目一卷檢字一卷辨似一卷等韻一卷補遺一卷備考一卷（清）張玉書等纂修　清刻本　八冊　存八卷（丑集下、寅集上、巳集中、午集下、未集下、申集中、酉集中、亥集上）

360000－1913－0001745　370059－5
御定康熙字典十二集三十六卷總目一卷檢字一卷辨似一卷等韻一卷補遺一卷備考一卷（清）張玉書等纂修　清刻本　三冊　存三卷（子集下、戌集中、亥集上）

360000－1913－0001746　370059－6
御定康熙字典十二集三十六卷總目一卷檢字一卷辨似一卷等韻一卷補遺一卷備考一卷（清）張玉書等纂修　清刻本　十冊　存十卷（子集上、卯集上、辰集中、巳集上、午集下、未集下、酉集上下、戌集上、亥集上）

360000－1913－0001747　370060
周禮注疏十八卷　（漢）鄭玄注　（唐）賈公彥疏　明末刻本（卷十六至十八配明末張采刻本）　六冊　存十四卷（五至十八）

360000－1913－0001748　370061－1
龍文鞭影初集四卷　（明）蕭良有輯　（清）楊臣諍增訂　**二集四卷**　（清）李暉吉輯　（清）徐灒訂　清光緒二十年（1894）刻本　三冊　存六卷（初集三至四、二集四卷）

360000－1913－0001749　370061－2
龍文鞭影二卷　（明）蕭良有輯　（清）楊臣諍增訂　清刻本　二冊

360000－1913－0001750　370061－3
龍文鞭影初集四卷　（明）蕭良有輯　（清）楊臣諍增訂　清光緒二十年（1894）刻本　一冊　存二卷（三至四）

360000－1913－0001751　370061－4
龍文鞭影二卷　（明）蕭良有輯　（清）楊臣諍增訂　清刻本　一冊　存一卷（上）

360000－1913－0001752　370061－5
龍文鞭影二卷　（明）蕭良有輯　（清）楊臣諍增訂　清刻本　一冊

360000－1913－0001753　370061－6
龍文鞭影□□卷　（明）蕭良有輯　（清）楊臣諍增訂　清光緒二十三年（1897）三讓堂刻本　一冊　存二卷（一至二）

360000－1913－0001754　370062－1
寄傲山房塾課新增幼學故事瓊林四卷首一卷　（明）程登吉撰　（清）鄒聖脈增補　清致德堂刻本　二冊

360000－1913－0001755　370062－2
寄傲山房塾課新增幼學故事瓊林四卷首一卷　（明）程登吉撰　（清）鄒聖脈增補　清兩儀堂刻本　二冊

360000－1913－0001756　370062－3
寄傲山房塾課新增幼學故事瓊林四卷首一卷　（明）程登吉撰　（清）鄒聖脈增補　清刻本

一冊　存二卷(一至二)

360000－1913－0001757　370063
前漢書一百二十卷　(漢)班固撰　**後漢書一百二十卷**　(南朝宋)范曄撰　清刻本　二冊　存三卷(前漢書六至七、後漢書七)

360000－1913－0001758　370064－1
江西試牘二刻不分卷　(清)□□輯　清刻本　二冊

360000－1913－0001759　370064－2
江西試牘不分卷　(清)□□輯　清刻本　一冊

360000－1913－0001760　370064－3
江西試牘□□卷　(清)□□輯　清刻本　一冊　存一卷(二)

360000－1913－0001761　370064－4
江西試牘立誠編不分卷　(清)汪廷珍輯　清嘉慶十五年(1810)刻本　一冊

360000－1913－0001762　370064－5
江西試牘立誠編不分卷　(清)汪廷珍輯　清嘉慶二十年(1815)刻本　一冊

360000－1913－0001763　370064－6
江西試牘立誠編不分卷　(清)汪廷珍輯　清嘉慶二十年(1815)刻本　一冊

360000－1913－0001764　370064－7
江西試牘□□卷　(清)□□輯　清刻本　一冊　存一卷(一)

360000－1913－0001765　370064－8
曲江書屋新訂批注左傳快讀十八卷首一卷　(清)李紹崧輯　清曲江書屋刻本(卷十三、十六配清刻本)　五冊　存五卷(六、十三、十五至十六、十八)

360000－1913－0001766　370064－9
御定康熙字典十二集三十六卷總目一卷檢字一卷辨似一卷等韻一卷補遺一卷備考一卷　(清)張玉書等纂修　清刻本(申集上配清萬卷堂刻本)　十三冊　存十三卷(寅集上中下、卯集上、辰集中下、午集上中、未集中、申集上下、酉集上中)

360000－1913－0001767　370064－10
御定康熙字典十二集三十六卷總目一卷檢字一卷辨似一卷等韻一卷補遺一卷備考一卷　(清)張玉書等纂修　清刻本　四冊　存四卷(寅集下、卯集上、午集中、酉集上)

360000－1913－0001768　370064－11
江西校士錄六卷　謝遠涵等撰　清刻本　三冊　存三卷(二至四)

360000－1913－0001769　370064－12
江西試牘四卷　(清)龍湛霖輯　清同治六年(1867)刻本　四冊

360000－1913－0001770　370064－13
江西試牘□□卷　(清)□□輯　清刻本　一冊　存一卷(四)

360000－1913－0001771　370065
斯文精粹不分卷　(清)尹繼善輯　清刻本　六冊　存漢文、唐文、宋文、唐詩五言律、唐詩七言律、賦

360000－1913－0001772　370066－1
且怡草堂評選小題能與集合選讀本不分卷　(清)曾習孔　(清)黎旭增輯　清刻本　三冊

360000－1913－0001773　370066－2
李秬香先生改本能與集不分卷　(清)李秬香評　清道光二十一年(1841)刻本　二冊

360000－1913－0001774　370067－1
咸豐九年恩科並補行乙卯正科江西鄉試硃卷不分卷　(清)□□輯　清刻本　一冊

360000－1913－0001775　370067－2
直省鄉墨□□卷　(清)□□輯　清刻本　一冊　存一卷(四)

360000－1913－0001776　370067－3
塾課文鈔二集□□卷　(清)王步青評　(清)于光華編　清刻本　一冊　存一卷(下)

360000－1913－0001777　370067－4
直省墨選精詣□□卷(道光乙未恩科)　(清)徐耀輯　清京都慎思堂刻本　一冊　存論語

360000－1913－0001778　370067－5
直省考卷不分卷　清刻本　一册　存大學、中庸、上孟

360000－1913－0001779　370067－6
江西闈墨不分卷　（清）□□輯　清刻本　一册

360000－1913－0001780　370067－7
會試闈墨一卷(道光癸未科)　（清）□□輯　清刻本　一册

360000－1913－0001781　370067－8
會試闈墨一卷(道光甲辰科)　（清）□□輯　清刻本　一册

360000－1913－0001782　370067－9
浙江試牘立誠編初集不分卷二集不分卷三集不分卷　（清）汪廷珍輯　清刻本　三册

360000－1913－0001783　370068
無價寶三卷　（清）□□輯　清同治四年(1865)刻本　一册　存二卷(一至二)

360000－1913－0001784　370069－1
西漢文選四卷　（清）儲欣評選　清刻本　二册

360000－1913－0001785　370069－2
西漢文選四卷　（清）儲欣評選　清刻本　一册　存一卷(四)

360000－1913－0001786　370070
居家彝訓□□卷　（清）□□輯　清刻本　二册　存十卷(六至十、十六至二十)

360000－1913－0001787　370071
分體利試文中初集六卷　（清）郝朝昇評選　清本立堂刻本　三册　存三卷(一至二、四)

360000－1913－0001788　370072－1
初學玉玲瓏四卷　（清）徐瑄輯　清兩儀堂刻本　二册　存三卷(一、三至四)

360000－1913－0001789　370072－2
初學玉玲瓏四卷　（清）徐瑄輯　清刻本　一册　存二卷(三至四)

360000－1913－0001790　370072－3
初學玉玲瓏四卷　（清）徐瑄輯　清刻本　一册　存一卷(三)

360000－1913－0001791　370073
春秋左傳詁二十卷　（清）洪亮吉撰　清光緒四年(1878)授經堂刻北江全集本　三册　存六卷(三至六、十三至十四)

360000－1913－0001792　370074－1
周禮精義十二卷　（清）連斗山輯　清刻本　三册　存六卷(六至十一)

360000－1913－0001793　370074－2
周禮精義十二卷　（清）連斗山輯　清刻本　一册　存二卷(六至七)

360000－1913－0001794　370074－3
周禮節釋十二卷　（清）鲍梁撰　清刻本　一册　存二卷(九至十)

360000－1913－0001795　370075－1
江南闈墨不分卷(光緒己卯科)　（清）□□輯　清衡鑑堂刻本　一册

360000－1913－0001796　370075－2
江西闈墨不分卷(光緒丙子科)　（清）□□輯　清奎宿堂刻本　一册

360000－1913－0001797　370075－3
同治庚午科江西闈墨不分卷　（清）□□輯　清奎宿堂刻本　一册

360000－1913－0001798　370075－4
江西闈墨不分卷　（清）□□輯　清刻本　二册

360000－1913－0001799　370076
觀音濟度本願真經二卷　（清）彭德源撰　清刻本　一册

360000－1913－0001800　370076－1
景德傳燈録三十卷　（宋）釋道原輯　清刻本　一册　存二卷(二十三至二十四)

360000－1913－0001801　370076－2
十二門論宗致義記三卷　（唐）釋法藏撰　清光緒二十一年(1895)金陵刻經處刻本　一册

360000－1913－0001802　370076－3
翻譯名義集二十卷　(宋)釋法雲編　清刻本　一册　存三卷(十四至十六)

360000－1913－0001803　370076－4
成唯識論述記六十卷　(唐)釋窺基撰　清刻本　一册　存三卷(七至九)

360000－1913－0001804　370076－5
雅俗通用釋門疏式十卷　(明)釋如德輯　清光緒四年(1878)知儒精舍刻本　一册　存二卷(九至十)

360000－1913－0001805　370076－6
釋門應用文疏四種　(□)□□輯　清同治八年(1869)刻本　一册　存二種

360000－1913－0001806　370076－7
太上感應篇贅言一卷　(清)于覺世撰　清光緒二年(1876)清江傅丙生刻本　一册

360000－1913－0001807　370076－8
太上感應篇圖説一卷　(清)□□輯　清刻本　一册

360000－1913－0001808　370076－9
吕祖註講金剛心經不分卷　(唐)吕嵒注　清光緒二十年(1894)刻本　一册

360000－1913－0001809　370076－10
吕祖三字功過格一卷　(□)□□輯　清同治二年(1863)刻本　一册

360000－1913－0001810　370076－11
天仙正理直論增註一卷　(明)伍守陽撰並注　(明)伍守虚增注　清刻本　一册

360000－1913－0001811　370076－12
快回頭不分卷　(清)□□輯　清刻本　一册

360000－1913－0001812　370076－13
救刼金針不分卷　(清)□□輯　清刻本　一册

360000－1913－0001813　370076－14
救刦回生四卷　(清)□□輯　清同治九年(1870)刻本　二册　存二卷(一、三)

360000－1913－0001814　370076－17
慾海慈航一卷　(清)黄正元撰　清光緒十六年(1890)運道堂豫章臬署刻本　一册

360000－1913－0001815　370076－18
慾海慈航一卷　(清)黄正元撰　清同治十二年(1873)休陽鐵如意齋刻本　一册

360000－1913－0001816　370077
淵鑒齋御纂朱子全書六十六卷　(宋)朱熹撰　(清)李光地等輯　清刻本　三册　存五卷(十八至二十、二十九至三十)

360000－1913－0001817　370078
增補事類賦統編九十三卷首一卷　(清)黄葆真編　清光緒三年(1877)羣玉書屋刻本　二册　存五卷(一至二、八十至八十一,首一卷)

360000－1913－0001818　370078－1
增補事類賦統編九十三卷首一卷　(清)黄葆真編　清道光二十九年(1849)丹陽黄氏敦好堂刻本　三册　存八卷(五十八至五十九、七十至七十二、九十一至九十三)

360000－1913－0001819　370079
皇極經世緒言九卷首二卷　(宋)邵雍撰　(明)黄畿注　(清)劉斯組輯　清刻本　五册　存五卷(四至五、七至九)

360000－1913－0001820　370080
新刊趙田了凡袁先生編纂古本歷史大方綱鑑補三十九卷首一卷　(明)袁黄纂　清刻本　五册　存六卷(三十二至三十七)

360000－1913－0001821　370081
周官精義十二卷　(清)連斗山輯　清嘉慶五年(1800)刻本　三册　存七卷(一至三、八至十一)

360000－1913－0001822　370081－1
周官精義十二卷　(清)連斗山輯　清刻本　一册　存二卷(十至十一)

360000－1913－0001823　370082
史鑑節要便讀六卷　(清)鮑東里撰　清刻本　一册　存四卷(一至三、六)

360000－1913－0001824　370083
明文小題惟新錄不分卷　(清)成舉評選　(清)王穀參訂　**鄉墨大雅不分卷**　(□)□□撰　清刻本　一册

360000－1913－0001825　370084
詩韻萃珍十卷　(清)黄昌瑞輯　清刻本　一册　存二卷(三至四)

360000－1913－0001826　370085
監本四書　(宋)朱熹集注　清同治十三年(1874)江西書局刻本　一册　存二種

360000－1913－0001827　370085－1
監本四書　(宋)朱熹集注　清同治十三年(1874)江西書局刻本　二册　存三種

360000－1913－0001828　370085－2
增删四書朱子大全精言四十一卷　(清)周大璋輯　清刻本　一册　存二卷(孟子四至五)

360000－1913－0001829　370086
韻府約編二十四卷　(清)鄧愷輯　清刻本　三册　存三卷(三、十三、十六)

360000－1913－0001830　370086－1
韻府約編二十四卷　(清)鄧愷輯　清刻本　一册　存一卷(二十三)

360000－1913－0001831　370086－2
韻府約編二十四卷　(清)鄧愷輯　清刻本　一册　存一卷(二)

360000－1913－0001832　370087
詩八卷　(宋)朱熹集傳　清尊德堂刻本　一册　存二卷(一至二)

360000－1913－0001833　370087－1
詩八卷　(宋)朱熹集傳　清刻本　一册　存一卷(三)

360000－1913－0001834　370087－2
詩經八卷　(宋)朱熹集傳　清郁文堂刻本　一册　存三卷(六至八)

360000－1913－0001835　370087－3
詩經四卷　清光緒三十三年(1907)以文堂刻本　二册　存二卷(一、四)

360000－1913－0001836　370088
千金裘二十七卷　(清)蔣義彬輯　清刻本　二册　存十四卷(十四至二十七)

360000－1913－0001837　370088－1
千金裘二集二十六卷　(清)蔣義彬　(清)徐元麟輯　清刻本　二册　存十一卷(三至六、九至十五)

360000－1913－0001838　370089
曲江書屋新訂批注左傳快讀十八卷首一卷　(清)李紹崧輯　清刻本　三册　存三卷(六、十五至十六)

360000－1913－0001839　370089－1
曲江書屋新訂批注左傳快讀十八卷首一卷　(清)李紹崧輯　清曲江書屋刻本　六册　存九卷(五至十、十四至十六)

360000－1913－0001840　370089－2
曲江書屋新訂批注左傳快讀十八卷首一卷　(清)李紹崧輯　清曲江書屋刻本　五册　存五卷(八、十、十四至十六)

360000－1913－0001841　370090
唐詩合選詳解十二卷　(清)劉文蔚注釋　清刻本　一册　存二卷(十一至十二)

360000－1913－0001842　370090－1
古唐詩合解十二卷　(清)王堯衢注　清刻本　一册　存四卷(五至八)

360000－1913－0001843　370090－2
古唐詩合解十二卷　(清)王堯衢注　清刻本　二册　存七卷(二至四、九至十二)

360000－1913－0001844　370090－3
古唐詩合解十二卷　(清)王堯衢注　清刻本　一册　存二卷(八至九)

360000－1913－0001845　370091
詩韻類錦十二卷　(清)郭化霖編　清刻本　四册　存五卷(一、四、七至八、十一)

360000－1913－0001846　370092
本朝律賦集腋八集　(清)馬俊良輯　清刻本　五册　存五集(人、物、春、夏、冬)

360000－1913－0001847　370093
書經六卷　(宋)蔡沈集傳　清刻本　一冊　存二卷(五至六)

360000－1913－0001848　370093－1
書經六卷　(宋)蔡沈集傳　清刻本　一冊　存二卷(五至六)

360000－1913－0001849　370093－2
書經六卷　(宋)蔡沈集傳　清刻本　一冊　存二卷(二至三)

360000－1913－0001850　370093－3
書經六卷　(宋)蔡沈集傳　清刻本　一冊　存一卷(四)

360000－1913－0001851　370093－4
書經六卷　(宋)蔡沈集傳　清刻本　二冊　存三卷(二至四)

360000－1913－0001852　370094
四書味根錄四十四卷　(清)金澂撰　清刻本　八冊　存八卷(一至二、五至十)

360000－1913－0001853　370094－1
四書味根錄三十九卷　(清)金澂撰　清刻本　一冊　存五卷(論語一至五)

360000－1913－0001854　370094－2
四書味根錄三十九卷　(清)金澂撰　清刻本　一冊　存二卷(孟子十一至十二)

360000－1913－0001855　370095
樹廬文鈔十卷　(清)彭士望撰　清道光四年(1824)寧都彭氏刻本　三冊　存五卷(四至八)

360000－1913－0001856　370096
太史張天如詳節春秋綱目句解左傳彙雋六卷　(清)韓菼重訂　清刻本　一冊　存一卷(二)

360000－1913－0001857　370096－1
太史張天如詳節春秋綱目句解左傳彙雋六卷　(清)韓菼重訂　清刻本　一冊　存一卷(二)

360000－1913－0001858　370096－2
太史張天如詳節春秋綱目句解左傳彙雋六卷　(清)韓菼重訂　清刻本　三冊　存三卷(二、四、六)

360000－1913－0001859　370096－3
重訂批點春秋左傳詳節句解六卷首一卷　(宋)朱申注　(明)孫鑛批點　清刻本　二冊　存二卷(二、五)

360000－1913－0001860　370096－4
春秋左傳五十卷　(晉)杜預注　(唐)陸德明音義　(宋)林堯叟補注　清刻本　三冊　存十一卷(十一至十四、二十七至三十三)

360000－1913－0001861　370096－5
春秋左傳五十卷　(晉)杜預注　(唐)陸德明音義　(宋)林堯叟補注　清刻本　一冊　存五卷(五至九)

360000－1913－0001862　370096－6
春秋左傳五十卷　(晉)杜預注　(唐)陸德明音義　(宋)林堯叟補注　清刻本　二冊　存十卷(九至十四、四十七至五十)

360000－1913－0001863　370096－7
春秋左傳五十卷　(晉)杜預注　(唐)陸德明音義　(宋)林堯叟補注　清刻本　二冊　存七卷(四十四至五十)

360000－1913－0001864　370096－8
評點春秋綱目左傳句解彙雋六卷　(清)韓菼重訂　清刻本　一冊　存一卷(三)

360000－1913－0001865　370096－9
評點春秋綱目左傳句解彙雋六卷　(清)韓菼重訂　清文光堂刻本　一冊　存一卷(三)

360000－1913－0001866　370096－10
評點春秋綱目左傳句解彙雋六卷　(清)韓菼重訂　清大文堂刻本　一冊　存一卷(四)

360000－1913－0001867　370096－11
評點春秋綱目左傳句解彙雋六卷　(清)韓菼重訂　清刻本　一冊　存一卷(一)

360000－1913－0001868　370096－12
評點春秋綱目左傳句解彙雋六卷　(清)韓菼

重訂　清刻本　三册　存四卷(三至六)

360000－1913－0001869　370096－13
評點春秋綱目左傳句解彙雋六卷　(清)韓菼重訂　清刻本　三册　存三卷(三、五至六)

360000－1913－0001870　370096－14
評點春秋綱目左傳句解彙雋六卷　(清)韓菼重訂　清舊學山房刻本　二册　存二卷(四、六)

360000－1913－0001871　370096－15
評點春秋綱目左傳句解彙雋六卷　(清)韓菼重訂　清刻本　一册　存一卷(五)

360000－1913－0001872　370096－16
批點春秋左傳綱目句解彙雋六卷　(清)韓菼重訂　清刻本　一册　存一卷(二)

360000－1913－0001873　370096－17
批點春秋左傳綱目句解彙雋六卷　(清)韓菼重訂　清刻本　一册　存一卷(二)

360000－1913－0001874　370096－18
批點春秋左傳綱目句解彙雋六卷　(清)韓菼重訂　清刻本　三册　存三卷(二、四、六)

360000－1913－0001875　370096－19
批點春秋左傳綱目句解彙雋六卷　(清)韓菼重訂　清刻本　一册　存一卷(二)

360000－1913－0001876　370097
四書或問三十九卷　(宋)朱熹撰　清尊樂堂刻本　三册　存三十四卷(論語或問二十卷、孟子或問十四卷)

360000－1913－0001877　370098
青雲集分韻試帖詳注四卷　(清)楊逢春　(清)蕭應櫆輯　(清)沈品華等注　清光緒二十二年(1896)文奎堂刻本　三册　存三卷(一至三)

360000－1913－0001878　370098－1
試律青雲集四卷　(清)楊逢春　(清)蕭應櫆輯　(清)沈品華等注　清刻本　四册

360000－1913－0001879　370099
墨選十則十卷　(清)陳夑輯　清同治九年(1870)三槐堂刻本　二册　存六卷(一至六)

360000－1913－0001880　370099－1
墨選十則十卷　(清)陳夑輯　清同治九年(1870)三槐堂刻本　二册　存四卷(一至二、四至五)

360000－1913－0001881　370100
犢山文稿不分卷　(清)周鎬撰　清同治元年(1862)刻本　二册

360000－1913－0001882　370101
竹笑軒賦鈔初集一卷二集一卷　(清)孫清達輯　清刻本　二册

360000－1913－0001883　370101－1
賦學指南十六卷　(清)余丙照輯　清刻本　一册　存三卷(十至十二)

360000－1913－0001884　370101－2
紫霞山房帖體詩鈔四卷　(清)朱家麒撰　清道光十九年(1839)刻本　一册

360000－1913－0001885　370102
駱文忠公自訂年譜二卷　(清)駱秉章撰　清光緒二十一年(1895)思賢書局刻本　一册　存一卷(上)

360000－1913－0001886　370103
欽定啓禎四書文不分卷　(清)方苞等輯　清刻本　二册

360000－1913－0001887　370104
澹雅局增定課讀鑑略妥註善本五卷　(明)李廷機撰　清兩儀堂刻本　二册

360000－1913－0001888　370104－1
增定課兒鑑略妥註善本五卷　(明)李廷機撰　(清)鄒聖脈訂　清刻本　一册　存三卷(三至五)

360000－1913－0001889　370105
十四層啓蒙捷訣二卷　(清)曹原亮撰　清道光十四年(1834)聚賢堂刻本　一册

360000－1913－0001890　370105－1
十四層啓蒙捷訣二卷　(清)曹原亮撰　清兩儀堂刻本　一册

360000－1913－0001891　370105－2
十四層啓蒙捷訣二卷　(清)曹原亮撰　清刻本　一册　存一卷(下)

360000－1913－0001892　370106
初學指掌四卷　(清)郝正嵩評注　清刻本　一册　存二卷(二、四)

360000－1913－0001893　370106－1
初學指掌四卷　(清)郝正嵩評注　清刻本　一册　存一卷(一)

360000－1913－0001894　370106－2
初學指掌四卷　(清)郝正嵩評注　清刻本　一册　存二卷(二、四)

360000－1913－0001895　370106－3
初學指掌四卷　(清)郝正嵩評注　清芸生堂刻本　一册　存一卷(三)

360000－1913－0001896　370106－4
初學指掌四卷　(清)郝正嵩評注　清刻本　一册　存一卷(二)

360000－1913－0001897　370106－5
初學指掌四卷　(清)郝正嵩評注　清刻本　一册　存一卷(一)

360000－1913－0001898　370106－6
初學指掌四卷　(清)郝正嵩評注　清刻本　一册　存一卷(二)

360000－1913－0001899　370106－7
初學指掌四卷　(清)郝正嵩評注　清兩儀堂刻本　三册　存三卷(一、三至四)

360000－1913－0001900　370107
青雲集分韻試帖詳注四卷　(清)楊逢春　(清)蕭應櫆輯　(清)沈品華等注　清同治九年(1870)文富堂刻本　一册　存一卷(一)

360000－1913－0001901　370107－1
青雲集分韻試帖詳注四卷　(清)楊逢春　(清)蕭應櫆輯　(清)沈品華等注　清大道堂刻本　一册　存二卷(三至四)

360000－1913－0001902　370107－2
試律青雲集四卷　(清)楊逢春　(清)蕭應櫆輯　(清)沈品華等注　清刻本　一册　存二卷(三至四)

360000－1913－0001903　370107－3
青雲集補注六卷　(清)楊逢春　(清)蕭應櫆輯　(清)吳廷藻補注　清刻本　一册　存一卷(四)

360000－1913－0001904　370108
光緒十四年戊子科江西闈墨不分卷　(清)朱景鑒定　清光緒十四年(1888)奎宿堂刻本　一册

360000－1913－0001905　370108－1
光緒八年壬午科江西闈墨不分卷　(清)陳黄鑒定　清光緒八年(1882)奎宿堂刻本　一册

360000－1913－0001906　370108－2
江西闈墨不分卷　(清)□□輯　清刻本　一册

360000－1913－0001907　370109
禮記體註四卷　(清)范翔撰　清刻本　一册　存一卷(四)

360000－1913－0001908　370109－1
禮記體註四卷　(清)范翔撰　清刻本　一册　存一卷(四)

360000－1913－0001909　370109－2
禮記體註四卷　(清)范翔撰　清刻本　二册　存二卷(二、四)

360000－1913－0001910　370109－3
禮記十卷　(元)陳澔集說　清刻本　三册　存三卷(二至三、六)

360000－1913－0001911　370109－4
禮記十卷　(元)陳澔集說　清刻本　五册　存五卷(一至二、四至五、八)

360000－1913－0001912　370109－5
禮記十卷　(元)陳澔集說　清刻本　一册　存一卷(三)

360000－1913－0001913　370109－6
禮記十卷　(元)陳澔集說　清刻本　一册　存一卷(四)

360000－1913－0001914　370109－7
禮記十卷　(元)陳澔集說　清刻本　二冊　存二卷(一至二)

360000－1913－0001915　370109－8
禮記十卷　(元)陳澔集說　清刻本　三冊　存三卷(二至四)

360000－1913－0001916　370110
禮記十卷　(元)陳澔集說　清文苑堂刻本　三冊　存三卷(一、六、九)

360000－1913－0001917　370110－1
禮記十卷　(元)陳澔集說　清刻本　二冊　存二卷(五、九)

360000－1913－0001918　370110－2
禮記十卷　(元)陳澔集說　清刻本　五冊　存五卷(二、七至十)

360000－1913－0001919　370111
朱子原訂近思錄十四卷　(宋)朱熹撰　(清)江永集注　**考訂朱子世家一卷**　(清)江永撰　**校勘記一卷**　(清)王炳撰　清道光二十四年(1844)兩儀堂刻本　六冊

360000－1913－0001920　370112
賦學正鵠集釋十一卷　(清)李元度輯　清刻本　三冊　存六卷(六至十一)

360000－1913－0001921　370113
雲林別墅新輯酬世錦囊初集八卷二集七卷三集二卷　(清)鄒景揚編　清刻本　七冊　存十三卷(初集三至八,二集一至四、七,三集二卷)

360000－1913－0001922　370114
小題聯珠不分卷　(□)□□輯　清刻本　二冊

360000－1913－0001923　370115
增評補像全圖金玉緣一百二十回　(清)曹霑　(清)高鶚撰　(清)王希廉　(清)張新之　(清)姚燮評　清末石印本　五冊　存三十九回(十九至二十六、五十九至六十六、七十五至八十二、九十一至九十八、一百七至一百十三)

360000－1913－0001924　370116
資治新書十四卷首一卷　(清)李漁輯　清芥子園刻本　二冊　存五卷(十至十四)

360000－1913－0001925　370116－1
資治新書二集二十卷　(清)李漁輯　清芥子園刻本　二冊　存四卷(七至八、十五至十六)

360000－1913－0001926　370116－2
資治新書十四卷二集二十卷　(清)李漁輯　清藻文堂刻本　四冊　存十三卷(初集一至十、二集四至六)

360000－1913－0001927　370117
本朝十二家精選十二卷　(清)何飛鳳輯　清刻本　三冊　存四卷(三至四、六、八)

360000－1913－0001928　370118
地學二卷　(清)沈鎬撰　清道光十三年(1833)大文堂刻本　二冊

360000－1913－0001929　380001
禮記集說十卷　(元)陳澔撰　清末李光明莊刻本　一冊　存一卷(一)

360000－1913－0001930　380002
易林補遺利集二十卷　(明)張世寶撰　清刻本　一冊　存六卷(七至十二)

360000－1913－0001931　380003
唐詩三百首六卷　(清)孫洙編　清光緒九年(1883)湖南文昌書局刻本　一冊　存二卷(一至二)

360000－1913－0001932　380004
古文析義十六卷　(清)林雲銘評注　清刻本　一冊　存一卷(十五)

360000－1913－0001933　380005
檀几叢書　(清)王晫　(清)張潮輯　清霞舉堂刻本　一冊　存八種

360000－1913－0001934　380006
宦鄉要則七卷　(清)張鑒瀛輯　清光緒十八年(1892)刻本　一冊　存二卷(一至二)

360000－1913－0001935　380007
五洲各國政治考十卷　（清）錢恂輯　清光緒二十八年（1902）長沙刻本　二冊　存三卷（一、五下至六）

360000－1913－0001936　380008
勸學篇二卷　（清）張之洞撰　清光緒二十四年（1898）江西書局刻本　二冊

360000－1913－0001937　380009
孔氏家語十卷　（三國魏）王肅注　清汲古閣刻本　四冊

360000－1913－0001938　380009－1
孔氏家語十卷　（三國魏）王肅注　清刻本　四冊

360000－1913－0001939　380009－2
孔氏家語十卷　（三國魏）王肅注　清刻本　一冊　存六卷（五至十）

360000－1913－0001940　380009－3
孔氏家語十卷　（三國魏）王肅注　清刻本　一冊　存五卷（六至十）

360000－1913－0001941　380010
杜詩詳註二十五卷首一卷附編二卷　（唐）杜甫撰　（清）仇兆鰲輯注　清康熙刻本　四冊　存四卷（一至三、首一卷）

360000－1913－0001942　380011
集虛齋四書口義十卷　（清）方櫱如撰　（清）于光華輯　清刻本　六冊　存七卷（一至二、五至六、八至十）

360000－1913－0001943　380012
淵鑑類函四百五十卷目錄四卷　（清）張英　（清）王士禛等輯　清刻本　一百九冊　存三百四十四卷（二十至二十三、三十至一百八、一百十一至一百三十七、一百四十二至一百六十九、一百七十四至二百六、二百二十四至二百二十五、二百三十四至二百四十九、二百五十四至二百五十七、二百六十一至二百七十九、二百八十三至二百八十五、二百八十九至二百九十一、二百九十六、二百九十九至三百一、三百六至三百八十二、三百八十八至四百十二、四百十七至四百二十、四百三十五至四百五十）

360000－1913－0001944　380012－1
淵鑑類函四百五十卷目錄四卷　（清）張英　（清）王士禛等輯　清刻本　一冊　存三卷（一百二十七至一百二十九）

360000－1913－0001945　380013
御定七政四餘萬年書不分卷（乾隆四十一年至同治七年）　（清）欽天監編　清刻本　三冊

360000－1913－0001946　380016
朱子文集大全類編一百十卷首一卷　（宋）朱熹撰　（清）朱玉訂補　清刻采芝山房印本　三十八冊　存八十七卷（冊一一至三，冊二一至二、七至十，冊三一至二，冊四一至六、十至十一，冊五一至二、七至九、十三至十四，冊六一至二、五至二十四、三十至三十五，冊七三至八、十至十五，冊八一至二十一）

360000－1913－0001947　380017
新刻釋義群書六言聯珠雜字二卷　（明）謝榮登撰　明刻本　一冊

360000－1913－0001948　380018
御定康熙字典十二集三十六卷總目一卷檢字一卷辨似一卷等韻一卷補遺一卷備考一卷　（清）張玉書等纂修　清刻本　一冊　存一卷（卯集中）

360000－1913－0001949　380018－1
御定康熙字典十二集三十六卷總目一卷檢字一卷辨似一卷等韻一卷補遺一卷備考一卷　（清）張玉書等纂修　清刻本　一冊　存一卷（丑集上）

360000－1913－0001950　380018－2
御定康熙字典十二集三十六卷總目一卷檢字一卷辨似一卷等韻一卷補遺一卷備考一卷　（清）張玉書等纂修　清刻本　二冊　存四卷（總目一卷、檢字一卷、辨似一卷、備考一卷）

360000－1913－0001951　380018－3
御定康熙字典十二集三十六卷總目一卷檢字

一卷辨似一卷等韻一卷補遺一卷備考一卷　(清)張玉書等纂修　清刻本　二冊　存二卷(辰集下、巳集上)

360000－1913－0001952　380018－4
御定康熙字典十二集三十六卷總目一卷檢字一卷辨似一卷等韻一卷補遺一卷備考一卷　(清)張玉書等纂修　清刻本　七冊　存七卷(子集下、丑集中、卯集中、辰集中、巳集中,等韻一卷,補遺一卷)

360000－1913－0001953　380018－5
御定康熙字典十二集三十六卷總目一卷檢字一卷辨似一卷等韻一卷補遺一卷備考一卷　(清)張玉書等纂修　清刻本　四冊　存四卷(卯集上、辰集上、亥集中,備考一卷)

360000－1913－0001954　380018－6
御定康熙字典十二集三十六卷總目一卷檢字一卷辨似一卷等韻一卷補遺一卷備考一卷　(清)張玉書等纂修　清刻本　十冊　存十卷(子集中下、丑集上中、寅集上、辰集上下,等韻一卷,補遺一卷,備考一卷)

360000－1913－0001955　380018－7
御定康熙字典十二集三十六卷總目一卷檢字一卷辨似一卷等韻一卷補遺一卷備考一卷　(清)張玉書等纂修　清刻本　九冊　存九卷(子集中、午集中、未集上下、申集上、戌集上、亥集上中,等韻一卷)

360000－1913－0001956　380019
制義偶鈔初編不分卷二編不分卷三編不分卷四編不分卷五編不分卷　(清)浦起龍講授　清刻本　九冊　缺初編

360000－1913－0001957　380020
石南書院課士草不分卷　(清)鍾聲撰　清同治十年(1871)鳴盛堂刻本　二冊

360000－1913－0001958　380021
芸居樓綱鑑易知錄九十二卷　(清)吳乘權等輯　清芸居樓刻本　三冊　存八卷(十九至二十一、三十四至三十八)

360000－1913－0001959　380022
重訂王鳳洲先生綱鑑會纂四十六卷續宋元紀二十三卷　(明)王世貞撰　(明)陳仁錫訂　清刻本　十八冊　存三十五卷(三至四、七至八、十三至十六、十九至三十、三十五至三十六、三十九至四十,續一至三、六至七、十至十一、十四至十五、二十至二十一)

360000－1913－0001960　380023
增補事類賦統編九十三卷首一卷　(清)黃葆真編　清道光二十九年(1849)丹陽黃氏敦好堂刻本　三十二冊　存八十一卷(一至二十二、二十五至二十九、三十一至五十七、六十三至八十九)

360000－1913－0001961　380024
[論策十六種]不分卷　(清)□□輯　清刻本　三冊

360000－1913－0001962　380025
試律清華二集四卷　(清)蔣義彬輯　清刻本　四冊

360000－1913－0001963　380026
舉業新模八卷首一卷末一卷續選丁酉戊戌科鄉會墨六卷　(清)周百順編　清道光十六年至十八年(1836－1838)刻本　二冊

360000－1913－0001964　380027
廣事類賦四十卷　(清)華希閔撰　清刻本　二冊　存八卷(一至四、二十五至二十八)

360000－1913－0001965　380027－1
廣事類賦四十卷　(清)華希閔撰　清刻本　一冊　存六卷(二十六至三十一)

360000－1913－0001966　380027－2
重訂廣事類賦四十卷　(清)華希閔撰　清刻本　一冊　存四卷(三十七至四十)

360000－1913－0001967　380027－3
續廣事類賦三十卷　(清)王鳳喈撰　清刻本　一冊　存一卷(十二)

360000－1913－0001968　380027－4
續廣事類賦三十卷　(清)王鳳喈撰　清刻本　一冊　存八卷(二十三至三十)

360000－1913－0001969　380027－5
續廣事類賦三十卷　(清)王鳳喈撰　清刻本　一册　存二卷(二十七至二十八)

360000－1913－0001970　380027－6
廣廣事類賦三十二卷　(清)吴世旃撰　清刻本　一册　存九卷(一至九)

360000－1913－0001971　380029
芩香書院課藝不分卷　(□)□□輯　清刻本　四册

360000－1913－0001972　380030
禮記省度四卷　(清)彭頤撰　清乾隆四十五年(1780)刻朱墨套印本　二册　存二卷(三至四)

360000－1913－0001973　380031
院課存真不分卷二集不分卷三集不分卷四集不分卷五集不分卷六集不分卷　(清)石院長鑒定　清刻本　十一册

360000－1913－0001974　380032
四書典制類聯音註三十三卷　(清)閻其淵輯　清文郁山房刻本　六册　存二十四卷(一至十七、二十二至二十八)

360000－1913－0001975　380032－1
四書典制類聯音註三十三卷　(清)閻其淵輯　清刻本　二册　存八卷(一至三、二十九至三十三)

360000－1913－0001976　380032－2
四書典制類聯音註三十三卷　(清)閻其淵輯　清刻本　二册　存九卷(一至三、二十四至二十九)

360000－1913－0001977　380032－3
四書典制類聯音註三十三卷　(清)閻其淵輯　清刻本　一册　存三卷(二十一至二十三)

360000－1913－0001978　380032－4
四書典制類聯音註三十三卷　(清)閻其淵輯　清刻本　一册　存六卷(十三至十八)

360000－1913－0001979　380033
進呈策不分卷　(清)□□撰　清刻本　一册

360000－1913－0001980　380033－1
進呈策問類編補遺七卷　(清)□□撰　清光緒五年(1879)奎文堂刻本　一册　存三卷(一至三)

360000－1913－0001981　380034
增補事類賦統編九十三卷首一卷　(清)黄葆真編　清刻本　二册　存七卷(六至十、十六至十七)

360000－1913－0001982　380034－1
增補事類賦統編九十三卷首一卷　(清)黄葆真編　清道光二十九年(1849)丹陽黄氏敦好堂刻本　一册　存二卷(十七至十八)

360000－1913－0001983　380035
重訂廣事類賦四十卷　(清)華希閔撰　清刻本　三册　存十四卷(五至十八)

360000－1913－0001984　380036
春秋體註大全合衆四卷　(清)周熾撰　清刻本　三册　存三卷(一至二、四)

360000－1913－0001985　380036－1
春秋體註大全合衆四卷　(清)周熾撰　清刻本　一册　存一卷(四)

360000－1913－0001986　380036－2
春秋體註四卷　(清)范翔參訂　清刻本　一册　存一卷(二)

360000－1913－0001987　380036－3
春秋五傳十七卷首一卷　(明)張岐然編　(清)張璞重編　清華文堂刻本　一册　存一卷(八)

360000－1913－0001988　380036－4
春秋五傳十七卷首一卷　(明)張岐然編　(清)張璞重編　清同文堂刻本　二册　存二卷(四至五)

360000－1913－0001989　380036－5
春秋三十卷　(宋)胡安國傳　(宋)林堯叟音注　清文苑堂刻本　一册　存六卷(四至九)

360000－1913－0001990　380036－6
春秋三十卷　(宋)胡安國傳　(宋)林堯叟音

注　清刻本　一册　存七卷(四至十)

360000 - 1913 - 0001991　380036 - 7
春秋經傳集解三十卷　(晉)杜預撰　(唐)陸德明音義　清刻本　四册　存八卷(一至二、十五至十六、十九至二十、二十七至二十八)

360000 - 1913 - 0001992　380037
本草醫方合編　(清)汪昂編　清兩儀堂刻本　二册

360000 - 1913 - 0001993　380037 - 1
新刊醫林狀元壽世保元十卷　(明)龔廷賢撰　清英德堂刻本　一册　存一卷(一)

360000 - 1913 - 0001994　380037 - 2
石室秘籙六卷　(清)陳士鐸撰　清明德堂刻本　一册　存三卷(一至三)

360000 - 1913 - 0001995　380037 - 3
景岳全書六十四卷　(明)張介賓撰　清刻本　一册　存四卷(四十三至四十六)

360000 - 1913 - 0001996　380037 - 4
御纂醫宗金鑑九十卷首一卷　(清)吴謙等撰　清刻本　一册　存四卷(九至十二)

360000 - 1913 - 0001997　380037 - 5
壽世新編三卷　(清)萬潛齋撰　清刻本　一册　存一卷(中)

360000 - 1913 - 0001998　380037 - 6
濟陰綱目十四卷附保生碎事一卷　(明)武之望撰　(清)汪淇箋釋　清刻本　一册　存四卷(十二至十四、保生碎事一卷)

360000 - 1913 - 0001999　380037 - 7
敬信錄□卷　(清)周鼎臣輯　清光緒十年(1884)刻本　一册　存一卷(下)

360000 - 1913 - 0002000　380037 - 8
金匱要略淺註十卷　(清)陳念祖撰　清光緒三十四年(1908)寶慶經元書局刻本　一册　存二卷(一至二)

360000 - 1913 - 0002001　380038
續二十五子彙函　(清)鴻文書局編　清光緒二十四年(1898)上海鴻文書局石印本　八册

360000 - 1913 - 0002002　380039
雲林別墅新輯酬世錦囊初集八卷二集七卷三集二卷四集二卷　(清)鄒景揚編　清刻本　二册　存六卷(初集四至六、二集五至七)

360000 - 1913 - 0002003　380039 - 1
雲林別墅新輯酬世錦囊對聯雋句續編五卷　(清)鄒景揚編　清刻本　一册　存三卷(一至三)

360000 - 1913 - 0002004　380039 - 2
雲林別墅纂輯酬世錦囊天下路程續編二卷　(清)鄒景揚編　清刻本　一册

360000 - 1913 - 0002005　380039 - 3
雲林別墅纂輯酬世錦囊家禮纂要續編五卷　(清)鄒景揚編　清刻本　一册　存三卷(一至三)

360000 - 1913 - 0002006　380040
安徽試牘立誠編不分卷　(清)汪廷珍輯　清刻本　三册

360000 - 1913 - 0002007　380041
儀禮精義一卷補編一卷　(清)黄淦撰　清嘉慶十二年(1807)刻七經精義本　一册

360000 - 1913 - 0002008　380041 - 1
禮記體註四卷　(清)范翔撰　清刻本　一册　存一卷(二)

360000 - 1913 - 0002009　380042
對聯匯海十四卷　(清)邱日訌輯　清刻本　三册　存十一卷(一至六、十至十四)

360000 - 1913 - 0002010　380043
欽定春秋傳説彙纂三十八卷首二卷　(清)王掞等撰　清康熙刻本　三册　存五卷(十三至十四、二十七至二十八,首上)

360000 - 1913 - 0002011　380043 - 1
春秋左傳五十卷　(晉)杜預注　(唐)陸德明音義　(宋)林堯叟補注　(明)孫鑛　(明)鍾惺　(明)韓范評　清刻本　一册　存五卷(二十九至三十三)

360000 - 1913 - 0002012　380044

孟子七卷　(宋)朱熹集注　清刻四書集註本　一册　存三卷(一至三)

360000－1913－0002013　380044－1

孟子七卷　(宋)朱熹集注　清刻四書集註本　一册　存三卷(一至三)

360000－1913－0002014　380044－2

孟子七卷　(宋)朱熹集注　清兩儀堂刻四書集註本　一册　存三卷(一至三)

360000－1913－0002015　380044－3

孟子七卷　(宋)朱熹集注　清刻四書集註本　一册　存三卷(一至三)

360000－1913－0002016　380044－4

孟子七卷　(宋)朱熹集注　清刻四書集註本　一册　存三卷(一至三)

360000－1913－0002017　380044－5

孟子七卷　(宋)朱熹集注　清刻四書集註本　一册　存三卷(一至三)

360000－1913－0002018　380044－6

孟子七卷　(宋)朱熹集注　清兩儀堂刻四書集註本　一册　存二卷(四至五)

360000－1913－0002019　380044－7

孟子七卷　(宋)朱熹集注　清刻四書集註本　一册　存二卷(四至五)

360000－1913－0002020　380044－8

孟子七卷　(宋)朱熹集注　清刻四書集註本　一册　存二卷(四至五)

360000－1913－0002021　380044－9

孟子七卷　(宋)朱熹集注　清刻四書集註本　一册　存二卷(四至五)

360000－1913－0002022　380044－10

孟子七卷　(宋)朱熹集注　清刻四書集註本　一册　存二卷(六至七)

360000－1913－0002023　380044－11

孟子七卷　(宋)朱熹集注　清刻四書集註本　一册　存二卷(六至七)

360000－1913－0002024　380044－12

孟子七卷　(宋)朱熹集注　清刻四書集註本　一册　存二卷(六至七)

360000－1913－0002025　380044－13

孟子七卷　(宋)朱熹集注　清刻四書集註本　一册　存二卷(六至七)

360000－1913－0002026　380044－14

孟子七卷　(宋)朱熹集注　清刻四書集註本　一册　存二卷(六至七)

360000－1913－0002027　380044－15

孟子七卷　(宋)朱熹集注　清刻四書集註本　一册　存二卷(六至七)

360000－1913－0002028　380044－16

孟子七卷　(宋)朱熹集注　清刻四書集註本　一册　存二卷(六至七)

360000－1913－0002029　380044－17

孟子七卷　(宋)朱熹集注　清刻四書集註本　一册　存二卷(六至七)

360000－1913－0002030　380044－18

孟子七卷　(宋)朱熹集注　清慎詒堂刻四書集註本　一册　存二卷(六至七)

360000－1913－0002031　380044－19

孟子七卷　(宋)朱熹集注　清慎詒堂刻四書集註本　二册　存四卷(四至七)

360000－1913－0002032　380044－20

孟子三卷　清刻本　一册　存一卷(中)

360000－1913－0002033　380044－21

孟子三卷　清會友堂刻本　二册　存二卷(中、下)

360000－1913－0002034　380044－22

孟子三卷　清文星閣刻本　一册　存一卷(下)

360000－1913－0002035　380044－23

孟子集註本義匯參十四卷首一卷　(清)王步青輯　清敦復堂刻本　二册　存三卷(一、十三,首一卷)

360000－1913－0002036　380045

算學入門三卷　(清)周廣詢輯　清光緒二十四年(1898)贛城千頃堂刻本　三冊

360000－1913－0002037　380046

歷代名臣奏議三百五十卷　(明)黄淮　(明)楊士奇輯　(明)張溥删正　明崇禎刻本　二冊　存六卷(一百十一至一百十四、一百二十九至一百三十)

360000－1913－0002038　380047

胡文忠公遺集八十六卷首一卷　(清)胡林翼撰　(清)鄭敦謹　(清)曾國荃輯　清刻本　二冊　存六卷(二十五至三十)

360000－1913－0002039　380048

彭剛直公奏稿八卷　(清)彭玉麟撰　(清)俞樾輯　清刻本　五冊　存七卷(二至八)

360000－1913－0002040　380049

古唐詩合解十二卷古詩四卷　(清)王堯衢注　清刻本　三冊　存九卷(八至十二、古詩四卷)

360000－1913－0002041　380049－1

古唐詩合解十二卷古詩四卷　(清)王堯衢注　清刻本　二冊　存七卷(六至八、古詩四卷)

360000－1913－0002042　380050

願體集四卷　(清)李仲麟輯　清刻本　二冊　存二卷(二至三)

360000－1913－0002043　380051

靈鶼閣叢書　(清)江標輯　清光緒元和江氏湖南使院刻本　一冊　存二種

360000－1913－0002044　380052

光緒甲辰恩科會試闈墨不分卷　(清)□□輯　清光緒三十年(1904)上海煥文書局石印本　一冊

360000－1913－0002045　380052－1

甲辰年恩科會墨不分卷　(清)□□輯　清末圖書集成局鉛印本　一冊

360000－1913－0002046　380052－2

光緒辛丑壬寅恩正併科會試闈墨不分卷　(清)□□輯　清光緒二十九年(1903)上海同文書社鉛印本　一冊

360000－1913－0002047　380053

大清律例增修統纂集成四十卷督捕則例附纂二卷　(清)姚潤輯　(清)陶駿　(清)陶念霖增輯　清刻本　十四冊　存二十三卷(四至五、八、十一至十二、十九至二十二、二十五至二十八、三十一至三十二、三十五至四十，督捕則例附纂二卷)

360000－1913－0002048　380053－1

大清律例增修統纂集成四十卷　(清)姚潤輯　(清)陶駿　(清)陶念霖增輯　清刻本　一冊　存二卷(三十六至三十七)

360000－1913－0002049　380053－2

大清律例增修統纂集成四十卷　(清)姚潤輯　(清)陶駿　(清)陶念霖增輯　清末鉛印本　一冊　存一卷(二十四)

360000－1913－0002050　380053－3

大清律例集註三十三卷　(清)萬維翰輯　清刻本　三冊　存一卷(二十一)

360000－1913－0002051　380054

書經體註大全合參六卷　(清)錢希祥輯　**書經六卷**　(宋)蔡沈集傳　清道光十四年(1834)崇文堂刻本　二冊　存六卷(書經體註大全合參一至三、書經一至三)

360000－1913－0002052　380054－1

書經體註大全合參六卷　(清)錢希祥輯　**書經六卷**　(宋)蔡沈集傳　清步月樓刻本　一冊　存二卷(書經體註大全合參一、書經一)

360000－1913－0002053　380054－2

書經體註大全合參六卷　(清)錢希祥輯　**書經六卷**　(宋)蔡沈集傳　清刻本　三冊　存十卷(書經體註大全合參二至六、書經二至六)

360000－1913－0002054　380054－3

書經體註大全合參六卷　(清)錢希祥輯　**書經六卷**　(宋)蔡沈集傳　清刻本　二冊　存六卷(書經體註大全合參二至四、書經二至

四）

360000－1913－0002055　380054－4
書經體註大全合參六卷　（清）錢希祥輯　**書經六卷**　（宋）蔡沈集傳　清刻本　二冊　存六卷（書經體註大全合參二至四、書經二至四）

360000－1913－0002056　380054－5
書經體註大全合參六卷　（清）錢希祥輯　**書經六卷**　（宋）蔡沈集傳　清刻本　二冊　存六卷（書經體註大全合參二至四、書經二至四）

360000－1913－0002057　380054－6
書經體註大全合參六卷　（清）錢希祥輯　**書經六卷**　（宋）蔡沈集傳　清刻本　一冊　存二卷（書經體註大全合參四、書經四）

360000－1913－0002058　380054－7
四書左國輯要四卷　（清）周龍官輯　清刻本　三冊　存三卷（二至四）

360000－1913－0002059　380054－8
大學或問二卷中庸或問三卷中庸輯畧二卷　（宋）朱熹撰　清尊樂堂刻本　一冊

360000－1913－0002060　380055
墨選十則十卷　（清）陳燮輯　清刻本　一冊　存二卷（三至四）

360000－1913－0002061　380055－1
大學章句一卷中庸章句一卷　（宋）朱熹撰　清兩儀堂刻本　一冊

360000－1913－0002062　380055－2
大學章句一卷中庸章句一卷　（宋）朱熹撰　清刻本　一冊

360000－1913－0002063　380055－3
論語集註十卷　（宋）朱熹撰　清兩儀堂刻本　二冊

360000－1913－0002064　380055－4
論語集註十卷　（宋）朱熹撰　清刻本　二冊

360000－1913－0002065　380055－5
論語集註十卷　（宋）朱熹撰　清慎詒堂刻本　一冊　存五卷（六至十）

360000－1913－0002066　380055－6
論語集註十卷　（宋）朱熹撰　清刻本　一冊　存五卷（六至十）

360000－1913－0002067　380055－7
論語集註十卷　（宋）朱熹撰　清刻本　一冊　存五卷（六至十）

360000－1913－0002068　380055－8
孟子集註七卷　（宋）朱熹撰　清刻本　一冊　存二卷（四至五）

360000－1913－0002069　380056
春秋經傳集解三十卷　（晉）杜預撰　（唐）陸德明音義　（宋）林堯叟附注　（清）馮李驊增訂　**左繡三十卷**　（清）馮李驊　（清）陸浩評輯　清同人堂刻本　五冊　存二十八卷（春秋經傳集解二至十五、左繡二至十五）

360000－1913－0002070　380056－1
春秋經傳集解三十卷　（晉）杜預撰　（唐）陸德明音義　（宋）林堯叟附注　（清）馮李驊增訂　**左繡三十卷**　（清）馮李驊　（清）陸浩評輯　清同人堂刻本　一冊　存四卷（春秋經傳集解六至七、左繡六至七）

360000－1913－0002071　380057
墨選觀止一卷舉業要言三卷　（清）梁葆慶輯　清刻本　四冊

360000－1913－0002072　380057－1
墨選觀止一卷　（清）梁葆慶輯　清刻本　二冊

360000－1913－0002073　380057－2
墨選觀止一卷　（清）梁葆慶輯　清刻本　二冊

360000－1913－0002074　380058
禮記十卷　（漢）鄭玄注　清稽古樓刻本　五冊　存五卷（二至四、七至八）

360000－1913－0002075　380059
新訂四書補註備旨十卷　（明）鄧林撰　（清）杜定基增訂　清刻本　六冊

360000－1913－0002076　380059－1
新訂四書補註備旨十卷　(明)鄧林撰　(清)杜定基增訂　清刻本　六冊

360000－1913－0002077　380059－2
新訂四書補註備旨十卷　(明)鄧林撰　(清)杜定基增訂　清刻本　四冊　存六卷(大學一卷、中庸一卷、論語一至二、孟子三至四)

360000－1913－0002078　380059－3
新訂四書補註備旨十卷　(明)鄧林撰　(清)杜定基增訂　清刻本　四冊　存六卷(大學一卷、中庸一卷、論語一至二、孟子三至四)

360000－1913－0002079　380059－4
新訂四書補註備旨十卷　(明)鄧林撰　(清)杜定基增訂　清刻本　二冊　存三卷(大學一卷、中庸一卷、孟子三)

360000－1913－0002080　380059－5
新訂四書補註備旨十卷　(明)鄧林撰　(清)杜定基增訂　清兩宜堂刻本　二冊　存二卷(孟子三至四)

360000－1913－0002081　380059－6
新訂四書補註備旨十卷　(明)鄧林撰　(清)杜定基增訂　清刻本　二冊　存三卷(大學一卷、中庸一卷、孟子三)

360000－1913－0002082　380059－7
新訂四書補註備旨十卷　(明)鄧林撰　(清)杜定基增訂　清桂月樓刻本　一冊　存二卷(大學一卷、中庸一卷)

360000－1913－0002083　380059－8
新訂四書補註備旨十卷　(明)鄧林撰　(清)杜定基增訂　清末影印本　一冊　存一卷(孟子三)

360000－1913－0002084　380059－9
古唐詩合解十二卷　(清)王堯衢注　清藻文堂刻本　一冊　存三卷(十至十二)

360000－1913－0002085　380060
搭截共賞初集不分卷二集不分卷　(清)吕元錦輯　清刻本　三冊

360000－1913－0002086　380061
柏蘊臯稿不分卷　(清)柏謙撰　清刻本　二冊

360000－1913－0002087　380062
新訂四書補註備旨十卷　(明)鄧林撰　(清)杜定基增訂　清仁安堂刻本　一冊　存二卷(大學一卷、中庸一卷)

360000－1913－0002088　380062－1
新訂四書補註備旨十卷　(明)鄧林撰　(清)杜定基增訂　清文淵堂刻本　四冊　存六卷(大學一卷、中庸一卷、論語三至四、孟子三至四)

360000－1913－0002089　380062－2
新訂四書補註備旨十卷　(明)鄧林撰　(清)杜定基增訂　清文淵堂刻本　一冊　存一卷(孟子三)

360000－1913－0002090　380063
寄傲山房塾課纂輯書經備旨蔡註捷錄七卷　(清)鄒聖脈輯　清務本堂刻本　三冊

360000－1913－0002091　380063－1
寄傲山房塾課纂輯書經備旨蔡註捷錄七卷　(清)鄒聖脈輯　清務本堂刻本　二冊　存四卷(一至二、六至七)

360000－1913－0002092　380064
批點八家詩選註釋　(清)張熙宇輯評　清同治九年(1870)大成堂刻朱墨套印本　一冊　存四種

360000－1913－0002093　380064－1
批註七家詩選　(清)張熙宇輯評　清聚錦堂刻朱墨套印本　一冊　存四種

360000－1913－0002094　380064－2
七家詩詳註　(清)張熙宇輯評　清大文堂刻朱墨套印本　一冊　存二種

360000－1913－0002095　380064－3
硃批七家詩選箋註　(清)張熙宇輯評　清刻朱墨套印本　一冊　存二種

360000－1913－0002096　380064－4

七家詩選註釋 (清)張熙宇輯 (清)張袇注 清刻朱墨套印本 一册 存二種

360000－1913－0002097 380064－5
七家詩選註釋 (清)張熙宇輯 (清)張袇注 清刻本 一册 存二種

360000－1913－0002098 380064－6
七家詩選 (清)張熙宇輯評 清刻朱墨套印本 一册 存二種

360000－1913－0002099 380064－7
桐雲閣試帖一卷 (清)楊庚撰 (清)張熙宇輯評 清刻七家詩選本 一册

360000－1913－0002100 380065
唐宋八大家類選十四卷 (清)儲欣輯評 清乾隆五十年(1785)二南堂刻本 二册 存三卷(一、七至八)

360000－1913－0002101 380065－1
唐宋八大家類選十四卷 (清)儲欣輯評 清刻本 一册 存二卷(五至六)

360000－1913－0002102 380066
庚辰集五卷 (清)紀昀編 清刻本 一册 存一卷(二)

360000－1913－0002103 380066－1
雲樣集八卷 (清)高陳謨輯 清刻本 一册 存四卷(五至八)

360000－1913－0002104 380066－2
雲樣集八卷 (清)高陳謨輯 清刻本 一册 存四卷(五至八)

360000－1913－0002105 380067
國朝先正事略六十卷 (清)李元度撰 清刻本 三册 存九卷(十四至十五、二十七至二十八、四十六至五十)

360000－1913－0002106 380068
曲江書屋新訂批注左傳快讀十八卷首一卷 (清)李紹崧輯 清曲江書屋刻本 三册 存六卷(一、三至六,首一卷)

360000－1913－0002107 380068－1
曲江書屋新訂批注左傳快讀十八卷首一卷 (清)李紹崧輯 清曲江書屋刻本 二册 存五卷(一至四、首一卷)

360000－1913－0002108 380068－2
曲江書屋新訂批注左傳快讀十八卷首一卷 (清)李紹崧輯 清刻本 三册 存六卷(一至五、首一卷)

360000－1913－0002109 380068－3
春秋五傳十七卷首一卷 (明)張岐然編 (清)張璞重編 清同文堂刻本 四册 存四卷(二至三、十、十七)

360000－1913－0002110 380068－4
評點春秋綱目左傳句解彙雋六卷 (清)韓菼重訂 清刻本 一册 存一卷(一)

360000－1913－0002111 380068－5
太史張天如詳節春秋綱目句解左傳彙雋六卷 (清)韓菼重訂 清刻本 一册 存一卷(五)

360000－1913－0002112 380068－6
春秋左傳綱目杜林詳註十四卷 (晉)杜預集解 (宋)林堯叟注釋 (明)張岐然輯 清刻本 一册 存一卷(一)

360000－1913－0002113 380068－7
春秋左傳杜林匯參三十卷首一卷 (清)周正思輯 **增補左繡三十卷** (清)馮李驊 (清)陸浩評輯 清刻本 二册 存十四卷(春秋左傳杜林匯參六至十二、增補左繡六至十二)

360000－1913－0002114 380068－8
春秋左傳五十卷 (晉)杜預注 (唐)陸德明音義 (宋)林堯叟補注 (明)孫鑛 (明)鍾惺 (明)韓范評 清以文居刻本 一册 存四卷(七至十)

360000－1913－0002115 380069
重訂文選集評十五卷首一卷末一卷 (南朝梁)蕭統輯 (清)于光華編 清刻本 三册 存四卷(十三至十五、末一卷)

360000－1913－0002116 380070
禮記集說十卷 (元)陳澔撰 清慎詒堂刻本

二冊　存二卷(二至三)

360000－1913－0002117　380070－1
禮記集說十卷　(元)陳澔撰　清刻本　二冊　存二卷(七至八)

360000－1913－0002118　380070－2
禮記集說十卷　(元)陳澔撰　清刻本　八冊　存八卷(三至十)

360000－1913－0002119　380070－3
禮記集說十卷　(元)陳澔撰　清刻本　三冊　存三卷(一、三至四)

360000－1913－0002120　380071
御批歷代通鑑輯覽一百二十卷　(清)傅恆等撰　清刻本　一冊　存一卷(八十)

360000－1913－0002121　380072
八科大題文徵不分卷　(明)□□輯　明末雲居山房刻本　二冊　存上孟、下孟

360000－1913－0002122　380073
子史精華一百六十卷　(清)吳士玉　(清)吳襄等輯　清刻本　二冊　存七卷(三十四至四十)

360000－1913－0002123　390001
墨選十則十卷　(清)陳燮輯　清刻本　四冊　存七卷(三至九)

360000－1913－0002124　390002
定例彙編不分卷(清嘉慶二十年、二十三年至二十四年)　(清)□□輯　清嘉慶刻本　三冊

360000－1913－0002125　390003
增訂文貫不分卷　(清)李周南輯　清嘉慶二十五年(1820)刻本　六冊

360000－1913－0002126　390005
敬竈全書不分卷　(清)惕心憫世道人輯　清刻本　一冊

360000－1913－0002127　390006
十科策畧箋釋十卷　(明)劉定之撰　(清)劉作樑注釋　**呆齋公[劉定之]年譜一卷**　(清)劉作樑撰　清步月樓刻本　二冊

360000－1913－0002128　390007
靈棋經二卷　(晉)顏幼明　(南朝宋)何承天注　(元)陳師凱　(明)劉基解　清刻本　一冊　存一卷(上)

360000－1913－0002129　390008
舉業前模八卷新模八卷首一卷末一卷新模續選六卷　(清)周百順輯　清道光十六年至十八年(1836－1838)刻本　三冊　存三卷(舉業前模一、四,新模續選一)

360000－1913－0002130　390009
花樣集錦四卷　(清)張鵬翂輯　清道光二十年(1840)刻本　四冊

360000－1913－0002131　390011
周易集解十七卷　(唐)李鼎祚輯　清刻本　二冊　存六卷(十至十五)

360000－1913－0002132　390012
瘍醫大全四十卷　(清)顧世澄撰　清抄本　二冊　存三卷(四、十五至十六)

360000－1913－0002133　390013
宋儒四書經義不分卷　(清)鍾發明輯　清抄本　一冊

360000－1913－0002134　390013－1
乙亥梧生斧削不分卷　(清)□□輯　清抄本　一冊

360000－1913－0002135　390013－2
壬寅科闈墨不分卷　(清)□□輯　清胡炳永抄本　一冊

360000－1913－0002136　390013－3
明文大觀不分卷　(清)□□輯　清抄本　一冊

360000－1913－0002137　390013－4
詩集不分卷　(清)□□撰　清抄本　一冊

360000－1913－0002138　390013－5
癸卯窗課不分卷　(清)□□輯並評　清清泉氏抄本　一冊

360000－1913－0002139　390013－6
癸卯選讀不分卷　(清)□□輯並評　清清泉

氏抄本　一册

360000－1913－0002140　390013－7
時來精選不分卷　(清)汪晶輯　清抄本　一册

360000－1913－0002141　390013－8
[時文選]不分卷　(清)□□輯　清集錦齋抄本　二册

360000－1913－0002142　390013－9
[時文選]不分卷　(清)□□輯　清抄本　一册

360000－1913－0002143　390013－10
[時文選評]不分卷　(清)□□輯並評　清抄本　一册

360000－1913－0002144　390013－11
[時文選評]不分卷　(清)□□輯並評　清抄本　一册

360000－1913－0002145　390013－12
[時文選]不分卷　(清)□□輯　清抄本　一册

360000－1913－0002146　390013－13
[跌打藥書]不分卷　(清)□□輯　清抄本　一册

360000－1913－0002147　390013－14
[詩鈔]不分卷　(清)□□輯　清抄本　一册

360000－1913－0002148　390013－15
[六言訓語]一卷記賬雜字一卷　(清)□□輯　清抄本　一册

360000－1913－0002149　390014
文法狐白前集六卷後集二卷　(清)王賓評選　清松盛堂刻本　五册

360000－1913－0002150　390015
李忠武公事實一卷　(清)王必達撰　清同治十二年(1873)江西糧署刻本　一册

360000－1913－0002151　390016
詩經體註大全六卷　(清)高朝瓔定　(清)沈世楷輯　清刻本　四册

360000－1913－0002152　390017
佩文齋詠物詩選四百八十六卷　(清)張玉書　(清)汪霦等輯　清康熙刻本　一册　存十卷(五十七至六十六)

360000－1913－0002153　390018
姓氏譜纂七卷　(明)李日華撰　明末刻本　一册　存二卷(六至七)

360000－1913－0002154　390019
孟子集註七卷　(宋)朱熹撰　清醴陵縣聚奎閣刻本　一册　存三卷(一至三)

360000－1913－0002155　390020
諸佛要集經二卷　(晉)釋竺法護譯　**佛說菩薩投身飼餓虎起塔因緣經一卷**　(北凉)釋法盛譯　**不思議光菩薩所説經一卷**　(後秦)釋鳩摩羅什譯　清光緒二十一年(1895)刻本　一册

360000－1913－0002156　390021
御註孝經一卷　(清)世祖福臨撰　清刻本　一册

360000－1913－0002157　390022
舉業淵源一卷明文小題貫一卷　(清)樓渢輯評　清芸生堂刻本　二册

360000－1913－0002158　390023
小題二集式法二卷　(清)王步青評　清刻本　四册

360000－1913－0002159　390024
存吾春齋文鈔十卷　(清)劉繹撰　清同治刻本　四册　存四卷(一至四)

360000－1913－0002160　390025
御案春秋左傳經解備旨十二卷　(清)鄒聖脈輯　清刻本　四册

360000－1913－0002161　390025－1
御案春秋左傳經解備旨十二卷　(清)鄒聖脈輯　清光緒五年(1879)星沙胡味經堂刻本　二册　存六卷(一至三、七至九)

360000－1913－0002162　390025－2
御案春秋左傳經解備旨十二卷　(清)鄒聖脈

輯　清刻本　三册　存七卷(三至八、十)

360000－1913－0002163　390025－3
御案春秋左傳經解備旨十二卷　(清)鄒聖脈輯　清光緒八年(1882)文奎書屋刻本　一册　存三卷(一至三)

360000－1913－0002164　390025－4
寄傲山房塾課纂輯春秋備旨十二卷　(清)鄒聖脈輯　清刻本　一册　存三卷(一至三)

360000－1913－0002165　390025－5
論語集解義疏十卷　(三國魏)何晏集解　(南朝梁)皇侃義疏　清刻本　一册　存二卷(五至六)

360000－1913－0002166　390025－6
春秋左傳五十卷　(晉)杜預注　(唐)陸德明音義　(宋)林堯叟補注　清刻本　一册　存三卷(八至十)

360000－1913－0002167　390025－7
周官精義十二卷　(清)連斗山輯　清刻本　一册　存三卷(一至三)

360000－1913－0002168　390025－8
增補四書人物聚考十二卷　(明)鍾惺增訂　清刻本　一册　存二卷(四至五)

360000－1913－0002169　390026
桐響閣詩集六卷　(清)沈燮撰　清道光七年(1827)刻本　二册

360000－1913－0002170　390027
暗室燈二卷　(清)深山居士輯　清同治九年(1870)刻本　一册

360000－1913－0002171　390028
批點春秋左傳綱目句解彙雋六卷　(清)韓菼重訂　清刻本　五册　存五卷(二至六)

360000－1913－0002172　390029
評點春秋綱目左傳句解彙雋六卷　(清)韓菼重訂　清舊學山房刻本　六册

360000－1913－0002173　390030
太史張天如詳節春秋綱目句解左傳彙雋六卷　(清)韓菼重訂　清刻本　四册　存四卷(三至六)

360000－1913－0002174　390031
寄傲山房塾課纂輯禮記全文備旨十一卷　(清)鄒聖脈輯　清刻本　三册　存六卷(一至四、八至九)

360000－1913－0002175　390032
寄傲山房塾課纂輯禮記全文備旨十一卷　(清)鄒聖脈輯　清刻本　四册　存八卷(一至四、八至十一)

360000－1913－0002176　390032－1
寄傲山房塾課纂輯禮記全文備旨十一卷　(清)鄒聖脈輯　清刻本　一册　存二卷(四至五)

360000－1913－0002177　390032－2
寄傲山房塾課纂輯禮記全文備旨十一卷　(清)鄒聖脈輯　清刻本　一册　存二卷(四至五)

360000－1913－0002178　390033
禮記集說十卷　(元)陳澔撰　清末李光明莊刻本　四册　存四卷(二至三、九至十)

360000－1913－0002179　390033－1
禮記集說十卷　(元)陳澔撰　清刻本　四册　存四卷(四至六、八)

360000－1913－0002180　390033－2
禮記集說十卷　(元)陳澔撰　清刻本　一册　存一卷(四)

360000－1913－0002181　390033－3
禮記集說十卷　(元)陳澔撰　清刻本　一册　存一卷(四)

360000－1913－0002182　390033－4
禮記集說十卷　(元)陳澔撰　清刻本　三册　存三卷(一至二、六)

360000－1913－0002183　390033－5
禮記集說十卷　(元)陳澔撰　清道光十三年(1833)刻本　一册　存一卷(一)

360000－1913－0002184　390033－6
禮記集說十卷　(元)陳澔撰　清乾隆四十六

年(1781)刻本　一册　存一卷(一)

360000－1913－0002185　390033－7
禮記集說十卷　(元)陳澔撰　清刻本　三册　存三卷(二、五至六)

360000－1913－0002186　390033－8
禮記集說十卷　(元)陳澔撰　清刻本　一册　存一卷(六)

360000－1913－0002187　390033－9
禮記集說十卷　(元)陳澔撰　清刻本　一册　存一卷(六)

360000－1913－0002188　390033－10
禮記增訂旁訓六卷　(清)徐立綱撰　清刻本　三册　存三卷(二、四、六)

360000－1913－0002189　390033－11
禮記恆解四十九卷　(清)劉沅撰　清刻本　一册　存十卷(二十九至三十八)

360000－1913－0002190　390033－12
禮記約編十卷　(清)汪基撰　清刻本　一册　存三卷(八至十)

360000－1913－0002191　390033－13
禮記集說十卷　(元)陳澔撰　**全本禮記體註大全合參十卷**　(清)徐瑄輯　清刻本　一册　存二卷(禮記集說一、全本禮記體註大全合參一)

360000－1913－0002192　400001
古文析義十六卷　(清)林雲銘評注　清芥子園刻本　三册　存三卷(九、十三、十六)

360000－1913－0002193　400001－1
古文析義十六卷　(清)林雲銘評注　清刻本　三册　存三卷(十、十二、十四)

360000－1913－0002194　400002
禮記集說十卷　(元)陳澔撰　清刻本　十册

360000－1913－0002195　400003
禮記集說十卷　(元)陳澔撰　清刻本　八册　存八卷(三至十)

360000－1913－0002196　400003－1
禮記集說十卷　(元)陳澔撰　清刻本　一册　存一卷(二)

360000－1913－0002197　400003－2
禮記集說十卷　(元)陳澔撰　清刻本　一册　存一卷(二)

360000－1913－0002198　400004
文奎堂四書體註合講十九卷　(清)翁復編　清文奎堂刻本　二册　存五卷(大學一卷、中庸一卷、孟子一至三)

360000－1913－0002199　400004－1
四書體註合講十九卷　(清)翁復編　清刻本　四册　存九卷(大學一卷、中庸一卷、孟子七卷)

360000－1913－0002200　400004－2
孟子集註七卷　(宋)朱熹撰　清刻四書體註合講本　三册

360000－1913－0002201　400004－3
孟子集註七卷　(宋)朱熹撰　清刻務本堂四書體註合講本　三册

360000－1913－0002202　400004－4
學源堂四書體註合講十九卷　(清)翁復編　清學源堂刻本　一册　存二卷(大學一卷、中庸一卷)

360000－1913－0002203　400004－5
四書體註合講十九卷　(清)翁復編　清道光七年(1827)刻本　一册　存二卷(大學一卷、中庸一卷)

360000－1913－0002204　400005
四書答問十二卷　(清)秦士顯撰　清嘉慶十八年(1813)壽昌講堂刻本　四册　存四卷(一至二、四、七)

360000－1913－0002205　400006
四大奇書第一種六十卷一百二十回　(明)羅本撰　(清)毛宗崗評　清刻本　十二册　存三十七卷(六至十一、十五至二十九、三十六至五十一)七十四回(十一至二十二、二十九至五十八、七十一至一百二)

360000－1913－0002206　400006－1
四大奇書第一種十九卷首一卷一百二十回　(明)羅本撰　(清)毛宗崗評　清刻本　一册　存一卷(十二)五回(七十一至七十五)

360000－1913－0002207　400007
御案詩經備旨八卷　(清)鄒聖脈輯　清刻本　三册

360000－1913－0002208　400007－1
寄傲山房塾課纂輯春秋備旨十二卷　(清)鄒聖脈輯　清刻本　三册　存十卷(一至七、十至十二)

360000－1913－0002209　400007－2
御案春秋左傳經解備旨十二卷　(清)鄒聖脈輯　清刻本　一册　存三卷(十至十二)

360000－1913－0002210　400007－3
寄傲山房塾課纂輯春秋備旨十二卷　(清)鄒聖脈輯　清刻本　五册

360000－1913－0002211　400008
成均校士錄不分卷　(清)□□輯　清刻本　四册

360000－1913－0002212　400008－1
詳註成均課士錄合編不分卷　(清)□□輯　清刻本　三册

360000－1913－0002213　400008－2
江西校士錄六卷　謝遠涵等撰　清光緒二十年(1894)刻本　一册　存一卷(一)

360000－1913－0002214　400009
催官篇四卷　(宋)賴文俊撰　(清)尹一勺注　清同治十年(1871)刻本　一册

360000－1913－0002215　400009－1
求是齋墨醇不分卷　(清)杜聯評選　清同治六年(1867)刻本　一册

360000－1913－0002216　400009－2
丙申年窗稿不分卷　(清)□□輯　清抄本　一册

360000－1913－0002217　400009－3
辛卯鄉墨不分卷　(清)□□輯　清刻本　一册

360000－1913－0002218　400009－4
[省直墨選]不分卷　(清)□□輯　清刻本　一册

360000－1913－0002219　400009－5
省直鄉墨從新□卷　(清)□□輯　清刻本　一册　存二卷(二至三)

360000－1913－0002220　400010
東周列國全志二十三卷一百八回　(清)蔡界評點　清刻本　四册　存八卷(四至七、十至十一、十八至十九)

360000－1913－0002221　400010－1
東周列國全志二十三卷一百八回　(清)蔡界評點　清懷德堂刻本　一册　存一卷(八)

360000－1913－0002222　400010－2
訂正東周列國志善本五十四卷一百八回　(清)蔡界評點　清經袖堂刻本　一册　存三卷(四十九至五十一)六回(九十七至一百二)

360000－1913－0002223　400011
國語二十一卷　(三國吳)韋昭注　**校刊明道本韋氏解國語劄記一卷**　(清)黄丕烈撰　清光緒二十三年(1897)經綸元記刻本　四册　存十四卷(一至五、十至十四、十九至二十一，校刊明道本韋氏解國語劄記一卷)

360000－1913－0002224　400011－1
國語二十一卷　(三國吳)韋昭注　**校刊明道本韋氏解國語劄記一卷**　(清)黄丕烈撰　清光緒二十三年(1897)經綸元記刻本　四册　存十三卷(一至九、十五至十八)

360000－1913－0002225　400011－2
國語二十一卷　(三國吳)韋昭注　清刻本　四册　存十八卷(四至二十一)

360000－1913－0002226　400011－3
國語二十一卷　(三國吳)韋昭注　清刻本　二册　存十三卷(九至二十一)

360000－1913－0002227　400011－4
戰國策三十三卷　(漢)高誘注　**重刻剡川姚**

氏本戰國策札記三卷　(清)黄丕烈撰　清寶善書局刻本　四冊　存十五卷(二十二至三十三、札記三卷)

360000－1913－0002228　400012
廿二史劄記三十六卷補遺一卷　(清)趙翼撰　清光緒二十五年(1899)湖南書局刻本　六冊　存十六卷(一至二、十七至三十)

360000－1913－0002229　400013
澡雪堂文鈔十卷首一卷　(清)鍾體志撰　清光緒二十年(1894)灌城刻本　二冊　存四卷(一至二、七至八)

360000－1913－0002230　400014
[光緒]江西通志一百八十卷首五卷　(清)劉坤一等修　(清)劉繹等纂　清光緒六年至七年(1880－1881)刻本　二十七冊　存三十八卷(六至七、十二、二十六、五十至五十一、五十三、六十至六十一、六十五至六十八、七十一、七十四至七十六、八十四至八十五、九十三至九十四、九十七至九十八、一百一至一百二、一百十一至一百十二、一百三十至一百三十一、一百四十一、一百四十四至一百四十七、一百六十五至一百六十六、一百七十四、一百八十)

360000－1913－0002231　400015
增補四書精繡圖像人物備考十二卷　(明)薛應旂撰　(明)陳仁錫增訂　清懷德堂刻本　四冊　存九卷(二至八、十一至十二)

360000－1913－0002232　400015－1
增訂四書通典人物備考十二卷　(明)薛應旂撰　(明)陳仁錫增訂　清刻本　四冊　存七卷(四至五、七至十一)

360000－1913－0002233　400015－2
增訂四書通典人物備考十二卷　(明)薛應旂撰　(明)陳仁錫增訂　清刻本　四冊　存八卷(二至五、七至八、十一至十二)

360000－1913－0002234　420001
梅花書院課藝不分卷　(清)曾燠輯　清嘉慶二十二年(1817)刻本　五冊

360000－1913－0002235　420002
考卷約選六集　(清)李錫瓚編　清道光五年(1825)刻本　六冊　存四集(一、三至五)

360000－1913－0002236　420003
考卷清雅二集不分卷　(清)何希軾編　清道光二年(1822)東山書院刻本　一冊

360000－1913－0002237　420003－1
考卷清雅三集不分卷　(清)何希軾編　清嘉慶二十五年(1820)刻本　一冊

360000－1913－0002238　420003－2
光緒己卯科各省鄉試墨粿不分卷　(清)傅鍾麟評選　清京都琉璃廠刻本　三冊

360000－1913－0002239　420003－3
光緒己卯科各省鄉試墨粿不分卷　(清)傅鍾麟評選　清京都琉璃廠刻本　二冊

360000－1913－0002240　420003－4
光緒五年己卯科江西闈墨不分卷　(清)□□輯　清奎宿堂刻本　一冊

360000－1913－0002241　420004
北史一百卷　(唐)李延壽撰　清同治十一年(1872)金陵書局刻二十四史本　二冊　存九卷(九至十一、三十五至四十)

360000－1913－0002242　420005
辛卯格致課藝不分卷　(清)□□輯　清光緒二十三年(1897)可讀山房刻本　六冊

360000－1913－0002243　420006
地學啓蒙八卷　(英國)艾約瑟譯　清光緒二十四年(1898)上海圖書集成印書局鉛印本　一冊　存七卷(一至七)

360000－1913－0002244　420007
醫學心悟五卷附外科十法一卷　(清)程國彭撰　清兩儀堂刻本　一冊　存一卷(一)

360000－1913－0002245　420008
韻蘭賦鈔二集二卷　(清)屈塵菴輯　清刻本　二冊

360000－1913－0002246　420009
律賦聚星集二卷　(清)馬沅箋注　清刻本

二册

360000－1913－0002247　420010

目耕齋讀本不分卷　(清)徐楷評注　(清)沈叔眉輯　清同治九年(1870)刻本　二册

360000－1913－0002248　420010－1

目耕齋讀本不分卷　(清)徐楷評注　(清)沈叔眉輯　清刻本　一册

360000－1913－0002249　420011

目耕齋二刻不分卷　(清)徐楷評注　(清)沈叔眉輯　清光緒五年(1879)刻本　二册

360000－1913－0002250　420011－1

目耕齋二刻不分卷　(清)徐楷評注　(清)沈叔眉輯　清刻本　二册

360000－1913－0002251　420011－2

小題偶編不分卷　(清)沈叔眉輯　清刻本　一册

360000－1913－0002252　420011－3

小題偶編不分卷　(清)沈叔眉輯　清刻本　一册

360000－1913－0002253　420012

鼎鍥幼幼集成六卷　(清)陳復正輯　清刻本　二册　存四卷(一至四)

360000－1913－0002254　420013

鼎鍥幼幼集成六卷　(清)陳復正輯　清刻本　二册　存二卷(二、六)

360000－1913－0002255　420014

鼎鍥幼幼集成六卷　(清)陳復正輯　清刻本　一册　存一卷(一)

360000－1913－0002256　420015

大清律例四十七卷　(清)徐本等修　(清)唐紹祖等纂　清刻本　二册　存四卷(二十三至二十四、三十七至三十八)

360000－1913－0002257　W0001

十一科程墨質疑集不分卷　(清)□□輯　清刻本　二册

360000－1913－0002258　W0002

註釋唐詩三百首六卷　(清)孫洙編　清刻本　一册　存四卷(三至六)

360000－1913－0002259　W0003

詩八卷　(宋)朱熹集傳　清慎詒堂刻本　一册　存三卷(六至八)

360000－1913－0002260　W0004

歷科房考酌雅集不分卷　(清)□□輯　清刻本　一册

360000－1913－0002261　W0005

七家詩選七卷　(清)張熙宇輯評　清刻朱墨套印本　二册　存四卷(三至四、六至七)

360000－1913－0002262　W0006

註釋文法狐白前集六卷後集四卷　(清)王賓評選　清刻本　一册　存二卷(後集三至四)

360000－1913－0002263　W0007

墨卷同風錄不分卷　(清)□□輯　清刻本　一册

360000－1913－0002264　W0008

化學源流論四卷　(英國)方尼司輯　(清)王汝聃譯　清光緒二十九年(1903)刻本　二册

360000－1913－0002265　W0009

文選五卷　(南朝梁)蕭統輯　(唐)李善注　(明)孫鑛批注　**考異一卷**　(清)胡克家撰　清光緒十四年(1888)同文書局石印本　一册　存二卷(四、考異一卷)

360000－1913－0002266　W0010

增批分類尺牘八卷續集八卷　(清)□□輯　清末石印本　一册　存一卷(續集八)

360000－1913－0002267　W0011

寄嶽雲齋試體詩選詳註四卷　(清)聶銑敏撰　(清)張學蘇箋　清刻本　一册　存二卷(三至四)

360000－1913－0002268　W0012

四書味根錄三十七卷　(清)金澂撰　清刻本　一册　存二卷(孟子十一至十二)

360000－1913－0002269　W0013

四書味根錄三十七卷　(清)金澂撰　清刻本

三冊　存三卷(十四至十五、十九)

360000－1913－0002270　W0014

國朝分法春華不分卷　(清)□□輯　清刻本　一冊

360000－1913－0002271　W0015

雨香書屋時文不分卷　(清)雷以諴撰　清刻本　一冊

360000－1913－0002272　W0016

監本春秋全文十二卷　(□)□□輯　清刻本　二冊

360000－1913－0002273　W0017

禮記十卷　(元)陳澔集說　清刻本　一冊　存一卷(二)

360000－1913－0002274　W0018

禮記十卷　(元)陳澔集說　清慎詒堂刻本　一冊　存一卷(一)

360000－1913－0002275　W0019

儀禮初學讀本十七卷　(清)萬廷蘭輯　清南昌萬廷蘭刻十一經初學讀本本　一冊　存八卷(一至八)

360000－1913－0002276　W0020

欽定周官義疏四十八卷首一卷　(清)鄂爾泰等撰　清刻本　一冊　存一卷(四十八)

360000－1913－0002277　W0021

子史精華一百六十卷　(清)吳士玉　(清)吳襄等輯　清刻本　十一冊　存四十四卷(十三至二十三、四十五至五十三、六十五至六十八、七十七至八十、九十七至一百七、一百二十至一百二十四)

360000－1913－0002278　W0022

新刊通鑑輯要三十九卷　(□)□□輯　清刻本　一冊　存一卷(十三)

360000－1913－0002279　W0023

李氏蒙求補注六卷　(唐)李瀚撰　(清)金三俊補注　清刻本　一冊　存三卷(四至六)

360000－1913－0002280　W0024

鍾山書院課藝不分卷　(□)□□輯　清刻本　一冊

360000－1913－0002281　W0025

臨證指南醫案十卷種福堂續選臨證指南四卷　(清)葉桂撰　(清)徐大椿評　清刻本　一冊　存三卷(八、續選一至二)

360000－1913－0002282　W0026

增補了凡綱鑑四十卷首一卷　(明)袁黃纂　清刻本　一冊　存一卷(二十七)

360000－1913－0002283　W0027

御撰資治通鑑綱目三編二十卷　(清)張廷玉等撰　清刻本　一冊　存六卷(十至十五)

360000－1913－0002284　W0028

陸象山先生文集三十六卷　(宋)陸九淵撰　(清)李紱點次　**少湖徐先生學則辯一卷**　(明)徐階撰　清道光三年(1823)金谿陸邦瑞槐堂書齋刻本　一冊　存四卷(一至三、少湖徐先生學則辯一卷)

360000－1913－0002285　W0029

[課藝彙編]□□卷　(□)□□輯　清刻本　九冊　存九卷(二十四、二十六、二十八至二十九、三十三至三十四、三十六、四十二、四十五)

360000－1913－0002286　W0030

增像第六才子書五卷　(元)王德信撰　(清)金人瑞評　清末石印本　一冊　存一卷(一)

360000－1913－0002287　W0031

天崇讀本百篇不分卷　(清)吳懋政輯　清刻本　一冊

360000－1913－0002288　W0032

增刪韻府羣玉定本二十卷　(元)陰時夫輯　(元)陰中夫注　(清)徐人鳳增刪　清刻本　一冊　存一卷(二十)

360000－1913－0002289　W0033

詩八卷　(宋)朱熹集傳　清英德堂刻本　一冊　存三卷(六至八)

360000－1913－0002290　W0034

本朝三十家文不分卷　(清)蔡寅斗輯　清刻

本　二冊

360000－1913－0002291　W0035

明儒學案六十二卷　（清）黄宗羲撰　清刻本　一冊　存三卷（二十二至二十四）

360000－1913－0002292　W0036

天崇文欣賞集不分卷　（清）朱芬輯　清刻本　一冊

360000－1913－0002293　W0037

宋大家歐陽文忠公文抄三十二卷　（宋）歐陽修撰　（明）茅坤批評　清刻本　一冊　存四卷（九至十二）

360000－1913－0002294　W0038

周官精義十二卷　（清）連斗山輯　清刻本　一冊　存二卷（四至五）

360000－1913－0002295　W0039

東萊博議四卷　（宋）吕祖謙撰　（清）張文炳點定　**增補虛字註釋一卷**　（清）張文炳點定　清光緒七年（1881）崇明馮泰松鳳城官舍刻本　四冊

360000－1913－0002296　W0040

東萊博議四卷　（宋）吕祖謙撰　（清）張文炳點定　**增補虛字註釋一卷**　（清）張文炳點定　清光緒七年（1881）崇明馮泰松鳳城官舍刻本　一冊　存二卷（四、增補虛字註釋一卷）

360000－1913－0002297　W0041

本朝律賦集腋八集　（清）馬俊良輯　清嘉慶二十二年（1817）同人堂刻本　二冊　存二集（天、秋）

360000－1913－0002298　W0042

律賦𦬊新箋註一卷　（清）顧鶟編　清刻本　一冊

360000－1913－0002299　W0043

試律青雲集四卷　（清）楊逢春　（清）蕭應櫆輯　清道光八年（1828）刻本　一冊　存一卷（一）

360000－1913－0002300　W0044

新選論策十六種　（清）書室主人輯　清光緒二十七年（1901）刻本　一冊　存二種

360000－1913－0002301　W0045

校邠廬抗議二卷　（清）馮桂芬撰　清末石印本　一冊　存一卷（上）

360000－1913－0002302　W0046

分類賦學雞蹠集三十卷附録一卷　（清）張維城輯　清刻本　一冊　存一卷（一）

360000－1913－0002303　W0047

增訂解人頤廣集八卷　（清）胡澹菴輯　（清）錢德蒼重訂　清文郁堂刻本　一冊　存四卷（五至八）

360000－1913－0002304　W0048

詩韻集成十卷　（清）余照輯　清刻本　一冊　存六卷（五至十）

360000－1913－0002305　W0049

程墨所見集八卷　（清）王步青輯　清刻本　一冊　存一卷（六）

360000－1913－0002306　W0050

新訂四書補註備旨十卷　（明）鄧林撰　（清）杜定基增訂　清刻本　一冊　存二卷（大學一卷、中庸一卷）

360000－1913－0002307　W0051

字學舉隅不分卷　（清）黄本驥　（清）龍啓瑞撰　清刻本　一冊

360000－1913－0002308　W0052

分法小題拆字新本不分卷　（清）張錚評　（清）陳方平增輯　清刻本　一冊　存大學、中庸、論語

360000－1913－0002309　W0053

直省考卷所見集三集不分卷　（清）王步青評　清刻本　一冊

360000－1913－0002310　W0054

初學行文語類四卷　（清）孫埏編　清刻本　一冊　存二卷（一至二）

360000－1913－0002311　W0055

七科程墨質疑集不分卷　（清）□□輯　清刻本　一冊

360000－1913－0002312　W0056
考訂河洛理數便覽一卷　（清）紀大奎撰　清刻本　一册

360000－1913－0002313　W0057
辨孔瑣言一卷　（清）熊立品撰　清刻本　一册

360000－1913－0002314　W0058
新刻校正增補圓機活法詩學全書二十四卷　（明）王世貞校正　清刻本　四册　存七卷（一至三、十三至十四、十七至十八）

360000－1913－0002315　W0059
左傳經世鈔二十三卷　（清）魏禧評點　清乾隆刻本　一册　存二卷（五至六）

360000－1913－0002316　W0060
字彙十二集首一卷末一卷　（明）梅膺祚撰　清刻本　三册　存三集（未、酉、亥）

360000－1913－0002317　W0061
御纂性理精義十二卷　（清）李光地等纂修　清刻本　一册　存三卷（四至六）

360000－1913－0002318　W0062
馮夔颺稿不分卷　（清）馮詠撰　清刻本　一册

360000－1913－0002319　W0063
增訂三字鑑註釋一卷附紀年一卷　（清）萬青銓輯　清刻本　一册

360000－1913－0002320　W0064
試帖紫雲仙琯八卷　（清）高敏輯　清刻本　一册　存二卷（三至四）

360000－1913－0002321　W0065
少嵒賦草四卷　（清）夏思沺撰　清刻本　一册　存二卷（一至二）

360000－1913－0002322　W0066
四字鑑略一卷　（清）王仕雲撰　清道光潤州包氏家塾刻本　一册

360000－1913－0002323　W0067
正字通十二集三十六卷首一卷　（清）張自烈撰　（清）廖文英輯　清帶月樓刻本　一册　存一卷（卯集中）

360000－1913－0002324　W0068
本朝三十家文不分卷　（清）蔡寅斗輯　清刻本　一册

360000－1913－0002325　W0069
寄傲山房塾課纂輯書經備旨蔡註捷錄七卷　（清）鄒聖脈輯　清刻本　一册　存二卷（二至三）

360000－1913－0002326　W0070
寄傲山房塾課纂輯春秋備旨十二卷　（清）鄒聖脈輯　清刻本　一册　存三卷（十至十二）

360000－1913－0002327　W0071
朱子全書六十六卷　（宋）朱熹撰　（清）李光地等輯　清刻本　一册　存一卷（二十八）

360000－1913－0002328　W0072
新訂崇正闢謬通書十四卷　（清）李奉來編　清刻本　一册　存一卷（八）

360000－1913－0002329　W0073
字彙十二集首一卷末一卷　（明）梅膺祚撰　清刻本　一册　存一集（丑）

360000－1913－0002330　W0074
綱鑑總論不分卷　（□）□□輯　清刻本　一册

360000－1913－0002331　W0075
新刊性理大全八卷　（宋）周敦頤等撰　（宋）朱熹注　**性理體註補訓解八卷**　（清）張道升　（清）仇廷桂輯　清刻本　二册

360000－1913－0002332　W0076
曲江書屋新訂批注左傳快讀十八卷首一卷　（清）李紹崧輯　清曲江書屋刻本　二册　存五卷（一至四、首一卷）

360000－1913－0002333　W0077
御撰資治通鑑綱目三編二十卷末一卷　（清）張廷玉等撰　清刻本　二册　存九卷（一至四、十七至二十，末一卷）

360000－1913－0002334　W0078
詩本音十卷　（清）顧炎武撰　清光緒十一年

(1885)四明觀稼樓刻本　一冊　存三卷(一至三)

360000－1913－0002335　W0079

塾課小題正鵠初集一卷　(清)李元度輯　清同治九年(1870)刻本　一冊

360000－1913－0002336　W0080

春秋經傳集解三十卷　(晉)杜預撰　(唐)陸德明音義　(宋)林堯叟附注　(清)馮李驊增訂　**左繡三十卷**　(清)馮李驊　(清)陸浩評輯　清華川書屋刻本　一冊　存四卷(春秋經傳集解十九至二十、左繡十九至二十)

360000－1913－0002337　W0081

史記菁華錄六卷　(清)姚祖恩輯　清光緒二十二年(1896)上海書局石印本　一冊　存一卷(一)

360000－1913－0002338　W0082

咸豐辛亥恩科江西鄉試硃卷不分卷鄉試薦卷不分卷　(清)□□輯　清咸豐刻本　一冊

360000－1913－0002339　W0083

朱子原訂近思錄十四卷　(宋)朱熹撰　(清)江永集注　清刻本　一冊　存二卷(一至二)

360000－1913－0002340　W0084

呂氏四禮翼四卷　(明)呂坤撰　(清)朱軾評點　清刻本　一冊

360000－1913－0002341　W0085

廬陵宋丞相信國公文忠烈先生全集十六卷　(宋)文天祥撰　(清)文有煥等編　清雍正三年(1725)文氏五桂堂刻本　一冊　存一卷(十四)

360000－1913－0002342　W0086

墨卷萬選不分卷　(清)□□輯　清刻本　一冊

360000－1913－0002343　W0087

名家制義不分卷　(清)俞長城編　清刻本　一冊

360000－1913－0002344　W0088

古文筆法百篇二十卷首一卷　(清)李扶九輯　(清)黃仁黼注　清刻本　一冊　存四卷(四至七)

360000－1913－0002345　W0089

周禮精華六卷　(清)陳龍標輯　清刻本　一冊　存二卷(五至六)

360000－1913－0002346　W0090

欽定周官義疏四十八卷首一卷　(清)鄂爾泰等撰　清刻本　二冊　存二卷(四十七、首一卷)

360000－1913－0002347　W0091

禮記校勘記六十三卷釋文校勘記四卷　(清)阮元撰　清道光九年(1829)廣東學海堂刻咸豐十一年(1861)補刻皇清經解本　二冊　存十九卷(十一至十八、三十三至四十三)

360000－1913－0002348　W0092

[道光]廣東通志三百三十四卷首一卷　(清)阮元修　(清)陳昌齊等纂　清同治三年(1864)刻本　一冊　存三卷(六十七至六十九)

360000－1913－0002349　W0093

歷代循吏傳八卷首一卷　(清)朱軾　(清)蔡世遠輯　清雍正刻朱文端公藏書本　一冊　存二卷(三至四)

360000－1913－0002350　W0094

樂府詩集一百卷目錄二卷　(宋)郭茂倩輯　清刻本　一冊　存八卷(六十九至七十六)

360000－1913－0002351　W0095

綱鑑會纂三十九卷首一卷　(明)王世貞編　清刻本　一冊　存一卷(八)

360000－1913－0002352　W0096

綱鑑會纂三十九卷首一卷　(明)王世貞編　清刻本　一冊　存一卷(首一卷)

360000－1913－0002353　W0097

書六卷　(宋)蔡沈集傳　清刻本　一冊　存二卷(二至三)

360000－1913－0002354　W0098

新刻搜集諸家卜筮源流斷易大全四卷　(清)

余興國編　清致和堂刻本　一册　存二卷(一至二)

360000－1913－0002355　W0099
澹雅局增定課讀鑑略妥註善本五卷　(明)李廷機撰　清刻本　一册　存二卷(四至五)

360000－1913－0002356　W0100
增定課兒鑑略妥註善本五卷　(明)李廷機撰　(清)鄒聖脈訂　清會友堂刻本　一册　存二卷(三至四)

360000－1913－0002357　W0101
春秋經傳集解三十卷　(晉)杜預撰　(唐)陸德明音義　(宋)林堯叟附注　(清)馮李驊增訂　**左繡三十卷**　(清)馮李驊　(清)陸浩評輯　清刻本　一册　存四卷(春秋經傳集解十四至十五、左繡十四至十五)

360000－1913－0002358　W0102
孝經注疏九卷　(唐)玄宗李隆基注　(宋)邢昺疏　**附校勘記九卷**　(清)阮元撰　(清)盧宣旬摘錄　清嘉慶二十年(1815)江西南昌府學刻道光六年(1826)盱江朱華臨重校印重刊宋本十三經注疏本　一册

360000－1913－0002359　W0103
國語二十一卷　(三國吳)韋昭注　(宋)宋庠補音　清刻本　一册　存四卷(五至八)

360000－1913－0002360　W0104
制義叢話二十四卷題名一卷　(清)梁章鉅撰　清刻本　一册　存四卷(二十二至二十四、題名一卷)

360000－1913－0002361　W0105
印雪軒詩稿一卷　(清)胡鴻澤撰　清光緒刻本　一册

360000－1913－0002362　W0106
瓊州雜事詩一卷　(清)程秉釗撰　清光緒元和江標湖南使院刻靈鶼閣叢書本　一册

360000－1913－0002363　W0107
訂正東周列國志善本五十四卷一百八回　(清)蔡界評點　清經袖堂刻本　一册　存三卷(五至七)

360000－1913－0002364　W0108
小學集註六卷　(明)陳選撰　**忠經集註一卷**　(漢)鄭玄撰　**孝經集註一卷**　(明)陳選撰　清文富堂刻本　一册　存四卷(小學集註一至二、忠經集註一卷、孝經集註一卷)

360000－1913－0002365　W0109
書目答問五卷別錄一卷國朝著述諸家姓名略一卷　(清)張之洞撰　清光緒十四年(1888)上海蜚英館石印本　一册

360000－1913－0002366　W0110
祝由科天醫十三科二卷　(□)□□輯　清刻本　一册

360000－1913－0002367　W0111
經韻集字析解二卷拾遺補注一卷經有韻無字一卷　(清)彭良敞集注　清刻本　一册

360000－1913－0002368　W0112
宋朝事實二十卷　(宋)李攸撰　清刻本　一册　存四卷(十七至二十)

360000－1913－0002369　W0113
宋史四百九十六卷目錄三卷　(元)脫脫等撰　清刻本　一册　存四卷(一百六十九至一百七十二)

360000－1913－0002370　W0114
十六國疆域志十六卷　(清)洪亮吉撰　清刻本　一册　存三卷(五至七)

360000－1913－0002371　W0115
墨卷鴻裁不分卷　(清)□□輯　清刻本　一册

360000－1913－0002372　W0116
小題神技集一卷　(清)□□輯　清刻本　一册

360000－1913－0002373　W0117
鄉黨圖考十卷　(清)江永撰　清刻本　一册　存二卷(一至二)

360000－1913－0002374　W0118
天演論二卷　(英國)赫胥黎撰　嚴復譯　清

光緒二十八年(1902)刻本　一册　存一卷(上)

360000－1913－0002375　W0119
唐柳柳州集選二卷　(唐)柳宗元撰　(明)孫鑛等評　清刻本　一册

360000－1913－0002376　W0120
戰國策選四卷　(清)儲欣評　清乾隆刻本　一册　存一卷(一)

360000－1913－0002377　W0121
直省考卷不分卷　(清)胡先琅評選　清刻本　一册

360000－1913－0002378　W0122
六科文行遠集不分卷　(清)□□輯　清刻本　三册

360000－1913－0002379　W0123
尊經書院課藝不分卷　(清)□□輯　清刻本　一册

360000－1913－0002380　W0124
考卷清雅五集不分卷　(清)□□輯　清刻本　一册

360000－1913－0002381　W0125
埽紅仙館彙刻賦鈔不分卷　(清)胡金瑞　(清)席振起編　清道光五年(1825)刻本　二册

360000－1913－0002382　W0126
明文小題貫不分卷　(清)樓渢輯　清刻本　一册

360000－1913－0002383　W0127
增訂註釋柏蘊臯全稿不分卷　(清)王鈞鰲編　(清)湯序東注釋　清文富堂刻本　一册

360000－1913－0002384　W0128
增訂註釋柏蘊臯全稿不分卷　(清)王鈞鰲編　(清)湯序東注釋　清刻本　一册

360000－1913－0002385　W0129
劉太史聯捷真稿不分卷　(清)洪濯評點　清刻本　一册

360000－1913－0002386　W0130
新刻出相音註勸善目連救母行孝戲文三卷　(明)鄭之珍撰　明金陵富春堂刻本　一册　存一卷(中)

360000－1913－0002387　W0131
鑑略四字書一卷　(清)王仕雲撰　清光緒五年(1879)刻本　一册

360000－1913－0002388　W0132
王邁人稿一卷　(清)王庭撰　清刻本　一册

360000－1913－0002389　W0133
古文析義六卷　(清)林雲銘評注　清刻本　一册　存一卷(五)

360000－1913－0002390　W0134
光緒乙亥恩科江西闈墨不分卷　王先謙輯　清光緒刻本　一册

360000－1913－0002391　W0135
冠縣袁象乾新著一説曉集一卷　(清)袁晉貞撰　清文光堂刻本　一册

360000－1913－0002392　W0136
國朝名文約編不分卷　(清)陳詩輯　清刻本　一册

360000－1913－0002393　W0137
國朝名文約編不分卷　(清)陳詩輯　清刻本　一册

360000－1913－0002394　W0138
左傳選十四卷　(清)儲欣評　清尺木堂刻本　一册　存五卷(一至五)

360000－1913－0002395　W0139
御撰資治通鑑綱目三編二十卷　(清)張廷玉等撰　清刻本　一册　存六卷(五至十)

360000－1913－0002396　W0140
直省考卷不分卷　(清)□□輯　清刻本　一册

360000－1913－0002397　W0141
乙酉科江南鄉墨一卷　(清)陳栻評選　清刻本　一册

360000－1913－0002398　W0142
直省鄉墨不分卷　（清）□□輯　清刻本　一冊

360000－1913－0002399　W0143
道光甲午科直省鄉墨珠林不分卷　（清）任泰評選　清金陵同文堂刻本　一冊

360000－1913－0002400　W0144
目耕齋二刻不分卷　（清）徐楷評注　（清）沈叔眉輯　清刻本　一冊

360000－1913－0002401　W0145
己卯直省鄉墨不分卷　（清）□□輯　清刻本　一冊

360000－1913－0002402　W0146
小題正鵠三集不分卷　（清）李元度輯　清刻本　一冊

360000－1913－0002403　W0147
裏如堂四書十九卷　（宋）朱熹集注　清兩儀堂刻本　一冊　存二卷（大學章句一卷、中庸章句一卷）

360000－1913－0002404　W0148
分法小題拆字不分卷　（清）張錚評　（清）陳方平增輯　清刻本　二冊

360000－1913－0002405　W0149
小題四集參變二卷　（清）王步青評　清刻本　一冊　存一卷（下）

360000－1913－0002406　W0150
塾課文鈔□□卷　（清）王步青評　（清）于光華編　清刻本　一冊　存一卷（三上）

360000－1913－0002407　W0151
塾課文鈔□□卷　（清）王步青評　（清）于光華編　清刻本　一冊　存一卷（六下）

360000－1913－0002408　W0152
[江西鄱陽]雨田李氏宗派不分卷　（清）□□纂修　清刻本　一冊

360000－1913－0002409　W0153
[程墨選評]不分卷　（清）□□輯　清刻本　一冊

360000－1913－0002410　W0154
策學纂要十六卷　（清）戴朋　（清）黃卷輯　清刻本　一冊　存四卷（四至七）

360000－1913－0002411　W0155
新選論策十六種□□卷　（清）□□輯　清刻本　一冊　存一卷（四）

360000－1913－0002412　W0156
[直省鄉墨彙選]不分卷　（清）□□輯　清刻本　一冊

360000－1913－0002413　W0157
[課藝集選]不分卷　（清）□□輯　清刻本　一冊

360000－1913－0002414　W0158
墨選十則十卷　（清）陳夔輯　清刻本　一冊　存一卷（十）

360000－1913－0002415　W0159
同治戊辰科會試闈墨不分卷　（清）□□輯　清刻本　一冊

360000－1913－0002416　W0160
丙子直省鄉墨從新□□卷　（清）秦煥評選　清光緒三年（1877）刻本　二冊　存三卷（一、五至六）

360000－1913－0002417　W0161
分類雅聯□卷　（清）□□輯　清刻本　一冊　存一卷（下）

360000－1913－0002418　W0162
詩學含英十四卷　（清）劉文蔚輯　清刻本　一冊　存七卷（八至十四）

360000－1913－0002419　W0163
分類詩腋八卷　（清）李楨編　清刻本　一冊　存二卷（五至六）

360000－1913－0002420　W0164
大清搢紳全書不分卷　（清）□□輯　清刻本　一冊

360000－1913－0002421　W0165
子史輯要詩賦題解四卷　（清）胡本淵編　清刻本　一冊

360000－1913－0002422　W0166
水道提綱二十八卷　（清）齊召南撰　清刻本　一册　存五卷（十四至十八）

360000－1913－0002423　W0167
本草備要六卷醫方集解六卷　（清）汪昂撰　清刻本　一册　存二卷（本草備要三、醫方集解三）

360000－1913－0002424　W0168
資治新書初集十四卷首一卷　（清）李漁輯　清刻本　一册　存三卷（一至二、首一卷）

360000－1913－0002425　W0169
勿菴曆算書目一卷　（清）梅文鼎撰　清乾隆長塘鮑廷博刻知不足齋叢書本　一册

360000－1913－0002426　W0170
新編批評繡像後七國樂田演義六卷十八回　（清）遯世老人輯　清敬書堂刻本　一册

360000－1913－0002427　W0172
新訂四書補註備旨十卷　（明）鄧林撰　（清）杜定基增訂　清宣統元年（1909）上海久敬齋書局石印本　四册　存五卷（大學一卷，中庸一卷，下論三，上孟一、下孟四）

360000－1913－0002428　W0173
文津迎機合選不分卷　（清）龔文藻輯　清刻本　三册

360000－1913－0002429　W0174
搭題彬雅不分卷　（清）王家賓輯　清刻本　一册

360000－1913－0002430　W0175
近科巧搭不分卷　（清）□□輯　清刻本　二册

360000－1913－0002431　W0176
西史綱目二十卷　（清）周維翰撰　清末石印本　一册　存二卷（十七至十八）

360000－1913－0002432　W0177
春秋左傳五十卷　（晉）杜預　（宋）林堯叟注釋　（唐）陸德明音義　（明）孫鑛等評點　清光緒三十四年（1908）商務印書館石印本　九册　存四十二卷（一至十三、十九至三十九、四十三至五十）

360000－1913－0002433　W0178
浮邱子十二卷　（清）湯鵬撰　清宣統二年（1910）掃葉山房石印本　四册　存八卷（三至八、十一至十二）

360000－1913－0002434　W0179
光緒政要三十四卷　（清）沈桐生輯　清末石印本　一册　存一卷（八）

360000－1913－0002435　W0180
熙朝紀政八卷　（清）王慶雲撰　清光緒二十八年（1902）湯壽潛鉛印本　一册　存二卷（五至六）

360000－1913－0002436　W0181
政書通輯七卷　（清）政藝通報社編　清光緒二十八年至三十二年（1902－1906）上海政藝通報社石印政藝叢書本　一册

360000－1913－0002437　W0182
後漢書一百二十卷　（南朝宋）范曄撰　（唐）李賢注　（晉）司馬彪撰志　（南朝梁）劉昭注補　清末石印本　二册　存二十六卷（八十四至一百九）

360000－1913－0002438　W0183
春秋經傳集解三十卷首一卷　（晉）杜預撰　（唐）陸德明音義　（宋）林堯叟附注　（清）馮李驊增訂　**左繡三十卷首一卷**　（清）馮李驊　（清）陸浩評輯　清末上海章福記石印本　一册　存四卷（春秋經傳集解十四至十五、左繡十四至十五）

360000－1913－0002439　W0184
增像第六才子書五卷　（元）王德信撰　（清）金人瑞評　清末石印本　二册　存二卷（一、三）

360000－1913－0002440　W0185
桃花扇傳奇二卷四十齣　（清）孔尚任撰　清末石印本　一册　存一卷（一）十九齣（一至十九）

360000－1913－0002441　W0186
評點春秋綱目左傳句解彙雋六卷　(清)韓菼重訂　清末上海廣益書局石印本　四冊　存四卷(一、三、五至六)

360000－1913－0002442　W0187
連元閣詳訂古文評注全集十卷　(清)過珙(清)黄越輯　清宣統元年(1909)上海海左書局石印本　七冊　存九卷(一至三、五至十)

360000－1913－0002443　W0188
東周列國志二十七卷一百八回　(清)蔡界評點　清末上海順成書局石印本　一冊　存四卷(十一至十四)十五回(四十二至五十六)

360000－1913－0002444　W0189
補注黄帝内經素問二十四卷遺篇一卷靈樞經十二卷　(唐)王冰注　清光緒二十二年(1896)圖書集成局鉛印本　四冊　存二十五卷(補注黄帝内經素問一至十二、遺篇一卷、靈樞經十二卷)

360000－1913－0002445　W0190
傷寒來蘇集八卷　(清)柯琴撰　清末上海文瑞樓石印本　一冊　存六卷(傷寒論註四卷、附翼二卷)

360000－1913－0002446　W0191
桃花泉弈譜二卷　(清)范世勳撰　清末石印本　一冊　存一卷(下)

360000－1913－0002447　W0192
攷正字彙二卷　(清)陳淏子撰　清末石印本　一冊　存一卷(上)

360000－1913－0002448　W0193
各國交涉公法論十六卷　(英國)費利摩羅巴德撰　(英國)傅蘭雅口譯　(清)俞世爵筆述　清末鉛印本　一冊　存二卷(七至八)

360000－1913－0002449　W0194
施梁三局一卷施程五局一卷范梁七局一卷　(清)鄧元鏸輯　清光緒八年(1882)刻弈潛齋集譜本　一冊

360000－1913－0002450　W0195
新增繪圖幼學故事瓊林四卷首一卷　(明)程登吉撰　(清)鄒聖脈增補　清末上海廣益書局石印本　四冊　存四卷(一至三、首一卷)

360000－1913－0002451　W0196
唐宋八家文讀本三十卷　(清)沈德潛評點　清末石印本　一冊　存五卷(十一至十五)

360000－1913－0002452　W0197
兩科鄉會大全□□卷　(清)□□輯　清末石印本　一冊　存二卷(二十九至三十)

360000－1913－0002453　W0198
暫行改正新刑律詳解不分卷　(清)□□撰　清末鉛印本　四冊

360000－1913－0002454　W0199
文選六十卷　(南朝梁)蕭統輯　(唐)李善注　清末石印本　一冊　存一卷(五)

360000－1913－0002455　W0200
世界近代史二卷　(日本)松平康國編　清末鉛印本　一冊　存一卷(下)

360000－1913－0002456　W0201
春秋集註十一卷綱領一卷　(宋)張洽撰　清乾隆十五年(1750)務滋堂刻本　一冊　存六卷(一至六)

360000－1913－0002457　W0202
周易十二卷首一卷　(宋)朱熹本義　清乾隆十五年(1750)務滋堂刻本　一冊　存二卷(一、首一卷)

360000－1913－0002458　W0203
素問靈樞類纂約註三卷　(清)汪昂撰　清刻本　一冊　存一卷(中)

360000－1913－0002459　W0204
尺木堂綱鑑易知錄九十二卷　(清)吴乘權等輯　清刻本　一冊　存二卷(六十七至六十八)

360000－1913－0002460　W0205
孟子七卷　(宋)朱熹集注　清刻本　一冊　存二卷(四至五)

360000－1913－0002461　W0206

書六卷　(宋)蔡沈集傳　清慎詒堂刻本　一冊　存二卷(五至六)

360000－1913－0002462　W0207
感應篇註訓證四卷　(清)趙熊詔撰　清刻本　一冊　存一卷(三)

360000－1913－0002463　W0208
御製數理精藴上編五卷下編四十卷表八卷　(清)允祿　(清)允祉等纂修　清刻本　一冊　存一卷(表六)

360000－1913－0002464　W0209
詩八卷　(宋)朱熹集傳　清刻本　一冊　存三卷(六至八)

360000－1913－0002465　W0210
周禮節訓六卷　(清)黄叔琳輯　(清)姚培謙重訂　清嘉慶十八年(1813)刻本　一冊　存二卷(一至二)

360000－1913－0002466　W0211
鄉會墨大觀不分卷　(清)許球輯　清刻本　二冊　存上論、下論,孟子

360000－1913－0002467　W0212
金川教案述略一卷　江峰青撰　清光緒三十年(1904)婺源江峰青刻本　一冊

360000－1913－0002468　W0213
續養正草一卷　(清)李元度撰　清光緒十年(1884)湖南書局刻本　一冊

360000－1913－0002469　W0214
詩經八卷　(宋)朱熹集傳　清刻本　一冊　存二卷(四至五)

360000－1913－0002470　W0215
詩八卷　(宋)朱熹集傳　清文富堂刻本　一冊　存二卷(一至二)

360000－1913－0002471　W0216
新訂四書補註備旨十卷　(明)鄧林撰　(清)杜定基增訂　清刻本　一冊　存二卷(三至四)

360000－1913－0002472　W0217
歷科房考酌雅集不分卷　(清)□□輯　清刻本　三冊

360000－1913－0002473　W0218
國朝歷科元墨正宗不分卷　(清)胡先琅輯　清刻本　一冊

360000－1913－0002474　W0219
考卷約選不分卷　(清)李錫瓚編　清刻本　一冊

360000－1913－0002475　W0220
經畬堂稿不分卷　(清)儲郁文撰　清刻本　一冊

360000－1913－0002476　W0221
慶曆文讀本新編不分卷　(清)□□輯　清刻本　二冊　存論語

360000－1913－0002477　W0222
八科大題文徵不分卷　(明)□□輯　清刻本　一冊　存上孟

360000－1913－0002478　W0223
木卜堂課幼草不分卷　(清)馬名駒撰　清文富堂刻本　一冊　存上論、下論

360000－1913－0002479　W0224
重訂批點春秋左傳詳節句解三十五卷　(宋)朱申注　清刻本　一冊　存五卷(十二至十六)

360000－1913－0002480　W0225
懷清堂隆萬文選不分卷　(清)□□輯　清刻本　一冊　存論語、大學

360000－1913－0002481　W0226
宋蘇文定公集選一卷　(宋)蘇轍撰　(明)孫鑛等評　清刻本　一冊

360000－1913－0002482　W0227
今文大小題商不分卷　(明)黄越　(明)汪壇輯　清刻本　一冊

360000－1913－0002483　W0228
策論舉隅□□卷　(清)□□輯　清刻本　一冊　存三卷(八至十)

360000－1913－0002484　W0229

廣古今議論參三十卷 (明)吳中龍 (明)張廷鷺輯 明崇禎刻本 一冊 存二卷(十二至十三)

360000－1913－0002485 W0230

春秋經傳集解三十卷首一卷 (晉)杜預撰 (唐)陸德明音義 (宋)林堯叟附注 (清)馮李驊增訂 **左繡三十卷首一卷** (清)馮李驊 (清)陸浩評輯 清華川書屋刻本(卷二至四配清刻本) 二冊 存九卷(春秋經傳集解一至四,左繡一至四、首一卷)

360000－1913－0002486 W0231

瀛奎律髓刊誤四十九卷 (元)方回撰 (清)紀昀批點 清嘉慶五年(1800)侯官李氏刻本 一冊 存四卷(一至四)

360000－1913－0002487 W0232

心遠堂新編小學纂註六卷 (清)高愈編 清心遠堂刻本 一冊 存二卷(五至六)

360000－1913－0002488 W0234

小題初集啓蒙不分卷 (清)王步青評 清刻本 一冊

360000－1913－0002489 W0235

諏吉便覽不分卷 (清)俞榮寬編 清道光三年(1823)刻本 一冊

360000－1913－0002490 W0236

犢山文稿不分卷 (清)周鎬撰 清刻本 一冊

360000－1913－0002491 W0237

古微堂内集二卷 (清)魏源撰 清光緒三十一年(1905)刻本 一冊

360000－1913－0002492 W0238

陰隲文圖説不分卷 (清)黃正元輯 清黃觀海刻本 一冊

360000－1913－0002493 W0239

名法指掌新例增訂四卷 (清)黃魯溪編 清道光十二年(1832)刻本 一冊 存一卷(一)

360000－1913－0002494 W0240

淵鑑類函四百五十卷目錄四卷 (清)張英(清)王士禛等輯 清刻本 一冊 存三卷(二百二十至二百二十二)

360000－1913－0002495 W0241

[同治]臨江府志三十二卷首一卷 (清)德馨 (清)鮑孝光修 (清)朱孫詒 (清)陳錫麟纂 清同治十年(1871)刻本 二冊 存十二卷(八至十一、十六至二十三)

360000－1913－0002496 W0242

四憶堂詩集六卷 (清)侯方域撰 (清)賈開宗等選注 清刻本 一冊 存三卷(四至六)

360000－1913－0002497 W0243

文獻通考三百四十八卷 (元)馬端臨撰 明刻本 一冊 存三卷(一百九十三至一百九十五)

360000－1913－0002498 W0244

廬陵宋丞相信國公文忠烈先生全集十六卷 (宋)文天祥撰 (清)文有煥等編 清刻本 一冊 存一卷(七)

360000－1913－0002499 W0245

宋四六選二十四卷 (清)彭元瑞 (清)曹振鏞輯 清刻本 一冊 存二卷(十七至十八)

360000－1913－0002500 W0246

曆學會通不分卷 (清)薛鳳祚輯 清刻本 一冊 存致用部之三角筭法至樂律

360000－1913－0002501 W0247

翻譯名義集二十卷 (宋)釋法雲編 清光緒四年(1878)金陵刻經處刻本 一冊 存三卷(十一至十三)

360000－1913－0002502 W0248

晉書一百三十卷 (唐)房玄齡等撰 清刻本 一冊 存三卷(二十八至三十)

360000－1913－0002503 W0249

吳太史聯捷真稿不分卷 (清)吳士玉撰 (清)汪份 (清)何焯評選 清刻本 一冊 存論語

360000－1913－0002504 W0250

寄傲山房塾課新增幼學故事瓊林四卷首一卷

(明)程登吉撰　(清)鄒聖脈增補　清刻本　一册　存二卷(三至四)

360000－1913－0002505　W0251
青爐不分卷　(□)□□輯　清刻本　一册

360000－1913－0002506　W0252
唐詩試體分韻四卷首一卷末一卷　(清)談苑編　清刻本　一册　存一卷(二)

360000－1913－0002507　W0253
讀史方輿紀要一百三十卷　(清)顧祖禹撰　清敷文閣刻本　一册　存二卷(二十八至二十九)

360000－1913－0002508　W0254
啓善祕鑰不分卷　(清)□□撰　清刻本　一册

360000－1913－0002509　W0255
詩學含英十四卷　(清)劉文蔚輯　清乾隆刻本　一册　存七卷(一至七)

360000－1913－0002510　W0256
尚書註疏二十卷　(漢)孔安國傳　(唐)陸德明音義　(唐)孔穎達疏　明刻本　一册　存四卷(十四至十七)

360000－1913－0002511　W0257
圖註八十一難經辨真四卷　(明)張世賢注　清善成堂刻本　一册　存二卷(一至二)

360000－1913－0002512　W0258
小題正鵠三集不分卷　(清)李元度輯　清刻本　一册　存截上下、結上、冒下、半面、枯窘、截做、倒繳、叠句、記事、截搭

360000－1913－0002513　W0259
二十一史文鈔五十八卷　(明)沈國元輯　明崇禎十二年(1639)沈氏大來堂刻本　一册　存九卷(三十八至四十六)

360000－1913－0002514　W0260
新鐫張先生彙選便民士林交際錦箋唾玉二卷首一卷　(清)張斌纂注　清刻本　一册

360000－1913－0002515　W0261
春秋經傳集解三十卷首一卷　(晉)杜預撰　(唐)陸德明音義　(宋)林堯叟附注　(清)馮李驊增訂　**左繡三十卷首一卷**　(清)馮李驊　(清)陸浩評輯　清刻本　二册　存八卷(春秋經傳集解二至五、左繡二至五)

360000－1913－0002516　W0262
寄傲山房塾課新增幼學故事瓊林四卷首一卷　(明)程登吉撰　(清)鄒聖脈增補　清刻本　二册

360000－1913－0002517　W0263
令德堂重訂古文釋義新編八卷　(清)余誠評注　清刻本　一册　存二卷(五至六)

360000－1913－0002518　W0264
春秋經傳集解三十卷首一卷　(晉)杜預撰　(唐)陸德明音義　(宋)林堯叟附注　(清)馮李驊增訂　**左繡三十卷首一卷**　(清)馮李驊　(清)陸浩評輯　清刻本　一册　存六卷(春秋經傳集解二至四、左繡二至四)

360000－1913－0002519　W0265
增補星平會海命學全書十卷首一卷　(清)水中龍編　清刻本　一册　存二卷(九至十)

360000－1913－0002520　W0266
合刻註釋日記千家詩二卷　(清)□□輯　清刻本　一册

360000－1913－0002521　W0267
訓俗遺規五卷　(清)陳弘謀輯　清刻本　一册　存一卷(四)

360000－1913－0002522　W0268
訓俗遺規五卷　(清)陳弘謀輯　清刻本　一册　存一卷(四)

360000－1913－0002523　W0269
萬國史綱目八卷　(日本)重野安繹撰　清光緒二十八年(1902)東京勸學會鉛印本　一册　存一卷(二)

360000－1913－0002524　W0270
新科直省考卷清雅四集　(清)何梅軒評選　清光緒三年(1877)東山書院刻本　五册　存初集大學、中庸、下論,二集大學、中庸、下論、

上孟、中孟、下孟，四集大學、中庸

360000－1913－0002525　W0271
雨村詩話十六卷　（清）李調元撰　清刻本　一册　存三卷（十二至十四）

360000－1913－0002526　W0272
雨村詩話十六卷　（清）李調元撰　清刻本　一册　存四卷（十二至十五）

360000－1913－0002527　W0273
闈墨三集選和不分卷　（清）□□輯　清刻本　一册　存中庸、論語、孟子

360000－1913－0002528　W0274
目耕齋讀本三集不分卷　（清）徐楷評注　（清）沈叔眉輯　清同治五年（1866）刻本　六册

360000－1913－0002529　W0275
本朝十二家精選十二卷　（清）何飛鳳輯　清乾隆三十六年（1771）刻本　六册　存六卷（一、五至七、九至十）

360000－1913－0002530　W0276
本朝十二家精選十二卷　（清）何飛鳳輯　清乾隆三十六年（1771）刻本　三册　存三卷（五至六、九）

360000－1913－0002531　W0277
考卷掄元不分卷　（清）□□輯　清刻本　二册

360000－1913－0002532　W0278
聖諭廣訓一卷　（清）聖祖玄燁撰　（清）世宗胤禛廣訓　清光緒二十二年（1896）石印本　一册

360000－1913－0002533　W0279
墨海探源不分卷　（□）□□輯　清同治元年（1862）刻本　二册

360000－1913－0002534　W0280
八銘塾鈔二集不分卷　（清）吴懋政輯　清刻本　一册　存下孟

360000－1913－0002535　W0281
增補事類賦統編九十三卷首一卷　（清）黄葆真編　清道光二十九年（1849）丹陽黄氏敦好堂刻本　一册　存二卷（九十二至九十三）

360000－1913－0002536　W0282
重訂事類賦三十卷　（宋）吴淑撰並注　清刻本　一册　存六卷（二十至二十五）

360000－1913－0002537　W0283
重訂廣事類賦四十卷　（清）華希閔撰　清刻本　二册　存十四卷（十七至二十二、三十三至四十）

360000－1913－0002538　W0284
策學纂要十六卷　（清）戴朋　（清）黄卷輯　清刻本　一册　存三卷（一至三）

360000－1913－0002539　W0285
詩韻集成十卷　（清）余照輯　清刻本　二册

360000－1913－0002540　W0286
資治新書二集二十卷　（清）李漁輯　清三讓堂刻本　四册　存七卷（一、六至九、十七至十八）

360000－1913－0002541　W0287
欽定書經傳説彙纂二十一卷首二卷　（清）王頊齡等撰　清刻本　五册　存十一卷（六至七、十至十八）

360000－1913－0002542　W0288
海國圖志一百卷　（清）魏源撰　清刻本　三册　存十卷（二十一至二十三、八十八至九十四）

360000－1913－0002543　W0289
四書題箋□□卷　（清）鍾元昌訂　清乾隆刻本　一册　存一卷（一）

360000－1913－0002544　W0290
四書類典賦二十四卷　（清）甘紱撰　清刻本　二册　存七卷（六至八、二十一至二十四）

360000－1913－0002545　W0291
四書類典賦二十四卷　（清）甘紱撰　清刻本　一册　存五卷（十四至十八）

360000－1913－0002546　W0292
爾雅釋文三卷　（唐）陸德明撰　清刻本

一册

360000－1913－0002547　W0293
小學集註六卷　(明)陳選撰　清刻本　一册　存二卷(五至六)

360000－1913－0002548　W0294
同館試律續鈔二集□□卷　(清)吳其濬　(清)王家相輯　清刻本　一册　存一卷(五)

360000－1913－0002549　W0295
唐詩別裁集十卷　(清)沈德潛　(清)陳培脈輯　清刻本　一册　存二卷(三至四)

360000－1913－0002550　W0296
御定七政四餘萬年書一卷(嘉慶元年至二十五年)　(清)欽天監編　清嘉慶刻本　一册

360000－1913－0002551　W0297
廣古今議論參三十卷　(明)吳中龍　(明)張廷鷺輯　清刻本　一册　存二卷(二十九至三十)

360000－1913－0002552　W0298
老君道德經一卷附黄帝陰符經一卷黄庭經一卷　清同治十二年(1873)刻本　一册

360000－1913－0002553　W0299
洴澼百金方十四卷　(清)惠麓酒民(袁宫桂)撰　清刻本　一册　存三卷(五至七)

360000－1913－0002554　W0300
先正讀書訣一卷　(清)周永年輯　清光緒四年(1878)歷城周兆慶刻本　一册

360000－1913－0002555　W0301
詩經讀本八卷　(宋)朱熹集傳　清宣統二年(1910)上海鑄記書局石印本　一册

360000－1913－0002556　W0302
唐會要一百卷　(宋)王溥撰　清刻本　一册　存四卷(六十一至六十四)

360000－1913－0002557　W0303
唐書二百二十五卷　(宋)歐陽修　(宋)宋祁等撰　明崇禎二年(1629)毛氏汲古閣刻十七史本　一册　存六卷(七十九至八十四)

360000－1913－0002558　W0304
訓蒙染斷編一卷　(清)梁夔譜評選　清光緒四年(1878)刻本　一册

360000－1913－0002559　W0305
詩韻萃珍十卷　(清)黄昌瑞輯　清刻本　一册　存三卷(八至十)

360000－1913－0002560　W0306
五洲各國政治考十卷　(清)錢恂輯　清光緒二十八年(1902)長沙刻本　一册　存二卷(七至八)

360000－1913－0002561　W0307
駁案新編三十二卷　(清)全士潮等輯　清刻本　一册　存二卷(二十五至二十六)

360000－1913－0002562　W0308
新鐫分類評註奇正合編百子金丹十卷　(明)郭偉選注　(明)郭中吉編　清刻本　一册　存二卷(九至十)

360000－1913－0002563　W0309
重訂王鳳洲先生綱鑑會纂四十六卷　(明)王世貞撰　(明)陳仁錫訂　清刻本　一册　存二卷(四十一至四十二)

360000－1913－0002564　W0310
芸居樓綱鑑易知錄九十二卷　(清)吳乘權等輯　清光緒四年(1878)芸居樓刻本　一册　存三卷(三至五)

360000－1913－0002565　W0311
重訂事類賦三十卷　(宋)吳淑撰並注　清刻本　二册　存十卷(一至四、二十五至三十)

360000－1913－0002566　W0312
廣事類賦四十卷　(清)華希閔撰　清刻本　一册　存五卷(十至十四)

360000－1913－0002567　W0313
東周列國全志二十三卷一百八回　(清)蔡昇評點　清刻本　一册　存二卷(二十至二十一)八回(八十九至九十六)

360000－1913－0002568　W0314
小學集註六卷　(明)陳選撰　清光緒三十二

年(1906)上海鴻寶齋石印本　一冊　存三卷(一至三)

360000－1913－0002569　W0315
御批歷代通鑑輯覽一百二十卷　(清)傅恒等撰　清末鉛印本　一冊　存十一卷(六十三至七十三)

360000－1913－0002570　W0316
御案詩經備旨八卷　(清)鄒聖脈輯　清刻本　一冊　存三卷(一至三)

360000－1913－0002571　W0317
御纂性理精義十二卷　(清)李光地等纂修　清刻本　一冊　存二卷(二至三)

360000－1913－0002572　W0318
御纂性理精義十二卷　(清)李光地等纂修　清刻本　一冊　存三卷(一至三)

360000－1913－0002573　W0319
性理集論不分卷　(□)□□撰　清刻本　一冊

360000－1913－0002574　W0320
性理集論不分卷　(□)□□撰　清刻本　一冊

360000－1913－0002575　W0321
西遊真詮一百回　(清)陳士斌撰　清刻本　一冊　存十四回(十二至二十五)

360000－1913－0002576　W0322
廣事類賦四十卷　(清)華希閔撰　清刻本　一冊　存六卷(三十五至四十)

360000－1913－0002577　W0323
詩韻含英十八卷　(清)劉文蔚輯　清刻本　一冊　存十卷(九至十八)

360000－1913－0002578　W0324
舉業前模八卷　(清)周百順編　清刻本　一冊　存四卷(一至四之二)

360000－1913－0002579　W0325
增補事類賦統編九十三卷首一卷　(清)黃葆真編　清道光二十九年(1849)丹陽黃氏敦好堂刻本　一冊　存二卷(九十至九十一)

360000－1913－0002580　W0326
梅花易數五卷　(宋)邵雍撰　清刻本　一冊　存一卷(五)

360000－1913－0002581　W0327
己丑恩科鄉墨不分卷　(清)□□輯　清刻本　二冊

360000－1913－0002582　W0328
唐詩三百首六卷　(清)孫洙編　清刻本　一冊

360000－1913－0002583　W0329
庚辰集五卷　(清)紀昀編　清刻本　一冊　存一卷(一)

360000－1913－0002584　W0330
醉芸窗試帖詳註四卷　(清)楊昌光撰　(清)楊延亮注　清刻本　一冊　存一卷(三)

360000－1913－0002585　W0331
詩學含英十四卷　(清)劉文蔚輯　清刻本　二冊

360000－1913－0002586　W0332
詩韻含英十八卷　(清)劉文蔚輯　清刻本　一冊　存四卷(三至六)

360000－1913－0002587　W0333
詩韻集成十卷　(清)余照輯　清大文堂刻本　二冊

360000－1913－0002588　W0334
註釋唐詩三百首六卷　(清)孫洙編　清刻本　一冊　存四卷(三至六)

360000－1913－0002589　W0335
醉芸窗試帖詳註四卷　(清)楊昌光撰　(清)楊延亮注　清嘉慶刻本　一冊　存一卷(一)

360000－1913－0002590　W0336
春秋左傳分類賦四卷　(清)夏大觀撰　(清)夏大鼎箋注　清文星堂刻本　一冊　存一卷(二)

360000－1913－0002591　W0337
玉堂字彙四集　(明)梅膺祚撰　清刻本　一冊　存一集(貞)

360000－1913－0002592　W0338
目耕齋二刻不分卷　(清)徐楷評注　(清)沈叔眉輯　清刻本　二冊

360000－1913－0002593　W0339
策學總纂大成四十六卷　(清)蔡壽祺輯　清刻本　一冊　存五卷(四十二至四十六)

360000－1913－0002594　W0340
全本禮記體註十卷　(清)徐瑄輯　清刻本　三冊　存四卷(三、八至十)

360000－1913－0002595　W0341
鹿洲公案二卷　(清)藍鼎元撰　(清)曠敏本評　清刻本　一冊　存一卷(下)

360000－1913－0002596　W0342
欽定吏部處分則例五十二卷　(清)吏部編　清刻本　一冊　存二卷(十三至十四)

360000－1913－0002597　W0343
應酬彙選新集八卷　(清)潘文光輯　清刻本　一冊　存二卷(三至四)

360000－1913－0002598　W0344
增訂四書類典賦二十四卷　(清)甘紱撰　清刻本　一冊　存七卷(十四至二十)

360000－1913－0002599　W0345
增補四書類典賦二十四卷　(清)甘紱撰　清嘉慶十年(1805)錦盛堂刻本　一冊　存二卷(一至二)

360000－1913－0002600　W0346
武林舊事十卷　(宋)周密撰　清乾隆嘉慶鮑廷博刻知不足齋叢書本　一冊　存三卷(一至三)

360000－1913－0002601　W0347
閱微草堂筆記二十四卷　(清)紀昀撰　清道光十五年(1835)刻本　一冊　存四卷(灤陽消夏錄一至三、首一卷)

360000－1913－0002602　W0348
試帖新穎□□卷　(清)汪體信編　清道光十五年(1835)刻本　一冊　存二卷(一至二)

360000－1913－0002603　W0349
律賦箋註衡裁五卷　(清)湯稼堂評選　清刻本　一冊　存二卷(二至三)

360000－1913－0002604　W0350
賦學指南十六卷　(清)余丙照輯　清道光七年(1827)刻本　一冊　存三卷(一至三)

360000－1913－0002605　W0351
事類賦三十卷　(宋)吳淑撰並注　清刻本　一冊　存七卷(二十四至三十)

360000－1913－0002606　W0352
事類賦補遺十四卷　(清)張均編　清刻本　一冊　存二卷(十三至十四)

360000－1913－0002607　W0353
讀史論略二卷　(清)杜詔撰　清刻本　一冊　存一卷(下)

360000－1913－0002608　W0354
國朝小題文濬靈集甲編不分卷　(清)張躍鱗編　清刻本　一冊

360000－1913－0002609　W0355
唐詩三百首註疏六卷　(清)孫洙編　(清)章燮注　**續選一卷**　(清)于慶元編　清刻本　一冊　存二卷(三至四)

360000－1913－0002610　W0356
五科鄉會墨大觀二集不分卷　(清)許球輯　清道光二十三年(1843)寶仁堂刻本　一冊　存上論、下論

360000－1913－0002611　W0357
爾雅註疏十一卷　(晉)郭璞注　(宋)邢昺疏　明崇禎毛氏汲古閣刻十三經注疏本　一冊　存三卷(九至十一)

360000－1913－0002612　W0358
附釋音禮記注疏六十三卷　(漢)鄭玄注　(唐)陸德明音義　(唐)孔穎達疏　**附校勘記六十三卷**　(清)阮元撰　(清)盧宣旬摘錄　清嘉慶二十年(1815)江西南昌府學刻重刊宋本十三經注疏本　一冊　存四卷(十一至十二、校勘記十一至十二)

360000－1913－0002613　W0359

尚書離句六卷　(清)錢在培輯解　清刻本　一冊　存三卷(四至六)

360000－1913－0002614　W0360
尚書離句六卷　(清)錢在培輯解　清兩儀堂刻本　一冊　存三卷(四至六)

360000－1913－0002615　W0361
評點春秋綱目左傳句解彙雋六卷　(清)韓菼重訂　清刻本　一冊　存一卷(五)

360000－1913－0002616　W0362
時令詩林尤雅十二卷　(清)鄒廷忠輯　清刻本　一冊　存六卷(七至十二)

360000－1913－0002617　W0363
煙霞萬古樓文集六卷　(清)王曇撰　清刻本　一冊　存二卷(三至四)

360000－1913－0002618　W0364
度鍼編不分卷　(清)紀昀評選　(清)李英重訂　清光緒四年(1878)刻本　一冊

360000－1913－0002619　W0365
悟真篇三註三卷　(宋)張伯端撰　(宋)薛道光　(宋)陸墅　(元)陳致虚注　清刻本　一冊　存二卷(中、下)

360000－1913－0002620　W0366
家範十卷　(宋)司馬光撰　(清)朱軾評點　清刻本　一冊　存五卷(六至十)

360000－1913－0002621　W0367
史記評林一百三十卷　(明)淩稚隆輯　清刻本　一冊　存五卷(一百十九至一百二十三)

360000－1913－0002622　W0368
新訂四書補註備旨十卷　(明)鄧林撰　(清)杜定基增訂　清刻本　一冊　存二卷(三至四)

360000－1913－0002623　W0369
江西闈墨不分卷　(清)□□輯　清刻本　一冊

360000－1913－0002624　W0370
大清律例集解四十卷　(清)沈之奇注　(清)姚潤輯　清刻本　一冊　存二卷(三十三至三十四)

360000－1913－0002625　W0371
壽世保元十卷　(明)龔廷賢編　清刻本　一冊　存一卷(九)

360000－1913－0002626　W0372
目耕齋小題偶編不分卷　(清)徐楷評注　(清)沈叔眉輯　清刻本　一冊　存論語、孟子

360000－1913－0002627　W0373
詩經八卷　(宋)朱熹集傳　清刻本　一冊　存二卷(四至五)

360000－1913－0002628　W0374
典制小題逢年不分卷　(清)章守待評選　清刻本　一冊

360000－1913－0002629　W0375
應試歷取經解不分卷　(清)宋昌恪撰　清嘉慶九年(1804)刻本　一冊

360000－1913－0002630　W0376
傳症彙編二十卷　(清)熊立品輯　清刻本　一冊　存二卷(三至四)

360000－1913－0002631　W0377
四此堂稿十卷　(清)魏際瑞撰　清刻本　一冊　存一卷(四)

360000－1913－0002632　W0378
治化便讀不分卷　(□)□□編　清光緒二十四年(1898)刻本　一冊

360000－1913－0002633　W0379
治化便讀不分卷　(□)□□編　清光緒二十四年(1898)刻本　一冊

360000－1913－0002634　W0380
四書題鏡不分卷　(清)汪鯉翔撰　清刻本　二冊　存上論、下論

360000－1913－0002635　W0381
四書題鏡不分卷　(清)汪鯉翔撰　清刻本　一冊　存上論

360000－1913－0002636　W0382

古今詩話選雋二卷　（清）盧衍仁輯　清光緒二十六年（1900）刻本　一册　存一卷（上）

360000－1913－0002637　W0383
子書二十二種　（清）浙江書局輯　清光緒二十三年（1897）上海圖書集成局鉛印本　十九册　存十二種

360000－1913－0002638　W0384
二十五子彙函　（清）鴻文書局輯　清光緒十九年（1893）上海鴻文書局石印本　三册　存六種

360000－1913－0002639　W0385
新文牘十卷　（清）南洋官書局編　清末石印本　一册　存一卷（二）

360000－1913－0002640　W0386
欽定御纂七經　（清）李光地等撰　清光緒三十年（1904）上海育文書局石印本　七册　存三種

360000－1913－0002641　W0387
格致書院策論課藝十二部　（清）□□輯　清光緒二十四年（1898）上海益智書局刻本　一册　存子部

360000－1913－0002642　W0388
經學輯要二十四卷　（清）吴潁炎輯　清光緒十三年（1887）點石齋石印本　一册　存一卷（十八下）

360000－1913－0002643　W0389
論語集註本義匯參二十卷首一卷　（清）王步青輯　（清）王士鼇編　清刻本　一册　存二卷（十三至十四）

360000－1913－0002644　W0390
綱鑑易知錄九十二卷　（清）吴乘權等輯　清芸居樓刻本　二册　存六卷（五十八至六十、八十六至八十八）

360000－1913－0002645　W0391
寄傲山房塾課纂輯禮記全文備旨十一卷　（清）鄒聖脈輯　清刻本　二册　存五卷（三至四、六至八）

360000－1913－0002646　W0392
螢窗異草三編四卷　（清）浩歌子撰　（清）隨園老人續評　清光緒上海申報館鉛印本　一册　存一卷（三）

360000－1913－0002647　W0393
適可齋記行六卷　（清）馬建忠撰　清末石印本　一册

360000－1913－0002648　W0394
史記菁華錄六卷　（清）姚祖恩輯　清光緒二十七年（1901）上海廣益書局石印本（卷三配清末石印本）　四册　存四卷（三至六）

360000－1913－0002649　W0395
讀書雜志八十二卷餘編二卷　（清）王念孫撰　清光緒二十年（1894）上海醉六堂石印本　八册

360000－1913－0002650　W0396
三十六孝事實不分卷　（清）張覺庵編　清光緒五年（1879）刻本　一册

360000－1913－0002651　W0397
新鐫五言千家詩註解二卷　（清）王相選注　清同治十二年（1873）文慶堂刻本　一册

360000－1913－0002652　W0398
丁未和會類要四卷　（清）□□輯　清光緒鉛印本　一册　存一卷（一）

360000－1913－0002653　W0399
天演論二卷　（英國）赫胥黎撰　嚴復譯　清末石印本　一册　存一卷（下）

360000－1913－0002654　W0400
鬬杯堂詩集一卷　（清）陳瀏撰　清宣統二年（1910）鉛印本　一册

360000－1913－0002655　W0401
周禮精義六卷首一卷　（清）黄淦撰　清刻本　一册　存四卷（三至六）

360000－1913－0002656　W0402
養雲山館試帖四卷　（清）許球輯　（清）王榮紱注　清光緒十三年（1887）刻本　一册　存二卷（一至二）

360000－1913－0002657　W0403
音論三卷　(清)顧炎武撰　清光緒十一年(1885)四明觀稼樓刻音學五書本　一册

360000－1913－0002658　W0404
重訂事類賦三十卷　(宋)吳淑撰並注　清刻本　二册　存十七卷(一至八、十五至二十三)

360000－1913－0002659　W0405
事類賦三十卷　(宋)吳淑撰並注　清刻本　一册　存六卷(十三至十八)

360000－1913－0002660　W0406
廣事類賦四十卷　(清)華希閔撰　清刻本　一册　存六卷(二十九至三十四)

360000－1913－0002661　W0407
重訂事類賦三十卷　(宋)吳淑撰並注　清刻本　一册　存六卷(十九至二十四)

360000－1913－0002662　W0408
增補事類賦統編九十三卷首一卷　(清)黄葆真編　清道光二十九年(1849)丹陽黄氏敦好堂刻本　二册　存五卷(三十、三十四至三十七)

360000－1913－0002663　W0409
增補四書類典賦二十四卷　(清)甘紱撰　清刻本　一册　存四卷(十八至二十一)

360000－1913－0002664　W0410
四書人物類典串珠四十卷　(清)臧志仁輯　清刻本　一册　存七卷(十九至二十五)

360000－1913－0002665　W0411
四書小題題鏡二十卷　(清)□□輯　清刻本　一册　存五卷(三至七)

360000－1913－0002666　W0412
四書味根錄三十九卷　(清)金澂撰　**四書題鏡一卷**　(清)汪鯉翔撰　清光緒鴻文書局石印四書味根錄題鏡合編本　一册　存七卷(論語一至六、四書題鏡一卷)

360000－1913－0002667　W0413
新鐫校正詳註分類百子金丹全書十卷　(明)郭偉選注　(明)郭中吉編　清末石印本　一册　存二卷(九至十)

360000－1913－0002668　W0414
墨選十則十卷　(清)陳燮輯　清同治九年(1870)三槐堂刻本　一册　存二卷(一至二)

360000－1913－0002669　W0415
太平廣記五百卷目錄十卷　(宋)李昉等輯　清刻本　一册　存十三卷(一百二十八至一百四十)

360000－1913－0002670　W0416
增補一夕話六卷　(清)咄咄夫撰　清光緒十七年(1891)三讓信記刻本　一册　存四卷(一至四)

360000－1913－0002671　W0417
一夕話六卷　(清)咄咄夫編　清刻本　一册　存三卷(四至六)

360000－1913－0002672　W0418
四書典制新穎三十五卷　(清)黄濟川輯　清刻本　一册　存八卷(六至十三)

360000－1913－0002673　W0419
四書人物類典串珠四十卷　(清)臧志仁輯　清刻本　一册　存三卷(二十三至二十五)

360000－1913－0002674　W0420
尚書離句六卷　(清)錢在培輯解　清兩儀堂刻本　一册　存二卷(一至二)

360000－1913－0002675　W0421
策學纂要十六卷　(清)戴朋　(清)黄卷輯　清刻本　一册　存三卷(八至十)

360000－1913－0002676　W0422
註釋九家詩十一卷　(清)王芑孫輯　(清)李錫瓚評注　清道光十年(1830)文德堂刻本　一册　存二卷(一至二)

360000－1913－0002677　W0423
寄嶽雲齋試體詩選詳註四卷　(清)聶銑敏撰　(清)張學蘇箋　清刻本　一册　存二卷(三至四)

360000－1913－0002678　W0424

情史類略二十四卷　（明）詹詹外史（馮夢龍）評輯　清刻本　一冊　存二卷（十五至十六）

360000－1913－0002679　W0425
雨香書屋時文六卷　（清）雷以諴撰　清同治七年（1868）江漢書院刻本　一冊　存三卷（一至三）

360000－1913－0002680　W0426
書經集傳六卷　（宋）蔡沈撰　清刻本　一冊　存二卷（二至三）

360000－1913－0002681　W0427
書經集傳六卷　（宋）蔡沈撰　清刻本　一冊　存二卷（五至六）

360000－1913－0002682　W0428
書經集傳六卷　（宋）蔡沈撰　清刻本　一冊　存一卷（四）

360000－1913－0002683　W0429
書經集傳六卷　（宋）蔡沈撰　清刻本　一冊　存二卷（五至六）

360000－1913－0002684　W0430
第一才子書六十卷一百二十回　（明）羅本撰　（清）毛宗崗評　清刻本　一冊　存七卷（二十一至二十七）十四回（四十一至五十四）

360000－1913－0002685　W0431
乙酉科直省鄉墨不分卷　（清）陳栻等輯　清刻本　一冊

360000－1913－0002686　W0432
寄傲山房塾課纂輯禮記全文備旨十一卷　（清）鄒聖脈輯　清刻本　三冊　存七卷（一至二、七至十一）

360000－1913－0002687　W0433
寄傲山房塾課纂輯禮記全文備旨十一卷　（清）鄒聖脈輯　清刻本　三冊　存八卷（一至五、九至十一）

360000－1913－0002688　W0434
禮記三十卷　（元）陳澔集說　清刻本　一冊　存二卷（九至十）

360000－1913－0002689　W0435
欽定禮記義疏八十二卷首一卷　（清）允祿等撰　清光緒三十年（1904）育文書局石印本　一冊　存十二卷（一至十一、首一卷）

360000－1913－0002690　W0436
近科房考採珍集不分卷　（清）□□輯　清刻本　一冊

360000－1913－0002691　W0437
王伊人稿不分卷　（清）張景陽編　清刻本　二冊

360000－1913－0002692　W0438
重鐫神峯通考命理正宗六卷　（明）張楠撰　清刻本　二冊　存三卷（二、五至六）

360000－1913－0002693　W0439
明文小題貫不分卷　（清）樓渢輯　清刻本　二冊

360000－1913－0002694　W0440
御批歷代通鑑輯覽一百二十卷　（清）傅恆等撰　清末石印本　二冊　存十二卷（六至十一、八十至八十五）

360000－1913－0002695　W0441
歷科程墨質疑集不分卷　（清）□□輯　清刻本　一冊

360000－1913－0002696　W0442
綱鑑擇語十卷　（清）司徒修輯　清刻本　一冊　存二卷（三至四）

360000－1913－0002697　W0443
重鐫神峯通考命理正宗六卷　（明）張楠撰　清刻本　一冊　存二卷（五至六）

360000－1913－0002698　W0444
墨選十則十卷　（清）陳燮輯　清同治九年（1870）三槐堂刻本　一冊　存二卷（一至二）

360000－1913－0002699　W0445
犢山文稿不分卷　（清）周鎬撰　清同治四年（1865）刻本　一冊

360000－1913－0002700　W0446
御批歷代通鑑輯覽一百二十卷　（清）傅恆等撰　清光緒二十八年（1902）上海寶文局石印

本　二册　存十四卷(一至六、一百十三至一百二十)

360000－1913－0002701　W0447
四書典制類聯音註三十三卷　(清)閻其淵輯　清刻本　一册　存四卷(十九至二十二)

360000－1913－0002702　W0448
紹聞堂增訂古文覺斯評註廣集新本八卷　(清)過珙選評　清立達堂刻本　一册　存二卷(一至二)

360000－1913－0002703　W0449
紹聞堂增訂詳註四刻古文覺斯新本八卷　(清)過珙選評　清中和堂刻本　一册　存一卷(五)

360000－1913－0002704　W0450
新鐫曆法便覽象吉備要通書二十九卷　(清)魏鑑輯　清刻本　四册　存十四卷(十二至十五、二十至二十九)

360000－1913－0002705　W0451
杜詩詳註二十五卷首一卷附編二卷　(唐)杜甫撰　(清)仇兆鰲輯注　清刻本　一册　存一卷(八)

360000－1913－0002706　W0452
澹香齋試律詳註一卷　(清)張熙宇評選　(清)石暉甲箋注　清同治十一年(1872)刻七家詩詳註本　一册

360000－1913－0002707　W0453
新鐫五言千家詩箋註二卷　(宋)謝枋得輯　(清)王相注　**諸名家百花詩二卷**　(清)王相輯　清刻本　一册

360000－1913－0002708　W0454
士禮居藏書題跋記續二卷　(清)黄丕烈撰　繆荃孫輯　清光緒二十二年(1896)元和江氏刻靈鶼閣叢書本　二册

360000－1913－0002709　W0455
詩林韶濩選評二十卷　(清)顧嗣立　(清)周煌輯　(清)金甡評　清刻本　一册　存三卷(十二至十四)

360000－1913－0002710　W0456
賦法一卷　(清)姚文田批注　清嘉慶六年(1801)刻本　一册

360000－1913－0002711　W0457
甌北詩鈔不分卷　(清)趙翼撰　清刻本　一册

360000－1913－0002712　W0458
唐詩韻匯不分卷　(清)施端教輯　清康熙嘯閣刻本　一册

360000－1913－0002713　W0459
諧聲別部六卷　(清)王士禛撰　(清)喻端士編　清乾隆刻本　一册　存一卷(六)

360000－1913－0002714　W0460
寄傲山房塾課新增幼學故事瓊林四卷首一卷　(明)程登吉撰　(清)鄒聖脈增補　清刻本　一册　存三卷(一至二、首一卷)

360000－1913－0002715　W0461
古文析義十六卷　(清)林雲銘評注　清刻本　一册　存一卷(十五)

360000－1913－0002716　W0462
新訂崇正闢謬通書十四卷　(清)李奉來編　清刻本　一册　存一卷(八)

360000－1913－0002717　W0463
新訂崇正闢謬通書十四卷　(清)李奉來編　清大道堂刻本　一册　存三卷(五至七)

360000－1913－0002718　W0464
辛卯鄉墨不分卷　(清)□□輯　清刻本　一册

360000－1913－0002719　W0465
漁古軒詩韻五卷　(清)余照撰　(清)朱德蕃增訂　清刻本　一册　存三卷(三至五)

360000－1913－0002720　W0466
詩韻正解六卷　(清)文開運輯　清道光二十年(1840)刻本　一册　存三卷(一至三)

360000－1913－0002721　W0467
管稿二集不分卷　(清)管世銘撰　清刻本　一册

360000－1913－0002722　W0468
時務通攷三十一卷　(清)杞廬主人輯　清末石印本　一册　存一卷(四)

360000－1913－0002723　W0469
天經地義録四卷補遺一卷　(清)楊謙輯　清同治十二年(1873)江西省西大街聚賢堂刻本　一册　存一卷(一)

360000－1913－0002724　W0470
國朝先正事略六十卷　(清)李元度撰　清末石印本　一册　存一卷(五)

360000－1913－0002725　W0471
皇朝五經彙解二百七十卷　(清)抉經心室主人輯　清末石印本　三册　存二十八卷(一百三十七至一百四十八、一百七十六至一百八十三、二百五十至二百五十七)

360000－1913－0002726　W0472
皇朝五經彙解二百七十卷　(清)抉經心室主人輯　清末石印本　二册　存十九卷(一百四十一至一百五十九)

360000－1913－0002727　W0473
右台仙館筆記十六卷　(清)俞樾撰　清宣統二年(1910)上海朝記書莊石印本　二册　存四卷(一至二、九至十)

360000－1913－0002728　W0474
御案詩經備旨八卷　(清)鄒聖脈輯　清刻本　一册　存一卷(三)

360000－1913－0002729　W0475
分類賦學雞蹠集三十卷附録一卷　(清)張維城輯　清刻本　一册　存七卷(二十四至三十)

360000－1913－0002730　W0476
再造天十六回　(清)侯芝撰　清同治八年(1869)刻本　一册　存三回(一至三)

360000－1913－0002731　W0477
增定妥註鑑略離句讀本二卷　(明)李廷機撰　清末石印本　二册

360000－1913－0002732　W0478
分體利試文中初集六卷　(清)郝朝昇評選　清刻本　一册　存一卷(三)

360000－1913－0002733　W0479
吳荆山聯捷真稿不分卷　(清)吳士玉撰　清刻本　一册

360000－1913－0002734　W0480
清獻堂稿一卷　(清)趙佑撰　清刻本　一册

360000－1913－0002735　W0481
歷科考卷新編不分卷　(清)□□輯　清刻本　一册

360000－1913－0002736　W0482
東周列國志二十七卷一百八回　(清)蔡昇評點　清光緒三十一年(1905)上海順成書局石印本　一册　存二卷(一至二)七回(一至七)

360000－1913－0002737　W0483
輶軒語七卷　(清)張之洞撰　清光緒刻本　一册

360000－1913－0002738　W0484
增像第六才子書五卷　(元)王德信撰　(清)金人瑞評　清末石印本　一册　存一卷(四)

360000－1913－0002739　W0485
周宿來稿一卷　(清)周茂源撰　清刻本　一册

360000－1913－0002740　W0486
舉業淵源一卷　(清)樓渢撰　清芝秀園刻本　一册

360000－1913－0002741　W0487
考卷匯真一卷　(清)□□輯　清刻本　一册

360000－1913－0002742　W0488
唐宋八大家古文正矩四卷　(清)王步青輯　(清)程巖評　清明經堂刻本　一册　存一卷(一)

360000－1913－0002743　W0489
四書讀本十九卷　(宋)朱熹集注　清龍文書局石印本　四册　存九卷(大學一卷、中庸一卷、孟子七卷)

360000－1913－0002744　W0490
重訂廣事類賦四十卷　(清)華希閔撰　清刻本　一册　存三卷(一至三)

360000－1913－0002745　W0491
新纂門目五臣音注揚子法言十卷　(漢)揚雄撰　(晉)李軌　(唐)柳宗元　(宋)宋咸　(宋)吳祕　(宋)司馬光注　清末影印本　一册　存三卷(四至六)

360000－1913－0002746　W0492
賈子新書十卷　(漢)賈誼撰　(清)盧文弨校　清光緒二十三年(1897)文瑞樓鉛印本　一册　存六卷(一至六)

360000－1913－0002747　W0493
文子纘義十二卷　(元)杜道堅撰　清光緒二十三年(1897)文瑞樓鉛印本　一册

360000－1913－0002748　W0494
論語集註本義匯參二十卷首一卷　(清)王步青輯　(清)王士鼇編　清刻本　一册　存二卷(二至三)

360000－1913－0002749　W0495
湯霍林稿不分卷　(明)湯賓尹撰　清翰林樓刻本　一册

360000－1913－0002750　W0496
劉氏家藏□□卷　(清)□□輯　清刻本　一册　存一卷(八)

360000－1913－0002751　W0497
增補星平會海命學全書十卷首一卷　(清)水中龍編　清刻本　一册　存四卷(五至八)

360000－1913－0002752　W0498
本草綱目五十二卷　(明)李時珍撰　清刻本　一册　存一卷(十五)

360000－1913－0002753　W0499
文訣不分卷　(清)胡含川評選　清乾隆四十七年(1782)刻本　一册

360000－1913－0002754　W0500
代數備旨二卷　(美國)狄考文選譯　(清)范震亞校錄　清光緒三十二年(1906)上海會文編譯社石印本　一册　存一卷(下)

360000－1913－0002755　W0501
代數備旨二卷　(美國)狄考文選譯　(清)范震亞校錄　清光緒三十二年(1906)上海會文編譯社石印本　一册　存一卷(下)

360000－1913－0002756　W0502
代數備旨二卷　(美國)狄考文選譯　(清)范震亞校錄　清光緒三十二年(1906)上海會文編譯社石印本　一册　存一卷(下)

360000－1913－0002757　W0503
評注賦體雲蒸中集一卷　(清)燕毅輯　清南州亦政書齋刻本　一册

360000－1913－0002758　W0504
新刻外科正宗四卷　(明)陳實功撰　清刻本　一册　存一卷(四)

360000－1913－0002759　W0505
七政星曆全書一卷　(清)□□輯　清同治九年(1870)刻本　一册

360000－1913－0002760　W0506
唐宋八大家文鈔十二卷　(明)孫鑛　(明)茅坤　(明)鍾惺評　(清)盧元昌重訂　清刻本　一册　存一卷(二)

360000－1913－0002761　W0507
御撰資治通鑑綱目三編二十卷　(清)張廷玉等撰　清刻本　一册　存六卷(十一至十六)

360000－1913－0002762　W0508
詩經八卷　(宋)朱熹集傳　清刻本　一册　存二卷(四至五)

360000－1913－0002763　W0509
嘯亭雜錄八卷續錄二卷　(清)昭槤撰　清刻本　一册　存一卷(七)

360000－1913－0002764　W0510
可儀堂一百二十名家制義四十八卷　(清)俞長城編　清可儀堂刻本　一册

360000－1913－0002765　W0511
醫方集解六卷　(清)汪昂撰　清刻本　一册　存一卷(二)

360000－1913－0002766　W0512

［江西新建］新建夏氏家乘不分卷　（清）夏獻雲纂修　清光緒七年（1881）刻本　一册

360000－1913－0002767　W0513

圖像三國志演義第一才子書六十卷一百二十回　（明）羅本撰　（清）毛宗崗評　清末文盛堂石印本　一册　存七卷（十九至二十五）十四回（三十七至五十）

360000－1913－0002768　W0514

種痘新書十二卷　（清）張琰輯　清刻本　一册　存二卷（四至五）

360000－1913－0002769　W0515

詩學含英十四卷　（清）劉文蔚輯　清刻本　一册　存七卷（一至七）

360000－1913－0002770　W0516

光緒十二年丙戌科會試闈墨一卷　（清）□□輯　清光緒刻本　一册

360000－1913－0002771　W0517

金鈴集十二卷　（清）張綸輯　（清）張維城箋注　清刻本　一册　存六卷（七至十二）

360000－1913－0002772　W0518

丙午科直省鄉墨不分卷　（清）□□輯　清刻本　一册

360000－1913－0002773　W0519

直省考卷不分卷　（清）□□輯　清刻本　一册

360000－1913－0002774　W0520

春秋左傳分類賦四卷　（清）夏大觀撰　（清）夏大鼎箋注　清乾隆五十八年（1793）文星堂刻本　一册　存一卷（一）

360000－1913－0002775　W0521

直省鄉墨同和庚午科不分卷　（清）李光昱評選　清刻本　一册

360000－1913－0002776　W0522

七家詩選註釋七卷　（清）張熙宇輯　（清）張昶注　清刻朱墨套印本　一册　存二卷（四至五）

360000－1913－0002777　W0523

光緒戊子科江西鄉試硃卷不分卷　（清）□□輯　清光緒刻本　一册

360000－1913－0002778　W0524

甲午直省鄉墨不分卷　（清）□□輯　清刻本　一册

360000－1913－0002779　W0525

依韻檢題十卷　（清）數珍居士輯　清刻本　一册　存三卷（六至八）

360000－1913－0002780　W0526

詩韻集成十卷附詞林典腋一卷　（清）余照輯　清末上海廣益書局石印本　二册　存二卷（一、詞林典腋一卷）

360000－1913－0002781　W0527

東周列國全志二十三卷一百八回　（清）蔡昇評點　清刻本　二册　存四卷（二至三、十八至十九）十九回（五至十五、八十一至八十八）

360000－1913－0002782　W0528

東周列國全志二十三卷一百八回　（清）蔡昇評點　清刻本　一册　存二卷（四至五）九回（十六至二十四）

360000－1913－0002783　W0529

靖逆記六卷　（清）盛大士撰　清刻本　一册　存五卷（一至五）

360000－1913－0002784　W0530

韻府約編二十四卷　（清）鄧愷輯　清刻本　一册　存二卷（十九至二十）

360000－1913－0002785　W0531

直省鄉墨□卷　（清）□□輯　清刻本　一册　存三卷（四至六）

360000－1913－0002786　W0532

諧鐸十二卷　（清）沈起鳳撰　清刻本　一册　存三卷（一至三）

360000－1913－0002787　W0533

古文析義十六卷　（清）林雲銘評注　清嘉慶十四年（1809）刻本　一册　存一卷（一）

360000－1913－0002788　W0534

采風記五卷　宋育仁編　清末石印本　一册　存二卷(二至三)

360000－1913－0002789　W0535

增補趙田了凡袁先生編纂古本歷史大方綱鑑補三十九卷首一卷　(明)袁黄纂　清刻本　三册　存三卷(十四、二十八、三十六)

360000－1913－0002790　W0536

新鍥趙田了凡袁先生編纂古本歷史大方綱鑑補三十九卷首一卷　(明)袁黄纂　清刻本　一册　存一卷(二十三)

360000－1913－0002791　W0537

增補歷史綱鑑三十九卷首一卷　(明)袁黄纂　清刻本　一册　存一卷(六)

360000－1913－0002792　W0550

禮記集説十卷　(元)陳澔撰　**全本禮記體注十卷**　(清)徐瑄輯　清刻本　三册　存六卷(七、九至十,全本禮記體注七、九至十)

360000－1913－0002793　W0551

禮記集説十卷　(元)陳澔撰　**全本禮記體注十卷**　(清)徐瑄輯　清刻本　二册　存四卷(七至八、全本禮記體注七至八)

360000－1913－0002794　W0552

禮記集説十卷　(元)陳澔撰　**全本禮記體注十卷**　(清)徐瑄輯　清刻本　一册　存二卷(八、全本禮記體注八)

360000－1913－0002795　W0553

禮記集説十卷　(元)陳澔撰　**全本禮記體注十卷**　(清)徐瑄輯　清刻本　一册　存二卷(八、全本禮記體注八)

360000－1913－0002796　W0554

禮記集説十卷　(元)陳澔撰　**全本禮記體注十卷**　(清)徐瑄輯　清刻本　二册　存四卷(七、九,全本禮記體注七、九)

360000－1913－0002797　W0555

禮記集説十卷　(元)陳澔撰　**全本禮記體注十卷**　(清)徐瑄輯　清刻本　一册　存二卷(九、全本禮記體注九)

360000－1913－0002798　W0556

禮記集説十卷　(元)陳澔撰　**全本禮記體注十卷**　(清)徐瑄輯　清刻本　一册　存二卷(九、全本禮記體注九)

360000－1913－0002799　W0557

考卷雋快三編不分卷　(清)徐元達等輯　清刻本　二册

360000－1913－0002800　W0558

考卷雋快新編不分卷　(清)季成銑等輯　清道光二十二年(1842)刻本　一册

360000－1913－0002801　W0559

考卷雋快新編不分卷　(清)季成銑等輯　清刻本　一册

360000－1913－0002802　W0560

附釋音毛詩注疏七十卷　(漢)毛亨傳　(漢)鄭玄箋　(唐)陸德明音義　(唐)孔穎達疏　**附校勘記七十卷**　(清)阮元撰　(清)盧宣旬摘録　清刻重刊宋本十三經注疏本　四册　存八卷(六、九至十、十四,校勘記六、九至十、十四)

360000－1913－0002803　W0561

初學津梁不分卷　(清)沈業富輯　清光緒十四年(1888)師恕堂刻本　二册

360000－1913－0002804　W0562

直省新科考卷蕊香六卷　(清)胡梅公評選　清嘉慶三年(1798)三多齋刻本　一册　存一卷(上諭)

360000－1913－0002805　W0563

新墨聯捷不分卷　(清)許球輯　清道光二十二年(1842)刻本　二册

360000－1913－0002806　W0564

江右試牘崇雅續集不分卷　(清)王中鼎輯　清嘉慶二十年(1815)刻本　一册

360000－1913－0002807　W0565

光緒己卯科直省鄉試墨粺十六卷附試帖　(清)傳鍾麟評選　清光緒京都琉璃廠刻本　二册　存六卷(順天、江南、陝西、甘肅、廣西、

雲南)

360000－1913－0002808　W0566
直省墨選精詣不分卷　(清)□□輯　清刻本　一冊

360000－1913－0002809　W0567
同治十年辛未科會墨不分卷　(清)□□輯　清刻本　一冊

360000－1913－0002810　W0568
天崇欣賞註釋不分卷　(清)吳懋政選評　清刻本　一冊

360000－1913－0002811　W0569
天崇文欣賞集不分卷　(清)朱芬輯　清刻本　一冊

360000－1913－0002812　W0570
近科房行書菁華不分卷　(清)□□輯　清刻本　一冊

360000－1913－0002813　W0571
近墨花樣一新不分卷　(清)□□輯　清刻本　一冊

360000－1913－0002814　W0572
普太和號揀選上藥精製各項蠟丸一卷　(清)普太和號編　清光緒石印本　一冊

360000－1913－0002815　W0573
增刪四書朱子大全精言四十一卷　(清)周大璋重訂　清刻本　十九冊　存三十三卷(大學一至三,中庸一至四,論語一至三、七至十、十三至二十,孟子一至三、六至十二、十四)

360000－1913－0002816　W0574
字彙十二集首一卷末一卷　(明)梅膺祚撰　清刻本　一冊　存一集(辰)

360000－1913－0002817　W0575
文昌帝君陰騭時藝一隅一卷文昌帝君陰騭文詩一卷　(□)□□輯　清刻本　一冊

360000－1913－0002818　W0576
尺木堂綱鑑易知錄九十二卷　(清)吳乘權等輯　清刻本　十三冊　存二十九卷(二十一至三十七、四十至五十一)

360000－1913－0002819　W0577
玉堂字彙四集　(明)梅膺祚撰　清刻本　一冊　存二集(亨、利)

360000－1913－0002820　W0578
安徽試牘立誠編詩選不分卷　(清)汪廷珍輯　清刻本　一冊

360000－1913－0002821　W0579
印雪軒詩稿一卷　(清)胡鴻澤撰　清同治十二年(1873)刻本　一冊

360000－1913－0002822　W0580
目耕齋二集不分卷　(清)徐楷評注　(清)沈叔眉輯　清刻本　一冊

360000－1913－0002823　W0581
尚絅堂試帖輯註一卷　(清)劉嗣綰撰　(清)張熙宇輯評　(清)王植桂輯注　清刻本　一冊

360000－1913－0002824　W0582
尚絅堂試帖輯註一卷　(清)劉嗣綰撰　(清)張熙宇輯評　(清)王植桂輯注　清刻本　一冊

360000－1913－0002825　W0583
國朝文錄續編　(清)李祖陶輯　清刻本　一冊　存二種

360000－1913－0002826　W0584
平定粵匪紀略十八卷附記四卷　(清)杜文瀾撰　清刻本　一冊　存二卷(十四至十五)

360000－1913－0002827　W0585
項太史全稿不分卷　(明)項煜撰　清刻本　一冊

360000－1913－0002828　W0586
涇川文載小傳一卷　(清)鄭相如撰　清道光十四年(1834)蘭石鄭維屏刻本　一冊

360000－1913－0002829　W0587
念庵羅先生文集二十四卷　(明)羅洪先撰　清刻本　一冊　存三卷(十三至十五)

360000－1913－0002830　W0588
象山先生全集三十六卷　(宋)陸九淵撰　清

刻本　一冊　存五卷(八至十二)

360000－1913－0002831　W0589

五百家註音辯昌黎先生文集四十卷　(唐)韓愈撰　(宋)魏仲舉輯注　清刻本　一冊　存三卷(三十八至四十)

360000－1913－0002832　W0590

李義山詩集十六卷　(唐)李商隱撰　(清)姚培謙箋注　清乾隆五年(1740)姚氏松桂讀書堂刻本　三冊　存十一卷(一至七、十三至十六)

360000－1913－0002833　W0591

海峯詩集十一卷　(清)劉大櫆撰　清刻本　一冊　存三卷(一至三)

360000－1913－0002834　W0592

四書題義□□卷　(清)□□撰　清刻本　一冊　存一卷(八)

360000－1913－0002835　W0593

評注賦體雲蒸三集不分卷　(清)燕毅輯　清光緒二年(1876)南州亦政書齋刻本　一冊　存一集(前集)

360000－1913－0002836　W0594

古詩源十四卷　(清)沈德潛輯　清刻本　一冊　存四卷(一至四)

360000－1913－0002837　W0595

東坡先生詩鈔七卷　(宋)蘇軾撰　(清)周之鱗　(清)柴升編　清刻宋四名家詩本　一冊　存四卷(五律、七律、五絕、七絕)

360000－1913－0002838　W0596

御撰資治通鑑綱目三編二十卷　(清)張廷玉等撰　清刻本　一冊　存四卷(八至十一)

360000－1913－0002839　W0597

御撰資治通鑑綱目三編二十卷　(清)張廷玉等撰　清刻本　一冊　存五卷(十至十四)

360000－1913－0002840　W0598

通鑑紀事本末二百三十九卷　(宋)袁樞撰　(明)張溥論正　清刻本　一冊　存五卷(五至九)

360000－1913－0002841　W0599

四書題鏡不分卷　(清)汪鯉翔撰　清刻本　二冊　存上論、上孟

360000－1913－0002842　W0600

四書題鏡三十六卷　(清)汪鯉翔撰　清刻本　一冊　存二卷(一至二)

360000－1913－0002843　W0601

四書題鏡三十六卷　(清)汪鯉翔撰　清刻本　一冊　存一卷(三)

360000－1913－0002844　W0602

本經逢原四卷　(清)張璐撰　清刻本　一冊　存一卷(一)

360000－1913－0002845　W0603

千金至寶不分卷　(清)莊一夔撰　**良方集要不分卷**　(清)周鶴群輯　清刻本　一冊

360000－1913－0002846　W0604

重訂事類賦三十卷　(宋)吳淑撰並注　清刻本　三冊　存十四卷(五至十八)

360000－1913－0002847　W0605

重訂事類賦三十卷　(宋)吳淑撰並注　清刻本　一冊　存五卷(九至十三)

360000－1913－0002848　W0606

重訂廣事類賦四十卷　(清)華希閔撰　清刻本　一冊　存二卷(一至二)

360000－1913－0002849　W0607

憑山閣增輯留青新集三十卷　(清)陳枚輯　(清)陳德裕增輯　清刻本　七冊　存十三卷(十至十一、二十至三十)

360000－1913－0002850　W0608

重刊人子須知資孝地理心學統宗八卷　(明)徐善繼　(明)徐善述撰　清刻本　一冊　存二卷(四至五)

360000－1913－0002851　W0609

四書人物類典串珠四十卷　(清)臧志仁輯　清刻本　三冊　存十四卷(十四至二十七)

360000－1913－0002852　W0610

盛世危言五卷　鄭觀應撰　清刻本　三冊

存三卷(一、三、五)

360000－1913－0002853　W0611
國朝名文約編不分卷　(清)陳詩輯　清刻本　一册

360000－1913－0002854　W0612
史論鉤沈八卷　(清)呂景端輯　清光緒二十八年(1902)困學齋刻本　一册　存二卷(一至二)

360000－1913－0002855　W0613
適可齋記言四卷　(清)馬建忠撰　清光緒石印本　一册

360000－1913－0002856　W0614
古文析義六卷　(清)林雲銘評注　清刻本　一册　存一卷(一)

360000－1913－0002857　W0615
本朝考卷小題篋中集不分卷　(清)□□輯　清刻本　一册

360000－1913－0002858　W0616
本朝考卷小題篋中集不分卷　(清)□□輯　清刻本　一册

360000－1913－0002859　W0617
新刻繡像義妖全傳二十八卷　(清)陳遇乾撰　清刻本　一册　存二卷(七至八)

360000－1913－0002860　W0618
詩韻集成十卷附詞林典腋一卷　(清)余照輯　清刻本　一册　存六卷(一至五、詞林典腋一卷)

360000－1913－0002861　W0619
新選經義正宗一卷　(清)范公詒編　清光緒二十四年(1898)刻本　二册

360000－1913－0002862　W0620
註釋文法狐白前集六卷後集四卷　(清)王賓評選　清刻本　一册　存三卷(前集一、後集一至二)

360000－1913－0002863　W0621
施注蘇詩四十二卷目錄二卷　(宋)蘇軾撰　(宋)施元之　(宋)顧禧注　(清)邵長蘅　(清)顧嗣立　(清)宋至删補　**續補遺二卷**　(宋)蘇軾撰　(清)馮景補注　**王註正譌一卷**　(清)邵長蘅撰　**東坡先生年譜一卷**　(宋)王宗稷撰　清康熙刻本　一册　存二卷(施注蘇詩一至二)

360000－1913－0002864　W0622
藝舟雙楫六卷附錄三卷　(清)包世臣撰　清刻安吳四種本　一册　存二卷(六、附錄一)

360000－1913－0002865　W0623
館課存稿四卷　(清)紀昀撰　清會文堂刻本　三册　存三卷(一、三至四)

360000－1913－0002866　W0624
陶堂志微錄五卷　(清)高心夔撰　清刻本　一册　存二卷(四至五)

360000－1913－0002867　W0625
中晚唐詩叩彈集十二卷續集三卷　(清)杜詔　(清)杜庭珠輯　清刻本　一册　存三卷(續集三卷)

360000－1913－0002868　W0626
詩材類對纂要四卷　(清)鄭兆蜚　(清)申贊皇箋　清刻本　一册　存二卷(三至四)

360000－1913－0002869　W0627
大清律例刑案彙纂集成四十卷督捕則例二卷　(清)姚潤輯　(清)胡璋增輯　清刻本　二册　存七卷(十八至十九、三十八至四十,督捕則例二卷)

360000－1913－0002870　W0628
年華錄四卷　(清)全祖望撰　清刻本　一册　存二卷(一至二)

360000－1913－0002871　W0629
增訂二論詳解四卷　(清)劉忠輯　清光緒三十二年(1906)兩儀堂刻本　一册　存二卷(一至二)

360000－1913－0002872　W0630
增訂二論詳解四卷　(清)劉忠輯　清刻本　一册　存二卷(一至二)

360000－1913－0002873　W0631

昭明文選六臣彙註疏解十九卷　(清)顧施禎輯　清耕心堂刻本　一冊　存二卷(四至五)

360000－1913－0002874　W0632
求是齋十六科鄉會墨選不分卷　(清)杜聯評選　清刻本　二冊

360000－1913－0002875　W0633
求是齋墨醇不分卷　(清)杜聯評選　清刻本　一冊

360000－1913－0002876　W0634
節本泰西新史攬要八卷　(英國)馬懇西撰　(英國)李提摩太譯　清光緒二十七年(1901)烏程周慶雲夢坡室刻本　一冊　存二卷(一至二)

360000－1913－0002877　W0635
桐雲閣試帖輯註二卷　(清)楊庚撰　(清)張熙宇輯評　(清)王植桂輯注　清刻本　一冊　存一卷(上)

360000－1913－0002878　W0636
寄園寄所寄十二卷　(清)趙吉士撰　清刻本　一冊　存一卷(七)

360000－1913－0002879　W0637
分韻文選題解擇要□□卷　(清)汪承元輯注　清刻本　一冊　存四卷(三至六)

360000－1913－0002880　W0638
館賦精選四卷　(清)綺蕙樓主人評注　清同治十年(1871)刻本　一冊　存一卷(一)

360000－1913－0002881　W0639
禮記十卷首一卷　(漢)鄭玄注　清同治稽古樓刻袖珍十三經注本　一冊　存一卷(六)

360000－1913－0002882　W0640
禮記十卷　(元)陳澔集說　清刻本　二冊　存三卷(二、七至八)

360000－1913－0002883　W0641
四書典制類聯音註三十三卷　(清)閻其淵輯　清刻本　一冊　存三卷(十九至二十一)

360000－1913－0002884　W0642
四書典制類聯音註三十三卷　(清)閻其淵輯　清刻本　一冊　存五卷(二十九至三十三)

360000－1913－0002885　W0643
四書典制類聯音註三十三卷　(清)閻其淵輯　清龍江書屋刻本　一冊　存三卷(三十一至三十三)

360000－1913－0002886　W0644
詩韻集成十卷　(清)余照輯　清郁文堂刻本　一冊　存六卷(五至十)

360000－1913－0002887　W0645
御選唐宋詩醇四十七卷目錄二卷　(清)高宗弘曆輯　清刻本　一冊　存三卷(六至八)

360000－1913－0002888　W0646
御選唐宋詩醇四十七卷目錄二卷　(清)高宗弘曆輯　清刻本　一冊　存二卷(三十至三十一)

360000－1913－0002889　W0647
五經集解三十卷附錄三卷石經考辨二卷耕餘瑣錄十二卷　(清)馮世瀛輯　清同治八年(1869)刻本　三冊　存五卷(五經集解一、四至五、二十五至二十六)

360000－1913－0002890　W0648
詩八卷　(宋)朱熹集傳　清刻本　一冊　存二卷(四至五)

360000－1913－0002891　W0649
書六卷　(宋)蔡沈集傳　清刻本　一冊　存二卷(二至三)

360000－1913－0002892　W0650
書六卷　(宋)蔡沈集傳　清刻本　一冊　存一卷(四)

360000－1913－0002893　W0651
書六卷　(宋)蔡沈集傳　清慎詒堂刻本　一冊　存一卷(四)

360000－1913－0002894　W0652
書六卷　(宋)蔡沈集傳　清光緒十六年(1890)文政堂刻本　二冊　存二卷(一、四)

360000－1913－0002895　W0653
詩經八卷　(宋)朱熹集傳　清愛蓮堂刻本

一册　存二卷(四至五)

360000－1913－0002896　W0654
書經六卷　(宋)蔡沈集傳　清刻本　一册　存一卷(四)

360000－1913－0002897　W0655
禮記十卷　(元)陳澔集説　清末李光明莊刻本　一册　存一卷(五)

360000－1913－0002898　W0656
禮記十卷　(元)陳澔集説　清刻本　一册　存一卷(六)

360000－1913－0002899　W0657
增補重訂千家詩註解二卷　(宋)謝枋得輯　(清)王相注　清刻本　一册

360000－1913－0002900　W0658
尚書離句六卷　(清)錢在培輯解　清寶文堂刻本　一册　存三卷(一至三)

360000－1913－0002901　W0659
光緒壬寅補行庚子辛丑恩正併科江南闈墨一卷光緒壬寅補行庚子辛丑恩正併科江西闈墨一卷　(清)□□輯　清光緒鉛印本　一册

360000－1913－0002902　W0660
孝經註疏九卷　(唐)玄宗李隆基注　(宋)邢昺疏　清刻本　一册　存七卷(一至七)

360000－1913－0002903　W0661
孟子七卷　(宋)朱熹集注　清益善堂刻本　一册　存二卷(四至五)

360000－1913－0002904　W0662
竹書紀年統箋十二卷前編一卷雜述一卷　(清)徐文靖撰　清光緒二十三年(1897)圖書集成局鉛印子書二十二種本　一册　存八卷(一至六、前編一卷、雜述一卷)

360000－1913－0002905　W0663
御撰資治通鑑綱目三編二十卷　(清)張廷玉等撰　清兩儀堂刻本　一册　存五卷(十一至十五)

360000－1913－0002906　W0664
尺木堂綱鑑易知錄九十二卷　(清)吴乘權等輯　清刻本　一册　存二卷(十三至十四)

360000－1913－0002907　W0665
泰西新史攬要二十三卷附記一卷　(英國)馬懇西撰　(英國)李提摩太譯　蔡爾康述　清光緒二十一年(1895)上海美華書館鉛印本　三册　存九卷(十至十三、十六至十九、附記一卷)

360000－1913－0002908　W0666
游宦紀聞十卷　(宋)張世南撰　清刻知不知齋叢書本　一册　存五卷(一至五)

360000－1913－0002909　W0667
白香山詩長慶集二十卷後集十七卷别集一卷補遺二卷　(唐)白居易撰　清末石印本　二册　存九卷(白香山詩長慶集四至十二)

360000－1913－0002910　W0668
新訂四書補註備旨十卷　(明)鄧林撰　(清)杜定基增訂　清刻本　三册　存五卷(下論三至四,上孟一至二、下孟三)

360000－1913－0002911　W0669
四書題鏡三十六卷　(清)汪鯉翔撰　清刻本　一册　存一卷(四)

360000－1913－0002912　W0670
海國圖志一百卷　(清)魏源撰　清末石印本　一册　存七卷(五十二至五十八)

360000－1913－0002913　W0671
直省考卷不分卷　(清)□□輯　清刻本　一册

360000－1913－0002914　W0672
俄國政俗通考三卷　(美國)林樂知　(清)任廷旭譯　清光緒二十六年(1900)上海廣學會鉛印本　一册　存一卷(上)

360000－1913－0002915　W0673
列國變通興盛記四卷　(英國)李提摩太撰　清光緒二十四年(1898)上海廣學會鉛印本　一册

360000－1913－0002916　W0674
政治汎論四卷　(美國)威爾遜撰　(日本)高

田早苗譯　清光緒二十九年(1903)上海商務印書館鉛印政學叢書本　一冊　存二卷(三至四)

360000－1913－0002917　W0675
廣虞初新志四十卷　(清)黄承增輯　清嘉慶八年(1803)寄鷗閒舫刻本　三冊　存六卷(九至十、二十三至二十四、三十九至四十)

360000－1913－0002918　W0676
四書味根錄三十七卷　(清)金澂撰　清刻本　一冊　存一卷(十七)

360000－1913－0002919　W0677
歷代政治類編十二卷　(清)柴紹炳撰　(清)姚廷謙評　清末石印本　一冊　存二卷(十一至十二)

360000－1913－0002920　W0678
定盦文集三卷　(清)龔自珍撰　清光緒二十八年(1902)上海鴻文書局石印本　一冊

360000－1913－0002921　W0679
定盦文集補四卷　(清)龔自珍撰　清末石印本　一冊

360000－1913－0002922　W0680
校訂定盦全集十卷　(清)龔自珍撰　清宣統元年(1909)邃漢齋鉛印本　一冊　存一卷(四)

360000－1913－0002923　W0681
御撰資治通鑑綱目三編二十卷　(清)張廷玉等撰　清刻本　一冊　存六卷(十一至十六)

360000－1913－0002924　W0682
詩韻正解六卷　(清)文開運輯　清刻本　一冊　存三卷(四至六)

360000－1913－0002925　W0683
四書古人典林十二卷　(清)江永撰　清刻本　一冊　存六卷(七至十二)

360000－1913－0002926　W0684
鑄史駢言十二卷　(清)孫玉田撰　清刻本　一冊　存三卷(十至十二)

360000－1913－0002927　W0685
重訂廣事類賦四十卷　(清)華希閔撰　清刻本　二冊　存十七卷(十二至二十八)

360000－1913－0002928　W0686
醫學三字經四卷　(清)陳念祖撰　清光緒十八年(1892)上海圖書集成印書局鉛印本　一冊

360000－1913－0002929　W0687
春秋左傳分類賦四卷　(清)夏大觀撰　(清)夏大鼎箋注　清文星堂刻本　一冊　存一卷(四)

360000－1913－0002930　W0688
桂宮梯十二卷首一卷末一卷　(清)徐謙輯　清咸豐九年(1859)徐氏四香草堂刻本　一冊　存一卷(二)

360000－1913－0002931　W0689
庚午直省鄉墨不分卷　(清)□□輯　清刻本　一冊

360000－1913－0002932　W0690
音註小倉山房尺牘八卷　(清)袁枚撰　(清)胡光斗箋釋　清刻本　一冊　存二卷(四至五)

360000－1913－0002933　W0691
近科房考採珍集不分卷　(清)朱瑞榕輯　清嘉慶十九年(1814)刻本　一冊

360000－1913－0002934　W0692
馮夔颺稿不分卷　(清)馮詠撰　清刻本　一冊

360000－1913－0002935　W0693
國朝先正事略六十卷　(清)李元度撰　清刻本　一冊　存二卷(三十二至三十三)

360000－1913－0002936　W0694
項太史全稿不分卷　(明)項煜撰　清刻本　一冊

360000－1913－0002937　W0695
七科程墨質疑集不分卷　(清)□□輯　清刻本　二冊

360000－1913－0002938　W0696

增訂陸麟度文編不分卷　(清)陸師撰　清刻本　一册

360000－1913－0002939　W0697
春秋通論四卷　(清)方苞撰　清木活字印本　一册　存二卷(三至四)

360000－1913－0002940　W0698
項太史全稿不分卷　(明)項煜撰　清乾隆五十二年(1787)敦化堂刻本　一册

360000－1913－0002941　W0699
今雨堂同懷稿不分卷　(清)金虞撰　清刻本　一册

360000－1913－0002942　W0700
櫄廷詩鈔□□卷　(清)馬廷棫撰　清嘯傲山房刻本　一册　存一卷(六)

360000－1913－0002943　W0701
紫雲仙館二集八卷　(清)高敏輯　清道光七年(1827)太乙山房刻本　一册　存二卷(一至二)

360000－1913－0002944　W0702
經學輯要二十四卷策學備纂三十二卷首一卷　(清)吴熲炎輯　清光緒十三年(1887)上海點石齋石印本　一册　存一卷(十六)

360000－1913－0002945　W0703
詩韻集成十卷　(清)余照輯　清刻本　一册　存三卷(五至七)

360000－1913－0002946　W0704
本朝律賦集腋八集　(清)馬俊良輯　清刻本　一册　存一集(地)

360000－1913－0002947　W0705
直省闈墨四書義□□卷　(清)□□輯　清末上海煥文書局石印本　一册　存一卷(六)

360000－1913－0002948　W0706
欽定春秋傳説彙纂三十八卷首二卷　(清)王掞等撰　清光緒三十年(1904)上海育文書局石印本　二册　存二十六卷(一至十、二十五至三十八,首二卷)

360000－1913－0002949　W0707
萬國分類時務大成四十卷首一卷　(清)錢豐輯　清末石印本　一册　存三卷(二十七至二十九)

360000－1913－0002950　W0708
萬國分類時務大成四十卷首一卷　(清)錢豐輯　清末石印本　四册　存四卷(三、十九至二十一)

360000－1913－0002951　W0709
大清律例增修統纂集成四十卷　(清)姚潤輯　(清)陶駿　(清)陶念霖增輯　清末鉛印本　一册　存一卷(六)

360000－1913－0002952　W0710
本草綱目五十二卷　(明)李時珍撰　清末石印本　一册　存三卷(三十三至三十五)

360000－1913－0002953　W0711
唐荆川先生傳稿不分卷　(明)唐順之撰　(清)俞永祺評點　清乾隆刻本　一册

360000－1913－0002954　W0712
女四書四卷　(清)王相箋注　清英秀堂刻本　一册

360000－1913－0002955　W0713
論説入門不分卷　程宗啓編　清宣統二年(1910)上海彪蒙書室石印本　一册

360000－1913－0002956　W0714
三字經一卷　(宋)王應麟撰　**千字文一卷**　(南朝梁)周興嗣撰　**百家姓一卷**　(□)□□撰　清刻本　一册

360000－1913－0002957　W0715
小學六卷　(宋)朱熹撰　清文林堂刻本　一册　存三卷(一至三)

360000－1913－0002958　W0716
[青爐]一卷　(清)□□輯　清刻本　一册

360000－1913－0002959　W0717
敬竈全書不分卷　(清)俞淨意撰　清刻本　一册

360000－1913－0002960　W0718
禮記二十卷　(漢)鄭玄注　(唐)陸德明音義

清刻本　一册　存一卷(十六)

360000－1913－0002961　W0719

[墨選]不分卷　(清)□□輯　清刻本　一册

360000－1913－0002962　W0720

[墨選]□□卷　(清)□□輯　清刻本　一册　存一卷(二)

360000－1913－0002963　W0721

[墨選]不分卷　(清)□□輯　清刻本　一册

360000－1913－0002964　W0722

[壬申壬未丁丑直省闈墨]不分卷　(清)□□輯　清刻本　三册

360000－1913－0002965　W0723

繪圖增批古文觀止十二卷　(清)吳乘權　(清)吳大職輯　清光緒三十四年(1908)浙紹明達書莊石印本　六册

360000－1913－0002966　W0724

高等小學國文教科書四十課附課四課　(清)學部編譯圖書局編　清宣統二年(1910)學部圖書局石印本　一册

360000－1913－0002967　W0725

高等小學修身教科書四十課　(清)學部編譯圖書局編　清宣統二年(1910)學部圖書局石印本　一册

360000－1913－0002968　W0726

初等小學國文教科書四十課　(清)學部編譯圖書局編　清宣統元年(1909)學部圖書局石印本　一册

360000－1913－0002969　W0727

初等小學樂歌教科書不分卷　(清)學部編譯圖書局編　清光緒三十三年(1907)學部圖書局石印本　一册

360000－1913－0002970　W0728

初等小學國文教科書五十課　(清)學部編譯圖書局編　清宣統元年(1909)學部圖書局石印本　一册

360000－1913－0002971　W0729

最新國文教科書六十課　蔣維喬　莊俞　楊瑜統編　清光緒三十二年(1906)上海商務印書館鉛印本　一册

360000－1913－0002972　W0730

最新高等小學修身教科書四十課　商務印書館編譯所編　清光緒三十三年(1907)上海商務印書館鉛印本　一册

360000－1913－0002973　W0731

初等小學國文教科書六十課　(清)學部編譯圖書局編　清宣統二年(1910)學部圖書局石印本　一册

360000－1913－0002974　W0732

初等小學國文教授書九十五課　(清)學部編譯圖書局編　清宣統元年(1909)學部圖書局鉛印本　一册

360000－1913－0002975　W0733

最新高等小學國文教科書六十課　莊俞　沈秉鈞編　清光緒三十四年(1908)上海商務印書館鉛印本　一册

360000－1913－0002976　W0734

最新高等小學國文教科書第五册詳解六十課　莊俞　沈秉鈞編　清光緒三十四年(1908)上海商務印書館鉛印本　一册

360000－1913－0002977　W0735

最新高等小學國文教科書第六册詳解六十課　莊俞　沈秉鈞編　清光緒三十四年(1908)上海商務印書館鉛印本　一册

360000－1913－0002978　W0736

最新高等小學國文教科書第七册詳解六十課　莊俞　沈秉鈞編　清光緒三十四年(1908)上海商務印書館鉛印本　一册

360000－1913－0002979　W0737

清江較定初等小學堂教科書類編不分卷　(清)清江印書公會編　清光緒三十二年(1906)清江印書公會鉛印本　一册

360000－1913－0002980　W0738

御定康熙字典十二集三十六卷總目一卷檢字一卷辨似一卷等韻一卷補遺一卷備考一卷

（清）張玉書等纂修　清光緒三十三年（1907）上海鴻文書局石印本　一册　存十卷（子集上中下、丑集上中下，總目一卷，檢字一卷，辨似一卷，等韻一卷）

360000－1913－0002981　W0739
御定康熙字典十二集三十六卷總目一卷檢字一卷辨似一卷等韻一卷補遺一卷備考一卷　（清）張玉書等纂修　清光緒上海同文書局石印本　二册　存十二卷（巳集上中下、午集上中下、未集上中下、申集上中下）

360000－1913－0002982　W0740
四書讀本十九卷　（宋）朱熹集注　清宣統二年（1910）上海掃葉山房鉛印本　三册　存七卷（大學一卷，中庸一卷，孟子一至三、六至七）

360000－1913－0002983　W0741
便蒙四書正文不分卷　（宋）朱熹集注　清光緒三十三年（1907）浙紹明達書莊石印本　一册

360000－1913－0002984　W0742
增批直省闈墨不分卷　（清）馮一梅　（清）劉鯤校訂　清光緒三十年（1904）上海書局石印本　一册

360000－1913－0002985　W0743
韻府精華五卷　（清）仁壽室主人輯　清末石印本　一册　存一卷（二）

360000－1913－0002986　W0744
爾雅十一卷　（晉）郭璞注　清光緒二十四年（1898）點石齋石印本　一册　存二卷（一至二）

360000－1913－0002987　W0745
朱文公政蹟□□卷　（宋）朱熹撰　清刻本　一册　存二卷（八至九）

360000－1913－0002988　W0746
大學衍義補一百六十卷首一卷　（明）丘濬撰　明刻本　三册　存十二卷（六十二至六十六、七十七至七十九、八十七至九十）

360000－1913－0002989　W0747
蒙學文法教科書三卷　文明書局編　清光緒三十二年（1906）文明書局鉛印本　一册　存一卷（中）

360000－1913－0002990　W0748
四書味根錄四十四卷　（清）金澂撰　清刻本　一册　存一卷（四十三）

360000－1913－0002991　W0749
鼎鍥趙田了凡袁先生編纂古本歷史大方綱鑑補三十九卷首一卷　（明）袁黄纂　清刻本　六册　存六卷（八、二十二、二十六、三十、三十八至三十九）

360000－1913－0002992　W0750
增補了凡綱鑑四十卷首一卷　（明）袁黄纂　清刻本　一册　存一卷（十八）

360000－1913－0002993　W0751
策學備纂三十二卷首一卷　（清）蔡啓盛　（清）吳潁炎輯　清光緒十三年（1887）上海點石齋石印本　三册　存七卷（十五至十六、二十一至二十五）

360000－1913－0002994　W0752
古文淵鑒六十四卷　（清）徐乾學等輯並注　清末石印本　一册　存二卷（二十九至三十）

360000－1913－0002995　W0753
孟子十四卷　（宋）朱熹集注　清宣統二年（1910）上海章福記書局石印本　一册　存二卷（四至五）

360000－1913－0002996　W0754
分類尺牘備覽正集八卷　（清）柴冕英輯　清光緒石印本　一册　存一卷（六）

360000－1913－0002997　W0755
酬世錦囊□□卷　（清）鄒景揚編　清光緒石印本　一册　存三卷（三至五）

360000－1913－0002998　W0756
文選六十卷　（南朝梁）蕭統輯　（唐）李善注　清末石印本　一册　存六卷（十五至二十）

360000－1913－0002999　W0757

增評醫方集解二十三卷　(清)汪昂輯　(清)費伯雄評　清末石印本　一冊　存九卷(十五至二十三)

360000-1913-0003000　W0758
詩經八卷　(宋)朱熹集傳　清末石印本　一冊　存一卷(五)

360000-1913-0003001　W0759
高等小學學生用算術教本筆算　壽孝天編　清光緒三十二年(1906)上海商務印書館鉛印本　一冊　存一冊(一)

360000-1913-0003002　W0760
補注黃帝内經素問二十四卷　(唐)王冰注　清末鉛印本　一冊　存五卷(二十至二十四)

360000-1913-0003003　W0761
各國地方自治綱要講義不分卷　趙士燊撰　清末鉛印本　一冊

360000-1913-0003004　W0762
唐宋八大家文讀本三十卷首一卷　(清)沈德潛評點　清光緒二十四年(1898)上海江左書林石印本　一冊　存六卷(一至五、首一卷)

360000-1913-0003005　W0763
古事比五十二卷　(清)方中德撰　清末石印本　一冊　存九卷(四十四至五十二)

360000-1913-0003006　W0764
臨證指南醫案十卷　(清)葉桂撰　(清)徐大椿評　清光緒石印本　一冊　存一卷(十)

360000-1913-0003007　W0765
元秘史地理攷證十五卷　丁謙撰　清末石印本　一冊　存五卷(十一至十五)

360000-1913-0003008　W0766
蒙學讀本全書六編　(清)無錫三等公學堂編　清末刻本　一冊

360000-1913-0003009　W0767
澄衷蒙學堂字課圖說四卷　(清)劉樹屏撰　(清)吳子城繪圖　清光緒三十二年(1906)石印本　二冊　存一卷(三)

360000-1913-0003010　W0768
金匱要略淺註十卷　(清)陳念祖撰　清末石印本　一冊　存五卷(六至十)

360000-1913-0003011　W0769
入地眼全書十卷　(宋)釋靜道撰　(清)萬樹華編　清末石印本　一冊　存三卷(六至八)

360000-1913-0003012　W0770
梅氏叢書輯要六十二卷首一卷　(清)梅文鼎撰　清光緒石印本　一冊　存十三卷(四十四至五十六)

360000-1913-0003013　W0771
光緒甲辰恩科會試闈墨一卷　譚延闓等撰　清末上海商務印書館鉛印本　一冊

360000-1913-0003014　W0772
御批歷代通鑑輯覽一百二十卷　(清)傅恆等撰　清末上海萃文齋石印本　八冊　存四十六卷(十五至二十一、五十八至七十七、八十四至九十五、一百十三至一百十九)

360000-1913-0003015　W0773
御批歷代通鑑輯覽一百二十卷　(清)傅恆等撰　清末上海通元書局石印本　五冊　存二十五卷(十三至二十三、五十四至六十二、六十七至七十一)

360000-1913-0003016　W0774
御批歷代通鑑輯覽一百二十卷　(清)傅恆等撰　清光緒二十八年(1902)上海寶善書局石印本　九冊　存五十七卷(十六至三十三、四十至五十八、七十六至八十、八十七至九十五、一百九至一百十四)

360000-1913-0003017　W0775
御批歷代通鑑輯覽一百二十卷　(清)傅恆等撰　清光緒三十年(1904)上海育文書局石印本　二十二冊　存一百十二卷(一至五十三、五十八至六十二、六十七至一百二十)

360000-1913-0003018　W0776
御批歷代通鑑輯覽一百二十卷　(清)傅恆等撰　清刻本　一冊　存一卷(六十)

360000-1913-0003019　W0777

御批歷代通鑑輯覽一百二十卷　(清)傅恆等撰　清末石印本　二冊　存九卷(十三至十七、五十四至五十七)

360000－1913－0003020　W0778

御批增補了凡綱鑑四十卷首一卷　(明)袁黄纂　清光緒石印本　二冊　存九卷(八至十六)

360000－1913－0003021　W0779

資治明紀綱目二十卷首一卷附明紀福唐桂三王本末一卷　(清)張廷玉編　清末上海廣益書局石印本　二冊

360000－1913－0003022　W0780

增評加批歷史綱鑑補三十九卷首一卷　(明)王世貞　(明)袁黄纂　清末上海廣益書局石印本　二冊　存六卷(七至九、二十五至二十七)

360000－1913－0003023　W0781

皇朝經世文編一百二十卷　(清)賀長齡輯　清光緒二十五年(1899)上海中西書局石印本　四冊　存二十卷(一至五、一百六至一百二十)

360000－1913－0003024　W0782

皇朝經世文編一百二十卷　(清)賀長齡輯　清光緒鉛印本　一冊　存六卷(四至九)

360000－1913－0003025　W0783

皇朝經世文編一百二十卷　(清)賀長齡輯　清光緒鉛印本　一冊　存六卷(四至九)

360000－1913－0003026　W0784

皇朝經世文編一百二十卷　(清)賀長齡輯　清光緒鉛印本　三冊　存二十卷(八至十八、三十至三十四、五十至五十三)

360000－1913－0003027　W0785

皇朝經世文新編三十二卷　麥仲華輯　清光緒鉛印本　六冊　存三十一卷(一至六、三十五至四十、四十七至五十、六十六至七十五、一百十六至一百二十)

360000－1913－0003028　W0786

皇朝經世文新編三十二卷　麥仲華輯　清光緒二十七年(1901)上海書局石印本　六冊　存十二卷(一至二、九至十、二十一至二十二、二十七至三十二)

360000－1913－0003029　W0787

皇朝經世文新編二十一卷　麥仲華輯　清光緒上海書局石印本　十三冊　存十九卷(一至十四、十六至二十)

360000－1913－0003030　W0788

皇朝經世文續編一百二十卷　(清)葛士濬輯　清末鉛印本　七冊　存二十八卷(八至九、十五至二十七、四十至四十三、五十二至五十六、六十一至六十四)

360000－1913－0003031　W0789

皇朝經世文續編一百二十卷　(清)葛士濬輯　清末鉛印本　四冊　存十三卷(七十二至七十八、一百七至一百十二)

360000－1913－0003032　W0790

皇朝經世文續編一百二十卷　(清)葛士濬輯　清末石印本　一冊　存八卷(五十九至六十六)

360000－1913－0003033　W0791

古事比五十二卷　(清)方中德撰　清末石印本　二冊　存十七卷(十八至二十六、三十六至四十三)

360000－1913－0003034　W0792

説文聲母歌括四卷　(清)宣澍甘輯　清末石印本　一冊　存二卷(三至四)

360000－1913－0003035　W0793

宋史紀事本末一百九卷　(明)馮琦撰　(明)陳邦瞻增訂　(明)張溥論正　清光緒二十一年(1895)上海積山書局石印本　八冊　存一百三卷(一至三十、三十三、三十六至四十一、四十三至七十、七十二至一百九)

360000－1913－0003036　W0794

綱鑑擇語十卷　(清)司徒修輯　清末石印本　一冊　存二卷(三至四)

360000－1913－0003037　W0795
國朝先正事略六十卷　(清)李元度撰　清末石印本　一冊　存一卷(六)

360000－1913－0003038　W0796
校補歷史綱鑑四十卷　(明)袁黃纂　清刻本　二冊　存三卷(三十六、三十九至四十)

360000－1913－0003039　W0797
鼎鍥趙田了凡袁先生編纂古本歷史大方綱鑑補三十九卷首一卷　(明)袁黃纂　清刻本　一冊　存二卷(二十二、三十二)

360000－1913－0003040　W0798
增補了凡綱鑑□□卷末一卷　(明)袁黃纂　**御撰資治通鑑綱目三編二十卷**　(清)張廷玉等撰　清刻本　一冊　存五卷(增補了凡綱鑑末一卷、御撰資治通鑑綱目三編十七至二十)

360000－1913－0003041　W0799
通典輯要二十四卷　(清)蔣麟振輯　清光緒二十八年(1902)上海編譯局石印三通典輯要本　一冊　存六卷(十九至二十四)

360000－1913－0003042　W0801
博物學教授及研究之準備不分卷　(日本)山內繁雄　(日本)野原茂六同撰　清末鉛印本　一冊

360000－1913－0003043　W0802
江左校士錄六卷　(清)黃體芳輯　清末鉛印本　三冊

360000－1913－0003044　W0803
史論正鵠三集八卷　(清)王樹敏輯　清末石印本　三冊　存三卷(五、七至八)

360000－1913－0003045　W0804
御定駢字類編二百四十卷　(清)吳士玉　(清)沈宗敬等輯　清光緒十三年(1887)上海同文書局石印本　四冊　存二十卷(一至六、二十七至四十)

360000－1913－0003046　W0805
皇朝五經彙解二百七十卷　(清)抉經心室主人輯　清末石印本　十七冊　存一百四十九卷(六至二十二、三十二至七十、八十至九十七、一百七至一百十六、一百二十五至一百三十二、一百四十五至一百五十九、一百六十九至一百七十五、二百一至二百二十一、二百五十至二百五十七、二百六十五至二百七十)

360000－1913－0003047　W0806
讀通鑑論十六卷附宋論十五卷　(清)王夫之撰　清光緒三十一年(1905)上海商務印書館鉛印本　四冊　存十三卷(五至八、十五至十六,宋論九至十五)

360000－1913－0003048　W0807
東華錄天命朝四卷天聰朝十一卷崇德朝八卷順治朝三十六卷康熙朝一百十卷雍正朝二十六卷東華續錄乾隆朝一百二十卷嘉慶朝五十卷道光朝六十卷咸豐朝一百卷同治朝一百卷　王先謙編　清光緒鉛印本　四冊　存二十卷(康熙朝二十四至三十、乾隆朝四十六至四十八、嘉慶朝八至十、道光朝五十四至六十)

360000－1913－0003049　W0808
新輯分類史論大成十九卷首一卷　(清)海濱行素生編　清末石印本　六冊　存六卷(一至四、十四、十六)

360000－1913－0003050　W0809
詩律大觀□□卷　(清)□□輯　清末石印本　四冊　存四卷(三十七至三十八、四十、四十四)

360000－1913－0003051　W0810
洋務時事彙編八卷　(清)葛子源輯　清末石印本　一冊　存二卷(一至二)

360000－1913－0003052　W0811
籌洋芻議一卷　(清)薛福成撰　**救時要議一卷**　(清)陳虬撰　**時務論一卷**　宋育仁撰　清末石印本　一冊

360000－1913－0003053　W0812
增註三千字文一卷　(清)補拙居士撰　(清)姜岳注　清末石印本　一冊

360000－1913－0003054　W0813

壽萱堂詩冊不分卷 （清）譚紹清編 清宣統二年（1910）鉛印本 一冊

360000－1913－0003055 W0814
分類尺牘大成不分卷 （清）□□輯 清末石印本 一冊 存允諾類、交易類、償還類

360000－1913－0003056 W0815
龍文鞭影二集二卷 （明）蕭良有撰 （清）李暉吉 （清）徐瓚輯 清末石印本 一冊 存一卷（上）

360000－1913－0003057 W0816
書經六卷 （宋）蔡沈集傳 清上海文盛書局石印本 一冊 存一卷（五）

360000－1913－0003058 W0817
李氏焚書六卷 （明）李贄撰 清光緒陝西教育圖書社鉛印本 一冊 存一卷（六）

360000－1913－0003059 W0818
江西咨議局第二次常年會呈報議決案不分卷 清末鉛印本 一冊

360000－1913－0003060 W0819
新增繪圖幼學故事瓊林四卷首一卷 （明）程登吉撰 （清）鄒聖脈增補 清末石印本 一冊

360000－1913－0003061 W0820
出使英法義比四國日記一卷 （清）薛福成撰 清末鉛印本 一冊

360000－1913－0003062 W0821
古文析義六卷二編八卷 （清）林雲銘評注 清末石印本 七冊 存八卷（二至六，二編一、七至八）

360000－1913－0003063 W0822
評點春秋綱目左傳句解彙雋六卷 （清）韓菼重訂 清末章福記書局石印本 五冊 存五卷（二至六）

360000－1913－0003064 W0823
花樣集錦四卷 （清）張鵬翂輯 **中式花樣一卷** （清）鮑西坪撰 清京師琉璃廠刻本 一冊 存二卷（四、中式花樣一卷）

360000－1913－0003065 W0824
墨醇二篇不分卷 （清）杜聯評選 清刻本 一冊

360000－1913－0003066 W0825
塾課小題正鵠三集一卷 （清）李元度輯 **訓蒙草詳注一卷** （清）路德撰 （清）李元度等注 清同治十一年（1872）山陰姚氏刻本 一冊

360000－1913－0003067 W0826
小倉山房尺牘八卷 （清）袁枚撰 （清）胡光斗箋釋 清刻本 一冊 存二卷（七至八）

360000－1913－0003068 W0827
資治新書十四卷二集二十卷 （清）李漁輯 清刻本 一冊 存二卷（八至九）

360000－1913－0003069 W0828
新訂四書補註備旨十卷 （明）鄧林撰 （清）杜定基增訂 清刻本 一冊 存二卷（上孟一至二）

360000－1913－0003070 W0829
四書味根錄三十九卷 （清）金澂撰 清刻本 一冊 存四卷（論語十一至十四）

360000－1913－0003071 W0830
眼科總論不分卷 （清）□□輯 清抄本 一冊

360000－1913－0003072 W0831
［醫方］不分卷 （清）□□輯 清抄本 一冊

360000－1913－0003073 W0832
［醫方雜抄］不分卷 （清）□□輯 清抄本 一冊

360000－1913－0003074 W0833
［時藝抄］不分卷 （清）□□輯 清抄本 一冊

360000－1913－0003075 W0834
［時文抄］不分卷 （清）□□輯 清抄本 一冊

360000－1913－0003076 W0835
［制藝抄］不分卷 （清）□□輯 清抄本

一冊

360000－1913－0003077　W0836
［符咒雜抄］不分卷　（清）□□輯　清抄本　一冊

360000－1913－0003078　W0837
［周易度義］不分卷　（清）□□撰　稿本　一冊

360000－1913－0003079　W0838
皇朝五經彙解二百七十卷　（清）抉經心室主人輯　清末石印本　十六冊　存一百三十二卷（十五至三十一、四十九至六十八、九十八至一百十五、一百二十七至一百四十四、一百六十至一百八十二、一百九十三至二百二十一、二百五十八至二百六十四）

360000－1913－0003080　W0839
皇朝五經彙解二百七十卷　（清）抉經心室主人輯　清末石印本　五冊　存五十五卷（七十一至七十九、一百五至一百四十、二百十七至二百二十六）

360000－1913－0003081　W0840
欽定詩經傳說彙纂二十一卷首二卷詩序二卷　（清）王鴻緒等撰　清光緒三十年（1904）上海育文書局石印本　二冊

360000－1913－0003082　W0841
中西彙參醫學圖說不分卷　（清）王有忠撰　清光緒上海廣益書局石印本　三冊

360000－1913－0003083　W0842
［律賦選］不分卷　（清）□□輯　清刻本　二冊

360000－1913－0003084　W0843
萬國分類時務大成四十卷首一卷　（清）錢豐輯　清光緒二十三年（1897）申江袖海山房石印本　六冊　存八卷（一至二、四至六、三十二至三十三，首一卷）

360000－1913－0003085　W0844
萬國分類時務大成四十卷首一卷　（清）錢豐輯　清光緒二十三年（1897）申江袖海山房石印本　五冊　存七卷（四、九至十一、十五、三十、三十六）

360000－1913－0003086　W0845
歷代名臣言行錄二十四卷　（清）朱桓輯　清光緒十七年（1891）上海廣百宋齋鉛印本　一冊　存二卷（一至二）

360000－1913－0003087　W0846
日知錄集釋三十二卷刊誤二卷續刊誤二卷　（清）顧炎武撰　（清）黃汝成集釋　清末上海錦章圖書局石印本　一冊　存八卷（十九至二十六）

360000－1913－0003088　W0847
種福堂公選良方四卷　（清）葉桂撰　清刻本　一冊　存二卷（三至四）

360000－1913－0003089　W0848
古文析義六卷　（清）林雲銘評注　清末上海華文書局石印本　一冊　存二卷（五至六）

360000－1913－0003090　W0849
重訂古文釋義新編八卷　（清）余誠評注　清末上海廣益書局石印本　四冊

360000－1913－0003091　W0850
重訂古文釋義新編八卷　（清）余誠評注　清末上海天寶書局石印本　一冊　存一卷（八）

360000－1913－0003092　W0851
董子春秋繁露十七卷　（漢）董仲舒撰　清光緒二十三年（1897）上海圖書集成局鉛印本　一冊

360000－1913－0003093　W0852
毛詩註疏校勘記八卷　（清）阮元撰　清末鉛印本　一冊

360000－1913－0003094　W0853
傷寒第一書四卷　（清）車宗輅　（清）胡憲豐撰　（清）陳蓮舫批　清末上海廣益書局石印本　一冊　存二卷（利、貞）

360000－1913－0003095　W0854
南雷文案四卷外卷一卷　（清）黃宗羲撰　清宣統鉛印梨洲遺著彙刊本　一冊

360000－1913－0003096　W0855
京師大學堂中國地理講義一卷　(清)鄒代鈞撰　**京師大學堂經濟學講義一卷**　(日本)杉榮三郎編　清末鉛印本　一冊

360000－1913－0003097　W0856
全本禮記體注十卷　(清)徐瑄輯　清刻本　一冊　存四卷(四至七)

360000－1913－0003098　W0857
篤素堂文集四卷　(清)張英撰　清末上海文瑞樓石印本　一冊

360000－1913－0003099　W0858
形學備旨全草十卷首一卷　(美國)狄考文選譯　(清)鄒立文筆述　壽孝天衍補　清光緒三十一年(1905)上海會文學社石印本　四冊　存七卷(四至十)

360000－1913－0003100　W0859
歷代畫史彙傳七十二卷首一卷附錄二卷　(清)彭蘊璨撰　清末石印本　一冊　存六卷(二十三至二十八)

360000－1913－0003101　W0860
甌鉢羅室書畫過目考四卷首一卷附一卷　(清)李玉棻撰　清末石印本　三冊　存三卷(二至四)

360000－1913－0003102　W0861
畫學心印八卷　(清)秦祖永輯　清末上海埽葉山房石印本　一冊　存四卷(五至八)

360000－1913－0003103　W0862
國朝名人書札二卷　吳曾祺輯　清末上海商務印書館鉛印本　一冊　存一卷(二)

360000－1913－0003104　W0863
國朝名人書札二卷　吳曾祺輯　清末上海商務印書館鉛印本　一冊　存一卷(二)

360000－1913－0003105　W0864
學部官報　(清)學部編　清光緒三十二年至宣統三年(1906－1911)北京學部鉛印本　五冊　存五期(三十六、四十五、四十九、六十九、九十五)

360000－1913－0003106　W0865
傷寒醫訣串解六卷　(清)陳念祖撰　清末石印本　一冊

360000－1913－0003107　W0866
時評不分卷　(清)□□輯　清末石印本　一冊　存癸集

360000－1913－0003108　W0867
富强惟新策要二十二卷　(清)小萬卷樓主輯　清末鉛印本　一冊　存三卷(六、十六至十七)

360000－1913－0003109　W0868
繪圖監本詩經八卷　(宋)朱熹集傳　清宣統二年(1910)上海會文堂粹記石印本　一冊　存三卷(一至二、五)

360000－1913－0003110　W0869
校邠廬抗議二卷　(清)馮桂芬撰　清末石印本　一冊

360000－1913－0003111　W0870
古文觀止不分卷　(清)吳乘權　(清)吳大職輯　清抄本　一冊

360000－1913－0003112　W0871
四書白話解□□卷　(清)□□輯　清末民國上海民强書局石印本　一冊　存四卷(大學一卷,中庸一卷,孟子五、七)

360000－1913－0003113　W0872
新訂四書補註備旨十卷　(明)鄧林撰　(清)杜定基增訂　清末上海錦章圖書局鉛印本　二冊　存四卷(上論一至二、上孟一至二)

360000－1913－0003114　W0873
新訂四書補註備旨十卷　(明)鄧林撰　(清)杜定基增訂　清末上海廣益書局石印本　二冊　存三卷(孟子一至三)

360000－1913－0003115　W0874
尺牘句解二集三卷　(清)少溪氏輯　清末石印本　一冊　存一卷(下)

360000－1913－0003116　W0875
袁文箋正十六卷補注一卷　(清)袁枚撰

(清)石韞玉箋　清末石印本　一册　存四卷(十至十三)

360000－1913－0003117　W0876
重刊補註洗冤録集證六卷　(宋)宋慈撰　(清)王又槐增輯　(清)李觀瀾補輯　(清)阮其新補注　清末石印本　一册　存一卷(三)

360000－1913－0003118　W0877
重刊補註洗冤録集證六卷　(宋)宋慈撰　(清)王又槐增輯　(清)李觀瀾補輯　(清)阮其新補注　清末鉛印本　二册　存一卷(一)

360000－1913－0003119　W0878
音註小倉山房尺牘八卷　(清)袁枚撰　(清)胡光斗箋釋　清咸豐刻本　一册　存三卷(六至八)

360000－1913－0003120　W0879
樊山判牘續編四卷　樊增祥撰　清宣統三年(1911)大同書局石印本　一册　存一卷(二)

360000－1913－0003121　W0880
列國陸軍制九卷　(美國)歐潑登撰　(美國)林樂知　(清)瞿昂來譯　清末鉛印本　一册

360000－1913－0003122　W0881
初等小學修身教科書不分卷　(清)學部編譯圖書局編　清宣統元年(1909)學部圖書局鉛印本　一册　存一册(五)

360000－1913－0003123　W0882
本草從新十八卷　(清)吳儀洛輯　清末石印本　一册　存四卷(十至十三)

360000－1913－0003124　W0883
初學作文秘訣三卷　(□)□□撰　清末石印本　一册

360000－1913－0003125　W0884
補注黄帝内經素問二十四卷遺篇一卷靈樞經十二卷　(唐)王冰注　清光緒十九年(1893)上海鴻文書局石印本　一册　存十二卷(十至二十一)

360000－1913－0003126　W0885
新訂四書補註備旨十卷　(明)鄧林撰　(清)杜定基增訂　清末上海廣益書局石印本　一册　存二卷(上孟一至二)

360000－1913－0003127　W0886
曲江書屋新訂批注左傳快讀十八卷首一卷　(清)李紹崧輯　清末上海廣益書局石印本　六册　存九卷(三至六、九至十一、十五至十六)

360000－1913－0003128　W0887
曲江書屋新訂批注左傳快讀十八卷首一卷　(清)李紹崧輯　清末上海廣益書局石印本　一册　存二卷(五至六)

360000－1913－0003129　W0888
泰西新史攬要二十四卷　(英國)馬懇西撰　(英國)李提摩太譯　蔡爾康述　清末鉛印本　五册　存十六卷(一至九、十四至十五、二十至二十四)

360000－1913－0003130　W0889
泰西新史攬要二十四卷　(英國)馬懇西撰　(英國)李提摩太譯　蔡爾康述　清末鉛印本　二册　存七卷(十四至十五、二十至二十四)

360000－1913－0003131　W0890
書經六卷　(宋)蔡沈集傳　清末上海文盛書局石印本　一册　存二卷(五至六)

360000－1913－0003132　W0891
戰國策三十三卷　(漢)高誘注　**重刻剡川姚氏本戰國策札記三卷**　(清)黄丕烈撰　清末石印本　五册

360000－1913－0003133　W0892
戰國策三十三卷　(漢)高誘注　**重刻剡川姚氏本戰國策札記三卷**　(清)黄丕烈撰　清末石印本　二册　存十六卷(九至十八、二十七至三十二)

360000－1913－0003134　W0893
忠經一卷　(漢)馬融撰　(漢)鄭玄注　**孝經一卷**　(明)陳選集注　清末石印本　一册

360000－1913－0003135　W0894
[光緒三十四年時事圖說]不分卷　(清)□□輯　清光緒三十四年(1908)石印本　一册

360000－1913－0003136　W0895
小倉山房詩集三十四卷詩補遺二卷　(清)袁枚撰　清末石印本　一册　存六卷(三十一至三十四、補遺二卷)

360000－1913－0003137　W0896
御定歷代賦彙一百四十卷外集二十卷逸句二卷補遺二十二卷目錄三卷　(清)陳元龍輯　清光緒十二年(1886)雙梧書屋石印本　一册　存十二卷(一百至一百十一)

360000－1913－0003138　W0897
增像第六才子書五卷　(元)王德信撰　(清)金人瑞評　清末石印本　三册　存三卷(三至五)

360000－1913－0003139　W0898
樊山政書二十卷　樊增祥撰　清宣統二年(1910)鉛印本　一册　存二卷(三至四)

360000－1913－0003140　W0899
新出張文襄公事畧一卷　(清)聽雨樓主人撰　清宣統元年(1909)蔣春記書社石印本　一册

360000－1913－0003141　W0900
不可錄一卷　(清)陳海曙輯　清光緒十六年(1890)江西養頤堂刻本　一册

360000－1913－0003142　W0901
史記一百三十卷附考證　(漢)司馬遷撰　(南朝宋)裴駰集解　(唐)司馬貞索隱　(唐)張守節正義　清末石印本　二册　存二十九卷(六十一至八十九)

360000－1913－0003143　W0902
史記一百三十卷附考證　(漢)司馬遷撰　(南朝宋)裴駰集解　(唐)司馬貞索隱　(唐)張守節正義　清末石印本　一册　存四十二卷(三十九至八十)

360000－1913－0003144　W0903
前漢書一百卷附考證　(漢)班固撰　(唐)顏師古注　清末石印本　五册　存三十二卷(二十一至二十七、五十一至七十五)

360000－1913－0003145　W0904
前漢書一百卷附考證　(漢)班固撰　(唐)顏師古注　清光緒上海圖書集成印書局鉛印本　五册　存二十三卷(十八至十九、二十一至二十三、二十八下至三十一、五十一至五十七、八十七至九十三)

360000－1913－0003146　W0905
後漢書一百二十卷附考證　(南朝宋)范曄撰　(唐)李賢注　(晉)司馬彪撰志　(南朝梁)劉昭注補　清光緒上海圖書集成印書局鉛印本　五册　存三十七卷(六十一至六十九、七十七至一百四)

360000－1913－0003147　W0906
三國志六十五卷　(晉)陳壽撰　(南朝宋)裴松之注　清光緒十四年(1888)上海圖書集成印書局鉛印本　四册　存二十九卷(魏志一至二十二、蜀志九至十五)

360000－1913－0003148　W0907
三國志六十五卷　(晉)陳壽撰　(南朝宋)裴松之注　清末影印本　一册　存三卷(魏志二十八至三十)

360000－1913－0003149　W0908
舊唐書二百卷附考證　(五代)劉昫等撰　清光緒二十八年(1902)武林竹簡齋石印本　四册　存四十二卷(一至十二、一百七十一至二百)

360000－1913－0003150　W0909
舊唐書二百卷附考證　(五代)劉昫等撰　清末鉛印本　一册　存十一卷(一百五十三至一百六十三)

360000－1913－0003151　W0910
唐書二百二十五卷附考證　(宋)歐陽修(宋)宋祁等撰　**釋音二十五卷**　(宋)董衝撰　清末鉛印本　一册　存五卷(六十一至六十五)

360000－1913－0003152　W0911
廿二史劄記三十六卷補遺一卷　(清)趙翼撰　清末石印本　二册　存九卷(五至九、二十九至三十二)

360000－1913－0003153　W0912
廿二史劄記三十六卷補遺一卷　(清)趙翼撰　清末石印本　一册　存四卷(二十九至三十二)

360000－1913－0003154　W0913
廿二史劄記三十六卷補遺一卷　(清)趙翼撰　清末石印本　三册　存二十八卷(十至三十六、補遺一卷)

360000－1913－0003155　W0914
重刊宋本十三經注疏　附校勘記　(清)阮元撰　(清)盧宣旬摘錄　清光緒十三年(1887)上海脈望仙館石印本　一册　存二種

360000－1913－0003156　W0916
重刊宋本十三經注疏　附校勘記　(清)阮元撰　(清)盧宣旬摘錄　清光緒十三年(1887)上海脈望仙館石印本　十六册　存十種

360000－1913－0003157　W0917
歷代名臣言行錄二十四卷　(清)朱桓輯　清末鉛印本　二册　存四卷(二十一至二十四)

360000－1913－0003158　W0918
歷代名臣言行錄二十四卷　(清)朱桓輯　清末石印本　一册　存三卷(十二至十四)

360000－1913－0003159　W0919
皇清經解　(清)阮元輯　清光緒十三年(1887)石印本　四册　存十種

360000－1913－0003160　W0920
皇清經解橫直縮編目十六卷　(清)淩忠照輯　(清)張紹銘分輯　清末石印本　一册　存三卷(七至九)

360000－1913－0003161　W0921
三通考輯要七十六卷　湯壽潛輯　清光緒通雅堂鉛印本　四册　存九卷(續文獻通考輯要一至五、皇朝文獻通考輯要五至八)

360000－1913－0003162　W0922
三通考輯要七十六卷　湯壽潛輯　清光緒通雅堂鉛印本　十二册　存三十卷(續文獻通考輯要九至十一、十六至十九,皇朝文獻通考輯要一至二、六至二十六)

360000－1913－0003163　W0923
三通考輯要七十六卷　湯壽潛輯　清光緒通雅堂鉛印本　七册　存十七卷(文獻通考輯要一至四、十五至十六,皇朝文獻通考輯要六至十六)

360000－1913－0003164　W0924
三通考輯要七十六卷　湯壽潛輯　清光緒通雅堂鉛印本　一册　存四卷(皇朝文獻通考輯要五至八)

360000－1913－0003165　W0925
九通二千三百二十一卷　清末鉛印本　十册　存七十三卷(續通典二十二至二十、一百三十五至一百五十,通志十六至十八,皇朝通志十八至二十三、一百五至一百十四,續文獻通考二十二至二十九、七十三至八十六、一百二十九至一百三十六)

360000－1913－0003166　W0926
袁王綱鑑合編三十九卷　(明)袁黄　(明)王世貞纂　清光緒三十年(1904)上海商務印書館鉛印本　一册　存三卷(三十一至三十三)

360000－1913－0003167　W0927
御撰資治通鑑綱目三編六卷　(清)張廷玉等撰　清光緒上海富强齋石印本　二册

360000－1913－0003168　W0928
尺木堂綱鑑易知錄九十二卷明鑑易知錄十五卷　(清)吳乘權等輯　清光緒二十六年(1900)上海圖書集成印書局鉛印本　十一册　存七十六卷(一至六、十二至十八、二十六至四十六、五十四至八十六,明鑑易知錄七至十五)

360000－1913－0003169　W0929
尺木堂綱鑑易知錄九十二卷明鑑易知錄十五卷　(清)吳乘權等輯　清光緒石印本　二册

存十四卷(六至十二、明鑑易知錄一至七)

360000－1913－0003170　W0930
御批歷代通鑑輯覽一百二十卷　(清)傅恆等撰　清末石印本　二冊　存二十四卷(五十三至六十二、一百七至一百二十)

360000－1913－0003171　W0931
九通二千三百二十一卷　清末鉛印本　九冊　存七十八卷(續通典九至十六、三十二至四十四、五十五至六十七、九十二至一百、一百三十五至一百五十,皇朝通典五十六至六十二、八十至八十四,續文獻通考一百二十二至一百二十八)

360000－1913－0003172　W0932
史記一百三十卷　(漢)司馬遷撰　(南朝宋)裴駰集解　(唐)司馬貞索隱　(唐)張守節正義　清末石印本　二冊　存十七卷(七至十二、一百十二至一百二十二)

360000－1913－0003173　W0933
增評加批歷史綱鑑補三十九卷首一卷　(明)王世貞　(明)袁黃纂　清光緒二十八年(1902)上海富强齋石印本　一冊　存三卷(二十四至二十六)

360000－1913－0003174　W0934
北史一百卷　(唐)李延壽撰　清末鉛印本　二冊　存十四卷(六十五至七十一、八十七至九十三)

360000－1913－0003175　W0935
四書題鏡不分卷　(清)汪鯉翔撰　清刻本　二冊　存中庸、下論

360000－1913－0003176　W0936
通鑑類纂二十卷　(清)松椿輯　清光緒二十三年(1897)上海天章書局石印本　六冊　存八卷(四至八、十一至十二、十六)

360000－1913－0003177　W0937
明紀六十卷　(清)陳鶴輯　清末石印本　一冊　存九卷(二十三至三十一)

360000－1913－0003178　W0938
御批歷代通鑑輯覽一百二十卷　(清)傅恆等撰　清光緒三十年(1904)上海經藝書局石印本　十一冊　存五十七卷(一至二十八、三十四至四十三、四十九至五十三、八十六至九十、九十九至一百二、一百九至一百十三)

360000－1913－0003179　W0939
御批歷代通鑑輯覽一百二十卷　(清)傅恆等撰　清光緒三十年(1904)上海經藝書局石印本　七冊　存七卷(十一至十二、二十四至二十八)

360000－1913－0003180　W0940
彭剛直公奏稿八卷　(清)彭玉麟撰　(清)俞樾輯　清末鉛印本　一冊　存二卷(三至四)

360000－1913－0003181　W0941
八家四六文註八卷首一卷　(清)吳鼒輯　(清)許貞幹注　**補註一卷**　陳衍撰　清末鉛印本　一冊　存一卷(七)

360000－1913－0003182　W0942
三國紀年表一卷　(清)周嘉猷撰　清刻本　一冊

360000－1913－0003183　W1001
策學纂要十六卷　(清)戴朋　(清)黄卷輯　清刻本　一冊　存六卷(十一至十六)

360000－1913－0003184　W1002
御案詩經備旨八卷　(清)鄒聖脈輯　清刻本　一冊　存二卷(四至五)

360000－1913－0003185　W1003
隨園詩話十六卷　(清)袁枚撰　清刻本　一冊　存二卷(十五至十六)

360000－1913－0003186　W1004
紫陽正誼課藝合選不分卷　(清)紫陽正誼書院輯　清刻本　一冊

360000－1913－0003187　W1005
經訓書院課藝不分卷　(清)江西經訓書院輯　清刻本　一冊

360000－1913－0003188　W1006
新訂崇正闢謬通書十四卷　(清)李奉來編

清刻本　一冊　存一卷(八)

360000－1913－0003189　W1007
國朝試帖分韻句解懸鵠集二卷　(清)陳煥箋釋　清咸豐七年(1857)文富堂刻本　一冊

360000－1913－0003190　W1008
四書經義不分卷　(清)彭承苞編　清光緒二十七年(1901)文義堂刻本　一冊　存大學、中庸、論上

360000－1913－0003191　W1009
昭明文選六臣彙註疏解十九卷　(清)顧施禎輯　清耕心堂刻本　二冊　存四卷(十至十三)

360000－1913－0003192　W1010
紀曉嵐詩註釋四卷　(清)紀昀撰　(清)郭斌注　清刻本　一冊　存一卷(四)

360000－1913－0003193　W1011
薇雲小舍試帖詩課二卷續編二卷　(清)吳之俊撰　清刻本　一冊

360000－1913－0003194　W1012
五星集腋四卷　(清)廖冀亨輯　清刻本　一冊　存二卷(三至四)

360000－1913－0003195　W1013
增補事類賦統編九十三卷首一卷　(清)黃葆真編　清末石印本　一冊　存五卷(二十三至二十七)

360000－1913－0003196　W1014
皇朝五經彙解二百七十卷　(清)抉經心室主人輯　清末石印本　二冊　存十九卷(一百十六至一百二十四、一百八十三至一百九十二)

360000－1913－0003197　W1015
論語注疏解經二十卷　(三國魏)何晏集解　(宋)邢昺疏　**校勘記二十卷**　(清)阮元撰　(清)盧宣旬摘錄　清刻宋本十三經注疏本　一冊　存四卷(十一至十四)

360000－1913－0003198　W1016
四此堂稿十卷　(清)魏際瑞撰　清刻本　一冊　存二卷(二至三)

360000－1913－0003199　W1017
東周列國全志二十三卷一百八回　(清)蔡昇評點　清刻本　一冊　存二卷(十二至十三)十回(五十三至六十二)

360000－1913－0003200　W1018
養雲山館試帖四卷　(清)許球輯　(清)王槃紱注　清刻本　一冊　存二卷(三至四)

360000－1913－0003201　W1019
後漢書一百二十卷附考證　(南朝宋)范曄撰　(唐)李賢注　(晉)司馬彪撰志　(南朝梁)劉昭注補　清刻本　一冊　存五卷(三十一至三十五)

360000－1913－0003202　W1020
讀史論略一卷　(清)杜詔撰　清道光五年(1825)江城寄隱山莊吳郡李氏刻本　一冊

360000－1913－0003203　W1021
五經樓小題拆字不分卷　(清)山仲甫　(清)山璉輯　清刻本　一冊

360000－1913－0003204　W1022
考卷約選不分卷　(清)李錫瓚編　清刻本　一冊

360000－1913－0003205　W1023
考卷清雅不分卷　(清)于翔等撰　清刻本　一冊

360000－1913－0003206　W1024
安徽試牘立誠編不分卷　(清)汪廷珍輯　清道光六年(1826)刻本　一冊

360000－1913－0003207　W1025
附釋音禮記注疏六十三卷　(漢)鄭玄注　(唐)陸德明音義　(唐)孔穎達疏　**附校勘記六十三卷**　(清)阮元撰　(清)盧宣旬摘錄　清嘉慶二十年(1815)江西南昌府學刻重刊宋本十三經注疏本　一冊　存四卷(二至三、校勘記二至三)

360000－1913－0003208　W1026
儀禮注疏五十卷　(漢)鄭玄注　(唐)賈公彥

疏　**附校勘記五十卷**　(清)阮元撰　(清)盧宣旬摘錄　清嘉慶二十年(1815)江西南昌府學刻重刊宋本十三經注疏本　一冊　存十卷(三十至三十四、校勘記三十至三十四)

360000－1913－0003209　W1027
寄嶽雲齋試體詩選二卷　(清)聶銑敏撰　(清)張學蘇箋　清刻本　一冊　存一卷(下)

360000－1913－0003210　W1028
三國志六十五卷　(晉)陳壽撰　(南朝宋)裴松之注　清刻本　一冊　存五卷(六十一至六十五)

360000－1913－0003211　W1029
周易本義四卷附易圖一卷筮儀一卷　(宋)朱熹撰　清味經堂刻本　一冊　存三卷(一、易圖一卷、筮儀一卷)

360000－1913－0003212　W1030
鑑綱詠略八卷　(清)張應鼎撰　(清)柯龍章輯注　清同治十二年(1873)歸安張氏刻本　一冊　存一卷(三)

360000－1913－0003213　W1031
陸象山先生全集三十六卷　(宋)陸九淵撰　(清)李紱點次　清道光三年(1823)金谿陸邦瑞槐堂書齋刻本　一冊　存一卷(三十五)

360000－1913－0003214　W1032
子史精華一百六十卷　(清)吳士玉　(清)吳襄等輯　清刻本　一冊　存四卷(一百二十五至一百二十八)

360000－1913－0003215　W1033
分法小題拆字不分卷　(清)□□輯　清刻本　一冊

360000－1913－0003216　W1034
天崇百篇不分卷　(清)吳懋政選評　清刻本　一冊

360000－1913－0003217　W1035
務本堂增定課兒讀鑑略妥註善本五卷　(明)李廷機撰　(清)鄒聖脈訂　清文奎堂刻本　一冊　存二卷(一至二)

360000－1913－0003218　W1036
師訓勸戒集錄一卷訓學良規書館必讀一卷　(清)知非子編　清刻本　一冊

360000－1913－0003219　W1037
桐雲閣試帖一卷　(清)楊庚撰　(清)張熙宇　(清)張祖評　清刻七家詩選註釋本　一冊

360000－1913－0003220　W1038
增補事類賦統編九十三卷首一卷　(清)黃葆真編　清末石印本　一冊　存九卷(七十六至八十四)

360000－1913－0003221　W1039
四書人物類典串珠四十卷　(清)臧志仁輯　清刻本　一冊　存五卷(四至八)

360000－1913－0003222　W1040
憲政編查館奏遵辦民政財政統計編訂表式酌舉例要摺不分卷　(清)憲政編查館編　清宣統鉛印本　一冊

360000－1913－0003223　W1041
憲政編查館奏派二等諮議官原摺及札文不分卷　(清)憲政編查館編　清宣統木活字印本　一冊

360000－1913－0003224　W1042
欽定法院編制法不分卷　(清)憲政編查館編　清刻本　一冊

360000－1913－0003225　W1043
史記評林一百三十卷　(明)淩稚隆輯　清刻本　一冊　存二卷(一百十七至一百十八)

360000－1913－0003226　W1044
國朝試帖分韻句解懸鵠集二卷　(清)陳煥箋釋　清光緒八年(1882)文奎堂刻本　一冊　存一卷(上)

360000－1913－0003227　W1045
幼學龍門初躍不分卷　(清)陳長發輯注　(清)劉秉龍參訂　清刻本　一冊

360000－1913－0003228　W1046
初學小題秘訣不分卷　(清)馮詠等撰　清刻本　一冊

360000－1913－0003229　W1047
小學集解六卷小學輯說一卷　(清)張伯行輯　清光緒十年(1884)王槐卿刻本　一册　存二卷(五至六)

360000－1913－0003230　W1048
唐宋八大家讀本三十卷　(清)沈德潛評點　清刻本　一册　存三卷(十五至十七)

360000－1913－0003231　W1049
養雲山館試帖四卷　(清)許球輯　(清)王榮紱注　清刻本　一册　存一卷(四)

360000－1913－0003232　W1050
分類韻錦十二卷　(清)郭化霖輯　清道光喜雨山房刻本　一册　存一卷(十)

360000－1913－0003233　W1051
試帖仙樣集裁詩十法三卷　(清)麓峯居士輯評　清兩儀堂刻本　一册　存一卷(上)

360000－1913－0003234　W1052
詩韻集成十卷　(清)余照輯　清刻本　二册

360000－1913－0003235　W1053
四大奇書第一種六十卷一百二十回讀三國志法一卷　(明)羅本撰　(清)金人瑞批　(清)毛宗崗評　清刻本　一册　存五卷(四十六至五十)十回(九十一至一百)

360000－1913－0003236　W1054
瀛海探驪集八卷　(清)朱埏之輯　清嘉慶十九年(1814)刻本　一册　存二卷(一至二)

360000－1913－0003237　W1055
本朝律賦集腋八集　(清)馬俊良輯　清刻本　一册　存一集(夏)

360000－1913－0003238　W1056
十一科程墨質疑集不分卷　(清)□□輯　清刻本　二册

360000－1913－0003239　W1057
左傳選十四卷　(清)儲欣評　清刻本　一册　存四卷(六至九)

360000－1913－0003240　W1058
綱鑑擇言十卷　(清)司徒修輯　清光緒八年(1882)江右本立堂刻本　一册　存二卷(一至二)

360000－1913－0003241　W1059
增補曆法便覽象吉備要通書二十九卷　(清)魏鑑撰　清刻本　一册　存四卷(四至七)

360000－1913－0003242　W1060
大學衍義補一百六十卷首一卷　(明)丘濬撰　(明)陳仁錫評　明刻本　三册　存十四卷(五十七至六十一、六十八至七十六)

360000－1913－0003243　W1061
淮南子二十一卷　(漢)劉安撰　(漢)高誘注　清光緒二十三年(1897)上海圖書集成局石印本　二册　存十六卷(一至十一、十七至二十一)

360000－1913－0003244　W1062
韓非子二十卷　清光緒二十三年(1897)上海圖書集成局石印本　一册　存十卷(一至十)

360000－1913－0003245　W1063
水鏡集四卷　(清)范騋撰　清刻本　一册　存一卷(三)

360000－1913－0003246　W1064
合刻註釋張子房解學士千家詩講讀二卷　(明)湯顯祖校釋　清刻本　一册

360000－1913－0003247　W1065
初學檢韻袖珍十二卷佩文詩韻一卷　(清)姚文登輯　清刻本　一册　存七卷(午至亥、佩文詩韻一卷)

360000－1913－0003248　W1066
寄傲山房塾課纂輯禮記全文備旨十一卷　(清)鄒聖脈輯　清刻本　一册　存二卷(五至六)

360000－1913－0003249　W1067
瘍醫大全四十卷　(清)顧世澄撰　清刻本　一册　存一卷(六)

360000－1913－0003250　W1068
敬竈全書不分卷　(□)□□編　清刻本　一册

360000－1913－0003251　W1069
史記一百三十卷附考證　（漢）司馬遷撰　（南朝宋）裴駰集解　（唐）司馬貞索隱　（唐）張守節正義　清末鉛印本　一册　存十四卷（九十七至一百十）

360000－1913－0003252　W1070
國朝名人書札二卷　吳曾祺輯　清宣統三年（1911）上海商務印書館鉛印本　一册　存一卷（二）

360000－1913－0003253　W1071
金史紀事本末五十二卷首一卷末一卷　（清）李有棠撰　清末石印本　三册　存四十五卷（一至二十六、三十五至五十二，首一卷）

360000－1913－0003254　W1072
道光搢紳全書不分卷　（清）□□輯　清刻本　一册

360000－1913－0003255　W1073
幼童舉業啓悟集四卷　（清）汪孝移編　清刻本　一册　存一卷（四）

360000－1913－0003256　W1074
本朝歷科大題選不分卷　（清）□□輯　清刻本　一册

360000－1913－0003257　W1075
字彙十二卷末一卷韻法直圖一卷　（明）梅膺祚撰　**韻法橫圖一卷**　（明）李世澤撰　清刻本　一册　存二卷（韻法直圖一卷、韻法橫圖一卷）

360000－1913－0003258　W1076
四書釋地一卷續一卷又續一卷三續一卷孟子生卒年月考一卷　（清）閻若璩撰　清乾隆五十二年（1787）東涪王氏刻本　一册　存二卷（三續一卷、孟子生卒年月考一卷）

360000－1913－0003259　W1077
古文析義十六卷　（清）林雲銘評注　清刻本　一册　存二卷（六至七）

360000－1913－0003260　W1078
光緒十七年江西鄉試錄不分卷　清光緒十七年（1891）刻本　一册

360000－1913－0003261　W1079
快雪堂法書不分卷　（晉）王羲之等書　清末影印本　一册

360000－1913－0003262　W1080
萬國興亡史足本不分卷　（日本）松村介石撰　（清）湯錫祉譯　清光緒二十九年（1903）上海新民譯印書局鉛印本　一册

360000－1913－0003263　W1081
敬竈全書不分卷　（□）□□編　清刻本　一册

360000－1913－0003264　W1082
時藝核續編不分卷　（清）路德輯　清刻本　一册

360000－1913－0003265　W1083
唐類函二百卷目錄二卷　（明）俞安期輯　明刻本　一册　存二卷（七十一至七十二）

360000－1913－0003266　W1084
太平經國之書十一卷　（宋）鄭伯謙撰　清同治十二年（1873）粵東書局刻通志堂經解本　一册　存六卷（一至六）

360000－1913－0003267　W1085
續刻近科分體墨式不分卷　（清）榴紅書屋主人編　清同治元年（1862）文會堂刻本　一册

360000－1913－0003268　W1086
安徽試牘立誠編初刻不分卷　（清）汪廷珍輯　清文華樓刻本　一册

360000－1913－0003269　W1087
清獻堂稿一卷　（清）趙佑撰　清刻本　一册

360000－1913－0003270　W1088
增訂重刻採芹捷訣不分卷　（清）吳肖元輯　清道光十六年（1836）刻本　一册

360000－1913－0003271　W1089
本朝三十家文不分卷　（清）蔡寅斗輯　清繡谷三畏堂刻本　二册

360000－1913－0003272　W1090

歷科小題與巧集不分卷 (清)李沛霖等輯 清刻本 一冊

360000－1913－0003273 W1091
詩經集傳八卷 (宋)朱熹撰 清刻本 一冊 存二卷(四至五)

360000－1913－0003274 W1092
新編評註通玄先生張果星宗大全十卷 (明)陸位輯 清刻本 二冊 存二卷(八至九)

360000－1913－0003275 W1093
平陽全書十五卷 (清)葉泰輯 清刻本 一冊 存二卷(九至十)

360000－1913－0003276 W1094
墨選觀止一卷 (清)梁葆慶輯 清刻本 一冊

360000－1913－0003277 W1095
分法小題拆字新本不分卷 (清)張錚評 (清)陳方平增輯 清兩儀堂刻本 一冊

360000－1913－0003278 W1096
龔延渤書滕王閣序不分卷 (清)龔延渤書 清刻本 一冊

360000－1913－0003279 W1097
熊鍾陵先生稿不分卷 (清)熊伯龍撰 清刻本 一冊

360000－1913－0003280 W1098
新科尚書文選不分卷 (清)張景崧評選 清刻本 一冊

360000－1913－0003281 W1099
漁古軒詩韻五卷 (清)余照撰 (清)朱德蕃增訂 清道光五年(1825)英德堂刻本 一冊 存二卷(一至二)

360000－1913－0003282 W1100
鄉黨文補編不分卷 (清)江永輯 清山帶樓刻本 一冊

360000－1913－0003283 W1101
分體利試文中初集六卷 (清)郝朝昇評選 清刻本 一冊 存一卷(五)

360000－1913－0003284 W1102
海秋後集不分卷 (清)湯鵬撰 (清)梁省吾等評 清刻本 一冊

360000－1913－0003285 W1103
四大奇書第一種六十卷一百二十回讀三國志法一卷 (明)羅本撰 (清)金人瑞批 (清)毛宗崗評 清刻本 一冊 存三卷(十二至十四)六回(二十三至二十八)

360000－1913－0003286 W1104
新喻梁石門先生集十卷 (明)梁寅撰 清光緒十五年(1889)射洪鍾體志刻本 一冊 存二卷(八至九)

360000－1913－0003287 W1105
唐宋八大家類選十四卷 (清)儲欣輯評 清刻本 一冊 存四卷(二、八至十)

360000－1913－0003288 W1106
張素存選稿不分卷 (清)張玉書撰 清刻本 一冊

360000－1913－0003289 W1107
方靈皐全稿不分卷 (清)方苞撰 清刻本 一冊

360000－1913－0003290 W1108
己山太史存稿不分卷 (清)王步青撰 清乾隆二年(1737)刻本 一冊

360000－1913－0003291 W1109
論語集註十卷 (宋)朱熹撰 清末石印本 一冊 存五卷(六至十)

360000－1913－0003292 W1110
論語集註十卷 (宋)朱熹撰 清末石印本 一冊 存五卷(六至十)

360000－1913－0003293 W1111
新鐫曆法便覽象吉備要通書二十九卷 (清)魏鑑輯 清嘉慶二十年(1815)英德堂刻本 一冊 存四卷(一至四)

360000－1913－0003294 W1112
令德堂重訂古文釋義新編八卷 (清)余誠評注 清刻本 一冊 存二卷(七至八)

360000－1913－0003295　W1113
重訂少嵒賦草四卷　(清)夏思沺撰　(清)姜兆蘭釋　清刻本　一冊

360000－1913－0003296　W1114
詳註成均課士錄合編不分卷　(清)□□輯　清刻本　一冊

360000－1913－0003297　W1115
陳大士先生文鈔不分卷　(明)陳際泰撰　(清)王步青評　清刻本　一冊

360000－1913－0003298　W1116
今雨堂同懷稿不分卷　(清)金虞撰　清刻本　一冊

360000－1913－0003299　W1117
古文分編集評初集五卷二集五卷三集八卷四集四卷　(清)于光華輯　清刻本　一冊　存二卷(初集二至三)

360000－1913－0003300　W1118
尚書離句六卷　(清)錢在培輯解　清兩儀堂刻本　一冊　存三卷(一至三)

360000－1913－0003301　W1119
歷代名臣言行錄二十四卷　(清)朱桓輯　清刻本　一冊　存一卷(四)

360000－1913－0003302　W1120
續富國策四卷　(清)陳熾撰　清光緒十六年(1890)善成堂刻本　一冊　存一卷(一)

360000－1913－0003303　W1121
姓氏譜纂七卷　(明)李日華撰　明刻本　一冊　存一卷(三)

360000－1913－0003304　W1122
治化便讀不分卷　(□)□□編　清光緒二十四年(1898)刻本　一冊

360000－1913－0003305　W1123
尚書離句六卷　(清)錢在培輯解　清刻本　一冊　存二卷(三至四)

360000－1913－0003306　W1124
王侍郎奏議十卷　(清)王茂蔭撰　清刻本　一冊　存二卷(六至七)

360000－1913－0003307　W1125
尚書註疏二十卷　(漢)孔安國傳　(唐)陸德明音義　(唐)孔穎達疏　清四友堂刻本　一冊　存三卷(十八至二十)

360000－1913－0003308　W1126
歷代名臣傳續編五卷　(清)朱軾　(清)蔡世遠輯　清雍正刻本　一冊　存三卷(一至三)

360000－1913－0003309　W1127
菉友肊説一卷附教童子法一卷　(清)王筠撰　清光緒二十二年(1896)元和江氏刻靈鶼閣叢書本　一冊

360000－1913－0003310　W1128
茶餘客話十二卷　(清)阮葵生撰　清刻本　一冊　存六卷(七至十二)

360000－1913－0003311　W1129
傳家寶二集八卷　(清)石成金撰　清刻本　一冊　存一卷(八)

360000－1913－0003312　W1130
素問靈樞類纂約註三卷　(清)汪昂撰　清刻本　一冊　存一卷(上)

360000－1913－0003313　W1131
傷寒懸解十四卷首一卷末一卷　(清)黃元御撰　清刻本　一冊　存四卷(八至十一)

360000－1913－0003314　W1132
鮚埼亭集外編五十卷　(清)全祖望撰　清刻本　一冊　存一卷(一)

360000－1913－0003315　W1133
善卷堂四六十卷　(清)陸繁弨撰　(清)吳自高注　清刻本　一冊　存二卷(三至四)

360000－1913－0003316　W1134
寄傲山房塾課纂輯春秋備旨十二卷　(清)鄒聖脈輯　清刻本　一冊　存二卷(八至九)

360000－1913－0003317　W1135
百家姓考畧一卷　(清)王相箋注　清兩儀堂刻本　一冊

360000－1913－0003318　W1136
書經體註大全合叅六卷　(清)錢希祥輯　清

學畬堂刻本　一册　存一卷(一)

360000－1913－0003319　W1137

左繡三十卷首一卷　(清)馮李驊　(清)陸浩輯　清刻本　一册　存三卷(三至五)

360000－1913－0003320　W1138

許竹篔時文一卷　(清)許景澄撰　清同治九年(1870)刻本　一册

360000－1913－0003321　W1139

傳家寶初集八卷　(清)石成金撰　清英德堂刻本　一册　存二卷(七至八)

360000－1913－0003322　W1140

大學章句一卷中庸章句一卷　(宋)朱熹撰　清刻本　一册

360000－1913－0003323　W1141

同治庚午科直省鄉墨歸真□□卷　(清)李璜綸等撰　清同治九年(1870)京師琉璃廠刻本　一册　存二卷(一至二)

360000－1913－0003324　W1142

景岳全書六十四卷　(明)張介賓撰　清刻本　一册　存一卷(六十四)

360000－1913－0003325　W1143

犢山文稿不分卷　(清)周鎬撰　清刻本　一册

360000－1913－0003326　W1144

重訂少嵒賦草四卷　(清)夏思沺撰　(清)姜兆蘭釋　清刻本　一册　存一卷(三)

360000－1913－0003327　W1145

少嵒賦草四卷　(清)夏思沺撰　清刻本　一册　存二卷(一至二)

360000－1913－0003328　W1146

春明課藝約刊不分卷　(□)□□編　清刻本　一册

360000－1913－0003329　W1147

御定康熙字典十二集三十六卷總目一卷檢字一卷辨似一卷等韻一卷補遺一卷備考一卷　(清)張玉書等纂修　清光緒九年(1883)上海同文書局石印本　一册　存四卷(亥集上下、補遺一卷、備考一卷)

360000－1913－0003330　W1148

周官析疑三十六卷考工記析疑四卷　(清)方苞撰　清光緒木活字印桐城方望溪先生全書本　一册　存四卷(二十六至二十九)

360000－1913－0003331　W1149

周禮節訓六卷　(清)黄叔琳輯　(清)姚培謙重訂　清嘉慶十八年(1813)聚錦堂刻本　一册

360000－1913－0003332　W1150

鴛鴦配四卷十二回　(清)煙水散人撰　清刻本　三册　存三卷(二至四)九回(四至十二)

360000－1913－0003333　W1151

元明八大家古文選十三卷　(清)劉肇虞選評　清刻本　二册　存三卷(一至三)

360000－1913－0003334　W1152

子書二十八種　(清)□□輯　清光緒三十四年至宣統三年(1908－1911)上海圖書集成局鉛印本　一册　存二種

360000－1913－0003335　W1153

劉氏家藏闡微通書八卷　(清)劉春沂撰　清刻本　一册　存一卷(七)

360000－1913－0003336　W1154

新訂四書補註備旨十卷　(明)鄧林撰　(清)杜定基增訂　清末上海廣益書局石印本　一册　存一卷(孟子四)

360000－1913－0003337　W1155

水道提綱二十八卷　(清)齊召南撰　清光緒二十四年(1898)新化三味書室刻本　一册　存十卷(九至十八)

360000－1913－0003338　W1156

近科房行書菁華不分卷　(清)丁田樹等撰　清刻本　一册

360000－1913－0003339　W1157

七科程墨質疑集不分卷　(清)□□輯　清刻本　三册

360000－1913－0003340　W1158

近墨花樣一新不分卷 (清)葛作霖 (清)池劍波輯 清咸豐六年(1856)翰選樓刻本 一册

360000－1913－0003341 W1159

憩雲書屋時文(周太史稿)三卷 (清)周鎮南撰 清道光刻本 一册

360000－1913－0003342 W1160

安徽試牘立誠編不分卷 (清)汪廷珍輯 清嘉慶九年(1804)刻本 一册 存詩

360000－1913－0003343 W1161

增訂二論詳解四卷 (清)劉忠輯 清光緒三十二年(1906)兩儀堂刻本 一册 存二卷(一至二)

360000－1913－0003344 W1162

增訂二論詳解四卷 (清)劉忠輯 清光緒三十二年(1906)兩儀堂刻本 一册 存二卷(一至二)

360000－1913－0003345 W1163

增訂二論詳解四卷 (清)劉忠輯 清光緒三十二年(1906)兩儀堂刻本 二册

360000－1913－0003346 W1164

訓俗遺規四卷 (清)陳弘謀輯 清同治四年(1865)東泉書屋刻本 四册

360000－1913－0003347 W1165

訓俗遺規四卷 (清)陳弘謀輯 清同治四年(1865)東泉書屋刻本 四册

360000－1913－0003348 W1166

訓俗遺規四卷 (清)陳弘謀輯 清同治四年(1865)東泉書屋刻本 四册

360000－1913－0003349 W1167

訓俗遺規四卷 (清)陳弘謀輯 清同治四年(1865)東泉書屋刻本 一册 存一卷(四)

360000－1913－0003350 W1168

四書人物類典串珠四十卷 (清)臧志仁輯 清刻本 一册 存十四卷(九至二十二)

360000－1913－0003351 W1169

四書味根録三十七卷 (清)金澂撰 清刻本 七册 存二十四卷(大學一卷,中庸一,論語七至二十,孟子一至六、十三至十四)

360000－1913－0003352 W1170

校邠廬抗議二卷 (清)馮桂芬撰 清光緒十年(1884)刻本 二册

360000－1913－0003353 W1171

[同治]德化縣志五十四卷首一卷 (清)陳鼒修 (清)吴彬等纂 清同治十一年(1872)刻本 一册 存一卷(四十二)

360000－1913－0003354 W1172

[同治]德興縣志十卷首一卷末一卷 (清)孟慶雲修 (清)楊重雅等纂 清同治十一年(1872)刻本 一册 存一卷(九)

360000－1913－0003355 W1173

[同治]萬年縣志十二卷首一卷 (清)項珂修 (清)劉馥桂等纂 清同治十年(1871)刻本 一册 存一卷(二)

360000－1913－0003356 W1174

御定七政四餘萬年書不分卷(咸豐元年至光緒九年) (清)欽天監編 清刻本 一册

360000－1913－0003357 W1175

[時文選評]不分卷 (清)馬丕瑤等撰 清刻本 一册

360000－1913－0003358 W1176

[程墨選評]不分卷 (明)陶望齡撰 清抄本 一册

360000－1913－0003359 W1177

[時文抄]不分卷 (清)□□輯 清抄本 一册

360000－1913－0003360 W1178

[制義選]不分卷 (清)韓菼編 清刻本 一册

360000－1913－0003361 W1179

[廣東巡撫作育人才等告示]不分卷 (清)程含章撰 清道光刻本 一册

360000－1913－0003362 W1180

[晚晴江右課藝]不分卷 (清)盧豫章等撰

清刻本　一冊

360000－1913－0003363　W1181
吏部處分則例□□卷　清刻本　一冊

360000－1913－0003364　W1182
[制藝選]不分卷　(清)嚴治等撰　清刻本　一冊

360000－1913－0003365　W1183
[時藝選]不分卷　(清)吳寶恕等撰　清刻本　一冊

360000－1913－0003366　W1184
[廣東程墨選]不分卷　(清)陳維然等撰　清刻本　一冊

360000－1913－0003367　W1185
[經訓書院課藝]不分卷　(清)盧榮光等撰　清刻本　一冊

360000－1913－0003368　W1186
正訛附韻辨□□卷　(□)□□編　清刻本　一冊　存二卷(平聲、上聲)

360000－1913－0003369　W1187
[八股選評]不分卷　(清)方策等撰　清刻本　一冊

360000－1913－0003370　W1188
[律賦題解]□□卷　(清)張錫庚等撰　清刻本　一冊　存一卷(四)

360000－1913－0003371　W1189
[律賦選評]□卷　(清)楊邦楷等撰　清刻本　一冊　存一卷(下)

360000－1913－0003372　W1190
御纂醫宗金鑑九十卷首一卷　(清)吳謙等撰　清刻本　一冊　存二卷(三至四)

360000－1913－0003373　W1191
新鍥趙田了凡袁先生編纂古本歷史大方綱鑑補三十九卷首一卷　(明)袁黃纂　清刻本　五冊　存六卷(九至十、十五、二十三、二十八至二十九)

360000－1913－0003374　W1192
新刊趙田了凡袁先生編纂古本歷史大方綱鑑補三十九卷首一卷　(明)袁黃纂　清刻本　五冊　存五卷(二、十、十五、二十八、三十一)

360000－1913－0003375　W1193
鼎鍥趙田了凡袁先生編纂古本歷史大方綱鑑補三十九卷首一卷　(明)袁黃纂　清刻本　二冊　存四卷(十至十一、十九至二十)

360000－1913－0003376　W1194
重訂王鳳洲先生綱鑑會纂四十六卷　(明)王世貞撰　清刻本　四冊　存五卷(九、二十至二十一、二十八、三十七)

360000－1913－0003377　W1195
浙江三書院兩章文不分卷　(清)陳康祺等撰　清同治十二年(1873)江省耕禮堂刻本　一冊

360000－1913－0003378　W1196
新刻繡像義妖全傳二十八卷　(清)陳遇乾撰　清刻本　一冊　存四卷(三至六)

360000－1913－0003379　W1197
詩韻集成十卷附詞林典腋一卷　(清)余照輯　清末上海廣益書局石印本　一冊

360000－1913－0003380　W1198
有正味齋律賦詳註二卷　(清)吳錫麒撰　(清)孫理評輯　(清)胡玉樹編注　清刻本　一冊　存一卷(二)

360000－1913－0003381　W1199
三國志六十五卷附考證　(晉)陳壽撰　(南朝宋)裴松之注　清刻本　二冊　存八卷(二十二至二十九)

360000－1913－0003382　W1200
勾股六術一卷　(清)項名達撰　清刻本　一冊

婺源縣圖書館古籍普查登記目録

全國古籍普查登記目録

國家圖書館出版社
National Library of China Publishing House

360000－4931－0000001　01－001
策略六卷　(清)汪紱撰　清道光八年(1828)刻本　六册

360000－4931－0000002　01－002
敬修堂稿一卷　(清)汪青萍撰　清道光刻本　一册

360000－4931－0000003　01－004
秦淮聞見録二卷　(清)雪樵居士輯　清道光十八年(1838)一枝山房刻本　二册

360000－4931－0000004　01－005
治疗神方一卷　(清)汪日釗撰　清程彤甫影抄本　一册

360000－4931－0000005　01－006
新安景物約編不分卷　(清)江忠儁　(清)江正心纂　清道光十年(1830)刻本　二册

360000－4931－0000006　01－007
三禮約編十九卷　(清)汪基撰　清乾隆刻本　八册

360000－4931－0000007　01－008
周禮約編六卷　(清)汪基撰　清刻三禮約編本　一册

360000－4931－0000008　01－009
同治四年恩選貢卷不分卷　(清)曹福田撰　清同治四年(1865)東溪程理源、游冠英刻本　一册

360000－4931－0000009　01－010
同治四年恩選貢卷不分卷　(清)曹福田撰　清同治四年(1865)東溪程理源、游冠英刻本　一册

360000－4931－0000010　01－011
同治四年安徽選拔貢卷不分卷　(清)汪朝勳撰　清同治四年(1865)歙西虬村黄芳遠刻本　一册

360000－4931－0000011　01－012
同治十二年江南鄉試硃卷不分卷　(清)程登甲撰　清同治十二年(1873)婺邑游冠英刻本　一册

360000－4931－0000012　01－013
同治十二年安徽選拔貢卷不分卷　(清)黄麟撰　清同治十二年(1873)東溪程景和刻本　一册

360000－4931－0000013　01－014
同治十二年安徽選拔貢卷不分卷　(清)朱錫圭撰　清同治十二年(1873)婺邑程敬書刻本　一册

360000－4931－0000014　01－015
同治三年江南鄉試硃卷不分卷　(清)程元愷撰　清同治三年(1864)刻本　一册

360000－4931－0000015　01－016
同治三年安徽優選貢卷不分卷　(清)程履豐撰　清同治三年(1864)程理源、游冠英刻本　一册

360000－4931－0000016　01－017
同治七年會試硃卷不分卷　(清)余鑑撰　清同治七年(1868)刻本　一册

360000－4931－0000017　01－018
同治九年江南鄉試硃卷不分卷　(清)程允中撰　清同治九年(1870)婺邑游冠英、程景和刻本　一册

360000－4931－0000018　01－019
同治九年江南鄉試硃卷不分卷　(清)俞文煇撰　清同治九年(1870)婺邑游冠英、程景和刻本　一册

360000－4931－0000019　01－020
同治九年江南鄉試硃卷不分卷　(清)王恩臨撰　清同治九年(1870)刻本　一册

360000－4931－0000020　01－021
光緒元年江南鄉試硃卷一卷　(清)洪焕廷撰　清光緒元年(1875)屯溪黄淑予老店刻本　一册

360000－4931－0000021　01－022
光緒五年優選貢卷一卷　(清)俞應槐撰　清光緒五年(1879)婺邑游冠英刻本　一册

360000－4931－0000022　01－023

光緒五年江南鄉試硃卷一卷　江峰青撰　清光緒十二年(1886)婺邑沱口文華堂詹國徽刻本　一册

360000－4931－0000023　01－024
光緒十二年會試硃卷一卷　江峰青撰　清光緒五年(1879)刻本　一册

360000－4931－0000024　01－025
光緒十二年會試硃卷一卷　江峰青撰　清光緒五年(1879)刻本　一册

360000－4931－0000025　01－026
光緒十五年安徽考取貢卷一卷　(清)程振元撰　清光緒十五年(1889)刻本　一册

360000－4931－0000026　01－027
註釋九家詩十一卷　(清)冒銘選注　清道光十年(1830)文德堂刻本　四册

360000－4931－0000027　01－028
御纂醫宗金鑑十卷　(清)吳謙等撰　清刻本　九册　存九卷(二至十)

360000－4931－0000028　01－029
喉症全科紫珍集二卷保嬰篇一卷　(清)朱翔宇輯　清光緒七年(1881)刻本　二册

360000－4931－0000029　01－030
太上感應篇詩帖二卷　(清)齊學培撰　清道光十一年(1831)刻本　一册

360000－4931－0000030　01－031
豹隱堂文集二卷　(清)趙蓮城撰　清咸豐刻本　二册

360000－4931－0000031　01－032
爾雅節訓一卷　(清)王廷夔撰　清光緒九年(1883)東溪程汝莊刻本　一册

360000－4931－0000032　01－033
通問便集二卷　(清)南沙子盧氏輯注　清光緒十一年(1885)上洋畲經堂刻本　二册

360000－4931－0000033　01－034
梅麓詩鈔十八卷　(清)齊彦槐撰　清刻雙溪草堂全集本　一册　存三卷(一至三)

360000－4931－0000034　01－035
重刊人子須知資孝地理心學統宗三十九卷　(明)徐善繼　(明)徐善述撰　明萬曆十一年(1583)刻本　十二册

360000－4931－0000035　01－036
里居楹語錄存一卷　江峰青撰　清刻本　一册

360000－4931－0000036　01－038
新刻通用尺牘見心集四卷　(清)汪文芳輯　清光緒四年(1878)屯溪有益堂刻本　四册

360000－4931－0000037　01－039
控毁婺壩卷帙　(清)□□輯　清乾隆刻本　一册

360000－4931－0000038　01－040
廣平程氏歷代遷徙源流紀畧二卷　(清)□□撰　清程彤甫抄本　二册

360000－4931－0000039　01－041
珥筆肯綮不分卷　(明)覺非山人撰　稿本　一册

360000－4931－0000040　01－042
見吾隨筆一卷　(清)齊學培撰　清道光三十年(1850)刻本　一册

360000－4931－0000041　01－043
白圭堂詩鈔八卷續鈔六卷　(清)江之紀撰　清同治三年(1864)刻本　二册

360000－4931－0000042　02－044
宋元檢驗三錄九卷　(清)吳鼐輯　清嘉慶十七年(1812)刻本　四册

360000－4931－0000043　02－045
魏塘南浦吟一卷　江峰青撰　清光緒二十六年(1900)刻本　一册

360000－4931－0000044　02－046
佩珊珊室詩存一卷　(清)王紉佩撰　清光緒十九年(1893)刻本　一册

360000－4931－0000045　02－047
幼科金鏡錄一卷　(明)翁仲仁撰　(清)許豫和注　清同治十年(1871)刻本　一册

360000－4931－0000046　02－048

痘疹金鏡録四卷　(明)翁仲仁撰　(清)許豫和注　清同治十年(1871)刻本　二册

360000－4931－0000047　02－049

橡村痘訣二卷　(清)許豫和撰　清刻本　二册

360000－4931－0000048　02－050

痘訣餘義一卷　(清)許豫和撰　清刻本　一册

360000－4931－0000049　02－051

小兒諸熱辨二卷　(清)許豫和撰　清刻本　二册

360000－4931－0000050　02－052

怡堂散記二卷續編一卷　(清)許豫和撰　清同治刻本　三册

360000－4931－0000051　02－053

東醫寶鑑二十三卷目錄二卷　(朝鮮)許浚撰　清道光十一年(1831)刻本　二十五册

360000－4931－0000052　02－054

詳註聊齋志異圖詠十六卷　(清)蒲松齡撰　(清)呂湛恩注　清光緒十四年(1888)知不足齋石印本　六册

360000－4931－0000053　02－055

重訂增補陶朱公致富全書四卷　(清)石巖逸叟增定　清刻本　一册

360000－4931－0000054　02－056

地理參贊玄機僊婆集十三卷　(明)張鳴鳳輯　(明)張希堯參補　清刻本　八册

360000－4931－0000055　02－057

鋤月山房文稿不分卷　(清)徐裕堅撰　清同治九年(1870)刻本　二册

360000－4931－0000056　02－058

字彙十二卷首一卷末一卷韻法直圖一卷韻法横圖一卷　(明)梅膺祚撰　明萬曆四十三年(1615)刻本　十四册

360000－4931－0000057　03－059

隨山宇方鈔一卷　(清)汪曰楨撰　清光緒八年(1882)紹興安越堂刻本　一册

360000－4931－0000058　03－060

傷寒家秘一卷　(□)何□撰　清咸豐八年(1858)余國寬抄本　一册

360000－4931－0000059　03－061

脉訣不分卷　(清)董魏如撰　清汪西峰抄本　一册

360000－4931－0000060　03－062

奏稿一卷　(清)曾國藩撰　清同治三年(1864)木活字印本　一册

360000－4931－0000061　03－063

奏稿一卷　(清)曾國藩撰　清抄本　一册

360000－4931－0000062　03－064

昨非庵日纂二十卷　(明)鄭瑄撰　清康熙十二年(1673)刻本　四册

360000－4931－0000063　03－065

廣輿記二十四卷　(明)陸應陽輯　明刻本　八册

360000－4931－0000064　03－066

楊椒山先生全集四卷　(明)楊繼盛撰　清道光八年(1828)刻本　四册

360000－4931－0000065　03－067

宦鄉要則七卷　(清)張鑒瀛輯　清光緒八年(1882)刻本　二册

360000－4931－0000066　03－068

神峰張先生通考闢謬命理正宗大全六卷　(明)張楠撰　清道光元年(1821)刻本　六册

360000－4931－0000067　03－069

欽定六部處分則例四十七卷首一卷　(清)□□輯　清道光六年(1826)刻本　二十四册

360000－4931－0000068　03－070

重訂王鳳洲先生綱鑑會纂四十六卷卷目一卷　(明)王世貞撰　(明)陳仁錫訂　清抄本　四十三册　存四十三卷(一至十六、十九至二十一、二十四至四十六,卷目一卷)

360000－4931－0000069　03－071

重訂王鳳洲先生綱鑑會纂續宋元紀二十三卷 (明)王世貞撰 (明)陳仁錫訂 清抄本 二十三册

360000－4931－0000070 03－072
御撰資治通鑑綱目三編二十卷 (清)張廷玉等撰 清抄本 六册

360000－4931－0000071 03－073
五經文郛十八卷卷目一卷 (□)□□輯 清道光二十三年(1843)刻本 二十册

360000－4931－0000072 04－074
周禮注疏刪翼三十卷 (明)王志長輯 明崇禎十二年(1639)刻本 十册

360000－4931－0000073 04－075
小滄浪詩話四卷 (清)張夑承撰 清咸豐九年(1859)刻本 二册

360000－4931－0000074 04－076
劉文安公策略十卷 (明)劉定之撰 清雍正八年(1730)積秀堂刻本 四册

360000－4931－0000075 04－078
張素存先生全稿不分卷 (清)張玉書撰 清康熙二十六年(1687)五車樓黄子敬刻本 一册

360000－4931－0000076 04－079
小兒推拿廣意三卷 (清)熊應雄輯 (清)陳世凱訂 清刻本 二册

360000－4931－0000077 04－080
四書典故辨正二十卷附録一卷 (清)周柄中撰 清刻本 六册

360000－4931－0000078 04－081
五經類典囊括六十四卷 (清)□□輯 清刻本 十六册

360000－4931－0000079 04－082
江左校士錄四卷 (清)李殿林輯 清光緒二十九年(1903)上海桂記石印本 四册

360000－4931－0000080 04－083
客窗閒話八卷 (清)吳熾昌撰 清光緒二年(1876)申報館鉛印本 四册

360000－4931－0000081 04－084
大六壬大全十三卷 (清)郭載騋編 清刻本 十二册

360000－4931－0000082 04－085
四家賦鈔四卷 (清)景其濬輯 清光緒四年(1878)上海淞隱閣鉛印本 二册

360000－4931－0000083 04－086
詩學含英十四卷 (清)劉文蔚輯 清刻本 四册

360000－4931－0000084 04－087
入地眼全書十卷 (宋)釋靜道撰 (清)萬樹華編 清刻本 四册

360000－4931－0000085 04－088
新訂崇正闢謬通書十四卷 (清)李奉來編 清經綸堂刻本 七册

360000－4931－0000086 04－089
詩韻合璧五卷 (清)湯文潞編 清同治五年(1866)刻本 二册

360000－4931－0000087 04－090
金鈴集十二卷 (清)張綸輯 (清)張維城箋注 清道光刻本 四册

360000－4931－0000088 04－091
詞林片玉八卷 (清)吳之鵬評選 清刻本 四册

360000－4931－0000089 05－092
校正增廣驗方新編二十四卷 (清)鮑相璈編 清光緒十六年(1890)上海鴻寶齋石印本 六册

360000－4931－0000090 05－093
百病賦一卷 (□)□□撰 清程彤甫抄本 一册

360000－4931－0000091 05－094
茂林賦鈔初集不分卷二集不分卷 (清)吳學洙輯 清道光六年(1826)刻本 四册

360000－4931－0000092 05－095
分類詳註飲香尺牘四卷 (清)飲香居士編 (清)白下慵隱子箋釋 清乾隆五十二年

(1787)刻本　二冊

360000－4931－0000093　05－096
歸田瑣記八卷　(清)梁章鉅撰　清同治八年(1869)立文堂刻本　四冊

360000－4931－0000094　05－097
謙山初集二卷　(清)朱鍾撰　清乾隆刻本　一冊

360000－4931－0000095　05－099
古唐詩合解十二卷古詩四卷　(清)王堯衢注　清刻本　一冊　存四卷(古詩四卷)

360000－4931－0000096　05－100
韡鄂書屋制藝不分卷　(清)錢福昌撰　清道光二十九年(1849)刻本　二冊

360000－4931－0000097　05－101
新刻來瞿唐先生易註十五卷首一卷末一卷圖像一卷　(明)來知德撰　清朝爽堂刻本　十冊

360000－4931－0000098　05－102
春秋左傳分類賦四卷　(清)夏大觀撰　(清)夏大鼎箋注　清刻本　四冊

360000－4931－0000099　05－103
讀禮志疑六卷　(清)陸隴其撰　清正誼堂刻本　二冊

360000－4931－0000100　05－104
幼學句解四卷　(明)程登吉撰　(清)錢元龍校訂　清乾隆敬書堂刻本　二冊

360000－4931－0000101　05－105
得一錄十六卷　(清)余治輯　清同治八年(1869)刻本　八冊

360000－4931－0000102　05－106
家禮帖式集成四卷　(清)陳鳴盛輯　清咸豐八年(1858)刻本　二冊

360000－4931－0000103　05－107
漢口竹枝詞六卷　(清)葉調元撰　清道光三十年(1850)刻本　一冊

360000－4931－0000104　05－108
坐花誌果八卷　(清)汪道鼎撰　清光緒十四年(1888)廣百齋鉛印本　二冊

360000－4931－0000105　05－109
端本扶化篇全集二卷　(清)魏西河輯　清光緒八年(1882)刻本　二冊

360000－4931－0000106　05－110
楚辭十七卷　(漢)王逸章句　(宋)洪興祖補注　清同治十一年(1872)金陵書局刻本　六冊

360000－4931－0000107　05－111
重訂昭明文選集評十五卷首一卷末一卷　(南朝梁)蕭統輯　(清)于光華編　清刻本　十六冊

360000－4931－0000108　06－112
張氏醫通十六卷　(清)張璐撰　清刻張氏醫書七種本　十五冊

360000－4931－0000109　06－113
傷寒纘論二卷　(清)張璐撰　清刻張氏醫書七種本　二冊

360000－4931－0000110　06－114
傷寒緒論二卷　(清)張璐撰　清刻張氏醫書七種本　二冊

360000－4931－0000111　06－115
傷寒舌鑒一卷　(清)張登撰　清刻張氏醫書七種本　一冊

360000－4931－0000112　06－116
傷寒兼證析義一卷　(清)張倬撰　清刻張氏醫書七種本　一冊

360000－4931－0000113　06－117
本經逢原四卷　(清)張璐撰　清刻本　四冊

360000－4931－0000114　06－118
石頑老人診宗三昧一卷　(清)張璐撰　(清)張登編　清刻張氏醫書七種本　一冊

360000－4931－0000115　06－119
洗冤錄集證彙纂五卷　(宋)宋慈撰　(清)王又槐增輯　(清)李觀瀾補輯　清嘉慶元年(1796)刻本　二冊

360000－4931－0000116　06－120
繪圖萬寶全書二十卷　（明）陳繼儒撰　（清）毛煥文增補　清光緒十一年（1885）文星堂源記刻本　四册

360000－4931－0000117　06－121
算法統宗大全四卷　（清）程汝恩　（清）沈士桂輯　清咸豐二年（1852）大文堂刻本　四册

360000－4931－0000118　06－122
重鎸官板天機會元增補地學剖秘萬金琢玉斧三卷　（明）徐之鏌撰　清刻本　三册

360000－4931－0000119　06－123
欽定四書文選三十卷　（清）方苞輯　清乾隆刻本　十五册

360000－4931－0000120　06－124
新增智囊補二十八卷　（明）馮夢龍輯　清刻本　十册

360000－4931－0000121　06－125
袁文箋正十六卷補注一卷　（清）袁枚撰　（清）石韞玉箋　清同治四年（1865）刻本　六册

360000－4931－0000122　06－126
紀曉嵐詩註釋四卷　（清）紀昀撰　（清）郭斌注　清嘉慶二年（1797）刻朱墨套印本　二册

360000－4931－0000123　06－127
詩韻集成十卷　（清）余照輯　清刻本　二册

360000－4931－0000124　06－128
詩韻合璧五卷　（清）湯文潞編　清光緒十二年（1886）石印本　五册

360000－4931－0000125　07－129
增註賦學指南十六卷　（清）余丙照輯　清道光二十三年（1843）刻本　二册

360000－4931－0000126　07－130
搭截共賞二卷二集四卷　（清）吕元錦輯　清道光二十一年至二十二年（1841－1842）刻本　四册

360000－4931－0000127　07－131
金光斗臨經一卷　清程彤甫抄本　一册

360000－4931－0000128　07－132
東萊博議四卷　（宋）呂祖謙撰　（清）張文炳點定　清刻本　四册

360000－4931－0000129　07－133
增訂二論詳解四卷　（清）劉忠輯　清刻本　四册

360000－4931－0000130　07－134
校補廿一史約編八卷首一卷　（清）鄭元慶撰　清光緒六年（1880）得月樓刻本　八册

360000－4931－0000131　07－135
瀛環志略十卷　（清）徐繼畬撰　清同治十二年（1873）掞雲樓刻本　五册

360000－4931－0000132　07－136
古今詩話選雋二卷　（清）盧衍仁輯　清抄本　二册

360000－4931－0000133　07－137
類書十二種二十三卷　（清）孫顏等輯　清咸豐元年（1851）刻本　六册

360000－4931－0000134　07－139
隨園詩話補遺十卷　（清）袁枚撰　清刻本　二册

360000－4931－0000135　07－140
七家詩詳註　（清）張熙宇輯評　清道光大文堂刻本　一册

360000－4931－0000136　07－141
律賦選青四卷　（清）任聘三纂注　清嘉慶十七年（1812）刻本　四册

360000－4931－0000137　07－142
鑑撮四卷　（清）曠敏本撰　**奉使紀勝一卷**　（清）陳階平撰　**讀史論畧一卷**　（清）杜詔撰　清道光十九年（1839）陳階平刻本　五册

360000－4931－0000138　07－143
策略六卷　（清）汪紱撰　清刻本　一册　存一卷（三）

360000－4931－0000139　07－144
樂經律吕通解五卷　（清）汪紱撰　清光緒九年（1883）刻本　二册　存二卷（一至二）

360000－4931－0000140　07－145

戒煙全法一卷　(清)陳恭敏輯　清光緒十八年(1892)刻本　一册

360000－4931－0000141　07－146

景岳全書六十四卷　(明)張介賓撰　清刻本　二十四册　存六十卷(一至二十五、三十至六十四)

360000－4931－0000142　08－147

胭脂牡丹尺牘六卷　(清)韓鄂不輯　清咸豐八年(1858)文選樓刻本　五册　存五卷(一至五)

360000－4931－0000143　08－148

重校東垣先生正脈十二卷　(宋)王執中撰　明萬曆刻本　十一册　存十一卷(一至四、六至十二)

360000－4931－0000144　08－149

韜略元機八卷　(清)陳希夷撰　清嘉慶六年(1801)英德堂刻本　四册

360000－4931－0000145　08－150

聊齋志異十六卷　(清)蒲松齡撰　清刻本　十五册　存十五卷(一至十五)

360000－4931－0000146　08－154

龍虎山志十六卷　(清)婁近垣輯　清乾隆刻本　六册

360000－4931－0000147　08－155

芥子園重訂監本禮記十卷　(元)陳澔集説　清乾隆八年(1743)芥子園刻本　十册

360000－4931－0000148　08－156

欽定協紀辨方書三十六卷　(清)允祿等纂　清刻本　十六册

360000－4931－0000149　08－157

監本四書　(宋)朱熹集注　清道光十三年(1833)婺源一經堂刻本　九册

360000－4931－0000150　09－158

笠翁十種　(清)李漁撰　清刻本　十一册　存六種

360000－4931－0000151　09－159

莊子因六卷　(清)林雲銘撰　清康熙刻本　四册

360000－4931－0000152　09－160

國語二十一卷　(三國吳)韋昭注　(宋)宋庠補音　清乾隆二十七年(1762)刻本　六册

360000－4931－0000153　09－161

增訂古文析義合編十六卷　(清)林雲銘評注　清康熙五十五年(1716)刻本　十六册

360000－4931－0000154　09－162

四書典制類聯音註三十三卷　(清)閻其淵輯　清道光八年(1828)刻本　四册

360000－4931－0000155　09－163

聖武記十四卷　(清)魏源撰　清道光二十二年(1842)刻本　十册

360000－4931－0000156　09－164

豈有此理四卷　(清)□□撰　清道光三年(1823)刻本　四册

360000－4931－0000157　09－165

唐詩合選詳解十二卷　(清)劉文蔚注釋　清道光十四年(1834)刻本　六册

360000－4931－0000158　09－166

經史鈔九種四十四卷　(清)徐與喬輯　(清)譚尚忠增輯　清同治十一年(1872)年汲古書屋刻本　三十二册

360000－4931－0000159　098－168

御定康熙字典十二集三十六卷總目一卷檢字一卷辨似一卷等韻一卷補遺一卷備考一卷　(清)張玉書等纂修　清刻本　三十八册

360000－4931－0000160　098－169

重訂王鳳洲先生綱鑑會纂四十六卷　(明)王世貞撰　(明)陳仁錫訂　清刻本　四十册

360000－4931－0000161　099－170

御纂朱子全書六十六卷　(宋)朱熹撰　(清)李光地等輯　清刻本　四十册

360000－4931－0000162　099－171

御定康熙字典十二集三十六卷總目一卷檢字一卷辨似一卷等韻一卷補遺一卷備考一卷

(清)張玉書等纂修　清道光七年(1827)刻本　三十八册

360000－4931－0000163　100－172
[江西婺源]婺源韓溪程氏梅山支譜十二卷　(清)□□修　清宣統元年(1909)刻本　十二册　存十一卷(二至十二)

360000－4931－0000164　101－173
漢易觀文摭華四卷首一卷末一卷　(清)熊鏡心輯　清同治十二年(1873)刻本　四册

360000－4931－0000165　101－175
周易本義四卷附圖説一卷卦歌一卷筮儀一卷　(宋)朱熹撰　清宣統二年(1910)上海會文堂書局石印本　二册

360000－4931－0000166　101－176
易經大全會解四卷　(清)來爾繩輯　清康熙五十八年(1719)會文堂刻本　二册

360000－4931－0000167　101－177
易經大全會解四卷　(清)來爾繩輯　清康熙五十八年(1719)會文堂刻本　二册

360000－4931－0000168　101－179
書經集傳六卷　(宋)蔡沈撰　清大文堂刻本　四册

360000－4931－0000169　101－180
書經集傳六卷圖説一卷　(宋)蔡沈撰　清宣統三年(1911)上海會文堂粹記書局石印本　四册

360000－4931－0000170　101－182
書經體註六卷首一卷　(清)范翔參訂　清嘉慶二十年(1815)永安堂刻本　四册

360000－4931－0000171　101－183
周禮節訓六卷　(清)黄叔琳輯　(清)姚培謙重訂　清同治六年(1867)刻本　二册

360000－4931－0000172　101－184
三綱制服尊尊述義三卷　(清)夏炘撰　清刻景紫堂全書本　一册

360000－4931－0000173　101－185
檀弓辨誣三卷　(清)夏炘撰　清刻景紫堂全書本　一册

360000－4931－0000174　101－186
禮記體註十卷　(元)陳澔集説　(清)徐瑄補輯　清刻本　五册　存五卷(六至十)

360000－4931－0000175　101－187
禮記集説十卷　(元)陳澔撰　清同治五年(1866)金陵書局刻本　十册

360000－4931－0000176　101－188
禮記十卷　(元)陳澔集説　清刻本　十册

360000－4931－0000177　102－189
春秋左傳分類賦四卷　(清)夏大觀撰　(清)夏大鼎箋注　清刻本　二册

360000－4931－0000178　102－190
增補左傳分類對賦句解二卷　(清)夏大觀編　清乾隆大文堂刻本　二册

360000－4931－0000179　102－191
禮記集説十卷　(元)陳澔撰　清經文堂刻本　十册

360000－4931－0000180　102－192
左繡三十卷首一卷　(清)馮李驊　(清)陸浩輯　清康熙五十九年(1720)華川書屋刻本　十二册　缺四卷(十至十三)

360000－4931－0000181　102－193
太史張天如詳節春秋綱目句解左傳彙雋六卷　(清)韓菼重訂　清刻本　五册　存五卷(二至六)

360000－4931－0000182　102－194
左繡三十卷首一卷　(清)馮李驊　(清)陸浩輯　清康熙五十九年(1720)刻本　十册

360000－4931－0000183　102－196
增補春秋經傳左綉匯參三十卷首一卷　(清)馮李驊　(清)陸浩輯　清華川書屋刻本　四册　存十七卷(一至十六、首一卷)

360000－4931－0000184　102－197
大學一卷中庸一卷　(宋)朱熹章句　清刻本　二册

360000－4931－0000185　102－198
孟子七卷　(宋)朱熹集注　清虬川延古樓黄雲景刻本　七冊

360000－4931－0000186　102－199
論語十卷　(宋)朱熹集注　清刻本　五冊

360000－4931－0000187　102－200
四書集註十九卷　(宋)朱熹集注　清光緒三十四年(1908)掃葉山房石印本　六冊

360000－4931－0000188　103－202
四書彙典□□卷　(□)□□輯　清抄本　三冊　存上論,上孟、下孟

360000－4931－0000189　103－203
四書引解二十六卷　(清)鄧柱瀾輯　清乾隆翠竹齋刻本　十八冊

360000－4931－0000190　103－204
四書味根錄三十九卷　(清)金澂撰　清道光二十五年(1845)刻本　五冊　存二十三卷(大學一卷、中庸二卷、論語二十卷)

360000－4931－0000191　103－205
四書味根錄三十七卷　(清)金澂撰　清同治八年(1869)刻本　六冊

360000－4931－0000192　103－206
四書味根錄三十九卷　(清)金澂撰　清道光十七年(1837)刻本　十六冊

360000－4931－0000193　103－207
四書題鏡不分卷　(清)汪鯉翔撰　清乾隆四十七年(1782)刻本　九冊

360000－4931－0000194　103－208
註釋八銘塾鈔初集不分卷　(清)吳懋政輯　清乾隆刻本　二冊

360000－4931－0000195　103－209
註釋八銘塾鈔二集不分卷　(清)吳懋政輯　清乾隆刻本　二冊

360000－4931－0000196　103－210
小題初集啓蒙四卷　(清)王步青評　清振賢堂刻塾課分編註釋本　一冊

360000－4931－0000197　103－211
小題二集法式八卷　(清)王步青評　清振賢堂刻塾課分編註釋本　四冊

360000－4931－0000198　103－212
小題三集行機八卷　(清)王步青評　清振賢堂刻塾課分編註釋本　三冊

360000－4931－0000199　103－213
小題四集參變八卷　(清)王步青評　清振賢堂刻塾課分編註釋本　一冊　缺四卷(集下四卷)

360000－4931－0000200　103－214
小題五集精詣八卷　(清)王步青評　清振賢堂刻塾課分編註釋本　四冊

360000－4931－0000201　103－215
小題六集大觀八卷　(清)王步青評　清振賢堂刻塾課分編註釋本　三冊

360000－4931－0000202　103－216
小題七集老境八卷　(清)王步青評　清振賢堂刻塾課分編註釋本　二冊

360000－4931－0000203　103－217
小題八集別情八卷　(清)王步青評　清振賢堂刻塾課分編註釋本　一冊

360000－4931－0000204　103－218
文壇博鈔二十五卷　(清)□□輯　清同治三年(1864)刻本　十二冊

360000－4931－0000205　104－219
[江西婺源]潘氏宗譜不分卷　(□)□□纂修　稿本　一冊

360000－4931－0000206　104－220
[江西婺源]桃溪潘氏豸峰支譜□□卷　(清)□□纂修　清末木活字印本　一冊　存一卷(六)

360000－4931－0000207　104－221
[江西婺源]岩溪倪氏宗譜六卷首一卷　(清)□□纂修　清同治六年(1867)木活字印本　四冊　存七卷(一至三上、四至六,首一卷)

360000－4931－0000208　104－222

[江西婺源]倪氏宗譜六卷首一卷　(清)□□纂修　清嘉慶十七年(1812)木活字印本　五冊

360000－4931－0000209　104－223
[江西婺源]岩溪倪氏宗譜不分卷　(清)□□纂修　稿本　三冊

360000－4931－0000210　105－224
硃批諭旨不分卷　(清)鄂爾泰等輯　清刻朱墨套印本　二十九冊

360000－4931－0000211　106－225
四書朱子本義匯參四十三卷首四卷　(清)王步青輯　清刻本　十九冊

360000－4931－0000212　106－226
周易本義四卷附圖說一卷卦歌一卷筮儀一卷　(宋)朱熹撰　清刻本　二冊

360000－4931－0000213　106－227
書經集註十卷　(宋)蔡沈撰　清刻本　四冊

360000－4931－0000214　106－228
詩經八卷　(宋)朱熹集傳　清刻本　二冊　存五卷(四至八)

360000－4931－0000215　106－229
經藝選腴五卷　(清)浣溪主人輯　清道光十七年(1837)刻本　十冊

360000－4931－0000216　106－230
經藝選腴續編五卷　(清)浣溪主人輯　清咸豐八年(1858)刻本　十冊

360000－4931－0000217　106－231
經藝選腴三編不分卷　(清)浣溪主人輯　清咸豐十一年(1861)刻本　十冊

360000－4931－0000218　106－232
依韻檢題十卷　(清)數珍居士輯　清道光二十四年(1844)刻本　二冊

360000－4931－0000219　106－233
五經揭要二十一卷　(清)周蕙田輯　清刻本　八冊

360000－4931－0000220　106－234
五經備旨　(清)鄒聖脈輯　清刻本　十二冊

360000－4931－0000221　106－235
詩韻集成十卷　(清)余照輯　清咸豐元年(1851)刻本　二冊

360000－4931－0000222　106－236
詩韻合璧五卷　(清)湯文潞輯　清光緒八年(1882)東京樂善堂刻本　五冊

360000－4931－0000223　106－237
玉堂字彙四卷　(明)梅膺祚撰　(清)知足子校訂　清道光二十四年(1844)刻本　三冊　存三卷(一、三至四)

360000－4931－0000224　107－238
增補尚友錄二十二卷　(明)廖用賢輯　(清)張伯琮補輯　清光緒十四年(1888)銅版印本　六冊

360000－4931－0000225　107－239
新編刑錢指掌二卷　(清)沈辛田輯　清道光十六年(1836)刻本　二冊

360000－4931－0000226　107－242
詳註全圖算法大成八卷　(明)程大位撰　清光緒二十一年(1895)上海兩宜齋石印本　四冊

360000－4931－0000227　107－243
保嬰輯要一卷　(清)朱惟沅輯　清同治八年(1869)金陵興善堂刻本　一冊

360000－4931－0000228　107－244
本草綱目五十二卷　(明)李時珍撰　清刻本　十三冊

360000－4931－0000229　107－245
葬書易悟二卷　(清)林太沖撰　清道光三十年(1850)刻本　三冊

360000－4931－0000230　107－246
新編評註通玄先生張果星宗大全十卷　(明)陸位輯　清刻本　五冊

360000－4931－0000231　107－247
新刻綉像批點金瓶梅二十卷一百回　(明)笑笑生撰　清刻本　三冊　存三卷(十一、十五、十九)十五回(五十一至五十五、七十一至

七十五、九十一至九十五)

360000－4931－0000232　107－248
地理辨正五卷　(清)蔣平階撰　(清)姜垚辨正　清刻本　一冊　存二卷(四至五)

360000－4931－0000233　107－249
地理辨正疏五卷首一卷末一卷　(清)張心言撰　清道光刻本　一冊

360000－4931－0000234　107－250
淵海子平音義評註五卷　(宋)徐升編　清嘉慶十九年(1814)刻本　一冊

360000－4931－0000235　107－251
地理五訣八卷　(清)趙廷棟撰　清刻本　三冊　存六卷(一至二、五至八)

360000－4931－0000236　107－252
幼學須知直解二卷　(明)程登吉撰　(清)唐良瑜　(清)唐良瑚集注　清刻本　一冊

360000－4931－0000237　107－253
幼學須知直解二卷　(明)程登吉撰　(清)唐良瑜　(清)唐良瑚集注　清刻本　四冊

360000－4931－0000238　108－254
袁文箋正十六卷　(清)袁枚撰　(清)石韞玉箋　清同治八年(1869)刻本　四冊　存八卷(一至二、五至十)

360000－4931－0000239　108－259
古文釋義新編八卷　(清)余誠評注　清嘉慶五年(1800)刻本　八冊

360000－4931－0000240　108－260
曠視山房制藝四卷丁心齋時文一卷續一卷曠視山房小題一卷　(清)丁守存撰　清同治九年(1870)敦本堂刻本　八冊

360000－4931－0000241　108－261
小倉山房詩集三十一卷補遺一卷附錄一卷　(清)袁枚撰　清刻本　八冊

360000－4931－0000242　108－262
分類詩腋八卷　(清)李楨編　清道光二年(1822)刻本　四冊

360000－4931－0000243　108－263
三江試牘立誠篇三種十一卷　(清)汪廷珍輯　清道光元年(1821)刻本　二十冊

360000－4931－0000244　108－264
墨選珠船不分卷　(清)曹薌谿評選　清同治四年(1865)同文會刻本　二冊

360000－4931－0000245　108－265
制義偶鈔五編九卷　(清)浦起龍輯　清刻本　四冊

360000－4931－0000246　108－266
崇文書院課藝續編一卷崇文試帖一卷　(清)高人驥　(清)孫詒紳編　清同治七年(1868)刻本　二冊

360000－4931－0000247　108－268
茂林賦畧不分卷　(清)吳鴻冊編　清乾隆刻本　二冊

360000－4931－0000248　108－270
光緒壬午科直省鄉墨粹十八卷　(清)王亦曾編　清光緒八年(1882)京都琉璃廠刻本　四冊

360000－4931－0000249　108－271
酬世錦囊書啓合編八卷　(清)鄒景揚輯　清乾隆大德堂刻本　五冊

360000－4931－0000250　108－272
酬世錦囊家禮集成七卷　(清)鄒景揚輯　清乾隆大德堂刻本　五冊

360000－4931－0000251　108－273
酬世錦囊帖式稱呼二卷　(清)鄒景揚輯　清乾隆大德堂刻本　一冊

360000－4931－0000252　109－274
詩句題解韻編五卷續集五卷　(清)陳維屏輯　清同治八年(1869)刻本　十冊

360000－4931－0000253　109－275
鴻文擷勝二卷　(清)陳觀彤輯　清光緒二年(1876)詠霓館刻本　二冊

360000－4931－0000254　109－276
養雲山館試帖註釋四卷　(清)許球撰　(清)

王榮紱注釋　清同治七年(1868)刻本　二册

360000－4931－0000255　109－277
時藝階第六集四卷　(清)路德輯　清刻本　六册

360000－4931－0000256　109－278
目耕齋讀本初集四卷二集四卷　(清)徐楷評注　(清)沈叔眉輯　清道光二十一年(1841)刻本　二册

360000－4931－0000257　109－279
彙刻考卷雋快新編四卷二編四卷三編四卷　(清)季成銑等輯　清道光二十一年至二十三年(1841－1843)眺遠樓刻本　六册

360000－4931－0000258　109－280
袖珍酬世錦囊全書十九卷　(清)鄒景揚輯　清刻本　十册　存十六卷(書啓續編一至二、四,家禮纂要一、四至五,對聯雋句五卷,稱呼帖式續編三卷,天下路程續編二卷)

360000－4931－0000259　109－281
律賦金鍼初集不分卷　(清)許乃普編　清道光二十一年(1841)刻本　二册

360000－4931－0000260　109－282
詳註水竹居賦不分卷　(清)盛觀潮撰　清道光二十八年(1848)刻本　二册

360000－4931－0000261　109－283
小題指南不分卷　(清)次歐居士輯　清道光八年(1828)刻本　二册

360000－4931－0000262　109－284
小題指南二集不分卷　(清)次歐居士輯　清道光十年(1830)刻本　二册

360000－4931－0000263　109－285
四六全書彙編十卷郡邑考略一卷　(明)李日華輯　清刻本　一册　存四卷(八至十、郡邑考略一卷)

360000－4931－0000264　109－286
新定四六全書彙編十卷氏族考一卷　(清)汪淇編　清刻本　二册

360000－4931－0000265　109－287
策學大全十二卷　(清)黄鴻業輯　清同治六年(1867)刻本　四册

360000－4931－0000266　109－288
試律大觀三十二卷　(清)竹屏居士輯　清咸豐二年(1852)刻本　十一册　存二十八卷(一至十二、十七至三十二)

360000－4931－0000267　110－289
少嵒賦草四卷　(清)夏思沺撰　清同治元年(1862)刻本　二册

360000－4931－0000268　110－290
兩論聯章合璧不分卷　(清)汪柳門鑒定　清同治十二年(1873)刻本　二册

360000－4931－0000269　110－291
自怡齋文存不分卷　(清)溫汝超撰　清同治十年(1871)刻本　二册

360000－4931－0000270　110－292
犢山文稿不分卷　(清)周鎬撰　清同治四年(1865)刻本　二册

360000－4931－0000271　110－293
墨選觀止一卷舉業要言三卷　(清)梁葆慶輯　清道光十二年(1832)刻本　四册

360000－4931－0000272　110－294
分體利試文中初集六卷　(清)郝朝昇評選　清嘉慶二十二年(1817)刻本　五册　存五卷(一至五)

360000－4931－0000273　110－295
分體利試試帖法程十九卷　(清)鄭錫瀛輯　清同治四年(1865)刻本　六册

360000－4931－0000274　110－296
韞山堂時文全集十卷　(清)管世銘撰　清同治四年(1865)刻本　四册

360000－4931－0000275　110－297
東山經解十卷　(清)周封魯輯　清刻本　十册

360000－4931－0000276　110－298
藝林類擷十六卷　(清)謝輔坫輯　清咸豐五年(1855)刻本　四册

360000－4931－0000277　110－299
藝林珠玉二十九卷　(清)玉玲瓏山館主人輯　清同治六年至九年(1867－1870)刻本　二十八册

360000－4931－0000278　110－300
秋水軒尺牘四卷　(清)許思湄撰　清同治五年(1866)刻本　二册

360000－4931－0000279　110－301
清綺軒詞選十三卷　(清)夏秉衡輯　清刻本　六册

360000－4931－0000280　110－302
懷永堂繪像第六才子書西廂記八卷　(元)王德信　(元)關漢卿撰　(清)金人瑞批點　清光緒九年(1883)映紅仙館刻本　六册

360000－4931－0000281　110－303
道生堂小題制藝二集六卷　(清)鍾聲撰　清同治八年(1869)刻本　二册

360000－4931－0000282　110－304
道生堂課士草三集六卷　(清)鍾聲撰　清同治八年(1869)刻本　二册

360000－4931－0000283　110－305
時藝引三卷　(清)路德輯　清道光刻仁在堂全集本　二册

360000－4931－0000284　110－306
關中書院課士詩不分卷　(清)路德輯　清道光刻本　二册

360000－4931－0000285　110－307
關中書院賦課不分卷　(清)路德輯　清道光刻本　二册

360000－4931－0000286　111－308
策學新纂八卷附策佐一卷　(清)孔傳綸輯　清道光刻本　四册

360000－4931－0000287　111－309
藝林珠玉十卷續編三編　(清)玉玲瓏山館主人輯　清同治四年(1865)刻本　二十册

360000－4931－0000288　111－310
海上鴻泥偶存八卷　(清)羅鳳藻輯　清刻本　六册　存五卷(四至八)

360000－4931－0000289　111－311
龍響集不分卷　(清)愛日居主人輯　清同治四年(1865)刻本　十一册

360000－4931－0000290　111－312
子史要題解續編四卷　(清)胡本淵輯　(清)胡肇昕重編　清同治八年(1869)如不及齋刻本　四册

360000－4931－0000291　111－313
泮林擷秀六卷　(清)戴惇禧輯　清咸豐九年(1859)刻本　四册

360000－4931－0000292　111－314
增補尺牘合璧四卷　(清)寄虹軒主人增注　清光緒十六年(1890)珍藝書局石印本　二册

360000－4931－0000293　111－315
管周合稿十五卷　(清)管世銘　(清)周景益撰　清同治十二年(1873)刻本　六册

360000－4931－0000294　111－316
目耕齋讀本三種六卷　(清)徐楷評注　(清)沈叔眉輯　清光緒二年(1876)刻本　六册

360000－4931－0000295　111－317
袖珍策學纂要新編十六卷　(清)戴朋　(清)黄卷輯　清咸豐十年(1860)刻本　二册

360000－4931－0000296　111－318
修鳳樓策鈔六卷　(清)修鳳樓主人輯　清咸豐十年(1860)修鳳樓刻本　二册

360000－4931－0000297　111－319
江漢炳靈集二卷　(清)張之洞輯　清刻本　六册

360000－4931－0000298　111－320
試律英華四卷　(清)王金銛輯　清同治十二年(1873)刻本　二册

360000－4931－0000299　111－321
御纂性理精義十二卷　(清)李光地等纂修　清咸豐二年(1852)刻本　五册　存八卷(一、四至十)

360000－4931－0000300　111－322
增廣策學總纂大成四十六卷　(清)蔡壽祺輯　**增補全蜀水利考四卷**　(清)陳登龍撰　清光緒十一年(1885)聞見齋石印本　六冊

360000－4931－0000301　111－323
分類賦學雞蹠集三十卷附錄一卷　(清)張維城輯　清同治四年(1865)刻本　八冊

360000－4931－0000302　111－324
制藝鄉環十二卷　(清)叢桂軒主人輯　清道光二十九年(1849)刻本　十二冊

360000－4931－0000303　111－325
分類試帖連珠六卷　(清)楊菘圃輯　清同治十一年(1872)刻本　七冊

360000－4931－0000304　112－326
空策從新二卷　(清)□□輯　清同治九年(1870)刻本　二冊

360000－4931－0000305　112－327
墨海尋源六卷　(清)□□輯　清同治二年(1863)刻本　二冊　存二卷(學庸、上論)

360000－4931－0000306　112－328
直省闈墨合選八卷　(清)文林主人輯　清光緒二十九年(1903)石印本　七冊　存七卷(一至七)

360000－4931－0000307　112－329
策海六卷續編四卷　(清)瞿曾輯輯　清咸豐八年(1858)刻本　四冊

360000－4931－0000308　112－330
四六新策二卷　(清)□□輯　清刻本　二冊

360000－4931－0000309　112－331
空策二卷　(清)王芳洲輯　清同治六年(1867)琉璃廠刻本　二冊

360000－4931－0000310　112－332
性理論新編四卷　(清)許虞龍輯　清刻本　四冊

360000－4931－0000311　112－333
典林瑯環二十四卷　(清)吳錦堂輯　清嘉慶二十一年(1816)刻本　六冊

360000－4931－0000312　112－334
二十八科鄉墨四卷　(清)胡希周輯　清刻本　六冊

360000－4931－0000313　112－335
近墨花樣一新二卷　(清)葛作霖輯　清同治元年(1862)刻本　二冊

360000－4931－0000314　112－336
三通集要策母三卷　(清)□□輯　清同治九年(1870)刻本　二冊

360000－4931－0000315　112－337
二十八科鄉會墨選四卷(道光辛巳至丁未)　(清)胡希周輯　清道光二十七年(1847)崇辨堂刻本　六冊

360000－4931－0000316　112－338
近八科鄉會墨醇四卷　(清)杜聯選評　清同治三年(1864)京都琉璃廠刻本　四冊

360000－4931－0000317　112－339
八科鄉會墨醇二編四卷　(清)杜聯選評　清同治四年(1865)刻本　四冊

360000－4931－0000318　112－340
策學纂要正續編十六卷　(清)萬年茂　(清)戴第元輯　清光緒元年(1875)刻本　三冊　存十卷(一至十)

360000－4931－0000319　112－341
搭題雕龍三卷　(清)紅杏山房主人輯　清光緒四年(1878)刻本　四冊

360000－4931－0000320　112－343
胭脂牡丹□□卷　(□)□□輯　清刻本　三冊　存三卷(二至四)

360000－4931－0000321　112－344
幼幼集成六卷　(清)陳復正輯　清刻本　四冊　存四卷(三至六)

360000－4931－0000322　112－345
御纂醫宗金鑑十卷　(清)吳謙等撰　清刻本　三冊　存三卷(二、四、六)

360000－4931－0000323　112－346
傷寒世驗精法□□卷末一卷　(明)張吾仁輯

清刻本　三冊　存七卷（三至八、末一卷）

360000－4931－0000324　112－347

詘真辨妄一卷　（清）黄伯祿撰　清光緒三十年（1904）上海慈母堂鉛印本　一冊

360000－4931－0000325　112－348

了凡四訓四卷　（明）袁黄編　清光緒十六年（1890）刻本　一冊

360000－4931－0000326　112－349

文昌化書纂要一卷文昌帝君陰隲文一卷謹述文昌帝君惜字文一卷　（清）□□輯　清同治八年（1869）刻本（纂要一卷配清抄本）　一冊

360000－4931－0000327　112－350

屯溪公濟局徵信錄一卷　（清）屯溪公濟局編　清光緒十七年（1891）刻本　一冊

360000－4931－0000328　112－351

新安屯溪公濟局徵信錄不分卷　（清）屯溪公濟局編　清光緒二十一年（1895）刻本　一冊

360000－4931－0000329　112－352

新安屯溪公濟局徵信錄不分卷　（清）屯溪公濟局編　清光緒二十四年（1898）刻本　一冊

360000－4931－0000330　112－353

新安屯溪公濟局徵信錄不分卷　（清）屯溪公濟局編　清光緒二十七年（1901）刻本　一冊

360000－4931－0000331　112－354

重刻暗室燈註解二卷　（清）深山居士編　清嘉慶二十四年（1819）刻本　一冊

360000－4931－0000332　112－355

重刻暗室燈註解二卷　（清）深山居士編　清光緒十九年（1893）刻本　一冊

360000－4931－0000333　112－356

增訂暗室燈註解二卷　（清）深山居士編　清光緒七年（1881）刻本　一冊

360000－4931－0000334　112－357

引痘略不分卷　（清）邱熺輯　清道光十一年（1831）刻本　一冊

360000－4931－0000335　112－358

重刊牛痘新書一卷　（清）邱熺輯　清同治四年（1865）刻本　一冊

360000－4931－0000336　112－359

全嬰捷方一卷　（清）堅白道人撰　清光緒十年（1884）刻本　一冊

360000－4931－0000337　112－360

保赤全編二卷　（清）陳國珍輯　清光緒三十年（1904）刻本　一冊

360000－4931－0000338　112－361

外科症治全生集四卷　（清）王維德撰　清乾隆十四年（1749）刻本　一冊

360000－4931－0000339　112－362

珍珠囊藥性賦醫方捷徑合編二卷　（明）羅必煒輯　清刻本　一冊

360000－4931－0000340　112－363

痢瘧良方一卷　（清）倪涵初撰　清光緒二十年（1894）刻本　一冊

360000－4931－0000341　112－364

痧症指微一卷　（清）釋普淨撰　清光緒十三年（1887）刻本　一冊

360000－4931－0000342　112－365

感應篇直講三卷　（□）□□撰　清同治九年（1870）刻本　一冊

360000－4931－0000343　112－366

迪吉錄八卷首一卷　（明）顔茂猷輯　清光緒八年（1882）刻本　一冊

360000－4931－0000344　112－367

富貴福壽籍八卷　（清）樊起鵾輯　清同治九年（1870）刻本　一冊

360000－4931－0000345　112－368

客問條答一卷　（法國）倪懷綸撰　清光緒十三年（1887）鉛印本　一冊

360000－4931－0000346　112－369

慈幼新書二卷　（清）莊一夔撰　清道光二十六年（1846）刻本　一冊

360000－4931－0000347　112－370

雙鯉奩尺牘一卷　(清)管斯駿撰　清抄本　一册

360000 - 4931 - 0000348　112 - 371
薛淮生先生稿一卷　(清)薛春黎撰　清同治六年(1867)刻本　一册

360000 - 4931 - 0000349　112 - 372
聖諭廣訓一卷　(清)聖祖玄燁撰　(清)世宗胤禛廣訓　清刻本　一册

360000 - 4931 - 0000350　112 - 373
應試先資一卷臨文小補録一卷　(清)徐鳳梧輯　清道光二十八年(1848)刻本　一册

360000 - 4931 - 0000351　112 - 374
舊雨草堂時文一卷　(清)陳康祺撰　清刻本　一册

360000 - 4931 - 0000352　112 - 375
冷醍醐二卷　(清)紫藤花館主人撰　清咸豐十一年(1861)刻本　一册

360000 - 4931 - 0000353　112 - 376
稟啓零紈四卷　(清)徐紉裳輯　清光緒上海申報館鉛印申報館叢書本　一册

360000 - 4931 - 0000354　112 - 377
增訂詩法入門三卷　(清)游藝輯　清乾隆二十四年(1759)刻本　一册

360000 - 4931 - 0000355　112 - 378
新刻啓蒙甲子一卷　(□)□□輯　清屯溪茹古堂刻本　一册

360000 - 4931 - 0000356　112 - 379
賦學仙丹二卷　(清)徐斗光選　(清)涂一經輯　清同治四年(1865)刻本　一册

360000 - 4931 - 0000357　112 - 380
珠璣雜字一卷　(□)□□輯　清玉書樓刻本　一册

360000 - 4931 - 0000358　112 - 381
嚶求全集一卷　(清)繆艮撰　清光緒六年(1880)學海書局石印本　一册

360000 - 4931 - 0000359　112 - 382
天官五星二卷首一卷　(明)劉基撰　(清)劉元奇編　清嘉慶十二年(1807)學餘堂刻本　一册

360000 - 4931 - 0000360　112 - 383
生生神數一卷　(唐)吕嵒撰　清刻本　一册

360000 - 4931 - 0000361　112 - 384
同治乙丑科會試闈墨不分卷　(清)□□輯　清刻本　一册

360000 - 4931 - 0000362　112 - 385
附釋文互註禮部韻略五卷　(宋)丁度等撰　清康熙四十五年(1706)揚州使院刻本　三册　存三卷(一至三)

360000 - 4931 - 0000363　112 - 386
神勇易筋經一卷　題(北魏)釋達摩祖師撰　清抄本　一册

360000 - 4931 - 0000364　112 - 387
痘疹定論四卷　(清)朱純嘏撰　清康熙五十二年(1713)刻本　一册　存二卷(一至二)

360000 - 4931 - 0000365　112 - 388
張太史塾課文選詳批一卷附録一卷　(清)張江撰　(清)張翽騫編　清道光二十年(1840)三味堂刻本　一册

360000 - 4931 - 0000366　112 - 389
碧藕軒吟稿一卷　(清)陳玉瑛撰　清同治十年(1871)婺邑養吾浩然齋程景繁刻本　一册

360000 - 4931 - 0000367　112 - 390
百家楷摺一卷　(清)□□輯　清抄本　一册

360000 - 4931 - 0000368　112 - 391
同治戊辰科會試闈墨二卷　(清)□□輯　清刻本　一册

360000 - 4931 - 0000369　112 - 392
浙江闈墨三卷(補行咸豐辛酉科並同治壬戌恩科)　(清)董瑞輯　清刻本　一册

360000 - 4931 - 0000370　113 - 393
部像穴圖一卷附藥方一卷　(□)□□輯　清抄本　一册

360000－4931－0000371　113－394
麻症治訣一卷麻科要方一卷　(□)□□撰　清汪渭文抄本　一册

360000－4931－0000372　113－395
太白星官秘傳二卷附藥方一卷　(□)□□輯　清抄本　一册

360000－4931－0000373　113－396
醫方二卷　(□)□□輯　清抄本　一册

360000－4931－0000374　113－397
藥性賦二卷醫方湯頭歌括一卷四言脈訣一卷　(明)李中梓等撰　清抄本　一册

360000－4931－0000375　113－398
屢驗神方不分卷　(清)□□輯　清抄本　一册

360000－4931－0000376　113－399
希寶集不分卷　(清)□廷瓚輯　清程金寶抄本　一册

360000－4931－0000377　113－400
咽喉秘本不分卷　(□)□□輯　清抄本　一册

360000－4931－0000378　113－401
跌打藥一卷　(清)□□輯　清詹靜齋抄本　一册

360000－4931－0000379　113－402
□□雜方不分卷　(□)□□輯　清抄本　一册

360000－4931－0000380　113－403
漁洋詩話三卷　(清)王士禛撰　清雍正三年(1725)刻本　一册

360000－4931－0000381　113－404
七巧圖合璧不分卷　(清)桑下客繪　清光緒三年(1877)大成堂刻本　一册

360000－4931－0000382　113－405
增訂日用雜字一卷官階品級一卷新抄神童巧對一卷　(□)□□輯　清抄本　一册

360000－4931－0000383　113－406
新刻易見雜字農業不分卷　(清)□□輯　清屯溪黄開益堂刻本　一册

360000－4931－0000384　113－407
新刻易見雜字農業不分卷　(清)□□輯　清婺邑鄭文和堂刻本　一册

360000－4931－0000385　113－408
尻神圖八卦吉兇紋法三卷　(□)□□輯　清思溪愚公堂抄本　一册

360000－4931－0000386　113－410
珠算口訣一卷　(□)□□輯　清抄本　一册

360000－4931－0000387　113－411
精校音釋分門定類啓蒙全書不分卷　(□)□□輯　清刻本　一册

360000－4931－0000388　113－412
切韻指掌圖一卷　(宋)司馬光撰　清光緒九年(1883)上海同文書局石印本　一册

360000－4931－0000389　113－413
新鐫正韻訓蒙增廣不分卷　(清)周希陶修訂　清刻本　一册

360000－4931－0000390　113－414
醒迷錄不分卷　(□)□□輯　清抄本　一册

360000－4931－0000391　113－416
百家姓一卷　(□)□□輯　清屯溪會文堂刻本　一册

360000－4931－0000392　113－417
思樂書屋大小題文課三卷　(清)李應詔撰　清咸豐七年(1857)刻本　一册

360000－4931－0000393　113－418
竹虚小題鈔五卷　(清)潘謙受撰　清道光二十二年(1842)姑蘇吳邑江震華刻本　一册

360000－4931－0000394　113－419
病機不分卷　(清)何□□撰　清抄本　一册

360000－4931－0000395　113－420
醫方摘抄不分卷　(□)□□輯　清抄本　一册

360000－4931－0000396　113－421

喉科仙傳一卷　(□)□□輯　清抄本　一册

360000－4931－0000397　113－422
小隱山房新樂府一卷　(清)劉溱撰　清光緒十三年(1887)刻本　一册

360000－4931－0000398　113－423
沁香書屋制藝不分卷　(清)錢祖亮撰　清道光二十九年(1849)刻本　一册

360000－4931－0000399　113－424
[字帖]二卷　(清)黄自元書　清光緒八年(1882)刻本　一册

360000－4931－0000400　113－425
資孝葬畫述要一卷　(清)養拙山人輯　清同治九年(1870)刻本　一册

360000－4931－0000401　113－426
大學一卷附四書字辨一卷　(宋)朱熹章句　清刻本　一册

360000－4931－0000402　113－427
歷朝詠物詩選八卷　(清)俞琰輯　清雍正刻本　一册　存二卷(一至二)

360000－4931－0000403　P0001
欽定吏部處分則例五十二卷　(清)吏部編　清刻本　五册　存九卷(五至十三)

360000－4931－0000404　P0002
本草綱目五十二卷　(明)李時珍撰　清芥子園刻本　一册　存一卷(一)

360000－4931－0000405　P0003
五星集腋四卷　(清)廖冀亨輯　清刻本　二册　存二卷(三至四)

360000－4931－0000406　P0004
續廣事類賦三十卷　(清)王鳳喈撰　清刻本　六册　存十四卷(四至七、十五至十七、二十五至三十一)

360000－4931－0000407　P0005
農政全書六十卷　(明)徐光啓撰　清道光二十三年(1843)上海王氏刻本　五册　存十八卷(八至十一、十六至十七、三十一至三十八、四十三至四十六)

360000－4931－0000408　P0007
聖武記十四卷　(清)魏源撰　清末鉛印本　三册　存六卷(一至六)

360000－4931－0000409　P0008
四書詮義三十八卷　(清)汪紱撰　清道光一經堂刻本　一册　存一卷(二)

360000－4931－0000410　P0009
詩經融註大全體要八卷　(清)高朝瓔定　(清)沈世楷輯　清刻本　四册

360000－4931－0000411　P0010
詩經融註大全體要八卷　(清)高朝瓔定　(清)沈世楷輯　清霱光堂刻本　四册

360000－4931－0000412　P0011
詩經體注大全合參八卷　(清)高朝瓔定　(清)沈世楷輯　清刻本　二册　存三卷(三至五)

360000－4931－0000413　P0012
詩經體注大全八卷　(清)高朝瓔定　(清)沈世楷輯　清四知堂刻本　二册　存二卷(四至五)

360000－4931－0000414　P0013
詩經體注大全合參八卷　(清)高朝瓔定　(清)沈世楷輯　清聚蘭堂刻本　三册　存五卷(一至五)

360000－4931－0000415　P0014
詩經體注大全合參八卷　(清)高朝瓔定　(清)沈世楷輯　清刻本　二册　存三卷(三至五)

360000－4931－0000416　P0015
詩經體注大全合參八卷　(清)高朝瓔定　(清)沈世楷輯　清刻本　三册　存五卷(一至五)

360000－4931－0000417　P0016
詩經體注大全合參八卷　(清)高朝瓔定　(清)沈世楷輯　清刻本　四册

360000－4931－0000418　P0017
詩經體注大全合參八卷　(清)高朝瓔定

(清)沈世楷輯　清大文堂刻本　四冊

360000－4931－0000419　P0018
詩經體注大全合參八卷　(清)高朝瓔定　(清)沈世楷輯　清同人堂刻本　四冊

360000－4931－0000420　P0019
詩經體注大全合參八卷　(清)高朝瓔定　(清)沈世楷輯　清刻本　四冊

360000－4931－0000421　P0020
詩經融註大全體要八卷　(清)高朝瓔定　(清)沈世楷輯　清文奎堂刻本　四冊

360000－4931－0000422　P0021
地理正義鉛彈子砂水要訣七卷　(清)張鳳藻撰　清刻本　一冊　存二卷(一至二)

360000－4931－0000423　P0022
異聞總錄四卷　(宋)□□撰　**遂昌雜錄一卷**　(元)鄭元祐撰　清刻本　一冊　存二卷(異聞總錄四、遂昌雜錄一卷)

360000－4931－0000424　P0025
侯鯖錄八卷　(宋)趙德麟撰　清刻本　一冊　存五卷(一至五)

360000－4931－0000425　P0026
周易本義補四卷　(明)蘇了心撰　清光緒十一年(1885)關西堂刻本　一冊　存一卷(一)

360000－4931－0000426　P0027
大清律例根原一百二十四卷　(清)吳坤修編　清同治十年(1871)刻本　五冊　存三卷(一、三十五至三十六)

360000－4931－0000427　P0029
管子二十四卷　(唐)房玄齡注　(明)劉績增注　(明)朱長春通演　(明)沈鼎新　(明)朱養純評　(明)朱養和輯訂　清嘉慶九年(1804)姑蘇王氏聚文堂刻十子全書本　六冊

360000－4931－0000428　P0030
解學士文毅公全集十卷　(明)解縉撰　清康熙五十七年(1718)刻本　二冊　存二卷(五、九)

360000－4931－0000429　P0031
明文鈔不分卷　(清)高嵣編　清刻本　一冊

360000－4931－0000430　P0032
南宋襍事詩七卷　(清)沈嘉轍等撰　清刻本　一冊　存一卷(一)

360000－4931－0000431　P0033
禪門日誦諸經不分卷　(□)□□輯　清同治十二年(1873)洪山寶通寺一心刻本　一冊

360000－4931－0000432　P0034
御定康熙字典十二集三十六卷總目一卷檢字一卷辨似一卷等韻一卷補遺一卷備考一卷　(清)張玉書等纂修　清道光七年(1827)刻本　十二冊　存四集(申、酉、戌、亥)

360000－4931－0000433　P0035
傷寒纘論二卷傷寒緒論二卷　(清)張璐撰　清刻本　五冊　缺一卷(傷寒緒論一)

360000－4931－0000434　P0036
傷寒舌鑒一卷　(清)張登撰　清刻本　一冊

360000－4931－0000435　P0037
周禮政要二卷　(清)孫詒讓撰　清光緒二十八年(1902)瑞安普通學堂刻本　一冊　存一卷(下)

360000－4931－0000436　P0038
資治通鑑二百九十四卷　(宋)司馬光撰　(元)胡三省音注　清刻本　二冊　存七卷(二十六至二十九、三十七至三十九)

360000－4931－0000437　P0039
周禮折衷六卷　(漢)鄭玄注　(唐)賈公彥疏　(清)胡興栓編　清晚翠堂刻本　三冊　存三卷(四至六)

360000－4931－0000438　P0040
昌黎先生全集錄八卷　(唐)韓愈撰　(清)儲欣輯　清刻本　一冊　存二卷(三至四)

360000－4931－0000439　P0041
孟子七卷　(宋)朱熹集注　清怡慶堂刻本　一冊　存二卷(四至五)

360000－4931－0000440　P0042
論語八卷　(宋)朱熹集注　清聚奎樓刻本

一冊　存一卷(六)

360000－4931－0000441　P0043
大學一卷中庸一卷　(宋)朱熹章句　清刻本　一冊

360000－4931－0000442　P0044
四書集註十九卷　(宋)朱熹撰　清槐蔭堂刻本　一冊　存二卷(四至五)

360000－4931－0000443　P0045
初學小題明文繡□□卷　(清)朱元寧等輯　清華川書屋刻本　一冊　存一卷(乙)

360000－4931－0000444　P0046
傷寒纘論二卷　(清)張璐撰　清康熙六年(1667)刻本　三冊　存一卷(一)

360000－4931－0000445　P0047
管子二十四卷　(唐)房玄齡注　清刻本　三冊　存十一卷(一至十一)

360000－4931－0000446　P0048
本草求真九卷主治二卷　(清)黃宮繡撰　清綠圃齋刻本　四冊　存七卷(本草求真三至四、六至九,主治一)

360000－4931－0000447　P0049
佩文韻府一百六卷　(清)張玉書　(清)蔡升元等輯　清刻本　六冊　存七卷(五十八至六十三、八十一)

360000－4931－0000448　P0050
說文解字通釋四十卷　(五代)徐鍇撰　(五代)朱翺反切　清刻本　一冊　存五卷(十四至十八)

360000－4931－0000449　P0051
經文新編□□卷　(清)顧達尊輯　清刻本　一冊

360000－4931－0000450　P0052
本草綱目五十二卷　(明)李時珍撰　清芥子園刻本　五冊　存十一卷(二十六至二十九、四十三至四十九)

360000－4931－0000451　P0053
瀕湖脈理不分卷　(□)□□撰　清抄本　一冊

360000－4931－0000452　P0054
五開棠詠不分卷　(清)胡萬育等撰　清咸豐元年(1851)刻本　一冊

360000－4931－0000453　P0055
周禮十二卷　(漢)鄭玄注　(唐)陸德明音義　清光緒十二年(1886)湖北官書處刻本　三冊　存六卷(一至六)

360000－4931－0000454　P0056
景岳全書六十四卷　(明)張介賓撰　清刻本　三冊　存十一卷(四十八至五十八)

360000－4931－0000455　P0057
詩經集傳八卷　(宋)朱熹撰　清集道堂刻本　一冊　存三卷(六至八)

360000－4931－0000456　P0058
詩經集傳八卷　(宋)朱熹撰　清慎詒堂刻本　一冊　存一卷(三)

360000－4931－0000457　P0059
詩經集傳八卷　(宋)朱熹撰　清兩儀堂刻本　二冊　存三卷(一至三)

360000－4931－0000458　P0060
慎詒堂詩經八卷　(宋)朱熹集傳　清兩儀堂刻本　二冊　存五卷(一至五)

360000－4931－0000459　P0061
易見二卷　(清)宋鑑撰　清脈望書樓刻本　一冊　存一卷(二)

360000－4931－0000460　P0062
歐陽文忠公全集一百五十三卷首一卷附錄五卷　(宋)歐陽修撰　清刻本　三冊　存十四卷(一百六至一百十一、一百十七至一百十九、一百四十九至一百五十三)

360000－4931－0000461　P0063
大文堂古文十二卷　(清)吳乘權　(清)吳大職輯　清刻本　一冊　存二卷(一至二)

360000－4931－0000462　P0064
明文明不分卷　(清)路德輯　清道光二十六年(1846)文富堂刻本　一冊

360000－4931－0000463　P0065
小題鴛繡新篇不分卷　(清)張炳堃鑒定　清道光二十八年(1848)刻本　二冊

360000－4931－0000464　P0066
明文小題傳薪八卷　(清)臧岳評釋　清刻本　三冊

360000－4931－0000465　P0067
遼史一百十六卷　(元)脫脫等撰　清刻本　一冊　存十二卷(九十一至一百二)

360000－4931－0000466　P0068
本草求真九卷　(清)黄宫繡撰　清刻本　一冊　存四卷(三至六)

360000－4931－0000467　P0069
資治新書十四卷　(清)李漁輯　清芥子園刻本　一冊　存二卷(二至三)

360000－4931－0000468　P0070
虞初續志十二卷　(清)鄭澍若撰　清咸豐元年(1851)小瑯嬛山館刻本　六冊　存十卷(一至二、五至十二)

360000－4931－0000469　P0071
謝華啓秀集八卷　(明)楊慎輯　清刻本　一冊　存二卷(七至八)

360000－4931－0000470　P0072
中西算學大成一百卷　(清)陳維祺撰　清末石印本　一冊　存五卷(九十至九十四)

360000－4931－0000471　P0073
普勸敬竈編四卷　(清)戴鴻澤輯　清同治十年(1871)婺城鄭樹蘐堂刻本　一冊

360000－4931－0000472　P0074
南華經解三十三卷　(清)宣穎撰　清同治五年(1866)刻本　三冊　存十六卷(一至十六)

360000－4931－0000473　P0075
石渠閣訂正食物本草□□卷　(金)李杲輯　(清)蔣時機訂　清刻本　一冊　存四卷(四至七)

360000－4931－0000474　P0076
廣虞初新志四十卷　(清)黄承增輯　清嘉慶八年(1803)寄鷗閒舫刻本　一冊　存三卷(三至五)

360000－4931－0000475　P0077
虞初新志二十卷　(清)張潮輯　清咸豐元年(1851)小瑯嬛山館刻本　七冊　存十五卷(三至十七)

360000－4931－0000476　P0078
虞初續志十卷　(清)鄭澍若撰　清養花草堂刻本　三冊　存六卷(三至五、八至十)

360000－4931－0000477　P0079
增評加批歷史綱鑑補三十九卷首一卷　(明)王世貞　(明)袁黃編　清末上海文瑞樓石印本　一冊　存一卷(二)

360000－4931－0000478　P0081
觀音勸善文一卷　(□)□□撰　清同治九年(1870)刻本　一冊

360000－4931－0000479　P0082
御撰資治通鑑綱目三編二十卷　(清)張廷玉等撰　清刻本　六冊

360000－4931－0000480　P0083
憑山閣增輯留青新集三十卷　(清)陳枚輯　(清)陳德裕增輯　清刻本　四冊　存三卷(一至三)

360000－4931－0000481　P0084
事類賦三十卷　(宋)吴淑撰並注　清刻本　九冊

360000－4931－0000482　P0085
國朝文錄八十二卷　(清)姚椿輯　清咸豐元年(1851)終南山館刻本　二冊　存六卷(六十至六十五)

360000－4931－0000483　P0086
綱鑑會纂三十九卷首一卷　(明)王世貞編　清刻本　一冊　存一卷(三十五)

360000－4931－0000484　P0087
資治通鑑二百九十四卷　(宋)司馬光撰　(元)胡三省音注　**釋文辯誤十二卷**　(元)胡三省撰　清嘉慶二十一年(1816)胡克家刻本

十一册　存三十八卷（四十至四十五、七十九至八十三、八十七至九十六、一百七十六至一百七十八、一百八十五至一百九十一、二百三至二百九）

360000－4931－0000485　P0088

有竹居集十六卷　（清）任兆麟撰　清刻本　一册　存二卷（九至十）

360000－4931－0000486　P0089

選時四卷　（清）魏春江撰　清刻本　一册　存一卷（四）

360000－4931－0000487　P0090

新鐫神峰先生通考闢謬命理正宗大全六卷　（明）張楠撰　清末石印本　一册　存三卷（一至三）

360000－4931－0000488　P0091

陝西校士錄一卷　趙惟熙編　清刻本　一册

360000－4931－0000489　P0092

西園吟社詩二卷　（清）邱肇廣輯　清道光四年（1824）刻本　一册

360000－4931－0000490　P0093

禮記二十卷　（漢）鄭玄注　（唐）陸德明釋文　清刻本　三册　存三卷（四至六）

360000－4931－0000491　P0094

百無可齋近體詩一卷　傅春官撰　清光緒二十九年（1903）石印本　一册

360000－4931－0000492　P0095

周易本義補四卷　（明）蘇了心撰　清刻本　二册　存二卷（一至二）

360000－4931－0000493　P0096

周易本義補四卷　（明）蘇了心撰　清刻本　一册　存一卷（二）

360000－4931－0000494　P0097

周易本義補四卷　（明）蘇了心撰　清刻本　一册　存一卷（二）

360000－4931－0000495　P0098

周易本義補四卷　（明）蘇了心撰　清刻本　一册　存一卷（二）

360000－4931－0000496　P0099

百老吟一卷　錢溯耆輯　清宣統二年（1910）太倉錢氏聽邠館刻本　一册

360000－4931－0000497　P0100

有懷堂文稿二十二卷詩稿六卷　（清）韓菼撰　清康熙刻本　一册　存四卷（十一至十四）

360000－4931－0000498　P0101

如不及齋文鈔不分卷　（清）章甫撰　清嘉慶十五年（1810）刻本　一册

360000－4931－0000499　P0102

如亭詩稿二卷　（清）如亭撰　清道光八年（1828）刻本　一册

360000－4931－0000500　P0103

楚辭疏八卷　（清）吳世尚撰　清刻本　一册　存四卷（五至八）

360000－4931－0000501　P0104

思補過齋遺稿六卷　（清）辛師雲撰　清道光二年（1822）刻本　二册

360000－4931－0000502　P0105

盾鼻隨聞錄八卷　（清）樗園退叟輯　清咸豐四年（1854）刻本　一册

360000－4931－0000503　P0106

佛説四十二章經解一卷佛遺教經解一卷八大人覺經畧解一卷　（清）釋智旭撰　清光緒十一年（1885）金陵刻經處刻本　一册

360000－4931－0000504　P0107

晦庵先生朱文公文集一百卷續集五卷别集七卷目錄二卷　（宋）朱熹撰　（清）臧眉錫等訂　清刻本　五册　存七卷（四十八至五十一、五十三至五十四、五十七）

360000－4931－0000505　P0108

佛祖心要節錄二卷　（□）□□撰　清同治五年（1866）刻本　一册

360000－4931－0000506　P0109

孫真人千金方衍義三十卷　（清）張璐撰　清掃葉山房刻本　十四册　存十一卷（三至十三）

360000－4931－0000507　P0110
蠶桑輯要一卷　(清)沈秉成撰　**廣蠶桑説一卷**　(清)沈練撰　清光緒元年(1875)江西書局刻本　一册

360000－4931－0000508　P0111
桑蠶説一卷　(清)江毓昌撰　清刻本　一册

360000－4931－0000509　P0112
桑蠶説一卷　(清)江毓昌撰　清刻本　一册

360000－4931－0000510　P0113
桑蠶説一卷　(清)江毓昌撰　清刻本　一册

360000－4931－0000511　P0114
桑蠶説一卷　(清)江毓昌撰　清刻本　一册

360000－4931－0000512　P0115
桑蠶説一卷　(清)江毓昌撰　清刻本　一册

360000－4931－0000513　P0116
桑蠶説一卷　(清)江毓昌撰　清刻本　一册

360000－4931－0000514　P0118
重訂事類賦三十卷　(宋)吳淑撰並注　清刻本　六册

360000－4931－0000515　P0119
重訂事類賦三十卷　(宋)吳淑撰並注　清刻本　四册　存二十二卷(九至三十)

360000－4931－0000516　P0120
重訂事類賦三十卷　(宋)吳淑撰並注　清刻本　二册　存十二卷(一至十二)

360000－4931－0000517　P0121
重訂事類賦三十卷　(宋)吳淑撰並注　清刻本　二册　存八卷(六至十三)

360000－4931－0000518　P0122
重訂事類賦三十卷　(宋)吳淑撰並注　清刻本　五册　存二十一卷(四至十五、三十二至四十)

360000－4931－0000519　P0123
重訂事類賦三十卷　(宋)吳淑撰並注　清刻本　二册　存九卷(十至十八)

360000－4931－0000520　P0124
重訂事類賦三十卷　(宋)吳淑撰並注　清刻本　一册　存五卷(九至十三)

360000－4931－0000521　P0125
續廣事類賦三十卷　(清)王鳳喈撰　清嘉慶三年(1798)刻本　二册　存五卷(一至三、六至七)

360000－4931－0000522　P0126
續廣事類賦三十卷　(清)王鳳喈撰　清道光四年(1824)刻本　一册　存三卷(一至三)

360000－4931－0000523　P0127
續廣事類賦三十卷　(清)王鳳喈撰　清刻本　二册　存十一卷(二十至三十)

360000－4931－0000524　P0128
續廣事類賦三十卷　(清)王鳳喈撰　清刻本　六册　存二十一卷(一至二十一)

360000－4931－0000525　P0129
續廣事類賦三十卷　(清)王鳳喈撰　清刻本　三册　存十卷(十七、二十二至三十)

360000－4931－0000526　P0130
續廣事類賦三十卷　(清)王鳳喈撰　清刻本　五册　存八卷(五至八、十二、十四至十六)

360000－4931－0000527　P0131
續廣事類賦三十卷　(清)王鳳喈撰　清刻本　一册　存二卷(十八至十九)

360000－4931－0000528　P0132
古文析義六卷　(清)林雲銘評注　清刻本　六册

360000－4931－0000529　P0133
古文析義六卷　(清)林雲銘評注　清刻本　六册

360000－4931－0000530　P0134
春秋左傳杜注三十卷首一卷　(清)姚培謙撰　清同治五年(1866)金陵書局刻本　七册　存二十一卷(一至二、七至十五、二十二至三十,首一卷)

360000－4931－0000531　P0135
春秋左傳杜注三十卷首一卷　(清)姚培謙撰

清末李光明莊刻本　七册　存十九卷(十二至三十)

360000－4931－0000532　P0136
鼎鍥幼幼集成六卷　(清)陳復正輯　清刻本　一册　存二卷(一至二)

360000－4931－0000533　P0137
驗方集要一卷　(清)暘谷居士輯　清道光二十六年(1846)刻本　一册

360000－4931－0000534　P0139
驗方新編十六卷　(清)鮑相璈編　清同治刻本　一册　存一卷(一)

360000－4931－0000535　P0141
類經三十二卷　(明)張介賓類注　明刻本　六册　存十三卷(七至八、十二至十三、十七至十八、二十一至二十三、二十七至三十)

360000－4931－0000536　P0142
憑山閣增輯留青新集三十卷　(清)陳枚輯　(清)陳德裕增輯　清刻本　一册　存二卷(二十五至二十六)

360000－4931－0000537　P0143
憑山閣增輯留青新集三十卷　(清)陳枚輯　(清)陳德裕增輯　清刻本　一册　存一卷(二十七)

360000－4931－0000538　P0144
述園遺稿五卷　(清)晏善澄撰　清道光七年(1827)上高晏氏刻本　二册　存二卷(二至三)

360000－4931－0000539　P0145
七家詩選註釋七卷　(清)張熙宇輯　(清)張昶注　清刻朱墨套印本　一册　存三卷(五至七)

360000－4931－0000540　P0146
新刻校正增補圓機活法詩學全書二十四卷　(明)王世貞校正　清刻本　三册　存十卷(一至十)

360000－4931－0000541　P0147
新刻校正增補圓機活法詩學全書二十四卷　(明)王世貞校正　清刻本　七册　存十二卷(一至四、九至十四、二十一至二十二)

360000－4931－0000542　P0148
新刻校正增補圓機活法詩學全書二十四卷　(明)王世貞校正　清刻本　七册　存十六卷(一至十四、十九至二十)

360000－4931－0000543　P0149
新刻校正增補圓機活法詩學全書二十四卷　(明)王世貞校正　清刻本　四册　存十三卷(四至五、八至十八)

360000－4931－0000544　P0150
新刻校正增補圓機活法詩學全書二十四卷　(明)王世貞校正　清刻本　一册　存二卷(一至二)

360000－4931－0000545　P0151
新刻校正增補圓機活法詩學全書二十四卷　(明)王世貞校正　清刻本　一册　存三卷(五至七)

360000－4931－0000546　P0152
新刻校正增補圓機活法詩學全書二十四卷　(明)王世貞校正　清刻本　一册　存三卷(七至九)

360000－4931－0000547　P0153
新刻校正增補圓機活法詩學全書二十四卷　(明)王世貞校正　清刻本　一册　存三卷(八至十)

360000－4931－0000548　P0154
本草綱目五十二卷　(明)李時珍撰　清芥子園刻本　二册　存三卷(十五、二十一至二十二)

360000－4931－0000549　P0155
本草綱目五十二卷　(明)李時珍撰　清芥子園刻本　三册　存六卷(二十五至二十六、二十九至三十、三十七至三十八)

360000－4931－0000550　P0156
本草綱目五十二卷　(明)李時珍撰　清芥子園刻本　六册　存十二卷(二十三至二十五、

二十七至二十八、三十至三十一、三十四至三十五、三十八至三十九、五十)

360000－4931－0000551　P0157
古文翼八卷　(清)唐德宜輯　清刻本　二册　存二卷(二、四)

360000－4931－0000552　P0158
古文翼八卷　(清)唐德宜輯　清刻本　二册　存二卷(五至六)

360000－4931－0000553　P0159
古文翼八卷　(清)唐德宜輯　清刻本　三册　存三卷(六至八)

360000－4931－0000554　P0160
古文翼八卷　(清)唐德宜輯　清刻本　一册　存一卷(五)

360000－4931－0000555　P0161
古文翼八卷　(清)唐德宜輯　清刻本　四册　存四卷(四至七)

360000－4931－0000556　P0162
古文翼八卷　(清)唐德宜輯　清刻本　一册　存一卷(七)

360000－4931－0000557　P0163
彙音千文一卷　(□)□□輯　清刻本　一册

360000－4931－0000558　P0164
四書典林三十卷　(清)江永輯　清刻本　一册　存三卷(十四至十六)

360000－4931－0000559　P0165
四書大全三十七卷　(明)胡廣等撰　(明)李廷機等會纂　清刻本　一册　存一卷(十八)

360000－4931－0000560　P0166
春秋五傳十七卷首一卷　(明)張岐然編　(清)張璞重編　清令德堂、華文堂刻本　十七册

360000－4931－0000561　P0167
春秋五傳十七卷首一卷　(明)張岐然編　(清)張璞重編　清華文堂刻本　十二册　存十三卷(三至四、七至十七)

360000－4931－0000562　P0168
春秋五傳十七卷首一卷　(明)張岐然編　(清)張璞重編　清華文堂刻本　七册　存七卷(四至五、七、十二至十五)

360000－4931－0000563　P0169
春秋五傳十七卷首一卷　(明)張岐然編　(清)張璞重編　清華文堂刻本　五册　存五卷(七至九、十四、十七)

360000－4931－0000564　P0170
春秋五傳十七卷首一卷　(明)張岐然編　(清)張璞重編　清華文堂刻本　四册　存四卷(六、九、十一、十四)

360000－4931－0000565　P0171
評點春秋綱目左傳句解彙雋六卷　(清)韓菼重訂　清刻本　六册

360000－4931－0000566　P0172
評點春秋綱目左傳句解彙雋六卷　(清)韓菼重訂　清刻本　六册

360000－4931－0000567　P0173
評點春秋綱目左傳句解彙雋六卷　(清)韓菼重訂　清刻本　四册　存四卷(一、四至六)

360000－4931－0000568　P0174
評點春秋綱目左傳句解彙雋六卷　(清)韓菼重訂　清英德堂刻本　二册　存二卷(一至二)

360000－4931－0000569　P0175
評點春秋綱目左傳句解彙雋六卷　(清)韓菼重訂　清光緒二十九年(1903)經元書室刻本　一册　存一卷(一)

360000－4931－0000570　P0176
評點春秋綱目左傳句解彙雋六卷　(清)韓菼重訂　清刻本　一册　存一卷(四)

360000－4931－0000571　P0177
太史張天如詳節春秋綱目句解左傳彙雋六卷　(清)韓菼重訂　清刻本　三册　存三卷(二至四)

360000－4931－0000572　P0179

大清光緒叁壹年通書不分卷　清光緒刻本　一册

360000－4931－0000573　P0180
大清光緒貳拾玖年通書不分卷　清光緒刻本　一册

360000－4931－0000574　P0181
大清光緒叁貳年通書不分卷　清光緒刻本　一册

360000－4931－0000575　P0182
大清宣統三年通書一卷　清宣統刻本　一册

360000－4931－0000576　P0183
大清光緒拾叁年通書不分卷　清光緒刻本　一册

360000－4931－0000577　P0184
大清光緒貳拾捌年通書不分卷　清光緒刻本　一册

360000－4931－0000578　P0185
大清光緒叁拾年通書不分卷　清刻本　一册

360000－4931－0000579　P0186
大清光緒拾柒年通書不分卷　清光緒刻本　一册

360000－4931－0000580　P0187
周易本義補四卷　（明）蘇了心撰　清刻本　一册　存一卷（二）

360000－4931－0000581　P0189
鼎鍥幼幼集成六卷　（清）陳復正輯　清道光十七年（1837）王及鋒抄本　二册　存二卷（一、五）

360000－4931－0000582　P0190
山谷内集詩注二十卷　（宋）黄庭堅撰　（宋）任淵注　**山谷外集詩注十七卷**　（宋）黄庭堅撰　（宋）史容注　**山谷别集詩注二卷**　（宋）黄庭堅撰　（宋）史季溫注　清刻本　二册　存五卷（山谷内集詩注一至五）

360000－4931－0000583　P0191
山谷内集詩注二十卷　（宋）黄庭堅撰　（宋）任淵注　**山谷外集詩注十七卷**　（宋）黄庭堅撰　（宋）史容注　**山谷别集詩注二卷**　（宋）黄庭堅撰　（宋）史季溫注　清刻本　三册　存九卷（山谷内集詩注十二至二十）

360000－4931－0000584　P0192
山谷内集詩注二十卷　（宋）黄庭堅撰　（宋）任淵注　**山谷外集詩注十七卷**　（宋）黄庭堅撰　（宋）史容注　**山谷别集詩注二卷**　（宋）黄庭堅撰　（宋）史季溫注　清刻本　四册　存十八卷（山谷内集詩注四至十三、山谷外集詩注一至八）

360000－4931－0000585　P0193
桂芳齋重訂古文釋義新編八卷　（清）余誠評注　清桂芳齋刻本　五册　存五卷（二至六）

360000－4931－0000586　P0194
書經串講六卷　（清）陳殿英輯　清光緒元年（1875）刻本　四册　存五卷（一至五）

360000－4931－0000587　P0195
書經四卷末一卷　（清）任啓運約注　清光緒十二年（1886）刻本　一册　存三卷（三至四、末一卷）

360000－4931－0000588　P0196
禮記十卷　（元）陳澔集注　清刻本　二册　存二卷（三、五）

360000－4931－0000589　P0198
歐陽文忠公全集一百五十三卷附録五卷　（宋）歐陽修撰　**廬陵歐陽文忠公年譜一卷**　（宋）胡柯編　清嘉慶二十四年（1819）釣源歐陽衡慎五堂刻本　一册　存五卷（附録五卷）

360000－4931－0000590　P0199
今古奇觀四十卷　（明）抱甕老人輯　清積秀堂刻本　一册　存八卷（一至八）

360000－4931－0000591　P0200
今古奇觀四十卷　（明）抱甕老人輯　清刻本　一册　存三卷（八至十）

360000－4931－0000592　P0201
三字經註解備要一卷　（清）賀興思注解　清光緒二十四年（1898）兩儀堂刻本　一册

360000－4931－0000593　P0202
三字經註解備要一卷　(清)賀興思注解　清光緒二十四年(1898)兩儀堂刻本　一册

360000－4931－0000594　P0203
胡文忠公遺集十卷首一卷　(清)胡林翼撰　(清)閻敬銘　(清)厲雲官　(清)盛康輯　清同治三年(1864)武昌節署刻本　五册

360000－4931－0000595　P0204
鼎鍥幼幼集成六卷　(清)陳復正輯　清刻本　一册　存三卷(四至六)

360000－4931－0000596　P0205
董子春秋繁露十七卷　(漢)董仲舒撰　清末鉛印本　一册　存九卷(九至十七)

360000－4931－0000597　P0206
新刻星平合訂命學須知二卷　(清)胡柏齡錄　清刻本　一册

360000－4931－0000598　P0207
御定康熙字典十二集三十六卷總目一卷檢字一卷辨似一卷等韻一卷補遺一卷備考一卷　(清)張玉書等纂修　清刻本　七册　存十卷(子集上下、丑集上中下,總目一卷,檢字一卷,辨似一卷,等韻一卷,備考一卷)

360000－4931－0000599　P0208
御定康熙字典十二集三十六卷總目一卷檢字一卷辨似一卷等韻一卷補遺一卷備考一卷　(清)張玉書等纂修　清刻本　一册　存一卷(丑下)

360000－4931－0000600　P0209
南華經□□卷　清刻本　一册　存一卷(五)

360000－4931－0000601　P0210
大清光緒貳拾年通書不分卷　清光緒刻本　一册

360000－4931－0000602　P0211
大清光緒拾年通書不分卷　清光緒刻本　一册

360000－4931－0000603　P0212
大清光緒貳拾貳年通書不分卷　清光緒刻本　一册

360000－4931－0000604　P0213
大清光緒六年通書不分卷　清光緒刻本　一册

360000－4931－0000605　P0214
大清光緒拾玖年通書不分卷　清光緒刻本　一册

360000－4931－0000606　P0215
大清光緒叁貳年通書不分卷　清光緒刻本　一册

360000－4931－0000607　P0216
大清光緒叁拾年通書不分卷　清光緒刻本　一册

360000－4931－0000608　P0217
鼎鍥趙田了凡袁先生編纂古本歷史大方綱鑑補三十九卷首一卷　(明)袁黄編　清刻本　十一册　存十五卷(十三、十九至二十、二十三至三十四)

360000－4931－0000609　P0218
鼎鍥趙田了凡袁先生編纂古本歷史大方綱鑑補三十九卷首一卷　(明)袁黄編　清刻本　二册　存四卷(三十一至三十四)

360000－4931－0000610　P0219
鼎鍥趙田了凡袁先生編纂古本歷史大方綱鑑補三十九卷首一卷　(明)袁黄編　清刻本　二册　存三卷(十一至十二、二十三)

360000－4931－0000611　P0220
鼎鍥趙田了凡袁先生編纂古本歷史大方綱鑑補三十九卷首一卷　(明)袁黄編　清刻本　二册　存二卷(三十四至三十五)

360000－4931－0000612　P0221
鼎鍥趙田了凡袁先生編纂古本歷史大方綱鑑補三十九卷首一卷　(明)袁黄編　清刻本　一册　存一卷(十六)

360000－4931－0000613　P0222
鼎鍥趙田了凡袁先生編纂古本歷史大方綱鑑補三十九卷首一卷　(明)袁黄編　清刻本

一册　存二卷(十四至十五)

360000－4931－0000614　P0223
鼎鍥趙田了凡袁先生編纂古本歷史大方綱鑑補三十九卷首一卷　(明)袁黄編　清刻本　一册　存一卷(十)

360000－4931－0000615　P0224
鼎鍥趙田了凡袁先生編纂古本歷史大方綱鑑補三十九卷首一卷　(明)袁黄編　清刻本　一册　存一卷(十三)

360000－4931－0000616　P0225
鼎鍥趙田了凡袁先生編纂古本歷史大方綱鑑補三十九卷首一卷　(明)袁黄編　清刻本　一册　存一卷(十六)

360000－4931－0000617　P0226
鼎鍥趙田了凡袁先生編纂古本歷史大方綱鑑補三十九卷首一卷　(明)袁黄編　清刻本　一册　存一卷(十九)

360000－4931－0000618　P0227
增補歷史綱鑑三十九卷首一卷　(明)袁黄編　清刻本　三册　存三卷(十六至十七、二十二)

360000－4931－0000619　P0228
增補歷史綱鑑三十九卷首一卷　(明)袁黄編　清刻本　二册　存四卷(二十二至二十五)

360000－4931－0000620　P0229
鼎鍥趙田了凡袁先生編纂古本歷史大方綱鑑補三十九卷首一卷　(明)袁黄編　清刻本　三册　存三卷(十四至十五、三十五)

360000－4931－0000621　P0230
鼎鍥趙田了凡袁先生編纂古本歷史大方綱鑑補三十九卷首一卷　(明)袁黄編　清刻本　一册　存二卷(二十一至二十二)

360000－4931－0000622　P0231
鼎鍥趙田了凡袁先生編纂古本歷史大方綱鑑補三十九卷首一卷　(明)袁黄編　清刻本　十一册　存十四卷(二十六至三十九)

360000－4931－0000623　P0232
鼎鍥趙田了凡袁先生編纂古本歷史大方綱鑑補三十九卷首一卷　(明)袁黄編　清刻本　五册　存八卷(一至七、首一卷)

360000－4931－0000624　P0233
新刊趙田了凡袁先生編纂古本歷史大方綱鑑補三十九卷首一卷　(明)袁黄編　清五雲樓刻本　二册　存三卷(七至八、二十四)

360000－4931－0000625　P0234
新刊趙田了凡袁先生編纂古本歷史大方綱鑑補三十九卷首一卷　(明)袁黄編　清五雲樓刻本　二册　存二卷(八、二十五)

360000－4931－0000626　P0235
新刊趙田了凡袁先生編纂古本歷史大方綱鑑補三十九卷首一卷　(明)袁黄編　清刻本　五册　存五卷(二十二至二十三、三十五至三十七)

360000－4931－0000627　P0236
新刊趙田了凡袁先生編纂古本歷史大方綱鑑補三十九卷首一卷　(明)袁黄編　清刻本　一册　存二卷(二十二至二十三)

360000－4931－0000628　P0237
新刊趙田了凡袁先生編纂古本歷史大方綱鑑補三十九卷首一卷　(明)袁黄編　清刻本　一册　存一卷(三十四)

360000－4931－0000629　P0238
鼎鍥趙田了凡袁先生編纂古本歷史大方綱鑑補三十九卷首一卷　(明)袁黄編　清刻本　二册　存四卷(二十三至二十六)

360000－4931－0000630　P0239
鼎鍥趙田了凡袁先生編纂古本歷史大方綱鑑補三十九卷首一卷　(明)袁黄編　清刻本　一册　存一卷(三十八)

360000－4931－0000631　P0240
明文鈔不分卷　(清)高嵣編　清刻本　一册

360000－4931－0000632　P0241
陰遁九局不分卷　(清)□□撰　清朱墨抄本　一册

360000－4931－0000633　P0242
破迷宗旨一卷　(清)儒童老人撰　清刻本　一册

360000－4931－0000634　P0243
大清光緒貳拾玖年通書不分卷　清光緒刻本　一册

360000－4931－0000635　P0244
大清光緒拾伍年通書不分卷　清光緒刻本　一册

360000－4931－0000636　P0245
大清光緒叁拾叁年通書不分卷　清光緒刻本　一册

360000－4931－0000637　P0246
大清光緒貳拾年通書不分卷　清光緒刻本　一册

360000－4931－0000638　P0247
大清同治肆年通書一卷　清同治刻本　一册

360000－4931－0000639　P0248
大清光緒貳拾貳年通書不分卷　清光緒刻本　一册

360000－4931－0000640　P0249
大清光緒貳拾陸年通書不分卷　清光緒刻本　一册

360000－4931－0000641　P0250
大清光緒拾柒年通書不分卷　清光緒刻本　一册

360000－4931－0000642　P0251
大清光緒貳拾肆年通書不分卷　清光緒刻本　一册

360000－4931－0000643　P0252
大清同治叁年通書一卷　清同治刻本　一册

360000－4931－0000644　P0253
大清光緒叁拾肆年通書不分卷　清光緒刻本　一册

360000－4931－0000645　P0254
大清光緒拾肆年通書不分卷　清光緒刻本　一册

360000－4931－0000646　P0255
大清光緒廿壹年通書不分卷　清光緒刻本　一册

360000－4931－0000647　P0256
大清光緒拾壹年通書不分卷　清光緒刻本　一册

360000－4931－0000648　P0257
大清光緒拾陸年通書不分卷　清光緒刻本　一册

360000－4931－0000649　P0258
大清光緒拾捌年通書不分卷　清光緒刻本　一册

360000－4931－0000650　P0259
增訂敬信録□卷　(清)□□輯　清同治刻本　一册　存一卷(下)

360000－4931－0000651　P0260
鴻文會試草一卷　(清)王昌時撰　清刻本　一册

360000－4931－0000652　P0261
鴻文會試草一卷　(清)王世德撰　清木活字印本　一册

360000－4931－0000653　P0262
鴻文會棣華試草一卷　(清)王廷治撰　清刻本　一册

360000－4931－0000654　P0263
蘭畹書屋試草一卷　(清)江鳳藻撰　清乙照齋刻本　一册

360000－4931－0000655　P0264
試草一卷　(清)曹用禮撰　清刻本　一册

360000－4931－0000656　P0265
澤存書屋試草一卷　(清)余簪杏撰　清刻本　一册

360000－4931－0000657　P0266
養餘軒試草一卷　(清)程振元撰　清刻本　一册

360000－4931－0000658　P0267

曬園書屋試草一卷　(清)李柏榮撰　清刻本　一冊

360000－4931－0000659　P0268

筠湘書屋試草一卷　(清)江雲鵬撰　清刻本　一冊

360000－4931－0000660　P0269

試卷一卷　(清)俞南照撰　清刻本　一冊

360000－4931－0000661　P0270

試草一卷　(清)詹文熾撰　清刻本　一冊

360000－4931－0000662　P0271

試草一卷　(清)汪國福撰　清刻本　一冊

360000－4931－0000663　P0272

試草一卷　(清)詹文熾撰　清刻本　一冊

360000－4931－0000664　P0273

普勸敬竈編四卷　(清)戴鴻澤輯　清光緒三十二年(1906)刻本　一冊

360000－4931－0000665　P0274

驗方新編十六卷　(清)鮑相璈編　清刻本　二冊　存五卷(五至九)

360000－4931－0000666　P0275

傷寒論注四卷　(漢)張機撰　(清)柯琴編注　清刻本　一冊　存一卷(一)

360000－4931－0000667　P0276

桂芳齋重訂古文釋義新編八卷　(清)余誠評注　清桂芳齋刻本　一冊　存二卷(五至六)

360000－4931－0000668　P0277

春秋五傳十七卷首一卷　(明)張岐然編　(清)張璞重編　清刻本　二冊　存二卷(六、十七)

360000－4931－0000669　P0278

歐陽文忠公全集一百五十三卷　(宋)歐陽修撰　清刻本　二冊　存九卷(五十一至五十三、六十五至七十)

360000－4931－0000670　P0279

河洛理數七卷　(宋)陳摶撰　明崇禎五年(1632)刻本　六冊

360000－4931－0000671　P0280

御定康熙字典十二集三十六卷總目一卷檢字一卷辨似一卷等韻一卷補遺一卷備考一卷　(清)張玉書等纂修　清刻本　二冊　存五卷(午集上中下、補遺一卷、備考一卷)

360000－4931－0000672　P0281

春秋左傳五十卷　(晉)杜預注　(唐)陸德明音義　(宋)林堯叟補注　清刻本　三冊　存六卷(四十三至四十四、四十七至五十)

360000－4931－0000673　P0282

有正味齋試帖一卷　(清)吳錫麒撰　**芝音閣試帖一卷**　(清)梁上國撰　**存素堂試帖一卷**　(清)法式善撰　**方雪齋試帖一卷**　(清)何元烺撰　**桑寄生齋試帖一卷**　(清)王蘇撰　清刻本　一冊

360000－4931－0000674　P0284

潘潁川聞和草詩集八卷　(清)潘書馨撰　清刻本　一冊　存四卷(五至八)

360000－4931－0000675　P0285

古唐詩合解十二卷　(清)王堯衢注　清務本堂刻本　一冊　存二卷(一至二)

360000－4931－0000676　P0286

瀛海探驪集八卷　(清)朱埏之輯　清嘉慶十九年(1814)刻本　四冊　存四卷(一、四至五、七)

360000－4931－0000677　P0287

大佛頂如來密因修證了義諸菩薩萬行首楞嚴經合論十卷　(宋)釋德洪撰　清刻本　三冊　存六卷(三至八)

360000－4931－0000678　P0288

大佛頂如來密因修證了義諸菩薩萬行首楞嚴經十卷　(唐)釋般剌密帝　(唐)釋彌伽釋迦譯　清光緒刻本　三冊

360000－4931－0000679　P0289

平園雜著内編十四卷　(清)林有席撰　(清)林大佐編　清道光六年(1826)刻本　二冊

存五卷(三至四、八至十)

360000－4931－0000680　P0291
鼎鍥幼幼集成六卷　(清)陳復正輯　清松盛堂刻本　四册

360000－4931－0000681　P0292
思補過齋遺稿六卷　(清)辛師雲撰　清刻本　一册　存三卷(四至六)

360000－4931－0000682　P0293
思補過齋遺稿六卷　(清)辛師雲撰　清刻本　一册　存三卷(四至六)

360000－4931－0000683　P0294
蟫餘集不分卷　(清)朱承寵撰　清刻本　一册

360000－4931－0000684　P0295
孫真人千金方衍義三十卷　(清)張璐撰　清嘉慶五年(1800)掃葉山房刻本　二册　存二卷(十九、二十二)

360000－4931－0000685　P0296
本朝應制和聲集六卷首三卷二集三卷首一卷二集補編一卷　(清)沈德潛　(清)王居正輯並評　清乾隆刻本　三册　存三卷(三至四、六)

360000－4931－0000686　P0297
凌雲書院義學册不分卷　(清)□□輯　清木活字印本　一册

360000－4931－0000687　P0298
鼎鍥幼幼集成六卷　(清)陳復正輯　清松盛堂刻本　四册　存四卷(一至二、五至六)

360000－4931－0000688　P0299
瀛海探驪集八卷　(清)朱埏之輯　清嘉慶十九年(1814)刻本　一册　存二卷(五至六)

360000－4931－0000689　P0300
酬世錦囊全書□□卷　(清)鄒景揚輯　清刻本　一册　存一卷(五)

360000－4931－0000690　P0302
增補事類賦統編九十三卷首一卷　(清)黄葆真編　清聖蔭堂刻本　一册　存二卷(四十三至四十四)

360000－4931－0000691　P0303
重刻佛祖道影四卷　(清)釋守一編　清光緒六年(1880)刻本　四册

360000－4931－0000692　P0304
醫學心悟五卷附外科十法一卷　(清)程國彭撰　清刻本　一册　存一卷(一)

360000－4931－0000693　P0305
繪圖四書速成新體讀本不分卷　王有宗　施崇恩校訂　清寶慶崇書室刻本　一册

360000－4931－0000694　P0306
胡文忠公遺集八十六卷首一卷　(清)胡林翼撰　(清)鄭敦謹　(清)曾國荃輯　清刻本　二册　存六卷(七十八至八十三)

360000－4931－0000695　P0307
春秋經傳集解三十卷　(晉)杜預撰　(唐)陸德明音義　清華川書屋刻本　五册　存十三卷(十六至二十八)

360000－4931－0000696　P0309
聲律啓蒙撮要二卷　(清)車萬育撰　清刻本　一册　存一卷(二)

360000－4931－0000697　P0310
評點春秋綱目左傳句解彙雋六卷　(清)韓菼重訂　清刻本　四册　存四卷(三至六)

360000－4931－0000698　P0311
書舫文集二十卷　(清)李友杜撰　清木活字印本　一册　存一卷(二十)

360000－4931－0000699　P0312
春秋公羊傳十一卷　(漢)何休注　(唐)陸德明音義　清刻本　二册　存六卷(六至十一)

360000－4931－0000700　P0313
虞道園先生文選八卷　(元)虞集撰　(清)李祖陶評點　清李襄平刻本　三册

360000－4931－0000701　P0315
唐荆川先生文選七卷　(明)唐順之撰　(清)李祖陶評點　清孫涝刻本　一册　存二卷(一至二)

360000－4931－0000702　P0316
宋景濂先生文選七卷　（明）宋濂撰　（清）李祖陶評點　清道光二十五年（1845）廬陵李汝霖刻本　三冊　存六卷（一、三至七）

360000－4931－0000703　P0317
重訂事類賦三十卷　（宋）吳淑撰並注　清嘉慶二十三年（1818）刻本　六冊

360000－4931－0000704　P0318
青在堂梅譜二卷菊譜二卷蘭譜二卷竹譜二卷　（清）王槩等輯　清康熙四十年（1701）芥子園甥館刻彩色套印本　一冊　存二卷（竹譜二卷）

360000－4931－0000705　P0319
憑山閣增輯留青新集三十卷　（清）陳枚輯（清）陳德裕增輯　清刻本　十四冊　存二十一卷（九至十四、十六至三十）

360000－4931－0000706　P0320
欽定春秋左傳讀本三十卷　（清）英和等撰　清刻本　七冊　存十九卷（一至十九）

360000－4931－0000707　P0321
臨川先生全集錄四卷　（宋）王安石撰　（清）儲欣輯　清刻本　二冊

360000－4931－0000708　P0322
南豐先生全集錄二卷　（宋）曾鞏撰　（清）儲欣輯　清刻本　二冊

360000－4931－0000709　P0323
七家詩選七卷　（清）張熙宇輯評　清光緒六年（1880）掃葉山房刻朱墨套印本　四冊

360000－4931－0000710　P0324
七家詩選七卷　（清）張熙宇輯評　清聚錦堂刻朱墨套印本　二冊

360000－4931－0000711　P0325
七家詩選七卷　（清）張熙宇輯評　清刻朱墨套印本　四冊

360000－4931－0000712　P0326
七家詩選注釋七卷　（清）張熙宇輯　（清）張昶注　清道光十二年（1832）文德堂刻朱墨套印本　二冊

360000－4931－0000713　P0327
校正硃批增注八家詩選八卷　（清）張熙宇輯（清）張昶注　清光緒九年（1883）掃葉山房刻朱墨套印本　四冊

360000－4931－0000714　P0328
硃批七家詩注釋七卷　（清）張熙宇輯　（清）張昶注　清咸豐七年（1857）文茂堂刻朱墨套印本　四冊

360000－4931－0000715　P0329
御纂醫宗金鑑九十卷首一卷　（清）吳謙等撰　清刻本　十七冊　存二十卷（一至二、七至十六、六十五至六十八、七十至七十一、七十三至七十四）

360000－4931－0000716　P0330
七家詩選注釋七卷　（清）張熙宇輯評　（清）張昶注　清刻本　一冊　存二卷（四至五）

360000－4931－0000717　P0331
七家詩選注釋七卷　（清）張熙宇輯　（清）張昶注　清刻本　一冊　存一卷（五）

360000－4931－0000718　P0332
七家詩選七卷　（清）張熙宇輯評　清刻朱墨套印本　二冊　存四卷（三至六）

360000－4931－0000719　P0333
八家詩選八卷　（清）張熙宇輯評　清刻朱墨套印本　一冊　存四卷（五至八）

360000－4931－0000720　P0334
七家詩選七卷　（清）張熙宇輯評　清刻朱墨套印本　一冊　存四卷（四至七）

360000－4931－0000721　P0335
七家詩選注釋七卷　（清）張熙宇輯　（清）張昶注　清刻朱墨套印本　一冊　存四卷（三至六）

360000－4931－0000722　P0336
七家詩選七卷　（清）張熙宇輯評　清刻朱墨套印本　一冊　存三卷（五至七）

360000－4931－0000723　P0337

七家詩選注釋七卷 (清)張熙宇輯 (清)張昶注 清刻朱墨套印本 一冊 存二卷(六至七)

360000－4931－0000724 P1001
鼎鍥幼幼集成六卷 (清)陳復正輯 清刻本 三冊 存三卷(一至三)

360000－4931－0000725 P1002
鼎鍥幼幼集成六卷 (清)陳復正輯 清刻本 四冊 存四卷(三至六)

360000－4931－0000726 P1003
莊子解十二卷 (清)吳世尚注評 清刻本 四冊 存十卷(二至十一)

360000－4931－0000727 P1004
普勸敬竈編四卷首一卷 (清)戴鴻澤輯 清刻本 一冊

360000－4931－0000728 P1005
普勸敬竈編四卷首一卷 (清)戴鴻澤輯 清刻本 一冊

360000－4931－0000729 P1006
普勸敬竈編四卷首一卷 (清)戴鴻澤輯 清刻本 一冊

360000－4931－0000730 P1007
四書典林三十卷四書古人典林十二卷 (清)江永輯 清刻本 一冊 存三卷(二十八至三十)

360000－4931－0000731 P1008
策海全書六卷續六卷 (元)馬端臨 (明)王圻撰 (清)瞿曾輯輯 清刻本 一冊 存一卷(策海全書二)

360000－4931－0000732 P1009
桑蠶說一卷 (清)江毓昌撰 清刻本 一冊

360000－4931－0000733 P1010
評點春秋綱目左傳句解彙雋六卷 (清)韓菼重訂 清刻本 四冊 存四卷(一至四)

360000－4931－0000734 P1012
春秋左傳五十卷 (晉)杜預注 (唐)陸德明音義 (宋)林堯叟補注 (明)孫鑛 (明)鍾惺 (明)韓范評 清刻本 一冊 存五卷(十四至十八)

360000－4931－0000735 P1013
春秋左傳三十卷 (晉)杜預注 (唐)陸德明音義 (宋)林堯叟補注 (清)馮李驊集解 清刻本 一冊 存三卷(九至十一)

360000－4931－0000736 P1014
莊子雪三卷 (清)陸樹芝撰 清刻本 四冊

360000－4931－0000737 P1015
莊子解十二卷 (清)吳世尚注評 清刻本 四冊 存七卷(一、三至六、十一至十二)

360000－4931－0000738 P1016
莊子解十二卷 (清)吳世尚注評 清刻本 二冊 存三卷(一至三)

360000－4931－0000739 P1017
莊子解十二卷 (清)吳世尚注評 清刻本 三冊 存六卷(一至二、六至九)

360000－4931－0000740 P1018
說文解字韻譜五卷 (五代)徐鍇撰 清刻函海本 二冊

360000－4931－0000741 P1019
廣韻五卷 (宋)陳彭年等重修 清刻本 三冊 存三卷(一至三)

360000－4931－0000742 P1020
經典釋文三十卷 (唐)陸德明撰 清光緒十五年(1889)湘南書局刻本 十二冊 存十四卷(一至二、七至八、十一、十三、十五、十八至二十一、二十三、二十八、三十)

360000－4931－0000743 P1021
禪門日誦一卷 (□)□□輯 清刻本 一冊

360000－4931－0000744 P1022
莊子雪三卷 (清)陸樹芝撰 清刻本 一冊 存二卷(上、中)

360000－4931－0000745 P1023
山洋指迷原本四卷 (明)周景一撰 (清)俞歸璞 (清)吳卿瞻注 清刻本 一冊 存二卷(三至四)

360000－4931－0000746　P1024
解文毅公集十六卷　(明)解縉撰　清刻本　一册　存二卷(三至四)

360000－4931－0000747　P1025
坐花誌果八卷　(清)汪道鼎撰　清光緒十四年(1888)廣百宋齋鉛印本　一册

360000－4931－0000748　P1026
坐花誌果八卷　(清)汪道鼎撰　清刻本　一册　存四卷(一至四)

360000－4931－0000749　P1027
重訂廣事類賦四十卷　(清)華希閔撰　清刻本　三册　存十六卷(二十五至四十)

360000－4931－0000750　P1028
重訂廣事類賦四十卷　(清)華希閔撰　清刻本　一册　存四卷(二十八至三十一)

360000－4931－0000751　P1029
續廣事類賦三十卷　(清)王鳳喈撰　清刻本　一册　存九卷(六至十四)

360000－4931－0000752　P1030
續廣事類賦三十卷　(清)王鳳喈撰　清刻本　三册　存四卷(八至九、十一至十二)

360000－4931－0000753　P1031
驗方新編八卷首一卷　(清)鮑相璈編　清咸豐十年(1860)海山仙館刻本　二册　存三卷(一、四,首一卷)

360000－4931－0000754　P1032
周易本義四卷　(宋)朱熹撰　清刻本　一册　存二卷(二至三)

360000－4931－0000755　P1033
監本禮記十卷　(元)陳澔集說　清光緒二年(1876)刻本　一册　存一卷(一)

360000－4931－0000756　P1034
莊子因六卷　(清)林雲銘撰　清刻本　二册

360000－4931－0000757　P1035
蠶桑輯要不分卷　(清)沈秉成撰　清光緒九年(1883)金陵書局刻本　一册

360000－4931－0000758　P1036
桑蠶提要二卷　(清)方大湜撰　清光緒十八年(1892)瑞州府署刻本　二册

360000－4931－0000759　P1037
春秋三傳三十八卷　(清)李光雲集評　**春秋三傳訂義三十八卷**　(清)周建拔輯　清刻本　三册　存十四卷(春秋三傳四至五、十四至十五、二十至二十二,春秋三傳訂義四至五、十四至十五、二十至二十二)

360000－4931－0000760　P1038
張氏醫通十六卷　(清)張璐撰　清刻本　六册　存六卷(一、六、八至十一)

360000－4931－0000761　P1039
千金裘二十七卷　(清)蔣義彬輯　**千金裘二集二十六卷**　(清)蔣義彬　(清)徐元麟輯　清咸豐三年(1853)天祿閣刻本　六册　存三十一卷(千金裘二十七卷,二集一至三、二十一)

360000－4931－0000762　P1040
錦字箋四卷　(清)黃澐撰　清刻本　二册　存二卷(三至四)

360000－4931－0000763　P1041
錦字箋四卷　(清)黃澐撰　清刻本　一册

360000－4931－0000764　P1042
第一奇書金瓶梅一百回　(明)笑笑生撰　(清)張竹坡評　清刻本　一册　存六回(十五至二十)

360000－4931－0000765　P1043
第一奇書金瓶梅一百回　(明)笑笑生撰　(清)張竹坡評　清刻本　一册　存七回(八十至八十六)

360000－4931－0000766　P1044
隨園詩話十六卷補遺十卷　(清)袁枚撰　清刻本　一册　存二卷(隨園詩話三至四)

360000－4931－0000767　P1045
欽定協紀辨方書三十六卷　(清)允祿等纂　清刻本　二册　存五卷(十八至十九、三十二

至三十四）

360000－4931－0000768　P1046

錦字箋四卷　（清）黄澐撰　清刻本　一册　存二卷（三至四）

360000－4931－0000769　P1048

增廣驗方新編二十四卷　（清）鮑相璈編　清刻本　一册　存三卷（十二至十四）

360000－4931－0000770　P1049

事類賦三十卷　（宋）吴淑撰並注　清刻本　一册　存四卷（六至九）

360000－4931－0000771　P1050

地理正義鉛彈子砂水要訣七卷　（清）張鳳藻撰　清刻本　一册　存一卷（三）

360000－4931－0000772　P1051

地理四彈子　（清）張鳳藻輯　清本立堂刻本　二册

360000－4931－0000773　P1052

酉陽雜俎二十卷　（唐）段成式撰　清刻本　三册

360000－4931－0000774　P1053

策府統宗六十五卷　（清）劉昌齡輯　清刻本　十册　存三十卷（十一至三十二、四十至四十四、五十四至五十六）

360000－4931－0000775　P1054

五星集腋四卷　（清）廖冀亨輯　清刻本　四册

360000－4931－0000776　P1055

周易本義四卷　（宋）朱熹撰　清刻本　二册

360000－4931－0000777　P1056

詩韻合璧五卷　（清）湯文潞編　**虚字韻藪一卷**　（清）潘維城輯　清末石印本　一册　存四卷（詩韻合璧三至五、虚字韻藪一卷）

360000－4931－0000778　P1058

鼎鍥幼幼集成六卷　（清）陳復正輯　清刻本　二册　存三卷（四至六）

360000－4931－0000779　P1059

御纂醫宗金鑑九十卷首一卷　（清）吴謙等撰　清刻本　二册　存二卷（六十一至六十二）

360000－4931－0000780　P1060

書經合纂大成六卷　（□）□□輯　清末石印五經合纂大成本　一册　存二卷（五至六）

360000－4931－0000781　P1061

春秋左傳杜林合註五十卷　（晉）杜預注（唐）陸德明音義　（宋）林堯叟補注　清刻本　二册　存六卷（二十六至二十七、二十九至三十二）

360000－4931－0000782　P1062

春秋左傳杜林合註五十卷　（晉）杜預注（唐）陸德明音義　（宋）林堯叟補注　清刻本　二册　存六卷（二十六至三十一）

360000－4931－0000783　P1063

策海全書六卷續六卷　（元）馬端臨　（明）王圻撰　（清）瞿曾輯輯　清刻本　三册　存二卷（二至三）

360000－4931－0000784　P1064

策海全書六卷續六卷　（元）馬端臨　（明）王圻撰　（清）瞿曾輯輯　清刻本　一册　存二卷（三至四）

360000－4931－0000785　P1065

禮記章句十卷　（清）任啓運撰　清刻本　一册　存一卷（一）

360000－4931－0000786　P1066

大清律例全纂集成四十卷　（清）姚潤輯　清刻本　一册　存一卷（三十五）

360000－4931－0000787　P1067

書經集傳六卷　（宋）蔡沈撰　清刻本　一册　存二卷（五至六）

360000－4931－0000788　P1068

儀禮圖六卷　（清）張惠言撰　清刻本　一册　存二卷（五至六）

360000－4931－0000789　P1069

欽定春秋左傳讀本三十卷　（清）英和等撰　清刻本　九册　存十七卷（七至十六、二十至

二十三、二十八至三十）

360000－4931－0000790　P1070
御纂性理精義十二卷　（清）李光地等纂修　清刻本　一册　存一卷（一）

360000－4931－0000791　P1071
春秋體註大全合糸四卷　（清）周熾撰　清玉蘭堂刻本　四册

360000－4931－0000792　P1072
董方立遺書　（清）董祐誠撰　清道光十年（1830）京都文德齋刻本　二册

360000－4931－0000793　P1073
鑑止水齋集二十卷　（清）許宗彥撰　清咸豐八年（1858）刻本　二册　存七卷（十四至二十）

360000－4931－0000794　P1074
書經集傳六卷　（宋）蔡沈撰　清刻本　二册　存二卷（二至三）

360000－4931－0000795　P1075
則古昔齋算學　（清）李善蘭撰　清同治六年（1867）金陵李氏刻本　二册　存五種

360000－4931－0000796　P1076
鼎鍥幼幼集成六卷　（清）陳復正輯　清刻本　一册　存三卷（四至六）

360000－4931－0000797　P1077
鼎鍥幼幼集成六卷　（清）陳復正輯　清刻本　三册

360000－4931－0000798　P1078
鼎鍥幼幼集成六卷　（清）陳復正輯　清刻本　二册　存三卷（一至三）

360000－4931－0000799　P1079
御纂性理精義十二卷　（清）李光地等纂修　清刻本　一册　存二卷（十一至十二）

360000－4931－0000800　P1080
御纂性理精義十二卷　（清）李光地等纂修　清刻本　二册

360000－4931－0000801　P1081
欽定春秋左傳讀本三十卷　（清）英和等撰　清刻本　二册　存五卷（四至六、十五至十六）

360000－4931－0000802　P1082
蘧庵文鈔一卷　（清）費蘭墀撰　清刻本　一册

360000－4931－0000803　P1084
評點春秋綱目左傳句解彙雋六卷　（清）韓菼重訂　清光緒三十二年（1906）刻本　一册　存一卷（一）

360000－4931－0000804　P1085
儀禮韻言二卷　（清）檀萃撰　清光緒十五年（1889）篤學樓刻本　一册　存一卷（上）

360000－4931－0000805　P1086
話陶窗遺稿二卷　（清）曾衍先撰　清刻本　一册

360000－4931－0000806　P1087
欽定大清會典事例一千二百二十卷目錄八卷　（清）崑岡等撰　清刻本　十册　存十六卷（一百四十七至一百六十二）

360000－4931－0000807　P1088
般若波羅密多心經略疏一卷　（唐）釋法藏撰　清刻本　一册

360000－4931－0000808　P1089
鼎鍥幼幼集成六卷　（清）陳復正輯　清刻本　一册　存一卷（一）

360000－4931－0000809　P1090
本草綱目五十二卷　（明）李時珍撰　清刻本　三册　存三卷（三十五、三十七、五十）

360000－4931－0000810　P1091
本草綱目五十二卷附圖三卷　（明）李時珍撰　清刻本　一册　存三卷（附圖三卷）

360000－4931－0000811　P1092
本草綱目五十二卷附圖三卷　（明）李時珍撰　清刻本　一册　存二卷（附圖中、下）

360000－4931－0000812　P1093
本草綱目五十二卷附圖三卷　（明）李時珍撰

清同人堂刻本　一冊　存三卷(附圖三卷)

360000－4931－0000813　P1094

本草綱目五十二卷附圖三卷　(明)李時珍撰　清芥子園刻本　六冊　存九卷(一、三十一至三十四、三十六、五十,附圖中、下)

360000－4931－0000814　P1095

傷寒纘論二卷　(清)張璐撰　清刻本　一冊　存一卷(下)

360000－4931－0000815　P1096

尺木堂綱鑑易知錄九十二卷　(清)吳乘權等輯　清刻本　十冊　存二十二卷(一至七、十九、三十七至三十八、五十、六十五至七十五)

360000－4931－0000816　P1097

尺木堂綱鑑易知錄九十二卷　(清)吳乘權等輯　**御撰資治通鑑綱目三編二十卷**　(清)張廷玉等撰　清刻本　八冊　存三十四卷(八至十、八十二至九十二,御撰資治通鑑綱目三編二十卷)

360000－4931－0000817　P1098

皇清經解　(清)阮元輯　清道光九年(1829)廣東學海堂刻咸豐十一年(1861)補刻本　六冊　存三種

360000－4931－0000818　P1099

羅經解定七卷羅經問答一卷　(清)胡國楨撰　清刻本　二冊　存五卷(羅經解定四至七、羅經問答一卷)

360000－4931－0000819　P1100

平園雜著内編十四卷　(清)林有席撰　(清)林大佐編　清刻本　一冊　存二卷(十一至十二)

360000－4931－0000820　P1101

隨園詩話十六卷補遺十卷　(清)袁枚撰　清刻本　二冊　存四卷(七至八、十至十一)

360000－4931－0000821　P1102

儀禮韻言二卷　(清)檀萃撰　清嘉慶五年(1800)刻本　一冊

360000－4931－0000822　P1103

儀禮韻言二卷　(清)檀萃撰　清刻本　二冊

360000－4931－0000823　P1104

憑山閣增輯留青新集三十卷　(清)陳枚輯　(清)陳德裕增輯　清刻本　二冊　存六卷(六至八、二十八至三十)

360000－4931－0000824　P1105

新選今古奇聞二十二卷　(清)東壁山房主人(王寅)撰　清末上海錦章書局石印本　一冊　存五卷(十二至十六)

360000－4931－0000825　P1106

春秋左傳杜林合註五十卷　(晉)杜預注　(唐)陸德明音義　(宋)林堯叟補注　清刻本　五冊　存十八卷(一至十八)

360000－4931－0000826　P1107

我法集二卷　(清)紀昀撰　清嘉慶元年(1796)刻本　二冊

360000－4931－0000827　P1108

格致鏡原一百卷　(清)陳元龍輯　清刻本　一冊　存二卷(十一至十二)

360000－4931－0000828　P1109

格致鏡原一百卷　(清)陳元龍輯　清刻本　八冊　存二十四卷(七至十八、二十一至二十二、二十九至三十八)

360000－4931－0000829　P1110

春秋體註大全合叅四卷　(清)周熾撰　**春秋經傳參訂讀本四卷**　(宋)胡安國傳　清刻本　一冊　存二卷(三、春秋經傳參訂讀本三)

360000－4931－0000830　P1111

春秋體註大全合叅四卷　(清)周熾撰　**春秋經傳參訂讀本四卷**　(宋)胡安國傳　清五雲樓刻本　三冊　存六卷(一至二、四,春秋經傳參訂讀本一至二、四)

360000－4931－0000831　P1112

四書典林三十卷　(清)江永輯　清刻本　三冊　存十卷(二十至二十三、二十五至三十)

360000－4931－0000832　P1113

四書典林三十卷　(清)江永輯　清刻本　一

冊　存三卷(二十七至二十九)

360000－4931－0000833　P1114
羅經指南撥霧集三卷　(清)葉泰撰　清刻本　一冊　存二卷(上、中)

360000－4931－0000834　P1115
羅經指南撥霧集三卷　(清)葉泰撰　清刻本　一冊

360000－4931－0000835　P1116
羅經指南撥霧集三卷　(清)葉泰撰　清刻本　一冊

360000－4931－0000836　P1118
太史張天如詳節春秋綱目句解左傳彙雋六卷　(清)韓菼重訂　清文錦堂刻本　六冊

360000－4931－0000837　P1120
婦孺須知一卷　(清)陳榮衮編　清光緒二十六年(1900)刻本　一冊

360000－4931－0000838　P1121
詳注張太史訓子三十篇一卷　(清)張江撰　清道光三十年(1850)刻本　一冊

360000－4931－0000839　P1122
牛戒彙鈔一卷　(清)世祖福臨撰　清光緒三年(1877)刻本　一冊

360000－4931－0000840　P1123
說文解字通釋四十卷　(五代)徐鍇撰　(五代)朱翺反切　清刻古經解彙函本　五冊　存二十三卷(六至十三、十九至二十二、二十五至二十九、三十一至三十六)

360000－4931－0000841　P1124
醫門法律六卷　(清)喻昌撰　清刻本　一冊　存一卷(六)

360000－4931－0000842　P1126
隨園駢體文注十六卷　(清)袁枚撰　(清)黎光地注　清刻本　三冊　存五卷(一至四、十六)

360000－4931－0000843　P1127
新增說文韻府羣玉二十卷　(元)陰時夫輯　(元)陰中夫注　清刻本　一冊　存一卷(十五)

360000－4931－0000844　P1129
新增說文韻府羣玉二十卷　(元)陰時夫輯　(元)陰中夫注　清文光堂刻本　五冊　存十卷(三至四、七至八、十一至十四、十九至二十)

360000－4931－0000845　P1130
東周列國全志八卷一百八回　(清)蔡昇評點　清末石印本　三冊　存三卷(三至四、八)四十四回(二十五至五十二、九十三至一百八)

360000－4931－0000846　P1131
東周列國全志八卷一百八回　(清)蔡昇評點　清光緒三十三年(1907)上洋鴻寶齋石印本　二冊　存二卷(一至二)二十四回(一至二十四)

360000－4931－0000847　P1132
東周列國全志八卷一百八回　(清)蔡昇評點　清末石印本　一冊　存一卷(六)十回(六十五至七十四)

360000－4931－0000848　P1133
東周列國全志八卷一百八回　(清)蔡昇評點　清末石印本　一冊　存一卷(三)十六回(二十五至四十)

360000－4931－0000849　P1134
東周列國志二十七卷一百八回　(清)蔡昇評點　清末石印本　一冊　存三卷(六至八)十二回(二十一至三十二)

360000－4931－0000850　P1135
隨園隨筆二十八卷　(清)袁枚撰　清嘉慶十三年(1808)刻本　一冊　存七卷(一至七)

360000－4931－0000851　P1136
隨園隨筆二十八卷　(清)袁枚撰　清刻本　一冊　存五卷(六至十)

360000－4931－0000852　P1137
周禮折衷六卷　(漢)鄭玄注　(唐)賈公彥疏　(清)胡興栓編　清刻本　一冊　存一卷

（三）

360000－4931－0000853　P1138
本草求真九卷　（清）黄宫繡撰　清乾隆三十九年（1774）緑圃齋刻本　三册　存四卷（三至四、八至九）

360000－4931－0000854　P1139
經典釋文三十卷　（唐）陸德明撰　清刻本　一册　存二卷（三至四）

360000－4931－0000855　P1140
書經集傳六卷　（宋）蔡沈撰　清刻本　一册　存一卷（三）

360000－4931－0000856　P1141
禮記集注十卷　（元）陳澔撰　清刻本　三册　存三卷（八至十）

360000－4931－0000857　P1142
急就篇四卷　（漢）史游撰　（唐）顔師古注　（宋）王應麟音釋　清同治十二年（1873）廣州粤東書局刻古經解彙函本　二册

360000－4931－0000858　P1143
小學彙函　（清）鍾謙鈞輯　清同治十二年（1873）廣州粤東書局刻古經解彙函本　四册　存四種

360000－4931－0000859　P1144
莊子解十二卷　（清）吴世尚注評　清刻本　二册　存六卷（七至十二）

360000－4931－0000860　P1146
狀元閣印易經集注四卷　（宋）朱熹撰　清光緒金陵李光明莊刻本　二册

360000－4931－0000861　P1147
四書詮義三十八卷　（清）汪紱撰　清道光六年（1826）一經堂刻本　二册　存二卷（一、三）

360000－4931－0000862　P1148
四書詮義三十八卷　（清）汪紱撰　清道光六年（1826）一經堂刻本　六册　存十五卷（一至三、十五至二十四、三十七至三十八）

360000－4931－0000863　P1149
周易本義四卷　（宋）朱熹撰　清刻本　一册　存一卷（一）

360000－4931－0000864　P1150
古文翼八卷　（清）唐德宜輯　清刻本　一册　存一卷（六）

360000－4931－0000865　P1151
書經集傳六卷　（宋）蔡沈撰　清崇文堂刻本　四册

360000－4931－0000866　P1152
書經集傳六卷　（宋）蔡沈撰　清刻本　四册

360000－4931－0000867　P1153
女科證治準繩五卷　（明）王肯堂輯　清刻本　二册　存二卷（三至四）

360000－4931－0000868　P1154
晏子春秋七卷　（清）孫星衍校　清刻本　一册　存四卷（一至四）

360000－4931－0000869　P1155
晏子春秋内篇六卷外篇二卷　清刻本　一册　存四卷（内篇五至六、外篇二卷）

360000－4931－0000870　P1156
稗海　（明）商濬輯　明刻清修本　四册　存六種

360000－4931－0000871　P1157
策府統宗六十五卷　（清）劉昌齡輯　清末石印本　五册　存十七卷（十二、二十一至二十四、三十四至三十七、五十一至五十四、五十六至五十九）

360000－4931－0000872　P1158
策府統宗六十五卷　（清）劉昌齡輯　清末石印本　一册　存二卷（一至二）

360000－4931－0000873　P1159
策府統宗六十五卷　（清）劉昌齡輯　清末鉛印本　三册　存八卷（十、三十三至三十九）

360000－4931－0000874　P1160
春雲詩鈔四卷　（清）張襄綸輯　（清）張維城編　（清）繆有本注　清道光十七年（1837）三讓堂刻本　二册

360000－4931－0000875　P1161
本朝試賦麗則四卷　（清）李光理等輯評　清刻本　四册

360000－4931－0000876　P1162
舒恬軒周禮讀本六卷　（清）龐佑清訂　清刻本　一册　存一卷（二）

360000－4931－0000877　P1163
呂氏春秋二十六卷　（漢）高誘注　（清）畢沅輯校　**附考一卷**　（清）畢沅撰　清光緒十九年（1893）鴻文書局石印本　一册

360000－4931－0000878　P1164
女科證治準繩五卷　（明）王肯堂輯　清脩敬堂刻本　六册　存三卷（一至二、五）

360000－4931－0000879　P1165
歐陽文忠公全集一百五十三卷首一卷附錄五卷　（宋）歐陽修撰　清嘉慶二十四年（1819）友善書屋刻本　一册　存一卷（首一卷）

360000－4931－0000880　P1166
易義前選五卷　（清）李光地輯　清道光十年（1830）李維迪刻本　一册　存一卷（一）

360000－4931－0000881　P1167
瘍科證治準繩六卷　（明）王肯堂輯　明萬曆刻本　一册　存一卷（三）

360000－4931－0000882　P1168
重鐫本草醫方合編六卷　（清）汪昂輯　清積經堂刻本　三册　存三卷（一至二、六）

360000－4931－0000883　P1169
董方立遺書　（清）董祐誠撰　清刻本　一册　存二種

360000－4931－0000884　P1170
董方立遺書　（清）董祐誠撰　清刻本　一册　存二種

360000－4931－0000885　P1171
綱鑑會纂三十九卷首一卷　（明）王世貞編　清刻本　六册　存十卷（二至六、八、十至十一、十四、二十）

360000－4931－0000886　P1172
綱鑑會纂三十九卷首一卷　（明）王世貞編　清刻本　四册　存七卷（六、十三至十四、十九至二十、三十八至三十九）

360000－4931－0000887　P1173
綱鑑會纂三十九卷首一卷　（明）王世貞編　清刻本　九册　存十二卷（十七至二十二、二十五至二十六、二十九至三十、三十四至三十五）

360000－4931－0000888　P1174
朱子大全文集一百卷續集五卷別集七卷目錄二卷　（宋）朱熹撰　清刻本　四册　存七卷（文集九十四至九十五、九十八至一百，續集一至二）

360000－4931－0000889　P1175
朱子大全文集一百卷續集五卷別集七卷目錄二卷　（宋）朱熹撰　清刻本　四册　存十二卷（文集七十六至七十八、九十六至一百，別集四至七）

360000－4931－0000890　P1176
王陽明先生文選七卷　（明）王守仁撰　（清）李祖陶評點　清刻本　三册　存六卷（一至四、六至七）

360000－4931－0000891　P1177
景岳全書六十四卷　（明）張介賓撰　清刻本　一册　存二卷（五十二至五十三）

360000－4931－0000892　P1178
瘍科證治準繩六卷　（明）王肯堂輯　清脩敬堂刻本　一册　存一卷（六）

360000－4931－0000893　P1179
瘍科證治準繩六卷　（明）王肯堂輯　清脩敬堂刻本　一册　存一卷（六）

360000－4931－0000894　P1180
易見九卷首一卷啓蒙二卷　（清）貢渭濱輯　清乾隆二十四年（1759）脈望書樓刻本　一册　存一卷（首一卷）

360000－4931－0000895　P1181
易見九卷首一卷啓蒙二卷　（清）貢渭濱輯

清嘉慶元年(1796)刻本　四冊　存四卷(一至三、首一卷)

360000－4931－0000896　P1182
胡文忠公遺集八十六卷首一卷　(清)胡林翼撰　(清)鄭敦謹　(清)曾國荃輯　清刻本　十二冊　存三十六卷(三十至六十五)

360000－4931－0000897　P1183
古文翼八卷　(清)唐德宜輯　清刻本　二冊　存二卷(六至七)

360000－4931－0000898　P1184
古文翼八卷　(清)唐德宜輯　清刻本　二冊　存二卷(五至六)

360000－4931－0000899　P1185
古文翼八卷　(清)唐德宜輯　清刻本　一冊　存一卷(六)

360000－4931－0000900　P1186
大清律例統纂集成四十卷　(清)姚潤輯　清刻本　四冊　存七卷(二十七至三十、三十五、三十七至三十八)

360000－4931－0000901　P2001
詩經八卷　(宋)朱熹集傳　清延古樓刻本　二冊　存三卷(一至二、五)

360000－4931－0000902　P2002
醫林纂要探源十卷附錄一卷　(清)汪紱輯　清道光二十九年(1849)遺經堂刻本　七冊　存七卷(四、六至十、附錄一卷)

360000－4931－0000903　P2003
安葬課不分卷　(清)□□輯　清抄本　一冊

360000－4931－0000904　P2004
繪圖新漢演義四卷四十回　(□)自由生編　清末石印本　一冊　存一卷(四)九回(三十一至三十九)

360000－4931－0000905　P2005
資治通鑑綱目發明五十九卷　(宋)尹起莘撰　清刻本　三冊　存四十二卷(十八至五十九)

360000－4931－0000906　P2006
[醫方雜抄]不分卷　(清)□□輯　清抄本　一冊

360000－4931－0000907　P2007
[方書抄]不分卷　(清)□□輯　清抄本　一冊

360000－4931－0000908　P2008
欠項總登不分卷　(清)□□記　稿本　一冊

360000－4931－0000909　P2009
本草萬方鍼線八卷　(清)蔡烈先輯　清同文堂刻本　一冊　存三卷(一至三)

360000－4931－0000910　P2010
本草求真九卷附脈理求真三卷　(清)黃宮繡撰　清刻本　二冊　存六卷(七至九、脈理求真三卷)

360000－4931－0000911　P2011
本草綱目五十二卷　(明)李時珍撰　清芥子園刻本　二十二冊　存三十五卷(一至四、十三至十四、二十二至五十)

360000－4931－0000912　P2012
書經集傳六卷　(宋)蔡沈撰　清刻本　一冊　存一卷(四)

360000－4931－0000913　P2013
第一才子書六十卷一百二十回　(明)羅本撰　(清)毛宗崗評　清刻本　二冊　存五卷(五至七、五十三至五十四)

360000－4931－0000914　P2014
選擇天星秘竅一卷　(明)甘霖撰　清至善堂刻本　一冊

360000－4931－0000915　P2015
[方歌]不分卷　(清)□□輯　清刻本　一冊

360000－4931－0000916　P2016
妙法蓮華經七卷　(後秦)釋鳩摩羅什譯　清末鉛印本　一冊　存四卷(四至七)

360000－4931－0000917　P2017
妙法蓮華經七卷　(後秦)釋鳩摩羅什譯　清刻本　一冊　存二卷(五至六)

360000－4931－0000918　P2018
山谷詩外集補四卷　(宋)黄庭堅撰　(清)謝啓昆輯　清刻本　一册

360000－4931－0000919　P2019
芥子園畫傳二集九卷　(清)王槩　(清)王蓍　(清)王臬輯　清刻本　一册　存二卷(蘭譜二卷)

360000－4931－0000920　P2020
袁王綱鑑會纂三十九卷　(明)袁黄　(明)王世貞纂　清刻本　二册　存三卷(三十四、三十八至三十九)

360000－4931－0000921　P2021
袁王綱鑑會纂三十九卷　(明)袁黄　(明)王世貞纂　清刻本　一册　存二卷(三十八至三十九)

360000－4931－0000922　P2022
袁王綱鑑會纂三十九卷　(明)袁黄　(明)王世貞纂　清刻本　一册　存一卷(三十八)

360000－4931－0000923　P2023
袁王綱鑑會纂三十九卷　(明)袁黄　(明)王世貞纂　清刻本　一册　存一卷(三十八)

360000－4931－0000924　P2024
增訂本草備要六卷醫方集解六卷　(清)汪昂撰　清積經堂刻本　三册　存六卷(本草備要三至五、醫方集解三至五)

360000－4931－0000925　P2025
周禮精華六卷　(清)陳龍標輯　清刻本　四册

360000－4931－0000926　P2026
周禮註疏刪翼三十卷　(明)王志長撰　清刻本　三册　存五卷(三至四、二十一、二十五至二十六)

360000－4931－0000927　P2027
晏子春秋七卷　(清)孫星衍校　**音義二卷**　(清)孫星衍撰　清刻本　二册

360000－4931－0000928　P2028
傷寒集注十卷附五卷　(清)舒詔撰　清刻本　三册　存二卷(八、腫瘍一卷)

360000－4931－0000929　P2030
書舫文集二十卷　(清)李友杜撰　清木活字印本　三册　存八卷(一至六、八至九)

360000－4931－0000930　P2031
佐玄直指圖解九卷首一卷　題(明)劉基撰　(明)江之棟輯　明崇禎五年(1632)尚白齋刻本　一册　存八卷(一至七、首一卷)

360000－4931－0000931　P2032
佐玄直指圖解九卷首一卷　題(明)劉基撰　(明)江之棟輯　明崇禎五年(1632)尚白齋刻本　一册

360000－4931－0000932　P2033
景岳全書六十四卷　(明)張介賓撰　清刻本　十三册　存四十卷(一至三十九、六十四)

360000－4931－0000933　P2034
類經三十二卷　(明)張介賓類注　**圖翼十一卷附翼四卷**　(明)張介賓撰　清刻本　十八册　存二十七卷(一至二、五至七、十二至十三、十五、十七至十九、二十四、二十九至三十,圖翼二至十一,附翼一至三)

360000－4931－0000934　P2035
尺木堂綱鑑易知錄九十二卷　(清)吳乘權等輯　清刻本　八册　存二十卷(八至二十七)

360000－4931－0000935　P2036
尺木堂綱鑑易知錄九十二卷　(清)吳乘權等輯　清刻本　三册　存七卷(十四至二十)

360000－4931－0000936　P2037
張氏醫通十六卷　(清)張璐撰　清刻本　七册　存九卷(一至五、十二至十五)

360000－4931－0000937　P2038
石頑老人診宗三昧一卷　(清)張璐撰　(清)張登編　清刻本　一册

360000－4931－0000938　P2039
本經逢原四卷　(清)張璐撰　清金閶書業堂刻本　四册

360000－4931－0000939　P2040

傷寒兼證析義一卷　(清)張倬撰　清刻本　一冊

360000－4931－0000940　P2041
傷寒舌鑒一卷　(清)張登撰　清刻本　一冊

360000－4931－0000941　P2042
傷寒緒論二卷　(清)張璐撰　清刻本　三冊

360000－4931－0000942　P2043
傷寒緒論二卷　(清)張璐撰　清刻本　一冊　存一卷(上)

360000－4931－0000943　P2044
莊子解十二卷　(清)吳世尚注評　清刻本　四冊

360000－4931－0000944　P2045
薛氏醫按　(明)薛己撰　(明)吳琯輯　清刻本　六冊　存四種

360000－4931－0000945　P2046
古文析義十六卷　(清)林雲銘評注　清刻本　五冊　存六卷(十一至十六)

360000－4931－0000946　P2047
地理正義鉛彈子砂水要訣七卷　(清)張鳳藻撰　清富有堂刻本　六冊

360000－4931－0000947　P2048
御撰資治通鑑綱目三編二十卷　(清)張廷玉等撰　清刻本　三冊　存十五卷(一至十五)

360000－4931－0000948　P2049
鼎鍥趙田了凡袁先生編纂古本歷史大方綱鑑補三十九卷首一卷　(明)袁黄編　清刻本　七冊　存九卷(二十八、三十至三十四、三十七至三十九)

360000－4931－0000949　P2050
周易四卷　(宋)朱熹本義　清末石印本　一冊　存三卷(二至四)

360000－4931－0000950　P2051
周易四卷　(宋)朱熹本義　清末石印本　一冊　存三卷(二至四)

360000－4931－0000951　P2052
周易四卷　(宋)朱熹本義　清末石印本　一冊　存三卷(二至四)

360000－4931－0000952　P2053
謝華啓秀集八卷　(明)楊慎輯　清刻本　四冊　存五卷(一至五)

360000－4931－0000953　P2054
書經集傳六卷　(宋)蔡沈撰　清刻本　一冊　存一卷(一)

360000－4931－0000954　P2055
周禮旁訓經疏節要六卷　(清)孟一飛輯　清道光刻本　一冊　存三卷(一至三)

360000－4931－0000955　P2056
新鍥趙田了凡袁先生編纂古本歷史大方綱鑑補三十九卷首一卷　(明)袁黄編　清刻本　三冊　存四卷(九至十二)

360000－4931－0000956　P2057
新增說文韻府羣玉二十卷　(元)陰時夫輯　(元)陰中夫注　清刻本　三冊　存四卷(一至二、八至九)

360000－4931－0000957　P2058
歐陽文忠公全集一百五十三卷　(宋)歐陽修撰　清刻本　二冊　存七卷(九十二至九十四、一百二至一百五)

360000－4931－0000958　P2059
周禮注釋十二卷　(漢)鄭玄撰　(唐)陸德明音義　清刻本　二冊　存四卷(一至二、五至六)

360000－4931－0000959　P2060
醫門法律六卷　(清)喻昌撰　清刻本　一冊　存一卷(六)

360000－4931－0000960　P2061
御定康熙字典十二集三十六卷總目一卷檢字一卷辨似一卷等韻一卷補遺一卷備考一卷　(清)張玉書等纂修　清刻本　三冊　存四卷(檢字一卷、辨似一卷、等韻一卷、補遺一卷)

360000－4931－0000961　P2064
聖武記十四卷　(清)魏源撰　清末石印本

二冊　存十二卷（三至十四）

360000－4931－0000962　P2066
御纂醫宗金鑑九十卷首一卷　（清）吳謙等撰　清刻本　一冊　存二卷（五至六）

360000－4931－0000963　P2067
御纂性理精義十二卷　（清）李光地等纂修　清刻本　二冊　存三卷（一、七至八）

360000－4931－0000964　P2068
御纂性理精義十二卷　（清）李光地等纂修　清刻本　二冊　存三卷（一、五至六）

360000－4931－0000965　P2069
御纂性理精義十二卷　（清）李光地等纂修　清慎德堂刻本　二冊　存五卷（一、九至十二）

360000－4931－0000966　P2070
御纂性理精義十二卷　（清）李光地等纂修　清刻本　一冊　存三卷（四至六）

360000－4931－0000967　P2072
皇朝經世文續新編三十卷　（清）儲桂山輯　清末石印本　四冊　存十卷（十一至二十）

360000－4931－0000968　P2073
崇修引二十二卷　（法國）羅特里撰　（清）蕭若瑟譯　清光緒二十八年（1902）河間府勝世堂鉛印本　一冊　存四卷（十五至十八）

360000－4931－0000969　P2074
類經三十二卷　（明）張介賓類注　**圖翼十一卷附翼四卷**　（明）張介賓撰　清刻本　三冊　存四卷（二十三至二十四、二十六、二十八）

360000－4931－0000970　P2075
類經三十二卷　（明）張介賓類注　**圖翼十一卷附翼四卷**　（明）張介賓撰　清刻本　一冊　存二卷（二十三至二十四）

360000－4931－0000971　P2076
重訂廣事類賦四十卷　（清）華希閔撰　清刻本　三冊　存九卷（十六至二十四）

360000－4931－0000972　P2077
春秋左傳杜林合註五十卷　（晉）杜預注　（唐）陸德明音義　（宋）林堯叟補注　清刻本　一冊　存三卷（十九至二十一）

360000－4931－0000973　P2078
增廣試帖三集四卷　（清）鴻寶齋主人輯　清末石印本　一冊　存一卷（四）

360000－4931－0000974　P2079
廣廣小題文府二集不分卷　（清）□□輯　清末石印本　一冊　存下論

360000－4931－0000975　P2080
經世文夏造不分卷　（□）□□輯　清石印本　一冊　存禮記

360000－4931－0000976　P2081
進呈策問不分卷　（清）□□撰　清刻本　三冊

360000－4931－0000977　P2082
欽定協紀辨方書三十六卷　（清）允祿等纂　清刻本　四冊　存六卷（一至二、十六至十七、二十五至二十六）

360000－4931－0000978　P2083
尺木堂綱鑑易知錄九十二卷　（清）吳乘權等輯　**御撰資治通鑑綱目三編二十卷**　（清）張廷玉等撰　清刻本　七冊　存二十九卷（一至十五、八十四至八十五，三編一至十二）

360000－4931－0000979　P2084
新刊趙田了凡袁先生編纂古本歷史大方綱鑑補三十九卷首一卷　（明）袁黄編　清刻本　十一冊　存十三卷（一、三至五、十五至十七、二十六、二十九至三十三）

360000－4931－0000980　P2085
說文繫傳四十卷　（五代）徐鍇撰　清刻本　一冊　存五卷（一至五）

360000－4931－0000981　P2086
測圓密率三卷　（清）徐有壬撰　清同治十二年（1873）刻本　一冊　存一卷（上）

360000－4931－0000982　P2087
慈悲梁皇寶懺十卷　題（南朝梁）武帝蕭衍撰　清光緒十二年（1886）蘇城瑪瑙經房刻本

三冊

360000－4931－0000983　P2088

新訂崇正闢謬通書十四卷　(清)李奉來編　清光緒二年(1876)刻本　一冊　存二卷(十至十一)

360000－4931－0000984　P2089

古文釋義新編八卷　(清)余誠評注　清聚錦堂刻本　一冊　存二卷(一至二)

360000－4931－0000985　P2090

桂芳齋重訂古文釋義新編八卷　(清)余誠評注　清刻本　一冊　存一卷(一)

360000－4931－0000986　P2091

左繡三十卷首一卷　(清)馮李驊　(清)陸浩輯　清華川書屋刻本　一冊　存二卷(二十二至二十三)

360000－4931－0000987　P2092

玉篇三卷　(南朝梁)顧野王撰　清刻本　四冊　存二卷(中、下)

360000－4931－0000988　P2095

新訂崇正闢謬通書十四卷　(清)李奉來編　清經國堂刻本　二冊　存四卷(一至二、四至五)

360000－4931－0000989　P2096

大佛頂首楞嚴經疏解蒙鈔六十卷首一卷　(清)錢謙益撰　清光緒十五年(1889)蘇城瑪瑙經房刻本　一冊　存二卷(一、首一卷)

360000－4931－0000990　P2097

戰法學教程四卷　(清)北洋陸軍教練處編　(清)北洋武備研究所重修　清末北洋武備研究所木活字印本　一冊　存一卷(一)

360000－4931－0000991　P2098

南華經解三十三卷　(清)宣穎撰　清同治五年(1866)新建吳坤修刻本　三冊　存十七卷(十七至三十三)

360000－4931－0000992　P2099

御定康熙字典十二集三十六卷總目一卷檢字一卷辨似一卷等韻一卷補遺一卷備考一卷　(清)張玉書等纂修　清刻本　一冊　存三卷(申集上中下)

360000－4931－0000993　P2100

類經三十二卷　(明)張介賓類注　**圖翼十一卷附翼四卷**　(明)張介賓撰　清刻本　一冊　存二卷(五至六)

360000－4931－0000994　P2101

莊子解十二卷　(清)吳世尚注評　清刻本　一冊　存一卷(十一)

360000－4931－0000995　P2102

資治通鑑二百九十四卷　(宋)司馬光撰　(元)胡三省音注　**釋文辯誤十二卷**　(元)胡三省撰　清嘉慶二十一年(1816)胡克家刻本(卷五十二至五十五配清刻本)　十五冊　存五十九卷(五十二至五十五、一百一至一百十八、一百二十六至一百三十四、一百四十八至一百五十、一百五十六至一百五十八、一百六十三至一百七十二,釋文辯誤十二卷)

360000－4931－0000996　P2103

春秋五傳十七卷首一卷　(明)張岐然編　(清)張璞重編　清刻本　五冊　存五卷(一至二、十五至十六,首一卷)

360000－4931－0000997　P2104

[雜抄]不分卷　(清)□□輯　清抄本　一冊

360000－4931－0000998　P2105

[試帖]不分卷　(清)□□輯　清末石印本　一冊

360000－4931－0000999　P2106

佩文韻府一百六卷　(清)張玉書　(清)蔡升元等輯　清刻本　八冊　存七卷(十三至十六、二十一至二十二、五十一)

360000－4931－0001000　P2107

佩文韻府一百六卷　(清)張玉書　(清)蔡升元等輯　清刻本　十冊　存八卷(二十二至二十三、五十、六十三、七十八至八十、九十五)

360000－4931－0001001　P2108

鼎鍥趙田了凡袁先生編纂古本歷史大方綱鑑補三十九卷首一卷 （明）袁黄編　清刻本　十四冊　存十六卷（一、五至六、八、十至十二、十五至十六、二十三至二十七、三十、三十三）

360000－4931－0001002　P2109
鼎鍥趙田了凡袁先生編纂古本歷史大方綱鑑補三十九卷首一卷 （明）袁黄編　清刻本　六冊　存七卷（十一至十六、二十一）

360000－4931－0001003　P2110
新刊趙田了凡袁先生編纂古本歷史大方綱鑑補三十九卷首一卷 （明）袁黄編　清刻本　三冊　存三卷（十、十五、二十五）

360000－4931－0001004　P2111
鼎鍥趙田了凡袁先生編纂古本歷史大方綱鑑補三十九卷首一卷 （明）袁黄編　清刻本　一冊　存二卷（十二至十三）

360000－4931－0001005　P2112
增補了凡綱鑑四十卷首一卷 （明）袁黄編　清刻本　二冊　存三卷（七、十九至二十）

360000－4931－0001006　P2113
新刻秘藏奇巧戲法一卷 （清）中山秦叟輯　清嘉慶二十五年（1820）開益堂刻本　一冊

360000－4931－0001007　P2114
屯溪公濟局徵信錄一卷 （清）屯溪公濟局輯　清光緒刻本　一冊

360000－4931－0001008　P2115
成案所見集三十七卷 （清）馬世璘輯　清刻本　一冊　存一卷（二十二）

360000－4931－0001009　P2117
五星集腋四卷 （清）廖冀亨輯　清刻本　一冊　存一卷（三）

360000－4931－0001010　P2118
新刊繡像評演濟公傳十二卷一百二十回 （清）郭廣瑞撰　清末石印本　一冊　存一卷（二）十回（九至十八）

360000－4931－0001011　P2119
新刊繡像評演濟公傳十二卷一百二十回 （清）郭廣瑞撰　清末石印本　一冊　存五卷（四至八）三十回（四十三至七十二）

360000－4931－0001012　P2120
音釋坐花誌果八卷 （清）汪道鼎撰　（清）鷲峰樵者音釋　清光緒十四年（1888）廣百宋齋鉛印本　一冊　存四卷（一至四）

360000－4931－0001013　P2121
醫林纂要探源十卷附錄一卷 （清）汪紱輯　清道光二十九年（1849）遺經堂刻本　六冊　存六卷（一至六）

360000－4931－0001014　P2122
書經集傳六卷 （宋）蔡沈撰　清刻本　一冊　存二卷（一至二）

360000－4931－0001015　P2123
婦學一卷 （清）錢保塘編　清光緒二十一年（1895）清風室刻本　一冊

360000－4931－0001016　P2124
李文忠公朋僚函稿二十四卷海軍函稿四卷 （清）李鴻章撰　（清）吴汝綸編　清光緒三十一年（1905）金陵刻三十四年（1908）印李文忠公全集本　二冊　存四卷（十九至二十、海軍函稿一至二）

360000－4931－0001017　P2125
書經集傳六卷 （宋）蔡沈撰　清刻本　六冊

360000－4931－0001018　P2126
尊生閣集十二卷 （清）胡增瑞撰　清道光二十三年（1843）木活字印本　一冊　存二卷（十至十一）

360000－4931－0001019　P2127
湘畹詩鈔五卷 （清）劉芬撰　清道光刻本　二冊

360000－4931－0001020　P2128
寓瓠詩存四卷續稿一卷 （清）蕭志蘇撰　**湘雲閣殘稿一卷** （清）顧德貞撰　清道光二十一年（1841）刻本　一冊

360000－4931－0001021　P2129

寓瓠詩存四卷續稿一卷　(清)蕭志蘇撰　**湘雲閣殘稿一卷**　(清)顧德貞撰　清道光二十一年(1841)刻本　一册

360000－4931－0001022　P2130
寓瓠詩存四卷續稿一卷　(清)蕭志蘇撰　**湘雲閣殘稿一卷**　(清)顧德貞撰　清道光二十一年(1841)刻本　一册

360000－4931－0001023　P2132
[祝文]不分卷　(清)□□輯　清抄本　一册

360000－4931－0001024　P2133
聖訓輯要□□卷　(清)□□輯　清刻本　一册　存一卷(三)

360000－4931－0001025　P2134
八銘堂塾鈔二集不分卷　(清)吳懋政輯　清嘉慶十六年(1811)金閶書業堂刻本　一册

360000－4931－0001026　P2135
[雜抄]不分卷　(清)□□輯　清抄本　一册

360000－4931－0001027　P2136
[曹鴻勛馮文蔚書法]不分卷　(清)曹鴻勛　(清)馮文蔚書　清末石印本　一册

360000－4931－0001028　P2137
花鏡雋聲八卷　(明)馬嘉松輯　明刻本　三册

360000－4931－0001029　P2138
花鏡雋聲八卷　(明)馬嘉松輯　明刻本　一册　存四卷(一至四)

360000－4931－0001030　P2139
尊宗贅議一卷　江鍾秀撰　清刻本　一册

360000－4931－0001031　P2140
目耕齋讀本初集不分卷　(清)徐楷評注　(清)沈叔眉輯　清道光十二年(1832)刻本　一册

360000－4931－0001032　P2141
醫學心悟五卷附外科十法一卷　(清)程國彭撰　清刻本　四册

360000－4931－0001033　P2142
周禮節訓六卷　(清)黄叔琳輯　(清)姚培謙重訂　清嘉慶十八年(1813)英德堂刻本　一册　存二卷(一至二)

360000－4931－0001034　P2143
增訂五星集腋十卷續編一卷　(清)廖冀亨輯　(清)程枚增訂　清刻本　四册　存四卷(一至四)

360000－4931－0001035　P2144
書經集傳六卷　(宋)蔡沈撰　清芥子園刻本　三册　存四卷(一、四至六)

360000－4931－0001036　P2145
胡文忠公遺集八十六卷首一卷　(清)胡林翼撰　(清)鄭敦謹　(清)曾國荃輯　清刻本　七册　存十卷(一至十)

360000－4931－0001037　P2146
解文毅公集十六卷後集六卷首一卷附錄一卷日錄二卷　(明)解縉撰　清乾隆三十二年(1767)解氏敦仁堂刻本　四册　存十一卷(一至七、九至十一,首一卷)

360000－4931－0001038　P2148
[時文]不分卷　(清)邵洪竹等撰　清刻本　三册

360000－4931－0001039　P2149
四書典腋二十卷　(清)松軒主人編　清刻本　一册　存三卷(六至八)

360000－4931－0001040　P2150
經義大醇初編不分卷　(清)黄彝輯　清刻本　一册　存春秋文下編

360000－4931－0001041　P2151
[文章雜抄]不分卷　(清)□□輯　清抄本　一册

360000－4931－0001042　P2152
[宗教文獻雜抄]不分卷　(清)□□輯　清抄本　一册

360000－4931－0001043　P2153
尊宗贅議一卷　江鍾秀撰　清刻本　一册

360000－4931－0001044　P2154

本草從新十八卷 （清）吳儀洛輯　清刻本　一册　存十五卷（一至八、十二至十八）

360000－4931－0001045　P2155
寓真軒詩鈔十二卷 （清）蔡希邠撰　清光緒二十年（1894）刻本　一册

360000－4931－0001046　P2156
尺木堂綱鑑易知錄九十二卷 （清）吳乘權等輯　**御撰資治通鑑綱目三編二十卷** （清）張廷玉等撰　清刻本　十七册　存五十九卷（二十二至四十三、七十六至九十二，御撰資治通鑑綱目三編二十卷）

360000－4931－0001047　P2157
四書體註合講十九卷 （清）翁復編　清槐蔭堂刻本　一册　存三卷（孟子一至三）

360000－4931－0001048　P2158
批點聊齋志異十六卷 （清）蒲松齡撰　（清）王士禛評　（清）何守奇批點　清刻本　二十三册　存六卷（七至十二）

360000－4931－0001049　P2159
秦碉泉稿不分卷 （清）秦大士撰　**汪雲壑稿不分卷** （清）汪如洋撰　**周犢山稿不分卷** （清）周鎬撰　**陳厚甫稿不分卷** （清）陳鍾麟撰　清光緒二十四年（1898）鏡湖書屋刻本　二册

360000－4931－0001050　P2160
周犢山稿不分卷 （清）周鎬撰　**陳厚甫稿不分卷** （清）陳鍾麟撰　清光緒二十四年（1898）鏡湖書屋刻本　一册

360000－4931－0001051　P2161
周易四卷 （宋）朱熹本義　清刻本　一册　存一卷（二）

360000－4931－0001052　P2162
婦人大全良方二十四卷 （宋）陳自明撰　清刻本　一册　存一卷（五）

360000－4931－0001053　P2163
七政全書大成不分卷 （清）□□輯　清刻本　二册

360000－4931－0001054　P2164
莊子解十二卷 （清）吳世尚注評　清刻本　一册　存二卷（四至五）

360000－4931－0001055　P2165
說文解字繫傳校勘記三卷 （清）承培元撰　清刻本　一册

360000－4931－0001056　P2166
春秋五傳十七卷首一卷 （明）張岐然編　（清）張璞重編　清刻本　一册　存一卷（十七）

360000－4931－0001057　P2167
本草求真九卷 （清）黃宮繡撰　清文奎堂刻本　二册　存二卷（五至六）

360000－4931－0001058　P2168
秘傳花鏡六卷 （清）陳淏子輯　清刻本　一册　存二卷（五至六）

360000－4931－0001059　P2169
增智囊補二十八卷 （明）馮夢龍輯　清刻本　一册　存三卷（二十六至二十八）

360000－4931－0001060　P2170
御纂醫宗金鑑九十卷首一卷 （清）吳謙等撰　清刻本　二册　存五卷（一至四、首一卷）

360000－4931－0001061　P2171
駁案新編三十二卷續編七卷 （清）全士潮等輯　清刻本　八册　存十卷（五至十、續編二至五）

360000－4931－0001062　P2173
御定康熙字典十二集三十六卷總目一卷檢字一卷辨似一卷等韻一卷補遺一卷備考一卷 （清）張玉書等纂修　清刻本　二册　存二卷（亥集上下）

360000－4931－0001063　P2174
御定康熙字典十二集三十六卷總目一卷檢字一卷辨似一卷等韻一卷補遺一卷備考一卷 （清）張玉書等纂修　清刻本　二册　存二卷（亥集上下）

360000－4931－0001064　P2175

御定康熙字典十二集三十六卷總目一卷檢字一卷辨似一卷等韻一卷補遺一卷備考一卷 (清)張玉書等纂修　清刻本　二冊　存二卷(亥集上下)

360000－4931－0001065　P2176
御定康熙字典十二集三十六卷總目一卷檢字一卷辨似一卷等韻一卷補遺一卷備考一卷 (清)張玉書等纂修　清刻本　二冊　存二卷(亥集上下)

360000－4931－0001066　P2177
御定康熙字典十二集三十六卷總目一卷檢字一卷辨似一卷等韻一卷補遺一卷備考一卷 (清)張玉書等纂修　清刻本　二冊　存二卷(亥集上下)

360000－4931－0001067　P2178
御定康熙字典十二集三十六卷總目一卷檢字一卷辨似一卷等韻一卷補遺一卷備考一卷 (清)張玉書等纂修　清刻本　二冊　存二卷(亥集上下)

360000－4931－0001068　P2179
春秋三傳通經合纂十二卷　(明)周統撰　(清)周夢齡　(清)周毓齡輯　清刻本　二冊　存四卷(九至十二)

360000－4931－0001069　P2181
禮書綱目八十五卷首三卷　(清)江永撰　清刻本　十一冊　存二十八卷(一至五、十五至三十一、七十五至八十)

360000－4931－0001070　P2182
唐人賦鈔六卷　(清)邱先德輯　(清)邱士超箋　清刻本　二冊　存二卷(四至五)

360000－4931－0001071　P2183
新刻袁柳莊先生秘傳相法二卷　(明)雲林子校正　**新刻麻衣神相大全四卷**　(清)陸位崇編　清刻本　一冊　存三卷(新刻袁柳莊先生秘傳相法下、新刻麻衣神相大全一至二)

360000－4931－0001072　P2184
淮南子二十一卷　(漢)劉安撰　(漢)高誘注　清光緒二年(1876)浙江書局刻本　六冊　存二十卷(一至二十)

360000－4931－0001073　P2185
胡文忠公遺集八十六卷首一卷　(清)胡林翼撰　(清)鄭敦謹　(清)曾國荃輯　清刻本　五冊　存十二卷(一、二十九至三十一、四十二至四十三、七十二至七十三、八十四至八十六,首一卷)

360000－4931－0001074　P2186
四書詮義三十八卷　(清)汪紱撰　清道光六年(1826)一經堂刻本　二冊　存四卷(一、五至七)

360000－4931－0001075　P2187
近科試策法程不分卷　(□)□□輯　清刻本　一冊

360000－4931－0001076　P2188
周易四卷　(宋)朱熹本義　清刻本　一冊　存 卷( )

360000－4931－0001077　P2189
書經增訂旁訓四卷　(清)徐立綱撰　清刻本　一冊

360000－4931－0001078　P2190
燈謎二卷　(清)□□輯　清刻本　一冊　存一卷(下)

360000－4931－0001079　P2191
詩經精義四卷首一卷末一卷　(清)黄淦撰　清刻七經精義本　一冊　存二卷(一、首一卷)

360000－4931－0001080　P2192
周易精義四卷首一卷　(清)黄淦撰　清刻七經精義本　一冊　存二卷(一、首一卷)

360000－4931－0001081　P2193
[婦產醫方]不分卷　(清)□□輯　清抄本　一冊

360000－4931－0001082　P2194
醫學三字經不分卷　(清)陳念祖撰　清抄本　一冊

360000－4931－0001083　P2195

詩韻辨字略五卷 (清)秦端厓輯 清刻本 一冊

360000－4931－0001084 P2196
本草備要四卷 (清)汪昂撰 清刻本 一冊

360000－4931－0001085 P2197
雪擁藍關一卷 (清)楊潮觀撰 清抄本 一冊

360000－4931－0001086 P2198
蠶桑輯要不分卷 (清)沈秉成撰 **廣蠶桑說一卷** (清)沈練撰 清光緒二十二年(1896)江西書局刻本 一冊

360000－4931－0001087 P2199
蠶桑輯要不分卷 (清)沈秉成撰 **廣蠶桑說一卷** (清)沈練撰 清光緒二十二年(1896)江西書局刻本 一冊

360000－4931－0001088 P2200
評點春秋綱目左傳句解彙雋六卷 (清)韓菼重訂 清刻本 一冊 存一卷(五)

360000－4931－0001089 P2201
景岳全書六十四卷 (明)張介賓撰 清刻本 二冊 存九卷(三十四至三十七、四十一至四十五)

360000－4931－0001090 P2202
景岳全書六十四卷 (明)張介賓撰 清刻本 一冊 存二卷(七至八)

360000－4931－0001091 P2203
海國圖志五十卷 (清)魏源撰 清道光二十四年(1844)古微堂木活字印本 七冊 存十六卷(十九至二十、二十五至二十七、三十八至四十三、四十五至四十九)

360000－4931－0001092 P2204
後漢書一百二十卷 (南朝宋)范曄撰 (唐)李賢注 (晉)司馬彪撰志 (南朝梁)劉昭注補 清刻本 二十冊 存五十六卷(五至八、十五至十九、三十二至三十八、四十一至四十六、六十九至七十、七十八至一百六、一百十五至一百十七)

360000－4931－0001093 P2205
平園雜著内編十四卷 (清)林有席撰 (清)林大佐編 清刻本 一冊 存二卷(十一至十二)

360000－4931－0001094 P2206
達生編二卷 (清)亟齋居士撰 清同治七年(1868)刻本 一冊

360000－4931－0001095 P2207
達生編二卷 (清)亟齋居士撰 清同治七年(1868)刻本 一冊

360000－4931－0001096 P2208
達生編二卷 (清)亟齋居士撰 清同治七年(1868)刻本 一冊

360000－4931－0001097 P2209
達生編二卷 (清)亟齋居士撰 清同治七年(1868)刻本 一冊

360000－4931－0001098 P2210
憑山閣增輯留青新集三十卷 (清)陳枚輯 (清)陳德裕增輯 清刻本 五冊 存十五卷(四至十八)

360000－4931－0001099 P2211
御纂醫宗金鑑九十卷首一卷 (清)吳謙等撰 清刻本 一冊 存一卷(六十四)

360000－4931－0001100 P2212
孝經一卷 清刻本 一冊

360000－4931－0001101 P2213
淮南鴻烈閒詁二卷 (漢)許慎撰 葉德輝輯 清光緒二十一年(1895)長沙葉氏郎園刻本 一冊

360000－4931－0001102 P2214
周易四卷 (宋)朱熹本義 清刻本 一冊 存三卷(二至四)

360000－4931－0001103 P2215
附釋音禮記注疏六十三卷 (漢)鄭玄注 (唐)陸德明音義 (唐)孔穎達疏 **附校勘記六十三卷** (清)阮元撰 (清)盧宣旬摘錄 清刻重刊宋本十三經注疏本 三冊 存二十

四卷（二十五至三十六、校勘記二十五至三十六）

360000－4931－0001104　P2216
袁王綱鑑合編三十九卷　（明）袁黃　（明）王世貞編　清末石印本　一冊　存三卷（十六至十八）

360000－4931－0001105　P2217
幼幼集成六卷　（清）陳復正輯　清刻本　五冊

360000－4931－0001106　P2218
幼幼集成六卷　（清）陳復正輯　清刻本　二冊　存二卷（一至二）

360000－4931－0001107　P2219
莊子因六卷　（清）林雲銘撰　清白雲精舍刻本　四冊

360000－4931－0001108　P2220
春秋三傳彙抄九卷　（清）王道興輯　清刻本　二冊　存三卷（四至六）

360000－4931－0001109　P2221
御纂性理精義十二卷　（清）李光地等纂修　清咸豐二年（1852）刻本　一冊　存六卷（一至六）

360000－4931－0001110　P2222
錦字箋四卷　（清）黃澐撰　清刻本　二冊　存二卷（一至二）

360000－4931－0001111　P2223
欽定協紀辨方書三十六卷　（清）允祿等纂　清刻本　一冊　存二卷（十八至十九）

360000－4931－0001112　P2224
莊子解十二卷　（清）吳世尚注評　清刻本　一冊　存二卷（十一至十二）

360000－4931－0001113　P2225
莊子解十二卷　（清）吳世尚注評　清刻本　一冊　存三卷（十至十二）

360000－4931－0001114　P2226
儀禮鄭註句讀十七卷監本正誤一卷石本誤字一卷　（清）張爾岐撰　清光緒六年（1880）山西濬文書局刻本　六冊

360000－4931－0001115　P2227
本草綱目五十二卷　（明）李時珍撰　清刻本　四冊　存四卷（四、二十四至二十五、五十）

360000－4931－0001116　P2228
新纂簡捷易明算法四卷　（清）沈士桂纂　清刻本　一冊　存二卷（三至四）

360000－4931－0001117　P2229
山洋指迷原本四卷　（明）周景一撰　（清）俞歸璞　（清）吳卿瞻注　清刻本　一冊　存二卷（三至四）

360000－4931－0001118　P2230
新編直指算法統宗十二卷　（明）程大位撰　清刻本　一冊　存二卷（三至四）

360000－4931－0001119　P2231
戒淫集說不分卷　（□）□□輯　清刻本　一冊

360000－4931－0001120　P2232
皇清經解　（清）阮元輯　清刻本　二冊　存二種

360000－4931－0001121　P2233
周禮註疏刪翼三十卷　（明）王志長撰　清刻本　四冊　存八卷（十九至二十六）

360000－4931－0001122　P2234
玉篇三卷　（南朝梁）顧野王撰　清同治十二年（1873）粵東書局刻小學彙函本　三冊

360000－4931－0001123　P2236
經籍訪古志六卷補遺一卷　（日本）澁江全善　（日本）森立之撰　清光緒十一年（1885）六和徐氏鉛印本　一冊　存一卷（補遺一卷）

360000－4931－0001124　P2237
花月痕全書十六卷五十二回　（清）魏秀仁撰　（清）棲霞居士評　清末鉛印本　一冊　存四卷（九至十二）十三回（二十八至四十）

360000－4931－0001125　P2238
英德堂新刻增補便用雜字世事通考二卷　（清）徐三省編　（清）戴啓達增訂　清英德堂

刻本　一册　存一卷(下)

360000－4931－0001126　P2239
師友贈言不分卷　(清)朱守訓編　清刻本　二册

360000－4931－0001127　P2240
桃溪客語五卷　(清)吴騫撰　清刻本　一册　存三卷(三至五)

360000－4931－0001128　P2241
景岳全書六十四卷　(明)張介賓撰　清刻本　一册　存二卷(四十四至四十五)

360000－4931－0001129　P2242
類經三十二卷　(明)張介賓類注　**圖翼十一卷附翼四卷**　(明)張介賓撰　清刻本　七册　存十八卷(十一至二十四、二十七至三十)

360000－4931－0001130　P2243
類經三十二卷　(明)張介賓類注　**圖翼十一卷附翼四卷**　(明)張介賓撰　清刻本　二册　存五卷(二十七至二十八、三十至三十二)

360000－4931－0001131　P2244
類經三十二卷　(明)張介賓類注　**圖翼十一卷附翼四卷**　(明)張介賓撰　清刻本　一册　存二卷(二十九至三十)

360000－4931－0001132　P2245
尺木堂綱鑑易知録九十二卷　(清)吴乘權等輯　清刻本　二十册　存五十二卷(一至七、十三至十四、十六至十七、二十至二十二、二十八至三十、三十三至三十五、四十四至四十九、五十三至六十四、六十八至七十八、八十一至八十三)

360000－4931－0001133　P2246
尺木堂綱鑑易知録九十二卷　(清)吴乘權等輯　清刻本　十三册　存三十一卷(二十九至三十、三十五至三十六、六十二至八十八)

360000－4931－0001134　P2247
周易集解五卷　(清)馮世瀛撰　清刻雪樵經解本　一册　存一卷(二)

360000－4931－0001135　P2248
[戲曲傳奇集]不分卷　(□)□□輯　清刻本　一册

360000－4931－0001136　P2250
大清律例四十七卷　(清)徐本等修　(清)唐紹祖等纂　清刻本　二册　存三卷(二十五至二十六、三十)

360000－4931－0001137　P2251
大清律例四十七卷　(清)徐本等修　(清)唐紹祖等纂　清刻本　四册　存十一卷(二十四至三十四)

360000－4931－0001138　P2252
御批歷代通鑑輯覽一百二十卷　(清)傅恆等撰　清刻本　一册　存一卷(九)

360000－4931－0001139　P2253
御批歷代通鑑輯覽一百二十卷　(清)傅恆等撰　清刻本　十一册　存二十二卷(四至十七、十九至二十五、二十八)

360000－4931－0001140　P2254
御批歷代通鑑輯覽一百二十卷　(清)傅恆等撰　清光緒二十七年(1901)上海經書閣石印本　三册　存五十卷(一至五十)

360000－4931－0001141　P2255
御撰資治通鑑綱目三編二十卷　(清)張廷玉等撰　清刻本　二册　存十一卷(十至二十)

360000－4931－0001142　P2256
新鍥趙田了凡袁先生編纂古本歷史大方綱鑑補三十九卷首一卷　(明)袁黄編　清刻本　一册　存二卷(十四至十五)

360000－4931－0001143　P2257
御撰資治通鑑綱目三編二十卷　(清)張廷玉等撰　清刻本　三册　存十五卷(一至九、十五至二十)

360000－4931－0001144　P2258
新訂崇正闢謬通書十四卷　(清)李奉來編　清刻本　四册　存七卷(一至五、七至八)

360000－4931－0001145　P2259
静淨齋第八才子書花箋記六卷二酉齋花箋文

章一卷　(清)靜淨齋評　清芥子園刻本　二册

360000－4931－0001146　P2260
近科聯捷墨粹□□卷　(清)□□輯　清刻本　二册　存二卷(四、六)

360000－4931－0001147　P2261
館律鴛鍼四卷　(清)蔣圻編　清刻本　一册　存二卷(三至四)

360000－4931－0001148　P2262
集驗簡易良方四卷　(清)德豐輯　清刻本　一册　存一卷(三)

360000－4931－0001149　P2263
算法指掌四卷　(清)李節齋撰　清刻本　二册　存二卷(三至四)

360000－4931－0001150　P2264
精選懷山文稿不分卷懷山文稿摘錄不分卷　(清)周鎬撰　清刻本　一册

360000－4931－0001151　P2265
國朝先正事略六十卷　(清)李元度撰　清刻本　一册　存一卷(一)

360000－4931－0001152　P2266
文藝金針不分卷蒲編堂訓蒙草一卷訓蒙草注釋一卷　(清)路德撰　清刻本　一册

360000－4931－0001153　P2267
景岳新方八陣湯頭歌括不分卷　(清)吳宏定輯　清刻本　一册

360000－4931－0001154　P2268
時文小題約鈔不分卷　(清)朱兆琦等輯　清刻本　一册

360000－4931－0001155　P2269
醫門小學本草快讀貫註四卷首一卷末一卷　(清)趙亮采撰　清光緒十三年(1887)鹿門慎業齋刻本　一册　存一卷(首一卷)

360000－4931－0001156　P2270
牛痘新書濟世一卷　(清)邱熺撰　(清)王惇甫增補　清同治四年(1865)刻本　一册

360000－4931－0001157　P2271
會心錄一卷　(清)汪文綺撰　清光緒二年(1876)屯鎮聚文堂刻本　一册

360000－4931－0001158　P2272
山洋指迷原本四卷　(明)周景一撰　(清)俞歸璞　(清)吳卿瞻注　清刻本　四册

360000－4931－0001159　P2273
唐詩三百首註疏六卷　(清)孫洙編　(清)章燮注　清文成堂刻本　一册　存一卷(一)

360000－4931－0001160　P2274
張太史塾課八卷　(清)張江撰　清刻本　一册　存三卷(六至八)

360000－4931－0001161　P2275
大學章句本義匯參三卷首一卷　(清)王步青輯　清敦復堂刻本　一册　存二卷(一、首一卷)

360000－4931－0001162　P2276
欽定周官義疏四十八卷首一卷　(清)鄂爾泰等撰　清刻本　一册　存二卷(五至六)

360000－4931－0001163　P2277
仙踪記略三卷續集三卷　(清)張鶴輯　清刻本　三册　存三卷(下,續集上、中)

360000－4931－0001164　P2278
醫學心悟五卷附外科十法一卷　(清)程國彭撰　清刻本　五册

360000－4931－0001165　P2279
芙蓉山館詩鈔八卷補鈔一卷詞二卷文鈔一卷　(清)楊芳燦撰　清刻本　五册

360000－4931－0001166　P2280
重訂事類賦三十卷　(宋)吳淑撰並注　清刻本　四册

360000－4931－0001167　P2281
松軒雜字二卷　(清)□□輯　清光緒三十二年(1906)刻本　一册

360000－4931－0001168　P2282
松軒雜字二卷　(清)□□輯　清光緒二十七年(1901)刻本　一册

360000－4931－0001169　P2283
評點春秋綱目左傳句解彙雋六卷　(清)韓菼重訂　清刻本　六册

360000－4931－0001170　P2284
增訂本草備要四卷醫方集解六卷　(清)汪昂撰　清刻本　六册

360000－4931－0001171　P2285
檀氏儀禮韻言塾課藏本二卷　(清)檀萃撰　清刻本　二册

360000－4931－0001172　P2286
檀氏儀禮韻言塾課藏本二卷　(清)檀萃撰　清刻本　一册　存一卷(上)

360000－4931－0001173　P2287
光學揭要二卷　(美國)赫士口譯　(清)朱葆琛筆述　清光緒二十四年(1898)上海美華書館鉛印本　一册

360000－4931－0001174　P2288
續古文辭類纂十卷　王先謙輯　清光緒二十年(1894)上海圖書集成印書局鉛印本　四册

360000－4931－0001175　P2289
續古文辭類纂十卷　王先謙輯　清光緒二十年(1894)上海圖書集成印書局鉛印本　四册

360000－4931－0001176　P2290
續古文辭類纂十卷　王先謙輯　清光緒二十年(1894)上海圖書集成印書局鉛印本　四册

360000－4931－0001177　P2291
續古文辭類纂十卷　王先謙輯　清光緒二十年(1894)上海圖書集成印書局鉛印本　二册　存五卷(一至四、六)

360000－4931－0001178　P2292
證治準繩　(明)王肯堂撰　明萬曆刻本　四册　存二種

360000－4931－0001179　P2293
國朝試帖分韻句解懸鵠集二卷　(清)陳煥箋釋　清道光十一年(1831)博文堂刻本　二册

360000－4931－0001180　P2294
鼎鐫金陵三元合選評註史記狐白六卷　(明)湯賓尹輯　(明)朱之蕃注　(明)龔三益評　明書林余紹崖自新齋刻本　二册

360000－4931－0001181　P2295
春秋左傳五十卷　(晉)杜預　(宋)林堯叟注釋　(唐)陸德明音義　(明)孫鑛　(明)鍾惺評點　清光緒李光明家刻本　五册　存十六卷(三十五至五十)

360000－4931－0001182　P2296
歐陽文忠公全集一百五十三卷首一卷附錄五卷　(宋)歐陽修撰　清嘉慶二十四年(1819)歐陽衡刻本　六册　存三十三卷(一至十三、一百三十五至一百五十三,首一卷)

360000－4931－0001183　P2297
歐陽文忠公全集一百五十三卷首一卷附錄五卷　(宋)歐陽修撰　清嘉慶二十四年(1819)歐陽衡刻本　四册　存三十六卷(十五至二十三、三十三至五十、七十一至七十九)

360000－4931－0001184　P2298
歐陽文忠公全集一百五十三卷首一卷附錄五卷　(宋)歐陽修撰　清刻本　一册　存七卷(二十六至三十二)

360000－4931－0001185　P2299
儀禮經傳通解三十七卷　(宋)朱熹撰　清初刻本　四册　存二十三卷(一至五、二十至三十七)

360000－4931－0001186　P2300
御纂性理精義十二卷　(清)李光地等纂修　清刻本　一册　存三卷(十至十二)

360000－4931－0001187　P2301
胡文忠公遺集八十六卷首一卷　(清)胡林翼撰　(清)鄭敦謹　(清)曾國荃輯　清同治六年(1867)黃鶴樓刻本　七册　存二十卷(一至五、七至十二、十六至二十三,首一卷)

360000－4931－0001188　P2302
新刊校正增補圓機詩韻活法全書十四卷　(明)王世貞校正　清刻本　六册　存十一卷(三至十三)

360000－4931－0001189　P2303
新刊校正增補圓機詩韻活法全書十四卷　(明)王世貞校正　清刻本　二冊　存六卷(一至六)

360000－4931－0001190　P2304
新刊校正增補圓機詩韻活法全書十四卷　(明)王世貞校正　清刻本　四冊　存五卷(一、三至六)

360000－4931－0001191　P2305
儀禮經傳通解續二十九卷　(宋)黄榦撰　清刻本　一冊　存一卷(二)

360000－4931－0001192　P2306
儀禮韻言二卷　(清)檀萃撰　清光緒十五年(1889)篤學樓刻本　一冊　存一卷(上)

360000－4931－0001193　P2307
御纂春秋直解十二卷　(清)傅恆等撰　清刻本　一冊　存四卷(九至十二)

360000－4931－0001194　P2308
羅經摘要一卷　(□)□□撰　清程廣資抄本　一冊

360000－4931－0001195　P2309
秘傳經驗痘疹臨證參考不分卷　(清)焦先野撰　清抄本　一冊

360000－4931－0001196　P2310
隨息居飲食譜一卷　(清)王士雄撰　清同治二年(1863)上海刻本　一冊

360000－4931－0001197　P2311
呻吟語節鈔二卷　(明)吕坤撰　(清)胡友梅節抄　清光緒二年(1876)聽雪軒刻本　一冊　存一卷(一)

360000－4931－0001198　P2312
圖註八十一難經四卷　(明)張世賢注　清宣統二年(1910)上海茂記書莊石印本　一冊　存二卷(一至二)

360000－4931－0001199　P2313
文公小學六卷　(宋)朱熹撰　**附孝經疏義一卷忠經疏義一卷**　清刻本　二冊

360000－4931－0001200　P2314
覺世真經圖說不分卷　清光緒六年(1880)刻本　一冊

360000－4931－0001201　P2315
女科二卷　(清)傅山撰　清刻本　一冊　存一卷(下)

360000－4931－0001202　P2316
女科證治準繩五卷　(明)王肯堂輯　清脩敬堂刻本　一冊　存一卷(五)

360000－4931－0001203　P2317
袁文箋正十六卷補注一卷　(清)袁枚撰　(清)石韞玉箋　清刻本　三冊　存七卷(三至四、十三至十六,補注一卷)

360000－4931－0001204　P2318
張氏醫通十六卷　(清)張璐撰　清刻本　一冊　存一卷(十六)

360000－4931－0001205　P2319
新刊通鑑輯要四十卷首一卷　(明)袁黄編　清刻本　一冊　存一卷(十三)

360000－4931－0001206　P2320
增廣驗方新編十六卷　(清)鮑相璈編　清光緒十八年(1892)兩儀堂刻本　三冊　存六卷(一至三、八至十)

360000－4931－0001207　P2321
增廣驗方新編十六卷　(清)鮑相璈編　清刻本　二冊　存四卷(十一至十四)

360000－4931－0001208　P2322
增廣驗方新編十六卷　(清)鮑相璈編　清刻本　一冊　存五卷(十二至十六)

360000－4931－0001209　P2323
驗方新編十六卷　(清)鮑相璈編　清刻本　三冊　存六卷(十一至十六)

360000－4931－0001210　P2324
驗方新編十六卷　(清)鮑相璈編　清刻本　一冊　存三卷(十四至十六)

360000－4931－0001211　P2325
續廣事類賦三十卷　(清)王鳳喈撰　清刻本

二册　存五卷(八至十二)

360000－4931－0001212　P2326
續廣事類賦三十卷　(清)王鳳喈撰　清刻本　一册　存二卷(十二至十三)

360000－4931－0001213　P2327
太史張天如詳節春秋綱目句解左傳彙雋六卷　(清)韓菼重訂　清刻本　一册　存一卷(六)

360000－4931－0001214　P2328
孫真人千金方衍義三十卷　(清)張璐撰　清掃葉山房刻本　六册　存八卷(一至四、十一至十二、二十至二十一)

360000－4931－0001215　P2329
大清律例增修統纂集成四十卷　(清)姚潤輯　(清)陶駿　(清)陶念霖增輯　清刻本　六册　存十卷(一至五、八至十二)

360000－4931－0001216　P2330
書經集傳六卷　(宋)蔡沈撰　清刻本　四册

360000－4931－0001217　P2331
書舫文集二十卷　(清)李友杜撰　清木活字印本　一册　存四卷(十三至十六)

360000－4931－0001218　P2332
紫竹山房文集三卷　(清)陳兆崙撰　清刻國朝文錄本　一册

360000－4931－0001219　P2333
平園雜著内編十四卷　(清)林有席撰　(清)林大佐編　清刻本　二册　存三卷(八至十)

360000－4931－0001220　P2334
本草從新十八卷　(清)吳儀洛輯　清刻本　一册　存二卷(五至六)

360000－4931－0001221　P2335
皇清經解　(清)阮元輯　清道光九年(1829)廣東學海堂刻咸豐十一年(1861)補刻本　二册　存二種

360000－4931－0001222　P2336
古文釋義新編八卷　(清)余誠評注　清刻本　一册　存二卷(七至八)

360000－4931－0001223　P2337
重訂古文釋義新編八卷　(清)余誠評注　清文富堂刻本　六册　存六卷(三至八)

360000－4931－0001224　P2338
周禮二十卷　(明)陳深訓注　明刻合諸名家真評先秦十五種本　一册　存十一卷(一至十一)

360000－4931－0001225　P2339
憑山閣增輯留青新集三十卷　(清)陳枚輯　(清)陳德裕增輯　清刻本　四册　存十三卷(十五至二十七)

360000－4931－0001226　P2340
古文析義十六卷　(清)林雲銘評注　清刻本　二册　存五卷(一至五)

360000－4931－0001227　P2341
重訂廣事類賦四十卷　(清)華希閔撰　清刻本　四册　存二十卷(五至二十四)

360000－4931－0001228　P2342
寄傲山房塾課纂輯書經備旨蔡註捷錄七卷　(清)鄒聖脈輯　清刻本　二册　存四卷(一、五至七)

360000－4931－0001229　P2343
東坡先生全集錄九卷　(宋)蘇軾撰　(清)儲欣輯　清刻本　六册

360000－4931－0001230　P2344
春秋經傳集解三十卷　(晉)杜預撰　(唐)陸德明音義　(宋)林堯叟附注　(清)馮李驊增訂　**左繡三十卷**　(清)馮李驊　(清)陸浩評輯　清李光明莊刻本　三册　存十二卷(春秋經傳集解十五至二十、左繡十五至二十)

360000－4931－0001231　P2345
春秋經傳集解三十卷　(晉)杜預撰　(唐)陸德明音義　(宋)林堯叟附注　(清)馮李驊增訂　**左繡三十卷**　(清)馮李驊　(清)陸浩評輯　清康熙五十九年(1720)華川書屋刻本　四册　存六卷(春秋經傳集解一至三、左繡一至三)

360000－4931－0001232　P2346
春秋經傳集解三十卷　(晉)杜預撰　(唐)陸德明音義　(宋)林堯叟附注　(清)馮李驊增訂　**左繡三十卷**　(清)馮李驊　(清)陸浩評輯　清華川書屋刻本　三冊　存十八卷(春秋經傳集解二十二至三十、左繡二十二至三十)

360000－4931－0001233　P2347
春秋經傳集解三十卷　(晉)杜預撰　(唐)陸德明音義　(宋)林堯叟附注　(清)馮李驊增訂　**左繡三十卷**　(清)馮李驊　(清)陸浩評輯　清掃葉山房刻本　一冊　存二卷(春秋經傳集解一、左繡一)

360000－4931－0001234　P2348
大學章句一卷　(宋)朱熹撰　清玉書樓刻本　一冊

360000－4931－0001235　P2349
孟子集註七卷　(宋)朱熹撰　清刻本　七冊

360000－4931－0001236　P2350
孟子集註七卷　(宋)朱熹撰　清集古堂刻本　一冊　存二卷(六至七)

360000－4931－0001237　P2351
論語集註十卷　(宋)朱熹撰　清錦繡閣刻本　二冊　存四卷(七至十)

360000－4931－0001238　P2352
論語集註十卷　(宋)朱熹撰　清刻本　一冊　存二卷(六至七)

360000－4931－0001239　P2353
論語集註十卷　(宋)朱熹撰　清刻本　一冊　存二卷(六至七)

360000－4931－0001240　P2354
佩文韻府一百六卷　(清)張玉書　(清)蔡升元等輯　**韻府拾遺一百六卷**　(清)汪灝　(清)何焯等輯　清刻本　十一冊　存十三卷(佩文韻府六十八至七十二、八十三至九十)

360000－4931－0001241　P2355
佩文韻府一百六卷　(清)張玉書　(清)蔡升元等輯　**韻府拾遺一百六卷**　(清)汪灝　(清)何焯等輯　清刻本　十三冊　存十卷(佩文韻府四至五、六十八至六十九、九十至九十五)

360000－4931－0001242　P2356
佩文韻府一百六卷　(清)張玉書　(清)蔡升元等輯　**韻府拾遺一百六卷**　(清)汪灝　(清)何焯等輯　清刻本　九冊　存八卷(佩文韻府一至二、四至六、十二、五十二至五十三)

360000－4931－0001243　P2357
[釐稅則例]不分卷　(清)□□輯　清刻本　一冊

360000－4931－0001244　P2358
四溟山人詩集十卷　(明)謝榛撰　(明)盛以進輯　清宣統元年(1909)鉛印本　一冊　存一卷(五)

360000－4931－0001245　P3001
歐陽文忠公全集一百五十三卷　(宋)歐陽修撰　清刻本　九冊　存六十三卷(三十三至九十五)

360000－4931－0001246　P3002
大佛頂首楞嚴經疏解蒙鈔六十卷首一卷　(清)錢謙益撰　清刻本　七冊　存二十三卷(二至二十四)

360000－4931－0001247　P3003
附釋音毛詩注疏七十卷　(漢)毛亨傳　(漢)鄭玄箋　(唐)陸德明音義　(唐)孔穎達疏　**附校勘記七十卷**　(清)阮元撰　(清)盧宣旬摘錄　清刻重刊宋本十三經注疏本　三冊　存四卷(十九至二十、校勘記十九至二十)

360000－4931－0001248　P3004
寄傲山房塾課纂輯書經備旨蔡註捷錄七卷　(清)鄒聖脈輯　清刻本　二冊　存五卷(一、四至七)

360000－4931－0001249　P3005
寄傲山房塾課纂輯書經備旨蔡註捷錄七卷　(清)鄒聖脈輯　清刻本　二冊

360000－4931－0001250　P3006
周禮折衷六卷　（漢）鄭玄注　（唐）賈公彥疏　（清）胡興銓編　清刻本　四册

360000－4931－0001251　P3007
新鐫曆法便覽象吉備要通書大全二十九卷　（清）魏鑑輯　清刻本　一册　存三卷（十八至二十）

360000－4931－0001252　P3008
［曆書］不分卷　（清）□□編　清末鉛印本　一册

360000－4931－0001253　P3009
子書百家　（清）崇文書局輯　清光緒元年（1875）湖北崇文書局刻本　十册　存十六種

360000－4931－0001254　P3010
子書百家　（清）崇文書局輯　清光緒元年（1875）湖北崇文書局刻本　一册　存二種

360000－4931－0001255　P3011
說郛續四十六弓　（明）陶珽輯　清刻本　二册　存二弓（三十九、四十一）

360000－4931－0001256　P3012
嶺南三大家詩選二十四卷　（清）王隼輯　清刻本　四册　存十卷（一至十）

360000－4931－0001257　P3013
儀禮十七卷　（漢）鄭玄注　清同治十二年（1873）稽古樓刻袖珍十三經註本　一册　存二卷（一至二）

360000－4931－0001258　P3014
松江府入泮同登全錄不分卷　（清）□□輯　清同治刻朱印本　一册

360000－4931－0001259　P3015
［詹維城試草］一卷　（清）詹維城撰　清刻本　一册

360000－4931－0001260　P3016
［胡飛鵬試草］一卷　（清）胡飛鵬撰　清刻本　一册

360000－4931－0001261　P3017
［詹煥然試草］一卷　（清）詹煥然撰　清刻本　一册

360000－4931－0001262　P3018
藍田書室試草一卷　（清）董炳陽撰　清刻本　一册

360000－4931－0001263　P3019
十駕軒試草一卷　（清）江葆真撰　清刻本　一册

360000－4931－0001264　P3020
存養軒試草一卷　（清）俞禹績撰　清刻本　一册

360000－4931－0001265　P3021
芸生堂試草一卷　（清）胡宗培撰　清刻本　一册

360000－4931－0001266　P3022
養鱗文會試草一卷　（清）詹榮章撰　清刻本　一册

360000－4931－0001267　P3023
雲棲法彙　清光緒二十三年至二十五年（1897－1899）金陵刻經處刻本　二十一册　存十九種

360000－4931－0001268　P3024
竹窗二筆一卷　（明）釋袾宏撰　清光緒二十四年（1898）金陵刻經處刻雲棲法彙本　一册

360000－4931－0001269　P3025
竹窗二筆一卷　（明）釋袾宏撰　清光緒二十四年（1898）金陵刻經處刻雲棲法彙本　一册

360000－4931－0001270　P3026
通書不分卷　清刻本　二十五册

360000－4931－0001271　P3027
舒恬軒周禮讀本六卷　（清）龐佑清訂　清刻本　一册　存二卷（一至二）

360000－4931－0001272　P3028
畏齋周禮客難八卷　（清）龔元玠撰　清刻本　二册　存六卷（一至六）

360000－4931－0001273　P3029
經典釋文三十卷　（唐）陸德明撰　清刻本

一册　存二卷(九至十)

360000－4931－0001274　P3030
經典釋文考證三十卷　(清)盧文弨撰　清常州龍城書院刻本　二册

360000－4931－0001275　P3031
經典釋文三十卷　(唐)陸德明撰　**攷證三十卷**　(清)盧文弨撰　清刻本　四册　存十卷(經典釋文五至九、攷證五至九)

360000－4931－0001276　P3032
小學彙函　(清)鍾謙鈞輯　清刻古經解彙函本　二册　存二種

360000－4931－0001277　P3033
春秋經傳集解三十卷　(晉)杜預撰　(唐)陸德明音義　(宋)林堯叟附注　(清)馮李驊增訂　**左繡三十卷**　(清)馮李驊　(清)陸浩評輯　清華川書屋刻本　一册　存四卷(春秋經傳集解十七至十八、左繡十七至十八)

360000－4931－0001278　P3034
國朝文雅正所見集十六卷　(清)林有席評輯　清刻本　九册　存十三卷(二至十一、十四至十六)

360000－4931－0001279　P3035
經籍籑詁一百六卷首一卷　(清)阮元撰　清嘉慶十七年(1812)揚州阮元琅嬛仙館刻本　二十一册　存三十六卷(一至十一、十七至三十八、四十至四十二)

360000－4931－0001280　P3036
大清律例增修統纂集成四十卷　(清)姚潤輯　(清)陶駿　(清)陶念霖增輯　清刻本　三册　存七卷(二十至二十六)

360000－4931－0001281　P3037
詩經集傳八卷　(宋)朱熹撰　清刻本　二册　存五卷(四至八)

360000－4931－0001282　P3038
[醫書集成]　(清)□□輯　清末石印本　一册　存六種

360000－4931－0001283　P3039
四書詮義三十八卷　(清)汪紱撰　清道光一經堂刻本　四册　存十一卷(四至七、十五至十七、二十一至二十四)

360000－4931－0001284　P3040
御批歷代通鑑輯覽一百二十卷　(清)傅恆等撰　清刻本　三册　存五卷(八十四至八十五、九十九、一百五至一百六)

360000－4931－0001285　P3041
資治新書二集二十卷　(清)李漁輯　清刻本　一册　存一卷(一)

360000－4931－0001286　P3042
景岳全書六十四卷　(明)張介賓撰　清刻本　二册　存五卷(二十三至二十五、四十五至四十六)

360000－4931－0001287　P3043
莊子十卷　(晉)郭象注　(唐)陸德明音義　清末上海煥文書局石印本　二册　存五卷(四至八)

360000－4931－0001288　P3044
資治新書二集二十卷　(清)李漁輯　清刻本　十一册　存十九卷(一至十九)

360000－4931－0001289　P3045
策海全書十二卷　(清)瞿曾輯輯　清刻本　四册　存七卷(三至四、六至十)

360000－4931－0001290　P3046
續廣事類賦三十卷　(清)王鳳喈撰　清刻本　一册　存二卷(四至五)

360000－4931－0001291　P3047
周禮節訓六卷　(清)黄叔琳輯　(清)姚培謙重訂　清嘉慶十二年(1807)刻本　一册

360000－4931－0001292　P3048
謝華啓秀集八卷　(明)楊慎輯　清刻本　一册　存二卷(一至二)

360000－4931－0001293　P3050
憑山閣增輯留青新集三十卷　(清)陳枚輯　(清)陳德裕增輯　清刻本　一册　存一卷(三十)

360000－4931－0001294　P3051
本草綱目五十二卷　(明)李時珍撰　清刻本　三冊　存六卷(二至三、三十六至三十七、四十三至四十四)

360000－4931－0001295　P3052
本草萬方鍼線八卷　(清)蔡烈先輯　清芥子園刻本　一冊　存六卷(一至六)

360000－4931－0001296　P3053
增廣驗方新編十六卷　(清)鮑相璈編　(清)張紹棠增輯　清刻本　一冊　存四卷(十三至十六)

360000－4931－0001297　P3054
驗方新編十六卷　(清)鮑相璈編　清刻本　二冊　存四卷(十一至十四)

360000－4931－0001298　P3055
驗方新編十六卷　(清)鮑相璈編　清刻本　一冊　存一卷(十一)

360000－4931－0001299　P3056
驗方新編十六卷　(清)鮑相璈編　清刻本　一冊　存一卷(十)

360000－4931－0001300　P3057
通書不分卷　清刻本　四冊

360000－4931－0001301　P3058
大清宣統貳年通書一卷　清宣統刻本　一冊

360000－4931－0001302　P3059
大清光緒卅四年通書不分卷　清光緒刻本　一冊

360000－4931－0001303　P3060
大清光緒卅二年通書不分卷　清光緒刻本　一冊

360000－4931－0001304　P3061
壬子年通書不分卷　清宣統刻本　一冊

360000－4931－0001305　P3062
春秋左傳三十卷　(晉)杜預注　(唐)陸德明音義　(宋)林堯叟補注　(清)馮李驊集解　清刻本　二冊　存六卷(三至八)

360000－4931－0001306　P3063
春秋經傳集解三十卷　(晉)杜預撰　(唐)陸德明音義　(宋)林堯叟附注　(清)馮李驊增訂　**左繡三十卷**　(清)馮李驊　(清)陸浩評輯　清刻本　六冊　存三十二卷(春秋經傳集解十五至三十、左繡十五至三十)

360000－4931－0001307　P3064
春秋經傳集解三十卷　(晉)杜預撰　(唐)陸德明音義　(宋)林堯叟附注　(清)馮李驊增訂　**左繡三十卷**　(清)馮李驊　(清)陸浩評輯　清刻本　六冊　存二十二卷(春秋經傳集解六至七、十三至十九、二十八至二十九，左繡六至七、十三至十九、二十八至二十九)

360000－4931－0001308　P3065
春秋左傳五十卷　(晉)杜預注　(唐)陸德明音義　(宋)林堯叟補注　(明)鍾惺　(明)孫鑛　(明)韓范評點　清刻本　一冊　存四卷(二十六至二十九)

360000－4931－0001309　P3066
春秋左傳五十卷　(晉)杜預注　(唐)陸德明音義　(宋)林堯叟補注　(明)鍾惺　(明)孫鑛　(明)韓范評點　清刻本　四冊　存二十一卷(十九至二十六、三十至三十三、四十一至四十五、四十七至五十)

360000－4931－0001310　P3067
春秋左傳五十卷　(晉)杜預注　(唐)陸德明音義　(宋)林堯叟補注　(明)鍾惺　(明)韓范評閱　清刻本　二冊　存五卷(三十四至三十八)

360000－4931－0001311　P3068
春秋左傳杜林合註五十卷　(晉)杜預注　(唐)陸德明音義　(宋)林堯叟補注　清刻本　一冊　存三卷(三十八至四十)

360000－4931－0001312　P3069
禮記十卷　(元)陳澔集說　清刻本　一冊　存一卷(十)

360000－4931－0001313　P3070
禮記十卷　(元)陳澔集說　清刻本　七冊

存七卷(二至八)

360000－4931－0001314　P3071
詩經八卷　(宋)朱熹集傳　清刻本　三冊　存四卷(二至五)

360000－4931－0001315　P3072
詩經八卷　(宋)朱熹集傳　清刻本　四冊　存七卷(一至三、五至八)

360000－4931－0001316　P3073
詩八卷　(宋)朱熹集傳　清刻本　一冊　存二卷(六至七)

360000－4931－0001317　P3074
醫林纂要探源十卷附錄一卷　(清)汪紱輯　清刻本　二冊　存二卷(一至二)

360000－4931－0001318　P3075
醫林纂要探源十卷附錄一卷　(清)汪紱輯　清道光二十九年(1849)遺經堂刻本　一冊　存一卷(三)

360000－4931－0001319　P3076
紀文達公遺集三十二卷　(清)紀昀撰　(清)紀樹馨編　清刻本　七冊　存十四卷(二至十五)

360000－4931－0001320　P3077
莊子雪三卷　(清)陸樹芝撰　清刻本　一冊　存一卷(上)

360000－4931－0001321　P3078
莊子因六卷　(清)林雲銘撰　清刻本　三冊　存四卷(一至四)

360000－4931－0001322　P3079
綱鑑會纂三十九卷首一卷　(明)王世貞編　清末石印本　一冊　存二卷(一至二)

360000－4931－0001323　P3080
袁王綱鑑合編三十九卷　(明)袁黄　(明)王世貞編　清末石印本　四冊　存十三卷(十至十五、十九至二十一、二十二至二十五)

360000－4931－0001324　P3081
增評加批歷史綱鑑補三十九卷首一卷　(明)王世貞　(明)袁黄纂　**資治明紀綱目二十卷附福唐桂三王本末一卷**　(清)張廷玉等編　清末上海錦章圖書局石印本　六冊　存三十四卷(增評加批歷史綱鑑補二至九、三十五至三十九,資治明紀綱目二十卷,福唐桂三王本末一卷)

360000－4931－0001325　P3082
周官經六卷　(漢)鄭玄注　清桂陽李金戣刻本　四冊　存四卷(三至六)

360000－4931－0001326　P3083
禮記十卷　(元)陳澔集說　清楊郡二郎廟內片善堂惜字公局刻本　二冊　存二卷(九至十)

360000－4931－0001327　P3084
桯史十五卷　(宋)岳珂撰　明刻本　三冊

360000－4931－0001328　P3085
長白山錄一卷補遺一卷　(清)王士禛撰　**桯史十五卷**　(宋)岳珂撰　清刻本　一冊　存五卷(長白山錄一卷、補遺一卷,桯史五至七)

360000－4931－0001329　P3086
稗海　(明)商濬輯　明刻本　一冊　存二種

360000－4931－0001330　P3087
稗海　(明)商濬輯　清刻本　一冊　存二種

360000－4931－0001331　P3088
陸氏三傳釋文音義十六卷　(唐)陸德明撰　清刻本　一冊　存七卷(一至七)

360000－4931－0001332　P3089
傷寒論注四卷　(漢)張機撰　(清)柯琴編注　清抄本　一冊　存一卷(四)

360000－4931－0001333　P3090
傷寒論註四卷論翼二卷附翼二卷　(漢)張機撰　(清)柯琴編注　清刻本　四冊　存五卷(傷寒論註二至四、論翼下、附翼上)

360000－4931－0001334　P3091
陶節菴傷寒全生集四卷　(明)陶華撰　清刻本　三冊　存三卷(一、三至四)

360000－4931－0001335　P3092
本草求真九卷　(清)黃宮繡撰　清末石印本

二冊　存七卷(三至九)

360000－4931－0001336　P3093
本草求真九卷　(清)黄宫繡撰　清末石印本　二冊　存五卷(一至五)

360000－4931－0001337　P3094
大清律例四十七卷　(清)徐本等修　(清)唐紹祖等纂　清刻本　八冊　存三十六卷(六至四十一)

360000－4931－0001338　P3097
醫學心悟五卷附外科十法一卷　(清)程國彭撰　清刻本　二冊　存五卷(一至二、四至五,外科十法一卷)

360000－4931－0001339　P3098
醫學心悟五卷附外科十法一卷　(清)程國彭撰　清刻本　二冊

360000－4931－0001340　P3099
醫學心悟五卷附外科十法一卷　(清)程國彭撰　清刻本　三冊

360000－4931－0001341　P3100
醫學心悟五卷附外科十法一卷　(清)程國彭撰　清刻本　一冊　存一卷(三)

360000－4931－0001342　P3101
類經三十二卷　(明)張介賓類注　清刻本　二冊　存四卷(十五至十八)

360000－4931－0001343　P3102
本草綱目五十二卷　(明)李時珍撰　清刻本　七冊　存十二卷(七至八、十至十三、十七至二十一、二十七)

360000－4931－0001344　P3103
本草從新六卷　(清)吴儀洛輯　清刻本　一冊　存二卷(二至三)

360000－4931－0001345　P3104
春秋列國志傳十二卷　(明)余邵魚撰　清刻本　一冊　存一卷(九)

360000－4931－0001346　P3105
東周列國全志二十三卷一百八回　(清)蔡界評點　清刻本　四冊　存五卷(九、十三、十九至二十一)

360000－4931－0001347　P3106
東周列國全志二十三卷一百八回　(清)蔡界評點　清刻本　四冊　存七卷(二至三、十至十一、十六至十七、二十三)

360000－4931－0001348　P3107
東周列國志二十七卷一百八回　(清)蔡界評點　清末育文書局石印本　一冊　存一卷(四)十回(四十一至五十)

360000－4931－0001349　P3108
繡像東周列國志二十七卷一百八回　(清)蔡界評點　清末上海商務印書館鉛印本　一冊　存二卷(二十至二十一)八回(七十七至八十四)

360000－4931－0001350　P3109
增像全圖東周列國志二十七卷一百八回　(清)蔡界評點　清末石印本　二冊　存六卷(十五至二十)二十四回(五十七至八十)

360000－4931－0001351　P3110
東周列國全志二十三卷一百八回　(清)蔡界評點　清光緒三十一年(1905)上海章福記書局石印本　三冊　存三卷(一至三)

360000－4931－0001352　P3111
寄傲山房塾課纂輯書經備旨蔡註捷錄七卷　(清)鄒聖脈輯　清刻本　一冊　存二卷(三至四)

360000－4931－0001353　P3112
春秋五傳十七卷首一卷　(明)張岐然編　(清)張璞重編　清刻本　一冊　存一卷(十七)

360000－4931－0001354　P3113
事類賦三十卷　(宋)吴淑撰並注　清刻本　一冊　存六卷(八至十三)

360000－4931－0001355　P3114
儀禮經傳通解續二十九卷　(宋)黄榦撰　清刻本　一冊　存二卷(二十六至二十七)

360000－4931－0001356　P3115

瘍醫準繩六卷 (明)王肯堂撰 清刻本 一冊 存一卷(五)

360000－4931－0001357 P3116
新刊纂圖元亨療馬集六卷 (明)喻仁 (明)喻傑撰 清刻本 三冊 存三卷(四至六)

360000－4931－0001358 P3117
景岳全書六十四卷 (明)張介賓撰 清刻本 九冊 存二十一卷(三至五、七至八、十六至十七、二十一至二十二、二十六至三十、三十四至三十七、三十九、五十二至五十三)

360000－4931－0001359 P3118
元亨療牛集二卷 (明)喻仁 (明)喻傑撰 清刻本 一冊

360000－4931－0001360 P3119
說文解字注十五卷 (清)段玉裁撰 清道光九年(1829)廣東學海堂刻皇清經解本 二冊 存二卷(十 、十四)

360000－4931－0001361 P3120
古文析義六卷 (清)林雲銘評注 清刻本 三冊 存三卷(一至二、六)

360000－4931－0001362 P3122
懺摩錄一卷 (清)彭兆蓀撰 清光緒刻刻鵠齋叢書本 一冊

360000－4931－0001363 P3123
批點春秋左傳綱目句解彙雋六卷 (清)韓菼重訂 清刻本 一冊 存一卷(二)

360000－4931－0001364 P3124
兼濟堂纂刻梅勿菴先生曆算全書 (清)梅文鼎撰 (清)魏荔彤輯 (清)楊作枚訂補 清雍正元年(1723)魏荔彤刻本 六冊 存十種

360000－4931－0001365 P3125
增輯傷寒類方四卷 (清)徐大椿編 (清)潘霨增輯 清刻本 二冊

360000－4931－0001366 P3126
增輯傷寒類方四卷 (清)徐大椿編 (清)潘霨增輯 清刻本 二冊 存三卷(二至四)

360000－4931－0001367 P3127
醫學心悟五卷附外科十法一卷 (清)程國彭撰 清刻本 四冊 存四卷(一至四)

360000－4931－0001368 P3128
新訂崇正闢謬通書十四卷 (清)李奉來編 清刻本 一冊 存三卷(十一至十三)

360000－4931－0001369 P3129
音釋坐花誌果八卷 (清)汪道鼎撰 (清)鶩峰樵者音釋 清末鉛印本 一冊 存四卷(五至八)

360000－4931－0001370 P3130
張仲景註解傷寒百證歌五卷 (宋)許叔微撰 清咸豐二年(1852)藏修書屋刻本 一冊 存二卷(一至二)

360000－4931－0001371 P3131
[擇吉備覽]□□卷 (□)□□輯 清刻朱墨套印本 一冊 存一卷(二)

360000－4931－0001372 P3133
佩文齋廣羣芳譜一百卷目錄二卷 (清)汪灝等撰 清刻本 一冊 存二卷(五至六)

360000－4931－0001373 P3134
春秋經傳集解三十卷 (晉)杜預撰 (唐)陸德明音義 (宋)林堯叟附注 (清)馮李驊增訂 **左繡三十卷** (清)馮李驊 (清)陸浩評輯 清華川書屋刻本 五冊 存十八卷(春秋經傳集解四至五、十六至十七、二十至二十四,左繡四至五、十六至十七、二十至二十四)

360000－4931－0001374 P3135
春秋經傳集解三十卷 (晉)杜預撰 (唐)陸德明音義 (宋)林堯叟附注 (清)馮李驊增訂 **左繡三十卷** (清)馮李驊 (清)陸浩評輯 清刻本 三冊 存十四卷(春秋經傳集解十八至二十一、二十三至二十五,左繡十八至二十一、二十三至二十五)

360000－4931－0001375 P3136
[字書]四卷 (□)□□輯 清刻本 一冊 存一卷(貞)

360000－4931－0001376 P3137

錢湘舲先生文集一卷　(清)錢棨撰　清光緒刻本　一册

360000－4931－0001377　P3138
方程論六卷　(清)梅文鼎撰　清刻本　一册　存三卷(四至六)

360000－4931－0001378　P3139
梅氏叢書輯要六十二卷　(清)梅文鼎撰　清刻本　一册　存二卷(度算釋例二、少廣拾遺一卷)

360000－4931－0001379　P3140
檀氏儀禮韻言塾課藏本二卷　(清)檀萃撰　清刻本　一册　存一卷(上)

360000－4931－0001380　P3141
事類賦三十卷　(宋)吳淑撰並注　清刻本　一册　存十三卷(一至十三)

360000－4931－0001381　P3142
事類賦三十卷　(宋)吳淑撰並注　清刻本　三册　存二十七卷(一至五、九至三十)

360000－4931－0001382　P3143
國朝文錄　(清)李祖陶輯　清刻本　二册　存二種

360000－4931－0001383　P3144
本朝應制和聲集六卷首三卷二集三卷首一卷二集補編一卷　(清)沈德潛　(清)王居正輯並評　清刻本　二册　存三卷(本朝應制和聲集二至三、二集首一卷)

360000－4931－0001384　P3145
御纂性理精義十二卷　(清)李光地等纂修　清刻本　五册　存十一卷(二至十二)

360000－4931－0001385　P3146
漢魏遺書鈔　(清)王謨輯　清刻本　十四册　存六十九種

360000－4931－0001386　P3147
讀書紀數略五十四卷　(清)宮夢仁輯　清刻本　一册　存二卷(三十一至三十二)

360000－4931－0001387　P3148
山谷詩別集註二卷　(宋)黃庭堅撰　(宋)史季溫注　清刻本　一册

360000－4931－0001388　P3149
莊子雪三卷　(清)陸樹芝撰　清刻本　三册

360000－4931－0001389　P3150
大清律例增修統纂集成四十卷　(清)姚潤輯　(清)陶駿　(清)陶念霖增輯　清刻本　八册　存十五卷(一、十三至二十二、三十一至三十四)

360000－4931－0001390　P3151
續廣事類賦三十卷　(清)王鳳喈撰　清刻本　二册　存三卷(十八至十九、二十四)

360000－4931－0001391　P3152
增廣驗方新編□□卷　(清)鮑相璈編　清刻本　一册　存一卷(十一)

360000－4931－0001392　P3153
增廣驗方新編□□卷　(清)鮑相璈編　清刻本　一册　存一卷(十一)

360000－4931－0001393　P3154
解學士詩一卷　(明)解縉撰　**新編宋文忠公蘇學士東坡詩話一卷**　(宋)蘇軾撰　清刻本　一册

360000－4931－0001394　P3155
千金裘二十七卷　(清)蔣義彬輯　**千金裘二集二十六卷**　(清)蔣義彬　(清)徐元麟輯　清道光十七年(1837)經元堂刻本　八册

360000－4931－0001395　P3156
玉皇上帝洪慈救劫經一卷　清光緒刻本　一册

360000－4931－0001396　P3157
三戒真言一卷　(□)□□輯　清光緒十年(1884)丹桂軒刻本　一册

360000－4931－0001397　P3158
三戒真言一卷　(□)□□輯　清光緒十二年(1886)丹桂軒刻本　一册

360000－4931－0001398　P3159
侶鷗閣近集二卷　(清)熊文舉撰　清刻本　二册

360000－4931－0001399　P3161
女科證治準繩五卷　(明)王肯堂輯　清刻本　一册　存一卷(五)

360000－4931－0001400　P3162
憑山閣增輯留青新集三十卷　(清)陳枚輯　(清)陳德裕增輯　清刻本　六册　存十卷(十五至二十四)

360000－4931－0001401　P3163
續古文辭類纂三十四卷　王先謙輯　清末鉛印本　一册　存二卷(五至六)

360000－4931－0001402　P3164
韻府羣玉二十卷　(元)陰時夫輯　(元)陰中夫注　清刻本　三册　存三卷(十六至十八)

360000－4931－0001403　P3165
儀禮韻言二卷　(清)檀萃撰　清刻本　二册

360000－4931－0001404　P3166
景岳全書六十四卷　(明)張介賓撰　清刻本　一册　存四卷(九至十二)

360000－4931－0001405　P3167
景岳全書六十四卷　(明)張介賓撰　清刻本　一册　存一卷(四十六)

360000－4931－0001406　P3168
新刻校正增補圓機活法詩學全書二十四卷　(明)王世貞校正　清刻本　五册　存十一卷(八至十六、二十一至二十二)

360000－4931－0001407　P3169
莊子解十二卷　(清)吳世尚注評　清刻本　一册　存二卷(十一至十二)

360000－4931－0001408　P3170
莊子十卷　清刻本　一册　存一卷(十)

360000－4931－0001409　P3171
周禮節訓六卷　(清)黄叔琳輯　(清)姚培謙重訂　清李光明莊刻本　一册　存二卷(一至二)

360000－4931－0001410　P3172
繪圖周禮便蒙課本六卷　(清)黄崑圃撰　清光緒三十二年(1906)南洋官書局石印本　二册

360000－4931－0001411　P3173
[課藝合選]不分卷　(□)□□輯　清刻本　一册

360000－4931－0001412　P3175
春秋左傳五十卷　(晉)杜預注　(唐)陸德明音義　(宋)林堯叟補注　清刻本　一册　存五卷(四十五至四十九)

360000－4931－0001413　P3176
儀禮十七卷　(漢)鄭玄注　清同治十二年(1873)稽古樓刻袖珍十三經註本　二册　存三卷(十五至十七)

360000－4931－0001414　P3177
儀禮十七卷　(漢)鄭玄注　清同治十二年(1873)稽古樓刻袖珍十三經註本　一册　存二卷(四至五)

360000－4931－0001415　P3178
周禮節訓六卷　(清)黄叔琳輯　(清)姚培謙重訂　清刻本　一册

360000－4931－0001416　P3179
周禮節訓六卷　(清)黄叔琳輯　(清)姚培謙重訂　清刻本　一册

360000－4931－0001417　P3180
周禮節訓六卷　(清)黄叔琳輯　(清)姚培謙重訂　清刻本　一册

360000－4931－0001418　P3181
周禮節訓六卷　(清)黄叔琳輯　(清)姚培謙重訂　清刻本　一册

360000－4931－0001419　P3182
書經六卷　(宋)蔡沈集傳　清郁文堂刻本　三册　存五卷(二至六)

360000－4931－0001420　P3183
續古文辭類纂三十四卷　王先謙輯　清末石印本　一册　存五卷(六至十)

360000－4931－0001421　P3184
重訂驗方新編十八卷　(清)鮑相璈編　清末石印本　二册　存九卷(四至八、十二至十

五）

360000－4931－0001422　P3185

本草求真十卷圖一卷　（清）黄宫繡撰　清末石印本　二册　存六卷（一至三、九至十，圖一卷）

360000－4931－0001423　P3186

景岳全書六十四卷　（明）張介賓撰　清刻本　七册　存二十七卷（三至十一、十七至二十一、三十一至三十六、三十八至三十九、四十三至四十四、六十至六十一、六十四）

360000－4931－0001424　P3187

景岳全書六十四卷　（明）張介賓撰　清刻本　三册　存九卷（一至三、九至十二、十四至十五）

360000－4931－0001425　P3188

尚論篇二卷後篇四卷　（清）喻昌撰　清刻本　五册　存五卷（尚論篇二卷、後篇一至三）

360000－4931－0001426　P3190

本草萬方鍼線八卷　（清）蔡烈先輯　清芥子園刻本　二册

360000－4931－0001427　P3191

本草綱目五十二卷　（明）李時珍撰　清芥子園刻本　一册　存一卷（五十）

360000－4931－0001428　P3192

本草綱目五十二卷附圖三卷　（明）李時珍撰　清刻本　二册　存三卷（三，附圖中、下）

360000－4931－0001429　P3193

本草綱目五十二卷附圖三卷　（明）李時珍撰　清芥子園刻本　十三册　存二十一卷（一、三十至四十六，附圖三卷）

360000－4931－0001430　P3194

管窺録一卷　（□）□□輯　清抄本　一册

360000－4931－0001431　P3195

七家詩選註釋七卷　（清）張熙宇輯　（清）張昶注　清大文堂刻本　二册

360000－4931－0001432　P3196

七家詩選七卷　（清）張熙宇輯評　清刻本　一册　存三卷（五至七）

360000－4931－0001433　P3197

七家詩選註釋七卷　（清）張熙宇輯　（清）張昶注　清刻本　一册　存二卷（六至七）

360000－4931－0001434　P3198

經籍籑詁一百六卷首一卷　（清）阮元撰　清刻本　二十四册　存三十六卷（七至四十二）

360000－4931－0001435　P3199

御定康熙字典十二集三十六卷總目一卷檢字一卷辨似一卷等韻一卷補遺一卷備考一卷　（清）張玉書等纂修　清刻本　四十册

360000－4931－0001436　P3200

大清同治二年通書一卷　清同治刻本　一册

360000－4931－0001437　P3201

大清光緒叁拾伍年通書不分卷　清光緒刻本　一册

360000－4931－0001438　P3202

大清光緒二十一年通書不分卷　清光緒刻本　一册

360000－4931－0001439　P3203

大清光緒二十三年通書不分卷　清光緒刻本　一册

360000－4931－0001440　P3204

大清光緒二十年通書不分卷　清光緒刻本　一册

360000－4931－0001441　P3205

大清光緒十九年通書不分卷　清光緒刻本　一册

360000－4931－0001442　P3206

大清光緒十五年通書不分卷　清光緒刻本　一册

360000－4931－0001443　P3207

大清宣統庚戌二年通書一卷　清宣統刻本　一册

360000－4931－0001444　P3208

大清光緒廿叁年通書不分卷　清光緒刻本

一册

360000－4931－0001445　P3209
大清光緒壬午年通書不分卷　清光緒刻本　一册

360000－4931－0001446　P3210
大清宣統三年通書一卷　清宣統刻本　一册

360000－4931－0001447　P3211
大清光緒貳拾貳年通書不分卷　清光緒刻本　一册

360000－4931－0001448　P3212
大清光緒十九年通書不分卷　清光緒刻本　一册

360000－4931－0001449　P3213
大清光緒三十五年時憲書不分卷　清光緒刻本　一册

360000－4931－0001450　P3214
大清光緒十年通書不分卷　清光緒刻本　一册

360000－4931－0001451　P3215
大清光緒十年通書不分卷　清光緒刻本　二册

360000－4931－0001452　P3216
大清宣統二年通書一卷　清宣統刻本　一册

360000－4931－0001453　P3217
通書不分卷　清刻本　一册

360000－4931－0001454　P3218
時術居試草一卷　（清）朱隆勳撰　清刻本　一册

360000－4931－0001455　P4001
御定康熙字典十二集三十六卷總目一卷檢字一卷辨似一卷等韻一卷補遺一卷備考一卷　（清）張玉書等纂修　清道光七年（1827）刻本　十九册　存二十四卷（辰集上中下、巳集上中下、午集上中下、未集上中下、申集上中下、酉集上中下、戌集上中下、亥集上中下）

360000－4931－0001456　P4002
歐陽文忠公全集一百五十三卷　（宋）歐陽修撰　清刻本　十一册　存五十三卷（七十二至七十九、九十八至一百三十、一百三十五至一百四十六）

360000－4931－0001457　P4003
全書□□卷　（□）□□輯　清刻本　十一册　存二卷（十三、四十）

360000－4931－0001458　P4004
尺木堂綱鑑易知録九十二卷　（清）吳乘權等輯　清刻本　二册　存七卷（八十六至九十二）

360000－4931－0001459　P4005
周禮注疏四十二卷　（漢）鄭玄注　（唐）賈公彦疏　清刻本　一册　存三卷（八至十）

360000－4931－0001460　P4006
儀禮十七卷　（漢）鄭玄注　清同治九年（1870）崇文書局刻本　二册

360000－4931－0001461　P4007
曾文正公水陸行軍練兵志四卷　（清）王定安撰　清光緒二十六年（1900）柏經正堂刻本　二册

360000－4931－0001462　P4008
書經備旨七卷　（清）鄒聖脈輯　清刻本　三册　存六卷（二至七）

360000－4931－0001463　P4009
莊子音義三卷　（唐）陸德明撰　清刻本　一册

360000－4931－0001464　P4010
經典釋文三十卷攷證三十卷　（唐）陸德明撰　（清）廖廷相校　清刻本　二册　存三卷（春秋左傳音義攷證一至三）

360000－4931－0001465　P4011
胡文忠公遺集八十六卷首一卷　（清）胡林翼撰　（清）鄭敦謹　（清）曾國荃輯　清刻本　六册　存九卷（二至十）

360000－4931－0001466　P4012
監本書經六卷　（宋）蔡沈集傳　清刻本

一册

360000－4931－0001467　P4013
尚書六卷　（宋）蔡沈集傳　清刻本　一册　存一卷（六）

360000－4931－0001468　P4014
歷史綱鑑補三十九卷首一卷　（明）袁黄編　清刻本　三册　存三卷（三十八至三十九、首一卷）

360000－4931－0001469　P4015
本草萬方鍼線八卷　（清）蔡烈先輯　清三讓堂刻本　一册　存六卷（一至六）

360000－4931－0001470　P4016
第一奇書野叟曝言二十卷一百五十四回　（清）夏敬渠撰　清刻本　一册　存五回（六十九至七十三）

360000－4931－0001471　P4017
玉匣記不分卷　題（晉）許真君（許遜）撰　清刻本　一册

360000－4931－0001472　P4018
本草綱目五十二卷附圖二卷　（明）李時珍撰　清刻本　一册　存一卷（附圖上）

360000－4931－0001473　P4019
醫學心悟五卷附外科十法一卷　（清）程國彭撰　清刻本　一册　存二卷（五、外科十法一卷）

360000－4931－0001474　P4020
鼎鍥幼幼集成六卷　（清）陳復正輯　清刻本　五册　存五卷（一至五）

360000－4931－0001475　P4022
十三經策案二十二卷　（清）王謨輯　清刻本　三册　存六卷（三至八）

360000－4931－0001476　P4023
癸卯課藝日新□□卷　（清）林滙瑞撰　清光緒三十年（1904）石印本　一册　存一卷（五）

360000－4931－0001477　P4024
鼎鍥幼幼集成六卷　（清）陳復正輯　清三讓堂刻本　二册　存四卷（一至四）

360000－4931－0001478　P4025
強自立齋集十種　（清）馮澂撰　清末石印本　二册　存三種

360000－4931－0001479　P4026
欽定協紀辨方書三十六卷　（清）允祿等纂　清刻本　一册　存一卷（九）

360000－4931－0001480　P4027
孔子家語十卷　（三國魏）王肅注　清刻本　一册　存一卷（一）

360000－4931－0001481　P4028
書經六卷　（宋）蔡沈集傳　清刻本　一册　存二卷（五至六）

360000－4931－0001482　P4029
書經六卷　（宋）蔡沈集傳　清刻本　二册　存四卷（三至六）

360000－4931－0001483　P4030
書經六卷　（宋）蔡沈集傳　清刻本　一册　存一卷（四）

360000－4931－0001484　P4031
周易揭要三卷　（清）周蕙田撰　清道光三十年（1850）刻本　一册

360000－4931－0001485　P4032
類經圖翼十一卷　（明）張介賓撰　清刻本　七册　存十卷（一至三、五至十一）

360000－4931－0001486　P4033
瀚海披沙十卷　（清）武文斌輯　清刻本　一册　存一卷（一）

360000－4931－0001487　P4034
春秋左傳五十卷　（晉）杜預注　（唐）陸德明音義　（宋）林堯叟補注　清刻本　五册　存十七卷（七至二十三）

360000－4931－0001488　P4035
藕香館文録□卷　（清）竇鎮山撰　清刻本　一册　存一卷（上）

360000－4931－0001489　P4037
小題文行遠集不分卷　（清）何焯輯　清刻本　七册

360000－4931－0001490　P4038
皇清經解　(清)阮元輯　清刻本　四冊　存四種

360000－4931－0001491　P4039
光學二卷　(英國)田大里輯　(美國)金楷理口譯　(清)趙元益筆述　清同治九年(1870)刻本　二冊

360000－4931－0001492　P4040
光學二卷　(英國)田大里輯　(美國)金楷理口譯　(清)趙元益筆述　清刻本　二冊

360000－4931－0001493　P4041
光學二卷　(英國)田大里輯　(美國)金楷理口譯　(清)趙元益筆述　清刻本　二冊

360000－4931－0001494　P4042
經典釋文三十卷　(唐)陸德明撰　清刻本　一冊

360000－4931－0001495　P4043
玉皇懺朝禮儀文一卷　(□)□□輯　清抄本　一冊

360000－4931－0001496　P4044
莊子□□卷　(晉)郭象注　清刻本　一冊　存二卷(十一至十二)

360000－4931－0001497　P4045
莊子十卷　(晉)郭象注　清刻本　一冊　存二卷(一至二)

360000－4931－0001498　P4046
增廣驗方新編十八卷　(清)鮑相璈編　(清)張紹棠增輯　清刻本　一冊　存四卷(四至七)

360000－4931－0001499　P4048
雲林別墅新輯酬世錦囊書啓續編□□卷　(清)鄒景揚輯　清刻本　一冊　存一卷(三)

360000－4931－0001500　P4049
新訂崇正闢謬通書十四卷　(清)李奉來編　清刻本　一冊　存三卷(九至十一)

360000－4931－0001501　P4050
驗方新編十八卷　(清)鮑相璈編　清刻本　二冊　存二卷(五至六)

360000－4931－0001502　P4052
性理論新編不分卷　(清)許虞龍輯　清刻本　一冊

360000－4931－0001503　P4053
資治通鑑二百九十四卷　(宋)司馬光撰　清刻本　二冊　存六卷(三十七至四十二)

360000－4931－0001504　P4054
了凡綱鑑補三十九卷　(明)袁黃編　清刻本　六冊　存十五卷(二十五至三十九)

360000－4931－0001505　P4055
莊子□□卷　(清)吳世尚注評　清刻本　一冊　存二卷(十一至十二)

360000－4931－0001506　P4056
新刻幼學須知直解二卷　(明)程登吉撰　清刻本　冊　存　卷(下)

360000－4931－0001507　P4057
詩經八卷　(宋)朱熹集傳　清刻本　二冊　存二卷(三至四)

360000－4931－0001508　P4058
孟子七卷　(宋)朱熹集注　清刻本　一冊　存二卷(六至七)

360000－4931－0001509　P4059
新刊趙田了凡袁先生編纂古本歷史大方綱鑑補三十九卷首一卷　(明)袁黃編　清刻本　二冊　存二卷(三十一、三十三)

360000－4931－0001510　P4060
禮記十卷　(元)陳澔集說　清刻本　二冊　存三卷(一、四至五)

360000－4931－0001511　P4061
新鍥趙田了凡袁先生編纂古本歷史大方綱鑑補三十九卷首一卷　(明)袁黃編　清刻本　四冊　存四卷(八至九、十七至十八)

360000－4931－0001512　P4062
雲林別墅新輯酬世錦囊二卷　(清)鄒景揚輯　清大文堂刻本　一冊

360000－4931－0001513　P4063
河東先生全集錄六卷　（唐）柳宗元撰　（清）儲欣輯　清刻本　一冊　存一卷（二）

360000－4931－0001514　P4064
臨川先生全集錄四卷　（宋）王安石撰　（清）儲欣輯　清刻本　一冊　存二卷（三至四）

360000－4931－0001515　P4065
歐陽文忠公全集一百五十三卷　（宋）歐陽修撰　清刻本　一冊　存七卷（九十九至一百五）

360000－4931－0001516　P4066
事類賦三十卷　（宋）吳淑撰並注　清刻本　二冊　存二十九卷（一至二十九）

360000－4931－0001517　P4067
綱鑑易知錄九十二卷　（清）吳乘權等輯　清刻本　一冊　存四卷（五十二至五十五）

360000－4931－0001518　P4068
能與集不分卷　（清）李秬香改本　清刻本　一冊

360000－4931－0001519　P4069
重刻增補郡名百家姓音義不分卷　（□）□□輯　清末刻本　一冊

360000－4931－0001520　P4070
袁文箋正十六卷補注一卷　（清）袁枚撰　（清）石韞玉箋　清刻本　一冊　存二卷（十一至十二）

360000－4931－0001521　P4071
稱命數全書不分卷　（□）□□輯　清光緒十二年（1886）道德堂刻本　一冊

360000－4931－0001522　P4072
文昌帝君惜字功罪律引不分卷　（□）□□輯　清刻本　一冊

360000－4931－0001523　P4073
忠孝節義二度梅全傳六卷四十回　（清）惜陰堂主人撰　清刻本　一冊　存一卷（二）七回（八至十四）

360000－4931－0001524　P4074
應急不分卷　（□）□□編　清虬村延古樓刻本　一冊

360000－4931－0001525　P4075
四體千字文不分卷　（□）□□編　清末刻本　一冊

360000－4931－0001526　P4076
凌紫崖先生治痧仙方不分卷　（清）紫陽秀園氏書　清抄本　一冊

360000－4931－0001527　P4077
筮儀不分卷　清抄本　一冊

360000－4931－0001528　P4078
德孚書塾試帖一卷　（清）□□輯　清刻本　一冊

360000－4931－0001529　P4079
何陋山房試帖不分卷　（清）□□輯　清末石印本　一冊

360000－4931－0001530　P4080
元亨療馬集六卷　（明）喻仁　（明）喻傑撰　清末石印本　一冊　存二卷（一至二）

360000－4931－0001531　P4081
袁王綱鑑合編三十九卷　（明）袁黄　（明）王世貞編　清末石印本　七冊　存二十六卷（一至二十、三十四至三十九）

360000－4931－0001532　P4082
袁王綱鑑合編三十九卷　（明）袁黄　（明）王世貞編　清末石印本　三冊　存八卷（十九至二十一、二十九至三十三）

360000－4931－0001533　P4083
袁王綱鑑合編三十九卷　（明）袁黄　（明）王世貞編　清末石印本　二冊　存六卷（三、五至六、十三至十五）

360000－4931－0001534　P4084
東周列國全志八卷一百八回　（清）蔡奡評點　清末石印本　三冊　存三卷（四、七至八）五十一回（一至七、四十一至五十二、七十七至一百八）

360000－4931－0001535　P4085

增補歷史綱鑑三十九卷首一卷 (明)袁黄編 清刻本 六冊 存十卷(十五、十八至二十一、三十至三十四)

360000－4931－0001536 P4086
驗方新編十六卷 (清)鮑相璈編 清刻本 一冊 存一卷(十)

360000－4931－0001537 P4087
驗方新編十六卷 (清)鮑相璈編 清刻本 二冊 存六卷(五至八、十五至十六)

360000－4931－0001538 P4088
驗方新編十六卷 (清)鮑相璈編 清刻本 一冊 存二卷(十五至十六)

360000－4931－0001539 P4089
會狀必讀書一卷 (清)李□編 清光緒元年(1875)江西糧署刻本 一冊

360000－4931－0001540 P4090
今古奇觀四十卷 (明)抱甕老人輯 清芥子園刻本 三冊 存七卷(一至二、七至八、三十四至三十六)

360000－4931－0001541 P4091
今古奇觀四十卷 (明)抱甕老人輯 清刻本 二冊 存九卷(一至六、三十五至三十七)

360000－4931－0001542 P4092
今古奇觀四十卷 (明)抱甕老人輯 清刻本 二冊 存七卷(七至十、三十八至四十)

360000－4931－0001543 P4093
今古奇觀四十卷 (明)抱甕老人輯 清刻本 三冊 存三卷(一至三)

360000－4931－0001544 P4094
今古奇觀四十卷 (明)抱甕老人輯 清刻本 七冊 存二十二卷(一至十三、十八至二十、二十八至三十、三十四至三十六)

360000－4931－0001545 P4095
鴻文字彙不分卷 (□)□□輯 清刻本 一冊

360000－4931－0001546 P4096
分類賦學雞蹠集三十卷附錄一卷 (清)張維城輯 清刻本 一冊

360000－4931－0001547 P4097
第一奇書金瓶梅一百回 (明)笑笑生撰 (清)張竹坡評 清刻本 一冊 存三回(七十五至七十七)

360000－4931－0001548 P4098
御纂醫宗金鑑九十卷首一卷 (清)吴謙等撰 清刻本 四冊 存十二卷(一、七至十六，首一卷)

360000－4931－0001549 P4099
御纂醫宗金鑑九十卷首一卷 (清)吴謙等撰 清刻本 一冊 存二卷(六十二至六十三)

360000－4931－0001550 P4100
御纂醫宗金鑑九十卷首一卷 (清)吴謙等撰 清刻本 一冊 存一卷(六十三)

360000－4931－0001551 P4101
御纂醫宗金鑑九十卷首一卷 (清)吴謙等撰 清刻本 二冊 存四卷(六十七至七十)

360000－4931－0001552 P4102
御纂醫宗金鑑九十卷首一卷 (清)吴謙等撰 清刻本 三冊 存三卷(七十二至七十四)

360000－4931－0001553 P4103
御纂醫宗金鑑九十卷首一卷 (清)吴謙等撰 清刻本 三冊 存十卷(六至十五)

360000－4931－0001554 P4104
御纂醫宗金鑑九十卷首一卷 (清)吴謙等撰 清刻本 一冊 存二卷(六十一、首一卷)

360000－4931－0001555 P4105
御纂醫宗金鑑九十卷首一卷 (清)吴謙等撰 清刻本 一冊 存一卷(二)

360000－4931－0001556 P4106
御纂醫宗金鑑九十卷首一卷 (清)吴謙等撰 清三讓堂刻本 一冊 存三卷(六十三至六十五)

360000－4931－0001557 P4107
鼎鍥幼幼集成六卷 (清)陳復正輯 清刻本 三冊 存三卷(三至五)

360000－4931－0001558　P4108
醫學心悟五卷附外科十法一卷　(清)程國彭撰　清刻本　三冊　存五卷(二至五、外科十法一卷)

360000－4931－0001559　P4109
醫學心悟五卷附外科十法一卷　(清)程國彭撰　清兩儀堂刻本　四冊

360000－4931－0001560　P4110
醫學心悟五卷附外科十法一卷　(清)程國彭撰　清刻本　一冊　存一卷(二)

360000－4931－0001561　P4111
醫學心悟五卷附外科十法一卷　(清)程國彭撰　清刻本　一冊　存一卷(二)

360000－4931－0001562　P4112
醫學心悟五卷附外科十法一卷　(清)程國彭撰　清刻本　一冊　存一卷(二)

360000－4931－0001563　P4113
醫學心悟五卷附外科十法一卷　(清)程國彭撰　清刻本　一冊　存一卷(二)

360000－4931－0001564　P4114
女科證治準繩五卷　(明)王肯堂輯　明刻六科證治準繩本　一冊　存一卷(四)

360000－4931－0001565　P4115
女科證治準繩五卷　(明)王肯堂輯　清修敬堂刻六科證治準繩本　五冊　存二卷(三至四)

360000－4931－0001566　P4116
達生編二卷　(清)亟齋居士撰　清刻本　一冊

360000－4931－0001567　P4117
達生編二卷　(清)亟齋居士撰　清同治七年(1868)刻本　一冊

360000－4931－0001568　P4118
達生編二卷　(清)亟齋居士撰　清同治七年(1868)刻本　一冊

360000－4931－0001569　P4119
達生編二卷　(清)亟齋居士撰　清刻本　一冊

360000－4931－0001570　P4120
達生遂生福幼合編三卷附保嬰要訣一卷　(清)莊一夔撰　清光緒二十二年(1896)彭尚德堂刻本　一冊

360000－4931－0001571　P4121
達生編二卷　(清)亟齋居士撰　清刻本　一冊

360000－4931－0001572　P4122
達生編二卷　(清)亟齋居士撰　清同治七年(1868)刻本　一冊

360000－4931－0001573　P4123
醫林纂要探源十卷附錄一卷　(清)汪紱輯　清道光二十九年(1849)遺經堂刻本　一冊　存一卷(一)

360000－4931－0001574　P4124
番禺潘氏詩略不分卷　(清)潘儀增輯　清光緒二十年(1894)刻本　二冊

360000－4931－0001575　P4125
李文恭公奏議二十二卷　(清)李星沅撰　**李文恭公[星沅]行述一卷**　(清)李概撰　清同治四年(1865)芋香山館刻李文恭公遺集本　二冊

360000－4931－0001576　P4126
湖南文徵一百九十卷姓氏傳四卷目錄六卷　(清)羅汝懷輯　清刻本　十二冊　存二十五卷(十八至三十一、三十三至四十三)

360000－4931－0001577　P4127
周禮精華六卷　(清)陳龍標輯　清刻本　三冊　存五卷(二至六)

360000－4931－0001578　P4128
[陽宅要訣]不分卷　(清)黃海山人撰　清光緒十八年(1892)刻本　一冊

360000－4931－0001579　P4129
經籍訪古志六卷補遺一卷　(日本)澁江全善　(日本)森立之撰　清光緒十一年(1885)六合徐氏鉛印本　一冊　存一卷(補遺一卷)

360000－4931－0001580　P4130
經籍訪古志六卷補遺一卷　（日本）澀江全善（日本）森立之撰　清光緒十一年（1885）六合徐氏鉛印本　七冊

360000－4931－0001581　P4131
經籍訪古志六卷補遺一卷　（日本）澀江全善（日本）森立之撰　清光緒十一年（1885）六合徐氏鉛印本　七冊

360000－4931－0001582　P4132
朱子家訓衍義一卷　（清）朱鳳鳴撰　清光緒十年（1884）大梁臬署刻本　一冊

360000－4931－0001583　P4133
茂實軒初稿二卷　（清）黄雋撰　清宣統元年（1909）石印本　一冊　存一卷（二）

360000－4931－0001584　P4134
白虎通德論二卷　（漢）班固撰　清居仁堂刻本　一冊

360000－4931－0001585　P4135
隨園詩話十六卷補遺十卷　（清）袁枚撰　清刻本　一冊　存四卷（補遺一至四）

360000－4931－0001586　P4136
祕書廿一種　（清）汪士漢編　清康熙七年（1668）新安汪氏據古今逸史本重編印本　一冊　存二種

360000－4931－0001587　P4137
宋金仁山先生選輯濂洛風雅六卷　（元）金履祥輯　清刻本　二冊

360000－4931－0001588　P4138
十三經諸家引書異字同聲攷十三卷　（清）丁顯撰　清光緒刻丁西圃叢書本　五冊　存五卷（一、二至四、九）

360000－4931－0001589　P4139
域外叢書　（清）王蘊香輯　清道光二十二年（1842）王氏刻本　一冊　存二種

360000－4931－0001590　P4140
歐陽文忠公全集一百五十三卷首一卷附錄五卷　（宋）歐陽修撰　清嘉慶二十四年（1819）歐陽衡刻本　一冊　存三卷（七十九至八十一）

360000－4931－0001591　P4141
讀書紀數略五十四卷　（清）宮夢仁輯　清刻本　五冊　存十七卷（三十二至三十八、四十二至五十一）

360000－4931－0001592　P4142
儀禮經傳通解三十七卷　（宋）朱熹撰　**續二十九卷**　（宋）黄榦撰　清初呂留良寶誥堂刻本　二冊　存七卷（一至六、續二十八）

360000－4931－0001593　P4143
國朝文錄八十二卷　（清）姚椿輯　清光緒二十六年（1900）上海掃葉山房石印本　十三冊　存六十四卷（一至三十五、四十一至六十九）

360000－4931－0001594　P4144
國朝文錄八十二卷　（清）姚椿輯　清刻本　十三冊　存三十卷（三至十五、六十六至八十二）

360000－4931－0001595　P4145
大清律例通纂四十卷　（清）胡肇楷　（清）周孟隣編　清道光三年（1823）刻本　十三冊　存二十三卷（一至三、五、七至八、十一至十六、十九至二十、二十三至二十七、三十至三十一、三十六至三十七）

360000－4931－0001596　P4146
莊子解十二卷　（清）吳世尚注評　清雍正四年（1726）易老莊書屋刻本　六冊

360000－4931－0001597　P4148
經學卮言六卷　（清）孔廣森撰　清嘉慶二十二年（1817）曲阜孔氏儀鄭堂刻顨軒孔氏所著書本　一冊

360000－4931－0001598　P4149
婦學一卷　（清）錢保塘編　清光緒二十一年（1895）清風室刻本　一冊

360000－4931－0001599　P4150
類經三十二卷　（明）張介賓類注　**圖翼十一**

卷附翼四卷　(明)張介賓撰　明刻本　一冊　存一卷(二十一)

360000－4931－0001600　P4151
經義模範一卷　(明)□□輯　清光緒二十七年(1901)吳門刻本　一冊

360000－4931－0001601　P4152
憑山閣增輯留青新集三十卷　(清)陳枚輯　(清)陳德裕增輯　清刻本　一冊　存一卷(十四)

360000－4931－0001602　P4153
大文堂綱鑑易知錄九十二卷　(清)吳乘權等輯　清刻本　二冊　存六卷(三十九至四十四)

360000－4931－0001603　P4154
寄傲山房塾課纂輯書經備旨蔡註捷錄七卷　(清)鄒聖脈輯　清刻本　一冊　存三卷(一至三)

360000－4931－0001604　P4155
周易本義補四卷圖說一卷　(明)蘇了心撰　清刻本　一冊　存三卷(二至四)

360000－4931－0001605　P4156
詩八卷　(宋)朱熹集傳　清刻本　一冊　存一卷(三)

360000－4931－0001606　P4157
詩八卷　(宋)朱熹集傳　清刻本　一冊　存二卷(四至五)

360000－4931－0001607　P4158
詩八卷　(宋)朱熹集傳　清刻本　一冊　存三卷(六至八)

360000－4931－0001608　P4159
詩八卷　(宋)朱熹集傳　清文奎堂刻本　一冊　存二卷(一至二)

360000－4931－0001609　P4160
禮記十卷　(元)陳澔集說　清光緒二年(1876)刻本　三冊　存三卷(一至三)

360000－4931－0001610　P4161
禮記十卷　(元)陳澔集說　清刻本　二冊　存二卷(六至七)

360000－4931－0001611　P4162
千金方衍義三十卷　(唐)孫思邈撰　(清)張璐衍義　清嘉慶六年(1801)掃葉山房刻本　一冊　存一卷(十三)

360000－4931－0001612　P4165
四書詮義三十八卷　(清)汪紱撰　清道光六年(1826)一經堂刻本　二冊　存六卷(二十一至二十四、三十七至三十八)

360000－4931－0001613　P4166
四書詮義三十八卷　(清)汪紱撰　清道光六年(1826)一經堂刻本　二冊　存五卷(三十四至三十八)

360000－4931－0001614　P4167
四書詮義三十八卷　(清)汪紱撰　清道光六年(1826)一經堂刻本　四冊　存十七卷(十九至三十二、三十六至三十八)

360000－4931－0001615　P4168
四書詮義三十八卷　(清)汪紱撰　清道光六年(1826)一經堂刻本　二冊　存六卷(二十一至二十四、三十七至三十八)

360000－4931－0001616　P4169
周禮精華六卷　(清)陳龍標輯　清刻本　一冊　存一卷(一)

360000－4931－0001617　P4170
周禮精華六卷　(清)陳龍標輯　清嘉慶二十三年(1818)經國堂刻本　五冊

360000－4931－0001618　P4171
周禮精華六卷　(清)陳龍標輯　清刻本　三冊

360000－4931－0001619　P4172
古文析義十六卷　(清)林雲銘評注　清刻本　二冊　存二卷(四至五)

360000－4931－0001620　P4173
焦氏易林四卷　(漢)焦贛撰　清刻本　一冊　存一卷(一)

360000－4931－0001621　P4174

古文翼八卷 (清)唐德宜輯 清刻本 一冊 存一卷(八)

360000－4931－0001622 P4175
古文翼八卷 (清)唐德宜輯 清刻本 一冊 存一卷(八)

360000－4931－0001623 P4176
御批歷代通鑑輯覽一百二十卷 (清)傅恆等撰 清刻本 一冊 存二卷(二十九至三十)

360000－4931－0001624 P4177
御批歷代通鑑輯覽一百二十卷 (清)傅恆等撰 清刻本 三冊 存六卷(二十一至二十二、二十五至二十八)

360000－4931－0001625 P4178
御批歷代通鑑輯覽一百二十卷 (清)傅恆等撰 清刻本 二冊 存四卷(一百七至一百八、一百十一至一百十二)

360000－4931－0001626 P4179
御批歷代通鑑輯覽一百二十卷 (清)傅恆等撰 清刻本 二冊 存四卷(三十一至三十二、五十六至五十七)

360000－4931－0001627 P4180
御批歷代通鑑輯覽一百二十卷 (清)傅恆等撰 清刻本 二冊 存四卷(五十七、六十九、一百七至一百八)

360000－4931－0001628 P4181
御批歷代通鑑輯覽一百二十卷 (清)傅恆等撰 清刻本 一冊 存一卷(一百十一)

360000－4931－0001629 P4182
御批歷代通鑑輯覽一百二十卷 (清)傅恆等撰 清刻本 二冊 存四卷(一百六至一百七、一百十至一百十一)

360000－4931－0001630 P4183
貫華堂註釋第六才子書八卷 (元)王德信 (元)關漢卿撰 (清)金人瑞評 清刻本 一冊 存一卷(四)

360000－4931－0001631 P4184
欽定協紀辨方書三十六卷 (清)允祿等纂 清刻本 一冊 存二卷(十八至十九)

360000－4931－0001632 P4185
御纂性理精義十二卷 (清)李光地等纂修 清刻本 二冊 存四卷(七至十)

360000－4931－0001633 P4186
周易四卷附圖說一卷卦歌一卷筮儀一卷 (宋)朱熹本義 清刻本 二冊

360000－4931－0001634 P4187
儀禮十七卷 (漢)鄭玄注 清同治十二年(1873)稽古樓刻袖珍十三經註本 三冊 存五卷(十一、十四至十七)

360000－4931－0001635 P4188
周禮節訓六卷 (清)黃叔琳輯 (清)姚培謙重訂 清刻本 三冊 存四卷(一至二、五至六)

360000－4931－0001636 P4189
隨園詩話十六卷補遺十卷 (清)袁枚撰 清刻本 一冊 存二卷(十二至十三)

360000－4931－0001637 P4190
寓意草不分卷 (清)喻昌撰 清刻本 一冊

360000－4931－0001638 P4191
書六卷 (宋)蔡沈集傳 清慎詒堂刻本 一冊 存一卷(一)

360000－4931－0001639 P4192
書經六卷 (宋)蔡沈集傳 清刻本 一冊 存二卷(二至三)

360000－4931－0001640 P4193
周禮政要二卷 (清)孫詒讓撰 清刻本 一冊 存一卷(下)

360000－4931－0001641 P4194
周禮折衷六卷 (漢)鄭玄注 (唐)賈公彥疏 (清)胡興栓編 清刻本 一冊 存一卷(一)

360000－4931－0001642 P4195
禮記十卷 (元)陳澔集說 清刻本 一冊 存一卷(一)

360000－4931－0001643　P4197

胡文忠公遺集八十六卷首一卷　(清)胡林翼撰　(清)鄭敦謹　(清)曾國荃輯　清刻本　一冊　存五卷(一至四、首一卷)

360000－4931－0001644　P4198

周禮註釋六卷　(清)鮑梁撰　清刻本　一冊　存三卷(一至三)

360000－4931－0001645　P4199

佩文韻府一百六卷　(清)張玉書　(清)蔡升元等輯　**韻府拾遺一百六卷**　(清)汪灝　(清)何焯等輯　清内府刻本　十四冊　存九卷(佩文韻府一、十一、十三、十八至二十、二十二中至二十四)

360000－4931－0001646　P4200

佩文韻府一百六卷　(清)張玉書　(清)蔡升元等輯　**韻府拾遺一百六卷**　(清)汪灝　(清)何焯等輯　清刻本　十六冊　存十三卷(佩文韻府一至四上、十至十四、二十三、三十五至三十七)

360000－4931－0001647　P4201

佩文韻府一百六卷　(清)張玉書　(清)蔡升元等輯　**韻府拾遺一百六卷**　(清)汪灝　(清)何焯等輯　清刻本　一冊　存一卷(佩文韻府一)

360000－4931－0001648　P4202

佩文韻府一百六卷　(清)張玉書　(清)蔡升元等輯　**韻府拾遺一百六卷**　(清)汪灝　(清)何焯等輯　清刻本　四冊　存四卷(佩文韻府十一下、三十五至三十七)

360000－4931－0001649　P4203

佩文韻府一百六卷　(清)張玉書　(清)蔡升元等輯　**韻府拾遺一百六卷**　(清)汪灝　(清)何焯等輯　清刻本　一冊　存二卷(佩文韻府三十五至三十六)

360000－4931－0001650　P4204

佩文韻府一百六卷　(清)張玉書　(清)蔡升元等輯　**韻府拾遺一百六卷**　(清)汪灝　(清)何焯等輯　清刻本　四冊　存三卷(佩文韻府五十、六十三至六十四)

360000－4931－0001651　P4205

孫真人千金方衍義三十卷　(清)張璐撰　清刻本　二冊　存七卷(十一、十八、二十四至二十八)

360000－4931－0001652　P4206

吴氏醫學述第四種成方切用十二卷首一卷末一卷　(清)吴儀洛輯　清刻本　一冊　存一卷(一)

360000－4931－0001653　P4207

牧齋尺牘三卷　(清)錢謙益撰　清刻本　二冊　存二卷(一至二)

360000－4931－0001654　P4209

山谷詩外集注十七卷　(宋)黄庭堅撰　(宋)史容注　清刻本　一冊　存四卷(九至十二)

360000－4931－0001655　P4210

歐陽文忠公全集一百五十三卷　(宋)歐陽修撰　清刻本　一冊　存四卷(八十八至九十一)

360000－4931－0001656　P4211

保嬰撮要二十卷　(明)薛鎧撰　清刻薛氏醫按本　三冊　存六卷(一至六)

360000－4931－0001657　P4212

胡文忠公遺集八十六卷首一卷　(清)胡林翼撰　(清)鄭敦謹　(清)曾國荃輯　清刻本　一冊　存一卷(首一卷)

360000－4931－0001658　P4213

四書詮義三十八卷　(清)汪紱撰　清刻本　三冊　存十二卷(二十一至三十二)

360000－4931－0001659　P4214

四書詮義三十八卷　(清)汪紱撰　清刻本　三冊　存十卷(三、十五至十八、二十一至二十五)

360000－4931－0001660　P4215

醫學心悟五卷附外科十法一卷　(清)程國彭撰　清刻本　一冊　存一卷(三)

360000－4931－0001661　P4216

莊子因六卷 （清）林雲銘撰　清嘉慶二年（1797）刻本　五冊

360000－4931－0001662　P4217
三字經訓詁一卷 （清）王相撰　（清）徐士業編　清刻徐氏三種本　一冊

360000－4931－0001663　P4218
千字文釋義不分卷 （清）汪嘯尹撰　清刻本　八冊

360000－4931－0001664　P4219
周易不分卷 （三國魏）王弼注　（唐）陸德明釋文　清刻本　一冊

360000－4931－0001665　P4220
景岳全書六十四卷 （明）張介賓撰　清刻本　四冊　存十卷（三十一至三十三、五十至五十一、五十七至五十九、六十二至六十三）

360000－4931－0001666　P4221
荀子三卷 （唐）楊倞注　清光緒元年（1875）湖北崇文書局刻本　一冊

360000－4931－0001667　P4222
皇清經解 （清）阮元輯　清刻本　二冊　存二種

360000－4931－0001668　P4223
御選語錄十九卷 （清）世宗胤禛輯　清刻本　一冊　存一卷（十三）

360000－4931－0001669　P4224
四溟山人詩集十卷 （明）謝榛撰　（明）盛以進輯　清宣統元年（1909）鉛印本　二冊　存六卷（五至十）

360000－4931－0001670　P4225
四溟山人詩集十卷 （明）謝榛撰　（明）盛以進輯　清宣統元年（1909）鉛印本　三冊　存六卷（五至十）

360000－4931－0001671　P4226
傷寒準繩不分卷 （明）王肯堂撰　清刻本　二冊

360000－4931－0001672　P4228
禮記十卷 （元）陳澔集注　清刻本　一冊　存一卷（二）

360000－4931－0001673　P4229
禮記十卷 （元）陳澔集注　清刻本　三冊　存三卷（七至九）

360000－4931－0001674　P4230
新訂崇正闢謬通書十四卷 （清）李奉來編　清刻本　一冊　存一卷（八）

360000－4931－0001675　P4231
留青新集三十卷 （清）陳枚輯　（清）陳德裕增輯　清刻本　二冊　存四卷（二十五至二十八）

360000－4931－0001676　P4232
了凡綱鑑補三十九卷 （明）袁黄編　清刻本　六冊　存十二卷（二十二至三十三）

360000－4931－0001677　P4233
古唐詩合解十二卷 （清）王堯衢注　清刻本　一冊　存四卷（一至四）

360000－4931－0001678　P4234
古唐詩合解十二卷 （清）王堯衢注　清刻本　二冊　存十卷（三至十二）

360000－4931－0001679　P4235
春秋啖趙集傳纂例十卷 （唐）陸淳撰　清末石印本　一冊

360000－4931－0001680　P4236
韻府羣玉二十卷 （元）陰時夫輯　（元）陰中夫注　清刻本　四冊　存四卷（一、三至五）

360000－4931－0001681　P4237
韻玉定本□□卷 （□）□□輯　清刻本　一冊　存一卷（二）

360000－4931－0001682　P4238
重訂事類賦三十卷 （宋）吴淑撰並注　清刻本　二冊

360000－4931－0001683　P4239
春秋左傳五十卷 （晉）杜預注　（唐）陸德明音義　（宋）林堯叟補注　清刻本　一冊　存二卷（四十至四十一）

360000－4931－0001684　P4240
運漕摘要三卷　(清)張光華編　清嘉慶四年至八年(1799－1803)刻本　三冊

360000－4931－0001685　P4242
唐人賦鈔六卷　(清)邱先德輯　(清)邱士超箋　清咸豐六年(1856)刻本　五冊　存五卷(一至五)

360000－4931－0001686　P4243
鼎鍥幼幼集成六卷　(清)陳復正輯　清刻本　二冊　存二卷(三至四)

360000－4931－0001687　P4244
驗方新編十六卷　(清)鮑相璈編　清同治二年(1863)上海醉六堂刻本　二冊　存二卷(一、三)

360000－4931－0001688　P4245
雲林別墅繪像妥注第六才子書六卷首一卷　(元)王德信撰　(清)鄒聖脈注評　清刻本　一冊　存二卷(五至六)

360000－4931－0001689　P4246
駁案新編三十二卷　(清)全士潮等輯　清刻本　二冊　存四卷(一至四)

360000－4931－0001690　P4247
續廣事類賦三十卷　(清)王鳳喈撰　清道光二十一年(1841)刻本　一冊　存五卷(一至五)

360000－4931－0001691　P4248
重訂事類賦三十卷　(宋)吳淑撰並注　清刻本　二冊　存十三卷(十至十三、二十二至三十)

360000－4931－0001692　P4249
大清律例四十七卷　(清)徐本等修　(清)唐紹祖等纂　清刻本　一冊　存三卷(二十一至二十三)

360000－4931－0001693　P4250
本草萬方鍼線八卷　(清)蔡烈先輯　清刻本　一冊　存五卷(四至八)

360000－4931－0001694　P4251
吳氏醫學述第三種本草從新六卷　(清)吳儀洛輯　清刻本　一冊　存二卷(五至六)

360000－4931－0001695　P4252
本草從新六卷　(清)吳儀洛輯　清同治四年(1865)刻本　三冊　存五卷(一、三至六)

360000－4931－0001696　P4253
本草綱目五十二卷　(明)李時珍撰　清刻本　一冊　存二卷(四十五至四十六)

360000－4931－0001697　P4254
本草綱目五十二卷　(明)李時珍撰　清刻本　四冊　存九卷(四十三至五十、五十二)

360000－4931－0001698　P4255
本草綱目五十二卷　(明)李時珍撰　清刻本　一冊　存三卷(四十至四十二)

360000－4931－0001699　P4256
儀禮十七卷　(漢)鄭玄注　清刻本　一冊　存一卷(十四)

360000－4931－0001700　P4257
春秋左傳五十卷　(晉)杜預注　(唐)陸德明音義　(宋)林堯叟補注　清刻本　一冊　存三卷(三十四至三十六)

360000－4931－0001701　P4258
春秋左傳五十卷　(晉)杜預注　(唐)陸德明音義　(宋)林堯叟補注　清刻本　一冊　存四卷(三十七至四十)

360000－4931－0001702　P4259
欽定春秋左傳讀本三十卷　(清)英和等撰　清刻本　一冊　存二卷(三至四)

360000－4931－0001703　P4260
批點春秋左傳綱目句解彙雋六卷　(清)韓菼重訂　清刻本　一冊　存一卷(二)

360000－4931－0001704　P4261
春秋五傳十七卷首一卷　(明)張岐然編　(清)張璞重編　清刻本　一冊　存一卷(十六)

360000－4931－0001705　P4262
春秋經傳集解三十卷　(晉)杜預撰　(唐)陸

德明音義　清刻本　五冊　存九卷(一至九)

360000－4931－0001706　P4263
春秋經傳集解三十卷　(晉)杜預撰　(唐)陸德明音義　清刻本　十冊　存十卷(九至十八)

360000－4931－0001707　P4264
春秋左傳杜林匯參三十卷首一卷　(清)周正思編　清刻本　七冊　存二十四卷(三至二十六)

360000－4931－0001708　P4265
國朝文錄　(清)李祖陶輯　清刻本　二冊　存二種

360000－4931－0001709　P4266
無量壽經起信論三卷　(清)彭紹升撰　清刻本　一冊

360000－4931－0001710　P4268
可之先生全集錄二卷　(唐)孫樵撰　(清)儲欣輯　清刻本　一冊　存一卷(一)

360000－4931－0001711　P4269
六一居士外集錄二卷　(宋)歐陽修撰　(清)儲欣輯　清刻本　一冊

360000－4931－0001712　P4270
欒城先生全集錄六卷　(宋)蘇轍撰　(清)儲欣輯　清刻本　一冊　存二卷(五至六)

360000－4931－0001713　P4271
習之先生全集錄二卷　(唐)李翺撰　(清)儲欣輯　清刻本　一冊　存一卷(一)

360000－4931－0001714　P4272
昌黎先生全集錄八卷　(唐)韓愈撰　(清)儲欣輯　清刻本　二冊　存四卷(二至五)

360000－4931－0001715　P4273
綱鑑易知錄九十二卷　(清)吳乘權等輯　清刻本　十一冊　存四十一卷(四十五至四十七、五十至五十二、五十八至九十二)

360000－4931－0001716　P4274
綱鑑易知錄九十二卷　(清)吳乘權等輯　清刻本　十四冊　存三十三卷(二十八至六十)

360000－4931－0001717　P4275
綱鑑易知錄九十二卷　(清)吳乘權等輯　清刻本　四冊　存二十一卷(三十至五十)

360000－4931－0001718　P4276
綱鑑易知錄九十二卷　(清)吳乘權等輯　清刻本　七冊　存二十四卷(十一至二十五、六十七至七十五)

360000－4931－0001719　P4277
新刊趙田了凡袁先生編纂古本歷史大方綱鑑補三十九卷首一卷　(明)袁黃編　清刻本　七冊　存七卷(一至二、九、十一至十二、十四、三十二)

360000－4931－0001720　P4278
鼎鍥趙田了凡袁先生編纂古本歷史大方綱鑑補三十九卷首一卷　(明)袁黃編　清刻本　八冊　存十三卷(二十七至三十九)

360000－4931－0001721　P4279
新鍥趙田了凡袁先生編纂古本歷史大方綱鑑補三十九卷首一卷　(明)袁黃編　清刻本　四冊　存六卷(八至十三)

360000－4931－0001722　P4280
增補了凡綱鑑四十卷首一卷　(明)袁黃編　清刻本　一冊　存二卷(七至八)

360000－4931－0001723　P4281
校補歷史綱鑑四十卷　(明)袁黃編　清刻本　二冊　存三卷(三十六至三十八)

360000－4931－0001724　P4282
鼎鐫趙田了凡袁先生編纂古本歷史大方綱鑑補三十九卷首一卷　(明)袁黃編　清刻本　一冊　存二卷(三十三至三十四)

360000－4931－0001725　P4283
鼎鍥趙田了凡袁先生編纂古本歷史大方綱鑑補三十九卷首一卷　(明)袁黃編　清刻本　一冊　存二卷(三十五至三十六)

360000－4931－0001726　P4284
鼎鍥趙田了凡袁先生編纂古本歷史大方綱鑑補三十九卷首一卷　(明)袁黃編　清刻本

一冊　存一卷(十六)

360000－4931－0001727　P4285
鼎鍥趙田了凡袁先生編纂古本歷史大方綱鑑補三十九卷首一卷　(明)袁黄編　清刻本　二冊　存二卷(三十、三十五)

360000－4931－0001728　P4286
新刻趙田了凡袁先生編纂古本歷史大方綱鑑補三十九卷首一卷　(明)袁黄編　清刻本　二冊　存三卷(三十五至三十七)

360000－4931－0001729　P4287
御撰資治通鑑綱目三編二十卷　(清)張廷玉等撰　清刻本　二冊　存十三卷(四至十六)

360000－4931－0001730　P4288
增補歷史資治綱鑑□□卷　(明)袁黄編　清刻本　一冊　存二卷(二十至二十一)

360000－4931－0001731　P4289
繪圖中國白話地理七章　(清)彪蒙書室編　清末上海彪蒙書室石印本　一冊

360000－4931－0001732　P4290
策府統宗六十五卷　(清)劉昌齡輯　清末鉛印本　一冊　存四卷(六十二至六十五)

360000－4931－0001733　P4291
策論觀海一百十四卷　(清)經世文社編　清末經世文社石印本　十五冊　存三十六卷(十三至十六、六十二、六十四至八十五、九十一、九十三、九十七至九十九、一百五至一百七、一百十四)

360000－4931－0001734　P5001
重訂王鳳洲先生綱鑑會纂四十六卷　(明)王世貞撰　清刻本　一冊　存一卷(二十二)

360000－4931－0001735　P5002
易見九卷首一卷啓蒙二卷　(清)貢渭濱輯　清乾隆二十四年(1759)脈望書樓刻本　五冊　存五卷(五至九)

360000－4931－0001736　P5003
四書詮義三十八卷　(清)汪紱撰　清一經堂刻本　十一冊　存二十七卷(一、三至四、十五至三十八)

360000－4931－0001737　P5005
增訂袁了凡先生綱鑑補三十九卷首一卷　(明)袁黄編　清同治五年(1866)大文堂刻本　二冊　存九卷(一至八、首一卷)

360000－4931－0001738　P5006
本草求真九卷　(清)黄宫繡撰　清刻本　二冊　存二卷(一至二)

360000－4931－0001739　P5007
報國録四卷　(清)陳虬撰　清刻本　一冊　存二卷(三至四)

360000－4931－0001740　P5008
瘦碧詞二卷　(清)鄭文焯撰　清光緒十四年(1888)大鶴山房刻本　一冊

360000－4931－0001741　P5009
[道光]平羅記略八卷　(清)徐保字纂修　清道光九年(1829)刻本　一冊　存五卷(一至五)

360000－4931－0001742　P5010
慶曆小題文行遠集不分卷　(清)何焯輯　清義門書塾刻本　三冊

360000－4931－0001743　P5011
隨園詩話十六卷補遺十卷　(清)袁枚撰　清刻本　三冊　存六卷(十一至十六)

360000－4931－0001744　P5012
欽定協紀辨方書三十六卷　(清)允祿等纂　清刻本　一冊　存二卷(十四至十五)

360000－4931－0001745　P5013
御纂性理精義十二卷　(清)李光地等纂修　清刻本　一冊　存六卷(七至十二)

360000－4931－0001746　P5014
御纂性理精義十二卷　(清)李光地等纂修　清刻本　一冊　存二卷(二至三)

360000－4931－0001747　P5015
御纂性理精義十二卷　(清)李光地等纂修　清刻本　二冊　存七卷(二至八)

360000－4931－0001748　P5016
古香齋鑒賞袖珍史記一百三十卷　(漢)司馬遷撰　(南朝宋)裴駰集解　(唐)司馬貞索隱　(唐)張守節正義　清光緒八年(1882)古香齋刻本　五册　存二十四卷(一至二、十一至十四、二十一至二十二、二十六至二十七、九十三至一百六)

360000－4931－0001749　P5017
策海全書六卷　(元)馬端臨　(明)王圻撰　(清)瞿曾輯輯　清刻本　一册　存一卷(三)

360000－4931－0001750　P5018
寓意草不分卷　(清)喻昌撰　清刻本　一册

360000－4931－0001751　P5019
四書詮義三十八卷　(清)汪紱撰　清一經堂刻本　二册　存六卷(三十三至三十八)

360000－4931－0001752　P5020
四書詮義三十八卷　(清)汪紱撰　清一經堂刻本　二册　存六卷(三十三至三十八)

360000－4931－0001753　P5021
詩經體注大全合參八卷　(清)高朝瓔定　(清)沈世楷輯　清刻本　一册　存二卷(四至五)

360000－4931－0001754　P5022
周官箋六卷　王闓運撰　清光緒二十二年(1896)東洲講舍刻本　二册　存二卷(一至二)

360000－4931－0001755　P5023
南華經解三卷首一卷　(清)方潛評　清光緒二十二年(1896)桐城方氏刻本　三册

360000－4931－0001756　P5024
景岳全書六十四卷　(明)張介賓撰　清刻本　二册　存五卷(一至五)

360000－4931－0001757　P5025
景岳全書六十四卷　(明)張介賓撰　清刻本　六册　存二十卷(三至六、十四至二十九)

360000－4931－0001758　P5026
春秋繁露十七卷首一卷　(漢)董仲舒撰　清光緒三年(1877)湖北崇文書局刻本　二册

360000－4931－0001759　P5027
醫林纂要探源十卷附錄一卷　(清)汪紱輯　清道光二十九年(1849)遺經堂刻本　四册　存四卷(二至五)

360000－4931－0001760　P5028
書舫文集二十卷　(清)李友杜撰　清木活字印本　一册　存三卷(十至十二)

360000－4931－0001761　P5029
急就篇四卷　(漢)史游撰　(唐)顏師古注　(宋)王應麟音釋　清刻本　一册　存二卷(三至四)

360000－4931－0001762　P5030
御纂性理精義十二卷　(清)李光地等纂修　清尊經閣刻本　四册

360000－4931－0001763　P5031
御纂性理精義十二卷　(清)李光地等纂修　清刻本　一册　存二卷(六至七)

360000－4931－0001764　P5032
御纂性理精義十二卷　(清)李光地等纂修　清刻本　一册　存三卷(六至八)

360000－4931－0001765　P5033
春秋三十卷　(宋)胡安國傳　(宋)林堯叟音注　清乾隆芥子園刻本　六册

360000－4931－0001766　P5034
春秋三十卷　(宋)胡安國傳　(宋)林堯叟音注　清京都文錦堂刻本　六册

360000－4931－0001767　P5035
策府統宗六十五卷　(清)劉昌齡輯　清末石印本　一册　存五卷(十二至十六)

360000－4931－0001768　P5036
策府統宗六十五卷　(清)劉昌齡輯　清末石印本　六册　存十三卷(一至六、八至九、四十五至四十九)

360000－4931－0001769　P5037
策府統宗六十五卷　(清)劉昌齡輯　清末石印本　三册　存八卷(七至十、十三至十六)

360000－4931－0001770　P5038
春秋左傳五十卷　(晉)杜預注　(唐)陸德明音義　(宋)林堯叟補注　清刻本　一册　存二卷(三十九至四十)

360000－4931－0001771　P5039
本草從新六卷　(清)吴儀洛輯　清刻本　五册

360000－4931－0001772　P5040
驗方新編二十四卷　(清)鮑相璈編　清同治五年(1866)刻本　一册　存四卷(一至四)

360000－4931－0001773　P5041
驗方新編十六卷　(清)鮑相璈編　清刻本　五册　存八卷(三至十)

360000－4931－0001774　P5042
醫門法律六卷　(清)喻昌撰　清刻本　一册　存一卷(三)

360000－4931－0001775　P5043
醫門法律六卷　(清)喻昌撰　清刻本　一册　存一卷(一)

360000－4931－0001776　P5044
醫門法律六卷　(清)喻昌撰　清刻本　一册　存一卷(三)

360000－4931－0001777　P5045
重訂廣事類賦四十卷　(清)華希閔撰　清嘉慶二十三年(1818)英德堂刻本　一册　存三卷(一至三)

360000－4931－0001778　P5046
增評加批歷史綱鑑補三十九卷首一卷　(明)王世貞　(明)袁黄纂　清石印本　一册　存二卷(一、首一卷)

360000－4931－0001779　P5048
東周列國全志二十三卷一百八回　(清)蔡界評點　清積秀堂刻本　一册　存一卷(四)

360000－4931－0001780　P5049
詩經融註大全體要八卷　(清)高朝瓔定　(清)沈世楷輯　清道光二十年(1840)刻本　二册　存六卷(一至三、六至八)

360000－4931－0001781　P5050
詩經融註大全體要八卷　(清)高朝瓔定　(清)沈世楷輯　清道光二十一年(1841)刻本　一册　存三卷(一至三)

360000－4931－0001782　P5051
明文小題貫不分卷　(清)樓渢輯　清刻本　二册

360000－4931－0001783　P5052
小題指南不分卷　(清)次歐居士編　清咸豐九年(1859)文選樓刻本　三册

360000－4931－0001784　P5053
植桂堂試草不分卷　(清)王元鼎等撰　清刻本　一册

360000－4931－0001785　P5054
千字文一卷　(南朝梁)周興嗣編　清刻本　一册

360000－4931－0001786　P5055
瀚海披沙十卷　(清)武文斌輯　清刻本　二册　存二卷(一、十)

360000－4931－0001787　P5056
釋名八卷　(漢)劉熙撰　清長洲吴氏璜川書屋刻古經解彙函本　一册

360000－4931－0001788　P5057
周易四卷　(宋)朱熹本義　清刻本　五册　存三卷(一至三)

360000－4931－0001789　P5058
增訂袁了凡先生綱鑑補三十九卷首一卷　(明)袁黄編　清刻本　四册　存五卷(二至六)

360000－4931－0001790　P5059
禮記十卷　(元)陳澔集説　清刻本　二册　存二卷(二至三)

360000－4931－0001791　P5060
周禮節訓六卷　(清)黄叔琳輯　(清)姚培謙重訂　清嘉慶十二年(1807)刻本　一册

360000－4931－0001792　P5061
評點春秋綱目左傳句解彙雋六卷　(清)韓菼

重訂　清光緒三十一年(1905)勸學書舍刻本　三冊　存三卷(二至四)

360000－4931－0001793　P5062
景岳全書六十四卷　(明)張介賓撰　清刻本　一冊　存二卷(五十至五十一)

360000－4931－0001794　P5063
春秋左傳五十卷　(晉)杜預注　(唐)陸德明音義　(宋)林堯叟補注　清刻本　三冊　存六卷(十六至十七、三十八至三十九、四十一至四十二)

360000－4931－0001795　P5064
春秋左傳五十卷　(晉)杜預注　(唐)陸德明音義　(宋)林堯叟補注　清刻本　一冊　存二卷(四十一至四十二)

360000－4931－0001796　P5065
地理四彈子　(清)張鳳藻輯　清聚錦堂刻本　三冊

360000－4931－0001797　P5066
易經增訂旁訓三卷　(清)徐立綱撰　清道光二十三年(1843)刻本　一冊

360000－4931－0001798　P5067
隨園詩話十六卷補遺十卷　(清)袁枚撰　清刻本　一冊　存二卷(隨園詩話七至八)

360000－4931－0001799　P5069
續廣達生編五卷　(清)周登庸撰　清刻本　一冊　存一卷(三)

360000－4931－0001800　P5071
御定康熙字典十二集三十六卷總目一卷檢字一卷辨似一卷等韻一卷補遺一卷備考一卷　(清)張玉書等纂修　清刻本　三十九冊　存三十六卷(子集上中下、丑集上中、寅集上中下、卯集上中下、辰集中下、巳集上中、午集上中下、未集上中下、申集上中下、酉集上中下、戌集上中下、亥集上中下,總目一卷,補遺一卷,備考一卷)

360000－4931－0001801　P5072
御纂性理精義十二卷　(清)李光地等纂修　清刻本　三冊　存四卷(九至十二)

360000－4931－0001802　P5073
歐陽文忠公全集一百五十三卷首一卷附錄五卷　(宋)歐陽修撰　清刻本　二冊　存十八卷(十五至三十二)

360000－4931－0001803　P5074
醫學實在易八卷　(清)陳念祖撰　清末石印本　一冊　存四卷(五至八)

360000－4931－0001804　P5075
御纂春秋直解十二卷　(清)傅恆等撰　清刻本　五冊　存九卷(一至九)

360000－4931－0001805　P5076
春秋經傳集解三十卷　(晉)杜預撰　(唐)陸德明音義　清刻本　一冊　存一卷(十九)

360000－4931－0001806　P5077
皇清經解　(清)阮元輯　清刻本　一冊　存二種

360000－4931－0001807　P5078
新增說文韻府羣玉二十卷　(元)陰時夫輯　(元)陰中夫注　清刻本　一冊　存二卷(十九至二十)

360000－4931－0001808　P5079
新增說文韻府羣玉二十卷　(元)陰時夫輯　(元)陰中夫注　清乾隆十五年(1750)文光堂刻本　十六冊　存十八卷(一至七、十至二十)

360000－4931－0001809　P5080
新增說文韻府羣玉二十卷　(元)陰時夫輯　(元)陰中夫注　清乾隆十五年(1750)文光堂刻本　五冊　存五卷(十五至十九)

360000－4931－0001810　P5081
詩經融註大全體要八卷　(清)高朝瓔定　(清)沈世楷輯　清松盛堂刻本　二冊　存四卷(一至二、六、八)

360000－4931－0001811　P5082
詩經融註大全體要八卷　(清)高朝瓔定　(清)沈世楷輯　清刻本　二冊　存五卷(四

至八）

360000－4931－0001812　P5083
詩經融註大全體要八卷　（清）高朝瓔定　（清）沈世楷輯　清刻本　一册　存一卷（五）

360000－4931－0001813　P5084
詩經融註大全體要八卷　（清）高朝瓔定　（清）沈世楷輯　清刻本　二册　存五卷（三至四、六至八）

360000－4931－0001814　P5085
傷寒證治準繩八卷　（明）王肯堂撰　清刻本　四册　存四卷（四至七）

360000－4931－0001815　P5086
胡文忠公遺集十卷首一卷　（清）胡林翼撰　（清）閻敬銘　（清）厲雲官　（清）盛康輯　清刻本　四册　存七卷（四至十）

360000－4931－0001816　P5087
春秋繁露十七卷首一卷　（漢）董仲舒撰　清光緒三年（1877）浙江書局刻本　六册

360000－4931－0001817　P5088
太上感應篇直講一卷　（□）□□撰　清同治二年（1863）刻本　一册

360000－4931－0001818　P5089
太上感應篇直講一卷　（□）□□撰　清咸豐九年（1859）寶賢堂刻本　一册

360000－4931－0001819　P5090
增補藥性雷公炮製八卷　（清）張光斗撰　清刻本　一册　存二卷（四至五）

360000－4931－0001820　P5091
幾何補編四卷補遺一卷　（清）梅文鼎撰　清刻本　一册　存二卷（四、補遺一卷）

360000－4931－0001821　P5092
胡文忠公遺集十卷首一卷　（清）胡林翼撰　（清）閻敬銘　（清）厲雲官　（清）盛康輯　清刻本　一册　存一卷（十）

360000－4931－0001822　P5093
古文翼八卷　（清）唐德宜輯　清末石印本　一册　存二卷（五至六）

360000－4931－0001823　P5094
莊子十卷　（晉）郭象注　（唐）陸德明音義　清刻本　一册　存二卷（九至十）

360000－4931－0001824　P5095
莊子不分卷　（晉）郭象注　（唐）陸德明音義　清刻本　二册

360000－4931－0001825　P5096
大清律例全纂四十卷　（清）姚潤輯　清刻本　一册　存二卷（三十四至三十五）

360000－4931－0001826　P5097
大清律例全纂四十卷　（清）姚潤輯　清刻本　二册　存二卷（六至七）

360000－4931－0001827　P5098
評點春秋綱目左傳句解彙雋六卷　（清）韓菼重訂　清末李光明莊刻本　一册　存一卷（三）

360000－4931－0001828　P5099
評點春秋綱目左傳句解彙雋六卷　（清）韓菼重訂　清聚秀堂刻本　四册　存四卷（一至四）

360000－4931－0001829　P5100
評點春秋綱目左傳句解彙雋六卷　（清）韓菼重訂　清刻本　一册　存一卷（四）

360000－4931－0001830　P5101
評點春秋綱目左傳句解彙雋六卷　（清）韓菼重訂　清刻本　一册　存一卷（三）

360000－4931－0001831　P5102
評點春秋綱目左傳句解彙雋六卷　（清）韓菼重訂　清刻本　六册

360000－4931－0001832　P5103
儀禮圖六卷　（清）張惠言撰　清同治九年（1870）湖北崇文書局刻本　二册　存四卷（一至四）

360000－4931－0001833　P5104
古文析義十六卷　（清）林雲銘評注　清刻本　四册　存四卷（三至六）

360000－4931－0001834　P5105

古文析義十六卷　(清)林雲銘評注　清刻本　二冊　存四卷(三至六)

360000－4931－0001835　P5106
古文析義十六卷　(清)林雲銘評注　清刻本　二冊　存二卷(一至二)

360000－4931－0001836　P5107
古文析義十六卷　(清)林雲銘評注　清刻本　四冊　存四卷(一至二、四、六)

360000－4931－0001837　P5108
周易便記不分卷　(清)張啓禹撰　清刻本　一冊

360000－4931－0001838　P5109
太醫院增補青囊藥性賦直解一卷　(明)羅必煒參訂　清抄本　一冊

360000－4931－0001839　P5110
青囊心印二卷　(清)王宗臣撰　清刻本　一冊　存一卷(一)

360000－4931－0001840　P5111
天元五歌闡義五卷　(清)蔣大鴻撰　(清)無心道人注　清刻本　一冊　存四卷(一至四)

360000－4931－0001841　P5112
資治通鑑二百九十四卷　(宋)司馬光撰　清刻本　二冊　存八卷(二百三十三至二百三十六、二百五十七至二百六十)

360000－4931－0001842　P5113
資治通鑑二百九十四卷　(宋)司馬光撰　清刻本　一冊　存四卷(八十二至八十五)

360000－4931－0001843　P5114
春秋左傳五十卷　(晉)杜預注　(唐)陸德明音義　(宋)林堯叟補注　清刻本　一冊　存三卷(四十八至五十)

360000－4931－0001844　P5115
聊齋志異評注十六卷　(清)蒲松齡撰　(清)王士禛評　清刻本　五冊　存五卷(二至四、八、十一)

360000－4931－0001845　P5116
聊齋志異二十四卷　(清)蒲松齡撰　清刻本　七冊　存八卷(八至九、十三至十八)

360000－4931－0001846　P5117
聊齋志異二十四卷　(清)蒲松齡撰　清刻本　一冊　存一卷(十五)

360000－4931－0001847　P5118
驗方新編十六卷　(清)鮑相璈編　清刻本　四冊　存十二卷(五至十六)

360000－4931－0001848　P5119
驗方新編十六卷　(清)鮑相璈編　清刻本　一冊　存三卷(十二至十四)

360000－4931－0001849　P5120
驗方新編十六卷　(清)鮑相璈編　清刻本　一冊　存一卷(十六)

360000－4931－0001850　P5121
驗方新編十六卷　(清)鮑相璈編　清刻本　一冊　存二卷(十至十一)

360000－4931－0001851　P5122
駁案新編三十二卷續編七卷　(清)全士潮等輯　清刻本　五冊　存五卷(十、三十,續編四至六)

360000－4931－0001852　P5124
春秋左傳五十卷　(晉)杜預注　(唐)陸德明音義　(宋)林堯叟補注　清刻本　一冊　存十一卷(八至十八)

360000－4931－0001853　P5125
本草綱目五十二卷　(明)李時珍撰　清同人堂刻本　一冊　存一卷(三)

360000－4931－0001854　P5126
本草綱目五十二卷　(明)李時珍撰　清芥子園刻本　一冊　存二卷(二十四至二十五)

360000－4931－0001855　P5127
景岳全書六十四卷　(明)張介賓撰　清刻本　一冊　存三卷(十七至十九)

360000－4931－0001856　P5128
御批歷代通鑑輯覽一百二十卷　(清)傅恒等撰　清刻本　五冊　存十二卷(一百五至一百十六)

360000－4931－0001857　P5129
御批歷代通鑑輯覽一百二十卷　(清)傅恆等撰　清刻本　二册　存二卷(六十二、七十一)

360000－4931－0001858　P5130
御批歷代通鑑輯覽一百二十卷　(清)傅恆等撰　清刻本　九册　存二十九卷(七十三至一百一)

360000－4931－0001859　P5131
御批歷代通鑑輯覽一百二十卷　(清)傅恆等撰　清刻本　四册　存九卷(九十九至一百五、一百十一至一百十二)

360000－4931－0001860　P5132
御批歷代通鑑輯覽一百二十卷　(清)傅恆等撰　清刻本　七册　存十五卷(十六至二十二、七十一至七十七、九十八)

360000－4931－0001861　P5133
大清光緒貳拾陸年通書不分卷　清光緒刻本　一册

360000－4931－0001862　P5134
大清光緒叁拾年通書不分卷　清光緒刻本　一册

360000－4931－0001863　P5135
大清光緒貳拾陸年通書不分卷　清光緒刻本　一册

360000－4931－0001864　P5136
大清光緒貳拾貳年通書不分卷　清光緒刻本　一册

360000－4931－0001865　P5137
大清光緒貳拾壹年通書不分卷　清光緒刻本　一册

360000－4931－0001866　P5138
大清光緒叁拾貳年通書不分卷　清光緒刻本　一册

360000－4931－0001867　P5139
大清光緒貳拾玖年通書不分卷　清光緒刻本　一册

360000－4931－0001868　P5140
大清光緒貳拾叁年通書不分卷　清光緒刻本　一册

360000－4931－0001869　P5141
大清光緒拾捌年通書不分卷　清光緒刻本　一册

360000－4931－0001870　P5142
大清光緒拾陸年通書不分卷　清光緒刻本　一册

360000－4931－0001871　P5143
大清光緒叁拾肆年通書不分卷　清光緒刻本　一册

360000－4931－0001872　P5144
大清光緒叁拾壹年通書不分卷　清光緒刻本　一册

360000－4931－0001873　P5145
大清光緒叁拾伍年通書不分卷　清光緒刻本　一册

360000－4931－0001874　P5146
大清宣統叁年通書一卷　清宣統刻本　一册

360000－4931－0001875　P5147
大清宣統叁年通書一卷　清宣統刻本　一册

360000－4931－0001876　P5148
壬子年通書不分卷　清宣統刻本　一册

360000－4931－0001877　P5149
大清光緒叁拾伍年通書不分卷　清光緒刻本　一册

360000－4931－0001878　P5150
大清宣統叁年通書一卷　清宣統刻本　一册

360000－4931－0001879　P5151
大清光緒玖年通書不分卷　清光緒刻本　一册

360000－4931－0001880　P5152
大清光緒叁拾年通書不分卷　清光緒刻本　一册

360000－4931－0001881　P5153

大清光緒貳年通書不分卷　清光緒刻本
一冊

360000－4931－0001882　P5154
大清光緒拾柒年通書不分卷　清光緒刻本
一冊

360000－4931－0001883　P5155
大清光緒貳拾玖年通書不分卷　清光緒刻本
一冊

360000－4931－0001884　P5156
大清光緒貳拾叁年通書不分卷　清光緒刻本
一冊

360000－4931－0001885　P5157
大清光緒叁拾伍年通書不分卷　清光緒刻本
一冊

360000－4931－0001886　P5158
大清光緒叁拾肆年通書不分卷　清光緒刻本
一冊

360000－4931－0001887　P5159
大清光緒貳拾柒年通書不分卷　清光緒刻本
一冊

360000－4931－0001888　P5160
大清同治拾年通書一卷　清同治刻本　一冊

360000－4931－0001889　P5161
大清光緒貳拾陸年通書不分卷　清光緒刻本
一冊

360000－4931－0001890　P5162
大清光緒貳拾年通書不分卷　清光緒刻本
一冊

360000－4931－0001891　P5163
大清道光伍年通書不分卷　清道光刻本
一冊

360000－4931－0001892　P5164
大清同治拾壹年通書一卷　清同治刻本
一冊

360000－4931－0001893　P5165
三偉齋試草一卷　（清）江福楨撰　清刻本
一冊

360000－4931－0001894　P5166
日新軒試草一卷　（清）朱含章撰　清刻本
一冊

360000－4931－0001895　P5167
德孚書塾試草一卷　（清）石鍾瀛撰　清刻本
一冊

360000－4931－0001896　P5168
詒德堂試草一卷　（清）汪之泰撰　清刻本
一冊

360000－4931－0001897　P5169
愛蓮堂試草一卷　（清）汪涵芬撰　清刻本
一冊

360000－4931－0001898　P5170
試草一卷　（清）汪世纓撰　清刻本　一冊

360000－4931－0001899　P5171
試草一卷　（清）方邦淦撰　清刻本　一冊

360000－4931－0001900　P5172
試卷一卷　（清）王升爵撰　清刻本　一冊

《上饒市圖書館古籍普查登記目録》
書名筆畫字頭索引

三畫

四畫

五畫

六畫

七畫

八畫

九畫

十畫

十一畫

十二畫

十三畫

十四畫

十五畫

十六畫

十七畫

十八畫

十九畫

二十二畫

二十四畫

《上饒市圖書館古籍普查登記目録》
書名筆畫索引

三畫

四畫

五畫

六畫

七畫

八畫

九畫

十畫

十一畫

十二畫

十三畫

十四畫

十五畫

十六畫

十七畫

十八畫

十九畫

二十二畫

二十四畫

《上饒市博物館古籍普查登記目録》書名筆畫字頭索引

二畫

三畫

四畫

五畫

六畫

七畫

八畫

九畫

十畫

十一畫

十二畫

十三畫

十四畫

十五畫

十六畫

十七畫

十八畫

十九畫

二十一畫

二十二畫

二十四畫

《上饒市博物館古籍普查登記目録》
書名筆畫索引

二畫

三畫

四畫

五畫

六畫

七畫

八畫

九畫

十畫

十一畫

十二畫

十三畫

十四畫

十五畫

十六畫

十七畫

十八畫

十九畫

二十一畫

二十二畫

二十四畫

《上饒市信州區圖書館古籍普查登記目録》
書名筆畫字頭索引

一畫

二畫

三畫

四畫

五畫

六畫

七畫

八畫

九畫

十畫

十一畫

十二畫

十三畫

十四畫

十五畫

十六畫

十七畫

十八畫

十九畫

二十畫

二十一畫

二十二畫

二十三畫

二十四畫

《上饒市信州區圖書館古籍普查登記目録》
書名筆畫索引

一畫

二畫

三畫

四畫

五畫

六畫

七畫

八畫

九畫

十畫

十一畫

十二畫

十三畫

十四畫

十五畫

十六畫

十七畫

十八畫

十九畫

二十畫

二十一畫

二十二畫

二十三畫

二十四畫

《玉山縣圖書館古籍普查登記目録》
書名筆畫字頭索引

二畫

三畫

四畫

五畫

六畫

七畫

八畫

九畫

十畫

十一畫

十二畫

十四畫

十五畫

十六畫

十七畫

十八畫

十九畫

二十三畫

二十四畫

《玉山縣圖書館古籍普查登記目録》
書名筆畫索引

二畫

三畫

四畫

五畫

六畫

七畫

八畫

九畫

十畫

十一畫

十二畫

十四畫

十五畫

十六畫

十七畫

十八畫

十九畫

二十三畫

二十四畫

《鉛山縣圖書館古籍普查登記目録》
書名筆畫字頭索引

一畫

二畫

三畫

四畫

五畫

六畫

七畫

八畫

九畫

十畫

十一畫

十二畫

十三畫

十四畫

十五畫

十六畫

十七畫

十八畫

十九畫

二十一畫

二十二畫

二十三畫

二十四畫

二十八畫

三十畫

《鉛山縣圖書館古籍普查登記目録》
書名筆畫索引

一畫

二畫

三畫

四畫

五畫

六畫

七畫

八畫

九畫

十畫

十一畫

十二畫

十三畫

十四畫

十五畫

十六畫

十七畫

十八畫

十九畫

二十一畫

二十二畫

二十三畫

二十四畫

二十八畫

三十畫

《弋陽縣圖書館古籍普查登記目録》
書名筆畫字頭索引

二畫

三畫

四畫

五畫

六畫

七畫

八畫

九畫

十畫

十一畫

十二畫

十三畫

十四畫

十五畫

十六畫

十七畫

十八畫

二十一畫

《弋陽縣圖書館古籍普查登記目録》
書名筆畫索引

二畫

三畫

四畫

五畫

六畫

七畫

八畫

九畫

十畫

十一畫

十二畫

十三畫

十四畫

十五畫

十六畫

十七畫

十八畫

二十一畫

《餘干縣圖書館古籍普查登記目録》
書名筆畫字頭索引

二畫

三畫

四畫

五畫

六畫

七畫

八畫

九畫

十畫

《餘干縣圖書館古籍普查登記目録》
書名筆畫索引

二畫

三畫

四畫

五畫

六畫

七畫

八畫

九畫

十畫

十一畫

十二畫

十三畫

十四畫

十五畫

十六畫

十七畫

十八畫

十九畫

二十一畫

二十二畫

《鄱陽縣圖書館古籍普查登記目録》
書名筆畫字頭索引

一畫

二畫

三畫

四畫

五畫

六畫

七畫

八畫

九畫

十畫

十一畫

十二畫

十三畫

十四畫

十五畫

十六畫

十七畫

十八畫

十九畫

二十畫

二十一畫

二十二畫

二十四畫

二十五畫

二十六畫

二十九畫

《鄱陽縣圖書館古籍普查登記目録》書名筆畫索引

一畫

二畫

三畫

四畫

五畫

六畫

七畫

八畫

九畫

十畫

十一畫

十二畫

十三畫

十四畫

十五畫

十六畫

十七畫

十八畫

十九畫

二十畫

二十一畫

二十二畫

二十四畫

二十五畫

二十六畫

二十九畫

《婺源縣圖書館古籍普查登記目録》
書名筆畫字頭索引

二畫

三畫

四畫

五畫

六畫

七畫

八畫

九畫

十畫

十一畫

十二畫

十三畫

十四畫

十五畫

十六畫

十七畫

十八畫

十九畫

二十畫

二十一畫

二十二畫

二十三畫

二十四畫

其他

《婺源縣圖書館古籍普查登記目録》
書名筆畫索引

二畫

三畫

四畫

五畫

六畫

七畫

八畫

九畫

十畫

十一畫

十二畫

十三畫

十四畫

十五畫

十六畫

十七畫

十八畫

十九畫

二十畫

二十一畫

二十二畫

二十三畫

二十四畫

其他